복잡계 네트워크 경제학

복잡계 네트워크 경제학

Complex System and Network Economics

● 이덕희 지음

율곡출판사

| 들어가는 글 |

우리가 학교에서 배우는 경제학은 아름답고 유용하다. 경제학은 인간의 합리적 행위에 대한 신뢰를 바탕으로 최대 다수의 최대 행복한 사회를 상정하여 우리 모두가 추구해야 할 하나의 기준을 제시한다. 뿐만 아니라 경제이론은 복잡한 경제 현상을 이해할 수 있도록 일정한 틀을 제공하며, 다양한 분석방법론은 실증적이고 실용적이다. 그럼에도 경제이론은 많은 부분을 설명하지 못하는 한계를 지닌다. 현실 경제가 3차원 세계라면 경제이론은 2차원 세계라 할 수 있다. 그래서 우리는 되도록 3차원 세계에 가까이 가려고 노력한다.

그러한 노력은 다각도로 이루어지고 있으며, 본『복잡계 네트워크 경제학(Complex System and Network Economics)』도 그 일환이다. 현실 경제와 경제이론의 주된 괴리는 주로 관계와 시간에서 비롯된다. 주류 경제이론은 경제주체들의 자유롭고 독립적인 행위를 전제로 경제 현상을 분석하는, 이른바 최적화 균형(optimization equilibrium)에서 출발한다. 최적화 균형은 기본적으로 단기와 장기에 동일하게 성립함으로써 시간에 대한 가역성(reversibility)뿐만 아니라 로컬과 글로벌, 미시와 거시 간에도 동일하게 적용되는 환원주의(reductionism) 입장을 취한다. 즉, 시공간을 초월하는 이데아 세계를 염두에 둔다.

그러나 현실 경제는 그리 깔끔하지 못해 단기와 장기, 로컬과 글로벌, 미시와 거시에 적용되는 원리가 항상 일치하지는 않는다. 그 주된 원인은 경제주체들 간 상호작용이 만들어 나가는 비선형성(nonlinearity)과 변화하는 환경에 적응하려는 자기조직화 과정(self-organization process)으로부터 창발되는 새로운 질서인 것으로 밝혀지고 있다. 그러므로 현실 세계를 미시 세계로 분해하여 단순화할수록 현실 세계가 가졌던 중요한 성질들은 상실된다. 미시 세계의 질서로 거시 세계를 바라보면 사태를 온전하게 파악할 수 없다.

이러한 문제의식하에 경제학 안팎에서는 이 문제를 활발하게 다루고 있다. 경제학 안에서의 접근은 네트워크 외부성(network externalities)이라는 관계적 요소를 도입하거나 비선형 동학 모델(nonlinear dynamic model)로 현실 경제에 가까이 가려는 노력이 주를 이룬다. 또한 복잡계 과학 원리를 경제학에 접목하여 경제의 자기조직화 현상을 설명하려는 시도로서, 행위자 기반 시뮬레이션 모형(Agent-based Simulation Model), 진화론적 게임이론(Evolutionary Game Theory) 등이 있다. 이 밖에 행동경제학(Behavioral Economics), 진화경제학(Evolutionary Economics)도 주류 경제학의 한계를 극복하고 현실 경제를 보다 잘 설명하려는 또 다른 흐름이라 하겠다.

경제학 밖에서의 접근은 네트워크 과학(Network Science)과 복잡계 과학(Complex System Science)이 대표적이다. 네트워크 과학은 모든 사태를 노드와 링크라는 물리적 관계로 보고 그 원리를 파악한다. 구체적으로 네트워크 구조를 그래프 이론과 같은 수학적 방법론을 활용하여 관계의 양적 · 질적 측면을 분석하는 데 초점을 맞춘다. 복잡계 과학은 개체 간 상호작용이 창발시키는 거시적 질서와 미시적 질서 간의 상호 역동성을 대상으로 시스템의 자기조직화 현상을 연구하며, 다분히 비환원주의적(non-reductionism)이고 전체적인 접근(holistic approach)을 취하여 여타 분야들보다 파격적인 면모를 보인다. 최근에 각광을 받고 있는 머신러닝, 딥러닝의 방법론으로 활발한 AI도 뇌신경 네트워크의 원리를 응용하여 기존 이론의 한계를 극복하고 현상을 있는 그대로 파악하려는 노력의 하나로 볼 수 있다.

본 『복잡계 네트워크 경제학』은 총 4부로 구성된다. 제1부는 네트워크 경제로 1~6장, 제2부는 네트워크 과학으로 7~11장, 제3부는 복잡계로 12~16장, 제4부는 사회경제적 이슈로 17~22장에 해당된다. 제2부 네트워크 과학과 제3부 복잡계는 각각 별도의 교재가 있을 정도로 원래는 방대한 내용이나 여기서는 경제 현상과 관련되는 내용만 발췌하였다. 그리고 제4부 사회경제적 이슈는 앞의 1, 2, 3부를 집결하는 형식으로 구성된다.

제1부 네트워크 경제의 내용을 보면, 제1장 네트워크 외부성에서는 신고전파 경제이론 틀에서 '네트워크 외부성'이 존재할 경우 균형 변화에 대해서 살펴본다. 네트워크 외부성 개념, 수요곡선의 변형과 시장, 과도한 관성 및 동기, 네트워크 외부성과 호환성 등을 다룬다. 제2장 수확체증 원리에서는 네트워크 외부성의 존재가 수확체증 원리와 상통하며, 경로의존성(path-dependency), 양의 피드백(positive feedback) 원리, 임계규모와 시장확산과 관련이 있음을 설명한다. 제3장 디지털 재화와 네트워크 경쟁에서는 디지털 재화가 일반 재화와는 다른 비용 및 가격 결정의 특징을 지니고 있으며, 이러한 특징을 활용하는 지적재산권 전략, 네트워크 외부성 효과를 극대화하기 위한 잠김(lock-in)전략과 기술경쟁에서의 기술 우수성과

네트워크 효과의 상호작용을 다룬다. 제4장 표준화 경쟁에서는 네트워크 효과의 실제 응용 분야인 표준화의 다양한 이슈, 즉 표준화 동향, 표준화 경쟁 및 협력, 표준화와 다양성, 표준 대 특허 전략 등에 대해서 알아본다. 제5장 네트워크 거래에서는 글로벌화, 아웃소싱, 온라인 거래, 표준화 등 산업의 디지털화와 더불어 전속 거래로부터 네트워크 거래로의 거래 유형 변화를 다룬다. 제6장 공간구조와 네트워크 효과에서는 공간구조 형성에서 네트워크 효과(집중)와 필요 효과(분산)의 상호작용, 지리적 근접성과 연결 속도가 지역 성장 및 공간 분포에 미치는 영향에 대해서 논의한다.

제2부 네트워크 과학의 내용을 보면, 제7장 네트워크 유형에서는 네트워크의 정의와 물리적 네트워크, 사회적 네트워크, 생물학적 네트워크 등 다양한 유형에 대해서 얘기한다. 제8장 네트워크 구조에서는 랜덤 네트워크(random network), 스케일프리 네트워크(scale-free network) 등 네트워크 이론이 어떻게 전개되어 왔는지, 또 최근의 중심부-주변부 네트워크(core-periphery network)와 웹 네트워크 구조에 대해서 살펴본다. 제9장 네트워크 분석에서는 네트워크 구조를 파악할 수 있는 다양한 측정지표들을 소개하고 그 의미에 대해서 알아본다. 제10장 강한 연결과 약한 연결에서는 연결의 강도가 네트워크상의 지식 흐름, 상호작용, 네트워크 구조 등에 어떠한 영향을 주는지, 나아가 배태성, 다양성, 신뢰 등 사회적 자본 형성에 어떠한 영향을 주는지 알아본다. 제11장 유유상종 네트워크에서는 네트워크상에서 개체와 사회가 상호작용하는 과정으로부터 발생하는 유사한 개체들이 서로 어울리는 성향(類類相從)과 서로 어울리면 유사해지는 성향(近墨者黑)에 대해서 살펴본다.

제3부 복잡계의 내용을 보면, 제12장 복잡계 시스템에서는 복잡계의 기본 원리인 자기조직화 메커니즘에 대해서 알아본다. 물리 · 화학 · 생물 현상에서 상전이, 생명체의 동기화 현상에서 자기조직화 원리를 살펴본다. 제13장 자기조직화 사회와 재난에서는 복잡계 시스템으로서의 사회경제 시스템의 작동 원리와 대응 방법을 논하고, 지진, 화재, 토네이도, 가격 변동 등의 분포를 통해 자기조직화 사례를 살펴본다. 제14장 프랙탈과 카오스에서는 자기 유사성의 패턴을 보이는 프랙탈과 규칙적인 질서로부터 불규칙한 질서를 창발시키는 카오스 현상을 통해 비결정론적 복잡계의 단면을 접해본다. 제15장 뇌신경 네트워크에서는 스케일이 매우 크고 복잡한 구조를 가지면서도 고도의 효율성을 보이는 뇌신경 네트워크의 구조와 기능에 대해서 알아본다. 제16장 복잡계 경제와 ABM에서는 복잡계 과학 원리를 반영한 경제학의 시도로서 자기조직화 경기변동 및 공간, 행위자 기반 계산경제학(Agent-based Computational

Economics), 진화론적 게임이론(Evolutionary Game Theory), 경제물리학(Econophysics) 등에 대해 알아본다.

제4부 사회경제적 이슈의 내용을 보면, 제17장 격차와 불안정성에서는 수확체증 원리가 지배하는 네트워크 세상에서 어떻게 격차와 불안정성이 야기되는지와 정보화·디지털화에 따른 사회경제적 여러 양극화 현상들에 대해 살펴본다. 제18장 시스템 리스크에서는 복잡계 시스템에서 시스템 리스크가 어떻게 발생하는지를 금융위기, 군중 압사, 교통체증 등의 사례로 설명한다. 제19장 정보폭포에서는 불완전 정보하에서 어떻게 정보폭포 현상이 일어나 모방행위와 무리 짓기와 같은 비합리적인 행위로 이어지는지를 설명한다. 제20장 혁신 네트워크에서는 연구개발, 거래, 투자, 전략적 제휴 등과 같은 혁신활동에서 강한 연결과 약한 연결, 동질적 연결과 이질적 연결, 선발자와 후발자 연결 등의 네트워크 유형이 어떻게 응용되고 있는지 알아본다. 제21장 전염병 확산에서는 HIV, SARS, 코로나19 등 전염병의 전파 메커니즘을 파악하여 확산 패턴을 이해하고 사회경제 현상에의 시사점을 찾는다. 제22장 집단지혜에서는 이론과 현실의 괴리가 존재하는 복잡계 세상에서 동태적 균형 접근의 필요성을 얘기하고, 미시 질서와 거시 질서의 조화, 경쟁과 협력의 조화, 집중과 분산의 조화, 도덕성이라는 집단지혜를 발휘할 수 있는 길을 모색한다.

인간이 그동안 끊임없이 과학기술 문명을 발전시켜 온 결과 우리는 어느새 매우 복잡한 사회에 살고 있다. 너무 복잡하고 거미줄처럼 서로 얽혀 있어 우리가 의도하지 않은 일이 우리를 엄습하는 일이 자주 벌어진다. 때로는 그 의도하지 않았던 질서가 우리를 강하게 지배하여 통제 불가능한 상황이 벌어진다. 어떻게 해야 할지 속수무책이다. 상당 부분은 사태의 메커니즘을 온전히 파악하지 못한 데서 비롯된다. 필자는 본 책을 통해 많은 사람들이 우리가 만들어가는 세상의 실상에 좀 더 가까이 가기를 원한다. 그래서 그 메커니즘을 제대로 이해해서 진정 실사구시(實事求是)를 할 수 있게 되기를 소망한다.

필자는 2008년 『네트워크 이코노미』를 출간한 바 있다. 지금 시점에서 보면 허술한 집필로 이루 말할 수가 없다. 그러나 그나마 그것이 있었기에 지금의 『복잡계 네트워크 경제학』을 세상에 내놓을 수 있었다. 제목에서 짐작되듯이 네트워크 과학과 복잡계 과학, 그리고 관련 사회경제적 이슈를 대폭 보완하여 좀 더 완결성을 높였다. 그럼에도 이 책은 여전히 입문적 성격이 강하며, 곳곳에 부족한 점을 많이 안고 있다. 동 분야가 계속 진화하고 있는 만큼 이 책이 후학들의 연구에 안내서 역할을 할 수 있게 되기를 기대한다.

본 책이 나오기까지 많은 사람들의 도움과 격려가 있었다. 무엇보다 본 책은 필자가 2002년 카이스트에 부임한 이래 운영해 온 NEXYS(Network and Complex System) 연구실 구성원들의 노력의 산물이다. 그간에 석·박사 과정을 거쳐 간 70여 명의 학생들이 논문, 연구과제 등을 통해 축적한 연구의 결과물이다. 그들을 일일이 거론하지 못함을 양해 바라며, NEXYS 연구실의 졸업생과 재학생들에게 이 책을 헌사한다. 늘 가까이서 이 책의 집필을 격려하고 조언을 아끼지 않으신 동료 노재정 교수님, 2013년부터 BEST 학회(Big Data in Economics, Science & Technology Society)를 조직하여 함께 해 온 교토대학 Hideaki Aoyama 교수, 보스턴대학의 Irena Vodenska 교수, 효고대학의 Yosi Fujiwara 교수, 카이스트 기술경영학부 한승헌 교수님, 이철호 교수님, 인하대 물리학과 이재우 교수님께 특별히 감사드린다. 또한 참고문헌을 비롯해 원고를 정리하는 데 큰 도움을 준 NEXYS 연구실의 강인제 · 이동규 · 오지선 박사 과정생에게도 감사의 마음을 전한다. 이 책의 기획 의도를 들으시고 기꺼이 출판으로 화답해 주신 율곡출판사의 박기남 대표님, 출판에 애써 주신 방조일, 차은지 선생님께도 깊이 감사드린다. 마지막으로 눈이 오나 비가 오나 한결같이 곁에서 힘이 되어 준 아내 최숙진, 아들 이인수, 딸 이유림에게 형언할 수 없는 고마움을 전한다.

| 차 례 |

제2장 수확체증의 세계

제3장 디지털 재화와 네트워크 경쟁

제4장 표준화 경쟁

제5장 네트워크 거래

제6장 공간구조와 네트워크 효과

제II부

네트워크 과학

제7장 네트워크 유형

제8장 네트워크 구조

제11장 유유상종 네트워크

제Ⅲ부 복잡계

제12장 복잡계 시스템

제13장 자기조직화 사회와 재난

제14장 프랙탈과 카오스

제15장 뇌신경 네트워크

제16장 복잡계 경제와 ABM

제IV부

사회경제적 이슈

제17장 격차와 불안정성

제18장 시스템 리스크

제19장 정보폭포

제20장 혁신 네트워크

제21장 전염병 확산

제22장 집단지혜

네트워크 경제

part one

I

네트워크는 일반 재화와는 달리 크기가 커지면 가치가 올라간다. 이러한 성질은 신고전파 경제학의 기본 패러다임을 변형시킨다. 네트워크 경제는 수확체감 원리보다는 수확체증 원리가 지배함으로써 이전과는 다른 비즈니스 기회와 경제 현상을 유발한다. 정보기술의 발달은 네트워크 경제를 더욱 확산시키므로 현대 경제를 분석하기 위해서는 네트워크 경제 원리에 대한 이해가 필수적이다.

제1장 네트워크 외부성

1. 네트워크 외부성의 개념 / 2. 수요곡선의 변형과 시장
3. 과도한 관성과 과도한 동기 / 4. 네트워크 외부성과 호환성

네트워크 경제학의 출발이 되는 기본 개념이 "네트워크 외부성"이다. 수량이 많아지면 한계가치가 떨어지는 일반 재화와는 달리 네트워크는 연결이 많아지면 그 한계가치가 올라간다. 이로 인해 수요곡선의 변형이 일어나고 안정적인 단일균형이 아닌 다수균형이 존재하는 등 기존 패러다임의 변화가 일어난다. 네트워크 외부성의 개념, 수요곡선의 변형과 시장, 과도한 관성 및 동기, 네트워크 외부성과 호환성에 대해서 알아본다.

1 네트워크 외부성의 개념

일반적으로 경제학에서 어떤 경제행위의 거래 결과가 거래 당사자가 아닌 제3자에 영향을 미치게 될 때 외부성(externalities)이 존재한다고 정의한다. 외부성은 양(+)의 외부성(positive externalities)과 음(−)의 외부성(negative externalities)으로 나뉜다. 양의 외부성은 경제행위의 결과가 제3자에게 이득을 초래할 경우에 발생한다. 예를 들어 기술혁신이 사회에 확산됨으로써 사회 전체가 기술혁신의 이득을 누리나 막상 이득을 누리는 사람들은 아무런 대가도 지불하지 않게 되는 경우이다. 또 양봉업자가 이웃의 과수원으로 인해 꿀 생산이 증가함에도 불구하고 과수원에 대가를 지불하지 않을 경우에도 마찬가지로 양의 외부성이 발생하게 된다. 이 경우 개인의 행위가 사회에 바람직한 영향을 미쳐 장려되어야 함에도 불구하고 시장에서 보상을 받지 못하기 때문에 자원의 최적 배분이 달성되지 못한다. 즉, 개인 비용보다 사회적 비용이 낮아 결과적으로 시장균형량이 사회적으로 바람직한 최적량보다 낮게 실현되

게 된다([그림 1-1]). 결과적으로 공급자 입장에서는 사회 최적량보다 낮은 과소 공급이 일어나게 된다. 이와 같은 일련의 시장실패를 치유하기 위해 당사자 간의 협상을 통해 보상한다든지(Coase, 1960)[1] 혹은 정부가 개입하여 보조금 지불이나 조세 감면 등의 정책을 실시할 수 있다.

그림 1-1 양의 외부성과 시장균형

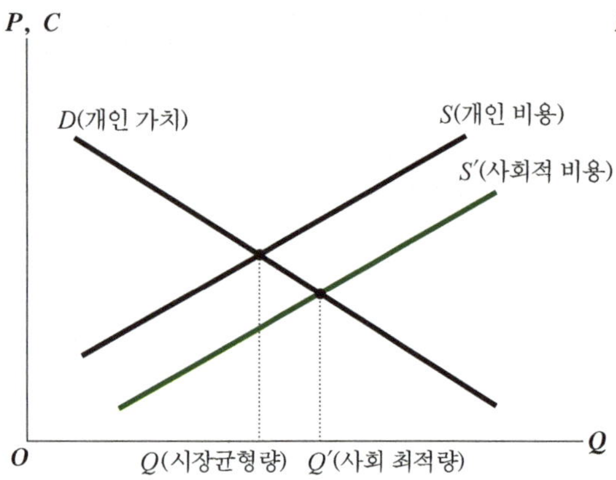

그림 1-2 음의 외부성과 시장균형

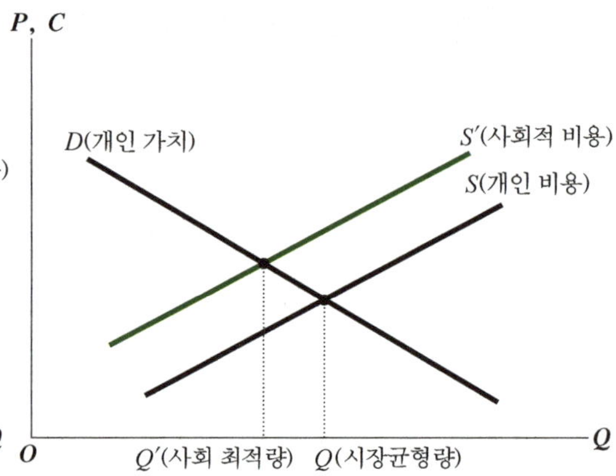

음의 외부성은 반대로 경제행위의 결과가 제3자에게 비용을 초래할 경우에 발생한다. 공장에서 뿜어내는 매연으로 인해 공기 오염이 발생하더라도 피해를 입은 자에게 보상을 하지 않거나, 공유 목초지에 양을 경쟁적으로 방목함으로써 결국 목초지가 폐허화되는 경우에 발생한다(Hardin, 1968).[2] 이 경우 개인 비용보다 사회적 비용이 높아 결과적으로 시장균형량이 사회적으로 바람직한 최적량보다 높게 실현되게 된다. 공급자 입장에서는 사회 최적량보다 높은 과다 공급이 일어나게 된다. 당사자 간의 협상을 통해 보상한다든지 혹은 정부가 개입하여 벌금(세금)을 부과하고, 오염 배출량을 규제하고, 소유권 설정이나 오염 배출권 거래 등의 정책을 실시하여 사회적으로 바람직한 수준으로 유도할 수 있다.

이러한 외부성의 개념을 염두에 두고 이제 네트워크 외부성에 대해서 살펴보도록 하자. 어떤 재화나 서비스의 사용자가 많을수록 재화나 서비스의 사용자의 효용이 증가할 때 네트워크 외부성이 존재한다(Tirole, 1988). 즉, 재화나 서비스가 많이 사용될수록 그 가치가 올라간

---

1. 여기에 관해서는 노벨 경제학상을 수상한 R. Coase가 당사자 간의 비용과 편익을 고려하여 자발적인 보상으로 외부성을 내부화하는 메커니즘을 분석하였다. 이를 코즈 정리(Coase Theorem)이라 한다.
2. G. Hardin은 이를 "공유지의 비극(The Tragedy of the Commons)"이라는 개념으로 설명하고 있다.

다[3]. 예를 들어 새로운 전화 가입자가 발생할 경우 기존 전화 가입자들의 효용이 증대한다. 하나의 신규 가입자로 인해 수많은 네트워크가 새로이 형성되기 때문이다. n명의 가입자에서 $n+1$명으로 1명 증가할 때 네트워크의 수는 $n(n-1)$에서 $(n+1)n$으로 $2n$만큼 증가한다. 이처럼 가입자 증가에 따른 연결 가능성이 기하급수적으로 증가함에 따라 네트워크를 형성하는 데 지불되는 개인의 비용에 비해 사회 전체적인 편익은 훨씬 크게 나타난다.

예를 들어 2021년 3월 현재 가입자 수가 약 7,000만 명인 이동전화의 경우 신규 가입자 한 사람이 증가함에 따라 창출되는 새로운 네트워크 수는 약 1억 4,000만 개이다. 양방향 네트워크이기 때문에 신규 가입자가 기존 7,000만 명의 가입자에 대해서뿐만 아니라 기존의 7,000만 명의 가입자가 신규 가입자에 대해 7,000만 통의 통화가 추가로 가능하다. 가입에 따르는 신규 가입자의 비용에 비해 새롭게 창출되는 네트워크의 수는 엄청나며, 이에 수반되는 이동전화의 경제적 가치는 매우 크다. 또한 컴퓨터 소프트웨어는 호환이 될 경우 사용자들에게 더 유용하다. 인터넷상에 여타 사이트들보다 유달리 사용자가 많이 접속하는 포털사이트가 등장하는데, 이는 한 번의 포털사이트 접속으로 수많은 사이트에 접속할 수 있는 기회를 획득할 수 있기 때문이다. 이러한 예들은 직접적인 네트워크 외부성에 해당되는데, 간접적인 네트워크 외부성도 존재한다. 널리 보급된 컴퓨터에서 사용될 수 있는 소프트웨어가 많이 공급된다든지, 반대로 동일한 소프트웨어의 사용자가 많을수록 그 소프트웨어를 작동시킬 수 있는 컴퓨터가 많이 사용된다. 또한 대중들이 많이 타고 다니는 자동차일수록 그 자동차를 취급하는 딜러나 카센터가 훨씬 많이 존재하여 서비스받기가 용이한 경우 등도 그러한 예에 속한다(Katz and Shapiro, 1985).

네트워크 외부성은 수요 측면에서의 외부성으로 공급 측면에서 일어나는 일반적인 외부성과 구분된다.[4] 네트워크 외부성도 양의 네트워크 외부성과 음의 네트워크 외부성의 두 가지로 나뉜다. 양의 네트워크 외부성의 경우 개인 이득보다 사회 이득이 높아 결과적으로 시장 균형량이 사회적으로 바람직한 최적량보다 낮게 실현되게 된다([그림 1-3]). 다시 말해 수요자 입장에서 사회 최적량보다 낮은 과소 수요가 일어나게 된다. 이와 같은 일련의 시장실패를 보정하기 위해 정부는 개인 수요에 대한 보조금을 허용하거나 세금 감면 혜택을 부여한다. 예를

---

3. 이는 일반적인 재화나 서비스가 희소하면 가치가 올라가는 성질과 상반된다. 즉, 재화나 서비스를 많이 사용할수록 한계효용(marginal utility)이 감소하는 성질과는 반대된다.

4. 공급 측면에서의 네트워크 외부성은 표준, 호환 문제와 관련된다.

그림 1-3 양의 네트워크 외부성과 시장균형

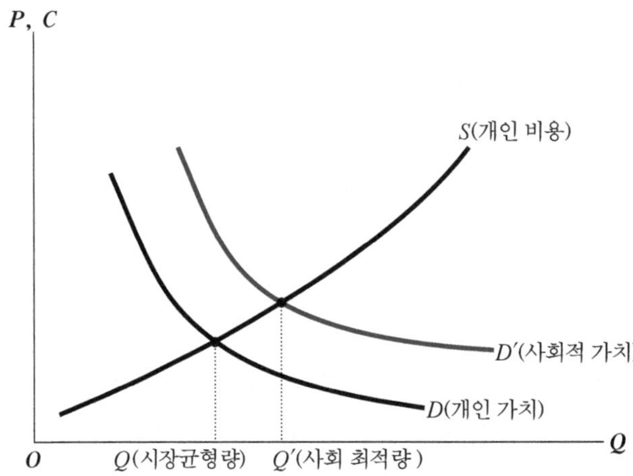

들어 통신 서비스 사업자가 가입자들에게 단말기 보조금을 지급하는 것을 허용하는 등의 정부 정책이 실시된다.

반대로 음의 네트워크 외부성이 존재하면 개인 편익보다 사회 편익이 낮아 결과적으로 시장균형량이 사회적으로 바람직한 최적량보다 높게 실현되게 된다. 수요자 입장에서 사회 최적량보다 높은 과다 수요가 일어나게 된다. 예를 들어 전기 공급 네트워크가 광범한 지역에 걸쳐 연결될수록 이에 비례하여 대규모 정전 사태가 일어날 위험이 높다. 또 도로망이나 인터넷의 과다 수요로 인해 엄청난 사회적 혼잡비용이 발생하거나 특정 지역의 인구 과밀로 인한 교통체증, 지가 상승, 공해, 범죄 등 다양한 혼잡비용을 유발시키는 경우를 들 수 있다. 국가들 간에 촘촘히 짜여진 무역 네트워크나 금융 네트워크로 인해 많은 나라들에 걸쳐 경제위기가 확산, 고조되는 현상이 빈번해지고 있다. 코로나19와 같은 전염병 확진자가 인구가 밀집된 수도권에서 인구 비중 이상으로 많이 발생하는 것도 수도권의 과밀 인구 간의 상호작용으로 인한 네트워크 효과에 상당한 원인이 있는 것으로 보인다. 이처럼 부정적인 현상이 발생할 경우 네트워크를 분할하거나 가격정책, 분산정책 등을 통해 수요를 분산시키는 정책이 동원된다.

네트워크 외부성은 네트워크가 가지고 있는 가장 기본적인 속성으로서 앞으로 살펴볼 임계규모, 수확체증의 원리, 경로의존성, 잠김(lock-in) 효과, 선점 효과 등 여타 속성들의 기초가 된다.

참고 1-1 양면시장

양면시장은 간접적인 네트워크 외부성을 활용하는 시장으로 ICT의 발전으로 더욱 활성화되고 있다. 다른 성격을 지니는 두 개의 수요자 그룹이 중간 매개자로 연결되어 시장을 형성하되, 두 수요자 그룹의 네트워크 크기가 서로 연동되는 특징을 지닌다. 가령 남녀를 연결시키는 결혼정보회사의 경우는 남자와 여자의 수가 서로 연동되어 있어서 남자와 여자 각각의 가입에 영향을 미친다. 여자 회원 수가 많으면 남자들이 가입할 유인이 높아지고 반대도 마찬가지다. 반면 미용실의 경우 남자 이용자 수와 여자 이용자 수가 미용실 선택에 그다지 영향을 미치지 않는다. 즉, 두 그룹 간의 네트워크 수가 서로 보완재 역할을 하여 각자의 비즈니스에 영향을 미쳐야 양면시장이 된다. 두 그룹 간의 정보가 불완전하기 때문에 중간 매개자는 마치 부동산 중개업자와 같이 파는 사람과 사는 사람이 직접 거래할 경우 치루어야 할 상당한 비용을 절감하는 역할도 담당한다. 중간 매개자의 이러한 시장실패를 교정하는 역할도 양면시장의 특징이다.

그림 1-4 양면시장 구도

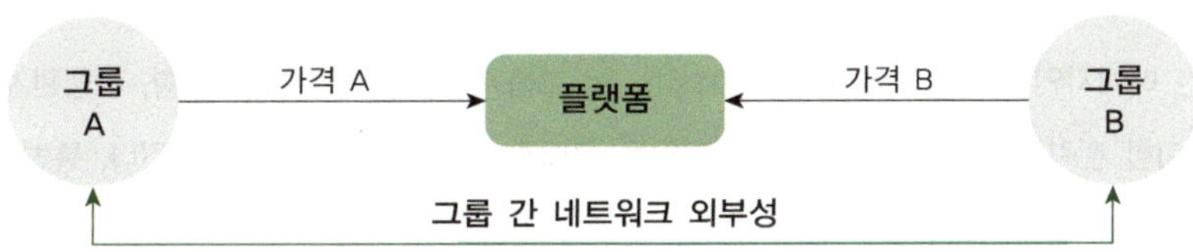

양면시장은 대개 4개의 유형으로 나눠진다. 첫째, 수요자와 공급자 간의 교환을 중개한다. 서로 간에 정보가 불완전하여 중간 매개자가 이를 연결하는 역할을 담당한다. 부동산 중개업, 온라인 쇼핑몰, 남녀 간 만남 중개 서비스, 택시 및 숙박 공유 서비스 등이 이에 해당한다. 둘째, 거래를 원활하게 중개한다. 거래에 수반되는 지불이나 물품 유통을 원활하게 하는 서비스다. 대표적인 것이 신용카드 거래 시스템이다. 최근에는 '핀테크(Fin-tech)'라 하여 다양한 온라인 지불 시스템이 활발하게 활용되고 있다. 또한 구매 물건을 배달하는 택배 서비스에도 온라인 플랫폼이 활발하게 활용되고 있다. 셋째, 미디어를 매개로 광고주와 사용자가 서로 연결되어 있다. 특정 방송 채널의 시청자가 많으면 해당 채널에 광고를 많이 하게 된다. 특정 유튜버의 조회 수가 많으면 광고도 많아지고 해당 유튜버의 수익도 올라가게 된다. 넷째, 소프트웨어 개발자와 사용자 간을 연결하는 소프트웨어 플랫폼이다. 소프트웨어 서비스에서는 게임, 앱 등 다양하고 풍부한 소프트웨어가 적절한 시기에 공급되는 것이 중요하다. 따라서 소프트웨어 업체는 사용자 수 확대를 위해 되도록 많은 개발업자를 확보하려는 전략을 취한다.

표 1-1 **양면시장 예**

시장	그룹 A	플랫폼	그룹 B
신용카드	카드 소지자	신용카드 회사	가맹점
게임	개발자	게임 회사	게이머
컴퓨터	응용 SW 개발자	OS 회사	사용자
매스컴	구독자/시청자	신문/TV	광고주
결혼 중매	남자	결혼정보회사	여자
유흥/오락	여자	나이트클럽	남자
관광	관광객	에어비앤비	주택 소유쥬
반려견	반려견 산책 도우미	반려견 산책 앱	반려견 소유주
배달	배달자	배달 앱	상점/식당
검색 엔진	지식 소비자	구글	지식 생산자
SNS	컨텐츠 사용자	페이스북	컨텐츠 제공자
온라인 마켓	구매자	아마존	판매자

한편 중간 매개자인 플랫폼 사업자 입장에서는 두 그룹 간의 수요와 공급 상황, 경쟁관계, 협상력 등을 고려해 상이한 전략을 취함으로써 자신의 이익을 극대화하고자 하는 유인이 생긴다. 특히 가격 책정에서 차별화 전략을 취한다. 그룹 A가 탄력적이라 가격에 민감하고 그룹 B는 비탄력적이면 A에게는 가격을 낮게, B에게는 높게 설정하는 전략을 취한다. 비근한 예로 Adobe는 PDF Reader는 무료로, PDF Writer는 유료로 제공하는 전략을 취한다. 미디어 회사는 구독자에게는 저렴한 가입비나 무료로 서비스를 제공하는 반면 광고주에게는 높은 광고비를 부과한다. 마찬가지로 게임 회사는 다양한 게임을 적기에 개발하기 위해 소스코드를 개발업자들에게 무료로 개방하는 반면 사용자들에게 사용료를 부과하는 비즈니스 모델을 선택한다.

그림 1-5 Adobe의 PDF 가격 책정

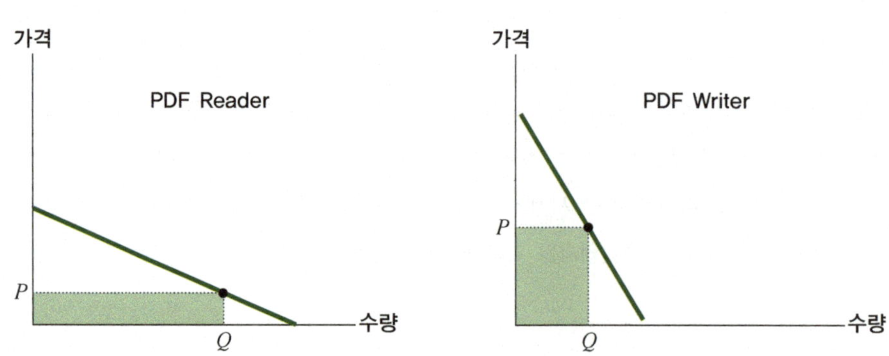

참고 1-2 플랫폼 경제

양면시장이 더욱 확대되어 다수의 수요자 그룹들을 연결시키는 매개자가 하나의 플랫폼 역할을 하면서 비즈니스 생태계를 형성하는 것이 플랫폼 경제이다. 앞서 살펴본 양면시장의 속성이 플랫폼 경제에 복합적으로 얽혀 있다고 하겠다. 원래 플랫폼이라는 말은 기차역에서 기차를 타기 위해 기다리는 곳을 의미한다. 그러나 이제 기차역이 기차를 타기 위해 가는 장소가 아니라 쇼핑, 식당, 오락, 문화 등 다양한 서비스를 즐길 수 있는 복합 문화공간으로 변모하여 특정 목적을 위해 사람들이 모이는 곳이 아니라 사람들을 모이게 하는 곳으로 바뀌고 있다. 이처럼 플랫폼 경제도 온-오프 공간상에서 다양한 비즈니스 활동을 하면서 그 영역을 넓혀 나가고 있다. 동시에 비즈니스 활동의 거대한 창구 역할을 하면서 시장지배적인 지위를 활용하여 불공정 행위를 하는 등 독과점적인 특성도 함께 지니고 있다.

플랫폼 경제가 확대된 배경에는 첫째, 1990년대 이후 통신 서비스, 인터넷으로 꾸준히 진행되어온 디지털화 현상(digitalization)이 있다. 일상화된 디지털 정보의 인프라 위에 플랫폼 경제가 가능하게 된 것이다. 둘째, 고정된 장소에서만 소통할 수 있는 제약에서 벗어나 언제, 어디서나 자유롭게 소통할 수 있는 이동성(mobility)이다. 클라우딩, 유비쿼터스, IoT 등과 같은 컴퓨팅 기술의 발달은 이동성을 더욱 높여 자율주행차, 스마트 헬스, 스마트 도시 개념으로 확장되고 있다. 셋째, 플랫폼을 통한 무수한 상호작용으로부터 축적된 정보를 비즈니스에 활용하는 데이터화(datafication)이다. 이러한 정보들을 컴퓨터로 하여금 학습하게 하는 머신러닝, 인공지능의 발달은 정보의 불완전성을 해소시켜 경제행위에서의 예측 가능성을 높여주고 있다.

플랫폼 경제는 경제이론적 측면에서 몇 가지 이슈를 제기한다.

첫째, 앞서 살펴본 간접적 네트워크 외부성을 활용한 다면 시장적 특성이다. 여러 그룹들 간에 직접 거래할 경우 발생하는 높은 거래비용과 정보의 비대칭성 문제를 플랫폼이 해결하는 측면이다. 일종의 시장실패를 교정하는 역할이다. 그러나 소비자가 또 다른 소비자를 불러들이거나 사용자가 많으면 광고 수익이 늘어나는 현상, 사용자가 컨텐츠를 생산하는 프로슈머와 같은 또 다른 문제를 파생시키고 있어 보상체계를 어떻게 할 것인가의 문제가 있다.

둘째, 대량의 컨텐츠와 재화를 유통시키기 때문에 규모의 경제가 지대하다. 디지털 제품의 경우 초기 생산비용은 높지만 재생산 비용은 거의 0에 가까워 한계비용은 매우 낮으며, 일반 재화도 대규모 창고비용만 유지하고 수많은 매장비용을 절감할 수 있는 이점이 있다. 또한 컨텐츠와 재화는 비록 소량이지만 수많은 구매자들과 거래함으로써 상당한 수입을 실현하는 롱테일 시장(long-tail market)의 특성도 지닌다.

셋째, 규모의 경제 특성으로 인한 자연독점적 성격에 관한 문제이다. SNS와 같이 서로 간의 의사소통의 장으로서의 기능에 국한하면 가입자가 많을수록 데이터 저장이나 전달에 드는 평균비용이 획기적으로 감소하므로 분명 자연독점적인 요소가 있다. 따라서 Facebook과 같은 자연독점적 사업자가 다른 중소규모 사업자보다 훨씬 유리하다. 그러나 Amazon이나 Coupang처럼 수요가 극히 제한적인 제품을 포함하여 수많은 제품을 제공, 유지하는 데 상당한 비용이 필요하므로 규모의 비경제가 동시에 존재할 수 있다. 또한 음악, 동영상 스트리밍 서비스의 경우 Amazon, Netflix, Hulu, Spotify, Deezeer 등과 같이 다수의 업체가 서비스를 차별화하여 독점적 경쟁을 벌이고 있다. 더불어 디지털 재화의 경우는 진입장벽이 낮고, 전환비용(switching cost)도 낮기 때문에 자연독점적이라 보기 어렵다.

넷째, 특정 사업체에 소속되지 않는 프리랜서와 같은 개인화된 경제활동이 가능함으로써 발생하는 문제이다. 일명 긱 이코노미(Gig Economy) 문제이다. 플랫폼을 중심으로 개인 단위로 계약을 맺고 경제활동을 함으로써 플랫폼 사업자와 노동자 및 사용자 간에 힘의 불균형이 발생하게 된다. 가령 강아지 산책 앱에 시간이 갈수록 지원자가 많아져 경쟁이 높아짐으로써 산책비(임금)가 현저히 낮아지는 현상을 예상할 수 있다. 여기에다 플랫폼 노동자가 소속이 부재하기 때문에 최저임금, 노동의 안전 등을 담보받지 못하는 문제도 발생할 수 있다. 반면 소비자의 경우 본인의 개인정보가 무단으로 활용되거나 구입한 제품에 하자가 발생하였을 때 플랫폼 사업자가 제품 생산자나 배달자에게 책임을 전가하거나 외면하는 현상도 충분히 발생할 수 있다. 이러한 문제점들이 보완된다면 긱 이코노미는 자원배분의 유연성을 발휘할 수 있어 산업경쟁력 향상 효과가 있다.

다섯째, 디지털 공생공존이라는 생태계 문제이다. 플랫폼이 거대해지고 선별의 힘이 세지니까 플랫폼 사업자가 여러 불공정 행위를 일삼아 생태계를 교란시키는 일이 빈번하다. 예로 검색창에서 특정 제품을 검색했을 때 플랫폼 사업자가 운영하는 쇼핑몰을 더 빈번하게 노출시키거나, 마찬가지로 동영상 검색에 자사 동영상 서비스의 우선 순위를 높게 설정한다든지 하는 행위를 들 수 있다. 이런 행위는 대개 AI를 작동시키는 알고리즘의 변경을 통해 이루어진다. 알고리즘은 수학적 최적화 모델에 기초하기 때문에 이러한 행위가 반복될 경우 더욱 편향될 가능성이 있어 건전한 생태계 형성에 위협 요인이 된다.

2 수요곡선의 변형과 시장

정상재(normal goods)의 수요곡선은 우하향하여 가격이 내려가면 수요가 늘어나고, 반대로 가격이 올라가면 수요가 줄어든다. 이러한 기본 관계가 네트워크 외부성이 존재하는 상품에는 성립되기 어렵다. 네트워크 외부성이 존재할 경우에는 상품의 수요가 늘어나면 상품의 네트워크 연결이 늘어나 그 가치가 올라가므로 소비자들의 지불의사가 커지기 때문이다. 이로 인해 수요-가격 스케줄이 모든 곳에서 우하향하지 않고 우상향하는 변형이 일어난다.

이처럼 네트워크 외부성이 존재할 경우 소비자들의 선택행위는 네트워크 가치를 고려함으로써 전통적인 소비자의 선택행위와는 달라진다. 이를 설명하는 논문으로는 Economides and Himmelberg(1995), 그리고 Shy(2001) 등이 있다. 접근 방법에 다소 차이가 있으나 둘 다 자기실현 기대균형(self-fulfilled expectation equilibrium)을 도입하여 동일한 결과를 도출하였다.

2.1 Shy 모형

Shy(2001)는 강한 네트워크 외부성을 지닌 통신 서비스 시장을 대상으로 시장균형을 분석한다. 네트워크 외부성의 존재로 인해 일반 재화나 서비스와는 다른 수요곡선이 도출되고, 이로 인해 단일균형이 아닌 다수균형이 나타남을 보인다. 다소 제한된 모형이지만 시장균형이 어떻게 이루어지는지를 명료하게 설명한다.

(1) 소비자

먼저 소비자 효용으로부터 수요함수를 도출한다. 단위 구간 [0, 1] 사이에 η의 밀도로 일정하게 분포된 잠재 통신 서비스 수요자 그룹이 존재한다고 하자. 각 소비자들은 [0, 1] 사이에서 x에 해당하는 선호를 가지고 있다. x값이 낮으면 통신 서비스 수요에 높은 선호를 보이는 H 유형의 소비자에 해당하며, 높으면 반대로 L 유형의 낮은 선호를 가지는 소비자에 해당한다.

실제 통신 서비스를 수요하는 소비자들의 수를 $q(0 \leq q \leq 1)$, 접속 가격을 p라 하면 소비자 효용은 다음과 같이 정의한다.

$$U_x = \begin{cases} (1-x)q^e - p & \text{가입할 경우} \\ 0 & \text{가입하지 않을 경우} \end{cases}$$

q^e는 소비자들의 기대 가입자 수를 나타내며, 네트워크 외부성이 존재하므로 q^e가 커짐에 따라 소비자의 효용도 증가한다.

이제 주어진 가격 p하에 통신 서비스에 가입할 경우와 가입하지 않을 경우가 무차별한 선

호도 $\hat{x}$를 가진 특정 소비자를 생각하자. 그러면

$$0 = (1-\hat{x})q^e - p \quad \text{or} \quad \hat{x} = \frac{q^e - p}{q^e}$$

가 된다. $x > \hat{x}$인 모든 소비자들은 통신 서비스에 가입하지 않을 것이며, 반대로 $x \leq \hat{x}$인 소비자들은 가입할 것이다. $\hat{x}$를 기준으로 왼쪽으로 분포된 H 유형의 소비자들은 기꺼이 가입할 것이나 오른쪽에 위치한 L 유형의 소비자들은 가입하기를 꺼려할 것이기 때문이다. 따라서 실제 가입자 수는 $q = \eta\hat{x}$이 되며, 네트워크 외부성을 고려할 때 q^e가 증가하면 $\hat{x}$은 증가할 것이다. q^e의 결정에는 소비자들이 완전한 정보와 합리적 기대를 가지고 있다고 가정하고 기대가 스스로 실현되는(self-fulfilling prophecy) 균형을 도입한다. 즉, $q^e = q = \eta\hat{x}$가 되어 다음과 같이 된다.

$$p = (1-\hat{x})\eta\hat{x}$$

이는 역수요함수가 되며, [그림 1-6]과 같이 그려진다. 작은 규모의 수요가 존재할 경우 우상향하다가 수요가 증가할수록 우하향하는 일반적인 수요 형태를 보인다. 이는 수요규모가 작을 때는 네트워크 효과(가격과 수요의 정의 관계)가 가격 효과(가격과 수요의 부의 관계)보다 상대적으로 우위에 있으나, 일정 포화 상태를 지나 수요규모가 클 때는 반대 현상이 벌어지기 때문이다.

그림 1-6 통신 서비스의 수요곡선

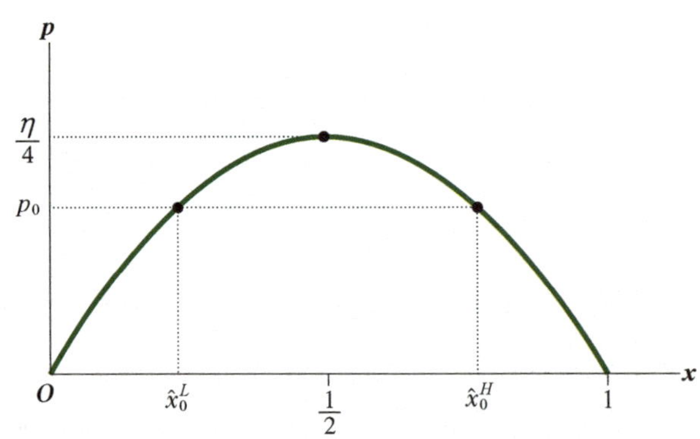

[그림 1-6]에 의하면 잠재 수요자의 증가($\eta\uparrow$)는 수요함수의 정점(peak)을 상향으로 이동시키는데, 이는 네트워크 크기를 증가시켜 결국 소비자들의 지불의사를 증가시키게 된다. 이제 역 U자 형태의 수요곡선하에서 균형점을 찾아보자. [그림 1-6]에서 보듯이 접속 가격을 p_0라 하면 $\hat{x}_0^L$과 $\hat{x}_0^H$의 두 균형점이 나타난다.

$$\hat{x}_0^L = \frac{\eta - \sqrt{\eta(\eta - 4p_0)}}{2\eta} \quad \text{and} \quad \hat{x}_0^H = \frac{\eta + \sqrt{\eta(\eta - 4p_0)}}{2\eta}$$

낮은 수요규모 $\eta\hat{x}_0^L$과 높은 수요규모 $\eta\hat{x}_0^H$의 두 균형점이 발생하는데, 전자는 소비자가 증가함에 따라 소비자잉여가 발생하게 되므로 우측으로 움직이려는 힘이 발생하여 불안정하다. 반면에 후자는 수요가 늘어나면 부(-)의 소비자잉여가 발생하게 되므로 더 이상 늘지 않고 후자에서 멈추게 되므로 안정적이다. 전자인 $\eta\hat{x}_0^L$은 p_0하에서 최소 규모의 균형으로 일종의 임계규모 역할을 한다. 만일 수요자의 밀도가 증가하여 η가 2η가 되더라도 가격이 p에서 $2p$가 되어 임계규모의 크기는 변함이 없다.

(2) 독점 통신 서비스 사업자

독점사업자의 이윤극대화 행위에 대해서 알아본다. 분석의 편의를 위해 독점사업자의 접속 서비스를 위한 고정 및 한계 비용은 존재하지 않는 것으로 가정한다. 이윤극대화를 위한 균형 수요량과 가격을 알아보기 위해 다음과 같은 최적화 문제를 설정한다.

$$\max\ \pi(\hat{x}) = p\eta\hat{x} = (1-\hat{x})(\eta\hat{x})^2$$

이를 풀면 다음과 같이 된다.

$$0 = \frac{d\pi}{d\hat{x}} = (2\hat{x} - 3\hat{x}^2)\eta^2 \quad \text{and} \quad \frac{d^2\pi}{d\hat{x}^2} = (2-6\hat{x})\eta^2$$

극대화를 위한 2차 조건에서 $\hat{x} > \frac{1}{3}$을 만족해야 하므로 $\hat{x} = \frac{2}{3}$가 이윤극대화를 만족하는 해이다. 균형 가격과 이윤을 구하면 각각 다음과 같다.

$$p = (1 - \hat{x})\eta\hat{x} = \frac{2\eta}{9} \quad \text{and} \quad \pi = (1 - \hat{x})(\eta\hat{x})^2 = \frac{4\eta^2}{27}$$

그림 1-7 독점 통신 서비스 사업자의 이윤곡선

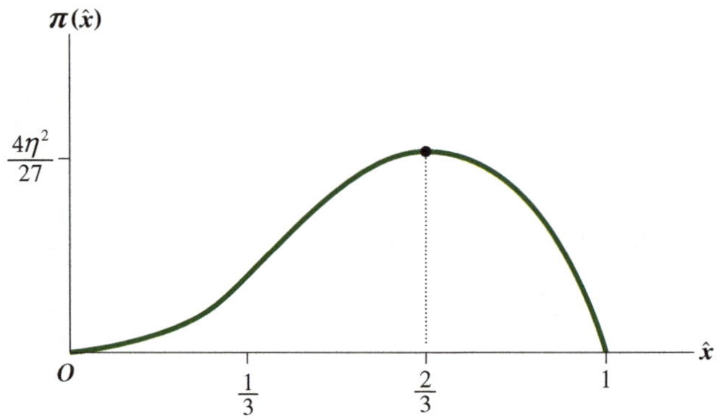

마지막으로 잠재소비자(η)의 증가가 접속 가격, 이윤, 소비자 후생에 미치는 영향을 살펴본다. $q = \hat{x}\eta = \frac{2}{3}\eta$와 $p = \frac{2\eta}{9}$를 앞의 효용함수에 대입하면 다음과 같은 소비자 후생을 구할 수 있다.

$$U_x = \frac{2\eta(2 - 3x)}{9} \quad \text{for consumer types} \quad x \in \left[0, \frac{2}{3}\right]$$

잠재소비자(η)의 증가는 접속 가격과 독점사업자의 이윤을 증가시키고, 나아가 가격 상승에도 불구하고 소비자 후생을 증가시킨다. 이는 독점사업자가 가격 상승에서 오는 잉여 증가분을 온전하게 누리지 못하고 네트워크 외부성 증가를 통해 소비자와 함께 공유하고 있음을 나타낸다.

(3) 신규 사업자의 진입

정부가 신규 사업자가 진입한 이후 기존 사업자의 가격 인하를 금지하는 상황에서는 신규 사업자가 직면하는 수요는 기존 사업자의 균형 수요량을 제외한 나머지가 된다. 따라서 신규 사업자는 $(1 - \frac{2}{3})\eta$의 수요에 직면하게 된다.

그림 1-8 신규 사업자가 직면하는 잔여 수요곡선

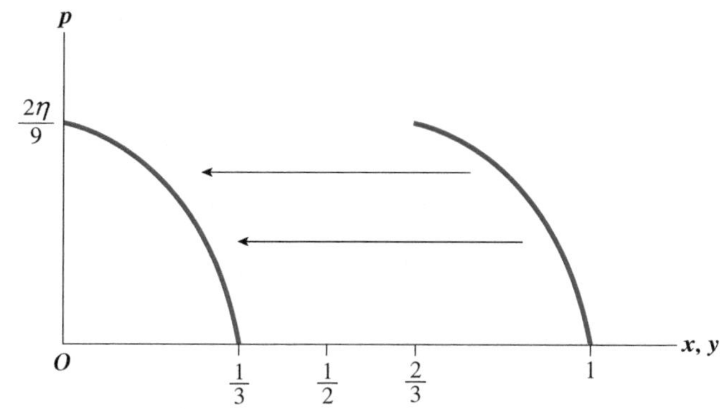

신규 사업자의 균형 수요량($\hat{y}$)은 새로운 균형가격 p하에 수요량 $\hat{x}$에서 이미 접속된 소비자의 수인 $\frac{2}{3}$를 제외한 규모이다.

$$\hat{y} = \hat{x} - \frac{2}{3} = \frac{\eta + \sqrt{\eta(\eta - 4p)}}{2\eta} - \frac{2}{3}$$

이를 p에 대해서 정리하고 이윤을 다음과 같이 표현할 수 있다.

$$p = \frac{\eta(2 - 3\hat{y} - 9\hat{y}^2)}{9},\ \pi = \frac{\eta(2 - 3\hat{y} - 9\hat{y}^2)}{9}\eta\hat{y}$$

이윤극대화를 위한 1차 및 2차 조건을 통해 $\hat{y}$, p, π는 각각 다음과 같이 구해진다.

$$0 = \frac{d\pi}{d\hat{y}} = \frac{\eta^2(2 - 6\hat{y} - 27\hat{y}^2)}{9} \text{ and } 0 > -\frac{2\eta^2(9\hat{y} + 1)}{3}$$

$$\hat{y} = \frac{\sqrt{7} - 1}{9} \approx 0.182,\ p = \frac{\eta(23 - \sqrt{7})}{81} \approx 0.128\eta,\ \pi = \eta^2\frac{14\sqrt{7} - 20}{729}$$

기존 사업자의 가격(p_I), 이윤(π_I)와 신규 사업자의 가격(p_E), 이윤(π_E)을 비교해 보면 $p_E \approx 0.128\eta < 0.222\eta \approx p_I$, $\pi_E \approx 0.023\eta^2 < 0.148\eta^2 \approx \pi_I$가 된다. 신규 사업자는 주로 L 유형의 소비자들을 대상으로 하기 때문에 낮은 가격과 낮은 이윤을 실현하게 된다.

시장점유 상황을 보면 기존 사업자는 $[0,\ \frac{2}{3}]$에 분포되어 있는 소비자들에게 통신 서비스를 제공하며, 신규 사업자는 $[\frac{2}{3},\ \frac{2}{3}+\hat{y}] = [\frac{2}{3},\ \frac{2}{3}+0.182] \approx [0.67,\ 0.85]$에 분포하는 소비자들에게 통신 서비스를 제공한다. 동일한 방식으로 제2, 제3의 신규 사업자들의 진입을 예상할 수 있으며, 신규 사업자들이 부과하는 가격과 이윤, 시장점유율은 점점 감소할 것으로 예상된다. 이처럼 시장이 경쟁적으로 변모함에 따라 기존 소비자들은 새로운 소비자들과의 접속이 확대되므로 효용이 증대되며, 신규 소비자들도 새로운 접속으로 인해 정(+)의 효용을 실현할 수 있다. 또한 신규 사업자들은 정상 이윤 이상의 이윤을 실현하게 되므로 결과적으로 전체 사회후생은 증대하게 된다. 실제 통신 서비스 시장에서 기존의 MNO(Mobile Network Operator)와 신규 사업자인 MVNO(Mobile Virtual Network Operator, 예 : 알뜰폰 사업자) 간의 경쟁 구도에 적용해 볼 수 있다.

그림 1-9 신규 진입 이후 시장점유율

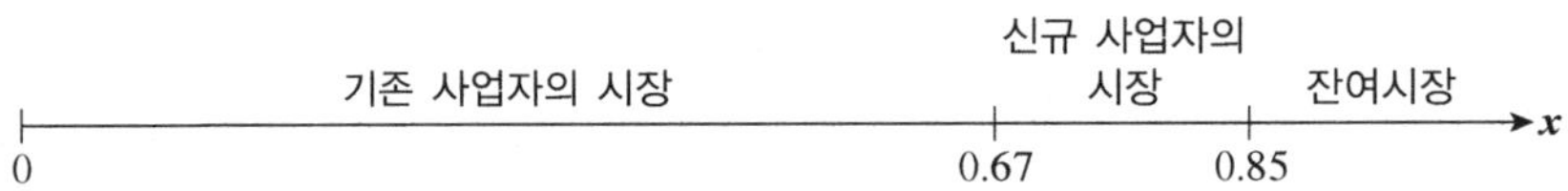

2.2 Economides & Himmelberg 모형

(1) 완전경쟁

먼저 수요곡선을 도출한 후 완전경쟁 균형에 대해서 알아보자. 네트워크 외부성이 존재하고, 네트워크 크기에 대한 소비자들의 기대가 존재하며, 자기실현 기대균형을 가정하여 효용함수로부터 수요곡선을 도출한다. 네트워크 외부성이 존재할 땐 X가 많이 팔릴수록 X의 가치가 올라간다.

분석의 편의를 위해 다음을 가정한다. 소비자가 네트워크 상품을 구입함으로써 얻는 효용은 소득수준 y에 비례하여 소득이 높을수록 네트워크 상품의 소비로부터 더 높은 효용을 누린다. 소비자의 효용함수는 $u(y, n) = y^{\gamma}(k + dn^{\alpha})$로 나타난다. n은 상품의 네트워크 크기($n \in [0, 1]$)를 나타내고, α는 0에서 1 사이의 값을 가지고, d는 0보다 큰 값을 가지는 파라미터이며, γ는 1의 값을 갖는다. 상수인 k는 네트워크 크기가 0일 때 소비자들이 가지는 상품 고유의 가치를 나타낸다. 따라서 네트워크 크기가 커질수록 효용이 증가하나 한계효용은

$0 < \alpha < 1$이므로 감소하는 일반적인 형태를 띤다. 또 높은 소득을 가진 소비자일수록 더 많은 네트워크 상품(휴대폰, 인터넷 등)을 소비하며, 상품 자체뿐만 아니라 네트워크 크기에도 더 높은 가치를 부여한다는 사실을 유추할 수 있다.

이러한 개인 효용함수로부터 주어진 상품의 시장가격 p와 향후 판매량을 나타내는 기대 네트워크 크기인 n^e하에 $u(y, n) \geq p$를 만족시킬 정도로 높은 소득을 가진 소비자 수를 고려하여 총수요함수를 도출할 수 있다. 총수요함수는 일반적인 형태인 $n = f(n^e, p)$로 표시된다. 주어진 기대 네트워크 크기 n^e하에서 수요함수는 가격에 대해 우하향하며, n^e가 클수록 수요곡선은 위로 이동한다. 기대 네트워크 크기 n^e와 실제 네트워크 크기 n하에서 각 n^e에 대응하는 역수요함수 $p = p(n, n^e)$를 구할 수 있다.

지금까지는 기대 네트워크의 크기가 현재의 네트워크 크기에 따라 달라질 수 있음을 가정하였다. 그러나 실제 균형에서는 기대 네트워크 수요가 시장 네트워크의 크기를 결정하므로 결국 $n = n^e$가 성립된다. 이렇게 성립된 수요곡선은 실현된 기대수요곡선 $p(n, n)$이 된다. [그림 1-10]에서 $p(n, n_1^e)$, $p(n, n_2^e)$ 등은 소비자가 균형에서 이루어지기를 기대하는 각기 다른 크기의 네트워크하에서 기꺼이 지불하고자 하는 의사를 나타낸다. 첫 번째 곡선상의 E_1은 n과 n_1^e가 일치하는 점을, 마찬가지로 E_2는 n과 n_2^e가 일치하는 점을 각각 나타낸다. 이러

그림 1-10 네트워크 외부성 존재 시 기대수요곡선의 도출

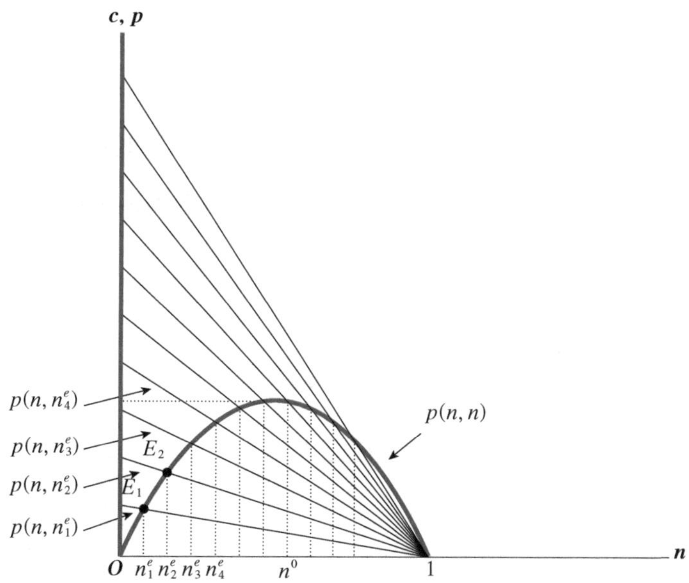

한 점들을 이은 곡선이 곧 실현된 기대수요곡선 $p(n, n)$이다. [그림 1-10]에서 보는 것처럼 $p(n, n)$은 단조(monotonic)함수가 아니다. 또 $p(n, n)$은 역 U자 모양의 곡선뿐만 아니라 Y축도 포함하는데, 이것은 $c > k$를 만족하는 한계비용(c)에서는 0 크기의 네트워크가 실현될 수 있음을 말해 준다. 특히 $c > c^0 (= p(n, n)$의 최고점)이면 0 크기가 실현된 기대균형이 된다. [그림 1-10]은 $k = 0$인 경우이다.

좀 더 구체적인 함수의 형태로 설명해 보자. 앞의 가정들을 활용하여 효용함수가 다음 조건을 만족하는 소비자들의 합을 구함으로써 총수요함수를 도출할 수 있다.

$$u = y(k + dn^{\alpha}) \geq p$$

위 조건을 만족하는 소비자들의 수를 구하기 위해서는 소비자들의 분포함수를 활용하여야 하는데, 소비자들은 편의상 아래와 같은 $g(y)$ 함수 분포(소득 밀도 분포)를 한다고 가정한다.

그림 1-11 $g(y)$ 함수의 분포

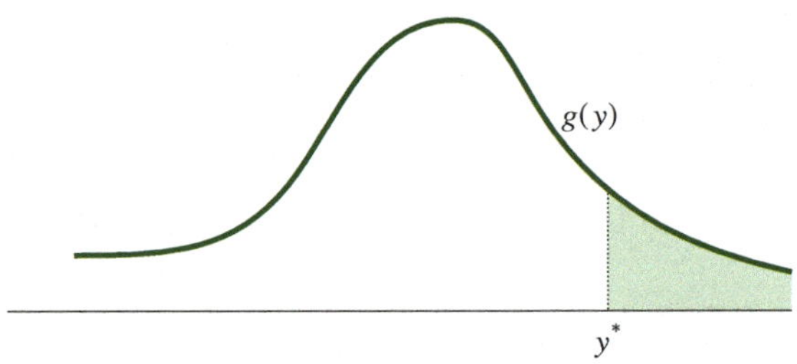

소득수준에 따라 분포를 달리하므로 이 함수를 만족하는 소비자 수는, 예를 들어 $u = y(k + dn^{\alpha}) = p$를 만족하는 소득수준을 y^*라고 하면 y^*의 우측에 분포하고 있는 소비자들의 합이 된다. 따라서 다음과 같은 관계가 성립하게 된다.

$$y^* = \frac{p}{(k + dn^{\alpha})}$$

$$n = 1 - G\left(\frac{p}{(k + dn^{\alpha})}\right)$$

$G(y)$는 누적분포함수를 나타낸다. $n = 1 - G\Big(\frac{p}{(k + dn^{\alpha})}\Big)$을 p에 대해서 정리하면 다음과 같은 역수요함수를 구할 수 있다.

$$G\Big(\frac{p}{(k + dn^{\alpha})}\Big) = 1 - n$$
$$p = (k + dn^{\alpha})G^{-1}(1 - n) = p(n, n^{e})$$

따라서 결국 실현된 기대균형에서 $p = (k + dn^{\alpha})G^{-1}(1 - n) = p(n, n^{e})$는 $p(n, n)$이 된다.

이제 도출된 수요곡선의 형태에 대해서 좀 더 설명해 보기로 한다. 재화나 서비스가 네트워크 외부성을 어느 정도 가지고 있느냐에 따라 수요곡선의 형태가 달라지고, 이에 따라 균형점도 달라진다. [그림 1-10]에서 보면 $\lim_{n \to 1} p(n, n) = 0$임을 알 수 있는데, 이는 큰 n에 대해서 $p(n, n)$이 감소함을 말해 주는 동시에 시장이 무한대로 발산하지 않음을 의미한다. 그러나 네트워크 외부성의 크기에 따라 곡선의 시작점은 달라진다. 시작점은 바로 k값의 크기가 결정하는데, 강한 네트워크 외부성의 경우 다른 재화나 서비스와의 네트워크가 형성되지 않으면 가치가 낮기 때문에 k값이 크지 않다. 따라서 일정 수준까지는 $p(n, n)$이 n에 대하여 우상향하는 구간을 가지게 된다. 반면 약한 네트워크 외부성의 경우, 즉 네트워크 재화가 아닐수록 정상재에 가까워지므로 $n = 0$일 때 가치가 높아져 일반적인 수요곡선과 유사하게 $p(n, n)$이 모든 n에 대하여 감소하게 된다. [그림 1-12]는 네트워크 외부성이 강한 경우(a)와 약한 경우(b)의 실현된 기대수요곡선을 나타낸다.

그림 1-12 네트워크 외부성의 크기와 실현된 기대수요곡선

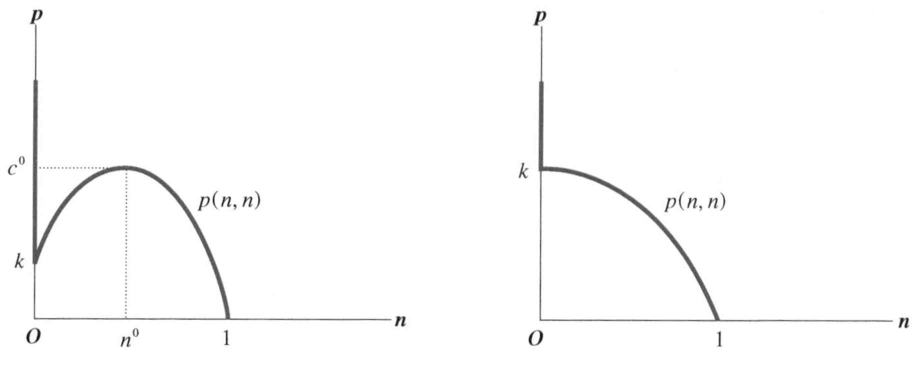

(a) 네트워크 외부성이 강한 경우

(b) 네트워크 외부성이 약한 경우

이러한 경우 균형점도 달라진다. 왼쪽 네트워크 외부성이 강한 경우 한계비용 c를 가진 완전경쟁을 가정하면 균형에서 가격은 한계비용과 일치한다($p(n,n)=c$). c^0는 $p(n,n)$의 최고점을 나타낸다. $c>c^0$이면 유일한 균형은 0 크기의 네트워크이다. $c^0>c>k$이면 0 이외에 c와 $p(n,n)$이 만나는 점에서 두 개의 균형이 더 존재한다. 둘 중 좌측은 불안정하나 우측은 안정적이다. 마지막으로 $c<k$이면 유일한 안정적인 균형이 존재한다. 동일한 가격에 하나 이상의 네트워크가 가능하다면 보다 큰 규모의 네트워크가 균형으로 선택될 것이며, 그 균형은 항상 파레토 우위이고 안정적이다. 정리하면 강한 네트워크 외부성의 경우 $c>c^0$이면 0 크기의 네트워크 규모가 균형이며, $c=c^0$에서는 네트워크 크기가 n^0에서 시작한다. 그리고 $c<c^0$이면 네트워크 크기는 $p(n,n)$의 우하향 부분을 따른다. 약한 네트워크 외부성의 경우는 정상재와 같이 우하향 부분에 유일한 균형이 존재한다.

(2) 독점

독점업자는 소비자들의 기대에 영향을 미칠 수도 있고 그렇지 않을 수도 있다. 만일 영향을 미치지 않는다면 독점은 완전경쟁보다 생산을 덜할 것이며, 결과적으로 비효율적이 될 것이다. 반면에 소비자의 기대에 영향을 미쳐 완전경쟁일 때보다 더 큰 네트워크를 형성하여 결과적으로 높은 사회후생 수준을 가져올 수도 있을 것이다. 그러나 독점업자가 완전한 가격 차별을 실현시키지 못하는 일반적인 경우는 완전경쟁보다 작은 크기의 네트워크 규모를 나타내기 때문에 낮은 후생수준을 보인다.

독점업자들은 네트워크 크기를 설정하는 데 두 가지 상반된 인센티브를 가진다. 하나는 적절한 사회잉여를 증가시키기 위하여 네트워크 크기를 확대하는 경우이고, 다른 하나는 네트워크 크기를 경쟁수준 이하로 국한하고 대신에 가격을 증가시키는 경우이다. 이제 둘 중 후자의 경우가 더 지배적임을 보자.

독점업자의 이윤(Π^M)은 $\frac{d\Pi^M}{dn}=0$일 때 극대화된다.

$$\Pi^M(n,n)=R^M(n)-C(n)=n(p(n,n)-c)$$

$$\frac{d\Pi^M}{dn}=MR^M-MC=p(n,n)+\frac{ndp}{dn}-c=0$$

한계수입(MR^M)곡선은 [그림 1-13]에서 보는 것처럼 $n > n^0$에 대해서는 굵은 선으로, $n < n^0$에 대해서는 점선으로 나타난다.

그림 1-13 네트워크 외부성의 정도와 독점수요곡선

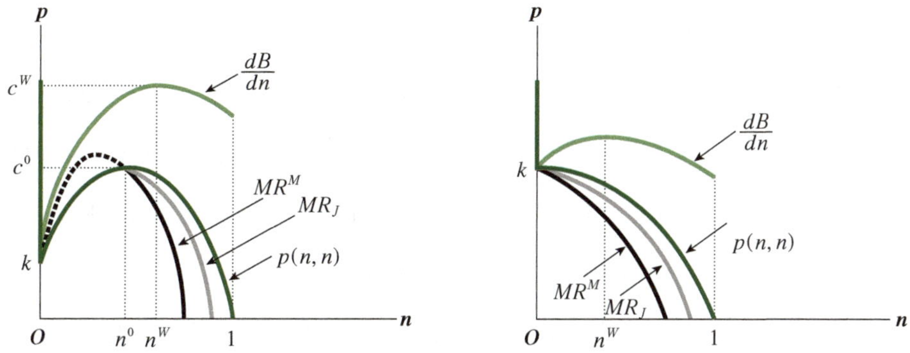

(a) 네트워크 외부성이 큰 경우　　(b) 네트워크 외부성이 작은 경우

독점업자는 가격이 한계비용을 초과할 때 생산을 할 것이다. 이것은 곧 $\frac{dp}{dn} < 0$[5]을 의미하며, $MR^M = p(n,n) + \frac{ndp}{dn} < p$을 말한다. 즉, 독점업자는 실현된 기대수요곡선이 우하향 국면일 때 생산활동을 한다. 보통의 우하향 수요곡선이 직면하는 것과 마찬가지로 한계수입은 가격보다 낮으며, 균형생산량도 완전경쟁의 경우보다 낮게 결정이 된다. 따라서 독점업자는 완전경쟁의 경우와 동일한 비용으로 네트워크 서비스를 시작하고 동일한 임계규모를 가지며, 완전경쟁의 경우보다 생산량은 적고 가격은 높다.

소비자들의 기대에 대한 영향이 존재함에도 불구하고 독점의 경우 완전경쟁보다 작은 크기의 네트워크 규모가 나타나고, 결과적으로 낮은 사회후생 수준을 보인다. 네트워크 외부성의 존재는 기존 독점적 시장균형에 별 영향을 주지 못한다.

(3) 과점

과점시장에서의 기업들은 상호 호환이 되는 상품을 생산하거나 혹은 일부 기업들은 다른 기업들의 일부 제품과 호환이 되지 않는 상품을 생산할 수도 있을 것이다. 여기서는 전자의

5. $p(n,n) = c - \frac{ndp}{dn} > 0$이므로 $\frac{dp}{dn} < 0$이 성립함.

경우에 대해서만 살펴본다.[6]

모든 기업들이 호환이 가능한 동일한 상품을 생산한다고 가정하자. 그리고 이들 기업은 서로 쿠르노 경쟁을 하며, 각 기업들은 자신들의 생산량에 대한 소비자들의 기대 형성에만 영향을 줄 수 있다고 가정한다. 그러한 가정하에 과점시장의 균형은 완전경쟁과 독점의 중간에서 결정됨을 쉽게 알 수 있다.

k개의 기업이 존재하는 과점시장에서 기업 j의 이윤은 $\Pi_j = n_j[p(\Sigma_{i=1}^{k} n_i,\, n_j + \Sigma_{i\neq j}^{k} n_i^e) - c]$이며, $\dfrac{d\Pi_j}{dn_j} = MR_j - MC = p(\Sigma_{i=1}^{k} n_i,\, n_j + \Sigma_{i\neq j}^{k} n_i^e) + \dfrac{n_j dp}{dn_j} - c = 0$일 때 이윤극대화가 된다. 여기서 도출되는 실현된 기대균형은 대칭이며, 모든 i에 대해서 $n_i^e = n_i = \dfrac{n}{k}$(단, $n = \Sigma_{i=1}^{k} n_i$)이 성립한다. 따라서 균형은 $p(n, n) + \dfrac{n}{k}\dfrac{dp}{dn} - c = 0$이 된다.

[그림 1-13]에서 보는 것처럼 기업 j의 한계수입은 독점과 완전경쟁의 사이에서 결정된다($\dfrac{dp}{dn} < 0$이므로). 따라서 과점균형에서의 네트워크 규모는 완전경쟁에서 결정되는 규모와 독점에서 결정되는 규모의 중간에서 결정이 된다. 반면 가격은 반대로 독점에서 제일 높고 다음으로 과점, 완전경쟁 순이다. 사회후생 차원에서 볼 때도 기대에 영향을 미치는 과점균형은 완전경쟁의 경우보다는 비효율적이지만 독점의 경우보다는 효율적이다. 이러한 결과들은 네트워크 외부성이 존재하지 않는 경우의 과점시장, 예를 들어 쿠르노 경쟁시장의 결과와 완전경쟁 및 독점시장의 결과와 동일한 관계를 보인다.

(4) 사회후생과 네트워크 외부성

정책 당국자는 사회후생 극대화에 관심을 가진다. 네트워크 외부성이 존재할 경우 정책 당국자는 네트워크 외부성을 완전히 내부화시킴으로써 사회후생을 극대화시킬 수 있다. 그렇게 함으로써 공급자는 더 큰 규모의 네트워크를 제공할 수 있게 된다. 네트워크 크기가 n이라고 하면 정책 당국자는 실현된 기대 순 이득($W(n, n)$)을 극대화한다.

$$W(n, n) = B(n, n) - C(n) = \int_0^n (p(q, n) - c)dq$$

6. 비호환의 경우에 대한 이론적인 접근은 Economides(1995)를 참조하기 바란다. 과점시장의 경우 호환의 경우가 더 일반적이기 때문에 호환의 경우만 다루었다.

여기서 $B(n, n) = \int_0^n p(q, n)dq$은 네트워크 크기가 n일 때의 총이득을 나타낸다. 최적 선택은 한계 순이득이 0이 되는 네트워크 크기에서 이루어진다.

$$\frac{dW}{dn} = \frac{dB(n, n)}{dn} - c = p(n, n) + \int_0^n p_2 dq - c = 0$$

여기서 $p_2 > 0$은 총이득 $B(n, n)$을 두 번째 변수인 기대 네트워크 크기로 미분한 값이다. 따라서 한계 총이득은 실현된 기대 지불의사$(= p(n, n))$보다 크게 된다.

$$\frac{dB(n, n)}{dn} = p(n, n) + \int_0^n p_2 dq > p(n, n)$$

[그림 1-16]에서 보면 정책 당국자는 높은 한계비용 영역, 즉 $c \in [c^W, c^0]$에서도 네트워크를 공급할 것이다.[7] 즉, 가격이 한계비용보다 낮아도 네트워크가 공급되어 사회후생을 증가시킬 수 있다. 완전경쟁하에서는 결코 네트워크의 공급이 이루어지지 않는 영역으로서 사회후생 극대화 차원에서 공급되어질 수 있는 영역이다. 그렇다면 한계 총이득에서 가격을 차감한 $\int_0^n p_2 dq$가 바로 네트워크 외부성을 나타낸다고 할 수 있다. 기대 네트워크에 대해 소비자들이 추가적으로 기꺼이 지불하려는 의사의 총합인 추가 기대 이득이 네트워크 외부성을 반영하고 있다. 즉, 추가 소비자잉여라고 할 수 있다. 정확한 네트워크 외부성 측정을 위해서는 보다 정교한 소비자잉여의 추정이 필요할 것이다(Alexander et al., 2000 ; Bresnahan, 1986 ; Brynjolfsson, 1996 ; Lee and Lee, 2006)[8].

네트워크 외부성이 존재할 때 완전경쟁은 비효율적이다. 네트워크 증가에 따른 한계 사회이득이 특정 기업에 귀속되는 이득보다 크기 때문이다. 그래서 완전경쟁하에서는 사회적으로 적정 수준의 네트워크 규모보다 작은 규모의 네트워크가 제공된다. 그리고 일부 상대적으로 높은 한계비용 수준에서는 재화나 서비스를 제공하는 것이 사회적으로 바람직함에도 제공하

7. 통신 서비스의 가격이 올라감에도 소비자잉여(CS)가 증가하는 현상과 관련이 있다. 즉, 높은 가격에도 사회후생 차원에서 네트워크 공급이 이루어져 새로운 균형이 발생하게 된다. 바로 네트워크 외부성이 존재하기 때문이다.

8. 네트워크 외부성 측정에 관해서는 앞으로 이론적으로나 실증적으로 보다 정치화된 연구가 필요한 것으로 보인다. 소비자잉여 추정에 관해서는 많은 연구가 이루어져 왔다. 대표적인 것으로 선형수요함수를 가정하여 비교적 간단하게 추정한 방법인 Alexander et al.(2000)과 비선형함수를 가정하고 추정한 방법인 Bresnahan(1986), Brynjolfsson (1996), Lee and Lee(2006) 등이 있다.

지 않을 가능성도 있다. 그렇다면 네트워크 외부성이 존재할 경우 사회후생을 극대화시키는 해를 어떻게 찾을 것인가가 문제가 된다. 가장 확실한 해는 완전가격차별화인데 이는 실현 불가능하므로[9] 최선의 선택에 가까운 비선형 가격체계(non-linear pricing)의 실현을 강구할 필요가 있겠다.[10] 뿐만 아니라 소비자들의 수요 촉진을 위해 단말기 보조금과 같은 보조금을 제공하거나 사업자들의 네트워크 투자에 대한 보조, 공공 네트워크 투자도 대안이 될 수 있다.

3 과도한 관성과 과도한 동기

제품이나 서비스의 네트워크 특성으로 인해 발생하는 현상으로 '과도한 관성(excess inertia)'과 '과도한 동기(excess momentum)'가 있다. 새로운 제품(기술)이 우수함에도 불구하고 사용자들이 기존의 제품을 고수할 때 과도한 관성이 존재한다. 사용자들이 모두 새로운 제품을 선택하면 기존 제품을 고수할 경우보다 높은 효용을 가져다줌에도 불구하고 기존의 제품을 고집한다. 이러한 현상은 기존 제품의 네트워크가 이미 광범위하게 형성되어 있어서 이로부터의 이탈이 사용자에게 높은 위험을 감수하게 하므로 사용자가 다른 이들보다 먼저 채택하기를 주저하기 때문에 일어난다. 반대로 기존 제품을 고수할 경우 더 높은 효용을 가져다줌에도 불구하고 신제품을 너무 빨리 채택함으로써 더 낮은 효용을 실현할 때 과도한 동기가 발생한다.

과거 사례지만 1990년대 후반 VHS 방식의 비디오테이프에서 DVD(Digital Versatile Disc)로의 이전을 예로 들 수 있다. 우리나라의 경우 다른 나라에 비해 차세대 영상 매체인 DVD가 기존 VHS 방식의 기록 매체를 대체하는 속도가 예상보다 느렸다. 표면적으로는 DVD 타이틀의 미비 혹은 DVD 플레이어의 불충분한 보급 등의 원인들이 지적되고 있으나, 기본적으로 '과도한 관성'의 문제가 배경이 되었다. VHS 방식의 기록 매체가 하나의 표준으로 사용자들 사이에 광범한 네트워크를 형성하고 있어 DVD가 품질 면에서 우수하더라도 그 이전이 쉽

9. 이는 일반적인 독점시장에서 소비자의 유형에 따라 완전가격차별화를 하지 못함으로써 사회후생 극대화를 구현하지 못하는 현상(시장실패)과 유사하다.

10. 예를 들면 가입비, 기본료, 통화료를 다양하게 차별화하는 이부가격제(two-part tariffs)나 다부가격제(multi-part tariffs)의 도입을 생각할 수 있다.

지 않았다. 따라서 VCR과 DVD를 동시에 사용할 수 있는 콤보(Combo) 플레이어와 같은 과도한 관성과 과도한 동기의 두 가지 문제를 동시에 흡수시키는 중간 매체가 등장하게 되는 것이다. 셋톱박스도 동일한 예에 속한다.

3.1 과도한 동기와 관성이 나타나는 이유 : 정태 모형[11]

이제 '과도한 관성'의 존재를 간단한 모형으로서 설명해 보기로 한다. 일반적으로 수요자들의 효용은 상호 의존적이기 때문에 수요자들은 장래 어느 기술(제품)이 많은 사람에 의해서 쓰일 것인가에 대해 항상 예의주시한다. 여기서 바로 기술 선택의 문제가 발생한다. 먼저 두 사용자($i = 1, 2$)를 가정하자. 두 사용자는 기존 기술을 선택할 수도 있고 새로운 기술을 선택할 수도 있다. 두 기술은 서로 비호환적이고 따라서 네트워크의 크기는 단일 기술에 국한된다. $U(q)$는 사용자가 기존 기술을 선택했을 때의 효용을 나타낸다. q는 네트워크의 크기로서 1 또는 2의 값을 가진다. 마찬가지로 $V(q)$는 사용자가 새로운 기술을 선택했을 때의 효용을 나타낸다. 정(+)의 네트워크 외부성이 존재함을 가정하므로 $v(2) > v(1)$, $u(2) > u(1)$이 성립한다.

두 사용자가 동시에 새로운 기술을 선택해야 하는 상황에 직면해 있다고 하면 두 가지 순수 전략균형이 존재한다. 하나는 두 사용자가 기존 기술을 고수하는 것, 또 하나는 두 사용자가 새로운 기술을 선택하는 것이다. 이때 $v(2) > u(2)$임에도 불구하고 두 사용자가 공히 기존 기술을 고수할 경우에 '과도한 관성'이 발생한다. 두 사용자가 새로운 기술을 선택하는 것이 파레토 우위임에도 불구하고 각 사용자들은 독단적으로 행동하여 위험을 감수하는 것을 꺼리기 때문이다.

한편, 과도한 동기는 $u(2) > v(2)$임에도 불구하고 두 사용자가 기존 기술의 늪에 빠져 고립되는 것이 두려워 신기술로 이전하게 되는 경우에 발생한다. 그러나 과도한 관성이나 과도한 동기 현상은 사용자 간 정보의 격차가 존재하지 않거나 상대방 행동에 대한 반응이 신속하게 일어나거나 혹은 사용자 간 선호가 동일할 경우에는 그리 심각한 문제가 아닐 것이다. 그러나 실제로는 그렇지 않는 경우가 더 일반적이므로 이에 대해 알아보자.

---

11. Tirole(1988), pp.406~407.

3.2 정보의 비대칭성 : 동태 모형[12]

선호가 다른 사용자들의 과도한 관성의 문제를 1기와 2기로 나누어 설명해 보자. 먼저 사용자의 신기술에 대한 선호가 파라미터 $\theta(0 \le \theta \le 1)$에 따라 연속적으로 변한다고 가정한다. 사용자가 기존 기술과 신기술을 선택할 경우 효용수준을 각각 $u_\theta(q)$와 $v_\theta(q)$로 표기하고 θ는 새로운 기술에 대한 사용자 선호도를 나타낸다. 그리고 $v_\theta(2) - u_\theta(1)$이 θ가 증가할수록 커진다고 가정한다. 이는 사용자들이 새로운 기술을 선호할수록 다른 사용자들과 함께 새로운 기술을 사용하고자 하는 유인이 커진다는 의미이다(네트워크 외부성). 또 $v_1(1) > u_1(2)$와 $v_0(2) < u_0(1)$을 가정한다. θ가 1에 가까운 사용자는 다른 사용자의 행위와 관계없이 항상 신기술을 선호한다. 마찬가지로 θ가 0에 가까운 사용자는 항상 기존 기술을 선호한다. 따라서 사용자 간 조정 문제는 θ가 중간값을 가질 경우에 일어난다.

나머지 가정들은 다음과 같다. 각 사용자는 자신의 θ를 알지만 다른 사용자의 것은 모른다. θ는 [0, 1] 사이에서 균일분포를 갖는다. 게임은 두 기간, 1기와 2기에 걸쳐 진행되며, 매 기간에 두 사용자들은 신기술에 대한 채택 여부를 동시에 결정한다. 한 번 기술을 선택하면 변경할 수 없고 2기 말에 이익이 실현된다. 이러한 가정하에서 우리는 4가지 전략을 생각할 수 있다. ① 1기에 다른 사용자의 선택과 무관하게 기존 기술을 고수, ② 다른 사용자가 1기에 신기술을 선택하면 2기에 신기술을 선택(편승 효과, bandwagon effect), ③ 1기에 신기술을 선택, ④ 다른 사용자의 변경 여부에 상관없이 2기에 신기술 선택 등이다. 그러나 전략 ④는 할 수만 있다면 1기에 선택하는 것이 항상 유리하므로 전략 ③보다 열위에 있다. 왜냐하면 ③의 경우는 상대방 사용자들 중 전략 ②의 영역에 있는 사용자들로 하여금 신기술을 선택하게 하는 반면, ④의 경우 그들로 하여금 구기술에 머물게 함으로써 전체적으로 전자가 후자보다 전략적으로 우위에 있기 때문이다.

그림 1-14 소비자 유형과 편승 효과

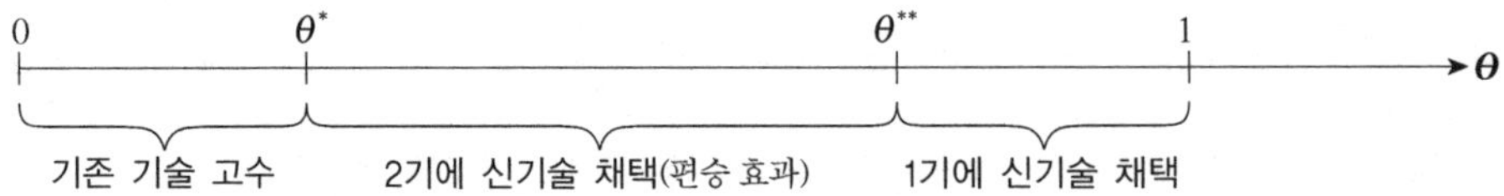

12. Farrell and Saloner(1985)의 논문을 Tirole(1988)이 정리한 것을 참고하였다.

직관적으로 보면 사용자가 낮은 θ값을 가지면 전략 ①을 선택할 것이고, 중간 θ값이면 ②, 높은 θ값이면 ③을 각각 선택할 것이다. 그러나 좀 더 구체적으로 보면 전략 간에 2개의 인센티브 양립 조건이 존재한다. 사용자가 전략 ①과 ②, 그리고 ②와 ③을 무차별하는 θ^*와 θ^{**}가 다음 두 조건에서 주어진다.

$$u_{\theta^*}(1) = v_{\theta^*}(2)$$

$$v_{\theta^{**}}(2)(1-\theta^*) + v_{\theta^{**}}(1)\theta^* = v_{\theta^{**}}(2)(1-\theta^{**}) + u_{\theta^{**}}(2)\theta^{**}$$

첫 번째 식은 전략 ①과 ②를 무차별하는 θ^*를 가진 사용자에 대한 것이다. 좌변의 $u_{\theta^*}(1)$은 사용자 2가 어느 기술을 선택하든 상관없이 사용자 1이 기존 기술을 고집할 때의 효용을 나타낸다. $v_{\theta^*}(2)$는 사용자 2가 1기에 새로운 기술을 선택할 경우에만 사용자 1도 2기에 새로운 기술을 선택하는 전략 ②를 취할 경우의 효용이다.

두 번째 식은 전략 ②와 ③을 무차별하는 사용자를 나타낸다. 좌변은 사용자 1이 전략 ③을 취할 경우의 기대효용이다. 만약 사용자 1이 1기에 새로운 기술을 선택하면 사용자 2는 자신의 파라미터가 θ^*보다 클 경우 1기에 새로운 기술을 선택할 수 있고 혹은 2기에 선택할 수도 있다. 그리고 그렇게 될 확률은 $1-\theta^*$가 될 것이다. 결과적으로 사용자 1은 $v_{\theta^{**}}(2)$의 효용을 얻게 될 것이다. 그러나 사용자 2의 파라미터가 θ^*보다 작으면 신기술을 선택하지 않기 때문에 확률 θ^*의 $v_{\theta^{**}}(1)$ 효용을 얻게 된다. 따라서 전략 ③의 기대효용은 $v_{\theta^{**}}(2)(1-\theta^*) + v_{\theta^{**}}(1)\theta^*$이 된다. 사용자 1이 전략 ②를 취한다면 사용자 2가 1기에 새로운 기술을 선택할 경우 θ가 θ^{**}보다 클 경우에만 사용자 1이 $1-\theta^{**}$의 확률로 새로운 기술을 선택한다. 그러면 사용자 1은 $v_{\theta^{**}}(2)$의 효용을 얻는다. 그렇지 않고 사용자 2가 신기술을 선택하지 않으면 사용자 1도 선택하지 않으므로 θ^{**}의 확률로 사용자 1은 $u_{\theta^{**}}(2)$의 효용을 얻는다. 따라서 전략 ②를 취할 경우 사용자 1의 기대효용은 $v_{\theta^{**}}(2)(1-\theta^{**}) + u_{\theta^{**}}(2)\theta^{**}$이다.

위의 두 식은 과도한 관성을 보여준다. 즉, $\theta^{**} > \theta^*$과 두 번째 식은 $u_{\theta^{**}}(2) > v_{\theta^{**}}(1)$과 $v_{\theta^{**}}(2) > u_{\theta^{**}}(2)$를 의미한다.[13] 두 사용자가 모두 θ^{**}보다 작은 θ_1과 θ_2를 가지고 있다

13. 좌변 첫 번째 항과 우변 첫 번째 항을 비교하면 $\theta^* < \theta^{**}$이므로 우변 첫 번째 항이 작다. 따라서 우변 두 번째 항이 좌변 두 번째 항보다 커야 한다. 따라서 θ^{**}가 θ^*보다 아주 크지 않으면 $u_{\theta^{**}}(2) > v_{\theta^{**}}(1)$이 될 가능성이 높

면[14] $v_{\theta^{**}}(2) > u_{\theta^{**}}(2)$이므로 신기술 선택을 위하여 상호 조정을 원하나 먼저 홀로 새로운 기술을 선택하여 위험을 감수하기를 꺼려하여 그대로 구기술에 머무르기 때문에 과도한 관성이 일어나게 된다. 이와 같이 과도한 관성이 나타나게 되는 근본 이유는 사용자가 자신의 θ를 알지만 다른 사용자의 것을 모르는, 즉 정보의 비대칭성에 기인한다(Farrell and Saloner, 1986)[15].

정확한 이해를 위해서 보상 매트릭스(payoff matrix)를 이용하여 설명해 보자. 사용자 1과 2의 신기술에 대한 선호도에 따라 여러 가지 경우를 생각할 수 있지만 분석의 편의를 위해 3가지 경우로 나누어 본다.

첫째, 사용자 1, 2 모두 기존 기술에 대한 선호도가 너무 강해 θ_1과 θ_2가 거의 0에 가까운 경우(θ_1, $\theta_2 < \theta^*$)로서 보상 매트릭스는 다음과 같다. 이 경우 지배적인 전략(dominant strategy)은 (old, old)가 되어 과도한 관성이나 과도한 동기는 일어나지 않는다.

표 1-2　　사용자 1, 2가 기존 기술에 대한 선호도가 높은 경우

사용자 2 \ 사용자 1	old	new
old	(8, 8)	(8, 2)
new	(2, 8)	(4, 4)

둘째, 첫 번째 경우와 정반대로 사용자 1, 2 모두 신기술에 대한 선호도가 너무 강해 θ_1과 θ_2가 거의 1에 가까운 경우이다(θ_1, $\theta_2 > \theta^*$). 지배적인 전략은 (new, new)가 되어 역시 과도한 관성이나 과도한 동기가 일어나지 않는다.

다. 예를 들어 숫자를 대입해 보면, $\theta^* = \frac{1}{3}, \theta^{**} = \frac{2}{3}, v_{\theta^*}(1) = 1, v_{\theta^{**}}(2) = 2$를 가정하고 두 번째 식에 대입한다. 그러면 두 번째 식은 $2\times(1-\frac{1}{3})+\frac{1}{3} = 2\times(1-\frac{2}{3})+u_{\theta^{**}}(2)\times\frac{2}{3}$가 된다. 이 식을 풀면 $u_{\theta^{**}}(2)=\frac{3}{2}$가 되어 $u_{\theta^{**}}(2) > v_{\theta^{**}}(1)$이 입증된다.

14. 만일 두 사용자 모두 θ^{**}보다 큰 θ를 가지고 있다면 상대방의 선택에 상관없이 1기에 신기술을 선택하기 때문에 과도한 관성의 문제는 일어나지 않는다.

15. Farrell and Saloner(1986)는 이 모델을 더욱 발전시켜 기술 도입과 사용자의 선택이 시차를 두고 일어나는 경우에서의 균형문제를 다루고 있다. 1기에는 오직 기존 기술만 존재하고 T기에 신기술이 도입되는 환경하에서 새로운 사용자의 선택 문제를 기본적으로 다루고 있다. 이 경우에서도 앞의 경우처럼 네트워크 외부성으로 인해 다수 균형이 존재하게 된다.

표 1-3 **사용자 1, 2가 신기술에 대한 선호도가 높은 경우**

사용자 1 \ 사용자 2	old	new
old	(4, 4)	(2, 8)
new	(8, 2)	(8, 8)

셋째, 중간 영역으로 사용자 1, 2의 신기술에 대한 선호도가 중간 정도로서 가장 일반적인 경우라 할 수 있다($\theta^* < \theta_1$, $\theta_2 < \theta^{**}$). 보상 매트릭스에서 보는 바와 같이 유일한 지배적인 전략이 존재하지 않고 (old, old)와 (new, new) 둘 다 상황에 따라서 지배적인 전략이 될 수 있다.

표 1-4 **사용자 1, 2가 신기술에 대한 선호도가 중간인 경우**(과도한 관성 존재)

사용자 1 \ 사용자 2	old	new
old	(4, 4)	(3, 2)
new	(2, 3)	(8, 8)

이 경우 특정한 조건이 만족된다면 과도한 관성과 과도한 동기가 일어날 수 있다. 과도한 관성은 앞서 살펴본 대로 두 사용자 모두 신기술을 선택하는 것이 유리함에도 불구하고 홀로 선택하는 것을 꺼려하는 경우이므로 한 사용자의 입장에서 $v(2) > u(2) > v(1)$의 관계가 성립함에도 결과가 $u(2)$가 될 때, 즉 (old, old)가 될 때 발생하게 된다. 바로 〈표 1-4〉처럼 보상 매트릭스가 구성될 때 일어난다. 주로 사용자들이 모방적 성향이 강한 그룹들(late adopter)일 경우에 적용된다.

과도한 동기는 반대로 두 사용자 모두 기존 기술에 머무르는 것이 유리함에도 불구하고 과도하게 신기술로 이전하는 경우이므로 한 사용자의 입장에서 $u(2) > v(2) > u(1)$의 관계가 성립함에도 결과가 $v(2)$가 될 때, 즉 (new, new)가 될 때 발생하게 된다. 〈표 1-5〉처럼 보상 매트릭스가 구성될 때 일어나며, 주로 사용자들이 혁신적 성향이 강한 그룹(early adopter)일 경우에 적용이 된다.

표 1-5 과도한 동기가 존재할 경우

사용자 1 \ 사용자 2	old	new
old	(8, 8)	(2, 3)
new	(3, 2)	(4, 4)

특히 과도한 관성은 동태적으로 보면 계속 지속되는 현상이 아니고 어느 시점에서는 해결될 수 있는 문제이다. 어떠한 기술이든지 계속 변화하는 과정에서 일시적이든 장기적이든 직면할 수 있는 문제이다. 다만 당사자들이 직면하는 위험을 축소시켜 그 기간을 얼마나 단축시키느냐가 문제가 되는데, 이 점에서 기업의 전략이나 정부의 정책을 필요로 한다. 예를 들어 사용자 간 커뮤니케이션을 통하여 과도한 관성의 문제를 경감시키거나 사용자들이 상호 조정·조화하는 계약 혹은 협정을 맺거나(Farrell and Saloner, 1985) 정부가 기술 선택을 변경하는 사용자들에게 보조금을 주는 방법(Postrell, 1986) 등을 들 수 있다. 최근 전기차 또는 수소차에 대한 관심이 뜨겁다. 환경을 생각하면 전기차나 수소차에 대한 시장이 확대되어야 하나 높은 차 가격이나 충전소 부족과 같은 문제로 인해 보급이 더디다. 따라서 국가마다 보조금을 지급하고 충전소 보급을 획기적으로 확충하는 등의 정책을 다투어 실시하고 있다. 이는 기존 기술에 대한 과도한 관성을 완화시켜 신기술로의 이전을 촉진시키려는 의도이다.

사례 1-1 사교육비 지출과 과도한 동기

과도한 동기는 '죄수의 딜레마' 게임과 매우 흡사하다. 이러한 예는 일상생활에서 흔히 접할 수 있다. 우리나라의 사교육비 지출이 과다하여 문제가 심각한데, 개별 가구들 간 게임의 양상이 이러한 속성을 가지고 있다. 가령 A, B 두 가구가 자녀의 사교육비 지출을 선택할 것인가에 직면한다고 하면 모두 사교육비 지출을 하지 않을 경우 다른 가구의 자녀에 대한 상대적 열위에 대한 막연한 불안감이 사라질 뿐만 아니라 높은 사교육비 지출을 절약할 수 있어 두 가구 모두 (5, 5)의 보상이 주어진다. 다음으로 한 가구는 상대 가구의 자녀들보다 상대적 우위를 위해 자신의 자녀에게 사교육을 시킬 충분한 동기를 가진다. 따라서 두 가구 중 한 가구만 사교육비를 지출하면 그렇지 못한 경우보다 훨씬 높은 보상인 (6, 2)를 보장받는다. 실제 가구들도 사교육을 하면 자녀들의 성적이 올라갈 것이라는 막연한 기대가 큰 동기로 작용하는 것으로 보인다. 마지막으로 두 가구 모두 사교육비를 지출한다면 두 가구 모두 높은 사교육비를 부담할 뿐 아니라 사교육을 같이 받게 됨으로 상대적 우위를 보장받기 어려운 상황이 되어 (4, 4)의 보상을 받게 된다.

표 1-6 **사교육비 지출과 비지출의 보상체계**

가구 A / 가구 B	사교육비 비지출	사교육비 지출
사교육비 비지출	(5, 5)	(2, 6)
사교육비 지출	(6, 2)	(4, 4)

이 경우 결국 내쉬균형은 두 가구 모두 사교육비를 지출하는 것이 된다. 두 가구 모두가 사교육비를 지출하지 않으면 더 높은 보상수준에 머물 수 있음에도 불구하고 상대방보다 앞서려는 동기로 사교육비 지출을 선택하게 되고, 이것이 상대방으로 하여금 동일한 선택을 하게 하여 결과적으로 모두가 사교육을 선택하는 결과에 도달한다. 그 결과 오히려 높은 사교육비 부담만 늘게 되어 후생수준은 저하하게 된다. 이처럼 사교육비 지출에 대한 과도한 동기가 전체의 후생수준을 떨어뜨리는 결과를 초래하게 된다.

4 네트워크 외부성과 호환성

지금까지 수요자 측면에서의 네트워크 외부성과 이로 인한 과도한 관성과 과도한 동기에 대해서 살펴보았다. 그러나 공급자 측면에서도 제품의 호환 또는 표준에 네트워크 외부성이 존재하며, 공급자의 선택에 따라 균형이 달라지는 결과가 나타난다. 예를 들어 자사의 제품을 타사의 제품과 호환되게 하면 시장규모가 확대됨으로써 생산량이 늘어나는 효과를 가진다. 반면에 자사가 시장에서 지배적인 입장에 있다고 하면 오히려 시장 지배력이 감소되는 결과도 배제할 수 없다. 또한 호환이나 표준을 위해서는 그만큼 비용이 수반되기도 한다.[16]

이처럼 시장 상황에 따라 다소 복잡한 양상을 띠나 기존 연구들에 의하면 네트워크 외부

16. 이 문제는 저작권(copyright) 설정 문제와 연결이 된다. 엄격한 저작권 보호는 오히려 시장 성장에 장애가 될 수 있다. 따라서 기업들은 초기에는 저작권 보호를 느슨하게 하여 자사 제품이 시장에 빨리 확산시키는 전략을 펴고 나중에 어느 정도 시장에 확산된 이후에는 저작권 보호를 강화시키는 경향이 있다.

성이 존재할 때 호환을 선택할 경우 그렇지 않을 경우보다 균형생산량이 증가하는 것으로 나타나고 있다. 또 시장에 지배적인 위치에 있지 않는 기업은 호환을 선호하는 반면 지배적인 기업들은 비호환을 선호하는 경향을 보인다(Katz and Shapiro, 1985 · 1986a · 1986b). 왜냐하면 호환이나 표준이 이루어지면 시장 지배적 기업은 지배력이 약해지는 반면 시장 열세적 기업은 지배력이 증가하기 때문이다. Shy(2001)는 동 이슈를 비교적 상세히 다루었다. 그는 호환의 선택이 가격, 이윤, 소비자잉여, 사회후생에 미치는 영향을 모델을 통해 설명하였다.[17]

4.1 하드웨어의 호환

정보통신기술의 비약적 발전에 따라 기술 및 제품 간 호환 및 표준화가 매우 중요해졌다. 호환 및 표준화가 이루어지면 네트워크가 확대되어 시장규모가 커지게 된다. 반면 호환에 따르는 추가적인 비용이 발생하기 때문에 기업 입장에서는 비용-편익 분석이 요구되는 사안이다. 제품이나 기술의 네트워크 특성이 강해 네트워크 외부성이 강하게 작용할수록 호환 및 표준화에 대한 유인은 강해진다.

'두 기술이 함께 작동할 수 있다'면 두 기술은 호환(compatibility)이라고 할 수 있으며, 그렇지 않으면 비호환이라고 정의할 수 있을 것이다. 그러나 이 정의는 너무 단순화한 것이고 실제는 이보다 복잡하다. 기술이나 제품의 특성에 따라 호환의 의미가 조금씩 달라진다. 예를 들어 컴퓨터의 경우 두 컴퓨터에서 동일한 소프트웨어가 작동되면 두 컴퓨터는 호환성이 확보되고 있다고 얘기할 수 있다. 한 컴퓨터의 운용 시스템에서 작동되는 모든 소프트웨어가 다른 브랜드의 컴퓨터에서도 작동될 경우로서 강한 호환성이 적용되는 경우이다. 반면 한 컴퓨터의 소프트웨어에서 생성된 파일이 다른 브랜드 컴퓨터의 소프트웨어에서 읽혀진다든지 혹은 두 컴퓨터가 동일한 저장장치나 프린트에 연결되는 현상은 다소 약한 호환성에 해당된다.

이처럼 호환의 개념을 정확하게 정의하기 어려운 측면이 현실적으로 존재한다. 일반적으로 언급되는 몇 가지 호환 현상을 정리하면 다음과 같다.

① 상이한 브랜드의 컴퓨터들이 동일한 운용 시스템(OS)을 채택한다면 이들 간에는 강한

---

17. Shy(2001), pp.13~49.

호환성이 존재한다.

② 새로운 모델이 구모델과 호환이 되지만 반드시 구모델이 새로운 모델과 호환이 되지 않을 때는 하향 호환성이 존재한다.

③ 하나의 장치가 경쟁관계에 있는 장치에서 생성된 파일을 읽을 수 있지만 그 역은 성립되지 않는다면 단방향 호환성이 존재한다.

4.2 네트워크 외부성 접근

네트워크 외부성이 존재할 때 브랜드의 호환성이 증가할 경우 시장균형이 어떻게 변화할 것인가? 호환성의 증가가 생산자의 가격과 이윤, 소비자의 효용, 나아가 사회후생에 어떠한 영향을 미치는지에 대해 살펴본다. 분석의 편의를 위해 독점시장을 대상으로 일반균형적인 접근을 한다.

(1) 단일 브랜드와 동질적 소비자들로 구성된 독점시장

컴퓨터 시장을 염두에 두고 소비자(구매자)와 생산자(판매자)로 구성된 시장을 가정해 보자. 모든 컴퓨터는 동일한 운용 시스템을 사용하기 때문에 호환이 가능하다. 그러나 인터넷, 하드디스크 드라이브, 디스켓 등은 어댑터를 통해 연결되어야 호환이 이루어진다. 따라서 호환을 위해 어댑터를 설치하는 것은 컴퓨터의 비용을 증가시키게 된다. 먼저 소비자의 효용함수에 대해서 보자. 시장에 η만큼의 동질적인(선호가 동일한) 소비자가 존재하며, 독점생산자에 의해 판매되는 컴퓨터의 수를 q, 컴퓨터의 가격을 p라 하고 효용함수는 다음과 같이 가정한다.

$$U = \begin{cases} \beta - p + \alpha q & : \text{어댑터가 설치될 경우} \\ \beta - p & : \text{어댑터가 설치되지 않을 경우} \\ 0 & : \text{컴퓨터를 구입하지 않을 경우} \end{cases}$$

β는 호환 여부에 상관없이 컴퓨터 사용으로 누리는 소비자의 효용을, α는 호환의 중요성 정도, 즉 네트워크 외부성 정도를 나타낸다.

독점 컴퓨터 생산자는 어댑터가 있는 컴퓨터와 없는 컴퓨터 중 하나의 유형만 생산한다. 비용 측면에서는 매몰비용을 포함한 고정비용은 무시되며, 가변생산비용만 고려된다. 어댑터가 장치된 컴퓨터의 단위 생산비용을 μ_c, 어댑터가 장치되지 않은 컴퓨터의 단위 생산비용을 μ_n이라 하면 총생산비용은 각각 다음과 같다.

$$TC(q) = \begin{cases} \mu_c q \ : \text{호환 컴퓨터를 생산할 경우} \\ \mu_n q \ : \text{비호환 컴퓨터를 생산할 경우} \end{cases}$$

이러한 가정들하에 시장균형의 결정은 다음과 같은 연속적인 단계를 밟는다.

① 1단계(생산계획) : 생산자는 컴퓨터당 $\mu_c - \mu_n$의 추가비용을 고려하여 어댑터 설치 여부를 결정함으로써 호환 혹은 비호환 컴퓨터를 생산할지를 정한다.

② 2단계(가격설정) : 주어진 컴퓨터 유형에 단일 가격 p를 매긴다.

③ 3단계(소비자 선택) : 주어진 총 컴퓨터 수 q하에서 소비자는 1단위 컴퓨터를 구매할 것인지를 결정한다. 구매 결정이 이루어지면 생산자의 이윤이 곧바로 실현된다.

독점생산자가 1, 2단계에서 이윤극대화를 실현하면 소비자는 마지막으로 3단계에서 효용극대화를 실현하는 이른바 하부 게임 완전균형(subgame perfect equilibrium) 모델[18]이다. 이 문제를 풀기 위해서 먼저 3단계를 풀고 그다음 2단계와 1단계를 푸는 역방향 접근을 한다.

지금까지 생산된 컴퓨터는 시장에서 소비자들에 의해 반드시 구매되는 경우만 고려하였다. 그러나 실제 경우에 따라서는 컴퓨터가 하나도 판매되지 않을 수도 있다. 즉, 다수의 균형이 존재할 수 있다. 그러나 이 모델에서는 하나도 판매되지 않는 경우는 배제시키고 생산된 컴퓨터는 소비자들에 의해 모두 구매되는 경우만을 상정한다. 이를 위해 소비자의 완전한 기대균형을 도입하여 소비자들이 컴퓨터를 구입할 시점에서 얼마나 많은 소비자들이 컴퓨터를 구매할 것인지를 정확하게 예견할 수 있다고 가정한다. 그리고 컴퓨터를 구입했을 때의 소

18. 원래 게임의 모든 하부 게임에서 내쉬 균형(Nash Equilibrium)이 이루어질 경우의 균형 상태를 하부 게임 완전균형이라고 한다. 내쉬 균형은 상대방의 선택이 주어진 조건하에 자신에게 최선의 전략을 선택할 경우에 성립된다. 마치 바둑 게임에서 몇 단계 앞의 상대방의 수를 고려하여 현 단계에서 최적의 선택을 하는 것과 유사하다.

비자 효용이 구입하지 않을 때보다 크다고 가정한다. 이러한 가정들하에서는 극히 예외적인 경우를 제외하고는 컴퓨터를 구입하는 데서 균형이 성립할 것이다. 그럼에도 불구하고 낮은 확률이지만 예외적인 경우가 일어날 가능성이 있으므로 소비자들 간 조정 실패(coordination failure, 즉 아무도 컴퓨터를 구매하지 않는 경우)는 일어나지 않는 것으로 가정한다.

■ **3단계 : 소비자의 구매 결정**

소비자들은 다음 3가지에 관심을 가진다. ① 시장에서 팔리는 컴퓨터들 간의 호환 여부, ② 가격, ③ 컴퓨터를 구매하는 총 소비자 수 등이다. 우선 시장에서 비호환 컴퓨터가 팔린다고 하면 구매하는 총 소비자 수는 $q = \eta : p \le \beta$일 경우, $q = 0 : p > \beta$일 경우가 된다. 단 $p = \beta$이면 소비자의 효용이 0이 되어 구매와 비구매 간에 무차별하다. 그러나 실제 독점생산자는 가격을 약간 인하($p = \beta - \varepsilon$)해서라도 구매를 적극 유도할 것이다. 따라서 소비자가 구매 또는 비구매에 무차별할 경우엔 구매를 선택한다고 가정한다.

이번에는 시장에서 호환 컴퓨터가 팔린다고 하면 마찬가지로 구매하는 총 소비자 수는 $q = \eta : p \le \beta + \alpha\eta$일 경우, $q = 0 : p > \beta + \alpha\eta$이다.

■ **2단계 : 독점생산자의 가격 결정**

이 단계에서는 독점생산자가 주어진 소비자의 효용함수하에서 자신의 이윤을 극대화시키는 가격을 결정한다. 마찬가지로 비호환과 호환의 두 가지로 나누어 각각의 이윤은 $\pi_n = (\beta - \mu_n)\eta$, $\pi_c = (\beta + \alpha\eta - \mu_c)\eta$이다.

■ **1단계 : 독점생산자의 호환 여부 결정**

독점생산자는 호환 및 비호환 컴퓨터 생산 시 실현되는 이윤을 비교함으로써 호환 컴퓨터 혹은 비호환 컴퓨터를 생산할지를 선택한다. 만약 $(\beta + \alpha\eta - \mu_c)\eta \ge (\beta - \mu_n)\eta$, $\alpha\eta \ge \mu_c - \mu_n = \Delta\mu$면 호환 컴퓨터를 생산할 것이다. $\alpha\eta \ge \mu_c - \mu_n = \Delta\mu$는 호환 컴퓨터 생산으로부터 발생하는 이득이 순비용 증가보다 크면 독점생산자가 호환 컴퓨터 생산을 선택한다는 것이다.[19] $\alpha\eta$는 호환 컴퓨터를 생산함으로써 구매 소비자들이 늘고 이로 인해 네트워크 외부성이 증가된 부분으로 가격 상승분으로 나타난다.

지금까지 호환이 존재할 경우 독점생산자의 최적 선택에 대해서 살펴보았다. 일반적으로 독점은 경쟁에 비해 사회후생을 감소시키는 것으로 알려져 있다. 이 경우에도 동일한 결과가 적용되는지에 대해서 살펴보자. 사회후생은 소비자잉여와 독점생산자의 이윤의 합으로 정의된다. 먼저 비호환 컴퓨터를 생산할 경우 사회후생은 $W_n = \eta U + \pi = \eta(\beta - p) + \eta(p - \mu_n) = \eta(\beta - \mu_n)$이다. 여기서 가격은 서로 상쇄되어 버리는데, 이는 생산자가 결국 소비자들에 의해 소유되기 때문에 생산자의 총수입이 결국 소비자의 총지출과 같게 되는 데서 연유한다.

다음으로 호환 컴퓨터를 생산할 경우 사회후생은 $W_c = \eta U + \pi = \eta(\beta + \alpha\eta - p) + \eta(p - \mu_c) = \eta(\beta + \alpha\eta - \mu_c)$이 된다. 비호환의 경우와 호환의 경우를 비교하여 $\alpha\eta \geq \mu_c - \mu_n = \Delta\mu$가 만족될 경우 호환 컴퓨터의 생산이 사회적으로 최적이다.

이를 통해 알 수 있듯 독점생산자와 사회정책 입안자가 직면하는 문제가 동일하다. 즉, 독점생산자가 동질의 소비자들에게 컴퓨터를 판매할 경우에 호환 컴퓨터 생산으로부터 발생하는 이득이 순비용 증가보다 크면 호환 컴퓨터를 생산하는 것이 최적이며, 이는 동시에 사회적으로도 바람직하다. 이는 일반적으로 독점시장이 시장실패를 초래한다는 것과 다른데, 그 이유는 일반적인 독점시장에서는 비동질적인 소비자들에게 단일가격을 부과하나, 이 모형에서는 동질적인 소비자들에게 단일가격을 부과하기 때문이다. 독점시장이라 하더라도 완전가격차별화를 실시하면 사회후생 손실을 방지할 수 있다.[20] 그러나 다음에 살펴볼 소비자들이 이질적임에도 불구하고 독점생산자가 가격을 차별화할 수 없으면 상황은 달라진다.

---

19. IT기술의 발전으로 인해 호환(표준)으로 인한 이득, 즉 시장이 확대됨으로써 네트워크 외부성이 증대되는 반면, 호환에 수반되는 비용은 점차 감소되고 있다. 따라서 호환에 대한 전반적인 인센티브가 증가되는 추세를 보이고 있다. 이로 인해 기업 거래에서도 전속 거래보다는 네트워크 거래가 보다 용이해지고 있다. 이에 관해서는 제5장 네트워크 거래에서 논의한다.
20. [참고 1-3] 독점의 후생손실과 완전가격차별화를 참조 바란다.

(2) 단일 브랜드와 이질적 소비자들로 구성된 독점시장

일반적으로 미시경제학에서 독점시장은 완전경쟁시장에 비해 사회후생의 손실(dead weight loss)을 초래하여 일련의 시장실패가 존재하는 것으로 알려져 있다. 그 근본 원인은 소비자들은 이질적인데 가격을 차별화하지 못하고 단일가격을 부과하는 데 있다.[21] 네트워크 외부성이 있는 경우에도 동일한 현상이 발생하는지 살펴보자.

앞의 경우와는 달리 이 경우에서는 소비자들이 호환에 대한 선호가 동일하지 않고 차이가 난다. 시장에 2η만큼의 잠재적 컴퓨터 소비자가 존재하는데, 그중 η는 호환을 선호하는 그룹(유형 c)이며, 나머지 η는 호환에 대해서 별 가치를 두지 않는 그룹(유형 n)이다. 나머지 변수들은 앞의 경우와 동일하며, 소비자의 유형에 따른 효용함수는 다음과 같이 주어진다.

$$U_c = \begin{cases} \beta - p + \alpha q & : \text{어댑터가 설치될 경우} \\ \beta - p & : \text{어댑터가 설치되지 않을 경우} \\ 0 & : \text{컴퓨터를 구입하지 않을 경우} \end{cases}$$

$$U_n = \begin{cases} \beta - p & : \text{호환 컴퓨터를 생산할 경우} \\ 0 & : \text{비호환 컴퓨터를 생산할 경우} \end{cases}$$

균형결정 과정은 앞의 경우와 동일하여 $3 \rightarrow 2 \rightarrow 1$단계의 순서를 따른다.

▪ 3단계 : 소비자의 구매 결정

먼저 시장에서 비호환 컴퓨터가 팔린다고 하면 구매하는 총 소비자 수는 $q = 2\eta$: $p \leq \beta$일 경우, $q = 0$: $p > \beta$일 경우가 된다. 다음으로 호환 컴퓨터만 팔린다고 하면 구매하는 총 소비자 수는 다음과 같이 결정된다.

---

21. 이는 앞의 사회후생과 네트워크 외부성에서 네트워크 외부성이 존재하고 소비자들의 선호가 이질적일 때 완전경쟁이라 할지라도 완전가격차별화를 구현하지 못함으로써 사회후생 극대화를 달성하지 못하는 것과 일맥상통한다.

$$q = \begin{cases} 2\eta : p \le \beta \text{일 경우} \\ \eta : \beta < p \le \beta + \alpha\eta \text{일 경우} \\ 0 : p > \beta + \alpha\eta \text{일 경우} \end{cases}$$

▪ 2단계 : 독점생산자의 가격 결정

마찬가지로 비호환과 호환의 두 가지로 나누어, 비호환일 경우는 이윤극대화 가격이 $p = \beta$가 되어 이윤은 $\pi_n = (\beta - \mu_n)2\eta$이 된다. 호환일 경우는 $\pi_c = (\beta + \alpha\eta - \mu_c)\eta$: $p = \beta + \alpha\eta$일 경우와 $(\beta - \mu_c)2\eta$: $p = \beta$일 경우 두 가지다.

▪ 1단계 : 독점생산자의 호환 여부 결정

비호환일 때와 호환일 때의 이윤을 비교하여 호환 여부를 결정하게 된다. $p = \beta$일 경우와 비교하면 μ_c가 μ_n보다 크기 때문에 독점생산자는 결코 호환을 선택하여 가격을 $p = \beta$로 결정하지 않을 것이다. 따라서 호환을 결정하기 위해서는 $p = \beta + \alpha\eta$일 때와 비교하여 결정할 것이다. 따라서 $(\beta + \alpha\eta - \mu_c)\eta \ge (\beta - \mu_n)2\eta$이 만족되면 독점생산자는 호환 컴퓨터 생산을 결정할 것이다.

$(\beta + \alpha\eta - \mu_c)\eta \ge (\beta - \mu_n)2\eta$를 간단히 하면 $\mu_c \le \alpha\eta - \beta + 2\mu_n$이 된다. 이는 호환 컴퓨터 한 대를 만드는 비용이 호환 컴퓨터 생산으로부터 발생하는 이득(호환 컴퓨터 사용으로 누리는 효용의 대가로 소비자가 지불하는 추가 가격 – 다른 유형의 소비자(비호환 선호 소비자)를 포기함으로써 발생하는 손실 + 비호환 컴퓨터를 생산하지 않음으로써 절약되는 비용의 2배)을 초과하지 않는다면 호환 컴퓨터를 생산하는 것이 더 이득을 됨을 의미한다.

이제 독점생산자가 사회후생을 감소시키는지 여부에 대해서 살펴보도록 한다. 비호환 컴퓨터를 생산할 경우 사회후생은

$$W_n = \eta U_c + \eta U_n + \pi = \eta(\beta - p) + \eta(\beta - p) + 2\eta(p - \mu_n) = 2\eta(\beta - \mu_n)$$

이 된다. 호환 컴퓨터를 생산할 경우 사회후생은 다음과 같다.

$$W_n = \eta U_c + \eta U_n + \pi$$
$$= \eta[\beta + \alpha(\eta + \eta) - p] + \eta(\beta - p) + 2\eta(p - \mu_c) = 2\eta(\beta + \alpha\eta - \mu_c)$$

비호환과 호환 컴퓨터를 생산할 경우를 비교하여 $\mu_c \leq \alpha\eta + \mu_n$이 만족될 경우 호환 컴퓨터의 생산이 사회적으로 바람직하다. 독점생산자의 호환 결정조건과 사회후생 차원에서의 호환 결정조건을 비교하는 그림을 그리면 [그림 1-15]와 같다.

그림 1-15 비호환과 시장실패

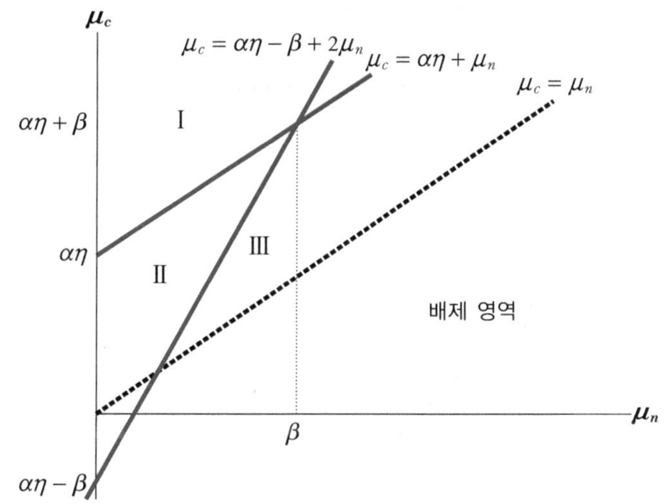

I구역의 경우 μ_c가 너무 높아 사회정책 입안자와 독점생산자 모두 비호환을 선택한다. 반면에 III구역은 μ_c가 높지 않아 사회정책 입안자와 독점생산자 모두 호환을 선택한다. II구역은 중간 지대로 독점생산자는 비호환을 선택하나 사회정책 입안자는 호환을 선택한다. 일련의 시장실패가 발생하고 있으며, 그 주된 이유는 독점생산자가 소비자 유형에 따라 가격을 차별화하지 못하기 때문이다. 다시 말해 호환을 선호하지 않는 소비자에게는 β를, 선호하는 소비자에게는 $\beta + \alpha 2\eta$를 부과하지 못하기 때문에 발생한다.

참고 1–3 독점의 후생손실과 완전가격차별화

독점은 완전경쟁시장과 달리 사중손실(deadweight loss)로 인해 시장실패를 초래한다. 그러나 비록 독점하에서도 완전가격차별화를 도입할 경우에는 이러한 시장실패를 방지할 수 있다. [그림 1–16]에서처럼 독점균형 E_1하에서는 소비자잉여($CS = AP_mE_1$)와 이윤($\pi = P_mP_cBE_1$)을 합한 것이 사회후생이 된다. 반면 완전가격차별화를 도입하면 E_2에서 균형이 이루어져 사회후생은 AP_cE_2가 된다. 독점하에서의 사중손실 부분(DW)이 사회후생에 포함되어 전체 사회후생 수준이 증가하게 되어 시장실패가 사라지기 때문이다. 이 균형은 완전경쟁하의 균형점과 동일하다. 그러나 소비자잉여가 모두 독점자의 이윤으로 귀속되어 사회후생의 재분배가 바람직하지 않는 방향으로 이루어진 점이 완전경쟁시장과의 차이점이다.

그림 1–16 독점의 완전가격차별화의 사회후생

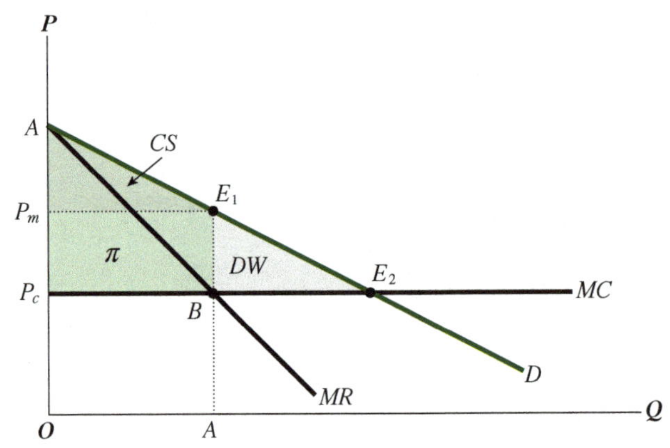

(3) 차별화된 브랜드와 이질적 소비자들로 구성된 복점시장

두 개의 브랜드(A, B)를 생산하는 두 컴퓨터 생산자들로 구성된 복점시장(duopoly)을 생각해 보자. 소비자들도 이질적이어서 브랜드에 대한 선호도가 다르다. 브랜드 A를 선호하는 소비자가 η, 브랜드 B를 선호하는 소비자가 η만큼 각각 존재한다. A 선호 소비자와 B 선호 소비자의 효용함수는 다음과 같이 주어진다.

$$U_A = \begin{cases} \alpha q_A - p_A & : \text{A 구매 : A가 비호환일 때} \\ \alpha q_B - p_B - \delta & : \text{B 구매 : B가 비호환일 때} \\ \alpha(q_A + q_B) - p_A & : \text{A 구매 : A가 호환일 때} \\ \alpha(q_A + q_B) - p_B - \delta & : \text{B 구매 : B가 호환일 때} \end{cases}$$

$$U_B = \begin{cases} \alpha q_A - p_A - \delta & : \text{A 구매 : A가 비호환일 때} \\ \alpha q_B - p_B & : \text{B 구매 : B가 비호환일 때} \\ \alpha(q_A + q_B) - p_A - \delta & : \text{A 구매 : A가 호환일 때} \\ \alpha(q_A + q_B) - p_B & : \text{B 구매 : B가 호환일 때} \end{cases}$$

브랜드 A(B)를 선호하는 소비자가 브랜드 B(A)를 구매할 경우 δ만큼의 효용 감소가 발생한다. α는 컴퓨터 네트워크 크기에서 오는 효용의 정도를 나타내는 파라미터로서 브랜드 A를 구매한 소비자는 브랜드 A가 B와 비호환이면 αq_A만큼의 효용을, 상호 호환이면 $\alpha(q_A + q_B)$의 효용을 누리게 된다.

균형에서 일부 소비자들은 A 컴퓨터를, 나머지 소비자들은 B 컴퓨터를 구매하도록 하기 위해서는 선호하는 브랜드 구매에서 오는 효용이 호환으로 인한 네트워크 효용보다 더 커야 한다($\delta > \alpha\eta$). 그렇지 않으면 균형에서 모든 소비자들이 동일한 브랜드의 컴퓨터를 구매할 것이기 때문이다. 또한 수많은 소비자들이 시장에 존재하기 때문에 각 소비자의 브랜드 선택이 다른 소비자들의 선택에 영향을 미치지 않는 것으로 가정한다.

▪ 브랜드 A, B가 비호환일 경우

균형해를 구하기 위해서 상대방 가격보다 낮은 비교하위가격균형(Undercut-Proof Equilibrium ; UPE) 접근 방법을 채택한다. 비교하위가격전략(Undercut pricing)은 브랜드 i의 가격을 p_i, 브랜드 j의 가격을 p_j라고 하면($i,\ j = A,\ B,\ i \neq j$) i의 생산자가 다음의 관계가 만족하도록 가격을 설정한다.

$$p_i < p_j - \delta + \alpha\eta$$

즉, 브랜드 j 사용자를 끌어들이기 위해 선호가 낮은 브랜드 i 사용에서 오는 효용 감소분(δ)을 보상해 주고도 충분히 낮은 가격을 제공한다. 반면 동일한 브랜드를 사용하게 됨으로써 네트워크 크기가 2η가 되고, 이로 인해 네트워크 효용이 증가되어 가격이 $\alpha\eta$만큼 오르게 된다.

이와 같은 비교하위 가격 설정 방식에 따르면 궁극적으로 다음과 같은 조건을 동시에 만족하는 균형가격(p_A^U, p_B^U)을 얻게 된다.

① 주어진 p_B^U하에 A 생산자는 다음을 만족시키는 가장 높은 p_A^U를 선택

$$\pi_B^U = p_B^U\eta \geq (p_A - \delta + \alpha\eta)2\eta$$

② 주어진 p_A^U하에 B 생산자는 다음을 만족시키는 가장 높은 p_B^U를 선택

$$\pi_A^U = p_A^U\eta \geq (p_B - \delta + \alpha\eta)2\eta$$

이는 A(B) 생산자는 모든 B(A) 생산자의 소비자를 끌어들이기 위해 가격을 낮게 설정하되, 상대 생산자가 다시 자신의 수준보다 낮게 설정하지 못하도록(만일 하게 되면 이전보다 이윤이 줄어들게 됨) 가격을 설정한다는 것이다. 이 둘을 동시에 풀면 균형가격은 $p_A^U = p_B^U = 2(\delta - \alpha\eta)$이 되고 이윤은 $\pi_A^U = \pi_B^U = 2\eta(\delta - \alpha\eta)$이 된다.

따라서 이질적 소비자의 선호에 네트워크 외부성이 존재하고 제품이 차별화되고 호환이 되지 않을 경우에 균형가격과 이윤의 수준은 네트워크 크기가 커질수록 감소하고 제품 차별화 정도가 커질수록 증가하게 된다. 제품이 비호환일 때 소비자들의 호환에 대한 욕구 증대는 경쟁을 심화시켜 오히려 가격을 낮추고 이윤을 감소시키는 결과를 초래한다. α가 증가할수록 소비자가 브랜드를 선택할 때 각 브랜드의 예상 구매자 수에 매우 민감하게 반응하므로 각 생산자는 상대방 수준보다 항상 낮게 유지하려는 동기를 가지게 되어 결과적으로 가격이 인하하게 된다. 반면 소비자의 효용은 α가 증가할수록 증가하게 된다.

$$U_A = U_B = \alpha\eta - 2(\delta - \alpha\eta) = 3\alpha\eta - 2\delta$$

▪ 브랜드 A, B가 호환일 때

두 브랜드가 호환이 되므로 소비자들의 브랜드 선택에 상관없이 네트워크 크기는 2η가 되어 모든 소비자들은 $\alpha 2\eta$의 네트워크 효용을 얻는다. 따라서 브랜드 선택에서 네트워크 효과는 영향을 주지 않게 되어 균형가격은 다음을 만족하게 된다.

$$\pi_B^U = p_B^U \eta \geq (p_A^U - \delta)2\eta$$
$$\pi_A^U = p_A^U \eta \geq (p_B^U - \delta)2\eta$$

균형가격은 $p_A^U = p_B^U = 2\delta$이고, 이윤은 $\pi_A^U = \pi_B^U = 2\eta\delta$가 된다. 마찬가지로 소비자의 효용을 계산하면 $U_A = U_B = \alpha 2\eta - 2\delta$ 이 된다.

비호환인 경우와 비교하면 호환인 경우에 균형가격이 높아지고 생산자의 이윤은 더 높아진다. 반면 소비자잉여는 감소하게 된다. 비호환인 경우 소비자의 효용이 브랜드의 상대적인 네트워크 크기에 의존하지만, 호환의 경우는 브랜드의 네트워크 크기에 상관없이 2η의 네트워크 크기가 보장되므로 브랜드 판매 확대를 위한 경쟁의 압력이 느슨해진다. 따라서 가격이 상대적으로 높게 형성된다. 또한 소비자 효용도 호환 컴퓨터 사용으로 인한 소비자 효용증가분을 생산자가 모두 가져가게 되어 상대적으로 낮아진다.

▪ 두 브랜드가 단방향(one-way) 호환일 때

브랜드 A는 B와 호환이 되지만, 반대로 B는 A와 호환이 되지 않는 비대칭적인 경우이다. 예를 들어 과거 매킨토시 컴퓨터에서 생성된 파일은 DOS 채택 컴퓨터에서 읽혀지지만, 반대로 DOS 컴퓨터에서 형성된 파일은 매킨토시 컴퓨터에서 읽혀지지 않는 경우가 이에 해당한다. 마찬가지로 이 경우에도 호환 컴퓨터 생산자가 비호환 컴퓨터 생산자보다 높은 이윤을 실현할 것인가, 그리고 B가 A와 비호환임에도 불구하고 A가 B와 호환되게 함으로써 A 소비자의 효용이 증대할 것인가가 주된 관심의 대상이 된다.

비대칭 호환이므로 A 소비자는 $\alpha 2\eta$, B 소비자는 $\alpha\eta$의 네트워크 효용을 각각 얻게 된다. 이는 A 생산자는 가격을 $p_A = p_B - \delta + \alpha\eta$로 설정함으로써 B 가격보다 낮게 유지할 수 있다는 것이다. 반면에 A는 원래 B와 호환이 되므로 B가 A에 대해 비교하위 가격전략을 취하더라도 실제 네트워크 크기를 증가시키지 못한다. 즉, 네트워크 크기는 2η로 변함이 없다. 따라서 $p_B = p_A - \delta$가 된다.

균형가격 (p_A^U, p_B^U)은 다음의 두 조건을 동시에 만족해야 한다.

$$\pi_B^U = p_B^U \eta \ge (p_A^U - \delta)2\eta$$
$$\pi_A^U = p_A^U \eta \ge (p_B^U - \delta + \alpha\eta)2\eta$$

이때 균형가격은 $p_A^U = 2\delta - \frac{2\alpha\eta}{3}$, $p_B^U = 2\delta - \frac{4\alpha\eta}{3}$이고 이윤은 $\pi_A^U = 2\eta(\delta - \frac{\alpha\eta}{3})$, $\pi_B^U = 2\eta(\delta - \frac{2\alpha\eta}{3})$이 된다.

비대칭 호환이 존재할 때는 호환 컴퓨터의 생산자가 비호환 컴퓨터 생산자보다 높은 균형가격과 이윤을 실현한다. 각각의 균형가격을 $U_A = \alpha(q_A + q_B) - p_A$와 $U_B = \alpha q_B - p_B$에 대입하면 소비자 효용을 구할 수 있다.

$$U_A = \frac{8\alpha\eta}{3} - 2\delta,\ U_B = \frac{7\alpha\eta}{3} - 2\delta$$

▪ 게임이론 접근

지금까지 살펴본 3가지 경우에서 이윤수준을 기초로 생산자의 호환 또는 비호환 선택을 게임이론적 접근을 통해 살펴보도록 한다. 〈표 1-7〉은 두 생산자의 선택에 따른 이윤의 보상 매트릭스(payoff matrix)이다. 생산자 A, B는 각각 상대방의 비호환 또는 호환 선택을 주어진 조건하에 최선의 전략을 선택, 즉 내쉬 균형을 추구한다고 하자. 그러면 (호환, 호환)이 두 생산자 모두에게 지배적인 전략이 되어 유일한 내쉬 균형이 된다. 또한 동 전략은 산업 전체 측면에서도 가장 높은 이윤을 가져다주어 비협조적(Nash) 게임의 결과가 협조적(담합적) 게임의 결과와 일치한다.

표 1-7 호환, 비호환 선택에 따른 생산자 보상 매트릭스

생산자 A \ 생산자 B	비호환	호환
비호환	$(2\eta(\delta-\alpha\eta),\ 2\eta(\delta-\alpha\eta))$	$(2\eta(\delta-\frac{2\alpha\eta}{3}),\ 2\eta(\delta-\frac{\alpha\eta}{3}))$
호환	$(2\eta(\delta-\frac{\alpha\eta}{3}),\ 2\eta(\delta-\frac{2\alpha\eta}{3}))$	$(2\eta\delta, 2\eta\delta)$

다음은 소비자 효용 측면에서 보상 매트릭스를 살펴보면 〈표 1-8〉과 같다. 이 경우는 이윤의 경우와 달리 (비호환, 비호환)이 지배적인 전략으로 나타난다. 이는 호환으로 인한 소비자 효용의 증가가 가격 증가로 인해서 효용 감소로 상쇄되었기 때문인 것으로 해석된다.

표 1-8 호환, 비호환 선택에 따른 소비자 보상 매트릭스

생산자 A \ 생산자 B	비호환	호환
비호환	$(3\alpha\eta-2\delta,\ 3\alpha\eta-2\delta)$	$(\frac{7\alpha\eta}{3}-2\delta,\ \frac{8\alpha\eta}{3}-2\delta)$
호환	$(\frac{8\alpha\eta}{3}-2\delta,\ \frac{7\alpha\eta}{3}-2\delta)$	$(2\alpha\eta-2\delta,\ 2\alpha\eta-2\delta)$

마지막으로 사회후생 측면에서 보면 (호환, 호환)이 가장 바람직한 선택으로 도출된다. 기업들(생산자)이 소비자들에 의해 소유되어 소비자들의 총지출은 곧 기업의 총수입이기 때문에 총 사회후생 측면에서는 서로 상쇄되어 버린다. 그리고 단지 네트워크 크기의 확대로부터 발생하는 네트워크 효과만이 순수한 효과로 남게 된다.

(4) 종합

지금까지 일반균형 측면에서 네트워크 외부성이 존재할 때 호환 여부가 시장균형에 어떠한 영향을 미치는가에 대해서 살펴보았다. ① 생산자의 이윤에 미치는 영향, ② 소비자 효용에 미치는 영향, ③ 사회후생에 미치는 영향 등 세 가지 측면에서 분석을 하였다. 요약하면 호환 제품 생산에 아주 높은 비용이 들지 않는 한 호환 제품을 생산하는 것이 생산자들에게는 유리하였다. 그리고 결과적으로 생산자들은 호환 제품 생산으로 인한 가격 증가분을 소비자

들에게 전가함으로써 실제 소비자의 총효용은 증가함에도 불구하고 오히려 감소하는 결과를 초래하였다.

표 1-9 **네트워크 외부성이 존재할 경우 시장균형 비교**

시장구조	소비자	시장실패 가능성
독점	동질적	no
독점	호환에 대해 이질적	yes
복점	브랜드에 대해 이질적	no
복점	호환에 대해 이질적	yes

사회후생 측면에서는 상황에 따라 다소 복잡하다. 〈표 1-9〉에서 정리한 것처럼 시장구조 형태나 네트워크 효과의 존재가 시장실패의 충분조건이 되지 못하였다. 오히려 시장실패는 호환성에 대한 소비자들의 선호가 이질적일 때 주로 나타났다. 다시 말해 생산자가 호환에 대해 높은 선호도를 지닌 소비자에게 높은 가격을, 그렇지 않은 소비자에게 낮은 가격을 부과할 수 없을 경우에 발생하였다.

지금까지 제한된 모형이지만 네트워크 외부성이라는 외부성이 존재할 때 균형이 어떻게 성립되는가에 대해서 살펴보았다. 네트워크 외부성을 충분히 내부화시키지 못할 경우 외부성의 이점을 활용할 수 없고 오히려 시장실패가 발생할 수 있음을 보았다. 네트워크 외부성에 대한 소비자들의 이질적인 선호를 가격체계에 반영시키지 못할 경우 사회후생이 감소할 수 있다. 이는 네트워크 외부성이 특별한 것이 아니라 비대칭 정보, 공공재, 외부성 등과 같이 시장실패를 야기시키는 다른 요인들과 별다른 차이가 없음을 말해 준다.

제2장 수확체증의 세계

1. 수확체증 원리와 수확체감 원리 / 2. 경로의존성
3. 임계규모와 시장확산

네트워크 외부성의 존재는 안정적이고 균형이 하나인 수확체감의 세계보다는 불안정적이고 상황에 따라 균형이 여러 개 존재하는 수확체증의 세계와 상통한다. 수확체증의 세계는 신고전파 경제학의 최적화 원리와 대비되며, 수렴, 균형, 자기균형, 음의 되먹임보다는 발산, 격차, 경로의존성, 자기강화, 양의 되먹임 등을 지향한다. 수확체증 원리와 수확체감 원리를 비교하고 경로의존성을 살펴본 후 임계규모와 시장확산에 대해 알아본다.

1 수확체증 원리와 수확체감 원리

경제학에서 규모에 대한 수확체증이 존재한다고 하는 것은 어느 정도 생산규모가 존재할 때 한계비용이 감소하거나 한계생산이 늘어나는 개념으로서 규모에 국한되어 설명되고 있다. 그러나 여기서 '수확체증 세계(increasing returns world)'라는 것은 '규모에 대한 수확체감(decreasing returns to scale)'에 주로 기초하여 이론을 전개하고 경제 현상을 설명하는 이른바 신고전파 경제학의 '최적화 원리(optimization principle)'에 대비되면서도 '규모에 대한 수확체증(규모의 경제)' 개념보다는 넓은 개념이다. 신고전파 최적화 원리에서는 주로 기술적 요인, 즉 기술혁신, 비용절감, 생산성 향상으로 수확체증 원리를 설명하지만, 여기서 말하는 수확체증 세계는 발산, 격차, 다수균형, 경로의존성(path dependency), 자기강화(self-reinforcing), 양의 되먹임(positive feedback) 등의 개념으로 확장된다.

먼저 규모에 대한 수확체감의 세계를 간단히 소개한다. 가령 경쟁관계에 있는 A, B 두 상

품이 존재할 때 A 상품에 대한 수요가 늘어나 생산량(Q)이 늘어난다. 그러다 어느 시점을 지나게 되면 한계비용(MC)이 증가하고 가격이 올라 다른 B 상품에 대한 수요가 늘어난다. 이제 B 상품에 대한 생산이 늘면 B 상품의 한계비용이 증가하고 가격이 올라 이번에는 A상품에 대한 수요가 늘어난다. 이러한 과정이 반복되면서 결국 A, B 두 상품에 대한 생산량이 비슷한 점에서 균형이 이루어진다. 마찬가지로 수요자의 효용 측면에서도 A 상품에 대한 수요 증가는 수요자의 한계효용(MU)을 감소시키고 한계효용이 상대적으로 높은 B 상품에 대한 수요를 증가시켜 결국 A, B 상품의 수요량이 비슷한 수준에서 균형이 성립한다.[1] 수확체감의 세계는 상호 수렴하는 세계이며, 선도자와 후발자 간에 격차가 벌어지는 것이 아니라 점점 좁혀져 궁극적으로 힘의 균형이 이루어지는 세계이다. 초기 조건과 관계없이 궁극적으로 유일한 균형이 존재하는 세계로서 예측이 가능한 세계이다.

그림 2-1 규모에 대한 수확체감

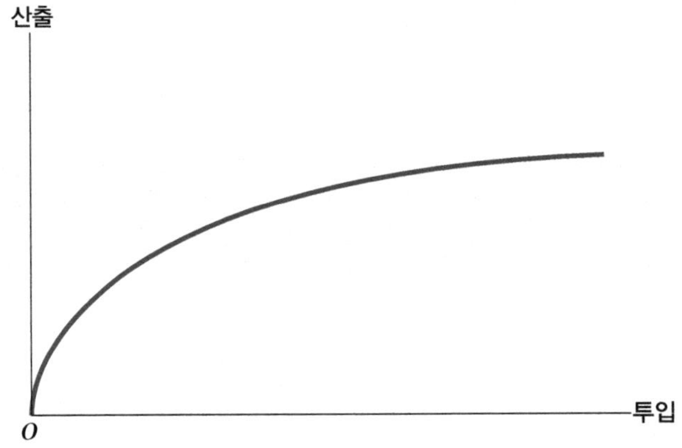

반면에 규모에 대한 수확체증의 세계에서는 A 상품의 생산량(Q)이 증가할수록 한계비용(MC)이 감소하고 가격이 떨어진다. 이에 따라 A 상품에 대한 수요가 늘어나 A 상품의 생산량이 점점 늘어난다. 반대로 B 상품에 대한 수요는 점점 줄어들어 B 상품의 생산량은 더욱 줄어든다. 이러한 과정이 지속되면 결국 A 상품이 시장을 지배하고 B 상품은 시장에서 사라지게 되는 상황에서 균형이 이루어진다. 마찬가지로 수요자의 효용 측면에서도 A 상품에 대한

1. 두 상품의 단위가격당 한계효용이 서로 같아지는 점에서 균형이 성립하게 된다. 즉, $\frac{MU_A}{P_A} = \frac{MU_B}{P_B}$에서 균형이 성립한다.

수요 증가는 수요자의 한계효용(MU)을 증가시켜 A 상품에 대한 수요를 더욱 증가시킨다. 결국 A 상품이 시장을 지배하는 상태에서 균형이 성립하게 된다. 이처럼 수확체증의 세계는 상호 발산하는 세계이며, 선도자와 후발자 간 격차가 벌어지는 세계이다. 초기에 어떠한 경로를 택하느냐에 따라 얼마든지 결과는 달라질 수 있으며, 불변의 고정된 경로가 존재하지 않는다. 초기 조건과 상관없이 효율적인 최적 경로가 항상 존재하지 않으며, 예측하기 어려운 세계이다.

그림 2-2 규모에 대한 수확체증

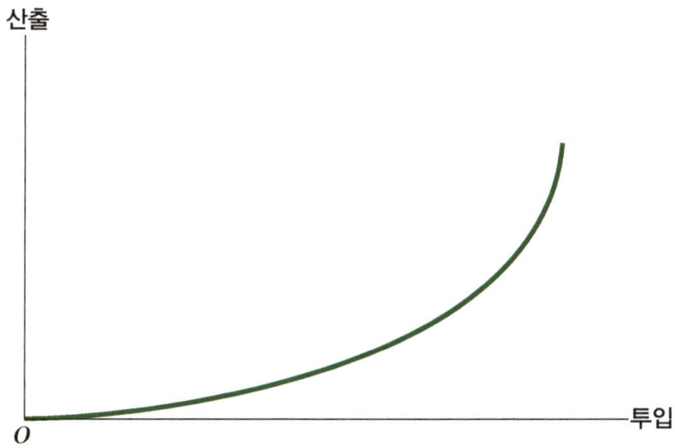

표 2-1 **수확체감의 세계와 수확체증의 세계**

수확체감의 세계	생산이 늘수록 한계비용↑ → 가격↑ → 다른 상품 수요↑ 상품 간 수렴 선발자와 후발자 간 격차 ↓ 단일균형
수확체증의 세계	생산이 늘수록 한계비용↓ → 가격↓ → 동일 상품 수요↑ 상품 간 발산 선발자와 후발자 간 격차 ↑ 다수균형

네트워크 외부성이 존재하는 네트워크재는 네트워크 사용자가 많을수록 네트워크의 가치가 증가하고, 네트워크 가치의 증가는 더 많은 네트워크 사용자를 불러들이기 때문에 수확체감 원리가 아닌 수확체증 원리가 지배한다. 더구나 앞서 살펴본 대로 임계규모가 최종 균형 상태를 결정짓는 중요한 역할을 담당한다. 재화나 서비스가 임계규모를 달성하면 시장에 급속도로 확산되어 전체 시장을 점유할 가능성이 높으나, 임계규모를 달성하지 못하면 시장에서

사라질 가능성이 높다. 따라서 네트워크 세계에서는 단일균형 대신에 다수균형이 존재한다.

디지털 기술의 발달로 이른바 '양극화' 현상이 두드러지고 있다. 디지털 기술에 수반되는 네트워크화 현상으로 인해 정보 전달의 속도와 범위가 획기적으로 증대되면서 거대한 질서가 한꺼번에 나타나는 현상이 빈번해지고 있다. 디지털 재화와 온라인 거래가 보편화되어 거래 비용이 획기적으로 절감되면서 수요와 공급, 생산과 소비 등의 부문 간 마찰이 심화되어 경제의 휘발성이 높아진 것도 양극화에 한몫하고 있다. '양극화' 현상으로 MS의 컴퓨터 소프트웨어(운영체계)의 독점 현상, 구글, 아마존, 페이스북과 같은 거대한 플랫폼 비즈니스의 등장, 승자 독식(winner takes all), 선점 효과(first move advantage), 쏠림 현상(tipping effect) 등이 대표적이다. 수확체증 세계는 제품(기술)들 간 경쟁을 통하여 상호 수렴하는 과정을 거쳐 장기적으로 시장을 일정하게 분할하는 세계와는 상반된다. 시장에서 유리한 위치에 있는 제품이 시간이 흐를수록 더욱 시장을 지배하게 되는 반면 그렇지 못한 제품은 시장에서 도태하게 됨으로써 상호 격차가 벌어져 발산하는 세계이다.[2]

실제 수확체증 세계와 수확체감 세계는 하나가 다른 하나에 대해서 일방적으로 존재하는 것이 아니라 서로 동전의 양면처럼 공존하여 하나의 세계를 이룬다. 제품이나 기술의 특성에 따라 두 세계의 상대적 중요성이 다르게 나타나며, 동일한 제품(기술) 사이에서도 라이프 사이클에 따라 상대적 우위가 다르게 나타난다. 대개 네트워크 제품일수록, 그리고 성장기일수록 수확체증의 원리가 강하며, 네트워크 제품이 아닐수록, 그리고 쇠퇴기일수록 수확체감의 원리가 강하다. 개념을 좀 더 확장하면 수확체증의 세계는 제한된 이성(bounded rationality)의 세계이고 수확체감의 세계는 합리적 이성(unbounded rationality)의 세계이다. 전자는 $1 + 1 = 2$가 항상 성립되지 않으나, 후자는 $1 + 1 = 2$가 성립되는 세계이다. 전자는 자기강화(self-reinforcing)와 양의 되먹임, 후자는 자기균형(self-balancing), 음의 되먹임이 작동되는 세계이다. 전자는 생성(becoming)의 세계, 후자는 존재(being)의 세계와 가깝다. 전자의 세계에서는 예측이 어려우며 불안정성, 불확실성이 높은 반면, 후자의 세계에서는 예측이 가능하며 안정성, 확실성이 높다.

두 세계가 공존하면서도 현실은 점점 수확체증 원리가 수확체감 원리보다 강하게 작동하

---

2. 격차, 불안정성 등은 네트워크가 창출하는 주요한 역기능으로 이에 대해 경계를 할 필요가 있다. 17장 격차와 불안정성에서 상세히 다룬다.

는 세상으로 변모하고 있다. 정보가 신속하게 전달되고 경제행위의 주체가 개인화되면서, 한편으로 시장이 완전경쟁시장에 가깝게 되어가는 측면도 있지만 모든 경제행위가 완전경쟁시장의 조건을 충족시키는 것은 불가능하기 때문에 수확체증 원리가 더욱 두드러지고 있다. 수확체감 원리는 개념적으로 훌륭하지만 현실은 점점 더 복잡해져 양자 간에 괴리가 커져가고 있다.

표 2-2　수확체증의 세계와 수확체감의 세계 비교

수확체증의 세계	수확체감의 세계
예측 불가능성(unpredictability)	예측 가능성(predictability)
불안정성(instability)	안정성(stability)
불확실성(uncertainty)	확실성(certainty)
다수균형(multiple equilibria)	단일균형(unique equilibrium)
발산(divergence)	수렴(convergence)
불완전경쟁(imperpect competition)	완전경쟁(perfect competition)
지식기반 경제(knowledge-based economy)	자원기반 경제(resource-based economy)
적응(adaptation)	최적화(optimization)
성장기(growth stage)	쇠퇴기(declining stage)
우등재(superior goods)	열등재(inferior goods)
독점(monopoly)	복점(duopoly)
네트워크 제품(network goods)	라이벌 제품(rival goods)
제한된 이성(bounded rationality)	합리적 이성(unbounded rationality)
부분의 합 < 전체(aggregation of parts < whole)	부분의 합 = 전체(aggregation of parts = whole)
자기강화(self-reinforcing)	자기균형(self-balancing)
양의 되먹임(positive feedback)	음의 되먹임(negative feedback)
생성(becoming)	존재(being)

참고 2-1　항아리 실험

수확체증 원리와 수확체감 원리를 보다 정확하게 이해하기 위해 다음과 같은 항아리 실험을 생각해 보자(Arthur et al., 1984 ; Arkin et al., 1984 ; Arthur, 1990 ; Hill et al., 1980).[3]

실험 1. (수확체증) 흰 공과 붉은 공이 들어 있는 항아리에서 임의로 하나를 추출하였을 때 흰 공이

3. Arthur(1990), pp.6~8. 참조. 이 실험은 나중에 '비선형 랜덤 프로세스 이론'을 형성하는 데 기초가 된 것으로서 1931년 수학자인 George Polya가 최초로 시도하였다. 그 이후 1980년 3명의 미국 확률론자인 Hill, Lane, and

나오면 흰 공을 추가하고 붉은 공이 나오면 붉은 공을 추가한다고 하면, 흰 공(붉은 공)을 추가할 확률은 현재의 흰 공(붉은 공)의 비율에 의존한다. 이를 무수히 반복하였을 때는 2가지 경우가 발생할 수 있다. 하나는 거의 모든 공이 흰 공이 될 때와 또 하나는 거의 모든 공이 붉은 공이 될 경우이다. 마치 볼록한 면 위에 공이 위치하여 조금만이라도 왼쪽 또는 오른쪽으로 기울면 왼쪽 끝 또는 오른쪽 끝으로 떨어지는 경우와 같다.

그림 2-3 수확체증 세계의 균형

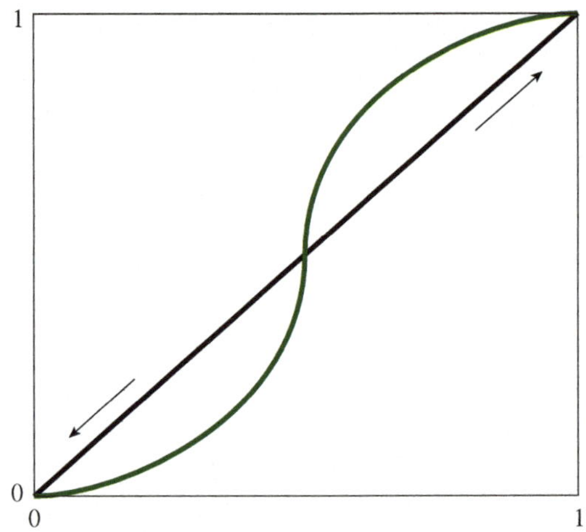

주 : x축은 항아리 속의 흰 공(또는 붉은 공)의 비율, y축은 흰 공(또는 붉은 공)을 추가할 확률을 나타냄

그림 2-4 볼록한 면 위에 공이 위치할 때

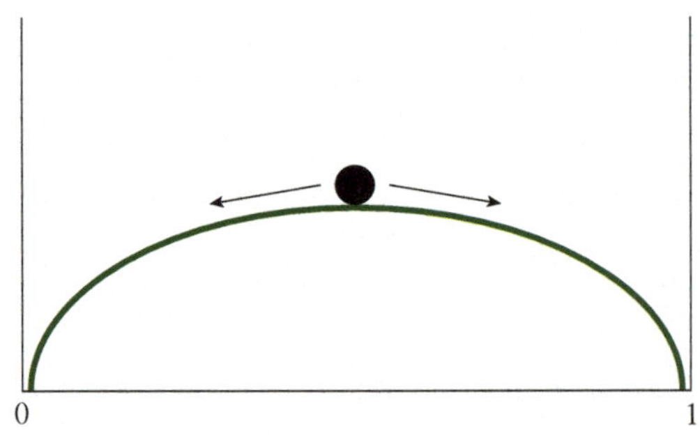

Sudderth(1980)가 보다 일반적인 비선형 모델로 설명하였다. 이후 더 일반적인 모델로 확장이 이루어졌으며, 이에 대해서는 Arthur et al.(1984), Arkin, Shiryayev, and Wets ed.(1984) 참조.

실험 2. (수확체감) 흰 공과 붉은 공이 들어 있는 항아리에서 임의로 하나를 추출하였을 때 흰 공이 나오면 붉은 공을 추가하고 붉은 공이 나오면 흰 공을 추가한다. 이 경우 높은 흰 공(붉은 공)의 비율이 오히려 흰 공(붉은 공)을 추가할 확률을 낮춘다. 이를 무수히 반복하면 흰 공과 붉은 공이 적정한 비율로 구성되는 하나의 균형점으로 수렴하게 된다. 마치 오목한 면 위에 공이 위치하여 어느 경우에 있든 오목한 면의 중간지점에 위치하게 되는 경우와 같다.

그림 2-5 수확체감 세계의 균형

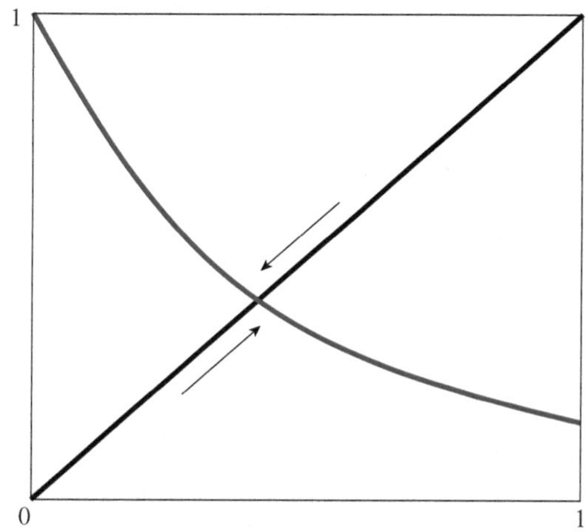

그림 2-6 오목한 면 위에 공이 위치할 때

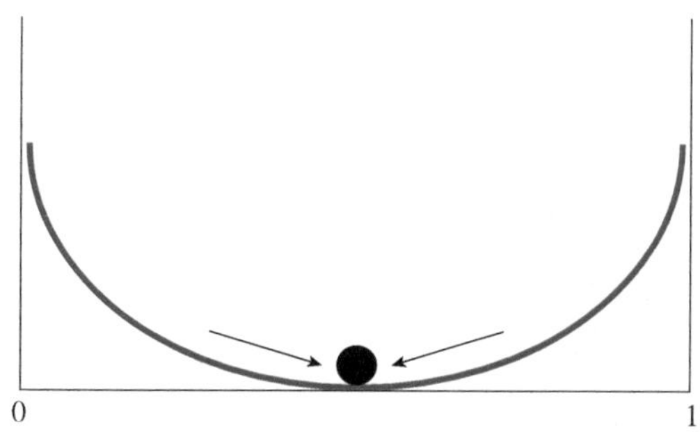

실험 3. (수확체증과 수확체감의 공존) 수확체증과 수확체감의 원리가 함께 존재할 때는 두 원리의 상대적인 지배력에 따라 실험 1과 실험 2의 결과가 모두 함께 나타난다. 수확체감의 원리가 강하게 지배할 때는 실험 2의 결과처럼 붉은 공과 흰 공의 비율이 비슷한 점에서 균형이 이루어질 가능성이 높으며, 수확체증의 원리가 상대적으로 강하게 작용하면 실험 1의 결과에 가깝게 양극단 근처에서 균형이 이루어질 가능성이 높다.

그림 2-7 수확체증 및 체감 공존세계의 균형

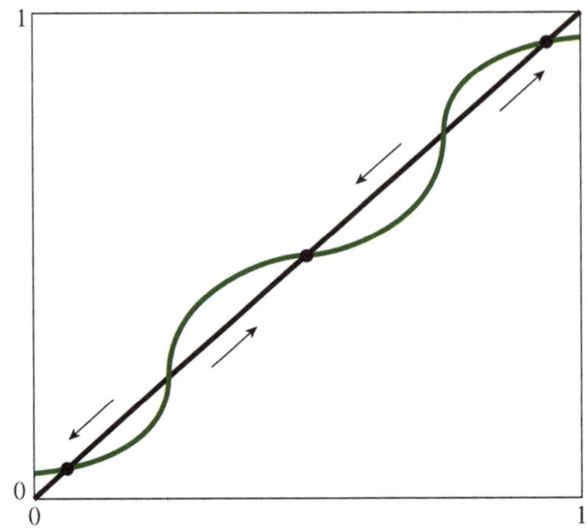

2 경로의존성

2.1 제한된 합리성

수확체증 원리나 양의 피드백 원리가 지배적인 시스템에서는 경로의존성(path dependency)이 존재한다. 최종 경로의 모습은 여러 경로들 중 초기에 선택된 경로에 종속되어 버린다는 것이다. 이러한 선택 원리는 여러 요인들을 고려하여 최적 선택을 도모한다는 신고전파 경제학에서 상정하는 결정론적(deterministic) 행위와는 다소 거리가 있는 것으로 비결정론적(indeterministic) 행위로 설명된다.

비결정론적 행위들은 우리들의 일상생활에서 빈번하게 일어나고 있다. 어떤 사람이 A, B 두 종류의 자동차 중에서 한 자동차를 선택한다고 하자. 그 사람은 선택에 앞서 두 차종에 대한 여러 정보를 수집할 것이다. 정보 수집의 결과 A, B는 매우 유사하여 선택이 그리 쉽지 않았다. 다른 사람들과 마찬가지로 그 사람은 친구들에게 물어보았다. 우연히도 물어본 3명의 친구 모두가 A를 소유하고 있었고, 그들은 A의 품질에 별 문제가 없다고 대답하였다. 그러면 그 사람이 A를 구입할 가능성은 매우 높을 것이다. 특별히 A가 B보다 어떠한 점에서 우수하다는 분석에 기초하지 않고 우연히 주위의 친구들이 A를 소유하고 있었고 품질에 별 문제가 없다는 이유만으로 당사자가 A를 살 확률이 높다. 학교 앞 여러 식당 중 우연히 한 식당을 가게 되었는데, 그 다음부터는 다른 비교할 만한 여러 식당이 있음에도 그 식당에만 계속 가게 되는 현상을 우리는 종종 경험한다. 어릴 적 학교에 가는 여러 길 중에서 우연히 처음 가게 된 길을 그 이후에도 계속 가게 되는 경우를 경험한다. 실제로 다른 지름길이 있음에도 한번 갔던 길을 별 뚜렷한 이유 없이 고집한다.

사례 2-1 제품 선택과 입지의 경로의존성

경로의존적 현상들은 상품이나 산업 측면에서도 흥미롭게 일어나고 있다. 널리 알려진 바와 같이 VCR의 VHS 방식과 Beta Max 방식의 경쟁에서 VHS 방식이 우위를 점한 사실이 대표적인 예이다. Beta Max 방식이 VHS 방식보다 기술적으로 우수함에도 불구하고 VHS 방식이 좀 더 일찍 소비자들에 의해 사용되고 있었다는 사실이 결국 VHS 방식이 시장에서 채택되는 결과를 낳았다. 초기에 많은 사람들이 VHS 방식의 VCR을 사용함으로써 많은 VHS 방식의 영화들이 상점에 쏟아져 나오게 되고, 이는 다시 더 많은 사람들이 VHS 방식의 VCR을 구입하게 되어 서로 보완적인 시너지 효과로 이어졌다.

또 하나의 예는 컴퓨터 키보드의 QWERTY와 DSK의 경쟁이다(David, 1985 ; Liebowitz & Margolis, 1995).[4] QWERTY는 컴퓨터 키보드의 위쪽 열의 첫 여섯 문자 배열을 따서 이름 붙여진 키보드이다. 1873년 공학도인 Christopher Scholes가 수동식 타이프 라이터에서 처음 QWERTY 방식을 디자인할 당시엔 타이프를 빠른 속도로 칠 경우 키펀치가 서로 엉키게 되는 현상을 방지할 필요가 있어 그런 식으로 고안하였다. 그러나 컴퓨터가 등장하면서부터는 그러한 문제가 사라졌기 때문에 새로운 배열 방식의 DSK(Dvorak Simplified Keyboard) 키보드가 대안으로 제시되었다. 그럼에도 이미 많은 사람들이 QWERTY 방식을 익숙하게 쓰고 배우고 있는 상황에서 DSK 키보드의 시장 침투는 용이하지 않았다. 레밍턴 재봉기계 회사(Remington Sewing Machine Company) 같은 회사가 QWERTY 키보드를 대량생산할 정도로 이미 QWERTY의 시장 점유는 상당한 수준에 도달해 있어 결국 QWERTY가 시장에서 표준으로 정착되었다.

4. David(1985)와 Liebowitz and Margolis(1995)를 참조 바란다. 후자는 전자가 주장한 "QWERTY 방식이 DSK 방식에 비해 기술적으로 뛰어나지 않았음에도 불구하고 시장선점 효과로 인해 결국 시장에서 지배적인 위치를 점하게 되었다"라는 것에 대해 실제 DSK의 기술적인 우위성이 존재하지 않았다는 등의 이유로 다소 비판적인 입장을 취하고 있다.

산업의 지리적 패턴에서도 이와 유사한 예들을 찾아볼 수 있다. 미국 실리콘밸리의 형성은 경로의존성에 기인한다. 1940~1950년대에 걸쳐 Hewlett, Varian, Shockley 등의 청년들이 우연히 스탠퍼드대학 근처에 컴퓨터 관련 기업을 설립하게 되었다. 그것이 계기가 되어 그 이후 인근의 노동력이 모이게 되고, 그것이 또 다른 기업들을 불러들여 산타 클라라 지역을 컴퓨터 관련 산업의 중심지로 만들었다. 도시·공간경제학에서는 이를 집적 효과(agglomeration effects)라고 한다. 도시에서 흔히 볼 수 있는 가구거리, 한약방 거리, 전자상가 등도 이러한 예에 속한다.

경로의존적 현상은 전통적인 경제이론에서 상정하는 경제주체의 행동과는 거리가 있는 비합리적인 행동의 범주에 속한다. '신고전파 경제학'에서 상정하는 '경제적 인간(Homo Economicus)'이란 물리학에서 상정하는 물체의 한 입자의 행동처럼 스스로의 비용과 편익을 고려하여 행동을 항상 최적화하여 안정적인 균형에 도달하는 경제주체를 이야기한다. 즉, '합리적 기대(rational expectation)'를 하는 경제주체들을 상정한다. 그러나 실제 경제주체들은 어떠한가? 완전한 합리성보다는 제한된 합리성에 기초한 행동을 하는 불균형적인 상태가 더 일반적이다.

경로의존성과 비결정론적 선택행위는 '우연(chance)'과 '과거(history)'에 기반한 행위들과 연결된다. 우연한 기회로 어떤 사건이 일어나 하나의 과거를 이루게 되면 그 과거는 현재의 기억으로 남아 미래를 규정짓는 역할을 한다. 그 사건이 효율적이든 비효율적이든, 우위이든 열위든 관계없이 그것이 기억되면서 그와 유사한 사건을 강화시키는 경향을 지닌다. 마치 앞서 살펴본 기술이나 서비스의 확산 패턴에서 임계규모 형성 이후 네트워크 크기 자체가 또 다른 네트워크를 불러오는 현상과 유사하다.

'우연'과 '과거'의 중요성은 B. Arthur, P. A. David 등에 의해 이론화되었다. Arthur (1989, 1990)는 흔히 주위에서 볼 수 있는 기업이나 공장이 한 지역에 모여 있는 현상을 수송비용, 규모의 경제, 입지 요인 등과 같은, 제품과 서비스의 생산과 수요와 결부된 결정적인 요인으로 설명하기보다는 '우연'과 '과거'라는 비결정적인 요인으로 설명한다. 한 기업이 어떤 이유에서든 우연히 특정한 지역을 선택하였다고 하자. 그리고 두 번째 기업은 나름의 이유로 첫 번째 기업에 가까이 위치하게 되고, 나아가 세 번째 기업도 유사한 동기로 동일한 지역에 위치하게 된다. 이때 기업의 입지는 생산요소 조달, 시장 등의 결정적 요인에 영향을 받을 수 있다. 이러한 과정이 이어져 그 지역에 유사한 업종의 기업들이 일정한 규모를 형성하면 해당 업종의 메카로서 명성이 생기면서 신생기업들을 불러들이게 된다. 결국 그 지역에 수많은 유사한 기업들이 모여 실리콘밸리와 같은 군집을 형성하게 된다. 이러한 과정은 우연에 의한 진화 과정으로서 어떤 지역이 초기에 우연히 다른 지역보다 많은 기업을 유인한다면, 그 이후에도 다른 지역보다 많은 기업들을 유인할 확률이 높다.

네트워크도 네트워크가 형성될 수 있는 여러 경로 중 초기에 어느 특정 경로를 선택해 네트워크가 형성되면 더욱 그러한 경로로 네트워크가 확대되어 연결이 많은 노드에 연결이 더 형성되는 속성을 지니고 있다.[5] 그만큼 경로의 관성이 존재한다는 것인데, 설사 열등한 기술이라도 선택되고 확산되어 결국 시장을 지배해 버린다. 초기에 어떠한 경로를 택하느냐에 따라 얼마든지 결과는 달라질 수 있으며, 환경에 상관없이 효율적인 최적 경로가 항상 존재하지 않는다.

2.2 경로의존성에 대한 수학적 모델

Arthur et al.(1984)는 간단한 확률적 실험을 이용하여 경로의존성에 대한 수학적 설명을 시도하였다. 붉은 공과 흰 공이 담겨 있는 용기에서 무작위로 r번의 공을 추출하였을 때 m번 $(0 \leq m \leq r)$ 이상이 흰 공이면 흰 공 하나를 더 추가하고, 그렇지 않으면 붉은 공을 추가한다는 실험이다. 그 결과 흰 공을 추가할 확률은 추가 이전의 흰 공의 비율에 의존함을 수학적으로 설명하였다. 흰 공이 추가될수록 흰 공의 비율이 높아져 다시 흰 공을 추가시킬 확률이 높아지는 일종의 양의 피드백 효과가 존재함을 밝힌 것이다.

다음과 같은 붉은 공과 흰 공이 든 항아리에 두 종류의 실험을 생각해 보자.

실험 1. 무작위로 r번의 공을 추출하였을 때 m번$(0 \leq m \leq r)$ 이상이 흰 공이면 흰 공 하나를 더 추가하고, 그렇지 않으면 붉은 공을 추가한다.

실험 2. 무작위로 r번의 공을 추출하였을 때 m번$(0 \leq m \leq r)$ 이상이 흰 공이면 붉은 공 하나를 더 추가하고, 그렇지 않으면 흰 공을 추가한다.

---

5. 기술이나 서비스의 확산 패턴에서 임계규모 형성 이후 네트워크 크기 자체가 또 다른 네트워크를 불러오는 현상과 유사하다.

이때 흰 공이 하나 더 추가될 확률은 다음과 같이 정의될 수 있다.

$$q_n^w = \sum_{k=m}^{r} H(k\,;n, n_w, r)$$

H는 초기하학적 분포함수이며, 파라미터 n은 n기의 전체 공의 수로 n이 무한히 크고 매기마다 하나의 공이 추가되므로 전체 공의 수를 n과 같다고 가정한다. r은 공의 추출 횟수, n_w은 n기의 흰 공의 수를 나타낸다. 두 실험의 경우 $\frac{n_w}{n}$은 궁극적으로 특정 랜덤 값으로 수렴하게 될 것이다. 그리고 그 분포는 초기 항아리의 공 비율에 의존하는 파라미터들에 영향을 받게 될 것이다.

$$\text{실험 1의 } r > 2 \Rightarrow \frac{n_w}{n}\text{은 } \{0, 1\}\text{로 수렴}$$
$$\text{실험 2의 } r > 2 \Rightarrow \frac{n_w}{n}\text{은 내부 점 } \{p\}\text{로 수렴}$$

이 실험은 N 색깔의 공으로 일반화될 수 있다. 이 경우 1기에 항아리 내 공의 상태는 벡터 $b_1 = (b_1^1, b_1^2, \cdots\cdots, b_1^N)$이 된다. 이때 b_1^i은 1기의 i 색깔 공의 수이며, N은 색깔의 종류이다. 총 공의 수는 $\gamma = \sum_i b_1^i$이다. 공은 앞서 정의한 확률 함수에 따라 계속적으로 더해진다. 그러면 n기에 랜덤 변수 $\beta_n^i(X_n)$은 다음과 같이 정의된다.

$$\beta_n^i(X_n) = 1 \text{ 확률 } q_n^i(X_n),\ i = 1, \cdots\cdots, N$$
$$\beta_n^i(X_n) = 0 \text{ 확률 } 1 - q_n^i(X_n),\ i = 1, \cdots\cdots, N$$

여기서 벡터 $X_n = (X_n^1, X_n^2, \cdots\cdots, X_n^N)$이며, X_n^i는 n기의 i 색깔 공의 비율이다. 그러면 $n+1$기에 항아리에 i 색깔의 공을 하나 첨가하는 것은 다음의 규칙을 따르게 된다.

$$b_{n+1}^i = b_n^i + \beta_n^i(X_n),\ i = 1, \cdots\cdots, N$$

이는 $X_n^i = \frac{b_n^i}{\gamma + n - 1}$가 다음의 진화 과정을 밟게 됨을 의미한다.

$$X^i_{n+1} = X^i_n - \frac{1}{r+n}[X^i_n - \beta^i_n(X_n)] \quad n = 1, 2, \cdots\cdots$$ [6]

$$단,\ X^i_1 = \frac{b^i_1}{\gamma}$$

$$\vdots$$

$$X^i_{n+1} = \frac{b^i_{n+1}}{(\gamma+n)}$$

이를 다시 정리하면 다음과 같다.

$$X^i_{n+1} = X^i_n - \frac{1}{r+n}[X^i_n - q^i_n(X_n)] + \frac{1}{r+n}\eta^i_n(X_n)$$

$\eta^i_n = \beta^i_n(X_n) - q^i_n(X_n)$이며, 기대값은 0이 된다.[7]

따라서 X_n하에서의 X^i_{n+1}의 기대값은 다음과 같이 된다.

$$E[X^i_{n+1}|X_n] = X^i_n - \frac{1}{r+n}[X^i_n - q^i_n(X_n)]$$

즉, $n+1$기에서 i 색깔의 공의 비율은 $q^i_n(X_n) - X^i_n$에 의해 결정됨을 알 수 있다. 그런데 고정점 정리(Fixed Point Theorem)에 의해 $X^* = q(X^*)$를 만족하는 X^*가 반드시 존재하므로 균형에서 위의 식은 다음과 같이 된다.

$$E[X^i_{n+1}|X_n] = X^i_n$$

---

6. $X^i_{n+1} = \frac{b^i_{n+1}}{(\gamma+n)} = \frac{(b^i_n + \beta^i_n(X_n))}{(\gamma+n)}$

$= \frac{(X^i_n \cdot (\gamma+n-1) + \beta^i_n(X_n))}{(\gamma+n)}$

$= \frac{(X^i_n \cdot (\gamma+n) - X^i_n + \beta^i_n(X_n))}{(\gamma+n)}$

$= X^i_n - \frac{1}{(\gamma+n)} \cdot (X^i_n - \beta^i_n(X_n))$

7. $E[\eta^i_n] = E[\beta^i_n(X_n)] - E[q^i_n(X_n)] = 1 \times q^i_n(X_n) + 0 \times (1 - q^i_n(X_n)) - E[q^i_n(X_n)] = q^i_n(X_n) - q^i_n(X_n) = 0$

결국 X^i_n가 X^i_{n+1}를 결정하게 된다. n기의 i 색깔 공의 비율이 $n+1$기의 i 색깔 공의 비율을 결정한다는 의미이며, 소급하면 결국 초기 공의 비율이 현재의 공의 비율을 결정하게 되고, 이는 결국 미래의 공의 비율을 결정한다는 것이다. 이는 초기에 한번 경로를 정하게 되면 지속적으로 그러한 경로를 밟게 된다는 '경로의존적 과정' 또는 '양의 피드백'을 설명한다. '과거'가 '현재'와 '미래'를 결정짓는 중요한 요인이 된다.

참고 2-2 고정점 정리(Fixed Point Theorem)[8]

본문에서 언급한 확률실험에서 고정점은 특정 색깔의 공을 추가할 확률과 그 색깔의 공의 비율이 같아지는 점이다. 이 점은 특정 조건하에서는 항상 존재하는 것으로 고정점 정리로 알려져 있다. Brouwer는 고정점 정리를 다음과 같이 설명한다. 실수 집합 R^n의 하부 집합인 S를 비어 있지 않고 닫혀 있는 볼록한(convex) 집합이라 한다. 그리고 F를 S에서 S로 대응시키는 단일 변수의 연속적인 함수라 하면 $\hat{g} = F(\hat{g})$를 만족하는 $\hat{g}$가 S에 존재하고 그 점을 고정점이라 한다.

그림 2-8 고정점 정리

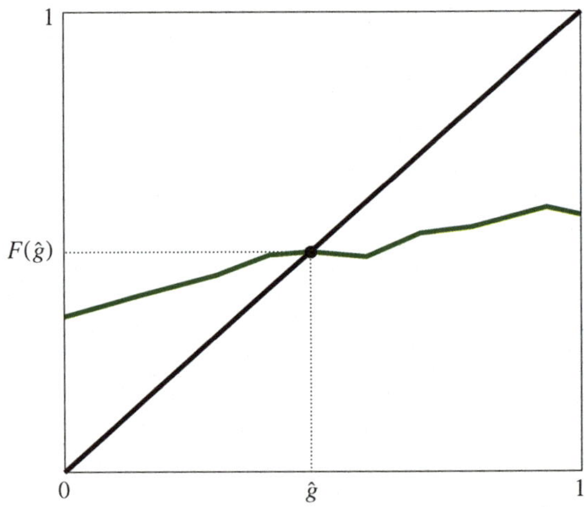

S를 단위 구간 [0, 1]라 하면 S에서 S로 대응시키는 연속함수는 반드시 45° 대각선을 교차하게 되어 $\hat{g} = F(\hat{g})$이 성립한다.

8. Takayama(1974), p.260, Varian(1992), pp.7~9, 496, Chiang(1984), pp.337~352 참조.

고정점 정리는 함수의 유일한 균형의 존재 조건과도 통하는데, 볼록한 집합은 함수의 준오목성(quasiconcave)과 관련이 있다. S가 볼록한 집합이면 g도 볼록한 집합이 되어야 하며, 그러기 위해서는 $F(g)$가 준오목한 함수가 되어야 고정점 정리가 성립되어 유일한 균형이 존재한다. 준오목함수의 조건은 $F(\lambda g+(1-\lambda)g') \geq \lambda F(g)+(1-\lambda)F(g')$이다.

그림 2-9 준오목함수

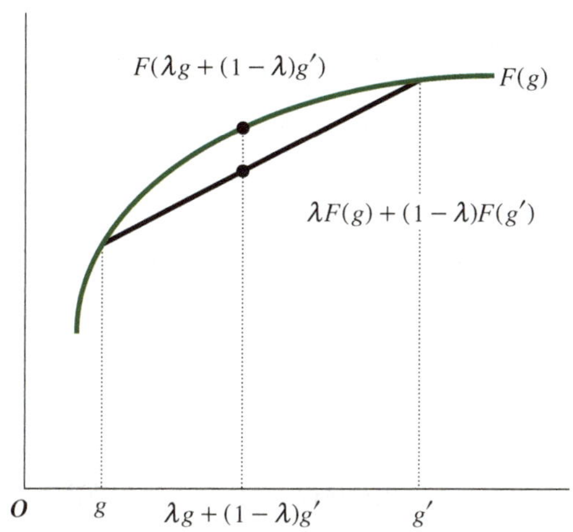

3 임계규모와 시장확산

3.1 개념

전화 서비스가 처음 도입되었을 때 전화 한두 대로는 그 기능을 제대로 수행할 수 없었다. 가입자가 상호 연결되어 서비스의 효용을 누리려면 일정 규모의 가입자가 초기에 존재해야 한다. 네트워크 재화나 서비스는 일반 재화나 서비스처럼 수요 크기가 1부터 시작할 수 없다. 네트워크 재화나 서비스에서는 비용(가격)이 내려가면 전통적인 수요곡선에 따라 연속적으로 판매가 늘어나기보다는 오히려 불연속적으로(비약적으로) 판매가 늘어날 수 있다. 예를 들어 비용이 낮아짐에 따라 네트워크 크기가 시장점유율 0.1%부터 시작하는 것이 아니라 10%부터 시작할 수 있다.

이와 같이 임계규모는 네트워크 외부성의 존재와 밀접히 관계된 것으로 상품이나 서비스의 추가적인 채택이 일어나 스스로 성장을 지속가능하게 하는 최소 채택자의 수로 정의된다(Rogers, 1995 ; Schoder, 2000). 상호 연결을 통해 가치를 창출하는 네트워크 성격을 지닌 재화나 서비스일수록 임계규모가 시장균형을 결정짓는 중요한 요인이 된다. 비네트워크재인 정상재는 상호 연결을 통한 가치 창출이 미미하기 때문에 임계규모의 존재가 두드러지지 못하며, 시장균형 결정에도 큰 영향을 미치지 못한다. 그러나 네트워크재는 기본적으로 상호작용을 통해 가치를 창출하고 네트워크가 확대될수록 가치가 증폭되기 때문에 연결이 중요하며, 임계규모가 의미를 지닌다.[9] 또한 한번 채택하게 되면 서로 네트워크로 연결됨으로써 발생하는 잠김 효과(lock-in effect)가 크기 때문에 소비자들도 신중하게 선택한다. 따라서 네트워크재는 시장확산 속도가 임계규모 이전에는 정상재보다 느리다가 임계규모를 넘어서면 정상재보다 훨씬 빨라지게 되는 특성을 지닌다(Williams et al., 1988).

그림 2-10 기술유형별 확산 패턴과 임계규모

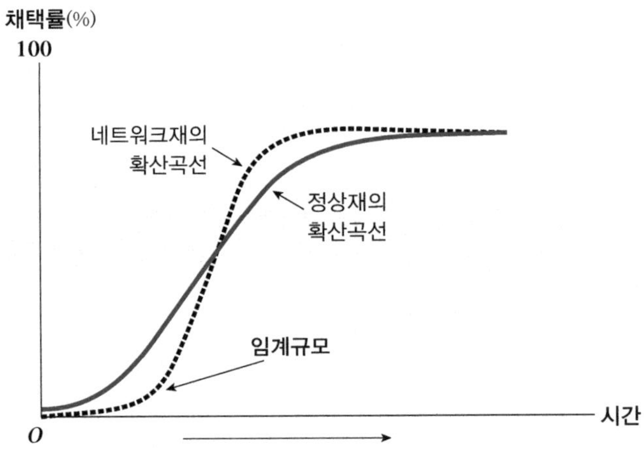

자료 : Williams et al.(1988), p.73.

한편 임계규모라는 것은 네트워크 상품이나 서비스의 0이 아닌 최소 규모의 균형 크기이기도 하다. 앞서 살펴본 [그림 1-6]의 역 U자형 수요곡선에서 첫 번째의 불안정한 균형에 해당한다. 임계규모는 지속적 성장을 하여 시장에서 지배적인 위치를 점하느냐 아니면 시장에

9. 단방향 네트워크와 양방향 네트워크의 사례에서 보듯이 네트워크 서비스일수록 임계규모의 존재가 두드러진다.

서 쇠퇴해 사라지느냐의 운명을 가름하는 의미 있는 크기로서 기본적으로 불안정한 특징을 지닌다. 마치 물이 온도가 내려가 임계온도 0℃ 부근에서 얼음으로 변하는 순간에 매우 불안정한 구조를 보이는 것과 유사하다. 물의 입자가 임계온도에서 매우 무질서하게 움직이다가 갑자기 질서 있게 움직이는 것처럼 자기조직화하는 임계 상태(self-organizing critical state)가 곧 임계규모 상태이며, 새로운 질서의 잉태를 위한 일시적 무질서 상태를 가리킨다.

임계규모 개념은 제품이나 서비스의 성장주기와 밀접하게 관련된 것으로 내생적 성장(endogenous growth)과 외생적 성장(exogenous growth)의 상호관계를 규정짓는다. 특정 제품이나 서비스가 시장에 나와 전반적으로 확산되려면 임계규모라는 고비를 넘기느냐가 매우 중요한 관건이 된다. 그런데 일반적으로 임계규모를 형성하기 전까지는 소비자는 제품이 가지는 특성과 기술적 우수성 같은 내생적 요인들, 즉 자신의 선호에 기초하여 제품을 선택하는 경향이 강하다. 반면 일단 임계규모가 형성되면 제품의 네트워크 규모 자체가 또 다른 네트워크를 형성시키는 측면이 강하다. 제품의 기술과 질적 우수성과는 상관없는 임계규모라는 외생적 요인이 상대적으로 강하게 작용하게 된다. 이를 이른바 네트워크 효과라고도 한다. 정리하면 임계규모가 형성되기 이전에는 내생적 성장이 외생적 성장보다 우세하며, 임계규모가 형성된 이후에는 외생적 성장이 내생적 성장보다 우세하다. 엄밀히 얘기하면 외생적 요인이었던 네트워크 크기 자체가 임계규모 이후에는 내생적 요인화된다. 아울러 다음에 설명하겠지만 임계규모 이전에는 혁신자의 선택이, 임계규모 이후에는 모방자의 선택이 주된 동인을 형성한다.

그림 2-11 임계규모 전후의 성장 요인

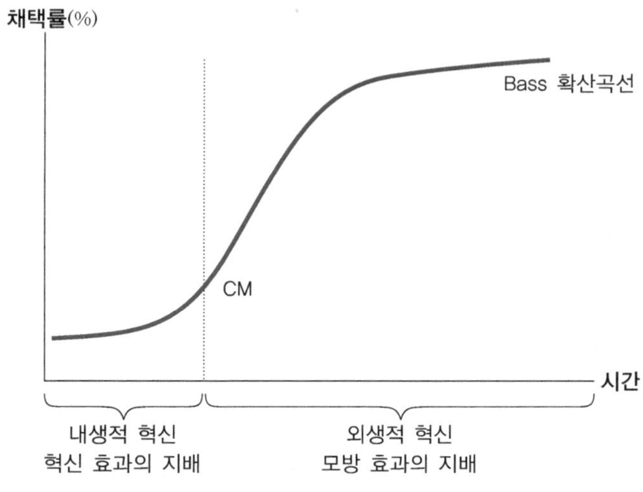

실제 시장에서 임계 크기의 형성은 제품의 보급률과 밀접한 관계가 있다. 일반적으로 신제품이 시장에 등장하여 사람들에게 그 존재를 알리게 되는 것은 보급률이 10% 정도가 될 때이며, 붐이 형성되는 시점은 보급률이 10~30% 정도인 것으로 알려지고 있다(Rogers, 1995). 이른바 S자 곡선으로 설명되기도 한다. 그러나 네트워크 특성이 강한 제품은 붐이 일어나기 훨씬 이전에 이미 시장에서 승패가 결정되는 경향이 강하다. 예를 들어 VCR의 VHS 방식과 Beta Max 방식의 경쟁에서 VHS가 1976년에 등장하여 사실상의 표준으로 정착된 시기는 1981년으로 이때 시장에서의 보급률이 2~3%였다(山田英夫, 1993). 사용자가 신제품에 관한 지식을 습득하는 시점과 실제 구입하는 시점에는 시차가 존재한다는 점과 제품에 대한 지식을 가지고 있는 잠재 수요자가 실제 구입자의 3~10배 정도가 되는 점을 감안하면 표준이 존재하는 제품에서 보급률이 2~3% 정도일 때 시장에서 우열이 가려진다는 것은 매우 설득력이 높다. 따라서 네트워크 제품(표준이 존재하는 제품)일수록 임계규모가 낮아지는 경향이 있다.

네트워크재일수록 제품들이 서로 연결되어 있어 소비자들이 신중하게 선택하기 때문에 임계규모에 도달하는 데 다소 시간이 걸리나, 일단 형성되면 제품이 제품을 서로 끌어들이는 힘이 작용하여 빠른 속도로 붐이 일어난다. 이런 이유로 사업자들은 조기에 임계규모에 도달하기 위해 다양한 전략을 구사한다. 주로 가격 인하, 불확실성 제거 등 초기 진입장벽을 완화시키는 노력들로서 대표적인 전략들은 다음과 같다(Allen, 1988)[10]. ① 초기 도입 시 제품 무료 제공, ② 제품과 친숙해지도록 개별 서비스 제공, ③ 적극적인 마케팅을 통한 제품의 사용자 수가 임계 크기를 초과할 것이라는 기대 형성 등을 들 수 있다.

3.2 Bass 확산모형

임계규모가 실제로 존재하는지 또는 그 규모가 어떠한지에 대한 실증적 분석은 주로 확산 모형에 의해 이루어지고 있다. 그중에서도 1969년에 소개된 바스 확산모형(Bass Diffusion Model)이 가장 널리 활용되고 있다. 동 모형은 제품이나 기술의 선택행위에서 가격, 소득, 효용 등의 경제변수가 아닌 순수 채택행위에 기반한 수학적 확률 모형으로 확산 패턴을 설명한다. Bass(1969)에 따르면 두 가지 가정하에 확산곡선을 도출한다. 첫째, 제품(기술)의 라이프

10. Allen은 프랑스의 미니텔(Minitel)을 사례로 French PTT의 임계규모 형성을 위한 시장전략을 분석하였다.

사이클상에 m 수준의 포화 상태가 존재한다. 둘째, 구입이 이루어지지 않은 상태에서 구입이 일어날 가능성은 내부와 외부 요인에 의해 영향받는다.

이런 가정하에 제품 선택에서 두 부류의 그룹을 생각할 수 있다. 하나는 다른 사람의 선택에 영향받지 않고 독립적으로 선택하는 부류와 다른 하나는 다른 사람들의 선택에 영향을 받아 선택하는 부류이다. 전자는 혁신자(innovators) 그룹으로 자신들의 선택이 기존 선택자 수와는 무관한 그룹이다. 반면에 후자는 모방자(imitators) 그룹으로 선택자가 증가할수록 동일한 선택을 하려는 그룹이다.

추가적으로 다음과 같은 가정을 한다.

① 제품의 전 라이프 사이클에 걸쳐 m만큼의 초기 구매가 존재한다. 구매는 초기 구매와 대체 구매로 구성되지만 여기서는 초기 구매만을 분석 대상으로 한다.[11]

② 구매가 이루어지지 않은 상태에서 t기에 구매가 이루어질 확률 $P(t)$는 t기까지의 구매자를 제외한 나머지 잠재 구매자를 대상으로 한 조건부 확률로서 다음과 같이 기존 구매자들의 선형함수로 나타낼 수 있다.

$$\frac{f(t)}{1-F(t)} = P(t) = p + qF(t)$$

$f(t)$는 t기에 구매가 이루어질 확률, $F(t)$는 t기의 누적 구매 확률이고 m은 전 기간에 걸쳐 이루어진 총구매량을 나타낸다. p는 $t=0$일 때 초기 구매 확률이고, 이는 시장에서의 혁신자의 중요성을 반영한다. 즉, 전체 구매자에서 혁신자들의 비중을 나타낸다고도 볼 수 있다. q는 기존 구매자들의 수가 증가함에 따라 모방자들이 받게 되는 구매 압력을 나타낸다. $Y(t)$는 기존 구매자들, $S(t)$는 t기의 구매자 수를 나타내며, 다음과 같은 관계를 가진다.

$$Y(t) = \int_0^t S(t)dt = m\int_0^t f(t)dt = mF(t)$$

그러면 $P(t)$는 다음과 같이 표현된다.

---

11. 초기 구매만을 고려한 것은 이 모형의 한계점으로 지적할 수 있다. 실제 제품과 서비스의 라이프 사이클이 짧아지면서 동일한 제품에서 대체 구매가 큰 비중을 차지하고 있기 때문이다. 대체 구매를 모형에 명시적으로 도입하는 것을 연구 주제로 고려해 볼 만하다.

$$P(t) = p + \frac{q}{m}Y(t)$$

따라서 t기의 구매량 $S(t)$는 $\frac{f(t)}{1-F(t)} = P(t)$부터

$$S(t) = mf(t) = P(t)[m - Y(t)] = [p + \frac{q}{m}Y(t)][m - Y(t)]$$

가 된다. 이를 전개하여 다시 쓰면 다음과 같다.

$$\begin{aligned} S(t) &= pm + (q-p)Y(t) - \frac{q}{m}[Y(t)]^2 \\ &= p[m - Y(t)] + \frac{q}{m}Y(t)][m - Y(t)] \end{aligned}$$

이러한 행동 방정식으로부터 다음과 같은 해석을 할 수 있다.

① 초기 구매는 혁신자 그룹과 모방자 그룹의 두 부류에 의해 이루어지는데, 혁신자 그룹은 다른 구매자들의 행동에 영향을 받지 않는 반면, 모방자 그룹은 기존 구매자들의 행위에 상당히 영향을 받는다.

② 혁신자들은 초기에 중요하며, 시간이 지남에 따라 그 중요성이 점차 감소한다.

③ p를 혁신계수, q를 모방계수라 한다.

이제 t기의 구매자 수 $S(t)$와 누적 구매자 수 $Y(t)$를 구하기 위해서는 $f(t)$를 알아야 한다. $\frac{f(t)}{1-F(t)} = P(t) = p + qF(t)$로부터

$f(t) = [p + qF(t)][1 - F(t)] = p + (q-p)F(t) - q[F(t)]^2$이 되고, $\frac{dF}{dt} = f$를 활용하면 비선형 미분방정식 $dt = \frac{dF}{[p + (q-p)F - qF^2]}$이 도출된다.

이를 풀면 $F(t) = \frac{q - pe^{-(t+C)(p+q)}}{q(1 + e^{-(t+C)(p+q)})}$이 된다. $F(0) = 0$이므로 상수는 $-C = \frac{1}{p+q}\ln\frac{q}{p}$가 되어 $F(t) = \frac{1 - e^{-(p+q)t}}{\frac{q}{pe^{-(p+q)t}} + 1}$가 된다.

따라서 $f(t)$, $S(t)$, $Y(t)$는 다음과 같다.

$$f(t) = \frac{(p+q)^2}{p}\left[\frac{e^{-(p+q)t}}{\left(\frac{q}{pe^{-(p+q)t}}+1\right)^2}\right]$$

$$S(t) = \frac{m(p+q)^2}{p}\left[\frac{e^{-(p+q)t}}{\left(\frac{q}{pe^{-(p+q)t}}+1\right)^2}\right]$$

$$Y(t) = \frac{m(1-e^{-(p+q)t})}{\frac{q}{pe^{-(p+q)t}}+1}$$

다음으로 최대 판매량이 이루어지는 시점(t^*), 임계규모(CM) 및 그 시점(t^{**})에 대해 알아보자. t^*는 [그림 2-12]에서 보듯이 $Y(t)$를 두 번 미분하여 구할 수 있는데, 이는 $Y(t)$를 한 번 미분한 것이 $S(t)$이므로, $S(t)$를 t에 대해 다시 미분하면 t^*를 구할 수 있다.

$S'(t) = \dfrac{\dfrac{m(p+q)^2 e^{-(p+q)t}}{p}\left(\dfrac{q}{pe^{-(p+q)t}}-1\right)}{\left(\dfrac{q}{pe^{-(p+q)t}}+1\right)^2}$가 되고 $t^* = \dfrac{-1}{p+q}\ln\dfrac{p}{q} = \dfrac{1}{p+q}\ln\dfrac{q}{p}$가 된다.

이때 판매량과 누적 판매량은 각각 $S(t) = \dfrac{m(p+q)^2}{4q}$, $Y(t) = \int_0^{t^*} S(t)dt = \dfrac{m(q-p)}{2q}$이 된다.

그림 2-12 확산경로의 최대구매 시점(t^*)과 임계규모 시점(t^{**})

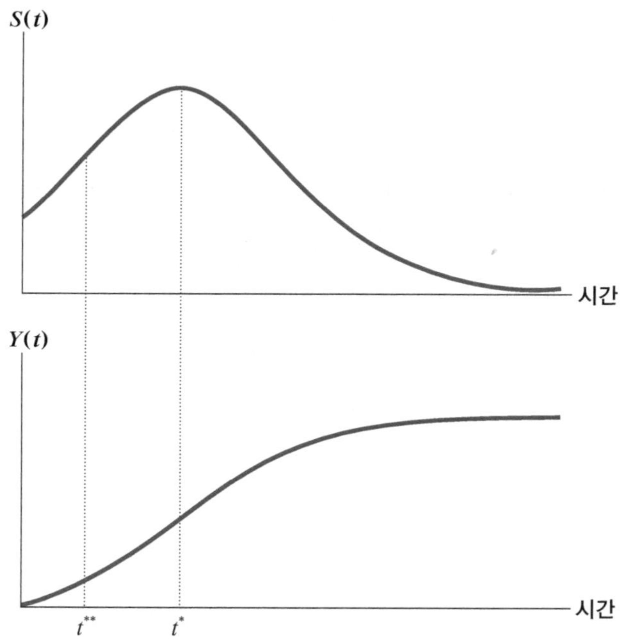

신제품이 시장에 출시되어 소비자들에게 성공적으로 판매되어지기 위해서는 모방계수(q)가 혁신계수(p)보다 커야 하며, 최대 판매량은 전체 누적 판매량(m)의 대략 $\frac{1}{2}$ 정도에서 실현된다.

임계규모와 그 시점(t^{**})에 대해서는 t^{**} 시점에서 $S(t)$의 변곡 현상이 일어나므로 $S(t)$를 t에 대해 두 번 미분하면 $t^{**} = -\frac{1}{p+q}\ln[(2+\sqrt{3})\frac{p}{q}]$를 얻는다. t^{**}를 $Y(t^{**})$에 대입하면 CM이 도출된다.

$$CM = Y(t^{**}) = \frac{1-(2+\sqrt{3})\frac{p}{q}}{3+\sqrt{3}}$$

이제 p, q, m을 알면 t^{*}, t^{**}, $S(t)$, $Y(t)$를 구할 수 있다. p, q, m은 실제 데이터를 이용하여 추정이 가능하다. 앞의 $S(t) = pm + (q-p)Y(t) - \frac{q}{m}[Y(t)]^2$을 다시 쓰면 아래와 같다.

$$S_t = a + bY_{t-1} + cY_{t-1}^2$$

$t = 2, 3, \cdots\cdots$, S_t는 t기의 판매량, Y_{t-1}은 $(1,\ t-1)$기간 동안의 누적 판매량이다. $a = pm$, $b = q-p$, $c = -\frac{q}{m}$이므로 실제 데이터를 이용하여 a, b, c의 계수를 추정하면 p, q, m을 각각 구할 수 있다. 그러면 t^{*}, $S(t^{*})$, $Y(t^{*})$, 나아가 t^{**}, $S(t^{**})$, $Y(t^{**})(=CM)$도 각각 구할 수 있다.

Bass 모형은 단순하지만 매우 강력하다. 특히 과거 데이터를 대상으로 p, q를 추정하고, t^{*}, t^{**}를 추정하는 데 매우 유용하다. 반면에 신규 상품이나 서비스의 시장 확산 패턴 예측은 그리 단순하지 않으며, 보다 정치화된 방법론을 요구한다.

제3장 디지털 재화와 네트워크 경쟁

지식, 정보, 데이터로 불리는 재화가 중요한 생산요소가 되었다. 이들이 디지털화, 네트워크화되면서 어떻게 효율적으로 생산, 유통, 획득하느냐가 중요한 비즈니스로 자리 잡고 있다. 디지털 재화는 시간적 · 공간적 제약이 거의 없어 재생산 및 유통 비용이 현저히 낮은 특성을 지닌다. 기업들은 이러한 특성을 활용하여 지적재산권을 적절히 사용하고, 잠김(lock-in) 전략을 구사하여 전환비용(switching cost)을 높이고, 신기술을 출시할 경우 기존 기술에 대한 기술 우수성과 네트워크 효과 간 소비자의 선택 상황을 고려하여 제품 판매전략을 수립한다.

1 비용구조 및 가격[1]

디지털 재화는 한 번 생산하면 쉽게 재생산할 수 있는 특징을 지닌다. 소비자들은 과거 하드디스크나 CD가 출현했을 때 문서, 음악, 동영상 등을 쉽게 저장, 복사할 수 있는 획기적인 경험을 하였다. 이로 인해 비즈니스 세계는 크게 변화하였다. 수많은 예가 있지만 백과사전을 예로 들어보자. 1990년대에 미국에서 PC를 구입하면 Encarta라는 백과사전 CD가 무료로 제공되었다고 한다. CD를 별도로 구입하면 50달러 정도였다. 백과사전의 엄청난 정보량을 단 하나의 CD에 담아 저렴하게 대량생산이 가능하였기 때문이다. 당시 백과사전의 대명사인 Britannica 32권의 가격은 1,600달러였다. 그러니 Britannica는 Encarta와 경쟁이 될 수

---

1. Shapiro and Varian(1999), Ch. 2를 주로 참조하였다.

없었으며, 결국 1990년대 후반에 Britannica도 CD를 출시할 수밖에 없었다.

이것이 가능한 것은 디지털 재화의 비용구조에 기인한다. 처음 백과사전 CD를 만드는 데는 비용이 많이 들지만 일단 CD를 만들고 나면 이후 재생산에는 거의 비용이 들지 않는다. 즉, 고정비용(fixed cost)은 높지만 가변비용(variable cost) 또는 한계비용(marginal cost)은 매우 낮다. 그러므로 생산할수록 평균비용(average cost)이 지속적으로 감소하여 규모의 경제가 매우 크다. 또한 디지털 재화는 대부분 사용자들이 그 내용을 알고 난 후 소비를 결정하기 때문에 노출, 체험, 광고 등에 많은 비용을 지출하게 되므로 고정비용과 가변비용의 격차는 더 벌어진다. 가변비용 측면에서도 추가 생산에 드는 비용이 현저히 낮을 뿐만 아니라 전기, 가스 생산 등의 일반적인 규모의 경제 업종과는 달리 데이터나 저장 용량과 같은 생산 용량을 늘리는 데도 제약이 거의 없다.

이처럼 디지털 재화는 고정비용과 가변비용의 격차가 매우 큰 자연독점산업의 특성을 지닌다. 그러면서도 디지털 재화의 특성상 진입장벽이 매우 낮기 때문에 경쟁이 지속될 경우 가격이 한계비용(≒ 0)에 가까이 수렴하여 거의 0 수준까지 갈 수 있다. 그렇게 되면 이론적으로는 공급이 일어나지 않는 극단적인 상황도 발생할 수 있다.

디지털 재화는 자연독점적 성격을 강하게 지니고 있어 시장 존립을 위해 일반적인 자연독점산업의 해법을 생각할 수 있다. 예를 들어 가격을 평균비용 수준으로 하거나 공기업화하여 가격을 한계비용 수준으로 하되 발생하는 적자를 정부가 보전하는 방식, 가격을 소비자의 선호에 맞게 차별화하는 방식 등을 고려할 수 있다. 그러나 디지털 재화의 경우 공기업 형태로 공급하는 것은 현실과 거리가 있다. 오히려 수요와 공급 용량을 유연하게 확대할 수 있기 때문에 독점 및 선점적 위치를 계속 유지하거나 가격차별화 전략을 펴는 것이 효과적이다.

[그림 3-1]에서 보듯이 일반 재화의 균형가격과 생산량은 $P = MC = AC_{\min}$에서 결정된다. 반면 디지털 재화는 [그림 3-2]처럼 일반적인 균형조건인 $P = MC = AC$의 균형을 이루려면 생산량이 매우 커야 가능하다. 그러기 위해서는 매우 큰 규모의 경제를 실현해야 하고 그럴려면 시장에서의 지배적인 리더십이 뒷받침되어야 한다.

업종이 처한 시장구조에 따라 다르겠지만 예를 들어 제품차별화가 곤란한 OS 소프트웨어의 경우 규모의 경제를 계속 확대시켜 비용에서 독점적 우위를 점하는 전략이 가능하다. 그럴려면 되도록 시장 수요를 확대하여 많이 팔아야 평균비용이 감소하여 독점적 위치를 유지할 수 있다. 디지털 컨텐츠는 일단 오리지널 버전을 완성하면 여러 형태로 재사용이 가능한

그림 3-1 일반 재화의 비용구조

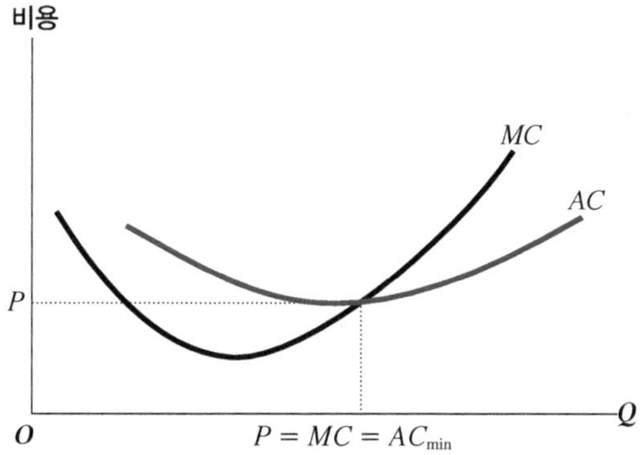

그림 3-2 디지털 재화의 비용구조

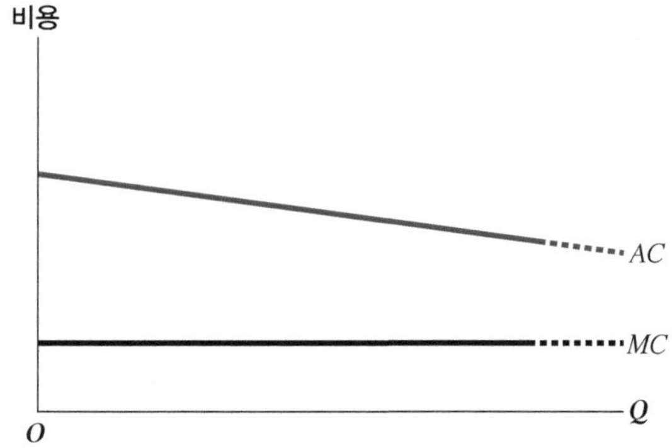

one-source multi-use의 전략을 구사할 수 있다. 대표적으로 TV 드라마나 영화, 웹툰 컨텐츠가 이러한 전략으로 전 세계 시장을 대상으로 시장 확대를 꾀한다. 만일 시장수요가 제한되어 있으면 가격을 올려 $P = AC$ 전략을 펴야 하는데, 이 또한 경쟁이 치열하면 쉽지 않을 것이고, 그러면 적자를 면하기 어렵다.

선도자 역할을 유지하기 위해서는 선점전략도 효과적인데, 지속적인 혁신은 물론 신규 사업자가 진입하지 못하도록 사전에 가격 제한(limit pricing)과 같은 전략도 고려해 볼 수 있다. 선도자가 자신의 가격을 공격적으로 인하하여 신규 사업자가 상당한 초기 투자비용을 지불하고 진입하더라도 수익을 실현하기 어렵게 함으로써 시장진입을 저지하는 전략이다([참고 3-1]).

다음은 가격차별화 전략이다. 대개 세 가지 유형의 가격차별화가 적용된다.

첫째, 개인별 가격차별이다. 개인들의 각자 지불의사(willingness to pay)에 맞게 가격을 다르게 책정하여 수익을 극대화하는 전략이다. 이 경우 개인들의 지불의사 파악이 중요한데, 전통적으로 같은 제품을 소비자에 따라 다른 가격의 카탈로그를 제공하거나 스캐너를 통해 소비자별 지불의사를 파악하였다. 또는 쿠폰이나 멤버십 제도도 소비자의 성향을 파악하는 데 활용되었다. 현재는 온라인 쇼핑의 일상화로 인해 개인들의 지불의사 파악이 한층 용이하게 되었다. 가격 변경도 훨씬 쉬울 뿐만 아니라 옥션 기법도 쉽게 활용할 수 있고 개인들의 쇼핑 기록을 모두 데이터화할 수 있어 개인별로 가격을 차별화할 수 있는 훨씬 좋은 환경이 되었다.

둘째, 제품이나 서비스를 조금 다르게 하여 소비자들로 하여금 선택하게 하는 방식이다. 효율적인 가격차별화를 위해서는 소비자들의 선호(지불의사)를 정확하게 파악하는 것이 중요한데, 실제로는 여러 정보의 제약으로 인해 파악이 쉽지 않다. 그 대안으로 나온 것이 제품을 다양하게 하여 메뉴 방식으로 제시하면 소비자들이 자신의 선호에 맞는 제품을 선택하는 방식이다. 실제 비즈니스 세계에서 가장 활발하게 사용되는 가격차별화 전략이다.

셋째, 소비자 그룹별로 가격을 차별화하는 전략이다. 소비들의 지불의사를 식별 가능한 그룹별로 나누어서 가격을 차별화하는 것으로 많이 활용되는 전략이다. 전통적으로 가격 변화에 대한 민감도(sensitivity) 또는 탄력성(elasticity)에 따라 가격을 달리하는데, 민감도가 높으면 가격을 낮게, 낮으면 높게 부과하는 방식이다. 대표적으로 학생들에게 서비스 요금을 할인한다거나 야간에는 전기요금을 싸게 책정하는 것을 들 수 있다. 대학교 교재의 경우 국가에 따라 다른 버전을 출판하는 경향이 있는데, 소득이 낮은 국가들에게는 낮은 가격을 책정한 버전을 출시한다.

보다 최근에는 소비자들을 자사 제품에 묶어 두기 위해 광범한 네트워크 효과를 활용하는 그룹 가격전략도 빈번하다. 학생들이 어릴 때부터 IBM 호환 컴퓨터에 익숙하도록 PC를 무료로 제공하거나 학교 수업에 Wall Street Journal을 경제 및 비즈니스 교육용으로 채택할 경우 교수들에게 무료로, 학생들에게는 일반인보다 저렴하게 제공한다. 소프트웨어나 저널의 경우 여러 사람들이 공동으로 사용하면 site licensing을 통해 개별 판매 가격보다 저렴하게 제공하기도 한다. 반면 어린이들이 보는 비디오 컨텐츠의 경우 어린이들은 반복해서 보는 경향이 있기 때문에 매번 도서관이나 상점에서 빌려 볼 경우 거래비용이 상당하다. 이 경우는 비디오 컨텐츠를 구입하는 것이 오히려 유리하다. 개별 소비자의 입장에서 보면 지불의사가 가격차별화의 중요한 요소가 됨을 알 수 있다.

참고 3-1 가격 제한[2]

기존 사업자가 신규 사업자의 진입을 저지하기 위해 가격을 인하하는 전략을 말한다. 기존 사업자는 신규 진입자가 막대한 고정투자 비용을 지불하고 진입하여 기존 사업자와 경쟁하기가 버거울 정도로 가격수준을 P_M에서 P_L로 인하한다. P_L하에서 신규 사업자가 진입하려면 적어도 신규 사업자의 가격이 P_L이거나 그보다 낮아야 가능하다. 그러려면 신규 진입자의 생산규모가 적어도 Q_L보다 크거나 규모의 경

2. Petersen(1993), Ch. 3.

제수준인 Q_X 정도 되어야 한다. 따라서 웬만한 규모의 자금력이 있는 기업이 아니면 신규 진입이 불가능하다. 대개 기존의 시장 지배력을 가진 기업은 잠재적인 신규 사업자들의 진입을 사전에 저지하기 위해 가격 제한이나 생산라인 증설 같은 전략으로 시장에 신호를 보낸다.

그림 3-3 가격 제한전략

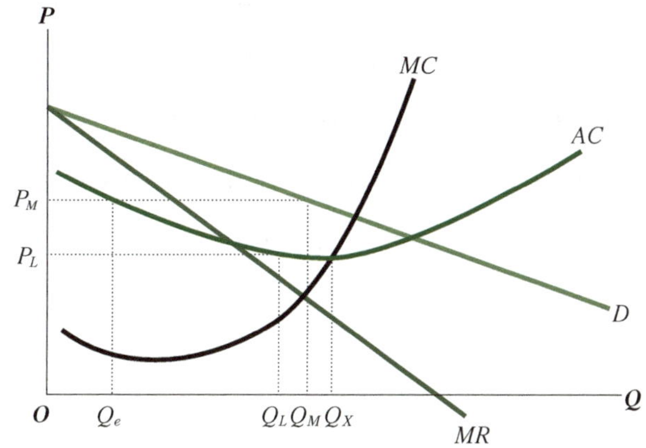

2 지적재산권 관리[3]

디지털 재화는 재생산비용과 유통비용이 매우 작아 쉽게 복사 · 유통되어 지적재산권(Intellectual Property Right ; IPR)을 유지하기가 쉽지 않다. 그만큼 혁신의 유인도 사라지기 쉽다. 반면에 지적재산권을 강하게 유지하면 시장 확산이 더디어져 제품의 시장점유율 증가가 쉽지 않다. 일종의 딜레마적 상황이라 할 수 있다. 따라서 적절한 지적재산권 관리가 요구되는 상황이다. 특히 정보재화는 정보의 내용을 알아야 소비가 이루어지는 특성이 있기 때문에 지적재산권의 완전한 손실 없이 제품이나 서비스를 어떻게 시장에 노출시킬 것인가가 매우 중요하다. 다행히 디지털 재화는 정보전달 비용이 매우 낮아 이를 적절히 활용할 경우 마케팅하기가 용이하다. 이러한 점들을 염두에 두어 지적재산권의 강약전략을 구사해야 기업의 수입

---

3. Shapiro and Varian(1999), Ch. 4를 주로 참조하였다.

을 증대시킬 수 있다.

첫째, 컨텐츠의 일부를 공개하는 전략이다. 그렇게 함으로써 소비자들이 대강의 내용을 알게 한 후 전체 컨텐츠를 유료로 구입하도록 유도한다. 논문이나 보고서의 요약만 공개하고 전체 내용은 유료로 구입하게 하거나 온라인 음악의 앞 부분을 들려주는 것이 이에 해당한다.

둘째, 컨텐츠의 전체 내용을 공개하되 한두 번으로 국한시키는 전략이다. 특히 음악이나 비디오처럼 반복해서 사용하는 컨텐츠에 적용되는 전략이다. 음악 CD를 구입할 때 헤드폰으로 전체 음악을 한 번 들을 수 있도록 한다. 반복해서 시청하는 어린이 비디오 컨텐츠 경우도 이에 해당한다. 미국 어린이들에게 인기가 높았던 Barney 비디오를 유아원에 무료로 배급한 후 약 3,500만 개의 비디오를 판매한 것이 그 좋은 예이다.

셋째, 일종의 제품차별화로서 기본 제품은 무료로 제공하여 소비자들로 하여금 해당 제품에 익숙하게 한 후, 업그레이된 제품은 유료로 판매하는 전략이다. 소프트웨어 경우 이러한 전략을 많이 취한다. 컴퓨터 백신 프로그램으로 유명한 McAfee Associates는 자사 제품인 VirusScan을 무료로 배포하는 대신 구입자들로부터 기부금을 받았다. 이 기부금을 다시 연구개발에 투자하여 새로운 백신 프로그램을 꾸준히 개발하였다. 이후 기본 백신 프로그램은 무료로, 업그레이된 버전은 유료로 전환하였다. 이후 대부분의 바이러스 프로그램이나 Adobe와 같은 소프트웨어 회사들이 동일한 전략을 채택하고 있다.

넷째, 정보를 정리(packaging)해서 제공하는 전략이다. 수많은 혼재해 있는 정보, 지식의 홍수 중에서 의미 있는 내용을 정리하여 제공함으로써 결국 전체 컨텐츠를 구매하도록 한다. 여기에는 두 가지가 있는데, 하나는 분석 자료의 목차만 무료로 제공하고 전체 내용은 유료로, 반대로 전체 내용은 무료로 제공하되 통계, 지표와 같은 분석 자료는 유료로 제공하는 형태가 있다. 전자는 Wall Street Journal, New York Times, Elsevier, Economist 등이 목차는 무료로 제공하고 실제 내용은 유료로 제공한 사례를 들 수 있다. 후자는 Farcast가 Droid라는 프로그램을 이용하여 접속된 다른 컴퓨터로부터 정보를 모아 분석하여 통계, 추세 등을 생산하여 유료로 제공한 사례를 들 수 있다.

사실 지적재산권 관리 문제는 어제오늘의 일이 아니라 오래전부터 주목받아 왔다. 초기에 공공도서관이 생겨 책 대여 서비스를 도입하였을 때 대부분의 출판사가 문 닫을 것으로 예상하였다. 왜냐하면 누구나 무료로 책을 볼 수 있어 책 판매가 줄어들 것이기 때문이다. 그러나 예상과는 달리 오히려 독서인구가 폭발적으로 늘어 출판시장이 커지면서 출판 비즈니스가 활성화되는 결과를 낳았다. 영국의 예를 들어 보면 18세기 도서관이 도입되기 전에는 책이 비싸 독서인구가 고작 8만 명에 불과하였으나 도입 이후에는 1840년에 도서관이 1,000개가 되었고 1850년에는 독서인구가 500만 명으로 늘어났다.

비디오 대여 서비스도 마찬가지여서 이것이 영화관이나 영화 산업을 위축시킬 것으로 예상하였으나 오히려 영화관이나 영화 산업을 활성화시키는 촉매 역할을 담당하였다. 1980년대 초반에는 VCR이 1,000달러, 비디오테이프가 90달러였는데, 비디오 대여 서비스가 도입되면서 대여비가 2~3달러로 낮아지고 비디오 대여시장이 폭발적으로 커져 VCR은 200달러, 비디오테이프는 20달러 이하로 낮아졌다. 비디오 대여시장이 커지면서 동시에 영화시장도 크게 확대되는 결과를 낳았다.

결국 위의 사례는 시장의 확대가 해당 품목이나 서비스와 보완 역할을 하는 품목이나 서비스가 활발해짐으로써 가능하였음을 보여주고 있다. 보완 역할을 하는 제품이나 서비스는 해당 제품의 지적재산권을 강하게 유지할 때보다는 약하게 유지할 때 출현하기 쉽다. 그리고 이들 간에 네트워크 효과로 서로 견인하는 시너지 효과가 작동한다. 더 가까운 예로 노래방이나 온라인 음악 서비스가 음악시장을, 배달앱이 외식시장을, 방찾기 앱이 전월세 시장을, AirBnb가 숙박시장을 확대시키는 현상을 들 수 있다.

지적재산권 관리와 결부된 기업의 전략을 다루었지만 기업의 입장에서는 결국 기업의 이익을 최대화하기 위해서 지적재산권을 어떻게 행사할 것인가의 문제로 귀결된다. 간단한 예로서 설명해 보자. 일반적으로 지적재산권 강화는 높은 가격을, 반대로 약화는 낮은 가격을 수반한다. 그러므로 전자는 수요 감소, 후자는 수요 증가가 예상된다. 만일 렌탈 비즈니스에서 어떤 제품의 1일 대여비가 10달러일 때 수요량이 10개라 하면 수입이 100달러이다. 이때 대여 기간을 늘려 지적재산권 보호를 좀 더 느슨하게 하여 5일 대여에 20달러와 같은 보다 유연한 상품을 출시한다고 하자. 그러면 단위가격이 1일 4달러로 저렴하여 소비자들의 지불의사가 높아져 수요가 늘어난다. 만일 지불의사가 많이 높아져 대여비가 20달러인데도 수요량이 10개로 별 변화가 없으면 수입이 200달러로 증가한다. 그렇지 않고 지불의사가 약간 늘어 수요곡선이 중간 정도로 이동하면 수요량이 5개로 줄어들어 수익이 이전과 같게 된다. 지적재산권의 강약은 소비자들의 지불의사에 따라 수익이 달라지므로 이를 고려하여 조절될 필요가 있겠다.

이 밖에 거래비용도 지적재산권과 관련된다. 렌탈 비즈니스의 경우 빌리고 다시 돌려주는

데 시간이 많이 소요되거나 절차가 복잡하다면 직접 구입하는 것이 편리하다. 그렇지 않고 거래비용이 작으면 렌탈하는 것이 더 편리하다. 마찬가지로 거래비용이 높으면 개별 라이센싱을, 그렇지 않으면 그룹 라이센싱이 유리하다.

종합적으로 보면 지적재산권 전략은 시장확산과 혁신유인의 관계, 소비자들의 지불의사(수요의 탄력성), 거래비용 등을 고려하여 수익을 극대화할 수 있도록 그 강약을 조절하는 것이 바람직하다고 하겠다.

3 잠김전략과 전환비용[4]

3.1 왜 잠김전략인가?

현실 경제는 완전경쟁의 이상과 달리 기계처럼 작동되지 않으며, 인간의 제한된 합리성으로 인해 곳곳에 마찰이 일어나고 있다. 한번 행위가 일어나면 그 행위의 기억과 관성이 힘을 발휘하기 때문에 다른 행위로 옮겨가기 쉽지 않을 뿐더러 상당한 전환비용(switching cost)을 지불한다. 하지만 인터넷 경제 시대에는 정보가 개방되어 있고 재화나 서비스의 거래에 드는 비용이 매우 낮아 그야말로 완전경쟁에 가까운 시장 환경이 마련되고 있다. 모든 거래활동이 지체 없이 이루어지는 마찰 없는 경제가 실현되어 가고 있다. 즉, 전환비용이 점점 낮아지고 있다.

따라서 기업들은 생존을 위해 역설적으로 전환비용을 높여 고객들이 이탈하지 못하도록 잠김(lock-in)전략에 고심한다. 잠김은 기본적으로 사용자들이 재화나 서비스를 오래 사용함으로써 발생하는 관성에 관계한다. 재화나 서비스를 오래 사용하면 그 익숙함으로 인해 다른 제품이나 서비스로 쉽게 옮겨갈 수 없다. 그렇게 하려면 높은 비용을 치러야 한다. 그러므로 소비자들은 잠김에서 자유로워지기를 선호하나 생산자들은 반대로 소비자들이 자사 제품에 잠김을 선호한다.

---

4. Shapiro and Varian(1999), Ch. 5 ; Klemperer(1987).

예를 들어 1990년대 미국 통신시장의 두 거대 회사인 AT&T와 Bell Atlantic 간에 벌어진 사건이 이를 잘 설명한다. Bell Atlantic은 AT&T 운영체제를 채택하는 디지털 스위칭 시스템 5ESS를 AT&T로부터 30억 달러에 구입하였다. 이후 AT&T는 음성 다이얼 시스템 1,000만 달러, toll-free 콜 시스템 800만 달러 등 높은 시스템 업그레이드 비용을 부과하였다. 이는 AT&T가 다분히 거액의 디지털 스위칭 시스템을 구입한 Bell Atlantic의 높은 전환비용을 이용한 전략이라 할 수 있다. 이후 1995년 Bell Atlantic은 AT&T를 시장 지배력 남용 행위로 법원에 제소하였다.

이제 구체적으로 시장에서 기업 간에 잠김전략이 어떻게 이루어지는지를 보자. 가입자가 포화 상태인 통신 서비스나 인터넷 서비스의 경우 기업들은 다른 회사 가입자들을 유치하려는 노력에 전력을 기울인다. 타사로부터의 이탈비용을 낮춰 주어 가입자들이 자사로 쉽게 전환할 수 있도록 하며, 일단 자사로 오면 타사로 가지 못하도록 전환비용을 높인다. 예를 들어 가입자가 타사로부터의 이탈비용이 벌금을 포함하여 50달러, 자사 가입에 따른 비용이 25달러라면 이들을 합한 75달러가 전환비용이 된다. 결국 기업들은 새로운 가입자의 전환비용을 지불하고라도 이익이 발생하면 기꺼이 전환비용을 지불할 것이다. 가입자 한 사람당 100달러의 수입이 발생한다면 전환비용 75달러를 차감해도 25달러의 이익이 발생하므로 가능하나, 수입이 70달러면 -5달러의 이익이 발생하여 불가능하다.

또 하나 고려할 점은 가입자들의 타사로부터의 전환비용을 낮추어 주어 가입자들이 자사로 옮겨 오면 이제부터는 되도록 타사로 전환하지 못하도록 자사 제품을 차별화하는 전략을 세워야 한다는 점이다. 각종 혜택을 부여하거나 퇴출이 어렵도록 퇴출장벽을 높이는 전략이 되겠다. 제품이나 서비스가 표준화되거나 호환성이 높아지면 그만큼 전환비용이 낮다. 또 경쟁이 치열해지기 때문에 이윤도 줄어들 가능성이 높다. 이러한 점들을 고려하여 전환비용이 낮다면 제품의 차별성을 높이고, 반대로 전환비용이 높다면 제품의 차별성을 낮추는 전략이 필요하다.

3.2 잠김전략의 유형

잠김전략의 유형에는 여러 가지가 있다. 첫째, 내구재 관련 잠김전략이다. 내구재는 대개 고가이면서 유지, 보수가 중요하기 때문에 기본적으로 한번 구입하게 되면 당분간 판매자에게 종속된다. 하지만 시간이 지남에 따라 내구재의 가치가 떨어지게 되어 종속성 또한 이에 비례하여 떨어지게 마련이다. 더구나 기술의 발전 속도가 빨라 신기술로의 교체 주기가 짧아지고 있어 판매자는 종속성을 연장하려는 전략을 편다. 예를 들어 자동차의 경우 각 부품의 교체 주기를 동일하게 하지 않고 각각 다르게 함으로써 고가의 부품 교체로 인해 쉽게 다른 차로 이전하지 못하게 하는 전략이다. 일종의 시차를 둔 수명주기 전략(staggered vintage strategy)이라 할 수 있다.

둘째, 특정 제품과 관련된 숙련도이다. 특정 제품을 다루는 방법은 단기간에 습득되지 않고 일정한 시간을 필요로 한다. 이럴 경우 시간이 지날수록 특정 제품을 다루는 숙련도가 올라가서 사람과 제품 간에 점점 익숙해진다. 시간이 갈수록 새로운 제품으로의 전환은 점점 어려워진다. 따라서 경쟁자나 후발자는 기존 사업자의 제품에 익숙한 소비자들의 높은 전환비용을 낮추고자 기존 사업자의 제품을 모방하거나 서로 간에 호환성을 높이는 전략을 취한다.

셋째, 특정 소프트웨어나 데이터 포맷에의 종속성이다. 데이터나 파일 간의 호환이 되지 못해 소비자들이 상당한 비용을 지불하는 데서 종속성이 발생한다. 대개 판매자들은 이를 타개하기 위해 후방 호환성(backward compatibility)을 보장하는 전략을 취한다. 최신 버전의 소프트웨어에서 이전 버전의 소프트웨어들이 작동되게 하거나 서로 다른 소프트웨어 간에 표준을 도입하는 경우이다.

넷째, 특정 공급자에 지나치게 의존하게 되면 환경 변화에 유연하게 대처하지 못하는 일이 발생한다. 이를 방지하기 위해 거래처를 다변화하는 전략을 취한다. 특히 대체가 어려운 필수 품목이나 소프트웨어의 경우 여러 상황을 대비할 필요가 있다. 미국 국방부가 Lockheed사와 Boeing사로부터 로켓을 공급받는다든지, IBM이 Intel사와 AMD사로부터 마이크로프로세서를 공급받는 전략이 이에 해당한다. 기업 간 거래관계가 전속 거래에서 네트워크 거래로 변화되고 있는 추세와도 그 맥을 같이 한다.

다섯째, 거래처를 전환하는 데 수반되는 시장조사 비용이다. 기존 거래처와의 관계를 끊고 새로이 적당한 거래처를 찾는 데는 상당한 시간과 비용이 따른다. 뿐만 아니라 새로운 거래처를 찾았다 하더라도 새롭게 협상을 벌이는 데 상당한 비용이 따른다. 보험 계약의 경우 대표적으로 새로운 계약을 맺을 때 상당한 조사비용 등 전환비용이 따른다. 하지만 온라인 거래의 일반화에 따라 과거에 비해 시장조사 비용이 상당히 낮아지고 있어 잠김전략에만 안주할 수 없는 상황이다.

여섯째, 로열티 프로그램을 통한 고객 유지전략이다. 자사의 충성 고객들에게 다양한 혜택을 제공함으로써 고객이 이탈하지 않고 오랫동안 유지하도록 하는 의도이다. 그 예로 항공사가 일정 마일리지나 일정 이용횟수를 초과한 고객에게 우대 멤버십을 제공한다든지, 커피숍이 일정 이용횟수 이상이면 고객에게 무료 커피를 제공하는 것들을 들 수 있다. 일종의 개별화된 가격차별화를 통한 고객 잠김전략이다.

일곱째, 계약에 의한 잠김전략이다. 기업 간 거래의 상당 부분을 계약에 의해 일정 기간 묶는다. 계약 기간 동안 안정적인 거래를 할 수 있어 기업의 불확실성이 상당히 해소되는 장점이 있다. 반면 경쟁의 압력이 약화되므로 제품의 품질이 낮아질 가능성도 있다. 한 업체 A가 다른 업체 B와 계약을 새로 하려면 B의 업체 C와의 기존 계약관계 해체에서 발생하는 위약금을 지불하는 등 계약 해지에 따르는 불이익을 모두 보상해야만 B와 새로운 계약을 성사시킬 수 있다.

4 기술 우수성과 네트워크 효과

4.1 기술 선택에서의 기술 우수성과 네트워크 효과의 상호작용

기술 선택에는 여러 다양한 요인들이 영향을 미치고 있다. 구체적으로 기술의 우수성, 소비자들의 친숙도, 표준화, 사용자 인터페이스(예 : 단말기), 가격, 편리성, 사업자 마케팅, 경쟁구도, 규제정책 등 여러 요인들이 작용한다. 즉, 기술적 요인, 사업자 요인, 소비자 요인, 정책 요인 등이 함께 작용하고 있다. 그러나 무엇보다 중요한 요인은 소비자들의 최종 선택이라 하겠다. 소비자들은 기술 또는 상품을 선택하는 데 어떠한 기술이 우수한지를 선택의 기준으로 삼지만 아울러 얼마나 많은 소비자가 기술을 선택하고 있느냐도 중요한 선택의 기준으로 삼는다. 전자는 기술 우수성(필요 효과)에, 후자는 네트워크 효과에 해당하는 것으로 기술 선택이나 표준화 경쟁은 양자 간의 상대적인 우위성에 크게 영향을 받는다.

기술 우수성과 네트워크 효과 간의 관계를 모형을 통해 살펴본다. Shy(2001)는 동태적 모형을 설정하고 기존 기술과 신기술의 선택에서 기존 기술을 선택할 경우 기술 우수성은 떨어지나 네트워크 크기는 증가하는 반면, 신기술을 선택할 경우 기술 우수성은 증가하고 네트워크 크기는 감소한다는 가정하에 분석을 시도하였다.[5] 이 모델의 특이한 점은 기술 우수성과 네트워크 크기의 관계를 보완관계와 대체관계로 나누어 설명하고 있다는 점이다.

먼저 두 그룹의 소비자를 가정한다. 신세대 소비자 그룹 수를 η_t, 구세대 소비자 그룹 수를 η_{t-1}라 한다. T_t를 t기의 잠재 기술수준($T_t > 0$, $t = 1, 2, 3, \cdots\cdots, T_t > T_{t-1}$), V_t를 t기의 실제 제품에 체화된 기술수준을 나타낸다($V_t \leq T_t$). 그리고 V_t는 상황에 따라 다음과 같이 두 가지 경우로 나타난다.

$$V_t = \begin{cases} T_t & \text{젊은 소비자가 } t\text{기에 신기술을 채택할 경우} \\ V_{t-1} & \text{그렇지 않을 경우} \end{cases}$$

몇 기 동안 채택이 이루어지지 않더라도 일단 채택이 이루어지면 실제 기술수준은 당시 잠재 기술수준(T_t)을 캐치업하게 됨을 가정한다. 아울러 잠재 기술수준은 시간(t)에 선형적으로 성장하는 패턴을 보이며, 실제 기술은 한 기 걸려서 채택되는 것으로 가정한다($T_t = \lambda t$).

그림 3-4 외생적 기술발전 경로(T_t)와 실제 채택된 기술의 발전 경로(V_t)

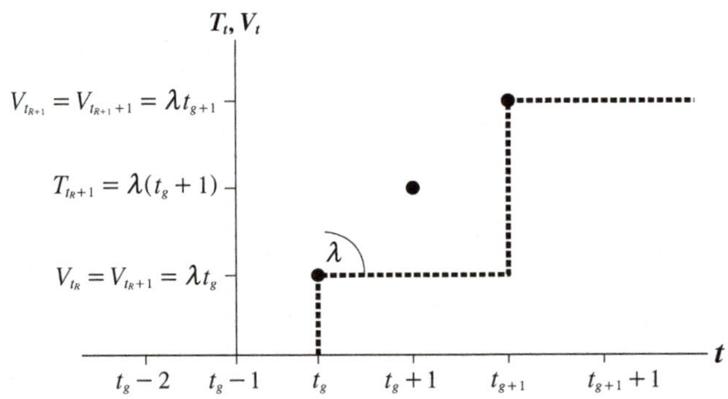

주 : 굵은 점은 외생적 기술발전 경로(T_t)를, 점선은 실제 채택된 기술의 발전 경로(V_t)를 나타낸다.

다음으로 소비자는 젊었을 때 기술을 채택하며, 첫 번째 기의 소비로부터만 효용을 실현한다. 네트워크 외부성이 존재하며, 소비자의 효용은 기술수준과 채택자의 수, 네트워크 크기

5. Shy(2001), pp.81~90.

에 비례하여 증가하는 형태를 띤다. τ세대의 젊은 소비자 그룹의 효용은 다음과 같다.

$$U^{\tau}=\begin{cases}U(T_{\tau},\eta_{\tau}) & \text{젊은 세대가 신기술을 채택할 경우}\\ U(V_{\tau-1},\eta_{\tau-1}+\eta_{\tau}) & \text{젊은 세대가 구기술을 채택할 경우}\end{cases}$$

$t=\tau$세대 젊은 소비자들은 다음과 같은 조건이 만족되면 신기술을 선택한다.

$$U(T_{\tau},\eta_{\tau})\geq U(V_{\tau-1},\eta_{\tau-1}+\eta_{\tau})$$

첫 번째, 기술 우수성과 네트워크 크기가 완전한 보완관계에 있다고 가정하자. 그러면 효용함수는 다음과 같다.

$$U^{\tau}=\begin{cases}\min[T_{\tau}\,;\eta_{\tau}] & \text{신기술이 채택될 경우}\\ \min[V_{\tau-1}\,;\eta_{\tau-1}+\eta_{\tau}] & \text{구기술이 채택될 경우}\end{cases}$$

이때 소비자들은 기술 우수성이 상당하다고 인정하더라도 신기술을 선택하기가 쉽지 않을 것이다. 왜냐하면 양자 간에 보완관계가 있어 기술 우수성이 아무리 높다고 하더라도 네트워크 크기에 의해 제약받기 때문에 네트워크 크기가 동시에 확대되지 않는 한 기술 우수성의 증대만으로는 효용의 증가를 기대할 수 없다. 네트워크 외부성이 강한 전화처럼 휴대폰과 같

그림 3-5 기술 우수성과 네트워크 효과가 보완관계일 경우의 효용수준 변화

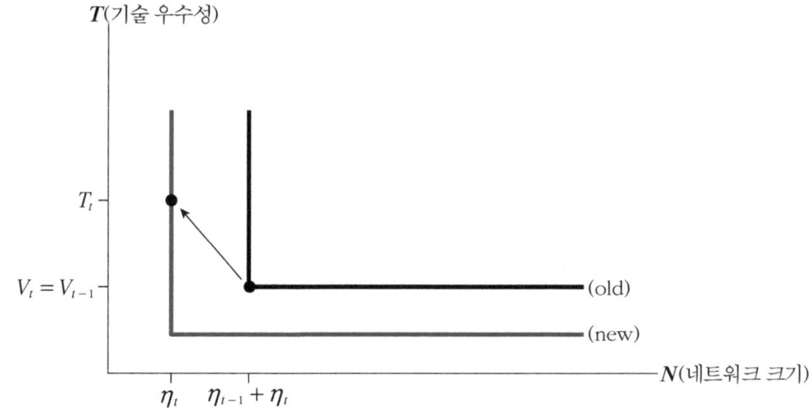

은 새로운 기술이 도입되어도 가입자가 늘지 않는 경우에 해당한다.

[그림 3-5]는 네트워크의 크기와 기술 우수성이 보완관계에 있을 때 신기술과 기존 기술의 선택에 따른 소비자 효용수준(무차별곡선)을 나타내고 있다. 기존 기술은 신기술보다 네트워크 크기 면에서 우위에 있고 신기술은 기존 기술에 대해 기술적 우수성을 가지고 있다. 만약 소비자가 기존 기술을 선택한다면 소비자는 V_{t-1}만큼의 기술적 우수성과 $\eta_{t-1}+\eta_t$만큼의 네트워크 크기를 가질 것이고, 신기술을 선택할 시에는 T_t만큼의 기술적 우수성과 η_t만큼의 네트워크 크기를 가질 것이다. 신기술이 기존 기술에 비해 기술적으로 우위에 있지만 신기술을 선택할 시 네트워크 크기가 작아지고 소비자 효용은 네트워크 크기에 의해 결정되기 때문에 결국 신기술 선택에 의한 전체 효용은 감소하게 된다.

따라서 이 경우 네트워크 크기가 소비자 효용을 결정짓는 역할을 하게 되어 소비자는 보다 광범위한 네트워크 크기를 지닌 기존 기술을 선택할 것이고 신기술은 기존 기술을 대체할 수 없게 된다. 신기술에 대한 높은 선호를 보이는 혁신자보다는 많은 사람이 채택하면 편승하는 모방자의 선호에 적합한 경우이다.

둘째로, 기술 우수성과 네트워크 크기가 완전한 대체관계에 있는 경우를 생각해 보자.

$$U^{\tau}=\begin{cases}T_{\tau}+\eta_{\tau} & \text{신기술이 채택될 경우}\\ V_{\tau-1}+\eta_{\tau-1}+\eta_{\tau} & \text{구기술이 채택될 경우}\end{cases}$$

다음의 [그림 3-6]과 [그림 3-7]은 기술 우수성과 네트워크 크기가 완전한 대체관계에

그림 3-6 기술 우수성과 네트워크 효과가 대체관계일 경우의 효용수준 변화 (a)

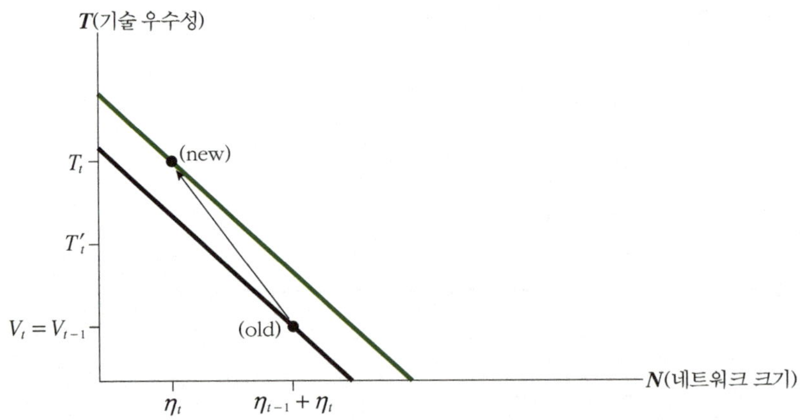

그림 3-7 기술 우수성과 네트워크 효과가 대체관계일 경우의 효용수준 변화 (b)

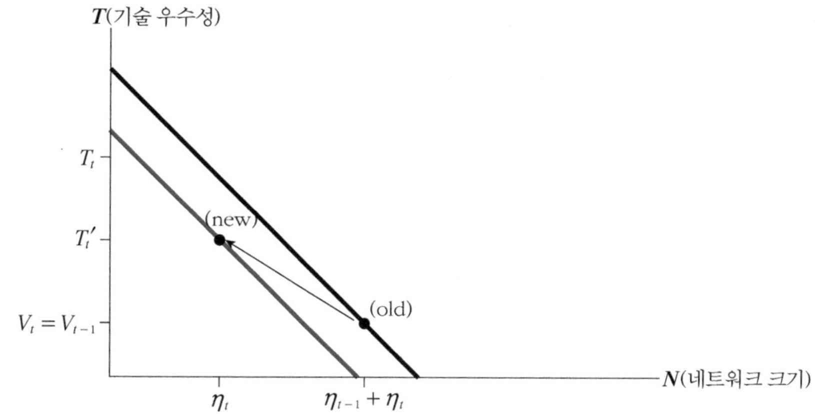

있을 때 기존 기술과 신기술의 선택에 따른 소비자 효용수준을 보여주고 있다.

[그림 3-6]은 신기술이 기존 기술에 비해 기술 우수성이 월등히 높은 경우이며, [그림 3-7]은 약간 우위에 있는 경우이다. [그림 3-6]에서 소비자가 신기술을 선택하면 $(\eta_{t-1} + \eta_t) - \eta_t$만큼의 네트워크 크기를 잃어버리는 대신에 $T_t - V_{t-1}$만큼의 기술적 우위를 추가로 얻는다. 비록 네트워크 크기가 $\eta_{t-1} + \eta_t$에서 η_t로 감소하지만 이를 상쇄하고도 남을 만큼 기술 우수성으로부터의 효용이 월등하기 때문에 소비자는 기꺼이 신기술을 선택하여 높은 효용수준을 유지한다. 네트워크 크기보다는 기술 우수성에 훨씬 더 가치를 두는 소비자로서 무차별곡선의 기울기가 가파르지 않다.

이와 대조적으로 [그림 3-7]의 경우에 소비자는 신기술을 선택할 시에 $(\eta_{t-1} + \eta_t) - \eta_t$만큼의 네트워크 크기를 잃어버리는 대신에 $T_t' - V_{t-1}$만큼의 기술적 우수성을 추가로 얻을 수 있다. 이때에는 추가로 얻을 수 있는 기술 우수성($T_t' - V_{t-1}$)으로부터의 효용이 잃어버리는 네트워크의 크기($(\eta_{t-1} + \eta_t) - \eta_t$)로부터의 효용을 상쇄할 만큼 그리 크지 않기 때문에 신기술 선택을 꺼리게 된다. 따라서 소비자는 기존 기술에 머무름으로써 높은 효용수준을 유지한다. 기술 우수성보다는 네트워크 크기에 더 가치를 두는 소비자로서 무차별곡선이 가파른 형태를 띤다. 그럼에도 불구하고 대체관계일 경우에는 보완관계일 경우에 비해 신기술로의 이전이 용이하다고 하겠다.

지금까지의 예는 구기술과 신기술 간에 호환이 되지 않는 경우이다. 그러나 실제 시장에서는 신기술이라 하더라도 기존의 기술과 호환성을 확보하여 네트워크 크기를 감소시키지 않는 경우가 보다 일반적이다. 소프트웨어의 새로운 버전이 기존 버전과 호환성을 유지한다든지, 4G 이동통신이 3G 이동통신과 호환이 되는 경우가 그 대표적인 예다. 이럴 경우엔 기존 기술로부터 신기술로의 이전이 보다 용이해진다([그림 3-8]). 요즘처럼 기술의 개방성이 매우 높은 경우에는 사실 기존 기술과 신기술 간에 서로 호환이 되어 네트워크 크기는 변함없이 확보되기 때문에 기술적 우수성이 소비자 효용에 더 영향을 준다.

그림 3-8 기술 우수성과 네트워크 크기가 대체관계일 때 구기술과 신기술 간 호환이 될 경우 효용수준 변화

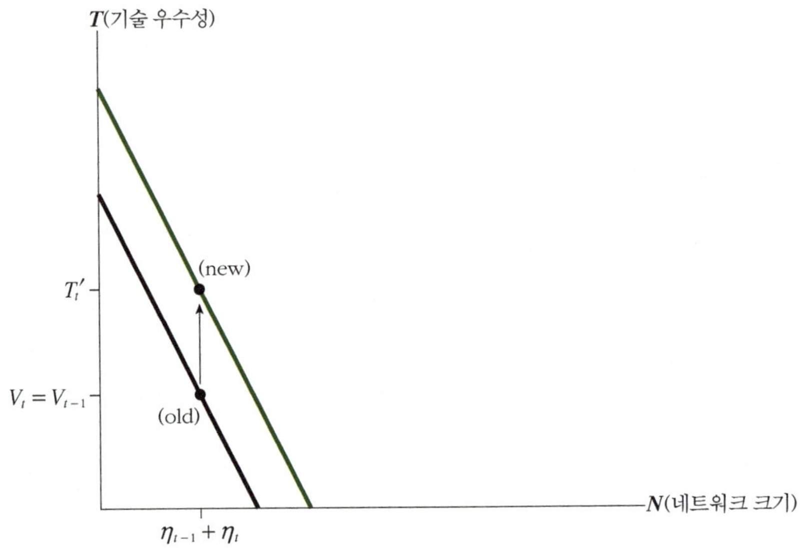

이제 신기술 선택의 시기, 즉 기술의 교체 주기에 대해 알아보자. 특정 경우를 제외하고 대개 신기술은 기존 기술을 대체하게 된다. 문제는 언제 교체되느냐의 시간의 문제라 할 수 있다. 동 모델을 통해 교체 주기가 어떻게 결정되는지를 살펴보자. 바로 위에서 본 바와 같이 기술수준과 네트워크 크기 간에 완전 대체 관계가 성립하는 소비자 선호체계에서 분석의 편의를 위해 매기의 네트워크 크기 η_t는 η로 동일하다고 하고 $T_t = \lambda t$를 활용하면 아래와 같은 관계가 성립할 때 신기술을 선택한다.

$$\lambda t_{g+1} + \eta \geq \lambda t_g + 2\eta \text{ 또는 } t_{g+1} \geq t_g + \frac{\eta}{\lambda}$$

여기서 g세대 기술 채택 시점과 $g+1$세대 기술이 채택되는 시점 간 차이를 $\Delta g = t_{g+1} - t_g$로 정의하고 세대 기술 간에 Δg가 모두 동일하다고 가정한다. 그러면 $\Delta = \Delta g = \Delta(g+1)$이 성립한다. 새로운 기술의 출현 빈도를 f라 하면 이는 기술 간 채택 시간의 차이, 즉 기술 교체주기와 반비례 관계에 있다.

$$f = \frac{1}{\Delta},\ \Delta = \frac{\eta}{\lambda}$$

각 세대 기술의 지속 기간은 각 세대의 인구규모 η와 비례 관계에, 기술의 변화 속도 λ와는 반비례 관계에 있다. 기술의 수명주기가 짧아지면 기술의 교체 주기가 빨라져 그만큼 각 세대 기술의 지속 기간은 짧아지게 된다.

종합해 보면 기술 선택과 교체 주기에는 많은 요인들이 관계하고 있다. 우선 소비자가 기술 우수성을 선호하느냐, 네트워크 크기를 선호하느냐와 같은 소비자 선호도, 다시 말해 소비자가 혁신자(early adopter)냐 또는 모방자(late adopter) 성향을 가지고 있느냐가 영향을 미친다. 그리고 기술이 강한 네트워크 외부성이나 약한 외부성을 지니느냐, 호환 정도가 어느 정도인가 등이 주요 변수가 된다. 또한 인구규모, 기술의 교체 주기도 영향을 미친다.

4.2 새로운 모델

앞의 두 모델을 기초로 하여 기술 선택에 기술 우수성과 네트워크 효과가 어떻게 작용하는지에 관해 새로운 모델을 시도하기로 한다. 먼저 소비자의 효용극대화 행위로부터 기술의 가격이 결정되고, 다음으로 주어진 가격하에서 생산자가 신기술과 기존 기술 중에서 이윤극대화를 보장하는 기술을 선택하는 하부 게임 완전균형(subgame perfect equilibrium) 모델을 상정한다. 분석을 단순화하기 위하여 독점시장을 가정한다. 기존 기술 a를 기반으로 하는 제품으로 시장을 지배하고 있는 독점생산자 A가 있고, 신기술 b를 기반으로 하는 신제품의 생산을 통해 막 시장에 진입하려는 생산자 B가 있다. 독점생산자 A는 개별 구매자에게 기술 a를 기반으로 한 제품 하나씩을 판매하고 실질 구매자의 수를 Q라 한다면, 이는 실질 구매자의 수인 Q와 동일한 양의 제품이 판매되었음을 의미한다. 이때 판매된 제품의 수를 q라고 하자. 새롭게 시장에 진입하고자 하는 생산자 B는 신기술 b를 기반으로 한 제품을 q만큼 판매한다. 각 제품의 가격은 P로 동일하다. η를 제품의 사용으로부터 개별 소비자가 향유할 수 있는 기본 효용이라 한다면 효용함수는 다음과 같이 정의된다.

$$\begin{cases} U_A = \eta - p + \alpha q + \beta^2 q \\ U_B = \eta - p + \gamma q \end{cases}$$

매개변수 α와 γ는 각각 기술 a와 b의 기술 우수성의 정도를 나타내며, $\gamma > \alpha > 1$이라 가정하자. 기술적 우위는 소비자들에게 보다 나은 효용을 제공할 것이고 새로운 시장 진입자가 시장점유율을 높이고자 한다면 신기술 b는 현재 시장에 존재하는 기술 a보다 더 우수해야 한다. 매개변수 β는 네트워크 효과 또는 네트워크 외부성의 정도를 의미하며, $\beta > 1$이라 가정한다. 생산자 B가 시장에 진입하는 시점에 대부분의 소비자는 기술 a 제품을 이미 사용하고 있고, 이것은 이미 광범위한 네트워크를 형성하고 있다. 따라서 네트워크 외부성을 고려하여 β는 제곱 값으로 가정하였다. 기술과 관련하여 각각의 비용함수는 각 생산자의 생산기술을 반영하고 있으므로 매개변수 α, β, γ는 보다 구체적인 비용함수에 반영될 수 있다. 쌍대성 정리(duality theorem)에 따라 각 생산자의 비용함수는 기술적 특성을 보여준다. TC_A는 기술적으로 열위에 있으나 시장에서의 광범위한 네트워크 형성으로 인해 생산기술 측면에서 규모의 경제 효과를 가지고 있으며, 반면에 TC_B는 기술적 우위만을 반영하고 있다.

$$\begin{cases} \mathrm{TC_A} = q^{\frac{1}{\alpha}} + q^{\frac{1}{\beta^2}} \\ \mathrm{TC_B} = q^{\frac{1}{\gamma}} \end{cases}$$

$\frac{1}{\alpha}$과 $\frac{1}{\gamma}$는 매개변수로 각각 a와 b의 기술적 특성을 나타내며 $\frac{1}{\beta^2}$은 네트워크 외부성 효과를 반영한다.

각각의 생산자가 생산하는 모든 제품이 소비자에 의해 구매된다고 가정한다. 이 가정은 소비자와 생산자의 문제가 동일함을 의미한다. 앞서 언급한 대로 하부 게임 완전균형 모델 접근의 해를 구하기 위해 소비자는 구매시점에 각각의 제품에 대한 판매 수량을 정확히 예측할 수 있다고 가정한다. 그러면 생산자는 소비자의 구매 결정에 따라 자신의 이익을 극대화할 수 있는 가격을 설정하고 제품을 팔고자 할 것이다.

첫째, 앞의 효용함수는 U_A와 U_B가 양의 효용을 가질 때 소비자가 제품을 구매할 것이라는 것을 의미하며, U_A와 U_B가 양의 효용을 가지려면 $p \le \eta + \alpha Q + \beta^2 Q$와 $p \le \eta + \gamma Q$이 만족되어야 한다.

$$q = \begin{cases} Q & p \le \eta + \alpha Q + \beta^2 Q \\ 0 & p > \eta + \alpha Q + \beta^2 Q \end{cases}$$

$$q = \begin{cases} Q & p \le \eta + \gamma Q \\ 0 & p > \eta + \gamma Q \end{cases}$$

둘째, 생산자 A와 B는 위의 수요함수에 기초하여 이윤이 극대화되는 가격을 선택할 것이다. 생산자 A의 경우 $p = \eta + \alpha Q + \beta^2 Q$를 만족할 때에 최대의 이윤을 확보할 수 있으며, 생산자 B의 경우에는 $p = \eta + \gamma Q$를 만족할 때 최대의 이윤을 확보할 수 있다.

셋째, 생산자 A의 총이윤을 Π_A, 생산자 B의 총이윤을 Π_B라 한다면 Π_A와 Π_B는

$$\begin{cases} \Pi_A = pQ - Q^{\frac{1}{\alpha}} - Q^{\frac{1}{\beta^2}} \\ \Pi_B = pQ - Q^{\frac{1}{\gamma}} \end{cases}$$

와 같이 정의되며, 각각 $p = \eta + \alpha Q + \beta^2 Q$와 $p = \eta + \gamma Q$가 만족될 때 이윤이 극대화된다.

$$\begin{cases} \Pi_A = (\eta + \alpha Q + \beta^2 Q)Q - Q^{\frac{1}{\alpha}} - Q^{\frac{1}{\beta^2}} \\ \Pi_B = (\eta + \gamma Q)Q - Q^{\frac{1}{\gamma}} \end{cases}$$

기술적 우위를 가진 생산자 B가 자신의 기술 b를 통해 기술 a를 가진 제품을 지배하기 위해서는 $\Pi_A \le \Pi_B$이어야 한다. 즉, Π_A와 Π_B를 비교하여 생산자는 최종적으로 a, b 중 기술을 선택할 것이다. 선택된 기술은 곧바로 소비자들이 선택할 것이기 때문에 궁극적으로 시장에서 지배적인 기술로 정착하게 된다.

$$\Pi_A = (\eta + \alpha Q + \beta^2 Q)Q - Q^{\frac{1}{\alpha}} - Q^{\frac{1}{\beta^2}} \ge (\eta + \gamma Q)Q - Q^{\frac{1}{\gamma}} = \Pi_B$$

$$\Pi_A - \Pi_B = (\alpha + \beta^2 - \gamma)Q^2 - (Q^{\frac{1}{\alpha}} - Q^{\frac{1}{\gamma}} + Q^{\frac{1}{\beta^2}}) \ge 0$$

여기서 신기술과 기존 기술의 선택에 기술 우수성과 네트워크 효과 간의 관계가 어떻게 영향을 주는지를 알아보기 위해 매개변수들의 값에 따라 Π_A와 Π_B가 어떻게 변화하는지를 시뮬레이션을 통해 살펴보기로 한다. 기존 기술의 기술 우수성과 네트워크 효과를 나타내는 매개변수인 α와 β를 각각 2라고 고정시키고 신기술의 기술적 우위를 나타내는 γ에 다양한 값(= 4, 5, 6, 7)을 부여함으로써 나타난 결과를 그래프와 함께 살펴보자. 단, $\eta = 3$으로 가정한다.

① $\boldsymbol{\alpha = \beta = 2,\ \gamma = 4}$일 경우

신기술이 기존 기술에 비해 기술적으로 그다지 우위에 있지 않은 경우로서 기존 기술의 네트워크 효과를 감안한다면 $\Pi_A \geq \Pi_B$가 되어 기존 기술이 시장에 지배적인 위치를 그대로 유지하는 경우이다.

$$\begin{cases} \Pi_A = (3 + 2Q + 4Q)Q - Q^{\frac{1}{2}} - Q^{\frac{1}{4}} \\ \Pi_B = (3 + 4Q)Q - Q^{\frac{1}{4}} \end{cases}$$

그림 3-9 $\boldsymbol{\alpha = \beta = 2,\ \gamma = 4}$일 때 $\boldsymbol{\Pi_A}$와 $\boldsymbol{\Pi_B}$의 비교

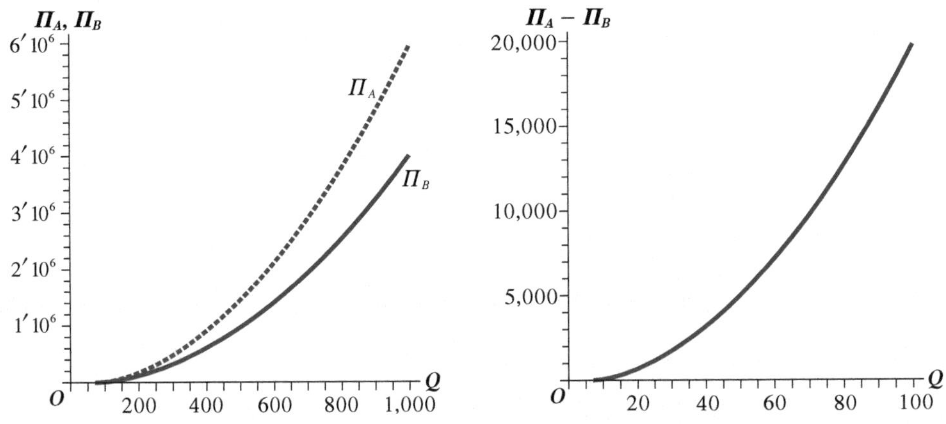

② $\alpha = \beta = 2,\ \gamma = 5$일 경우

①의 경우보다는 신기술이 기존 기술에 비해 기술적으로 약간 우위에 있지만, 여전히 기존 기술의 기술 우수성과 네트워크 효과를 역전시키지 못하고 결과는 $\Pi_A \geq \Pi_B$가 되어 기존 기술이 시장을 지배하게 된다.

$$\begin{cases} \Pi_A = (3 + 2Q + 4Q)Q - Q^{\frac{1}{2}} - Q^{\frac{1}{4}} \\ \Pi_B = (3 + 5Q)Q - Q^{\frac{1}{5}} \end{cases}$$

그림 3-10 $\alpha = \beta = 2,\ \gamma = 5$일 때 Π_A와 Π_B의 비교

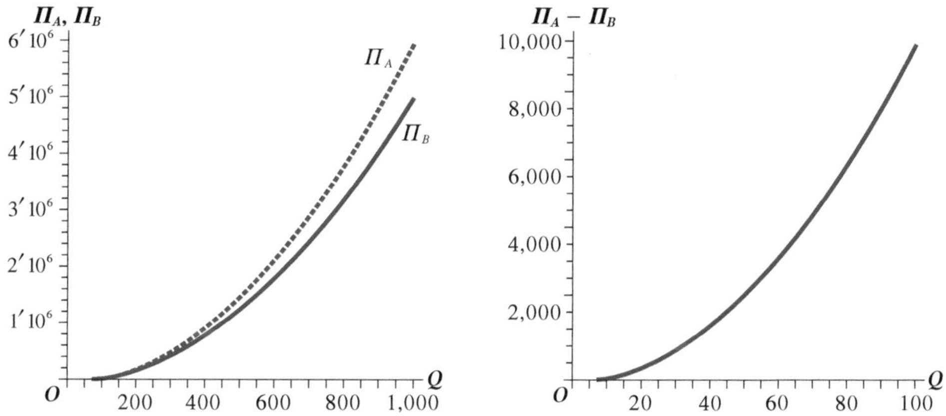

③ $\alpha = \beta = 2,\ \gamma = 6$일 경우

신기술이 기존 기술에 비해 기술적으로 비교적 높은 우위에 있는 경우로서 앞의 두 경우와는 달리 신기술의 높은 기술 우수성이 기존 기술의 네트워크 효과를 상쇄하고 남기 시작한다. 미세한 차이지만 $\Pi_A \leq \Pi_B$가 되어 신기술이 시장을 지배할 가능성이 높다.

$$\begin{cases} \Pi_A = (3 + 2Q + 4Q)Q - Q^{\frac{1}{2}} - Q^{\frac{1}{4}} \\ \Pi_B = (3 + 6Q)Q - Q^{\frac{1}{6}} \end{cases}$$

그림 3-11 $\alpha = \beta = 2,\ \gamma = 6$일 때 Π_A와 Π_B의 비교

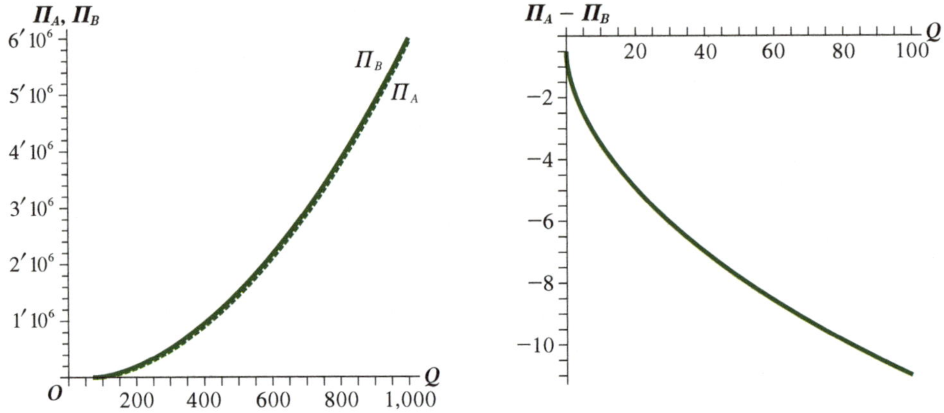

④ $\alpha = \beta = 2,\ \gamma = 7$일 경우

신기술이 기존 기술에 비해 기술적으로 월등히 우위에 있는 경우로서 신기술의 높은 기술 우수성이 기존 기술의 네트워크 효과를 상쇄하고 남아 $\Pi_A \le \Pi_B$가 되어 신기술이 시장을 지배하게 되는 경우이다.

$$\begin{cases} \Pi_A = (3 + 2Q + 4Q)Q - Q^{\frac{1}{2}} - Q^{\frac{1}{4}} \\ \Pi_B = (3 + 7Q)Q - Q^{\frac{1}{7}} \end{cases}$$

그림 3-12 $\alpha = \beta = 2,\ \gamma = 7$일 때 Π_A와 Π_B의 비교

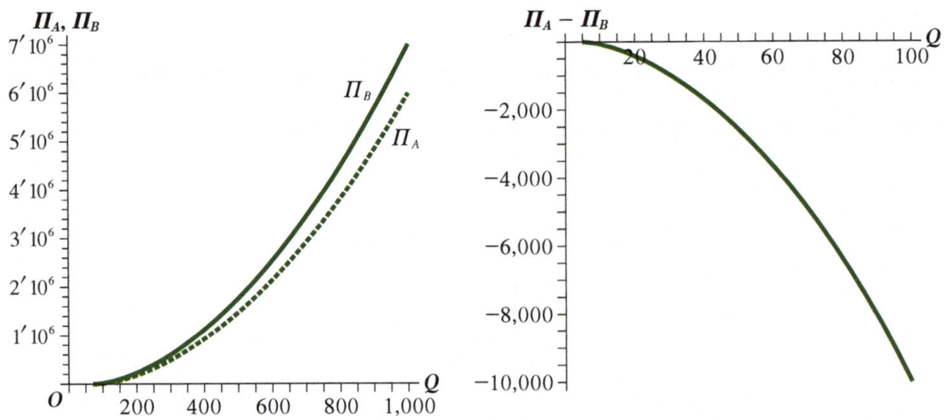

이상에서 살펴본 대로 ①, ②의 경우 $\Pi_A \geq \Pi_B$가 되고 ③, ④의 경우 $\Pi_A \leq \Pi_B$가 되어 양자가 대별된다. 신기술이 기존 기술의 광범위한 네트워크 효과를 상쇄하고 새로운 강자로 시장에 정착하기 위해서는 기존 기술보다 기술적으로 월등히 우수해야 함을 시사한다. 그리고 ③과 ④의 차이점은 전이 속도로, 신기술의 기존 기술에 대한 기술적 우수성이 월등할수록 신기술로의 전이 속도가 그만큼 빨라진다. 반대로 ②와 ③의 경우처럼 기술의 격차가 현저하지 않을 경우 신기술로의 이전 시기가 길어질 가능성이 높다. 경우에 따라서는 기존 기술과 신기술의 공존 기간이 상당히 길어져 고착화되거나 복수 표준이 채택될 수도 있다.

결국 어떤 기술이나 제품이 표준이 되어 광범위한 네트워크를 형성하게 되면 네트워크를 구성하는 개별 제품이나 기술 간에 상호 응집력이 강하게 작용하게 되어 다른 기술로의 이전이 쉽지 않다. 특정 기술이 지배하는 균형 상태에서 다른 기술이 지배하는 새로운 균형 상태로 이전하기 위해서는 기존 기술이 가지고 있는 네트워크의 강한 응집력을 와해시킬 수 있는 강력한 다른 힘이 필요하다. 기술 우수성 측면에서 보면 기존 기술의 수준보다 월등한 우위를 지닌 신기술의 출현을 요구한다.

한편 앞의 모델에서 나타난 것처럼 신기술이 기존 기술의 광범한 네트워크 효과를 상쇄하고 시장에 새로운 표준으로 정착하기 위해서는 기술 우수성이 월등히 뛰어나야 하는데 그렇게 되면 단기간에 새로운 표준으로 자리 잡을 수 있을 것인가? 또는 신기술이 기존 기술에 비해 기술적으로 월등히 뛰어나지 않으면 영원히 새로운 표준으로 자리 잡을 수 없을 것인가? 하는 의문이 생긴다. 그러나 실제 시장에서는 그렇게 명확하게 구분되지 않고 혼재되어 있는 경우가 일반적이다. 신기술이 기존 기술을 대체하되 기존 기술에 대한 상대적 우수성에 따라 전이 속도가 달라질 것이다. 또 시장 상황과 기술의 특성에 따라서는 시장을 적당한 비율로 분할하는 경우도 발생한다.

반대로 신기술의 우수성이 그다지 크지 않아 기존 기술의 거대한 네트워크를 상쇄하기에는 역부족인 경우에도 시장 퇴출의 속도가 문제가 될 것이다. 따라서 종합해 볼 때 기술 선택에 기술 우수성과 네트워크 효과 이외에 다양한 요인들이 영향을 끼치고 있음을 알 수 있다. 제품의 네트워크 외부성의 크기, 하드웨어 혹은 소프트웨어 여부, 제품의 라이프 사이클 등이 복합적으로 작용하고 있다.

사례 3-1 컴퓨터 OS 시장의 Windows vs. Linux와 Windows vs. DOS

IDC 자료에 따르면 1999년 세계 개인용 컴퓨터 OS 시장의 규모는 약 67억 2,600만 달러였는데, 이 중 Windows 9x 계열이 약 23억 3,100달러, Windows NT Workstation과 Windows 2000 Professional이 약 35억 4,400만 달러, Window 3x/DOS 계열이 2억 2,700만 달러를 차지하였으며, 리눅스 및 소스를 공개한 운영체제(이하 Linux 계열)는 약 3,700만 달러를 차지하였다. 시장점유율 면에서 보면 Windows 계열이 약 90.7%, Linux 계열이 약 0.55%를 점유하였다. 2004년의 경우 전체 시장의 규모는 약 181억 달러에 달하며, 이 가운데 Windows 9x 계열이 약 23억 3,500만 달러, Windows NT Workstation과 Windows 2000 Professional이 약 153억 달러의 매출을 달성하였다. 또한 Linux 계열은 9,300만 달러의 매출을 달성한 것으로 나타난다. 따라서 Windows 계열의 시장점유율은 약 97.1%, Linux 계열은 약 0.51%를 차지하였다(IDC, 1999. 7).

Linux가 개인용 컴퓨터 OS 시장에서 선전하고 있음에도 불구하고 당시 Windows에 비해 상당히 열위에 있었다. 이와 같은 Windows와 Linux의 관계는 그 이전 DOS와 Windows의 관계와 대비된다. Windows가 DOS를 빠른 속도로 대체시킨 반면, Linux는 그렇지 못하고 시장점유율 면에서 오히려 위축되고 있는 양상마저 보인다.

그림 3-13 컴퓨터 OS 시장 점유율 추이

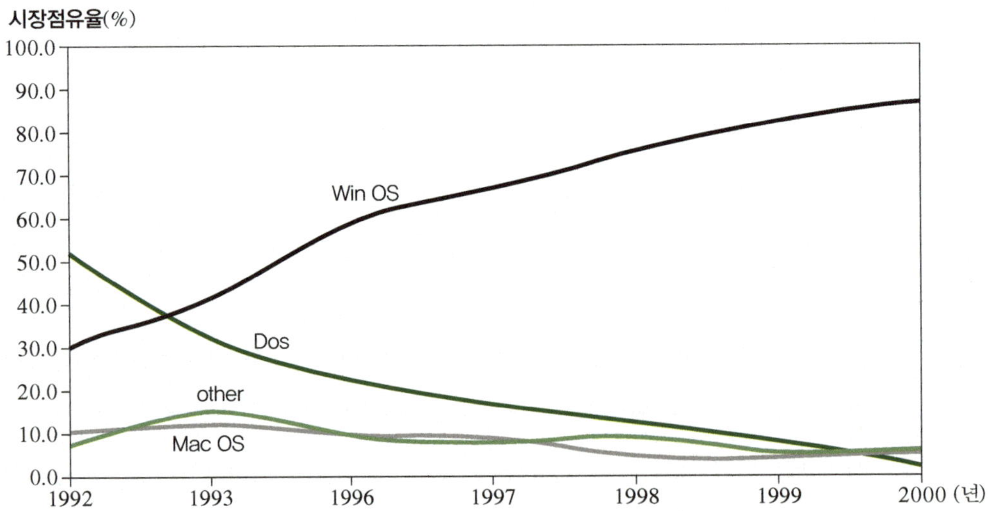

자료 : 박정수 · 이덕희(2003), p.121.

앞의 두 가지 예에서 보면 DOS-Windows의 경우 무엇보다 Windows는 DOS보다 기술적 차원을 달리하는 높은 기술 우수성을 지닌다. 소비자 입장에서 보면 결정적인 요인 중에서 기술 우수성 요인이 소비자들의 기술 선택에서 매우 강하게 작용하였다. 반면 Windows를 선택하면 이미 시장에 널리 네트워크를 형성하고 있는 DOS의 광범위한 네트워크 효과를 희생해야 하는 비용을 지불해야만 한다. Windows의 기술 우수성이 가져다주는 효용이 DOS를 포기함으로써 발생하는 네트워크 감소 효과보다 크기 때문에 기술 대체가 빨리 일어났다. 여기에다 당시 인터넷이 본격적으로 확산되지 않은 상태여서 현재와 같이 네트워크 외부성이 그리 높지 않았다는 점도 작용하였다.

반면 Windows-Linux는 Linux가 Windows에 비해 기술적 우수성이 그다지 크지 않다. 물론 Linux는 운영체제 소스를 공개[6]함으로써 누구든지 자발적인 참여를 통해 자신에게 맞는 기능을 향상시킬 수 있고, Unix를 기반으로 발전하여 Windows에 비해 안정성도 뛰어나다는 장점을 지닌다. 그러나 설치하기 불편하고 해킹에 약하다는 점과 MS의 Word, Excel처럼 일반인이 많이 쓰는 응용 프로그램이 많지 않아 결합수요를 창출하지 못하는 단점을 지닌다. 또한 과거에 비해 네트워크 외부성이 상당히 커서, Linux 선택이 가져다주는 효용이 Windows를 포기함으로써 발생하는 네트워크 감소 효과보다 낮기 때문에 대체 현상이 쉽게 일어나지 않은 것으로 해석된다.

6. 이는 초기 IBM PC가 컴퓨터 시장에서 애플의 매킨토시와는 달리 소프트웨어의 개발을 오픈한 것과 유사하다.

제4장 표준화 경쟁

표준화는 네트워크 원리가 적용되는 대표적인 경우이다. 기술적으로 뛰어나지 않더라도 표준 선점을 하면 시장을 지배할 수 있다. 정보기술을 활용한 네트워크 재화 및 서비스가 일반화되면서 표준화의 중요성은 점점 높아지고 있다. 따라서 기업들은 표준 경쟁에서 우위를 점하기 위해 표준화 경쟁과 협력에 대해 매우 전략적으로 접근한다. 표준화 경쟁 및 협력, 표준화 동향, 표준화와 다양성, 표준 대 특허 전략 등에 대해서 알아본다.

1 표준화 경쟁 및 협력

1.1 표준화 경쟁

Besen and Farrell(1994)에 따르면 표준화 경쟁 유형은 ① 표준화를 위한 비호환 간 경쟁, ② 호환을 위한 경쟁, ③ 선도자-추종자 경쟁으로 분류된다. 세 유형의 구분은 두 기업의 전략 선택에 따른 보상 매트릭스로 설명할 수 있다(〈표 4-1〉). 기업 A, B는 기술 1 혹은 2를 선택할 수 있고 기술 1과 2는 비호환이라고 가정한다. 각 셀은 기업이 특정 기술을 선택했을 때의 보수를 나타낸다. a_{21}은 기업 A가 기술 2를, 기업 B가 기술 1을 선택했을 때 기업 A의 보수를 나타낸다. 이러한 전략하에서는 ① 표준화를 위한 비호환 간 경쟁은 $a_{21} > a_{11}$, $a_{12} > a_{22}$, $b_{12} > b_{11}$, $b_{21} > b_{22}$일 경우에, ② 호환을 위한 경쟁은 $a_{21} < a_{11}$, $a_{12} < a_{22}$, $b_{12} < b_{11}$, $b_{21} < b_{22}$일 경우에 일어날 수 있는 패턴이다. 그리고 A를 추종자, B를 선도자라

했을 때, ③ 선도자-추종자 경쟁은 $a_{21} < a_{11}$, $a_{12} < a_{22}$, $b_{12} > b_{11}$, $b_{21} > b_{22}$일 때 해당되는 전략이다. 이러한 경쟁 유형은 기술(제품)의 발전 단계 및 제품의 특성에 따라 달라지기도 한다.

표 4-1 표준화 경쟁의 보상 매트릭스

		기업 B	
		기술 1	기술 2
기업 A	기술 1	a_{11}, b_{11}	a_{12}, b_{12}
	기술 2	a_{21}, b_{21}	a_{22}, b_{22}

(1) 표준화를 위한 비호환 간 경쟁

일반적으로 신기술이나 신제품이 시장에 도입될 때 다양한 제품들이 시장을 선점하기 위해 경쟁을 벌인다. 제품 간에 호환이 되지 않을 경우엔 더 치열한 양상을 보이는데, 심지어 기업은 제품을 무상으로 사용자에게 공급하기까지 한다. 왜냐하면 초기에 사용자들이 특정 제품에 익숙하면 다른 제품으로 옮겨가기가 쉽지 않기 때문이다. MS-Windows가 기술적인 결함이 많음에도 이미 오래전에 MS-DOS를 채택하는 IBM 호환 컴퓨터가 시장을 지배한 데다 사용자들이 이 운영체제에 익숙하기 때문에 Linux를 비롯한 다른 운영체제들이 MS-Windows를 대체하지 못하였다.

표준화를 위한 비호환 간 경쟁은 모든 경쟁자들이 상대방의 제품과 경쟁하여 자신의 제품을 시장에서 표준으로 정착시키려 할 때 일어나는 경쟁 유형이다. 이 유형은 제품의 라이프사이클상 도입기에 주로 나타나며, 세대가 다른 기술 간(inter-technology)뿐만 아니라 세대 내 기술 간(intra-technology)에서도 일어날 수 있는 유형이다.

이 유형에서 기업들이 주로 취하는 전략들에는 시장 선점, 보완재 생산 확대, 제품 조기 공표, 가격 우대 등이 있다.

- **시장 선점 :** 제품이나 기술이 먼저 시장에서 선점을 하여 네트워크를 형성하면 궁극적으로 시장을 지배하여 하나의 표준으로 정착할 가능성이 높기 때문에 시장 선점은 널리 사용되는 전략 중 하나이다. 일단 선점에서 뒤지면 역전하기가 쉽지 않은 관성이 존재하기 때문에 시장 선점은 중요하다.
- **보완재 생산 확대 :** 기업들은 자사 제품과 보완관계를 이루는 제품이 시장에서 원활히 공급되어 널리 보급되게 함으로써 결국 자사 제품이 시장에서 우월적인 위치를 점하도록 한다. 예를 들어 컴퓨터 하드웨어와 소프트웨어의 관계에서 소프트웨어의 보급 확대를 통해서 하드웨어의 보급 확대를 동시에 꾀하는 전략 등이다.
- **제품 조기 공표 :** 자사의 제품이 시장에 출시되기 이전에 경쟁사의 제품이 판매되는 것을 방지하기 위해 자사 제품의 출시를 사전에 공표함으로써 시장선점 효과를 노린다.
- **가격 우대 :** 자사 제품의 낮은 가격 계획을 공약함으로써 잠재 고객을 확보한다.

〈표 4-2〉는 1990년대 ICT 산업이 비약적으로 발전할 시기에 있었던 표준화를 위한 비호환 간 경쟁의 유형과 사례들이다.

표 4-2 표준화를 위한 비호환 간 경쟁의 전략 및 사례

전략	사례
시장 선점	▪ IBM의 OS/2와 MS의 윈도우 간의 시장 선점을 위한 매출액 과다 추계(1992) ▪ 컴퓨터 어소시에이트(Computer Associates)의 소프트웨어 무상 공급(1993)
보완재 생산 확대	▪ IBM과 매킨토시의 경쟁에서 IBM의 소프트웨어 생산 개발 오픈(1980년대 초) ▪ 컬러TV 보급 확대를 위한 RCA와 NBC의 협력(1989) ▪ IBM과 MS의 응용소프트웨어 보급 확대 경쟁(1993) ▪ 모토로라와 인텔의 마이크로프로세서 경쟁(1993) ▪ 닌텐도, 세가, 아타리의 가격차별화를 통한 소유권 확대 경쟁(1994)
제품 조기 공표	▪ MS-Intel의 NetPC와 선(SUN)의 자바스테이션의 제품 조기 공표 경쟁(1996)
가격 우대	▪ RCA의 컬러TV 가격 인하 공표(1994) ▪ IBM의 로열티 부과 없는 아웃소싱(1994)

(2) 호환을 위한 경쟁

1990년대 말~2000년 초반 이동통신기술에서 CDMA 계열과 GSM 계열은 초기 단일 표준화를 위한 경쟁보다는 각자의 시장점유율을 보유하면서 상호 호환을 지향하는 형태의 경쟁을 보였다. 이처럼 표준 내에서 호환을 위한 경쟁은 제품이 도입기를 지나 성장기에 접어들어 시장이 어느 정도 정착된 이후에 일어날 수 있는 유형이다. 대등한 기업들 간에 서로 어느 기술로 표준이 되기를 원하지 않으면서도 각자의 이익을 위해 호환을 원하는 형태이다. 주로 같은 세대 내의 기술 간에 자주 일어나는 경쟁 유형이다. 이 패턴은 기술의 표준이 채택되지 않은 상태에서뿐만 아니라 표준이 채택된 상태에서도 일어날 수 있는 경쟁이다. 기업들이 취하는 전략으로는 저비용 라이선싱, 다양한 표준 채택, 제품 개발에 동참 유도, 제품 개발을 제3자에게 이전, 번들링 전략 등을 들 수 있다(〈표 4-3〉).

표 4-3 호환을 위한 경쟁의 전략 및 사례

전략	사례
저비용 라이선싱	▪ 유니시스(Unisys)와 IBM의 모뎀 등 압축기술의 저비용 라이선싱(1992)
다양한 표준 채택	▪ 유닉스(Unix)계 소프트웨어 업자들의 공통의 표준 플랫폼 제정(1993)
제품 개발에 동참 유도	▪ JVC가 VCR 제품 개발에 제3의 기업들의 참여 허용(1992)
제품 개발을 제3자에게 이전	▪ 선마이크로시스템즈의 유닉스계 소프트웨어 개발을 공개소프트웨어재단이 담당(1990)
번들링 전략	▪ NC 판매에서 오라클사와 네스케이프사의 제휴(1996) ▪ MS와 네스케이프의 소프트웨어 번들 판매(1997)

(3) 선도자-후발자 경쟁

기술이나 제품의 표준화를 주도하는 지배적인 기업인 선도자가 있고 선도자가 설정한 표준을 수용하기를 원하는 기업인 후발자가 있을 때, 이들 간에 선도자-후발자 경쟁이 발생한다. 주로 한 세대의 기술이 생명을 다하고 새로운 세대의 기술이 시장에 도입되는 성숙기나 도입기에 나타나는 경쟁전략이다. 선도자는 기존의 지배적인 위치를 더욱 강화시키기 위한 전략을, 후발자는 여기에 대항하여 효율적으로 호환성을 유지하기 위한 전략들을 채택한다.

일반적으로 선도기업은 비호환을, 후발기업은 호환을 더 선호하는 경향이 있으며(Katz and Shapiro, 1985), 선도기업은 기술 간(inter-technology) 경쟁을, 후발기업은 기술 내(intra-technology) 경쟁에 잘 적응하는 것으로 알려지고 있다(Ferguson and Morris, 1993). 전략들로는 선도기업은 비호환을, 후발기업은 적어도 부분 호환을 선택, 선도기업의 지적재산권 발동, 선도기업의 빈번한 기술 교체, 후발자들끼리의 전략적 제휴 등이 있다(〈표 4-4〉).

표 4-4 선도자-추종자 경쟁의 전략 및 사례

전략	사례
선도기업은 비호환을, 추종기업은 적어도 부분 호환을 선택	▪ IBM은 MS의 윈도우용 프로그램을 수용할 수 있는 OS/2 디자인(1993) ▪ SUN은 윈도우 응용 프로그램-유닉스 워크스테이션 호환 소프트웨어 개발(1993) ▪ 일본은 PHS를 유럽 GSM과 호환 가능하도록 개발(1997)
선도기업의 지적재산권 발동	▪ 인텔의 iAPX 기술에 대한 특허권 사용(1993) ▪ 애플의 자사 컴퓨터 무단복제 방지를 위한 지적재산권 사용(1994)
선도기업의 빈번한 기술 교체	▪ 코닥의 새로운 카메라와 필름 포맷에 대한 사전 통지 불이행(1994)
후발자들 간의 전략적 제휴	▪ 컴퓨터 새 OS를 위한 IBM-오라클-선-네스케이프의 협력(1997)

1.2 표준화 협력

자기 기술이 시장에서 표준으로 채택되지 않을 경우 손실은 막대하다. 기업들은 표준화 경쟁의 결과로부터 그 위험성을 학습해 왔다. 따라서 표준화 경쟁을 생략하고 바로 경쟁기업 간 합의를 통해 표준을 제정하는 사례가 늘어나고 있다. 표준화가 되지 않으면 제품의 기능 수행이 어려운, 상품화보다는 표준화가 우선인 제품을 중심으로 그러한 경향이 두드러진다. 설사 상품화가 우선인 제품이라 하더라도 기술 간 융합화 추세와 더불어 표준화 협력 추세가 확대되고 있다. 표준화 협력 유형으로는 기업 간 표준화 합의, 표준화 컨소시엄 형성, 정부와 민간의 협력 등이 있다(〈표 4-5〉).

표 4-5 표준화 협력의 유형 및 사례

유형	사례
기업 간 표준화 합의	▪ APS(차세대 사진 시스템) 개발에 코닥과 후지의 협력(1995) ▪ 샤프-일본IBM-NTT도코모-투카폰관서 등 6개사가 휴대전화와 휴대단말기 사이의 무선 통신규격 공동 개발(1996) ▪ 미국의 방송가전-컴퓨터업계의 디지털 TV(HDTV) 기술표준 합의(1996) ▪ 유로페이-마스터-비자(EMV)의 스마트카드를 전자상거래 결재 표준으로 개발 합의(1997) ▪ AT&T, IBM, 오라클(Oracle) 등 정보통신 업체들, OTP(Open Trading Protocol)를 인터넷 전자상거래의 표준으로 합의(1997) ▪ MS-네스케이프의 3D Web 기술의 표준화 합의(1997) ▪ 일본 정보통신 업체들의 인터넷 전자결제 방식 통일(1997) ▪ 미국, 일본, 한국의 주요 정보통신 업체들의 디지털카메라 표준에 합의(1997) ▪ NEC-미쓰비시의 디지털 가전용 SW의 표준화 합의(1997)
표준화 컨소시엄 형성	▪ 56Kbps 모뎀 표준화단체 "Open 56K Forum" 결성(1997) ▪ 스마트카드의 표준화를 위한 컨소시엄, "MAOSCO" 구성(1997) ▪ DVD롬과 DVD램에 관한 소니, 도시바, 필립스 등 10개 사 컨소시엄 구성(1997) ▪ 일본 반도체 업체들의 주문형 반도체(ASIC) 기술의 표준화를 위한 단체 결성(1997)
정부와 민간의 협력	▪ 일본 정부와 기업 간 PDA 표준화 협력(1997) ▪ 국내 산-연-관 공동의 IMT-2000 컨소시엄 결성(1997) ▪ 일본 정부 및 기업들의 정보통신 단말기의 표준화 추진(1997)

2 표준화 동향[1]

산업현장에서 일어나고 있는 기술 및 제품 경쟁은 표준화 경쟁이라고 해도 과언이 아닐 정도로 표준화가 중요해지고 있다. 정보의 디지털화와 양방향 네트워크화에 의한 정보혁명은 상이한 네트워크, 기술, 소프트웨어 간 네트워크를 광범위하게 진행시키고 있으며, 이는 기술 및 제품 간 상호 접속성, 상호 연동성 및 상호 운용성 등이 확보되어야 가능하다. 그러기 위해서는 기술 및 제품 간의 표준화 및 호환이 전제된다.

정보기술의 표준화는 과거 표준화 기구가 특정 기술이나 제품의 표준, 규격을 공표하여 기업이나 단체에서 이를 준수하는 형태의 공적 표준(de jure standard)과는 달리 시장에서 기업

1. 이덕희 · 이상연(1998), pp.65~123.

간 경쟁을 통해 표준이 성립되는 사실상의 표준(de facto standard) 형태를 띤다. 사실상의 표준에는 기술 간 표준화 경쟁의 결과 표준화 선점을 하게 되면 전체 시장을 지배하게 되는 원리가 적용된다. 또 일단 표준화 선점을 하면 다른 기술로의 대체가 쉽지 않은 관성을 지니고 있다. 앞서 살펴본 네트워크 원리인 과도한 관성, 수확체증, 경로의존성, 다수균형 등의 원리가 적용되는 대표적인 경우이다. 따라서 기업들은 자사 제품이나 기술의 표준화 선점을 위해 표준화 전략을 큰 비중으로 다룬다. 그 결과 표준화 경쟁은 기술적 관점에서보다는 다분히 경쟁전략적 관점에서 이루어지며, 기업들도 이러한 점을 인식하고 다양한 경쟁전략을 펴고 있다.

표준화 결정방식은 크게 두 가지 기준에 의해 분류된다. 하나는 협력 여하에 따라 분류하는 방식으로 협력 표준결정과 비협력 표준결정방식이다. 다른 하나는 시장에서 결정되느냐 여부에 따라 시장 표준결정방식(Market Standard Setting)과 비시장 표준결정방식(Nonmarket Standard Setting)으로 분류되는, 즉 표준화기구 결정방식이다.

협력 표준결정방식에는 크게 3가지가 있다. 첫째는 ITU(국제전기통신연합)나 ISO(국제표준화기구) 등 ① 공식기구 주도의 표준화 협력이고, 둘째는 ② 각종 자발적 표준화 그룹에 의한 협력, 셋째는 ③ 시장에서 기업 간 합의에 의한 표준화 결정방식이다.

① 공식기구에 의한 표준화 방식은 표준화 참여 범위에 따라 4종류로 구분할 수 있는데, 국제표준화, 지역표준화, 국가표준화, 단체표준화 등으로 분류할 수 있다. 국제표준화는 ISO(국제표준화기구), ITU(국제전기통신연합), IEC(국제전기위원회), JTC1(정보기술공동위원회, ISO와 IEC가 공동으로 설치) 등 전 세계 국가가 참여한 공식기구를 중심으로 국가 간의 협력에 의해 표준화를 결정하는 방식을 말한다. 다음 지역표준화는 특정 국가로 회원 자격을 제한한 표준화기구, 즉 지역표준화기구가 채택한 표준화를 말한다. 예로는 ETSI(유럽 전기통신표준협회), APT(아시아 태평양 전기통신공동체)를 들 수 있다. 국가표준화는 국가 표준기관 주도의 표준 협력방식인데, ANSI(미국표준협회), BSI(영국표준협회), JIS(일본표준협회), TTA(한국통신기술협회), 한국기술표준원(KATS) 등이 그 예이다. 단체표준화는 업체, 단체, 학회 등의 특정 단체 중심의 표준화를 말하는데, 대표적인 예가 IEEE(전기전자기술자협회), NIST(미국표준기술연구소) 등이다.

② 각종 자발적 표준화 그룹에 의한 협력방식은 정보기술이 빠르게 변함에 따라 확대된 방식이다. 여기에는 현재 시장에 참여하는 각종 하드웨어, 소프트웨어의 공급자

들뿐만 아니라 사용자 그룹들도 활발하게 참여하고 있다. 그 예로는 MMCF(Multimedia Communication Forum), EDI(Electronic Document Interchange)의 표준화를 위한 EDISMC(EDI Standards Management Committee), TADIL(Tactical Digital Information Link)의 표준화를 위한 JMSWG(Joint Multi-TADIL Standards Working Group), 각종 정보들의 원활한 흐름을 위해 포맷, 언어, 문서화 등의 표준화를 위한 IPSG(Information Processing Steering Group) 등 많은 크고 작은 그룹들이 있다.

마지막으로 ③ 시장에서 기업 간 합의에 의한 표준화 결정방식이다. 이는 ①, ②와 달리 상품 단계에서 제품 사용자들의 선호를 의식한 공급자들이 상호 합의에 의해 사실상의 표준을 결정하는 방식이다. 특히 기술 변화가 빈번한 분야에서 치열한 기술경쟁에서 패배함으로써 져야 할 상당한 부담을 최소화하기 위해 두드러지게 나타난다.

비협력 표준결정방식은 주로 시장에서 기업 간 경쟁에 의해 표준이 결정되는 것으로 그 유형은 크게 세 가지로 분류되고 있다. 먼저 시장에서 궁극적인 제품의 호환(표준)을 위한 ④ 비호환 제품 간의 경쟁이다. 주로 시장점유율이나 기술수준에서 대등한 기업들 간에 일어날 수 있는 표준화 경쟁 패턴으로 표준화 경쟁이 소비자의 기술 선택을 크게 지연시키지 않는 경우나 기술 내 경쟁이 산업의 잠재적 수익을 크게 저해시킬 경우에 일어날 확률이 높다. 다음으로는 ⑤ 호환을 위한 경쟁 혹은 표준 내에서의 경쟁으로 이미 표준이 확립된, 혹은 호환이 가능한 제품 간에 일어나는 기업 간 경쟁이다. 마지막으로 일반적으로 대기업-중소기업 또는 선진국-후진국 간에 일어나는 형태로 ⑥ 선도자-추종자 경쟁(leader-follower competition)이다. 각자의 이윤극대화를 위해 선도자는 비호환(비표준)을, 추종자는 호환(표준)을 선호하는 경향이 있다.

표준화 결정 패턴을 분류하는 또 하나의 기준은 단순히 시장에서 표준화가 결정되느냐의 여부로 이에 따라 시장 표준결정방식과 비시장 표준결정방식으로 나뉜다. 앞서 살펴본 ①~⑥ 패턴 중에서 ①을 제외한, ② 자발적 표준화 그룹에 의한 방식, ③ 시장에서 기업 간 합의에 의한 표준화 방식, ④ 비호환 제품 간 표준을 위한 경쟁, ⑤ 호환 간(표준 내) 경쟁, ⑥ 선도자-추종자 경쟁 등은 시장 표준결정방식에 해당된다. 이 중 ② 자발적 표준화 그룹에 의한 방식의 경우는 시장과 비시장 표준결정방식이 공존하는 경우인데 사용자 그룹이 참여하는 그룹은 시장 결정방식의 범주에 해당한다.

표 4-6 협력 표준화 방식의 유형과 사례

구분	사례
공식기구	**국제표준 :** ISO(국제표준화기구), ITUITU-T(국제전기통신연합, 유선분야) ITU-R(국제전기통신연합, 무선분야), IEC(국제전기위원회) JTC 1(정보기술공동위원회) **지역표준 :** FCC(미연방통신위원회), FTSI(유럽전기통신표준협회), CEN(유럽표준화위원회) CENELEC(유럽전기기술표준화위원회), CEPT(유럽우편 및 전기통신 주관청회의) APT(아시아 태평양 전기통신공동체), PASC(태평양지역 표준회의) PTC(태평양 전기통신평의회), ASTI(아시아 태평양 전기통신표준화기구) **국가 :** ANSI(미국 표준협회), BSI(영국 표준협회), AFNOR(프랑스국가 표준국) DIN(독일 표준협회), SCC(캐나다 표준협회), SAA(호주 표준협회) JIS(일본 표준협회), TTA(한국통신기술협회), KATS(한국기술표준원) **단체 :** IEEE(전기전자기술자협회), NIST(미국 표준기술연구소), 미국 T1 위원회 TTC(일본 전기통신기술심의회)
비공식 자발적 그룹	MMCF(Multimedia Communication Forum) DAVIC(Digital Audio-Visual Council) X/open ATM Froum GamePC Consortium W3C(World Wide Web Consortium) EDISMC(EDI Standards Management Committee) JMSWG(Joint Multi-TADIL Standards Working Group) IPSG(Information Processing Steering Group) ISWG(Information Systems Security Standards Working Group) IXMP(Information Transfer Standards Management Panel) CALS/ISG(CALS/Industry Steering Group) CALS/CIF(CALS/Industry Forum Japan)
기업 간 합의	DVD롬 규격에 대해 도시바와 소니의 합의 미국 고선명디지털 TV(HDTV)에 대해 방송, 가전, 컴퓨터 업계가 합의 스마트카드 개발에 MS-HP-유럽 3사(독일 슐룸버거, 지멘스AG, 프랑스 불)가 합의 차세대 사진 시스템(AOS)의 표준규격에 코닥과 후지가 합의 MS-인튜이트-체크프리의 전자상거래 표준안 마련 MS-Netscape의 3D Web 기술의 표준화 합의

정리하면 〈표 4-7〉과 같다. 시장과 협력 결정방식에는 ② 자발적 표준화 그룹에 의한 방식과 ③ 시장에서 기업 간 합의에 의한 표준화 방식이 해당되며, 협력과 비시장 결정방식에는 ① 공식기구에 의한 표준화 방식이, 비협력과 시장 결정방식엔 ④ 비호환 제품 간 표준을

위한 경쟁, ⑤ 호환을 위한(표준 내) 경쟁, ⑥ 선도자–추종자 경쟁이 해당된다. 결정방식의 큰 흐름으로 보아 비협력보다는 협력방식이, 비시장보다는 시장방식이 강한 추세로 나타나고 있어 ②와 ③이 표준화 결정방식의 주된 흐름을 형성한다.

표 4–7 **표준화 결정방식의 구도**

	시장	비시장
협력	②, ③	①
비협력	④, ⑤, ⑥	

협력 결정방식이 우세한 요인으로는 첫째, 과거 VCR에서 Beta 방식이 VHS 방식에 패배, 컴퓨터 키보드에서 DSK의 QWERTY에 대한 패배 등에서 보는 바와 같이 표준화 경쟁에서의 패배가 기업들에게 막대한 손실을 초래하여 큰 위험 부담을 안겨 주었기 때문이다. 이는 자사의 기술이 표준으로 채택되지 않을 경우 기술 개발을 위한 그간의 막대한 투자가 무위로 끝나기 때문이다. 따라서 기업들은 이러한 결과를 되풀이하지 않도록 위험을 회피하거나 분산하는 하나의 방식으로 표준화 결정에서 사전에 상호 협력하는 방식을 취한다.

둘째, 사용자와 판매자 간의 비대칭성이다. 판매자는 일반적으로 기존 특정 고객의 유지·확대를 위해 제품 간 비호환을 선호하는 경향이 있는 반면, 사용자의 경우는 제품 사용에서 오는 효용을 극대화하기 위해 호환을 선호하는 경향이 뚜렷하다. 그러나 제품의 선택은 시장에서 결정되므로 판매자들은 이러한 사용자들의 선호를 인식하게 되고 판매자 상호 간 협력의 유인이 생기게 되는 것이다.

셋째, 글로벌화 추세이다. 상품과 기술이 글로벌화·네트워크화되는 추세에서는 대·중소기업을 막론하고 어떠한 단일 기업도 지배적 영향력을 행사할 수 없고 단지 하나의 구성원에 불과하다. 이런 상황에서의 기회 포착이란 것은 상호 협력하는 가운데 가능하며, 표준화도 국제표준에 대한 수요가 날로 증가하고 있다.

넷째, 정보통신기술이 갖는 특성이다. 정보통신기술은 수명 주기가 매우 짧고 시장에서의 경쟁이 매우 치열하다. 기술의 변화 속도가 매우 빨라 표준화 경쟁에 의해 표준이 채택될 무렵에는 이미 그 표준은 무용지물이 될 가능성이 높다. 이러한 위험 부담을 줄이기 위한 협력의 필요성이 존재한다. 또한 기술 자체가 컴퓨터, 통신, 방송 등이 상호 융합하는 오픈 아키

텍처의 특징을 지니고 있어 협력의 유인은 갈수록 높아진다.

시장 표준결정방식이 우세한 추세에도 역시 여러 가지 요인들이 있다.

첫째, 사용자들이 궁극적으로 시장을 리드한다는 사실이다. 신제품이 기존 제품보다 우수하다 하더라도 기존 제품이 이미 시장에서 수많은 사용자들에 의해 사용되고 있고 상당한 네트워크 외부성이 존재한다면 시장 침투가 그리 쉽지 않다. 네트워크 특성이 강한 정보통신산업에서는 더욱 그러하다. 그러므로 표준화도 시장에서 공급자와 사용자 간의 상호작용에 의해 결정되는 것이 기본적인 패턴이다.

둘째, 늘어나는 자발적 비공식 표준화 그룹들이다. 공급자 및 사용자들이 경직적이고도 시간이 많이 소요되는 공식 절차를 거치지 않고 신속하게 표준화를 합의하는 경우가 자연스럽게 늘어나고 있다. 정보통신기술이 동시다발로 여러 갈래로 발전되고 각 갈래 사이의 연결 · 호환문제가 자연스레 대두되면서 상호 장벽을 극복하기 위해 각종 자발적 그룹이 형성된다.

셋째, "하향식"이 아닌 "상향식"이다. 과거 정보통신 인프라 구축에서처럼 표준화된 거대 프로그램에 따라 상당한 시간에 걸쳐 지역 차원에서 혹은 국가 차원에서 진행되는 하향식 방식이 아니라 최근에는 최종 사용자들의 필요가 인프라의 그림을 그려 나가는 '상향식' 방식이 주축이 된다.

3 표준화와 다양성

표준화는 제품의 다양성을 제한시키고 기술 개발을 제약시키는 측면이 있다. 반면에 다양성은 규모의 경제 효과를 누리지 못하는 측면이 있다. 따라서 차별화된 제품 수의 증가는 규모의 경제가 가지는 이득을 감소시키므로 다른 생산자와의 호환이나 표준에서 오는 규모의 경제 효과를 누리기 위해선 차별화된 제품 수가 제한될 필요가 있다(Lancaster, 1975).

Farrell and Saloner(1986)는 양자의 상쇄관계를 소비자들의 총사회이익 극대화 측면에서 설명한다. 수요 측면에서 A, B 두 유형의 소비자와 그에 상응한 두 가지 유형의 상품이 존재하는 부분균형 모델을 가정한다. A, B 두 상품은 상호 비호환이며, 각각의 네트워크 외부성을 가진다. 동 가정하에 소비자들의 총사회이익을 극대화하는 균형을 찾는다. 각 파라미터들의 조건에 따라 세 가지 균형을 생각할 수 있다. 첫째, '다양성'에 해당되는 것으로 A, B 두 유형의 상품이 모두 생산되는 비호환의 경우, 둘째, A 상품으로 표준화하는 경우, 셋째, B상품으로 표준화되는 경우 등이다. 세 가지 균형 중 총사회이익을 극대화시키는 균형이 최적 균형이 됨을 보임으로써 표준화와 다양성의 상쇄관계를 설명한다. 동 모델은 Lancaster(1975)와 마찬가지로 단순하며, 주로 양자의 상쇄관계 설명에 초점이 맞추어져 있다고 볼 수 있다.

Katz and Shapiro(1985)의 모델은 Farrell and Saloner(1986)의 모델과 분석 골격은 유사하지만 수요 측면뿐만 아니라 공급 측면도 포함하고 기대 개념도 도입하고 있어 좀 더 일반화된 시도라 할 수 있다. 동 모델의 가장 큰 특징은 한 단위 재화 구입에서 오는 소비자잉여가 재화를 구입할 다른 소비자들의 수에 좌우된다는 것을 부각시킨 점이다. 소비자들은 기대되는 네트워크의 크기에 따라 소비를 결정하고 생산자들은 소비자들의 기대효용을 감안하여 가격을 설정한다. 이러한 가정하에 기업은 쿠르노 최적화 문제를 해결한다. n개 상품이 서로 호환이면 완전 호환, n개의 상품이 비호환이면 완전 비호환, 그 중간인 부분 호환 등 3가지 경우로 나누어 기대 네트워크의 크기에 따라 균형 네트워크 크기를 도출한다. Katz and Shapiro는 분석 결과 호환 정도가 높아 완전 호환에 가까울수록 전체 균형 산출수준은 커진다고 결론 내리고 있다. 즉, 네트워크 외부성이 클 때는 표준화가 유리함을 시사한다.

표준화가 다양성을 위축시킨다는 것은 곧 기술진보에 제약을 준다는 의미이다. 표준화를 지나치게 강조하면 효율성이 낮은 기술이 시장을 지배하는 결과를 초래할 수 있다. 마찬가지로 다양성을 너무 강조하면 규모의 경제 효율성을 누리지 못하며, 기술의 시장확산이 더디게 되어 수익성이 저하된다.

반면 표준화와 기술진보 간 상쇄관계에는 다른 견해들도 존재한다. 하나는 표준화가 기술진보를 저해시키지 않는다는 주장이다. 실제 표준이라고 하는 것은 최소한의 호환성 및 기본적인 성능의 확보를 목적으로 하는 것이 많아 비교적 유연하다[2]. 표준이 채택된 이후의 기술개발 경쟁은 많은 경우 그 표준을 충족시키면서 진행된다. 기술개발 경쟁의 결과 나온 새로운 기술은 과거의 기술과 호환을 유지하는 경우가 많기 때문에 표준이 존재하더라도 기술진보는 지속적으로 이루어진다는 주장이다.

다른 하나는 표준화가 기술 개발자의 이익을 감소시키지 않는다는 견해이다. 대개 기업이

2. 黒木昭弘と加藤章(1994), pp.203~204.

신기술을 개발한 경우 ① 기술을 독점적으로 사용하여 독점의 이익을 누릴 것인가, 아니면 ② 기술을 표준으로 채택하여 다른 기업들이 사용하게 할 것인가의 선택을 한다. ②를 선택할 경우 분명 기술 개발자의 이익은 감소하게 될 것이다. 그러나 그것은 단기적인 현상일 뿐 장기적으로는 그렇지 않을 수 있다. 오히려 표준이 광범위한 시장을 형성하여 장기적인 이익이 훨씬 클 수가 있다. 정보통신기술의 경우는 ①보다는 ②가 더 설득력이 있다. 이유는 첫째, 정보통신기술은 단일 기업이 아닌 다수 기업들의 독자적인 기술에 의해 구성되어 있는 경우가 많으며, 둘째, 단일 기업이 시장에 진출하기보다는 여러 협력기업과 함께 시장에 진출하는 것이 제품의 시장 형성이 훨씬 빠르며, 셋째, 정보통신 관련 제품의 네트워크 크기가 과거보다는 훨씬 커지고 있어 초기 네트워크의 형성이 제품의 운명을 좌우하기 때문이다. 이러한 이유들로 표준화가 기술 개발자의 이익을 감소시킨다는 견해는 설득력이 낮다.

한편 표준화의 추세 및 장점에도 불구하고 표준화의 제약요인이 존재한다. 관성의 문제로서 제품의 생산자나 사용자가 새로운 기술보다 기존의 기술을 고집함으로써 신기술로의 표준화 이행이 더디다. 우선 사용자 측에서의 관성이 강하다. 예를 들어 일반 사용자들은 범용 컴퓨터만으로도 충분히 자신의 욕구를 충족시킬 수 있기 때문에 구태여 고가를 지불하여 고성능 컴퓨터를 구입할 필요가 없다. 소비자 선호의 다양성도 지적할 수 있는데, 서비스의 종류에 따라 주 수요자 층이 구분되어 있다. 젊은 세대들은 인터넷 뱅킹을 선호하는 반면 구세대들은 주로 ATM이나 대면 뱅킹 서비스를 선호한다. 기술진보의 속도와 소비자 선택 사이에는 괴리가 존재하기 때문에 표준화가 쉽게 이루어지기 어렵다.

공급자 측에서도 실제 표준화는 그리 간단한 문제가 아니다. 기업마다 막대한 투자비를 들여 개발한 기술은 고유한 특성이 있고 나름대로 독자적인 영역을 유지하면서 발전해 왔기 때문에 표준화가 쉽지 않다. 더구나 기업들은 기술경쟁에서 표준을 선점함으로써 막대한 이득을 얻고 일단 선점을 하면 다른 기술로의 대체가 쉽지 않기 때문에 치열한 경쟁을 벌이고 있다. 기업들의 이러한 동기는 보다 광범위한 표준화를 형성하는 데 오히려 제약요인이 되기도 한다.

4 표준 대 특허 전략

4.1 표준과 특허의 관계

발명자는 연구개발 과정을 통해 기술혁신을 이룩하면 해당 기술에 대한 배타적 권리의 획득을 위해 특허를 출원하고 등록하게 된다. 이 과정에서 기술의 공개가 이루어지고 기술의 공개는 기술확산을 초래한다. 발명자는 기술 공개의 대가로 특허권을 획득하게 되는데, 특허권의 실시 또는 허여 및 양도를 통해서 기술확산이 이루어진다. 이 과정에서 발명자가 취하는 경제적 이익은 또 다른 기술혁신을 위한 자원이 된다. 이와 같이 특허는 기술혁신 전체를 놓고 볼 때 기술혁신과 기술확산 모두를 견인하는 원동력으로서 기능한다. 그러나 발명자의 권익 보호라는 특허의 기본 성격에 비추어 볼 때, 기술확산의 의미보다는 기술혁신의 의미가 더 강한 것으로 이해할 수 있다.

그림 4-1 특허와 기술혁신과의 관계도

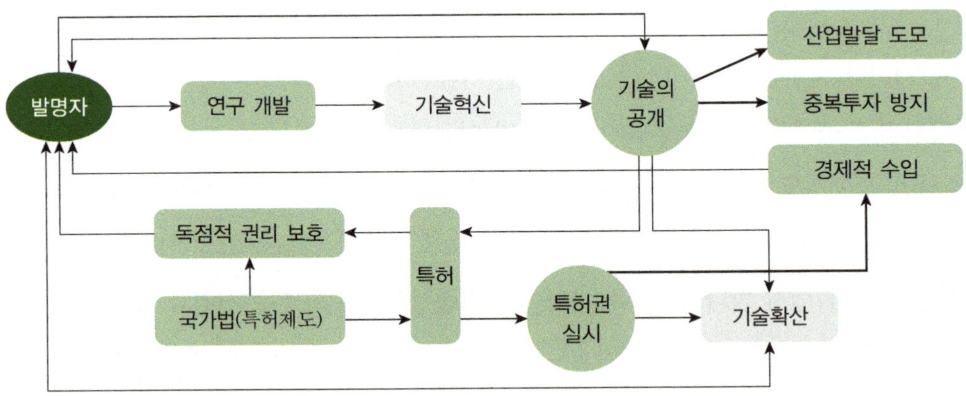

자료 : 이상무(1999).

특허가 특정 기술에 대한 독점적 권리 보호를 인정함으로써 발명자에게 기술혁신을 위한 구심체 역할을 담당한다면 표준은 기술을 공유하고 공동의 목표 달성을 위해 해당 기술을 활용하는 것이 그 목적이므로 기술혁신체제상에서 기술확산을 위한 원심력으로 작용하게 된다. 특히 컴퓨터, 통신 등의 정보통신산업은 다른 산업보다 표준을 통하여 신기술이 더욱 빨리 확산되는 경향을 보이므로 많은 기업들이 기술 표준의 선점을 통하여 시장을 확대하고자 하는 전략을 채택하고 있다. 이는 기술확산의 견인차로서 표준의 중요성을 말해 주는 좋은 예에 해당한다. 최근에는 표준을 특허의 새로운 활용전략으로서 이용하는 경우가 많은데, 표준을 잘 활용하면 개별적 접촉에 의한 라이선스가 아니라 표준을 사용하는 집단에 대한 집단적 라이선스가 가능해지기 때문이다. 이는 기술파급 효과를 극대화시키고 기술료 수입을 증진시키며, 더 나아가 시장을 지배할 수 있는 기반을 제공해 준다.

그림 4-2 특허와 표준의 상호관계

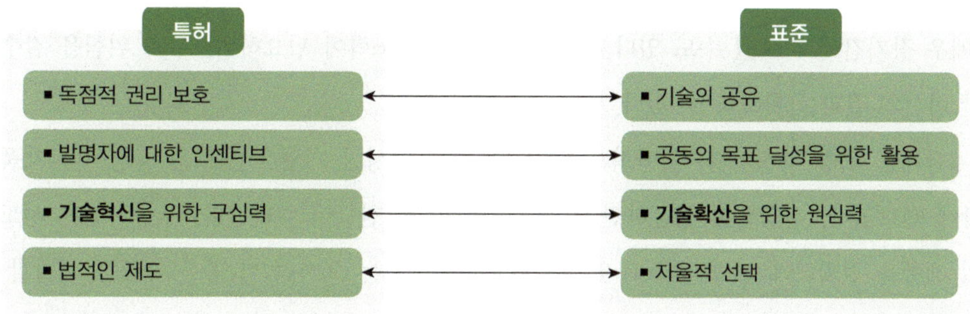

자료 : 이상무(1999).

표준이 일반적으로 기술혁신을 가능하게 하는가 또는 기술혁신을 저해하는가의 문제는 오랫동안 논란의 대상이 되어 왔다. 기술혁신은 산업사회의 발달에 중추적 기능을 담당해 왔고 제품의 부가가치를 높이는 요소로서 생산비를 절감시키며, 새로운 품질의 재화를 개발하는 과정이다. 또한 기술혁신은 일반적으로 기업의 수익성을 향상시킬 뿐만 아니라 사회 전체의 후생을 증가시키는 요소가 된다. 기술혁신은 산업의 정보화와 개방화가 이루어지면서 그 중요성이 더욱 강조되고 있다. 대외 경쟁력을 장기적으로 확보할 수 있는 유일한 원천이 바로 기술혁신에 있기 때문이다.

일반적으로 기술혁신은 동태적 현상으로 균형이 변화되는 과정에서 나타나며, 여러 단계에 걸쳐 이루어지므로 각 단계별로 개념 정립을 필요로 한다(이수복, 2002). 먼저 기술혁신을 이룩하기 위한 1단계는 기초 연구에서부터 시작된다. 이것은 곧 지식의 탐구를 위한 순수한 학문적 연구 과정에 해당된다. 기업에서는 학문적 연구 이외에 특정한 목적을 가진 응용 연구를 실시하기도 한다.

2단계는 발명으로 특정한 지식이나 공정 및 도구의 새로운 창안에 해당된다. 발명은 기초

연구나 응용 연구의 결과로 이루어지며, 특허제도를 통해 보호받게 된다.

3단계는 개발 과정으로서 개발은 발명의 결과를 상품화하는 과정에 해당되며, 기술혁신 과정에서 가장 중요한 단계이다. 일반적으로 말하는 'R&D'의 가장 핵심적인 과정에 속하는 것이다. 이 개발 과정을 거쳐 새로운 상품과 공정이 탄생하게 된다. 그러나 발명의 결과가 개발 과정을 통해 상품화되지 못한다면 산업 발전에 기여할 수가 없다.

4단계는 혁신 과정으로 개발 과정이 성공적으로 달성되면 새로운 생산함수가 등장하고 흔히 말하는 기술혁신이 시작된다. 혁신의 과정은 제품의 혁신, 공정의 혁신으로 구분된다. 기초 연구의 결과는 혁신 과정을 거치면서 상업화가 이루어진다. 경우에 따라 발명과 혁신에는 매우 장기간이 소요될 수도 있다. 기업가의 혁신적 노력이 필요하며, 투자 위험을 감수해야만 혁신의 결과를 확보할 수 있다.

5단계는 모방 과정이다. 일반적으로 기술혁신을 달성한 기업은 새로운 공정이나 제품을 시장에 선보인다. 신상품이 성공하면 여타 기업의 추종 현상이 나타난다. 추종기업은 선도기업의 제품을 정확하게 모방할 수도 있고, 경우에 따라서는 오히려 더 좋은 제품을 개발할 수도 있다. 모방기업은 일반적으로 기술혁신 기업보다 저렴한 비용을 투자하여 혁신된 제품과 동질적이거나 유사한 제품을 개발하게 된다. 모방은 국민경제적 관점에서 사회후생을 증가시킬 수도 있지만 모방이 용이하다면 선도기업의 기술혁신 인센티브가 적어지게 된다. 실제로 이러한 현상을 방지하기 위해 특허제도가 운용되고 있다.

마지막 단계는 개발된 기술의 확산 과정이다. 새로운 기술이 전 산업 부문에 확대, 보급되는 과정을 확산 과정이라고 말한다. 기술혁신의 효과가 국민경제적으로 극대화되기 위해서는 개발과 확산 과정이 신속하게 이루어져야 한다. 이 과정에서 표준이 매우 중요한 역할을 한다. 그러나 신속한 확산 과정은 기술혁신을 선도한 기업이 얻는 기술우위 기간을 단축시키게 되므로 기술혁신의 인센티브를 감소시키는 문제를 발생시킨다. 그러므로 국민경제적 확산 효과와 기술혁신의 인센티브를 조화시키는 특허제도의 운용이 필요하다.[3]

[그림 4-3]은 표준과 표준화[4] 과정, 그리고 기술혁신 과정 사이의 관계를 간단하게 묘사

---

3. 일반적으로 확산 효과가 큰 기초과학 분야의 연구 결과는 정부의 주도로 개발되거나 특허 기간을 짧게 설정하는 것이 바람직하다.

4. 표준화(standardization)란 일반적으로 사물에 합리적인 기준을 설정하고 다수가 이 원칙에 따라 활동함으로써 편리와 이익을 도모하는 조직적인 활동을 말하며, 여기서 합리적인 기준이란 바로 표준(standard)을 의미한다.(www.

하고 있다. 이것은 표준화 과정과 혁신 과정이 선형적으로 관련이 있다는 것을 보여준다. 즉, 하나의 과정이 다른 과정을 따르는 관계를 나타낸다(Blind, 2004). 기존 표준에서 기본적인 연구와 응용 연구, 그리고 실험 개발 등을 통해 정보가 산업구조에 투입되고 시장에 소개되면서 라이선스, 모방, 그리고 개선 등이 일어나 '사용에 의한 확산'이 나타나게 된다. 이는 신표준을 위한 표준화의 과정으로서 표준화 과정에 의해 아이디어가 창출되고 마침내 신표준이 나타나게 된다. 그리고 신표준은 혁신 과정을 통해 다시 기존 표준의 변화를 야기한다.

그림 4-3 혁신 과정과 표준화 과정의 관계

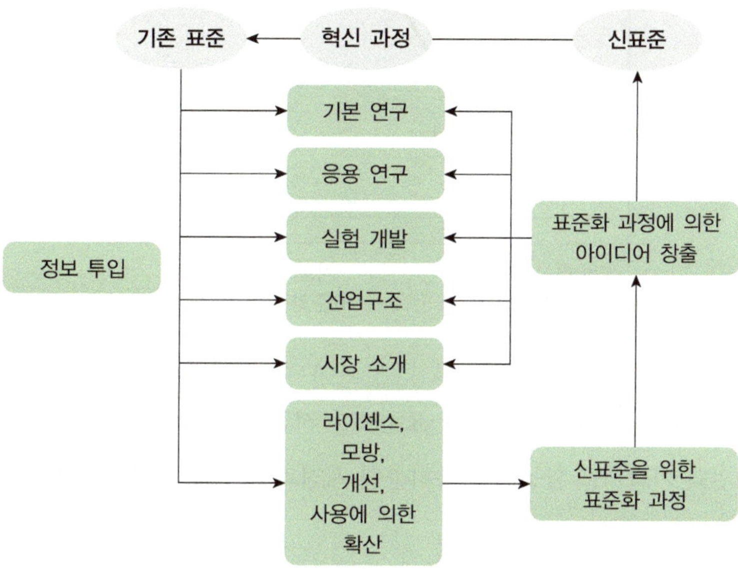

자료 : Blind(2004).

4.2 기술확산 패턴에서의 표준과 특허

앞서 Bass 확산모형에서 임계규모를 기준으로 임계치 형성 이전에는 혁신 효과가, 임계치 형성 이후에는 모방 효과가 기술확산의 주된 역할을 하고 있음을 보았다. 임계규모 이전에는 기술에 대한 선호도가 높은 사용자 그룹인 혁신자들이 다른 사용자들의 선택에 상관없이 선택행위를 하므로 초기 시장확산에 매우 중요한 역할을 담당한다. 이 시기에는 기술혁신에

standard.go.kr)

해당하는 특허가 보다 밀접하게 관계한다. 반면 임계규모 형성 이후에는 임계 네트워크 자체가 또 다른 네트워크를 형성하는 시기이므로 모방자들의 역할이 중요해진다. 즉, 기술 표준이 형성된 이후에 두드러지게 나타나는 확산 유형에 해당한다.

그림 4-4 기술확산 패턴과 표준 및 특허

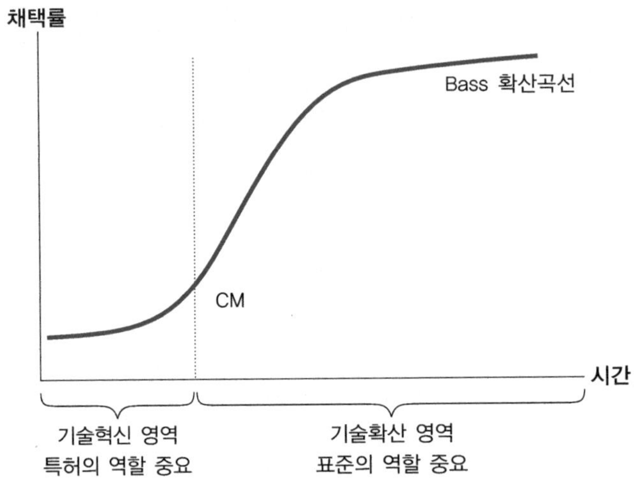

그렇다면 단일 기술에서는 특허가 표준보다 시간적으로 선행할 것이라는 추측이 가능하다. 실제 기업의 기술개발 활동에서 특허출원 시점과 표준화 시점이 어떠한 시계열적 관계를

그림 4-5 특허 수와 표준 수의 관계(1989~2003)

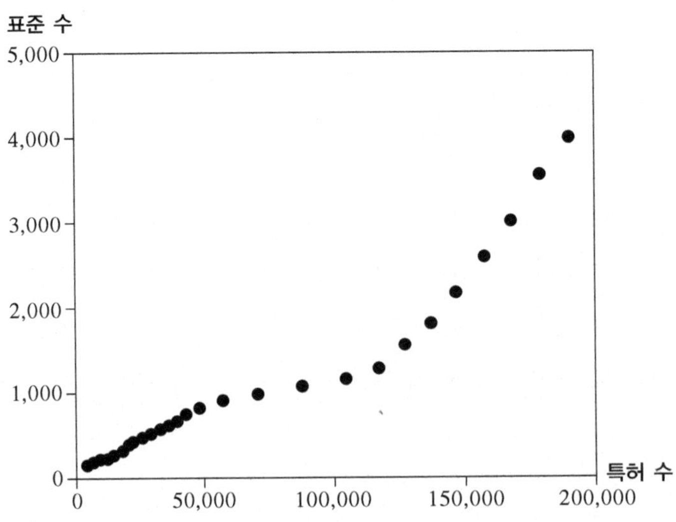

가지느냐를 보기 위해서는 특허와 표준의 시계열 분석이 필요하다. 뿐만 아니라 특허와 혁신인자(혁신계수 p), 표준과 모방인자(모방계수 q) 간의 상관관계에 관한 실증분석도 필요하다. [그림 4-5]는 1989년부터 2003년까지 한국 정보통신산업의 표준 수와 특허 수의 관계를 보여주고 있다. 양자가 양의 상관관계에 있음을 알 수 있다.

4.3 표준과 특허의 경제적 효과

표준과 특허가 경제적 성과에 얼마나 영향을 미치는지에 대해 살펴봄으로써 양자 간의 관계를 간접적으로 알아보고자 한다.[5] 여기서는 표준과 특허의 거시경제적 효과를 정량적으로 분석한다. 표준화와 기술혁신의 경제적 효과, 즉 제조업 총생산에 대한 기여 효과를 추정하기 위하여 성장회계방식을 이용하였다. 이를 위해 다음과 같은 콥-더글러스 생산함수를 가정하였다.

$$Y_t = A(\cdot)K_t^{\alpha}L_t^{\beta}$$

Y_t는 당해연도(t) 우리나라 제조업의 총생산액을 나타내며, K_t는 당해연도의 자본 스톡을, L_t는 당해연도의 노동 투입량을 나타낸다. α와 β는 매개변수로 각각 자본과 노동의 생산에 대한 탄력도를 나타낸다. A는 생산 전반의 효율성을 나타내는 상수이다. 어떤 기업이나 경제의 생산량은 생산 과정에 투입되는 생산요소들의 양과 각각의 생산요소들을 결합하여 이를 상품으로 변화시키는 기술수준에 의해서 결정된다. 이는 투입되는 생산요소들의 양이 일정하더라도 기술혁신이 발생하면 생산량의 증대가 가능하다는 것을 의미한다. 다시 말해 기술혁신은 생산요소의 투입량과 생산량 사이의 관계 자체를 변화시킨다. 기술혁신은 시간의 경과에 따라 생산성이 더 높아지는 쪽으로 발전하는 것이므로 이 사실을 반영하려면 생산 전반의 효율성을 나타내는 상수 A는 $A(t) = A \cdot e^{\lambda t}$와 같이 시간의 함수로 표현할 수 있다(Blind, 2004).[6]

---

5. 이덕희 · 최호철(2004).

6. $A(t) = A \cdot e^{\lambda t}$에서 변수 t는 시간의 흐름을 나타낸다.

$$Y_t = AK_t^{\alpha} L_t^{\beta} e^{\lambda t}$$

이를 선형으로 표현하기 위해 양변에 자연로그를 취하면 아래의 식을 얻을 수 있다.

$$\ln Y_t = \ln A + \alpha \ln K_t + \beta \ln L_t + \lambda t$$

이미 설명하였듯이 λt는 시간의 경과에 따른 기술혁신을 의미한다. 그러나 이 모델은 기술혁신의 크기만을 알려줄 뿐 그것을 가능하게 하는 원인과 그 효과를 구별해 낼 수 없다는 단점이 있다. 이 문제는 기술혁신을 나타낼 수 있는 적절한 지표를 사용함으로써 해결할 수 있는데, 여기서는 특허, 기술 도입료, 그리고 표준을 사용하였다. 특허 및 기술 도입료는 기술혁신 지표로서의 의미를, 표준은 기술확산 지표로서의 의미를 내포하고 있다.

이제 λt에 기술혁신의 지표인 특허의 수, 기술 도입료와 기술확산의 지표인 표준의 수를 반영하면 다음과 같다.

$$\ln Y_t = \ln A + \alpha \ln K_t + \beta \ln L_t + \gamma \ln PAT_t + \delta \ln LEX_t + \varepsilon \ln STD_t + U_t$$ [7]

여기서 PAT_t는 당해연도(t)에 존재한 평균 특허의 수를 나타내며, LEX_t는 당해연도의 기술 도입료를, STD_t는 당해연도에 보유한 표준의 수를, U_t는 오차항을 의미한다. 이를 시간에 대해 미분하면 아래와 같은 성장회계 방정식을 얻을 수 있다.

$$\frac{dY/dt}{Y} \equiv g_Y = g_A + \alpha g_K + \beta g_L + \gamma g_{PAT} + \delta g_{LEX} + \varepsilon g_{STD}$$ [8]

위의 식은 총생산액의 증가(g_Y)가 본원적 투입요소의 증가($\alpha g_K + \beta g_L$)와 기술혁신과 표준화로 인한 생산성 증가($\gamma g_{PAT} + \delta g_{LEX} + \varepsilon g_{STD}$) 및 기타 요인으로 인한 생산성 증가($g_A$)로 분해될 수 있음을 보여준다. 이 논리에 근거하면 기술혁신과 기술확산(표준화)이 생산성 향상에 기

7. 총생산 또는 총부가가치 창출에 대한 기술혁신이나 기술확산(표준화)의 기여도를 추정하기 위한 모델로 정립된 것은 아직 없다. 콥-더글러스 생산함수를 확장한 이 모델은 Grupp(1998)으로부터 차용한 것이다.

8. g_Y는 Y(총생산액)의 증가율을, g_K는 K(자본 스톡)의 증가율을 의미한다.

여하게 되고, 생산성 향상이 궁극적으로 총생산액의 증가에 기여하므로, 각 계수에 대한 추정 결과가 얻어지면 기술혁신과 표준화가 총생산액의 증가에 기여하는 바를 정량적으로 도출할 수 있다.

다음으로 본원적 투입요소인 자본 및 노동과 총산출 간에 규모에 대한 보수 불변(constant returns to scale)이 존재한다고 가정하면 $\alpha + \beta = 1$이 된다.[9] 규모에 대한 보수 불변의 가정은 생산함수가 1차 동차 생산함수가 됨을 의미한다. 이것은 본원적 투입요소가 α배 증가하면 산출량도 α배 증가한다는 것으로 규모의 경제가 생산성 향상으로 인한 총생산액의 증가에 포함되는 것을 배제하는 효과를 갖는다. 이는 기술혁신 또는 기술진보 효과를 가장 단순하게 파악하기 위한 가정이다(김찬수 2002).

1978년에서 2003년까지의 시계열 자료를 이용하여 분석한 결과 특허와 표준 모두 총생산량과 정의 관계에 있는 것으로 나타났다. 그 결과는 아래의 표에 나타나 있다.

표 4-8 **제조업 총생산에 대한 성장기여 비중** (단위 : %)

구분	성장기여 비중
총생산량	100.0
자본 스톡	40.5160
노동 투입량	8.6786
특허의 수	33.7961
기술 도입료	13.0474
표준의 수	11.4054
기타	−7.4435

총생산량에 대한 성장기여 비중을 살펴보면 특허의 수는 33.7961%, 표준의 수는 11.4054%의 성장기여 비중을 가지고 있음을 알 수 있다. 1978년에서 2003년까지 우리나라 총생산액의 연평균 증가액은 약 20조 5,935억 원이다. 이 중 특허와 표준이 차지하는 비중이

9. 우리나라는 선진국에 비하여 규모의 경제가 클 가능성이 높아 규모의 보수 불변을 가정하게 되면 기술혁신 또는 기술진보에 의한 생산성 증대가 과대평가될 수도 있다는 우려가 있으나 실증분석 결과 국내 대부분의 제조업종이 규모의 보수 불변에서 많이 벗어난 것이 아닌 것으로 나타났다. 김종일(1998), 김종일 외(1999) 참조.

33.7961%, 11.4054%이므로 이를 금액으로 환산하면 각각 6조 9,598억 원, 2조 3,488억 원에 이른다. 이는 1978년에서 2003년까지 우리나라 제조업의 연평균 생산액 316조 7,304억 원의 2.20%와 0.74%에 해당하는 금액이다. 〈표 4-9〉는 총생산액의 성장에서 특허와 표준이 차지하는 비중을 보여준다. 추정 결과를 보면 특허 및 표준 모두 총생산액에 기여하는 바가 결코 적지 않음을 알 수 있다.

표 4-9 표준과 특허의 제조업 총생산액 성장 기여 효과(1978~2003년)

연평균 생산액	316조 7,304억 원
연평균 생산 증가액	20조 5,935억 원
기여액	
특허	6조 9,598억 원
표준	2조 3,488억 원
연평균 생산액에서 차지하는 비중	
특허	2.20%
표준	0.74%

주 : 모든 금액은 2000년을 기준연도로 하여 불변액으로 환산한 것임.

제5장 네트워크 거래

산업의 디지털화 진전은 전속 거래보다는 네트워크 거래의 장점을 부각시키면서 거래방식을 변화시킨다. 산업의 글로벌화, 아웃소싱, 온라인 거래, 표준화 등이 진전되면서 전속 거래가 가지는 단점 극복이 가능해졌기 때문이다. 네트워크 거래는 경쟁 촉진, 생산성 향상 등 산업 전반의 시장효율성을 증대시키는 효과를 가진다.

1 산업의 디지털화와 거래방식의 변화

통상 기업 간 거래방식에는 내부 거래와 외부 거래가 있다. 내부 거래는 동일한 기업 그룹 내에서 거래가 이루어지는 것을 말하며, 외부 거래는 타 기업과 거래하는 경우를 말한다. 내부 거래는 대개 수직적 통합 기업에서 업스트림 기업과 다운스트림 기업 간 거래관계의 형태를 띤다. 반면 외부 거래는 보다 다양하여 기업 간 장기계약에 의한 협력적 거래와 불특정 다수를 대상으로 한 시장거래 형태로 나뉜다. 나아가 협력적 거래는 폐쇄적인 전속 거래와 개방적인 네트워크 거래 형태로 다시 나뉜다. 이처럼 거래 형태가 다양하지만 각각의 거래 형태가 나름대로의 장단점을 지니고 있기 때문에 기업이 어떠한 거래방식을 선택하느냐는 기업의 거래 역사나 품목의 기술적 특성, 시장 환경 등 여러 가지 요인에 의해 결정된다. 정보기술의 비약적 발전과 더불어 산업 전반의 디지털화의 진전이 거래방식의 변화를 초래하는 가운데 특정 수요 기업과 특정 공급 기업 간의 폐쇄적 거래에서 다수의 수요 및 공급 기업들 간의 네트워크 거래로의 전환 추세가 두드러진다.

1.1 글로벌화

그동안 세계 경제에서는 정보통신기술의 발달, WTO 체제하에서의 관세 및 비관세 장벽의 완화, 자유무역협정(FTA), 규제 철폐 등으로 국가 간 장벽이 낮아지는 글로벌화의 추세가 급속하게 진전하였다. 글로벌화의 진전은 기업활동의 무대를 확대시켜 과거 국내 및 몇몇 국가에 한정된 거래관계의 범위를 현저히 확대시키고 있다. 과거의 기술력과 경쟁력의 원천이 더이상 성장동력으로 지속될 수 없으며, 지속적인 성장을 위해 기업들은 새로운 성장동력을 끊임없이 모색해야 하는 과제를 안고 있다. 그만큼 기업 간 경쟁이 치열해지고 있다는 얘기이며, 한편으로 리소스를 활용하기에 따라서는 지속적인 성장과 경쟁력을 유지할 수 있는 기회가 무한히 열려 있다는 얘기이다. 특히 중국과 인도가 IT제조업 및 서비스 분야를 중심으로 세계 무역질서에 깊숙이 편입되면서 산업의 글로벌화를 더욱더 가속화시키고 있는 현상도 주목할 만하다.

글로벌화 추세는 산업 전반에 걸쳐 경쟁도를 높이고 있으며, 그 결과 기업들이 핵심 역량 이외의 업무 영역을 다른 기업과의 네트워크 형성을 통해 외부와 협력하는 산업의 네트워크화 현상을 광범위하게 촉진시켰다. 이는 ICT 혁명으로 기술 패러다임이 변화하고 기술개발 경쟁이 더욱 치열해짐에 따라 이미 창출된 지식의 채용이 아닌 새로운 지식의 창출 능력이 경쟁력의 핵심 요소가 되고 있기 때문이다. 완제품 조립보다는 부품 소재 부문에서의 원천기술 확보의 중요성이 높아지고 있으며, 그 결과 경쟁이 제한적인 전속 거래보다 경쟁을 통해 혁신을 유도할 수 있는 개방적 네트워크 거래의 이점이 커지고 있다. 아울러 기술 변화 속도가 빨라짐에 따라 서로 이질적인 지식들 간의 상호작용을 통한 새로운 지식의 창출과 확산이 장기적인 경쟁력 확보에 관건이 되면서 지식 풀(pool)이 한정된 전속 거래에 비해 지식 풀의 유연한 확대가 가능한 네트워크 거래의 장점이 커지고 있다.

1.2 아웃소싱

산업의 글로벌화 추세와 더불어 국적이나 위치를 불문하고 주로 가격과 품질에 의해 공급기업을 결정하는 글로벌 아웃소싱도 확대되고 있다. 산업의 디지털화에 따라 기술혁신 및 정보의 유통 속도가 매우 빨라지고 산업의 불확실성이 한층 높아지고 있어 기업 차원에서 미래의 불확실성을 줄이고자 하는 유인이 발생한다. 따라서 기업들은 자연스레 외부 자원을 적극 활용함으로써 비용 절감, 핵심 역량 강화 등을 꾀하여 경쟁력을 강화하고자 한다.

아웃소싱에도 핵심 역량을 제외한 기업활동을 아웃소싱하는 비용 절감형, 자사 보유 역량을 분사하여 비즈니스화하는 분사형, 공급업체와 네트워크 거래를 통한 코소싱(co-sourcing) 형태의 네트워크형, 핵심 역량의 아웃소싱 등 여러 형태들이 존재한다. 그런 점에서 네트워크 거래는 광의의 아웃소싱의 한 형태로 볼 수 있다. 산업 환경 변화에 따라 아웃소싱이 기업 차원에서 보다 보편적인 형태로 이루어지는 추세에 네트워크 거래가 편승하면서 이전보다 더욱 부각되는 상황이다. 게다가 기술의 표준화 진전과 인터넷 등 ICT 기술의 비약적 발전이 거래비용을 현저히 저하시킨 점도 네트워크 거래를 촉진시키는 한 요인으로 작용하였다.

이러한 상황에서 기업 간 거래방식의 선택은 해당 기업의 경쟁력 확보와 직결되는 중요한 문제가 아닐 수 없다. 가치사슬의 상·하류 부문에 위치한 기업들이 어떤 기업과 어떠한 방식으로 거래하는가가 최종 제품의 가격과 품질을 결정하는 데 중요한 요인으로 작용하고 있기 때문이다. 기업 간 거래방식은 기업수준에서의 경쟁력과 생산성 결정에 주요한 요인이 됨은 물론 이를 통해 경제 전체의 효율성에도 영향을 준다.

1.3 온라인 거래

ICT 기술을 활용한 온라인 거래로 말미암아 보다 많은 기업들 간에 보다 신속한 커뮤니케이션이 가능해지고 이를 관리하고 유지하는 비용도 저렴해지는 등 네트워크 거래의 용이성이 한층 높아졌다.

실제 과거에도 네트워크 거래가 일본 자동차 산업을 중심으로 일부 존재하였으나 네트워크 거래의 장단점에 대한 시각과 함께 그리 부각되지 않았었다. 그러나 현재와 같이 네트워크 거래가 두드러진 것은 바로 온라인 거래의 확산이 하나의 기폭제가 되었다고 할 수 있다. 전속 거래가 시장에서의 불특정 다수기업과의 거래에 비해 유리한 점 중 하나가 바로 거래비용을 절감할 수 있다는 점이다. 온라인 거래의 등장으로 말미암아 시장의 불특정 다수 기업과 거래를 하더라도 전속 거래와 같이 거래비용을 절약할 수 있으며, 뿐만 아니라 다수 기업 간 거래의 장점까지 누리는 것이 가능하게 되었다. 이로 인한 반응이 실제 시장에서는 네트워크 거래 형태 증가로 나타나고 있다.

표 5-1 전자상거래 판매 비중별 기업체 수 추이 (단위 : 개, %)

	2015	2016	2017	2018	연평균 증가율(%)
기업체 수(합계)	179,732	310,056	371,230	542,141	46.09
20% 미만	58,318 (32.45)	80,538 (25.98)	43,849 (11.81)	68,116 (12.56)	15.96 (−22.70)
20~40% 미만	49,444 (27.51)	108,440 (34.97)	179,915 (48.46)	226,703 (41.82)	70.41 (17.33)
40~60% 미만	42,512 (23.65)	37,581 (12.12)	76,881 (20.71)	139,374 (25.71)	58.09 (15.41)
60~80% 미만	8,905 (4.95)	14,499 (4.68)	18,588 (5.01)	50,891 (9.39)	88.27 (29.64)
80% 이상	20,553 (11.44)	68,998 (22.25)	51,996 (14.01)	57,058 (10.52)	73.60 (10.89)
평균 판매(수주)액 비중	35	40.4	40.1	40.2	4.98

주 : 괄호 안은 해당 연도별 기업체 수의 비중(%)을 의미
자료 : 통계청

1.4 표준화

정보기술의 발달은 가히 네트워크 혁명이라 할 정도로 네트워크의 범위와 연결 속도를 획기적으로 향상시켰다. 연결은 거래 당사자 사이에서 상호 상이한 것을 동일하게 맞추는 작업을 필수적으로 수반한다. 플랫폼, 인터페이스, 아키텍처, 포맷 등은 서로 표준화되거나 호환이 되어야 연결이 가능하다. 이러한 것이 산업의 최종 부가가치 생성 이전에 인프라나 생산요소 차원에서 요구되고 있기 때문에 산업 전반의 표준화가 광범위하게 이루어지는 계기를 제공하고 있다.

기술 및 제품의 네트워크화가 급속하게 진전되면서 ICT 제품을 중심으로 표준화가 빠르게 확산되었고, 동시에 ICT가 기존 산업에 응용되면서 제품의 모듈화 · 표준화도 아울러 급속하게 진전되어 나갔다. 이는 과거 동일한 제품이라 하더라도 기업별로 달랐던 부품이나 완제품의 사양이 표준화되는 계기가 되어 산업 전반의 표준화도를 높이는 결과로 연결되었다. 따라서 부품기업이 생산한 부품의 기업 간 범용성이 높아지면서 다수의 조립기업과 부품기업들 간에 네트워크 거래가 자연스럽게 증가하게 되었다.

2 네트워크 거래와 전속 거래[1]

2.1 전속 거래에서 네트워크 거래로

기업의 거래전략이란 경영활동에 필요한 자원을 내부에서 조달할 것인지 아니면 외부에서 조달할 것인지, 그리고 외부에서 조달할 경우 다른 기업들과 어떤 거래방식을 선택할지와 관련된 문제이다. 기업 내부에서 소재, 부품 등 필요한 모든 경영자원을 조달하는 경우 해당 기업은 고도로 수직 통합된 형태를 띠게 된다. 반면에 기업들이 외부에서 상당 부분 자원을 조달하는 경우 거래 유형은 다시 협력적 거래와 시장 거래로 나뉜다. 협력적 거래는 통상 장기간 반복적으로 이루어지는 거래를 말하며 시장 거래는 일회적이고 단속적인 성격의 거래를 의미한다. 시장 거래도 반복될 수는 있으나 거래의 연속성이 보장되지 않는다는 점에서 협력적 거래와 구별된다.

협력적 거래 방식은 거래의 안정화를 통한 고정투자 유도, 기술 이전, 회사 기밀 유지 등을 위해 의도적으로 거래를 장기간 반복적으로 유지하는 거래 유형인 반면, 시장거래 방식은 가격 인하와 품질 추구 등을 위해 의도적으로 거래의 연속성을 보장하지 않는 방식이다. 양자는 추구하는 경제적 편익이 각기 다를 뿐 나름대로의 경제 논리에 입각하고 있다는 점에서 공통적이다.

협력적 거래는 거래 상대방의 수에 따라 거래 상대방이 극소수인 전속 거래와 다수인 네트워크 거래로 나누어진다. 전속 거래와 네트워크 거래는 완전한 수직 통합도 아니고 시장 거래도 아닌 중간 형태의 조직이라는 점에서 공통적이나 전속 거래는 수직 통합에, 네트워크 거래는 시장 거래에 보다 가까운 특성을 가진다. 전속 거래는 폐쇄성이 주요한 특징이므로 회사 기밀의 유지, 학습 효과의 극대화를 통한 기술 이전 등을 위해 채택되며, 네트워크 거래는 시장 거래의 경쟁적 속성과 협력적 거래의 협력적 속성을 동시에 내포하는 거래 유형이다.

완제품 조립업체와 부품업체 간 장기·협력적 거래관계는 수많은 연구 결과들을 통해 이론적·실증적으로 그 효율성이 입증되어 왔다. 특히 일본의 주요 산업에서 상호 신뢰에 바탕

1. 이덕희 외(2006)를 기초로 작성하되 네트워크 외부성 개념을 도입하여 모형을 상당히 수정하였다.

을 둔 완제품 업체와 부품업체 간 상호 협력관계는 일본이 1970~1980년대 여타 국가들보다 높은 경제 성과를 거두게 된 주요한 요인 중 하나였다는 것이 여러 연구들에 의해 밝혀져 왔다(Kawasaki and McMillan, 1987 ; Womack et al., 1990 ; Helper and Levine, 1992 ; Nishiguchi, 1994). 그러나 전속 거래와 네트워크 거래 중 어떤 거래 유형의 경제적 효율성이 더 높은지에 대해서는 견해가 다양하다. 다만 글로벌화, 네트워크화, 표준화 경쟁 격화 등 전반적인 산업·기술적 환경 변화로 인해 협력적 거래 중에서도 전속 거래보다는 네트워크 거래의 경제적 효율성이 더 높다는 인식이 커지고 있다.

먼저 네트워크 거래의 이점을 기업 입장에서 살펴보면 부품기업들은 다수의 완제품 조립업체와 거래할 경우 납품 단위의 확대에 따른 규모의 경제와 함께 다양한 제품 생산에 따른 범위의 경제를 동시에 실현할 수 있다(Nobeoka, 1996a). 그리고 부품기업은 다양한 조립기업들과의 거래에서 다양한 지식과 경험을 획득하므로 전속 거래만을 유지해 온 부품기업들에 비해 생산성 향상을 보다 신속하게 이룰 수 있다(Lieberman, 1993). 또한 다수의 조립업체와 거래하는 부품기업은 그렇지 않은 기업에 비해 단가 결정 등에서 보다 나은 협상력을 발휘할 수 있어 수익률이 높아질 가능성이 있다(Porter, 1980 ; Cowley, 1988). 실제로 일본 자동차 산업의 경우 부품기업을 대상으로 고객의 범위(부품기업과 거래하는 완성차 업체 수)와 업체 성과(경상이익)와의 상관관계를 분석한 결과 양자 간에 강한 정(+)의 관계가 존재하는 것으로 분석되었다(Nobeoka, 1996a). 그 외에도 일본 혼다의 사례에서 보듯이 초기부터 부품기업들에게 경쟁 자동차 업체들과도 거래를 할 수 있도록 허용한 결과 완성차 업체에 갑작스런 수요 감소 충격이 발생하였을 때 부품업체들의 매출이 덩달아 감소되어 도산하는 위험을 완화할 수 있었던 것으로 분석되었다(MacDuffie and Helper, 1997).

한편 조립기업 측면에서도 네트워크 거래는 이점을 가지는데 우선 부품기업 간 경쟁을 통한 비용 인하 및 품질 제고 효과를 얻을 수 있다. 아울러 다수의 공급업체와 거래함으로써 부품 조달이 중단되는 위험이 감소되며, 부품기업이 규모의 경제를 실현하는 데 따른 비용 인하와 품질 제고 효과도 기대할 수 있다. 일본 자동차 업체를 대상으로 한 실증분석 결과 부품업체를 다른 완성차 업체와 공유하는 정도가 높은 완성차 업체일수록 경상이익률이 높다는 연구결과도 존재한다(Nobeoka, 1996b).

경제 전체적으로 볼 때도 네트워크 거래는 비록 장기 거래에 대한 보장이 부족하여 거래의 안정성은 떨어지나 거래의 유연성이 높아 외부 충격 발생 시 불확실성을 흡수할 수 있는 장점이 있어 장기적으로 볼 때 사회후생을 증가시킬 수 있다(Kranton and Minehart, 2000).

한편 네트워크 이론의 관점에서 보면 네트워크 거래는 정(+)의 네트워크 외부성을 발생시킨다. 기업들이 네트워크를 통해 연결되어 있는 경우 그렇지 않은 상태에 비해 개별적으로 추가적인 비용을 들이지 않고도 유·무형의 시너지 효과를 얻을 수 있다. 기업이 어떤 네트워크에 접속할 가능성이 있다는 사실 및 실질적인 접속으로부터 발생되는 유·무형의 외부 효과는 기업의 성과에 매우 중요한 역할을 하며, 생산성 향상에도 기여한다는 것이 밝혀졌다(Capello and Nijkamp, 1996).[2] 특히 빈도가 높은 밀접한 네트워킹은 제품혁신에 결정적이라 할 수 있는 고도로 복잡한 지식의 상호 공유에 매우 효과적이어서 제품혁신을 촉진하는 것으로 알려졌다(Clark and Fujimoto, 1991 ; Leonard-Barton and Sinha, 1993 ; Henderson and Cockburn, 1994 ; Eisenhardt and Tabrizi, 1995 ; Szulanski, 1996).

반면 전속 거래가 네트워크 거래보다 유리하다는 연구 결과도 다수 존재한다. 이러한 논의들은 주로 거래비용, 거래의 안정성, 자산 특수성, 협력 등의 측면에서 논의되고 있다. 거래비용 측면에서의 논의는 부품을 기업 내부에서 조달하는 것이 외부에서 조달하는 것보다 거래비용 측면에서 유리한 것과 마찬가지로 시장에 가까운 네트워크 거래보다 내부 조달에 가까운 전속 거래의 경우 조달비용이 더 낮을 것이라는 추론에서 비롯된다(하헌식, 1990). 거래의 안정성 측면에서도 밀접한 협력 거래를 바탕으로 한 전속 거래가 네트워크 거래에 비해서 상대적으로 높은 안정성을 지닌다. 그리고 기업 간에 거래되는 제품이 범용적인 제품이 아니라 관계 특수적(relation-specific) 제품일수록 이를 생산하기 위한 물적 자산, 지식, 인적 자원의 자산 특정성(asset specificity)이 높아져 전속 거래가 더 유리해진다(Williamson, 1985). 마지막으로 네트워크 거래와 같이 개방적 거래의 경우 협력 유인을 약화시키고 긴요한 정보가 유출되는 등 부작용이 초래될 가능성이 있음이 지적된다.

그러나 이상과 같이 일방적으로 한 가지 유형의 거래방식이 경제적으로 더 효율적이라고 보기보다는 시장구조, 제품의 라이프 사이클, 환경 변화 속도에 따라 거래 유형 간 상대적 효율성이 달라진다는 견해도 존재한다. Helper and Levine(1992)에 의하면 완제품 조립업체의 시장구조가 경쟁적일수록 조립업체와 부품업체 간 개방적 거래의 경제적 효율성이 높아진다.

2. 이탈리아를 대상으로 기업 간 네트워크가 강한 북부지방과 약한 남부지방을 비교한 결과 북부지방 기업들의 노동생산성이 상대적으로 더 높음을 발견하였다. 그리고 지식의 교환 및 공유를 통한 제품혁신을 위해서도 부문들 간에 강력한 네트워크가 형성되어 있는 경우가 그렇지 못한 경우에 비해 높은 성과를 보임을 밝히고 있다.

제품의 라이프 사이클 초기처럼 기술혁신이 중요한 경쟁우위 요소가 되는 경우 개방적 네트워크 거래는 기술정보 유출의 위험 등으로 인해 적합한 선택이라 보기 어렵다. 반면 제품이 성숙기에 접어들게 되면 기술보다는 가격이 중요한 경쟁우위 요소가 되기 때문에 개방적 네트워크 거래가 보다 효율적이라 할 수 있다(Fujimoto and Takeishi, 1994). 그리고 환경 변화가 급속한 경우 네트워크 거래를 통한 다양한 업체와의 거래 경험이 기업의 생존율을 높이므로 개방적 네트워크 거래가 더 바람직하다는 견해도 존재한다(Martin et al., 1995).

전속 거래와 네트워크 거래는 각각 장·단점을 지니고 있어 어느 한쪽이 일방적 우위에 있다고 말하기 어렵다(〈표 5-2〉). 다만 산업·기술적 환경 변화에 따라 두 거래 유형의 상대적인 경제 효율성이 달라질 수 있고, 특히 ICT 기술의 비약적 발전과 확산이라는 환경하에서는 기존의 전속적·배타적 거래의 단점이 커지고 개방적 네트워크 거래의 장점이 높아진다고 하겠다.

표 5-2 거래 유형별 비교

	내부 거래	외부 거래		
	수직적 통합	협력 거래		시장 거래
		전속 거래	네트워크 거래	
거래비용 감소	○	▲	△	□
거래 안정성	○	▲	△	□
위험 분산	□	▲	○	△
자산 특수성	○	▲	△	□
정보 공유/학습	△	▲	○	□
규모/범위 경제	○	△	▲	□
외부 효과	△	▲	○	□
경쟁도	□	△	▲	○
협력관계	○	▲	△	□
정보 유출	□	△	▲	○

주 : ○(고), ▲(중고), △(중저), □(저)

2.2 쿠르노 경쟁 모형을 통한 분석

전속 거래에서는 완제품 조립업체들 간에 부품의 공유가 허용되지 않기 때문에 경쟁은 주로 조립기업 간에 이루어지게 된다. 반면에 네트워크 거래에서는 조립기업은 물론 부품기업 간에도 과점적 경쟁이 이루어진다. 여기서는 기업 간 쿠르노(Cournot) 경쟁을 도입한 모형을 설정하여 전속 거래와 네트워크 거래에서 균형생산량, 균형가격, 총이윤이 각기 어떻게 달라지는지 살펴보고자 한다.

그림 5-1 전속 거래와 네트워크 거래에서의 기업 간 경쟁

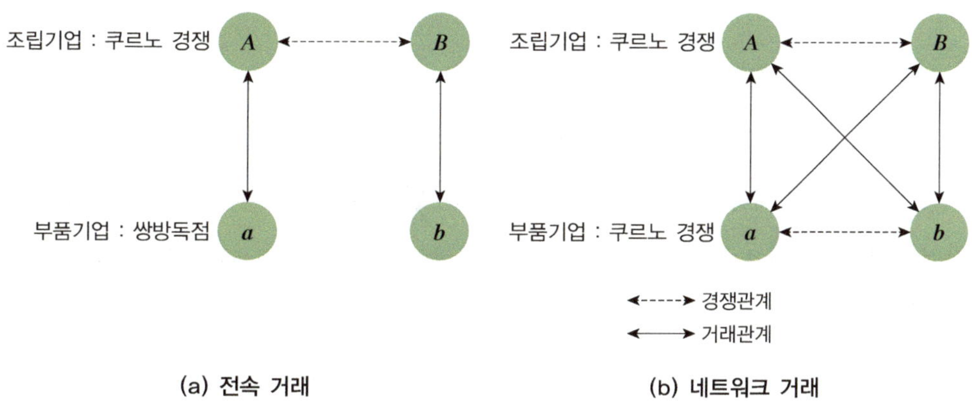

이를 위해 먼저 다음과 같은 몇 가지 가정을 한다. 우선 시장에는 N개의 조립기업과 N개의 부품기업이 존재한다고 가정한다. 조립기업은 부품기업이 생산한 제품을 중간재로 투입하여 최종재를 생산하며, 중간재 가격이 곧 최종재 생산의 한계비용이라고 가정한다. 조립기업에 의한 최종재의 총생산량은 $Q(= q_{A_1} + q_{A_2} + \cdots + q_{A_N})$, 한계비용은 전속 거래의 경우 r로 가정한다. 네트워크 거래의 경우는 전속 거래의 경우보다 거래 기업당 네트워크 형성비용(β)이 추가로 소요되는 반면 네트워크 구축으로 인한 거래비용의 감소, 리스크 풀링, 지식의 획득 측면에서의 거래 기업당 이점(α)을 얻게 된다. 그러므로 네트워크 거래의 총비용은 $rQ + (\beta - \alpha)N$이 된다. 마찬가지로 부품기업의 경우 전속 거래 시 한계비용은 c, 네트워크 거래 시 총비용은 $cQ + (\beta - \alpha)N$이 된다. 조립기업과 부품기업의 네트워크 형성비용과 네트워크 거래로 인한 이점은 각기 다를 수 있지만 여기서는 동일하다고 가정한다.

[1] 전속 거래의 경우

조립기업 간에는 쿠르노 경쟁, 부품기업 간에는 쌍방독점이 일어나는 경우이다. 우선 조립기업이 직면하는 시장 수요곡선이 $P = X - Q = X - (q_{A_1} + q_{A_2} + \cdots + q_{A_N}) = (X - Q_{-A_i}) - q_{A_i}$[3]의 형태로 주어졌다고 가정한다. 이때 개별 조립기업의 최적 균형생산량은 A_i 조립기업의 최적 반응함수(best response function)를 통해 구할 수 있다. 한계수입 = 한계비용의 조건, 즉 $MR = r$을 적용하여 A_i 조립기업의 최적 반응함수를 구하면 다음과 같다.

$$q_{A_i} = \frac{X - r}{2} - \frac{Q_{-A_i}}{2}$$

N기업들은 생산량이 동일하므로 $q_{A_1} = q_{A_2} = \cdots = q_{A_N}$이다. 따라서 $Q_{-A_i} = (N-1)q_{A_i}$이므로 $q_{A_i} = \frac{X - r}{N+1}$가 되며, 이에 따라 전체 조립기업의 균형 총생산량은 $Q_A = \frac{N(X-r)}{N+1}$가 된다. Q_A를 수요함수에 대입해 구한 균형가격은 $P_A = \frac{X + Nr}{N+1}$이 된다. 이렇게 구해진 균형생산량, 균형가격 및 한계비용으로부터 조립기업의 총이윤($\pi_A = (P_A - r)Q_A$)을 구하면 $\pi_A = \frac{N(X-r)^2}{(N+1)^2}$이 된다.

다음으로 부품기업의 최적화 문제를 살펴보자. 조립기업과는 달리 전속 거래가 이루어지므로 부품기업 S_i는 조립기업 A_i와 독점적 거래관계를 형성한다. 마치 독점 조립기업과 독점 부품기업이 존재하여 서로 전속 거래를 하는 경우와 동일한 상황이므로 S_1, S_2, ⋯, S_N기업의 구분 없이 N개 기업이 합병하여 하나의 기업이 된 상황을 가정하여 최적화 문제를 풀기로 한다. 부품기업이 직면하는 수요곡선은 조립기업의 한계수입곡선이므로 $P = X - 2Q$가 된다. 독점균형 조건 $MR = MC$에 의해 균형생산량 $Q_S = \frac{X - c}{4}$이 된다. 이를 수요곡선에 대입하면 균형가격 P_S를 구할 수 있으며, 이는 조립기업의 한계비용 r이 된다.

$$P_S = \frac{X + c}{2} = r$$

마찬가지로 이윤은 $\pi_S = (r - c)Q_S$에 의해 $\pi_S = \frac{(X-c)^2}{8}$가 된다. 따라서 전속 거래의

---

3. 이때 Q_{-A_i}는 q_{A_i}를 제외한 생산량으로 $Q = Q_{-A_i} + q_{A_i}$이 됨.

경우 조립기업과 부품기업의 이윤을 합한 총이윤은 다음과 같이 구해진다.

$$\pi_A + \pi_S = \frac{N(X-r)^2}{(N+1)^2} + \frac{(X-c)^2}{8} = \frac{(N^2+4N+1)(X-c)^2}{8(N+1)^2}$$

(2) 네트워크 거래의 경우

네트워크 거래의 경우는 조립기업은 물론 부품기업 간에도 쿠르노 경쟁이 일어나는 경우이다. 조립기업의 경우는 네트워크 거래에 수반되는 기업당 네트워크 이점(α)과 네트워크 형성비용(β)을 제외하고는 모든 것이 전속 거래와 동일하기 때문에 균형생산량 $Q_A = \frac{N(X-r)}{N+1}$, 균형가격 $P_A = \frac{X+Nr}{N+1}$, 총이윤 $\pi_A = \frac{N(X-r)^2}{(N+1)^2} + (\alpha-\beta)N^2$을 구할 수 있다.

부품기업 간에는 전속 거래에서와 달리 쿠르노 경쟁이 이루어지므로 수요곡선 $P = X - 2Q = X - 2(q_{S_1} + q_{S_2} + \cdots + q_{S_N}) = (X - 2Q_{-S_i}) - 2q_{S_i}$하에 부품기업 S_i의 최적 반응곡선은 다음과 같이 구해진다.

$$q_{S_i} = \frac{X - c - 2Q_{-S_i}}{4}$$

전속 거래 시 조립기업의 경우에서와 동일한 방식으로 부품기업들의 균형생산량, 균형가격, 총이윤을 구하면 다음과 같다.

$$q_{S_i} = \frac{X-c}{2(N+1)}$$

$$Q_S = \frac{N(X-c)}{2(N+1)}$$

$$P_S = \frac{X+Nc}{N+1} = r$$

$$\pi_S = \frac{N(X-c)^2}{2(N+1)^2} + (\alpha-\beta)N^2$$

네트워크 거래에서 조립기업과 부품기업의 총이윤은 다음과 같이 구해진다.

$$\pi_A + \pi_S = \frac{(2N^3 + 2N^2 + N)(X-c)^2}{(N+1)^4} + 2(\alpha - \beta)N^2$$

지금까지는 네트워크 거래로 인한 네트워크 외부성이 존재하지 않은 경우이다. 이제는 네트워크 거래로 인한 양(+)의 네트워크 외부성이 존재하는 경우를 상정해 보자. 즉, 네트워크 거래로 인한 이점(α)이 기업 거래 수의 제곱에 비례하여 증대한다고 가정한다. 일반적으로 네트워크의 범위가 확대되어 수확체증의 법칙이 적용되는 경우에 해당한다. N개의 기업과 거래한다면 네트워크 거래의 이점은 αN^2로 표현된다. 반대로 네트워크 형성에는 비용(β)이 수반되는데 네트워크의 범위가 확대될수록 기업 거래 수의 제곱근에 비례하여 비용이 증가한다고 가정한다. 비용은 수확체감의 법칙이 적용되어 $\beta N^{\frac{1}{2}}$로 표현된다. 이를 그대로 적용하면 조립기업과 부품기업의 이윤이 변화하게 되고 결국 앞의 총이윤은 다음과 같이 변형된다.

$$\pi_A + \pi_S = \frac{(2N^3 + 2N^2 + N)(X-c)^2}{(N+1)^4} + 2(\alpha N^3 - \beta N^{\frac{3}{2}})$$

이상 전속 거래와 네트워크 거래의 최적화 결과를 비교해 보면 〈표 5-3〉과 같다.

표 5-3 전속 거래와 네트워크 거래의 최적화 균형 비교

	전속 거래	네트워크 거래	
균형생산량			
조립기업(Q_A)	$\frac{N(X-r)}{N+1}$	$\frac{N(X-r)}{N+1}$	
부품기업(Q_S)	$\frac{X-c}{4}$	$\frac{N(X-c)}{2(N+1)}$	
균형가격			
조립기업(P_A)	$\frac{X+Nr}{N+1}$	$\frac{X+Nr}{N+1}$	
부품기업(P_S)	$\frac{X+c}{2}$	$\frac{X+Nc}{N+1}$	
이윤		**〈네트워크 외부성 부재〉**	**〈네트워크 외부성 존재〉**
조립기업(π_A)	$\frac{N(X-r)^2}{(N+1)^2}$	$\frac{N(X-r)^2}{(N+1)^2} + (\alpha-\beta)N^2$	$\frac{N(X-r)^2}{(N+1)^2} + \alpha N^3 - \beta N^{\frac{3}{2}}$
부품기업(π_S)	$\frac{(X-c)^2}{8}$	$\frac{N(X-c)^2}{2(N+1)^2} + (\alpha-\beta)N^2$	$\frac{N(X-c)^2}{2(N+1)^2} + \alpha N^3 - \beta N^{\frac{3}{2}}$
총이윤($\pi_A + \pi_S$)	$\frac{(N^2+4N+1)(X-c)^2}{8(N+1)^2}$	$\frac{(2N^3+2N^2+N)(X-c)^2}{(N+1)^4}$ $+2(\alpha-\beta)N^2$	$\frac{(2N^3+2N^2+N)(X-c)^2}{(N+1)^4}$ $+2(\alpha N^3 - \beta N^{\frac{3}{2}})$

2.3 네트워크 거래와 전속 거래의 비교

두 거래의 상대적 경제 효율성을 알아본다. 조립기업과 부품기업의 이윤을 합한 총이윤을 네트워크 외부성이 존재하지 않을 경우와 존재할 경우로 나누어서 비교해 보자.

(1) 네트워크 외부성이 존재하지 않을 경우

네트워크 거래 시 총이윤과 전속 거래 시 총이윤을 비교하기 위해서 양자를 서로 차감한 것이 양의 값을 갖는지 여부를 검토해 보자. 양자를 서로 차감하면 다음과 같다.

$$\frac{(2N^3+2N^2+N)(X-c)^2}{(N+1)^4}+2(\alpha-\beta)N^2-\frac{(N^2+4N+1)(X-c)^2}{8(N+1)^2}$$

위의 식에서 부호는 여러 변수들의 값에 의존함을 알 수 있다. 특히 네트워크 거래 기업 수 N, 네트워크 거래의 이점과 비용인 α, β의 크기에 상당히 의존함을 알 수 있다. X와 c는 일반적인 선형 수요함수의 형태와 한계비용 수준에 따라 각각 120과 10으로 주어졌다고 가정하고[4] N과 α, β의 상대적 크기인 $k(=\alpha-\beta)$의 크기에 따라 위의 식이 어떻게 변화하는지

그림 5-2 네트워크 외부성이 없을 경우 N과 k 크기에 따른 네트워크 거래의 이점

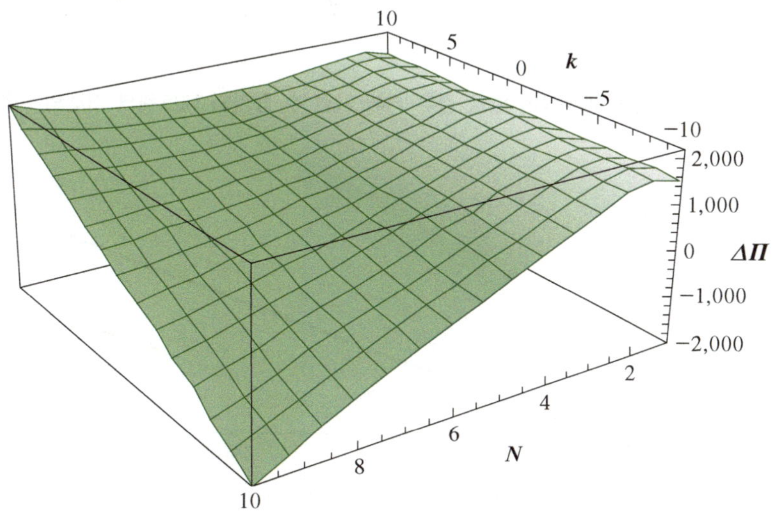

4. 일반적으로 $X > c$의 조건이 만족되어야 함.

를 알아보았다.

[그림 5-2]에서 보듯이 k가 증가할수록 차감 식은 양의 부호를 가지게 되며, N이 증가할수록 반대로 음의 부호를 갖게 된다. 네트워크 거래의 이점이 네트워크 형성비용보다 크면 네트워크 거래의 총이윤이 전속 거래의 총이윤보다 높아진다. 반면에 네트워크 거래 기업 수가 많아지면 경쟁의 압력이 높아져 그만큼 기업들의 이윤이 낮아지게 된다. 이러한 관계들을 좀 더 자세히 알아보기 위해 거래 기업 수(N)에 따라 α, β의 상호관계, 이에 따른 네트워크 거래와 전속 거래를 비교하였다.

a. $X = 120$, $c = 10$, $N = 2$일 때 $8(\alpha - \beta) + 1{,}699$

b. $X = 120$, $c = 10$, $N = 3$일 때 $18(\alpha - \beta) + 1{,}465$

c. $X = 120$, $c = 10$, $N = 4$일 때 $32(\alpha - \beta) + 1{,}178$

이 세 가지 경우를 그래프로 나타내면 [그림 5-3]과 같다. α, β 모두 양수이어야 하므로 $\alpha > 0$, $\beta > 0$인 영역만 고려하면 각 그래프의 좌측 영역이 네트워크 거래의 총이윤이 전속 거래의 총이윤보다 높은 영역이다. 거래 기업 수가 증가할수록 네트워크 거래가 유리한 영역의 범위가 작아짐을 알 수 있다. 거래 기업 수가 적을 때는 네트워크 거래의 이점이 형성비용보다 낮아도 네트워크 거래의 이윤이 높으나, 거래 기업 수가 많아질수록 경쟁의 압력이 높아 이윤 저하의 압박이 존재하기 때문에 실제 α가 β보다 커야 이를 상쇄하고 네트워크 거래

그림 5-3 네트워크 외부성이 없을 경우 거래 기업 수 증가와 네트워크 거래의 이점

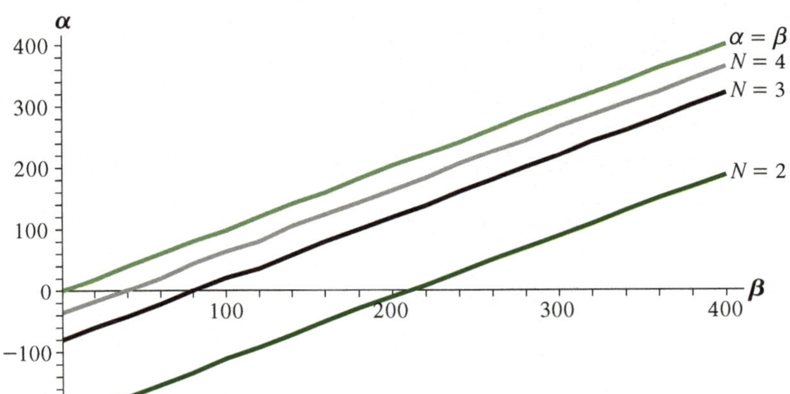

의 이윤이 전속 거래보다 높아지게 된다.

(2) 네트워크 외부성이 존재할 경우

네트워크 외부성이 존재할 경우는 네트워크 외부성이 존재하지 않는 경우와 동일한 방법을 취한다. 단지 네트워크 거래 시 총이윤에서 전속 거래 시 총이윤을 차감한 식이 다음과 같이 변형된다.

$$\frac{(2N^3+2N^2+N)(X-c)^2}{(N+1)^4}+2(\alpha N^3-\beta N^{\frac{3}{2}})-\frac{(N^2+4N+1)(X-c)^2}{8(N+1)^2}$$

마찬가지로 $X=120$, $c=10$으로 주어진 상황에서 N과 α, β의 상대적 크기인 $k(=\alpha-\beta)$의 크기에 따라 위 식이 어떻게 변화하는지를 알아보았다.

그림 5-4 네트워크 외부성이 있을 경우 *N*과 *k* 크기에 따른 네트워크 거래의 이점

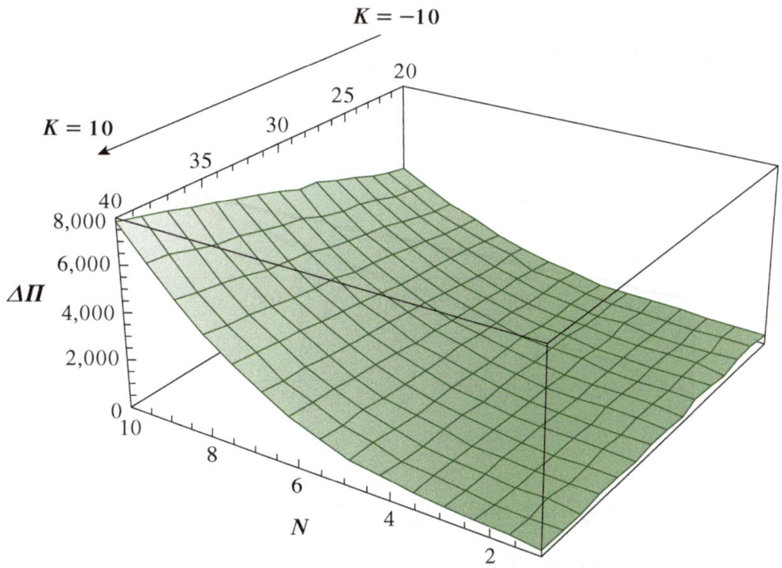

[그림 5-4]에서 보듯이 k가 증가할수록 차감 식은 점점 커지게 된다. 즉, 네트워크 거래의 이점이 네트워크 형성비용보다 크면 네트워크 거래의 총이윤이 전속 거래의 총이윤보다 높아지게 되어 이전과 동일한 결과가 나타난다. 그러나 N이 증가할수록 양의 부호를 갖게 되어

이전과는 상반된 결과가 나타난다. 네트워크 거래 기업 수가 많아지면 네트워크 거래의 이점이 네트워크 형성비용보다 훨씬 높아져 기업들의 이윤이 오히려 높아진다. 이전과 동일한 방식으로 이러한 관계들을 좀 더 자세히 알아보기 위해 거래 기업 수에 따라 α, β의 상호관계, 이에 따른 네트워크 거래와 전속 거래를 비교하였다.

a. $X = 120$, $c = 10$, $N = 2$일 때 $16\alpha - 5.6\beta + 1{,}699$

b. $X = 120$, $c = 10$, $N = 3$일 때 $54\alpha - 10.4\beta + 1{,}465$

c. $X = 120$, $c = 10$, $N = 4$일 때 $128\alpha - 16\beta + 1{,}178$

이 세 가지 경우를 그래프로 나타내면 [그림 5-5]와 같다. 거래 기업 수(N)가 증가할수록 네트워크 거래가 유리한 영역의 범위가 증가함을 알 수 있다. 설사 기업당 네트워크 형성비용(β)이 네트워크 이점(α)보다 높다 하더라도 네트워크 외부성이 강하게 작용해 네트워크 거래의 이윤이 전속 거래보다 높아진다. 다시 말해 네트워크 효과가 경쟁의 압력으로 인한 각 기업의 이윤 감소 효과를 상쇄하고도 충분하기 때문에 이러한 결과가 나타난다고 볼 수 있다.

그림 5-5 네트워크 외부성이 있을 경우 거래 기업 수 증가와 네트워크 거래의 이점

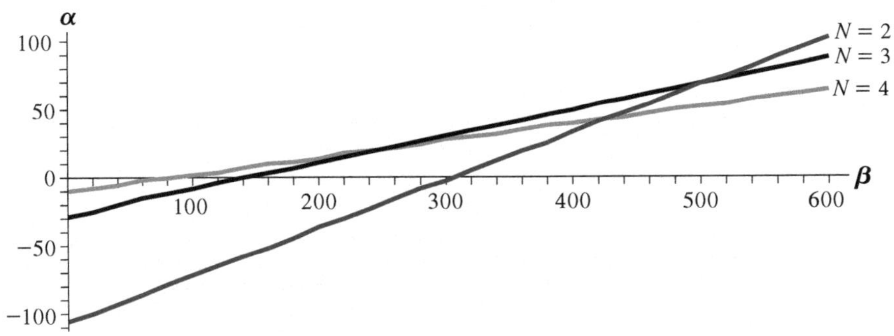

정리하면 네트워크 외부성이 존재하지 않을 경우에는 조립기업과 부품기업 간 거래 기업 수가 증가할수록 경쟁이 치열하게 되어 네트워크 거래의 전속 거래에 대한 상대적 이점이 줄어들게 된다. 이 경우에는 거래 기업 수가 증가할수록 단위 네트워크 거래의 이점이 단위 네트워크 형성비용보다 월등히 커야만 네트워크 거래의 상대적 우위성이 보장될 수 있다. 반면에 네트워크 외부성이 존재할 경우에는 조립기업과 부품기업 간 거래 기업 수가 증가하더라도 네트워크 외부성이 강하게 존재하여 네트워크 거래가 전속 거래보다 전체 기업들에 높은 이윤을 가져다준다. 최근 ICT 기술의 발달로 네트워크 형성비용이 감소하고 있는 반면 네트워크화의 진전으로 네트워크의 범위가 점점 확대되는 현상은 네트워크 거래의 이점을 충분히 높여준다.

사례 5-1

자동차 산업의 네트워크 거래

일찍이 1970~1980년대 일본 자동차 산업의 비약적 발전이 완성차 조립업체와 부품업체 간의 장기·협력적 거래관계에 기인하고 있음이 여러 연구들에 의해 밝혀진 바 있다. 공급된 부품에 문제가 있으면 부품업체를 교체하는 것이 아니라 완성차 조립업체가 기술 지도 및 자금 지원을 통해 문제를 해결할 수 있도록 협력하는 관행이 오랫동안 지속되어 양자 간에 관계 특수적인 자산(relation-specific assets)이 축적되고, 이것이 최종 제품의 생산비용 인하 및 품질 향상에 크게 기여했다는 것이다(Womack et al., 1990 ; Sako, 1992 ; Nishiguchi, 1994). 반면에 미국에서는 부품에 문제가 발생할 때 다른 부품업체로 즉시 교체함으로써 문제를 해결하는 시장 의존적 거래관행이 지배적인 것으로 알려져 왔다(Helper, 1990). 이러한 각국의 경험을 통해 시장 의존적 거래와 대비되는 장기·협력적 거래의 우수성이 알려지면서 미국 등 서구 국가들에서 일본식 거래방식을 채택하려는 노력이 뒤따랐다. 우리나라에서도 일본식 거래방식을 도입하려는 노력이 이루어져 왔고 실제로 자동차 등 일부 산업에서 우리나라 기업들이 선진기업을 캐치업하는 데 성공할 수 있었던 것도 이러한 노력의 결과라고 보는 시각이 존재한다(Amsden, 1989).

일본 자동차 산업의 장기·협력적 거래는 전속 거래를 기본으로 하지만 이미 오래전부터 개방적 거래를 적극 도입하는 형태로 진화하였다. 대표적인 자동차회사인 도요타의 경우 1980년대 중반 당시 세계 제3위의 완성차 조립업체로서 도요타를 정점으로 1차, 2차, 3차 부품기업에 걸친 수직적 계열을 통해 상호 긴밀한 협력관계를 유지하였다. 이 중에서도 주로 부품 공급을 담당하고 있는 기업을 중심으로 조직된 '교호카이(協豊會)'는 그 가맹 기업이 1985년 171개 사로서 도요타 자동차에의 부품 납입률이 적게는 10% 미만에서 많게는 100%에 이르는 기업들로 다양하게 구성되어 있다. 이는 부품기업이 특정 모기업에 전속하여 부품을 공급하는 것이 아니라 여러 복수의 다른 모기업과도 거래를 하고 있음을 말한다.

清成忠男(1983)는 이러한 현상을 완성차 조립업체인 모기업 측에서 보면 피라미드형 구조로 볼 수 있지만 부품기업 입장에서 보면 여러 모기업으로 분산된 네트워크형이라고 하였다. 거래의 분산은 모기업 측에서 보면 특정 하도급 기업을 전적으로 떠맡음으로써 생기는 부담을 줄일 수 있고, 하도급 기업 측에서 보면 위험 분산을 할 수 있다는 측면에서 높은 유연성을 지닌다. 하도급 기업들은 특정 산업 이외의 산업과도 거래를 확대하고 있어 경제 전체적으로 경쟁을 촉진시킨다.[5]

5. 이덕희(1992), pp.93~98.

네트워크 거래는 1980년 중반 이후 더욱 확대되어 부품업체당 조립업체 수가 1984년 4.81개에서 1993년에는 5.44개로 증가했다. 상호 경쟁관계에 있는 도요타와 닛산에 동시에 납품하는 부품업체의 비율도 1984년 26%에서 1993년 32%로 증가함으로써 자동차 산업 전반에 네트워크 거래가 상당히 진전되었다.

표 5-4 일본 자동차 산업의 부품업체 공유 정도

	1984	1987	1990	1993
부품업체당 조립업체 수	4.81	5.01	5.17	5.44
도요타와 닛산에 동시에 공급하는 부품업체 비율(%)	26	26	29	32

자료 : Institute of Industrial Relations(2000)(조철(2004), p.63에서 재인용)

한국의 자동차 산업도 일본에 비해 후발이지만 전속 거래에서 네트워크 거래로 상당한 진전이 이루어졌다. 한국의 경우 전통적으로 조립기업과 부품기업 간 전속 거래 중심의 폐쇄적 거래 유형을 보였다. 그러다가 1980년대 말~1990년대 초에 접어들면서 개방적 네트워크 거래 형태를 보이기 시작하였다. 부품기업당 평균 거래 조립기업 수가 1991년 1.76에서 1997년 1.89, 2002년 1.95로 점차 증가하는 추세를 보였다. 1999년 1.57로 감소한 것은 조립업체 수가 4개 사로 줄어든 데 기인하고 있다. 주요 경쟁업체 간 부품업체 공유도를 나타내는 상위 2개 사에 동시에 공급하는 부품업체 비율도 1991년 9%에서 2002년 15%로 증가하였다.

표 5-5 한국 자동차 산업의 부품업체 공유 정도

	1991	1997	1999	2002
부품업체당 조립업체 수	1.76	1.89	1.57	1.95
상위 2사에 동시에 공급하는 부품업체 비율(%)	9	9	15	15

주 : 1) 1991년, 1997년은 현대, 기아, 대우, 쌍용, 대우중공업, 현대정공 등 7사, 1999년은 현대, 기아, 대우, 쌍용 등 4사, 2002년은 현대, 기아, 대우, 쌍용, 대우상용차, 대우버스 등 6사 기준임.
2) 1991년과 1997년은 현대와 기아에, 1999년과 2002년은 현대와 GM대우에 동시에 납품하는 업체 비율임.

자료 : 한국자동차공업협동조합, 『자동차공업편람』 각년호(조철(2004), p.64에서 재인용)

무엇보다 현대와 기아의 합병을 계기로 부품업체 공유가 큰 폭으로 증가하기 시작하였다. 1999년 1개 조립기업과 거래하는 부품기업이 전체에서 65.9%를 차지하였으나 2001년 55.4%로 감소하였다. 반면에 2개 조립기업과 거래하는 부품기업의 수가 크게 증가하여 1999년 18.3%에서 2001년 24.4%로 증가하였다. 3~4개 조립기업과 거래하는 부품기업의 수도 꾸준한 증가를 보였다.[6]

6. 현대, 기아, 대우, 쌍용 등 4사 기준임. 조철(2002), p.103.

이와 같은 현상은 비단 일본, 한국뿐만 아니라 미국, 유럽 등의 자동차 산업에서도 공통적으로 나타나면서 글로벌 공급망을 통한 부품 조달 형태로 변모하였다. 그 결과 대형 자동차부품전문기업이 탄생되었다. 독일의 Bosch, Continental, 미국의 Delphi, 리어, 일본의 Denso, Aisin 등이 대표적인 기업들이다.

2010년대 이후 하이브리드 자동차, 전기 자동차, 수소연료전지 자동차 등 친환경 자동차와 자율주행차 등 스마트 자동차에 대한 수요가 점점 증가하면서 세계 자동차 산업은 새로운 국면을 맞이하고 있다. 지구온난화에 따른 탄소배출 문제가 심각하게 대두되면서 친환경 자동차로의 시장 재편이 이루어지고 있다. 이에 따라 하이브리드 자동차, 전기 자동차, 수소연료전지 자동차 관련 기술에 대한 수요가 증가하면서 배터리 생산업체의 규모가 크게 성장하였다. 또한 자율주행차 등 ICT 기술의 자동차에의 응용 추세는 반도체, 센서 등 전자부품뿐만 아니라 소프트웨어, 통신의 중요성을 높임으로써 전자 · 정보통신 업체와의 협력을 크게 증가시키고 있다. 따라서 과거 완성차 업체와 부품기업의 주종관계가 아니라 양자가 얼마나 원활한 파트너십을 구축하느냐가 자동차 산업 경쟁력의 주요 요인이 되었다.

최근 차량용 반도체 공급부족 현상은 이러한 역학 구도의 변화를 단적으로 보여주고 있다. 이러한 현상을 겪을수록 완성차 업체보다 대형 부품공급업체 및 전자 · 정보통신 업체의 협상력은 점점 높아질 수밖에 없다. 완성차 업체와 배터리 제조회사 및 반도체 기업 간 전략적 제휴가 매우 활발하게 일어나고 있는 배경이다. 따라서 자연스레 네트워크 거래가 더 보편화될 수밖에 없는 구도이다.

표 5-6 **주요 자동차 업체의 리튬이온 2차전지 개발 및 조달 파트너**

	조달선/개발 파트너	
	EV	HEV(PHEV 포함)
GM		LG화학
포드	LG화학, Johnson Controls	파나소닉
Tesla	파나소닉(三洋電氣)	
VW/아우디	파나소닉(三洋電氣)	파나소닉(三洋電氣)
BMW	보쉬/삼성	A123 System
M-벤츠/Smart	Evonik, SK 이노베이션, Tesla	Continental
르노/닛산	NEC, LG화학 → 르노	NEC → 닛산
피아트	보쉬/삼성	파나소닉
도요타	Tesla	
혼다		GS 유아사
미쓰비시/PSA	GS 유아사, 도시바	

자료 : Fourin(2012. 9)(조철 · 김경유(2012), p.99에서 재인용).

그림 5-6 스마트 자동차 산업의 가치사슬

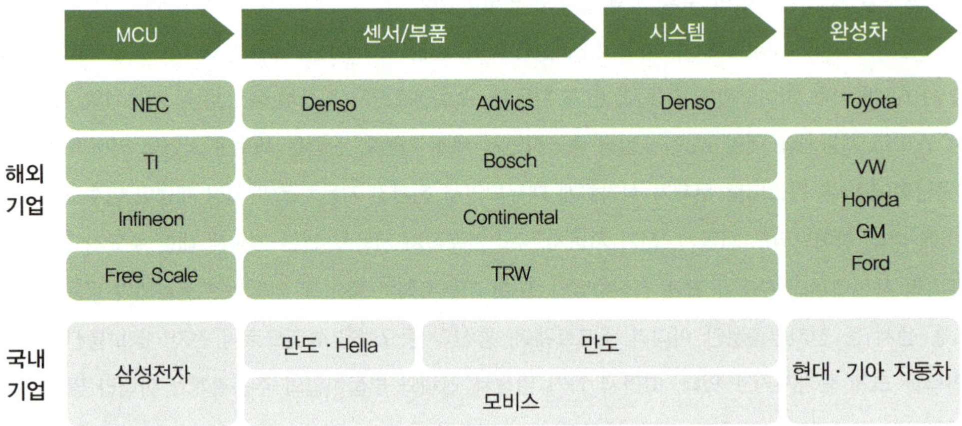

자료 : 지식경제부, 한국산업기술진흥원(2012. 3)(조철 · 김경유(2012), p.104에서 재인용).

3 네트워크 거래와 생산성 향상[7]

네트워크 거래의 선택은 기본적으로 기업들이 보유한 역량과 처한 환경에 따라 기업이 자율적으로 선택할 문제이다. 개별 기업 차원뿐만 아니라 산업 전체적으로도 네트워크 거래가 비용을 절감하고 수익을 증가시켜 더 높은 경제적 효율성을 가져다줄 수 있어야 바람직한 선택이 될 것이다. 우리나라 자동차 산업을 대상으로 네트워크 거래의 진전이 생산성에 어떠한 영향을 미치는지를 실증 분석한다.

3.1 분석 방법

네트워크 거래 확산에 따른 생산성 제고 효과를 패널자료를 대상으로 한 회귀분석을 통해 살펴본다. 생산성이란 경제활동에 투입된 생산요소 단위당 산출량을 의미한다. 생산성은 노

---

7. 이덕희 외(2006)의 실증 분석 부분의 데이터를 업데이트하여 재추정하였다.

동, 자본과 같이 개개의 투입요소 대비 산출량의 비율로 측정되는 단일요소 생산성과 생산 과정에 투입된 모든 요소를 고려한 총요소 생산성으로 나눌 수 있다. 단일요소 생산성은 개념적으로 단순하고 통계적으로 측정이 용이하지만 생산성 증가가 기술진보에 의한 것인지 아니면 단순히 다른 투입요소의 증가에 의한 것인지 구별하기 어려운 반면, 총요소 생산성은 투입물의 변화로 설명되지 않는 산출물의 변화분, 즉 기술진보에 의한 생산성 향상 부분을 포착할 수 있는 개념이다.

현실적으로 생산성 향상에 영향을 미치는 요소들에 대한 정확한 분석은 모든 결정요인들을 모형에 포함시키기 힘들고 변수들 간 인과관계나 다중공선성 등을 완전히 해결하기 어렵기 때문에 매우 지난한 작업이다. 그러나 여기서는 생산성의 결정요인 자체에 대한 분석이라기보다는 생산성과 네트워크 거래와의 상관관계를 살펴보는 데 주안점이 있으므로 실증 분석을 위한 모형을 아래와 같이 주요 설명변수만을 포함하는 매우 단순화된 형태로 설정한다.

$$TFP = F(R, N)$$

여기에서 TFP는 총요소 생산성, R, N은 생산성을 설명하는 변수들로서 각각 연구개발 투자, 네트워크 거래를 나타낸다. 연구개발 투자는 일반적으로 기술진보를 설명하기 위해 많이 이용되는 변수로서 이미 많은 연구에서 생산성과 연구개발 투자의 긍정적인 상관관계가 증명되었으므로(Griliches, 1986) 여기에서도 기술진보를 나타내는 변수로서 포함시켰다. 네트워크 거래 정도를 나타내는 변수로는 개별 부품기업별 거래 완성차 업체 수의 지표를 이용하였다.

위의 함수 형태를 기본 모형으로 하여 부품기업을 대상으로 거래 유형 변화가 총요소 생산성에 미치는 효과를 살펴본다. 패널 분석에서는 네트워크 거래와 총요소 생산성과의 관계를 살펴보기 위하여 우선 총요소 생산성을 추정한다. 총요소 생산성 추정은 솔로우(Solow)류의 총생산함수를 활용하여 구한다.

$$Y_{ti} = A(\cdot)f(L_{ti}, K_{ti})$$

여기서 Y_{ti}, L_{ti}, K_{ti}는 각각 t기에서 i기업의 산출(부가가치), 노동, 자본을 가리킨다. $A(\cdot)$는

여러 가지 요인에 영향을 받아 이루어지는 기술진보를 나타내며, 요소 투입과는 중립적[8]인 관계로 가정하였다. 콥-더글러스(Cobb-Douglas) 생산함수를 가정하여 자연로그를 취한 후 회귀분석을 통해 노동 소득분배율과 자본 소득분배율을 추정할 수 있다. 이들을 이용하여 총요소 생산성 $A(\bullet)$의 추정이 가능하게 된다.

다음으로 총요소 생산성과 네트워크 거래와의 관계를 살펴보기 위해 총요소 생산성을 다음과 같이 가정한다.

$$A(\bullet) = TFP = A \bullet e^{\lambda t}$$

$e^{\lambda t}$는 시간의 변화에 따른 기술진보를 나타낸 것으로 $TFP = F(R, N)$으로 정의한 앞의 가정을 적용하여 구체화하면 아래와 같다.

$$TFP_{ti} = A \bullet R_{ti}^{\beta_1} \bullet N_{ti}^{\beta_2}$$

자연로그를 취해 대수 변환하여 추정하게 되면 연구개발 투자와 네트워크 거래가 총요소 생산성에 어떠한 영향을 미치는지를 알 수 있게 된다.

$$\ln TFP_{ti} = \ln A + \beta_1 \ln R_{ti} + \beta_2 \ln N_{ti}$$

3.2 분석 자료

패널 분석을 위해 16개 자동차 부품업체의 1985년부터 2005년까지 21년간의 자료를 이용하였다. 이들 자료는 한국신용평가정보(주)의 기업별 재무제표와 『자동차산업편람』을 이용하여 구하였다. 먼저 한국신용평가정보(주)에서 자동차 및 트레일러 제조업으로 분류되어 있는 64개의 거래소 및 코스닥 상장업체 중 1985년부터 2005년까지의 재무제표가 모두 존재하는 32개 기업을 선별하였고 이 중 『자동차산업편람』에 주 납품처에 대한 정보가 등록되어

8. 기술 변화가 요소 집약도에 영향을 주지 않음을 의미한다.

있는 16개의 업체를 최종적으로 선택하였다.

산출은 부가가치를 이용하였는데 『기업경영분석』에서의 정의와 동일하게 손익계산서 및 제조원가명세서상의 경상이익, 인건비, 순금융비용, 임차료, 조세공과, 감가상각비를 합해 산출하였다. 노동 투입량은 각 기업의 연도별 종업원 수를 이용하였다. 자본 투입에 대한 자료로는 대차대조표상의 유형 고정자산 중에서 토지와 건설 중인 자산[9]을 제외한 총유형 고정자산을 이용하였다. 연구개발 투자는 손익계산서상의 경상개발비·연구비와 제조원가명세서상의 경상개발비를 합산해 1985년부터의 누적액을 사용하였다. 1985년 이전의 누적액은 고려하지 않는 것으로 간주하였으며, 1985년부터 누적을 적용하였다.[10] 연구개발비 누적액을 이용할 경우 물적 자본과 마찬가지로 감가상각률을 고려해야 하는데 자동차 산업에 대한 정확한 감가상각률을 구하기 어렵기 때문에 일률적으로 10%를 적용하였다. 네트워크 거래는 『자동차산업편람』에 나와 있는 연도별 부품기업별 주 납품처 수를 이용하였다. 이때 완성차 업체인 주 납품처는 연도에 따라 구조조정 등의 영향으로 그 대상 업체가 약간씩 다르므로 1985년부터 2005년까지 존속했던 주요 기업인 현대, 기아, 대우, 쌍용 등 4개 업체를 대상으로 하였다.

[그림 5-7], [그림 5-8], [그림 5-9]는 패널 분석에 사용된 자료를 이용하여 추정한 총요소 생산성과 네트워크 거래의 증가 정도를 보여주고 있다. [그림 5-7]은 총요소 생산성의 변화 추이를 나타내고 있는데, 총요소 생산성은 1985년 이후 지속적으로 증가하다가 1997년 외환위기 이후 급격히 감소하였으나 2000년 이후 회복하여 높은 증가 추세를 보이고 있다. [그림 5-8]은 분석 대상 부품기업이 거래하는 완성차 업체 수 추이인데, 1985년도에는 총 거래 수가 17개로 16개의 업체 중 한 업체를 제외한 모든 업체들이 하나의 완성차 업체와 단독으로 거래하였으나 2002년에는 44개로 부품기업당 평균 2.75까지 증가하였다. [그림 5-9]는 1985년부터 2005년까지 조립기업과 부품기업의 네트워크 거래 비율을 나타내고 있는데, 1985년 12%에 달했던 네트워크 거래 비율이 2000년대 이후에는 90% 내외로 증가하

9. 유형자산의 건설을 위해 경비 등이 지출되었으나 건설이 완료되지 않은 경우와 건설을 목적으로 재료와 기계설비의 도입을 위한 지출을 행하였으나 아직 현품이 도착하지 않은 경우에 이를 일시적으로 처리하기 위한 계정으로 정의하고 있다.

10. 연구개발비를 누적액으로 사용할 경우 각 기업별로 최초 시점부터 누적을 적용하여야 하나 모든 대상 기업의 최초 시점부터의 연구개발비 확보가 어려워 분석의 편의상 1985년 이전의 누적액을 고려하지 않고 1985년부터 누적액으로 계산하였다. 다소 불완전하지만 R&D 추이를 반영하는 데 큰 문제는 없는 것으로 판단된다.

그림 5-7 총요소 생산성의 변화

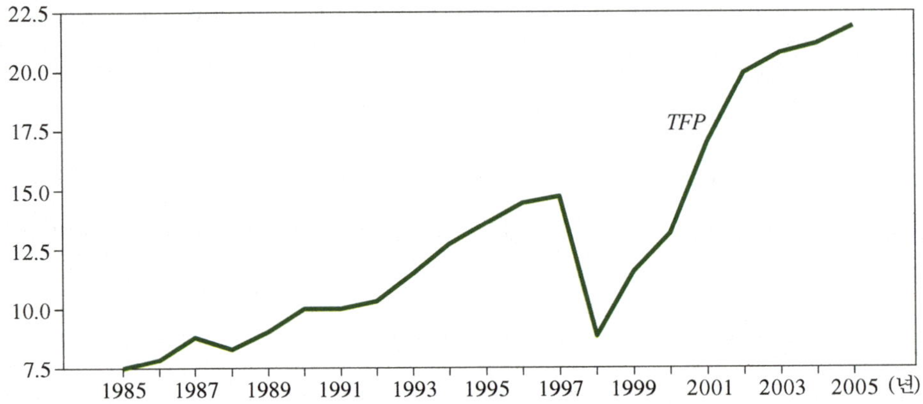

그림 5-8 부품기업과 조립기업의 총 거래 수

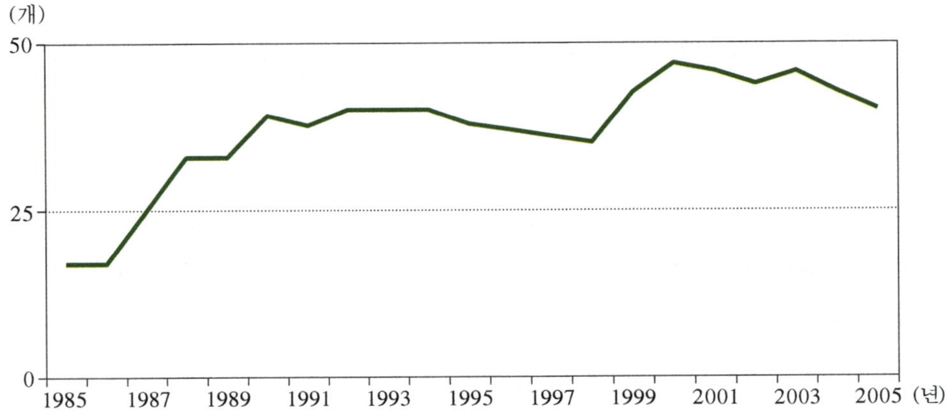

그림 5-9 네트워크 거래 비율 추이

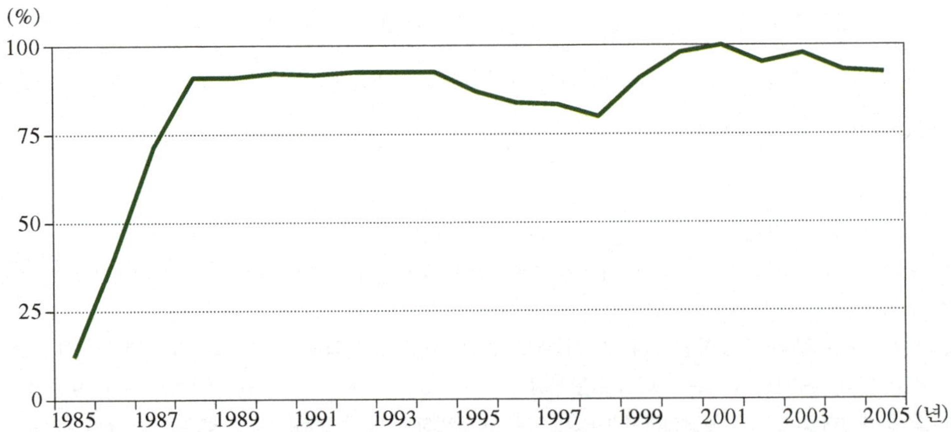

였다. [그림 5-10]은 좀 더 구체적으로 4개 완성차 업체들의 단독 거래 비율을 나타내고 있는데, 전반적으로 감소 추세에 있음을 알 수 있다.

그림 5-10 조립기업별 단독 거래 비율 추이

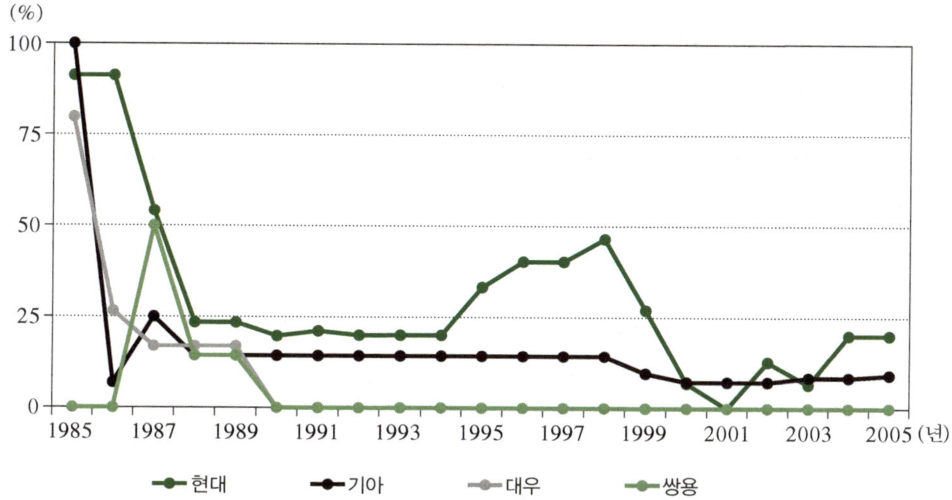

3.3 추정 및 분석 결과

패널 분석은 일반 횡단면 분석이나 시계열 분석과는 다른 특성을 가진다. 패널 분석은 시계열 및 횡단면 자료를 함께 이용하므로 시계열 분석에서 횡단면 자료를 통합하거나 평균화함으로써 개별 관측치들 간 특성이 무시되는 점과 횡단면 분석에서 개별 관측치들의 시간의 경과에 따른 동태적인 변화를 측정할 수 없는 점을 동시에 해결함으로써 보다 효율적인 분석이 가능하다. 그러나 패널 자료를 OLS 방법으로 추정하는 경우 올바른 추정 결과를 얻을 수 없는데 이는 관측이 불가능해 모형에서 생략된 개별 효과가 존재할 가능성이 있기 때문이다. 이 같은 문제를 해결하기 위한 패널 분석 모형에는 고정효과 모형(Fixed effect model)과 확률효과 모형(Random effect model)이 있다. 고정효과 모형은 관측되지 않는 개별 효과가 분석 모형의 설명변수와 상관관계가 있다고 보는 것이며, 확률효과 모형은 개별 효과가 설명변수와 상관관계가 없다고 보는 것이다.[11] 즉, 고정효과 모형에서는 개별 효과가 상수항에 반영된다고 가

11. 더 자세한 내용은 Greene(2002), pp.283~303 참조.

정하는 반면, 확률효과 모형에서는 개별 효과가 오차항에 반영된다고 가정한다. 그리고 두 패널 분석 모형 중 어떤 것이 더 적절한 모형인지를 판별하기 위해 Hausman Test[12]를 실시하였다. 그 결과 확률효과 모형이 보다 적합한 것으로 나타났다.

한편 네트워크 거래가 생산성에 미치는 영향을 정확히 추출하기 위해 통제변수를 사용하였다. 무엇보다 부품기업들이 어떤 조립기업과 거래하느냐, 즉 조립기업이 우량기업이냐 아니면 비우량기업이냐의 여부가 생산성에 영향을 주므로 기업 더미변수($D2$)를 사용하였다. 여기서는 현대와 거래한 경우 1로 주었다. 또한 IMF 경제위기를 반영하여 1998~2000년 동안에 더미($D1$)를 주었고 추세변수도 포함하였다.

$$\ln Y_t = \text{constant} + \alpha \ln L_t + \beta \ln K_t + \gamma D1 + \delta \text{trend}$$

$$\ln TFP = \text{constant} + \beta_1 \ln R_i + \beta_2 \ln N_i + \beta_3 D1 + \beta_4 D2 + \beta_5 \text{trend} + u_i$$

확률효과 모형의 추정 결과를 살펴보면 개별 효과만을 고려한 경우 유의수준 1%에서 네트워크 거래의 계수가 양(+)인 것으로 나타나 네트워크 거래는 부품기업의 총요소 생산성에 긍정적으로 작용한 것으로 나타났다(〈표 5-7〉). 그러나 시간 효과만을 고려한 경우는 유의성이 낮았으며, 개별 효과와 시간 효과 두 가지를 모두 고려한 경우에서는 결과가 유의하였다. 이는 [그림 5-8]에서 보듯이 부품기업의 완성차 업체 총 거래 수가 꾸준히 증가하였음에도 거래 유형의 변화는 시간의 흐름(시간 효과)보다 기업의 특성(개별 효과)에 상대적으로 더 크게 영향을 받고 있음을 말해 준다. 즉, 조립기업과 부품기업들이 거래의 유형을 선택할 때 시간의 흐름에 따라 거래 유형을 변화시키기보다는 기업의 특성에 의해 거래 유형을 선택하며, 네트워크 거래를 많이 하는 기업이 그렇지 못한 기업보다 높은 생산성을 보이고 있음을 말해 주고 있다. 다른 한편으로는 기업들이 초기에 선택한 거래 유형에 고착화되어 변화하기가 상당히 어려우며, 설사 네트워크 거래가 상당한 이점을 가져다 준다 하더라도 유무형의 전환비용이 만만치 않음을 시사하고 있다.

---

12. 고정효과 모형과 확률효과 모형의 추정 결과로부터 도출된 χ^2 통계값이 임계치보다 작으면 확률효과 모형을, 그렇지 않으면 고정효과 모형을 선택한다.

표 5-7 **패널 분석 결과**

모델		Pooled OLS	고정효과 모델	확률효과 모델
효과		-	개별 효과	개별 효과
TFP 추정	Constant	2.63569*** (5.32763)		1.59596** (1.98075)
		0.37998*** (9.53086)	0.39040*** (7.07458)	0.36639*** (6.77776)
		0.71366*** (20.77581)	0.64931*** (14.67686)	0.69302*** (16.87946)
	γ	−0.15107*** (−2.36259)	−0.21061*** (−3.53094)	−0.18715** (−3.18966)
	δ	−0.00051** (−2.14696)	0.01604*** (3.91797)	0.00824*** (2.78290)
	N	336	336	336
	R^2	0.747668	0.792401	0.799570
네트워크 거래와 생산성 관계 추정	Constant	2.62627*** (33.65774)		2.78696*** (9.55290)
	β_1	0.00855** (2.25845)	0.00730* (1.65264)	0.00843** (2.12299)
	β_2	0.09262** (2.16721)	0.21040*** (3.44901)	0.21937*** (3.83155)
	β_3	−0.17576*** (−2.81222)	−0.20623*** (−3.55895)	−0.19472*** (−3.43649)
	β_4	−0.18870** (−2.31464)	−0.13141 (−1.17977)	−0.10835 (−0.99738)
	β_5	−0.00039 (−1.63140)	0.00669 (1.50874)	0.00029 (0.19528)
	N	336	336	336
	R^2	0.060066	0.234490	0.255621
Hausman Test χ^2 통계값			2.962996	

( ) : *t*-value, *** : 유의수준 1%, ** : 유의수준 5%, * : 유의수준 10%, 5% 유의수준의 χ^2 통계값 : 7.81

마지막으로 더미 변수 *D*1의 경우 마이너스로서 유의미하게 나와 1997~2000년의 경제 위기로 인해 생산성이 저하되었음이 입증되었다. 반면 *D*2의 경우 유의성이 낮아서 특정 우량 완성차와의 거래가 부품기업의 생산성 증가에 영향을 미쳤을 거라는 예상은 설득력이 낮음을 말해 주고 있다.

제6장 공간구조와 네트워크 효과

1. 공간 패턴에서의 필요 효과와 네트워크 효과 / 2. 공간의 집중과 분산
3. 네트워크 크기와 연결 속도, 그리고 임계규모 / 4. 지리적 근접성

네트워크 효과는 공간구조 형성에도 영향을 미친다. 기업들의 입지 선택에서 생산요소의 조달이나 시장 인접과 같은 요인뿐만 아니라 유사한 업종끼리 서로 모여 있음으로써 누리는 네트워크 효과 또한 중요하다. 좀 더 넓게는 지역의 성장에서 지역으로 집중하려는 힘(네트워크 효과, 구심력)과 그 지역으로부터 다른 지역으로 분산하려는 힘(수렴 효과, 원심력)이 함께 작용한다. 양자 간의 상호작용에 의해 공간 분포를 형성하고 또 지역 간 성장이 달라지게 된다.

1 공간 패턴에서의 필요 효과와 네트워크 효과

기업의 지리적인 패턴을 결정짓는 데 필요 효과와 네트워크 효과의 상호작용은 중요한 역할을 담당한다. 지리적인 패턴을 결정짓는 요인으로서 필요 효과라 함은 기업활동에 필요한 생산요소 조달이나 산출물의 유통 및 시장 판로 등을 포함하는 전통적인 입지요인 측면에서의 효과를 말한다. 반면 네트워크 효과는 기업들이 상호 지리적으로 인접해 있음으로써 이득이 발생하는 효과로서 특정 지역에 기업들의 집적이 또 다른 기업들을 불러들이는 효과를 말한다. 실제 기업들의 지리적 패턴은 이 두 가지 효과의 상호작용에 영향을 받는다. 기업은 입지를 정할 때 기업이 생산하는 산출물에 중요한 역할을 하는 생산요소를 얼마나 쉽게 조달하느냐, 생산물을 시장에 얼마나 신속하게 판매하느냐 등도 고려하지만 동시에 경쟁 기업이 모여 있는 곳에 입지함으로써 발생하는 유무형의 집적 효과 등도 함께 고려한다. 전자는 제3장에서 설명한 기술 선택에서 기술 우수성에, 후자는 네트워크 효과에 대응된다. 다만 기업과 산

출물에 따라 양자의 상대적인 중요도가 달라진다.

간단한 실험을 통해 양자 간의 상대적인 우위에 따라 지리적 패턴이 어떻게 달라지는가에 대해 알아보자.[1] 논의를 단순화해서 3가지 경우만을 상정하기로 한다. 첫째, 기업의 입지 선정에서 필요 효과만 존재할 경우, 둘째, 네트워크 효과만 존재할 경우, 셋째, 필요 효과와 네트워크 효과가 공존할 경우이다.

첫째, 기업의 입지 선정에서 필요 효과만 존재할 경우를 보자. 3개의 지역, 지역 1, 지역 2, 지역 3이 있다고 가정하고, 특정 산업에서 기업들의 평균적인 입지 선호도가 각각 0.5, 0.25, 0.25라 하자. 일정 기간 동안 16개 기업의 입지 패턴을 조사하였더니 지역 1, 2, 3의 분포 비율이 0.75, 0.125, 0.125로 나타났다. 그다음 더욱 많은 197개 기업의 입지 패턴을 조사한 결과 각 지역의 비율은 0.528, 0.221, 0.251로 나타났다. 실험을 거듭할수록 애초의 입지 선호도에 가까워짐을 알 수 있다. 이처럼 필요 효과만이 존재할 경우에는 초기 조건에 관계없이 하나의 균형점(지역 1, 2, 3,이 각각 0.5, 0.25, 0.25의 비율로 분할)으로 수렴한다. 결국 초기에 어떠한 계기에 의해 지역 2(혹은 지역 3)에 많은 기업들이 분포하였다 할지라도 결국 종국에 가서는 지역 1에 가장 많은 기업이 분포하게 되며, 이것이 곧 유일한 균형이 된다([그림 6-1]).

그림 6-1 필요 효과만 존재할 경우의 입지 패턴

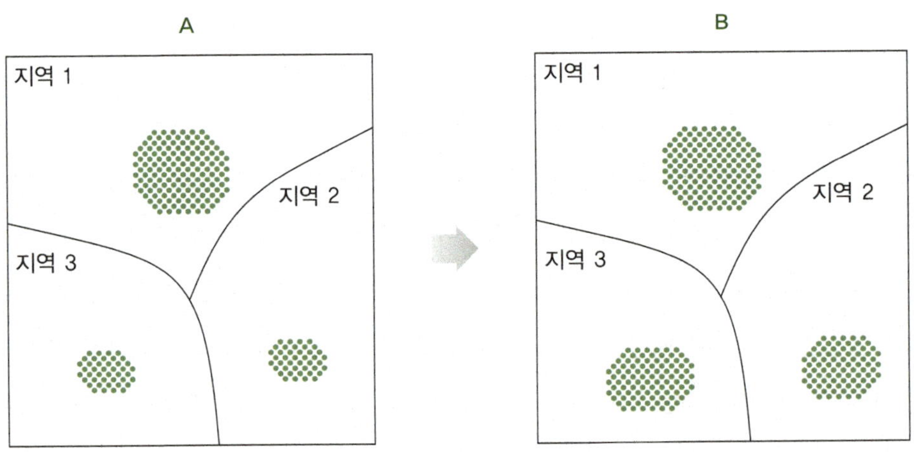

1. Arthur(1988), pp.85~97.

둘째, 네트워크 효과만 존재할 경우이다. 각 지역이 가지고 있는 입지 선호도가 궁극적으로 입지 패턴을 결정하는 것이 아니라 초기에 어떻게 분포되느냐가 최종적인 분포 상태를 결정하는 요인으로 작용한다. 지역 1, 2, 3 중에서 초기에 우연히 지역 1에 다른 지역에 비해 보다 많은 기업이 입지하였다고 하자. 초기에 지역 1에 다른 지역에 비해 우연히 많은 기업이 입지하였다는 것 자체가 그 이후에 더 많은 기업이 지역 1에 모이게 하는 요인으로 작용하여 결국 [그림 6-2]의 B와 같은 균형을 이룬다. 마찬가지로 초기에 우연히 지역 2에 보다 많은 기업이 분포하게 되었다면 결국 지역 2에 다수의 기업들이 분포하게 된다([그림 6-2]의 D). 네트워크 효과만 존재할 경우엔 궁극적인 유일한 균형이 존재하는 것이 아니라 초기 분포에 따라 균형 상태가 달라진다. 즉, 다수의 균형이 존재한다.

그림 6-2 네트워크 효과만 존재할 경우의 입지 패턴

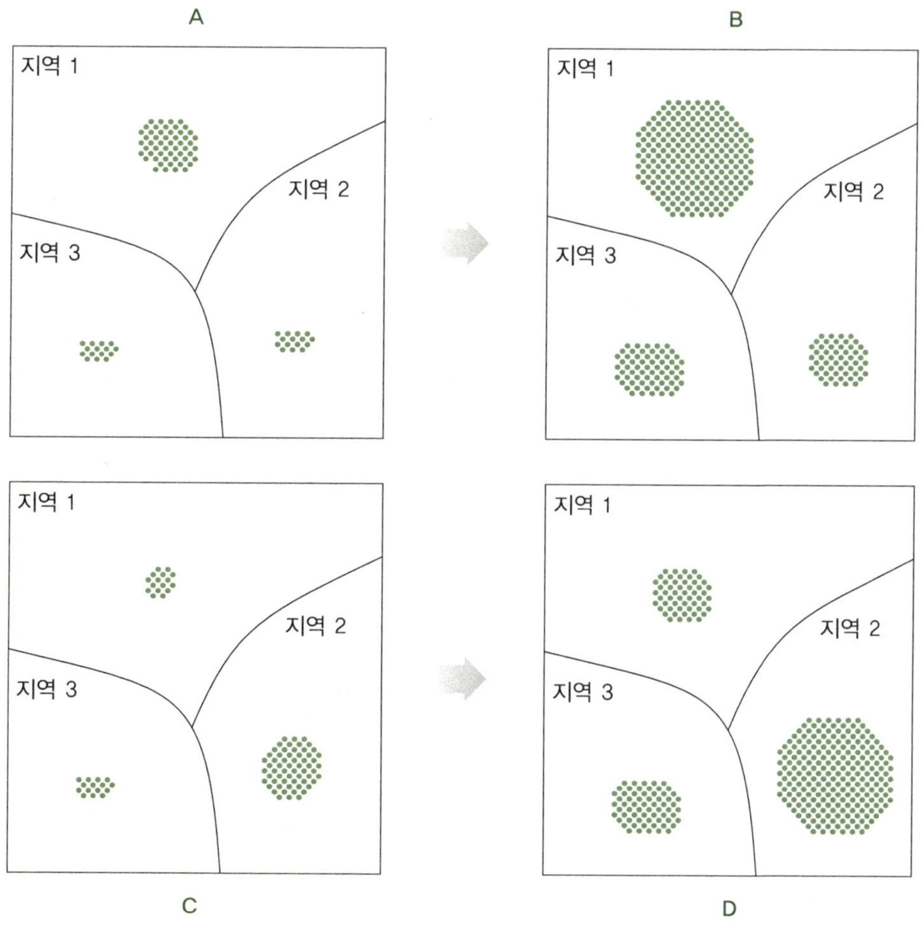

셋째, 필요 효과와 네트워크 효과 둘 다 존재할 경우이다. 기술 선택의 경우처럼 지리적인 패턴에서도 두 효과의 상대적인 우위에 따라 결과가 다르게 나타난다. 두 가지 경우를 대비하여 설명한다. 먼저 지역 1, 2, 3 중에서 지역 2에 대한 기업들의 평균적인 입지 선호도가 제일 높다고 하자. 그래서 초기에 [그림 6-3]의 A처럼 필요 효과가 지배하여 지역 2에 보다 많은 기업이 입지하였다. 그러나 시간이 지남에 따라 어떤 요인에 의해 지역 3에 보다 많은 기업이 모여들기 시작하면서 그 이후 네트워크 효과가 필요 효과보다 강하게 작용하여 결국 지역 3에 가장 많은 기업들이 입지하게 된다([그림 6-3] B). 다음은 마찬가지로 초기에 C처럼 지역 2에 많은 기업이 분포하는 것으로 시작하나 입지 선호도가 가장 높은 지역 2에 역시 보다 많은 기업이 모여들기 시작하여 결국 지역 2에 가장 많은 기업들이 입지하게 되는 경우이

그림 6-3 필요 효과와 네트워크 효과가 공존할 경우의 입지 패턴

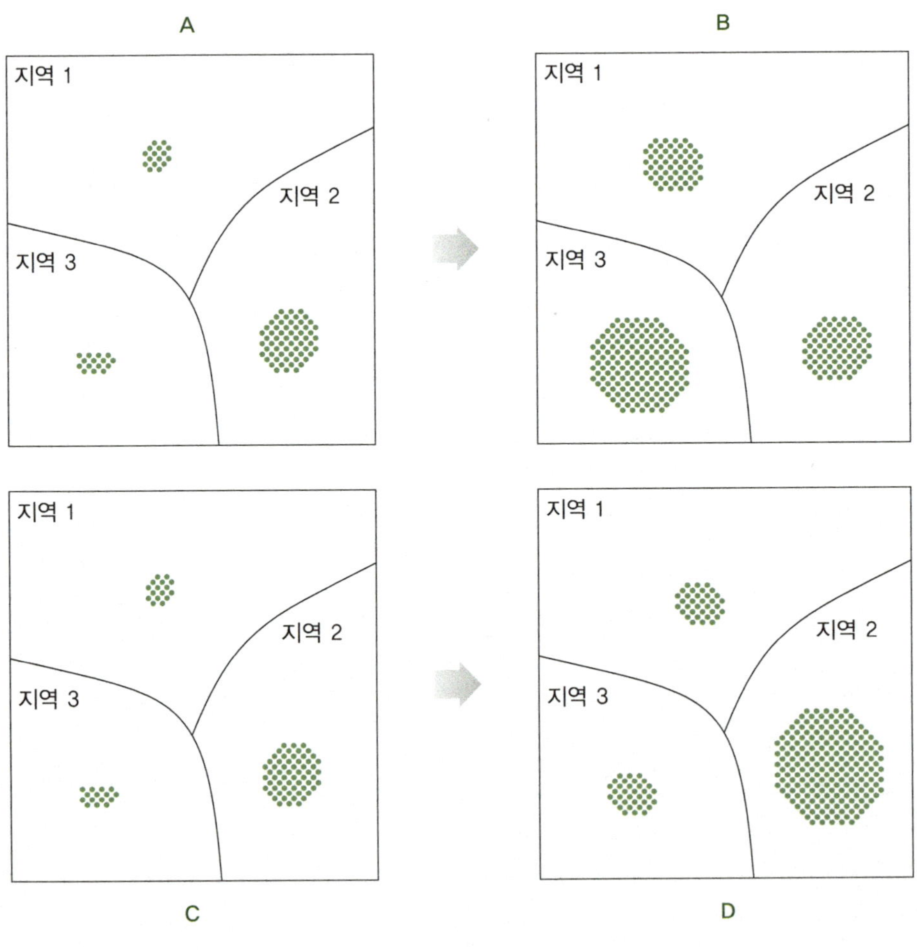

다([그림 6-3] D). 두 가지 결과인 B와 D를 보면 D가 B보다 특정 지역에의 집중도가 더 높다. 이는 D의 경우에 지역 2에 대한 입지 선호도가 높다는 필요 효과와 동 지역에 초기에 보다 많은 기업들이 입지하고 있었다는 네트워크 효과가 함께 작용하였기 때문으로 B보다 지역 2에 보다 많은 기업들이 집중하는 결과를 낳았다. 반면에 B의 경우에는 입지 선호도가 높은 지역 2에 입지하려는 필요 효과가 초기에 지역 3에 많은 기업이 모여 나타나는 지역 3에 기업들이 입지하려는 네트워크 효과를 상쇄하였기 때문에 지역 3에 대한 집중도가 다소 완화되었다.

물론 입지 패턴에서 두 효과의 상대적 중요성은 산업의 특성에 따라 달라진다. 그중에서도 생산요소의 집약 정도에 따라 구분 지을 수가 있는데, 원료, 장비, 설비, 노동 등에 민감한 산업일수록 필요 효과가 상대적으로 강하게 나타날 것이다. 반면에 지식, 연구 개발, 혁신 네트워크 등 무형의 생산요소에 민감한 산업일수록 네트워크 효과가 강하게 나타날 것이다. 산업의 지식 집약화, 기술 융합화가 진전될수록 클러스터, 혁신 네트워크의 중요성이 높아지는 것은 이러한 관계를 반영한다고 하겠다. 그런 가운데 ICT의 지속적 발전에 따라 플랫폼 비즈니스가 크게 성장하고 있고 COVID-19의 확산으로 비대면 비즈니스가 확대됨에 따라 물리적 거리의 중요성이 낮아지고 있다. 이러한 추세는 공간적 집적에 의한 네트워크 효과를 떨어뜨리는 방향으로 작용한다.

2 공간의 집중과 분산

우리나라의 경우 1960년대 초반에 시작된 산업화 이후 40여 년 동안 지속적으로 수도권으로 인구가 집중되었다는 사실은 매우 주목할 만하다. 이것은 산업이 발전하고 성숙 단계로 접어들수록 지역 간 불균형이 줄어든다는 지역 간 수렴 현상과는 다른 현상이다(Barro and Martin, 1991 ; Blanchard and Katz, 1992). 일반적인 공간구조는 지리적인 집중(concentration)과 분산(dispersion), 구심력(centripetal force)과 원심력(centrifugal force) 간의 반복되는 상호작용을 통해 도시화가 진행되는 한편 전반적으로는 지리적으로 분산되는 현상을 보인다(Krugman, 1992·1995). 그러나 우리나라의 경우 거의 대부분의 시기에 걸쳐 인구 집중이 지속되었기 때문에 이와는 다르다.

우리나라 수도권 인구는 산업화 이후 지속적으로 늘어나 1995년에 전체 인구의 45%를 차지하던 것이 급기야 2019년 50%를 기점으로 수도권 이외 지역의 인구를 추월하여 2021년에 50.4%를 기록하였다. 수도권의 인구 증가는 시대 상황에 따라 다소 완급이 있으나 높은 경제성장의 시기에만 일어난 것이 아니다. 1997년 IMF 경제위기와 2008년 글로벌 금융위기와 같은 극심한 불황 시기에도 그나마 성장의 여력이 있는 수도권으로 인구 이동이 일어나는 경향을 보였다.

산업구조 측면에서는 ICT 산업이 새로운 성장동력으로 등장하게 됨에 따라 관련 기업들은 양질의 ICT 인력 확보가 수월한 수도권에 활발하게 집적하였다. 정보기술의 비약적 발전과 광범한 유무형 네트워크의 확대는 경제 전반의 효율성을 증대시키는 반면 필요한 정보와 사업 기회를 얻는 능력에서 사회계층별·지역별 격차를 심화시켰다. 정보기술이 가지는 네트워크 외부성과 수확체증 원리과 같은 네트워크의 속성과 자본주의에 내재된 격차 현상이 상호 촉진시키는 방향으로 작용하였다. 공간구조에서도 동일하게 적용되어, 어떤 지역의 네트워크 크기가 클수록 더 큰 네트워크를 생성시키고, 네트워크 크기가 작을수록 상대적으로 작은 네트워크를 생성시키는, 소위 네트워크의 비선형성으로 인해 두 지역 간 격차는 점점 더 커지는 경향을 보인다.

그림 6-4 수도권과 비수도권의 인구 추이(1992~2021)

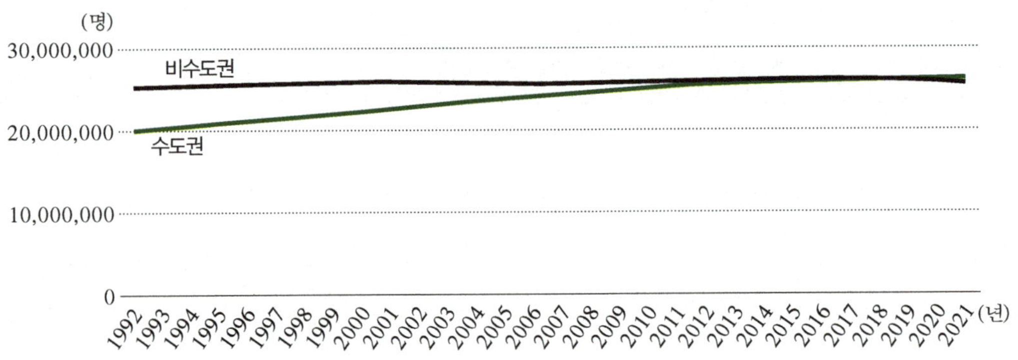

자료 : 국가통계포털(KOSIS).

수도권과 비수도권 간 인구 비중의 지속적인 변화가 ICT 산업과 같이 단순히 산업활동의 차이에 기인한다고 보기에는 설명력이 부족하다. 산업활동의 입지는 특정 시점, 특정 지역의 인구 유입의 기폭제는 되지만 지속적인 유입의 원인이 되기에는 한계가 있다. 따라서 다른 차원에서의 설명이 필요하다. 소위 집중이 집중을, 격차가 격차를 부르는 양의 피드백 현상을 포함한 광범한 유무형 네트워크의 확대를 고려한 네트워크 관점에서 공간의 집중과 분산에 관한 접근이다. 즉, 인구, 기업, 학교, 공공기관 등을 고려한 지역 네트워크 크기, 이들의 상호작용 및 새로운 네트워크의 형성, 그리고 수렴 현상 등을 고려한 입지와 지역의 성장 패턴에 대한 새로운 모델의 접근이다.

우리나라의 경우, 거대한 네트워크 크기를 가진 수도권의 순 인구증가는 작은 네트워크 크기를 가진 지방도시의 순 인구증가를 능가한다. 더 흥미로운 것은 도시가 수도권에 더 인접해 있을수록 순 인구증가가 높다는 것이다. 그러나 수도권에서 멀리 떨어진 도시라 하더라도 상대적으로 큰 규모의 네트워크 크기를 가지고 있다면 순 인구증가는 높게 나타난다. 이러한 점들로부터 지역의 네트워크 크기와 도시 간 거리(연결 속도)가 도시 성장에 일정한 관계를 가짐을 추론할 수 있다.

지역 및 공간 경제학의 맥락에서 볼 때 지역 성장과 관련하여 집중(네트워크 효과, 구심력)과 분산(수렴 효과, 원심력)은 한동안 분리되어 논의되었다. 공간적 분산은 산업의 라이프 사이클이 진행됨에 따라 지리적인 분산이 이루어진다는 관점에서 비롯된다. 라이프 사이클에 따른 산업의 지리적 분산은 생산요소 중 노동비용과 수송비용의 상대적 중요성의 변화와 연관된다. 산업 및 기술이 시간이 지남에 따라 표준화되고 성숙될수록 고도의 숙련인력보다는 저임금의 단순 노동인력이 더 중요해진다. 기업은 저임금의 단순 노동인력을 찾아 분산하고자 하는 유인을 가진다. 여기에다 수송비용이 상대적으로 더 저렴하게 되면서 분산에 대한 유인이 더 커진다. 이러한 현상은 미국의 섬유 산업, 컴퓨터 산업, 전체 제조업 등을 대상으로 한 실증 분석들에서 잘 설명되고 있다(Hekman, 1980 · 1985 ; Norton and Rees, 1979). 또한 국가경제가 성숙 단계로 접어들수록 지역 간 성장이 상호수렴 현상을 보여 저성장 지역과 고성장 지역 간의 격차가 점차 줄어드는 것으로 밝혀졌다(Barro and Martin, 1991 ; Blanchard and Katz, 1992).

공간적 집중 현상은 '집적 효과'와 '우연 효과'의 두 가지 측면에서 접근되었다. 집적 효과는 다양한 경제활동의 공간적 집중으로 발생하는 외부성으로 광의로는 사회적 집적 효과, 소비자 집적 효과, 생산자 집적 효과 등으로 나누어지며(Richardson, 1973), 협의로는 생산자 집적 효과에 국한하여 '도시화 경제'와 '지역화 경제'로 나누어진다(Henderson et al., 1995). 그동안 많은 연구가 이러한 외부 효과가 지역 간 산업의 생산성 차이에 미치는 영향을 분석하여 지역 간 성장의 차이를 설명하는 데 초점이 맞추어졌다(Henderson et al., 1995 ; Black and Henderson, 1999 ; 이번송, 2000 ; 이번송·장수명, 2001 ; 이번송·홍성효, 2001 ; 박헌수·조규영 외, 2001 ; 김영수, 2002). 또 기술과 아이디어의 상호 교류 및 산업의 구성으로 도시 간 성장 및 생산성 격차를 설명하려는 연구도 활발히 이루어졌다(Glaeser et al., 1992·1995 ; Ellison and Glaeser, 1997·1999).

우연 효과 측면에서는 네트워크 효과가 보다 강조되어 접근되었다. 어떤 산업이 우연히 특정 지역에 입지하게 되면 인접함으로써 누릴 수 있는 여러 이점들 때문에 연관 산업들이 동일 지역에 입지하게 되고, 이것이 또 다른 산업들을 연속적으로 불러들여 하나의 네트워크를 형성한다. 어떤 지역이 초기 진화 과정에서 우연히 다른 지역보다 많은 기업들을 유인한다면 그 이후에도 다른 지역보다 많은 기업들을 유인할 확률이 높다(Arthur, 1986·1987·1988·1990). 이러한 현상은 '경로의존적 과정'과 밀접한 관계가 있는 것으로, 기업이 여러 지역 중 하나의 지역을 선택할 때 어느 특정 지역이 선택될 확률은 이미 그 지역에 위치하고 있는 기업들의 수에 의존한다(Arthur et al., 1984).

한편 네트워크 효과와 수렴 효과를 함께 모델에 도입하여 입지 패턴을 설명하는 연구도 시도되었다(Krugman, 1991a·1991b·1992·1995). 이 연구에서는 집적 효과를 나타내는 '규모의 경제'와 수렴 효과를 나타내는 '수송비용'의 상대적 중요성이 입지 패턴을 결정짓는 중요한 요인이라 설명한다. 규모의 경제가 낮고 수송비용이 높은 경우 재화나 서비스 공급자들은 시장 가까이에 분산하려는 경향이 있고, 반대로 규모의 경제가 크고 수송비용이 낮은 경우엔 공급자들이 한곳에 모여 있으려는 유인이 강하다. Krugman은 이를 더 일반화시켜 산업의 입지 패턴에서 역사(또는 구심력)와 기대(또는 원심력)의 상호작용을 통해 다수균형의 존재를 설명하였다.[2]

좀 더 넓게 보면 입지 패턴의 결정은 집중과 분산의 상호작용의 결과라 할 수 있다. 양자 간의 관계는 상대적 우위성에 따라 때로는 집중(구심력)이, 때로는 분산(원심력)이 더 지배적이다. 집중 효과는 특정 지역으로의 구심력이, 분산 효과는 특정 지역으로부터의 원심력이 작

2. 역사(history)란 어떤 지역에 기업들이 군집하여 생산활동을 함으로써 발생하는 집적 효과(네트워크 효과)로서 같은 지역에 또 다른 기업들을 흡입하는 요인으로 작용하기 때문에 구심력 역할을 한다. 반면 기존 지역의 과도한 기업의 집중으로 혼잡비용이 발생하거나 혹은 다른 지역의 발전 가능성이 높아 기존 지역을 이탈하고자 하는 힘을 기대(expectation)라고 하며, 기존 지역에게는 원심력으로 작용하게 된다.

용한다. 오랜 시간에 걸친 양자 간의 상호작용의 역사가 바로 도시화의 역사이다. 대개 산업화를 일찍이 경험한 국가일수록 역동적인 도시화 과정을 경험하였다. 미국의 경우 넓은 지역에 걸쳐 도시의 집중과 분산을 동시에 경험하였다. 초기 동부와 중서부 중심의 집중화 현상이 시간이 지나면서 서부와 남부로 분산되었고, 1980년 중반 이후부터는 서부로의 집중화가 동부보다 심화되었다. 반면 우리나라의 경우 본격적인 경제 개발과 도시화가 진행되기 시작한 1960대 이후 일관되게 서울 및 수도권으로의 집중화가 진행되었다. 특히 1989년 이후 다소 둔화되던 수도권 인구 집중이 1997년 IMF 경제위기 이후 ICT 산업의 발전과 더불어 다시 심화되었다. 이는 입지 요인에서 네트워크 효과에 대한 보다 심도 있는 연구가 필요함을 시사한다.

네트워크 이론에서는 다른 노드들보다 유난히 링크를 많이 소유하는 특정 노드가 존재하느냐를 놓고 활발한 논의가 이루어졌다. 1990년대 중반까지는 네트워크가 성장할수록 모든 노드들은 비슷한 수의 링크를 가진다는 '랜덤 네트워크 이론'이 주류였다(Graham and Nesetril ed., 1997). 그러나 이 이론은 네트워크상의 허브 혹은 클러스터의 탄생을 설명하는 데 한계를 지닌다. 그러던 것이 연결구조가 변화되어 짧은 경로가 존재하는 동시에 연결의 클러스터가 존재한다는 '작은 세상 네트워크(small world network)'(Watts and Strogatz, 1998)를 거쳐 '스케일프리 네트워크'(Barabási and Albert, 1999)가 소개되면서 허브 또는 클러스터 탄생에 대한 설명의 길이 열렸다.

스케일프리 네트워크 이론은 '노드의 성장' 및 '선택적 부착(preferential attachment)'의 개념들을 도입하여 네트워크의 불균등성을 설명한다. 노드의 수는 고정된 것이 아니라 지속적으로 성장하며, 새로운 노드가 기존의 노드들에 연결될 확률은 노드의 링크 수에 의존함을 밝혔다. 입지 패턴의 '경로 의존성'과 유사한 개념으로, 인터넷상의 수많은 웹페이지들 중 어떻게 포털사이트가 형성되며, 또 수많은 공항들 중 어떻게 허브공항이 탄생되는가를 잘 설명해준다. 그러나 동 이론에 따르면 오래된 노드가 새로운 노드보다 항상 유리하며, 후자는 전자를 능가할 수 없다. 이에 대해 Barabási and Albert(1999)는 '적합성(fitness)' 개념을 도입하여 새로운 노드가 오래된 노드를 능가할 가능성을 설명한다. 적합성은 노드의 역사에 상관없이 다른 노드들을 끌어들이는 능력을 말하며, 비록 초기에 새로운 노드의 링크가 오래된 노드보다 적다고 하더라도 후자보다 강한 흡입력을 지니고 있다면 언젠가는 후자를 능가하게 된다.

3 네트워크 크기와 연결 속도, 그리고 임계규모

네트워크 효과가 공간구조 형성에 미치는 영향에 대해서 일정 모델을 통해서 살펴본다.[3] 지역의 인구규모(네트워크 크기)와 지역 간 연결 속도에 따라 공간 분포(네트워크 분포)가 달라지며, 그 과정에서 임계 인구규모와 임계 연결속도의 역할을 살펴본다. 기본적으로 지역 및 공간경제학 이론 틀에서 출발하되 네트워크 개념을 도입하여 대규모 지역과 소규모 지역 간 지역 성장에서의 네트워크 효과와 수렴 효과를 설명하고 네트워크의 임계규모가 존재함을 입증한다.

네트워크 효과는 생산기술의 규모에 대한 수확체증뿐만 아니라 지역의 인구, 대학, 연구소, 기업, 공공기관 등 광범위한 지역 네트워크 크기로부터 발생하는 광범한 집적 효과를 포괄한다. 수렴 효과는 지역 간 서로 균형을 이루는 효과로 지역 간 물리적 거리(연결 속도)에 관계한다. 서로 가까이 있는 지역일수록 상호 수렴하는 효과가 강하게 나타난다. 또한 지역 네트워크 크기나 연결 속도에서 '임계규모'의 존재는 Barabási and Albert의 '적합성' 개념과 관련이 있는 것으로 중소도시가 인구성장이나 지역성장 면에서 대도시를 능가할 가능성을 열어준다.[4]

3.1 네트워크 효과가 공간구조에 미치는 영향

네트워크 크기와 연결 속도의 상호작용을 연구함으로써 지역의 네트워크 효과와 수렴 효과가 어떻게 입지 패턴에 영향을 미치는지를 살펴보고자 한다. 우선 두 개의 지역에서 하나의 동일한 제품을 생산하는 단순한 경제 시스템을 상정한다. 대도시를 A, 소도시를 B라 하면, 지역 A는 큰 네트워크 크기(인구규모)를, 지역 B는 작은 네트워크 크기(인구규모)를 가진다. 노드들 간 상호작용의 강도, 빈도 등을 고려하면 대도시가 소도시보다 반드시 네트워크 효과가

3. 이덕희 · 최호철(2005).

4. 적합성 관련 변수는 양적 · 질적 요소를 포함하여 다양하다. 예를 들어 지역의 쾌적한 주거 환경, 특화산업의 경쟁력, 우수한 생산요소, 편리한 접근성 등 다양한 요인들이 있다. 다만 여기서는 실증 분석에서 주안점을 두고 있는 인구 성장과 결부해 양적 요소로서 임계규모를 강조한 것이다.

크다고 할 수 없으나 질적인 측면은 두 지역이 모두 동일하다고 가정하고 도시규모와 네트워크 효과 간에 정의 관계가 존재하는 것으로 단순화시킨다.

따라서 지역 A는 지역 B보다 더 큰 네트워크 외부성을 가진다. 네트워크 외부성은 수확체증 원리에 의해 지역 A와 지역 B 간에 발산 요인으로 작용한다. 반면 수확체감 원리의 수렴 효과 역시 두 지역 간에 존재한다. 일반적으로 큰 지역이 작은 지역으로부터 영향을 받기보다는 작은 지역이 큰 지역으로부터 영향을 받기 쉽다. 따라서 모델에서는 지역 B로부터 지역 A로의 일방적 수렴 효과를 가정한다.[5] 기업은 이러한 요인들을 고려하여 두 지역에서 제품을 생산하였을 때 발생되는 순이익을 비교하여 최종 지역을 선택한다.

분석을 단순화하기 위해 각 지역에 독점시장을 가정한다.[6] 각 독점기업은 q단위만큼의 제품을 생산하여 판매하고 소비자들은 각각 한 단위의 제품을 구매한다. 이때 실질 구매자의 수를 Q라 하면, 이는 실질 구매자의 수인 Q와 동일한 양의 제품을 시장에 팔았다는 것을 의미한다. 제품의 가격은 P로 동일하다. 지역 A와 B의 개별 소비자가 제품의 사용으로부터 향유하는 효용을 η라 하면 효용함수는 아래와 같다.

$$\begin{cases} U_A = \eta - p + \alpha q \\ U_B = \eta - p + \beta q + \gamma q \end{cases}$$

α와 β는 지역 A와 B의 네트워크 외부성의 정도를 나타내며, 각 지역의 네트워크 크기와 양의 상관관계를 가지므로 $\alpha > \beta > 1$이다. 매개변수 γ는 지역 A와 B 사이의 수렴 효과의 정도를 나타내며, $0 < \gamma < 1$라고 가정한다. $\frac{1}{\gamma}$은 지역 A와 B의 거리(연결 속도의 역수)를 나타낸다. 두 지역의 소비자들은 동일한 제품을 구매한다 하더라도 대도시의 소비자들은 다양한

5. 네트워크 효과에는, 많은 논문에서 지적되고 있듯이 네트워크 외부성이 존재하기 때문에 수확체증 원리가 적용된다고 볼 수 있다. 지역 성장의 수렴 효과는 대부분의 국가에서 경험하듯이 도시의 역사가 진전될수록 선발 도시와 후발 도시 간에 격차가 줄어 일정한 성장수준으로 수렴함을 말한다. 따라서 다수의 균형이 존재하기보다는 유일한 균형이 존재하는 수확체감 원리가 상대적으로 강하게 작용한다. Barro and Sala-I-Martin(1991) ; Blanchard and Katz(1992).

6. 독점시장을 가정하는 것은 다소 강한 가정이다. 하지만 본 연구가 주안점을 두고 있는 지역 간 사회후생을 비교하는 데는 경쟁시장과 별다른 차이가 없으며 보다 명료하게 답을 제시해 주기 때문에 유용하다고 할 수 있다. 네트워크 외부성이 존재하는 경우의 독점결정 전략은 Cabral, Salant, and Woroch(1999) ; Shy(2001) 참조. 여기서는 Shy(2001)의 모델을 응용하였다.

가게와 질 높은 서비스를 누린다. 반면 소도시의 소비자들은 대도시에 인접할수록 대도시에 상응하는 제품과 서비스의 질을 누릴 가능성이 높다. 즉, 대도시로부터 가까이 있을수록 그에 상응하는 높은 수렴 효과를 누린다.

비용함수는 각 지역의 생산기술을 반영하여 지역 A에는 규모에 대한 큰 규모의 수확체감 비용함수, 지역 B에는 규모에 대한 소규모의 수확체감비용 및 수렴 효과에 따른 수확체증비용이 함께 적용된다.

$$\begin{cases} TC_A = q^{\frac{1}{\alpha}} \\ TC_B = q^{\frac{1}{\beta}} + q^{\frac{1}{\gamma}} \end{cases}$$

$\frac{1}{\alpha}$과 $\frac{1}{\beta}$은 A, B 지역의 네트워크 효과를 각각 나타내며, $\frac{1}{\gamma}$은 지역 B의 지역 A로의 수렴 효과를 나타낸다. 지역 B가 지역 A에 가까이 있을수록 비용은 줄어든다.[7]

기업의 지역선택 문제를 풀기 위해서 소비자들은 구매시점에 지역 A와 B에서의 판매량을 정확히 예측할 수 있다고 가정한다. 그러면 기업은 소비자의 구매 결정에 기초하여 이익을 극대화할 수 있는 가격을 선택할 것이다. 그리고 기업은 지역 A와 B에서의 이익 실현 정도를 비교하여 최종 입지를 결정한다.

첫째, 효용함수로부터 $p \leq \eta + \alpha Q$와 $p \leq \eta + \beta Q + \gamma Q$이 만족되어야 소비자는 제품을 구매한다.

$$q = \begin{cases} Q & p \leq \eta + \alpha Q \\ 0 & p > \eta + \alpha Q \end{cases}$$

$$q = \begin{cases} Q & p \leq \eta + \beta Q + \gamma Q \\ 0 & p > \eta + \beta Q + \gamma Q \end{cases}$$

7. 비용함수에서 매개변수를 효용함수와 다르게 설정할 수 있을 것이다. 아마 다른 것이 더 일반적일 것이다. 그러나 여기서 의도하는 매개변수의 값에 따른 대규모 지역과 소규모 지역 간 사회후생 비교 분석을 위해서는 두 지역의 생산기술을 반영하는 한 동일한 매개변수를 써도 무방하다고 하겠다.

둘째, 독점기업은 상기 수요에 기초하여 이익극대화 가격을 결정한다. 기업이 지역 A에 입지한다면 이익극대화 가격은 $p = \eta + \alpha Q$이다. 마찬가지로 기업이 지역 B에 입지한다면 이익극대화 가격은 $p = \eta + \beta Q + \gamma Q$이다.

셋째, 두 지역에서 기업이 얻을 수 있는 이익을 각각 Π_A와 Π_B라 하면 Π_A와 Π_B는 각각 $p = \eta + \alpha Q$와 $p = \eta + \beta Q + \gamma Q$일 때 극대화된다.

$$\begin{cases} \Pi_A = pQ - Q^{\frac{1}{\alpha}} \\ \Pi_B = pQ - Q^{\frac{1}{\beta}} - Q^{\frac{1}{\gamma}} \end{cases}$$

$$\begin{cases} \Pi_A = (\eta + \alpha Q)Q - Q^{\frac{1}{\alpha}} \\ \Pi_B = (\eta + \beta Q + \gamma Q)Q - Q^{\frac{1}{\beta}} - Q^{\frac{1}{\gamma}} \end{cases}$$

$\Pi_A \geq \Pi_B$이면 기업은 지역 A에, 반대면 지역 B에 입지한다.

$$\Pi_A = (\eta + \alpha Q)Q - Q^{\frac{1}{\alpha}} \geq (\eta + \beta Q + \gamma Q)Q - Q^{\frac{1}{\beta}} - Q^{\frac{1}{\gamma}} = \Pi_B$$

$$\Pi_A - \Pi_B = (\alpha - \beta - \gamma)Q^2 - (Q^{\frac{1}{\alpha}} - Q^{\frac{1}{\beta}} - Q^{\frac{1}{\gamma}}) \geq 0$$

각 지역의 인구규모 변화는 각 지역의 사회후생 수준에 영향을 받는다. 사회후생은 소비자 효용과 생산자 이익의 합으로 정의된다. 각 지역의 사회후생 크기는 다음과 같다.[8]

$$\begin{cases} W_A = QU_A + \Pi_A = Q(\eta - P + \alpha Q) + PQ - Q^{\frac{1}{\alpha}} = (\eta + \alpha Q)Q - Q^{\frac{1}{\alpha}} \\ W_B = QU_B + \Pi_B = Q(\eta - P + \beta Q + \gamma Q) + PQ - Q^{\frac{1}{\beta}} - Q^{\frac{1}{\gamma}} = (\eta + \beta Q + \gamma Q)Q - Q^{\frac{1}{\beta}} - Q^{\frac{1}{\gamma}} \end{cases}$$

W_A가 W_B보다 크면 A지역에 인구가 더 유입하고 반대면 B지역에 더 유입되어 최종적으로 두 지역의 인구규모 형성에 영향을 미친다.

8. 가격이 서로 소거되기 때문에 결국 정책 입안자는 독점기업과 동일한 문제에 직면한다. 이유는 기업의 총수입이 소비자의 총지출과 같아야 하는데, 소비자들이 기업을 소유하므로 가격 지불은 단순히 소비자들에서 기업으로 이전한 것에 불과하기 때문이다. 이는 다시 이익분배를 통해 기업으로부터 소비자들에게 이전된다.

$$W_A = (\eta + \alpha Q)Q - Q^{\frac{1}{\alpha}} \geq (\eta + \beta Q + \gamma Q)Q - Q^{\frac{1}{\beta}} - Q^{\frac{1}{\gamma}} = W_B$$

$$W_A - W_B = (\alpha - \beta - \gamma)Q^2 - (Q^{\frac{1}{\alpha}} - Q^{\frac{1}{\beta}} - Q^{\frac{1}{\gamma}}) \geq 0$$

위 식의 성립 여부를 분석함으로써 수렴 효과에 대한 네트워크 효과의 상대적인 중요성이 소비자들의 지역 선택에 어떠한 영향을 미치는지와 주요 변수인 네트워크 임계규모의 존재 여부에 대해서 알 수 있다. W_A와 W_B의 상대적 크기는 바로 판별할 수 없고 α, β, γ의 크기에 달려 있다. 이를 위해 α, β, γ에 직접 값을 대입하여 여러 차례 시뮬레이션함으로써 다음의 세 가지 경우를 찾아낼 수 있었다. 첫째, $\alpha \geq \beta + \gamma$이면 W_A는 W_B보다 크다. 그러나 $\alpha < \beta + \gamma$이면 두 가지 경우가 존재한다. 둘째, $\alpha + \Delta \leq \beta + \gamma$이면 W_A가 W_B보다 작고, 셋째, $\alpha < \beta + \gamma < \alpha + \Delta$이면 Q가 작을 때는 W_A가 W_B보다 크나, Q가 커지면 W_A가 W_B보다 작다. Δ는 시뮬레이션 결과 대략 0.5~0.6으로 추정되었다.

$$\begin{cases} W_A > W_B & if\ \alpha \geq \beta + \gamma \\ W_A < W_B & if\ \alpha + \Delta \leq \beta + \gamma \\ W_A \geq W_B \to W_A \leq W_B & if\ \alpha < \beta + \gamma < \alpha + \Delta \end{cases}$$

(1) $\alpha \geq \beta + \gamma$

$\alpha \geq \beta + \gamma$이면 W_A는 항상 W_B보다 크다. 규모에 대한 수확체증의 정도를 나타내는 α는 규모에 대한 수확체증의 정도를 나타내는 β와 규모에 대한 수확체감의 정도를 나타내는 γ의 합보다 크거나 같다. 임의로 $\alpha = 3$, $\beta = 2$, $\gamma = \frac{1}{2}$, $\eta = 4$라 하면 W_A와 W_B는 다음과 같다.

$$\begin{cases} W_A = 3Q^2 + 4Q - Q^{\frac{1}{3}} \\ W_B = \frac{5}{2}Q^2 + 4Q - Q^{\frac{1}{2}} - Q^2 \end{cases}$$

그림 6-5 $\alpha \geq \beta + \gamma$일 경우 W_A와 W_B의 비교

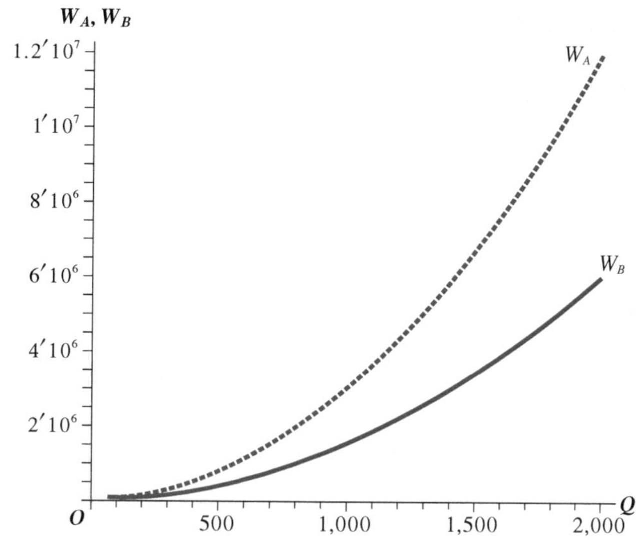

대도시에서 형성되는 큰 네트워크 효과로 인해 제품의 생산량이 늘어날수록(소비자 수가 증가할수록) W_A와 W_B의 격차는 증가한다. 일단 대도시의 성장이 소도시의 성장을 능가하면 두 지역 간 성장의 격차는 점점 벌어진다.

(2) $\alpha + \Delta \leq \beta + \gamma$

이 경우는 (1)의 경우와 반대 현상이 나타난다. $\beta + \gamma$가 α보다 충분히 크다면 W_A는 W_B보다 항상 크다. 예를 들어 $\alpha = 3$, $\beta = \frac{14}{5}$, $\gamma = \frac{9}{10}$, $\eta = 4(\beta + \gamma = 3.7)$라 하면 W_A와 W_B는 다음과 같다.

$$\begin{cases} W_A = 3Q^2 + 4Q - Q^{\frac{1}{3}} \\ W_B = \frac{37}{10}Q^2 + 4Q - Q^{\frac{5}{14}} - Q^{\frac{10}{9}} \end{cases}$$

그림 6-6 $\alpha + \Delta \leq \beta + \gamma$일 경우 W_A와 W_B의 비교

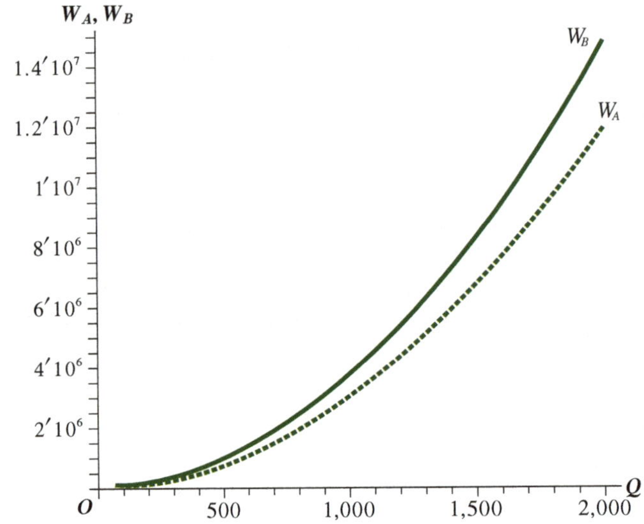

소도시의 성장이 대도시의 성장을 능가하기 위해서는 소도시의 네트워크 성장 속도가 빨라야 한다. 소도시의 인구규모가 어느 정도 크고 대도시와의 지리적 거리가 비교적 가까워 네트워크 효과와 수렴 효과의 합이 대도시의 네트워크 효과를 능가해야 한다.

(3) $\alpha < \beta + \gamma < \alpha + \Delta$

$\beta + \gamma$가 α보다 크고 $\alpha + \Delta$보다 작다면 W_A와 W_B는 교차하며, 일정 Q_M 수준(임계규모)까지는 W_A가 W_B보다 크나 그 이후에는 W_A가 W_B보다 작다. 이 경우 임계규모 Q_M과 연결 속도 γ 간 관계를 알아보기 위해 연결 속도의 차이에 따라 세 가지 경우를 비교한다.

① $\alpha = 3$, $\beta + \gamma = 3.2$

$\alpha = 3$, $\beta = \frac{13}{5}$, $\gamma = \frac{3}{5}$, $\eta = 4$라 할 때 W_A와 W_B는 다음과 같다.

$$\begin{cases} W_A = 3Q^2 + 4Q - Q^{\frac{1}{3}} \\ W_B = \frac{16}{5}Q^2 + 4Q - Q^{\frac{5}{13}} - Q^{\frac{5}{3}} \end{cases}$$

그림 6-7 두 지역 간 거리가 멀 경우 W_A와 W_B의 비교

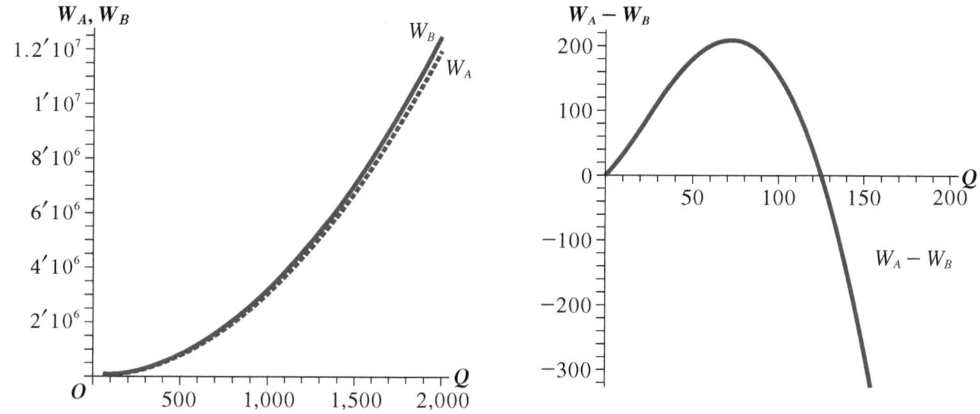

[그림 6-7]에 나타난 대로 대략 $Q = 125$일 때 W_A와 W_B가 교차한다. 기업이 주어진 네트워크 크기 내에서 두 지역 간 거리가 멀 때 지역 A가 아닌 지역 B에 입지하려면 적어도 $Q = 125$를 생산해야 한다. 다시 말해, 지역 A보다 지역 B에 더 많은 소비자들을 유인하기 위해서는 제품을 구매할 잠재적 소비자의 수가 적어도 125는 되어야 한다.

② $\boldsymbol{\alpha = 3,\ \beta + \gamma = 3.3}$

지역 B가 ①의 경우와 동일한 네트워크 크기를 가지나 지역 A에 보다 근접해 있을 때이다. $\alpha = 3$, $\beta = \frac{13}{5}$, $\gamma = \frac{7}{10}$, $\eta = 4$라 할 때 W_A와 W_B는 다음과 같다.

$$\begin{cases} W_A = 3Q^2 + 4Q - Q^{\frac{1}{3}} \\ W_B = \frac{33}{10}Q^2 + 4Q - Q^{\frac{5}{13}} - Q^{\frac{10}{7}} \end{cases}$$

$Q = 8.5$ 부근에서 W_A와 W_B가 교차한다. 마찬가지로 기업이 지역 B에 입지하기 위해서는 적어도 $Q = 8.5$를 생산해야 한다. 지역 A보다 지역 B에 더 많은 소비자들을 유인하기 위해서는 제품을 구매할 잠재적 소비자의 수가 적어도 8.5가 되어야 한다.

그림 6-8 두 지역 간 거리가 중간 정도일 경우 W_A와 W_B의 비교

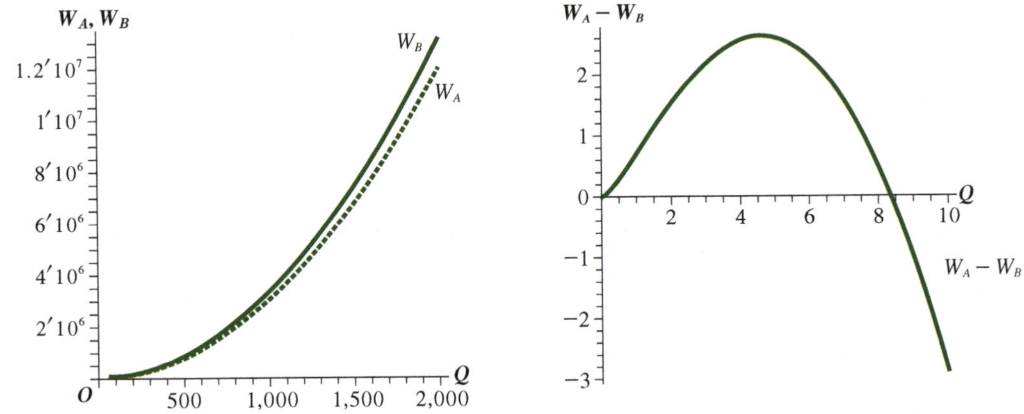

③ $\alpha = 3,\ \beta + \gamma = 3.5$

지역 B가 지역 A에 보다 가까이 있다는 것을 제외하고는 ②의 경우와 동일하다. $\alpha = 3$, $\beta = \frac{13}{5}$, $\gamma = \frac{9}{10}$, $\eta = 4$라 할 때 W_A와 W_B는 다음과 같다.

$$\begin{cases} W_A = 3Q^2 + 4Q - Q^{\frac{1}{3}} \\ W_B = \frac{35}{10}Q^2 + 4Q - Q^{\frac{5}{13}} - Q^{\frac{10}{9}} \end{cases}$$

$Q = 2.2$ 정도에서 W_A와 W_B가 교차한다. 지역 B로의 유인이 발생할 임계 소비자의 수는 이전에 비해 훨씬 작다.

그림 6-9 두 지역 간 거리가 짧을 경우 W_A와 W_B의 비교

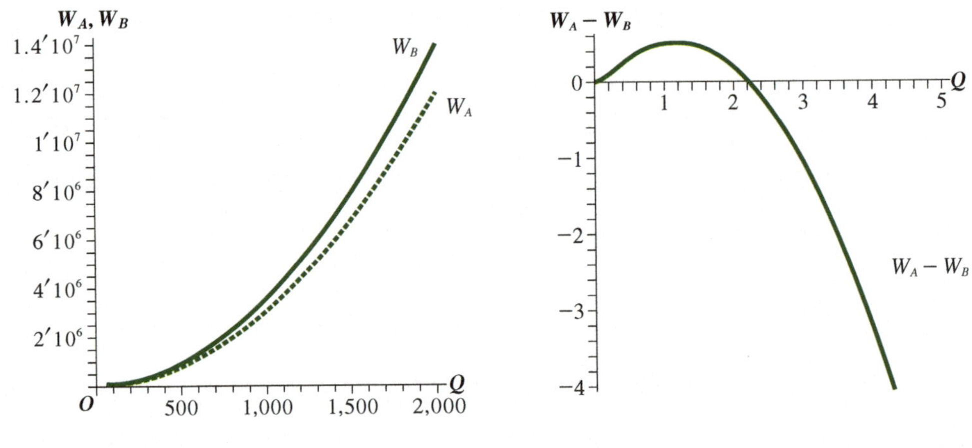

소도시의 네트워크 크기 β가 일정할 경우 γ가 증가함에 따라, 즉 지역 A와 B의 지리적 거리가 가까울수록 임계 인구규모(Q_M)는 감소한다. 마찬가지로 γ가 일정할 경우 β가 증가함에 따라 Q_M은 감소한다. 소도시가 대도시에서 멀리 떨어져 있을 때 보다 많은 소비자를 유인하기 위해서는 인구규모가 커야 한다. 반대로 대도시에 인접할수록 필요한 소도시의 인구규모는 작아진다.

요약하면 첫째, 대도시(지역 A)의 네트워크 크기(인구규모)가 매우 크면 대도시에서 얻을 수 있는 사회후생이 소도시(지역 B)에서 얻을 수 있는 사회후생을 항상 능가하며, 그 격차는 Q가 증가할수록 커진다($\alpha \geq \beta + \gamma$). 둘째, 소비자들이 소도시를 선택하기 위해서는 소도시의 네트워크 효과와 대도시 인접으로 인한 효과를 종합한 후생이 대도시의 네트워크 효과보다 월등히 커야 한다($\alpha + \Delta \leq \beta + \gamma$). 셋째, 임계 네트워크 크기와 임계 연결속도 사이에는 역의 관계가 존재한다. 소도시가 대도시보다 인구 유입을 증가시키는 임계 인구규모가 대도시에 인접할수록 작아진다($\alpha < \beta + \gamma < \alpha + \Delta$).

3.2 네트워크 크기와 연결 속도의 관계에 관한 실증 분석

네트워크 크기와 연결 속도가 공간구조 형성에 어떻게 관련되는지 살펴보기 위해 1996년부터 2001년 사이 각 도시의 연평균 인구증가 규모가 각 도시의 1996년 인구규모 및 서울로의 통근시간과 각각 어떤 관계에 있는지 조사했다. 1996년 기준 50,000명 이상의 인구를 가진 우리나라의 34개 주요 도시를 대상으로 하였다. 각 도시의 1996년 인구는 네트워크 크기를 나타내며, 1996년에서 2001년까지의 연평균 인구증가 규모를 네트워크 크기와 연결 속도 간의 상호작용으로부터 발생한 성과변수로 고려하였다. 서울과 각 도시 사이의 통근시간(편도)은 연결 속도의 측정 지표로서 무궁화 열차의 소요시간으로 측정하였다.

각 도시의 연평균 인구증가는 1996년의 인구와 밀접한 관계가 있는데 대체로 인구가 큰 지역일수록 더 높은 인구 증가를 보였다([그림 6-10]). 부산의 인구 감소는 높은 인구 밀도로 인한 혼잡비용과 주변 다른 도시로의 분산 현상과 관련이 있는 듯하며, 대구 역시 동일한 이유로 전국 연평균 인구증가보다 낮은 인구 증가를 보였다. 수원, 시흥, 고양의 높은 인구 증가는 서울과의 인접 효과에 기인한 것으로 보인다. 반면 연평균 인구증가와 서울로의 통근시간 간에는 반비례 관계가 성립하는데, 비슷한 인구를 가진 도시라 하더라도 서울과 가까울수록 인구증가 규모가 컸다([그림 6-11]).

그림 6-10 주요 도시의 연평균 인구증가(1996~2001)와 1996년 인구

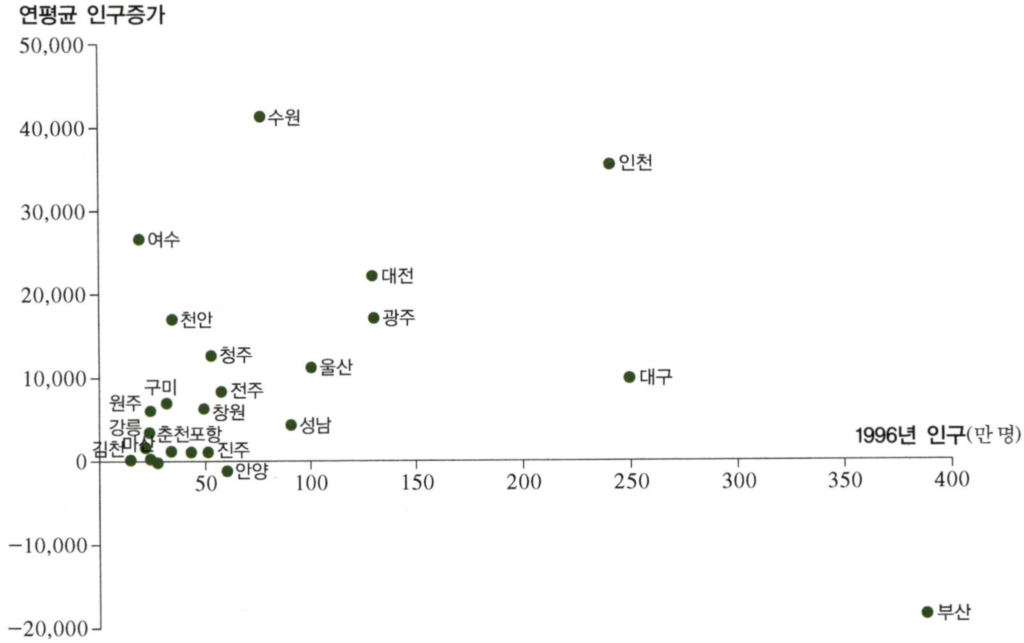

그림 6-11 주요 도시의 연평균 인구증가(1996~2001)와 서울로의 통근시간(편도)

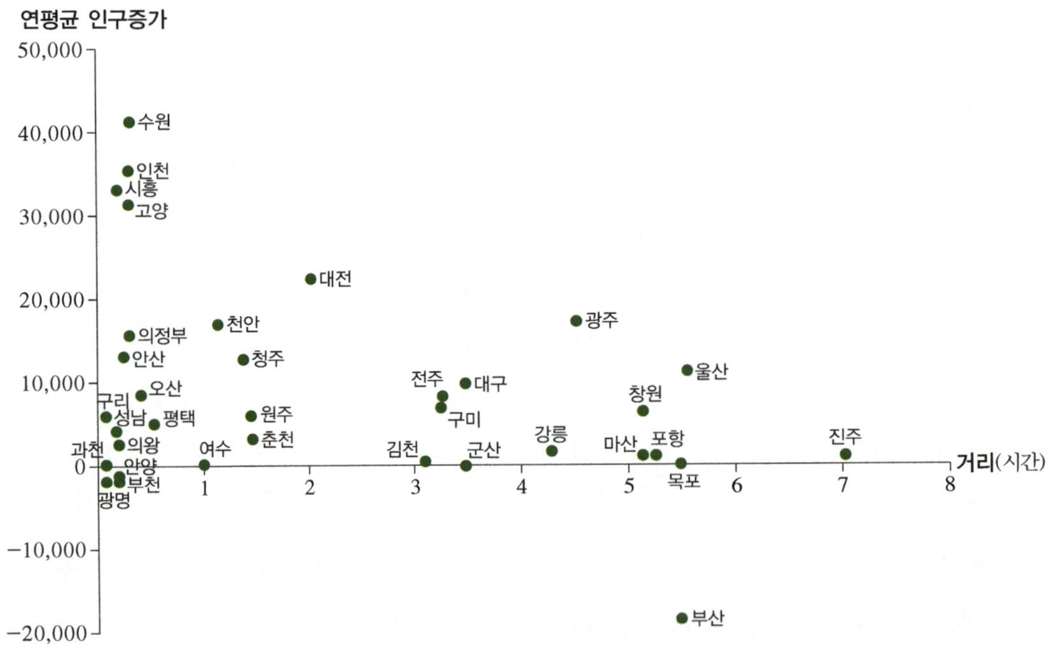

보다 객관적 분석을 위해 선형 회귀분석을 하였다. 산업의 입지 선택에서 수송비용(원료 지향 혹은 시장 지향)을 중시하느냐 아니면 국지적 생산요소(에너지, 노동, 중간재 등)를 중시하느냐에 따라 입지 결정 패턴이 달라진다(Castells, 1988 ; Bartik, et al., 1987, Carlton, 1984). 개인의 거주 선택에서도 개인의 부나 효용의 극대화에 영향을 미치는 요인들을 고려하여 거주 지역을 선택한다고 볼 수 있다. 개인의 입지 선택에 영향을 미치는 요인들은 다양하다. 네트워크 크기와 지역 간 연결 속도뿐만 아니라 지역의 임금수준, 지가, 인프라 등도 의사결정에 중요한 영향을 미치는 요인이다. 도시경제학에서 인구규모는 집적 효과 또는 도시화 효과를 나타내는 변수로 쓰인다(Jacobs, 1960 ; Henderson, 1988 ; Segal, 1976).

지역 간 연결 속도는 지역 간 편도 통근시간을 활용하였다. 임금수준은 개인의 항상 소득을 나타내는 주요한 변수로서 기업의 선택과는 달리 지역의 임금수준이 높으면 개인의 입지 선택 선호도가 높다고 할 수 있다. 지가수준 또한 개인의 임금 외 소득에 영향을 미치는 주요 변수인데, 임금과는 달리 개인에 따라서 선호도가 달리 나타날 수 있는 변수이다. 지가가 높다고 해서 반드시 개인들이 꺼린다고 볼 수 없고 오히려 더 높은 투자수익을 기대하여 선호할 수 있다(O'Sullivan, 1993). 따라서 모델을 $PG = f(P, T, W, R)$(PG = 인구 증가, P = 인구규모, T = 통근시간, W = 임금수준, R = 지가수준)로 설정하고 W, R 등은 통제변수로 사용하였다. W와 R은 입수 가능한 통계 데이터인 W(연평균 임금), WG(연평균 임금 증가율), RG(연평균 지가 상승률) 등을 사용하였다.

$$PG = f(P, T, W, WG, RG)$$

PG는 각 도시의 1996~2001년 연평균 인구증가 규모를 나타내고 P는 각 도시의 1996년 인구, T는 각 도시와 서울 간 통근시간, W는 1996~2001년 연평균 임금, WG는 1996~2001년 연평균 임금 증가율, RG는 1996~2001년 연평균 지가 상승률을 나타낸다. 부산, 대구를 제외한 32개 도시를 대상으로 분석한 결과를 살펴보면[9] 각 도시의 연평균 인구

9. 부산, 대구의 경우 어느 정도 인구규모를 형성하고 있기 때문에 서울이 인근 및 여타 지방도시와 상호작용을 통해 순 인구가 감소하는 것처럼 인근 중소도시의 인구는 증가하는 반면 당해 도시의 인구는 감소하는 현상을 보이기 시작하였다. 따라서 수도권과 지방도시 간 네트워크 크기와 연결 속도 간 상관관계를 분석하는 데 아웃라이어(outlier)로 간주하여 제외하였다.

증가 규모는 1996년의 인구규모에 비례하고 서울로의 통근시간에 반비례한다는 것을 알 수 있다. 그러나 기타 통제변수들은 유의성이 낮게 나왔다.

표 6-1 추정 결과

설명변수	모델 1	모델 2	모델 3	모델 4
인구규모(P) 1996	0.013118*** (3.303655)	0.012661*** (3.278001)	0.012914*** (3.342095)	0.013035*** (3.344666)
통근시간(T)	−1606.717** (−1.733120)	−1707.368** (−1.889852)	−1564.159** (−1.730013)	−1501.790** (−1.750578)
연평균 임금(W) 1996~2001	0.020781 (0.334400)	0.013330 (0.22.834)	0.007546 (0.154965)	
연평균 임금 증가율(WG) 1996~2001	−646.9767 (−0.352320)	−229.6478 (−0.135340)		−275.7837 (−0.191703)
연평균 지가 상승률(RG) 1996~2001	1068.466 (0.637728)		1291.798 (0.557276)	1449.895 (0.595166)
상수(a)	−17399.60 (−0.234471)	−9680.563 (0.133700)	−2013.904 (−0.034124)	7382.000 (1.947990)
R^2	0.364212	0.354267	0.361177	0.361478
F-statistic	2.978827	3703235	3.816301	3.821281
DW statitic	1.865867	1.839731	1.894149	1.897189

주 : **, ***는 각각 5%, 1% 신뢰구간에서 유의성 높음. 괄호 안의 값은 t값을 나타냄.

분석 결과는 앞에서 설명한 모델과 일치하는 결과를 보여준다. 중심 도시에서 멀리 떨어져 있을수록 중심 도시보다 많은 인구를 유인하기 위해서는 되도록 큰 인구규모를 가져야만 한다.

이제 임계 인구와 임계 연결속도에 대해서 알아보자. 각 도시가 보다 많은 인구를 유인하기 위해서는 서울로의 통근시간에 따라 적어도 임계규모 이상의 인구를 가져야 한다. 통근시간에 따라 각 도시를 ① 0~1시간, ② 1~3시간, ③ 3시간 이상의 세 그룹으로 나누어 보자. 각 그룹별 도시 중 수도권 내에 위치해 있는 표본 도시의 연평균 인구증가 12,681명보다 더 큰 인구 증가를 시현한 도시들 중 최소 인구를 가진 도시의 인구를 해당 그룹의 임계규모로 추정하였다. 첫째 통근시간 0~1시간 그룹에서는 12,681명을 능가하기 위해서는 적어도 150,000명의 인구를 가져야 하며, 둘째 1~3시간 그룹은 300,000명, 셋째 3시간 이상 그룹은 1,000,000명의 인구를 가져야 한다(〈표 6-2〉). 서울에서 멀리 떨어진 도시일수록 서울과의 연결 속도가 느리다는 단점을 보완하기 위해 보다 큰 네트워크 크기를 가질 필요가 있다.

표 6-2 주요 도시의 임계 인구

통근시간 (시간)	도시명	인구(1996)	평균 인구증가 (1996~2001)	임계 인구
0~1	광명	346,740	-1,913	150,000
	과천	71,160	73	
	구리	156,021	5,895	
	성남	917,448	4,066	
	안양	600,876	-1,382	
	부천	795,950	-2,039	
	시흥	176,599	33,150	
	의왕	111,912	2,572	
	안산	533,293	13,053	
	의정부	291,607	15,456	
	고양	658,485	31,202	
	인천	2,404,353	35,441	
	수원	772,265	41,287	
	오산	72,928	8,447	
	평택	337,437	8,447	
1~3	천안	352,294	16,883	300,000
	청주	531,677	12,608	
	원주	245,398	5,964	
	춘천	236,303	3,153	
	대전	1,297,884	22,185	
3 이상	김천	151,109	131	1,000,000
	구미	314,496	6,799	
	전주	583,230	8,133	
	군산	278,626	-189	
	대구	2,490,960	9,725	
	강릉	224,513	1,630	

	광주	1,302,261	17,020
	창원	497,089	6,213
	마산	430,684	846
	포항	512,299	855
	부산	3,878,918	−18,577
	목포	245,471	39
	울산	1,005,429	10,990
	진주	336,515	831

주 : 수도권 도시의 연평균 인구증가 12,681명보다 높은 연평균 인구증가를 보인 도시들의 통근시간 구간별 최소 인구규모를 임계 인구규모로 추정함. 통근시간은 무궁화열차 편도 소요시간 기준임.

자료 : 통계청, http://www.nso.go.kr

마찬가지로 인구가 다른 그룹들마다 임계 연결속도가 존재한다. 첫째 인구 300,000명 이하 그룹은 30분, 둘째 인구 300,000~1,000,000명 그룹은 1시간 50분, 셋째 1,000,000명 이상 그룹은 5시간 이내의 연결 속도를 가져야 해당 도시의 인구성장이 수도권 도시 그룹의 평균 인구증가를 상회할 수 있다(〈표 6-3〉).

표 6-3 **주요 도시의 임계 연결속도**

인구	도시	통근시간 (시:분)	연평균 인구증가 (1996~2001)	임계 연결속도 (시:분)
300,000 이하	과천	0:10	73	0:30
	오산	0:43	8,447	
	의왕	0:20	2,572	
	김천	3:12	131	
	구리	0:10	5,895	
	시흥	0:20	33,150	
	강릉	4:30	1,630	
	춘천	1:48	3,143	
	원주	1:45	5,964	
	목포	5:48	39	
	군산	3:49	−189	
	의정부	0:30	15,456	

300,000~ 1,000,000	구미	3:25	6,799	1:50
	진주	7:03	831	
	평택	0:53	4,911	
	광명	0:10	−1,913	
	천안	1:14	16,883	
	마산	5:14	846	
	창원	5:13	6,213	
	포항	5:25	855	
	청주	1:39	12,608	
	안산	0:25	13,053	
	전주	3:29	8,133	
	안양	0:20	−1,382	
	고양	0:30	31,202	
	수원	0:34	41,287	
	부천	0:20	−2,039	
	성남	0:18	4,066	
1,000,000 이상	울산	5:57	10,990	5:00
	대전	2:04	22,185	
	광주	4:52	17,020	
	인천	0:31	35,441	
	대구	3:50	9,725	
	부산	5:48	−18,577	
	서울		−27,722	

주 : 수도권 도시의 연평균 인구증가 12,681명보다 높은 연평균 인구증가를 보인 도시들의 인구규모 구간별 최소 통근시간을 임계 연결속도로 추정함. 통근시간은 무궁화열차 편도 소요시간 기준임.

자료 : 통계청, http://www.nso.go.kr

1997년의 경제위기 이후 우리나라에서 발생한 지역 불균형은 본 연구에서 얻어낸 결과와 무관하지 않다. 수도권의 네트워크 크기는 다른 도시들이 따라잡을 수 없을 만큼 거대하다. 수도권의 거대한 네트워크 크기는 또 다른 규모의 네트워크를 창출하고 있으며, 그 결과 중소도시들의 네트워크의 성장은 수도권으로의 수렴 효과와 결합한다 하더라도 수도권을 따라잡기에는 역부족이다. 앞서 설명한 모델에서 $\alpha \geq \beta + \gamma$의 경우 소비자가 증가할수록(기업이 생산량을 늘릴수록) 두 지역 간의 성장 격차가 벌어지는 경향에 해당된다. 수도권 지역의 과도한 인구는 사업, 교육 등의 면에서 엄청난 기회를 창출하고, 이로 인해 상당한 유무형의 편익을 가져다준다. 이러한 편익은 수도권 과밀이 초래하는 높은 지가, 교통체증, 공해 등의 상당한 혼잡비용을 상쇄하고도 남을 정도여서 수도권과 지방 간 격차는 점점 심화되고 있다.

동 연구 결과로부터 다음 두 가지 정책 방향을 제안할 수 있겠다.

첫째, 지방 중소도시의 네트워크 효과를 강화해야 한다. 이를 위해서는 인프라 투자 확대, 기술혁신, 산업발전 등을 통해 지방도시의 인구를 내생적으로 증가시킬 수 있으며, 학교, 기업, 기관 등의 이전을 통한 외생적인 방법도 생각해 볼 수 있다.

둘째, 정부는 대도시와 중소도시 간의 수렴 효과를 강화해야 한다. 이는 고속도로, 초고속열차, 항공 등과 같은 인프라의 개발을 통한 지방도시에 대한 접근성을 개선함으로써 달성될 수 있다. 그러나 수도권과 지방 간 연결 속도의 증대에 관해서는 논란의 소지가 많다. 오히려 수도권 집중이라는 반대 효과가 나타난다는 우려가 크다.

2004년 KTX의 도입은 수도권과 지방도시 간뿐만 아니라 지방도시들 간의 상호작용을 과거보다 훨씬 확대시켰기 때문에 전국 도시들 간 분산과 집중에 크게 영향을 주었다. 주목할 것은 당초 목적과는 달리 KTX 도입으로 지역 간 격차가 더 벌어지고 있다는 우려이다. 수도권에의 접근성이 좋아지면서 경제활동이 수도권에서 많이 일어나고 자본과 인력이 자연스럽게 몰리면서 다양한 기회들이 창출되었다. 이는 수도권에 인구의 집중을 불러일으키는 양의 피드백 루프를 형성한다. 앞의 모델에 따르면 지역 간 분산 효과보다 수도권의 거대한 네트워크 효과로 인해 집중 효과가 더 커졌다는 얘기이다. 서울과 지방 간 연결 속도가 빨라져 임계거리가 더 확대되어 수도권의 범위가 더 넓어진 것이다. 웬만한 도시들이 수도권에의 접근성이 좋아져 수도권에 가서 의료, 쇼핑 등 소비하는 행위가 용이해지면서 양의 피드백 메커니즘을 통해 수도권에의 집중이 더 증가한다. 이는 반대로 수도권과 멀어진 도시일수록 자체 인구를 이전의 임계규모보다 훨씬 더 많이 가져야 평균 이상의 도시 성장을 실현할 수 있다는 것을 함의한다.

4 지리적 근접성

4.1 집적경제

집적경제(agglomeration economies)는 연관 산업이나 동종 기업이 동일 장소에 집적함으로써 얻을 수 있는 경제적 이익을 뜻한다. 동종 및 유사 기업들이 근접 혹은 밀착하여 입지하는 것은 서로 가까이 있음으로 인해 기업 간 기술, 정보 및 암묵적 지식 습득, 생산요소 구매 및 조달, 인력 확보 등의 이점을 획득할 수 있기 때문이다.

집적경제의 이점은 구성원들 간의 공식·비공식의 다양한 교류를 통해 발생하는데, 지리적 근접성은 이러한 활동에 매우 긍정적인 요인으로 작용한다. 지리적으로 가까이 있기 때문에 대면의 기회가 많아지고 서로 간에 친밀도가 높아져 자연스럽게 신뢰가 쌓여 간다. 결과적으로 네트워크 구성원들 간 교류 및 네트워킹 역량에 긍정적 영향을 주는 요인으로 작용한다. 집적 형성과 구성원들 간의 지리적 근접성은 상호 영향을 주고받으며 네트워킹의 결과를 결정짓는 요소로 작용한다. 구성원들의 효율적 활동에 영향을 미치는 요소인 암묵적 지식은 구성원들의 네트워크 내에서 직접적인 상호작용을 통해 전달되며, 집적 네트워킹의 역량이 높을수록 효율적이고 활발한 교류를 할 수 있다.

집적 효과와 관련된 이론은 매우 다양한데, 크게 보아 산업입지 이론, 도시의 성장과 특화 이론, 산업클러스터 이론 등으로 구별된다(Blanc, 2004). 산업입지 이론에서는 기업들이 입지를 선택하는 데 성장, 생산성 또는 고용의 지역 간 차이를 다루고 있으며, 산업 집적의 직접적인 효과로서 집적의 외부 효과가 언급된다. 도시 성장 및 특화 이론에서는 도시의 출현, 특화, 성장 패턴의 평가를 다루며, 집적 외부효과의 성장 동인은 지역의 산업 특화, 지역 내 산업의 다양성으로 보고 있다. 산업클러스터 이론은 특정한 지역에 기업이 몰리는 이유와 성공의 결정 요인을 연구하며, 지리적 근접성은 정보의 이전을 용이하게 하고 기업 간 협력과 연계를 통해 근접성의 이점이 강화될 수 있음을 강조한다.

표 6-4 집적의 외부 효과 관련 연구

구분	클러스터 접근	외부성과 클러스터의 역동성	핵심 변수
Marshall(1890) Arrow(1962) Romer(1986) Handerson(1986)	일정한 지리적 공간에 산업 집중	교통비 절감, 노동시장 풀, 산업 내 정보 확산(spillover)	산업 전문화
Porter(1990, 1998)	수직적(고객/공급자)·수평적 (자원, 기술, 시장 공유) 연계	교통비 절감, 노동시장 풀, 산업 내 정보 확산 경쟁	산업 전문화와 경쟁
Jacobs(1969) Gleaser et al.(1992)	일정한 지리적 공간에 산업 간 연계	업종 간 지식 전달	산업의 다양성
Krugman(1991) Ciccone & Hall(1996) Holmes(1999)	공간적 집중과 지리적 생산성 격차	지역 수요, 차별화된 상품의 다양성	지역경제활동 규모
Saxenian(1994) Rosenfeld(1997)	상업적·정보적 흐름을 지원하는 활발한 채널	협력, 사회적 상호작용 (신뢰, 비전 공유)	기업 간 연계

자료 : Blanc(2004)

집적 효과 관련 이론들은 집적을 동인하는 주된 요인을 기업활동, 도시화, 정보 교류 등으로 보아 초점을 다르게 하지만 좀 더 들어가면 거래비용, 혁신, 외부성 등과 같은 일반적인 경제이론적 개념들이 공통적으로 관련된다.

첫째, 지리적 집적의 직접적인 원인은 거래비용의 감소와 관련이 있다. 예를 들어 소매업자들은 고객의 비용을 줄일 수 있는 방안의 일환으로 집적하는 경향을 보인다. 동대문이나 남대문의 의류 도매상가의 경우 관련 의류 소매업자들이 한곳에 밀집하는 것은 이곳을 찾는 소비자들의 쇼핑 비용을 줄이게 한다. 고객의 비용 감소는 생산 및 판매업자의 거래비용 감소로 이어진다. 운송수단 변화에 따른 운송비용 감소도 거래비용 감소의 한 요인이다. 운송비용의 절감은 규모의 경제 이점을 증대시키려 생산시설의 집적을 촉진시키는 등 투입요소 및 산출 시장의 공간적 범위의 확장과 밀접하게 관련된다. 운송비용 감소를 포함한 거래비용의 감소 효과는 집적 효과를 더욱 증대시키는 방향으로 작용한다.

둘째, 혁신의 창출이다. 정보통신기술의 발달은 물리적 거리의 중요성을 감소시키기 때문에 집적의 응집력을 약화시킬 수 있다. 또한 일상적이고 표준화되어 있는 제품, 지식, 서비스 등의 거래나 전달의 지리적 제약을 해결할 수 있는 기반을 제공한다. 그러나 점점 정교하고 복잡해지는 혁신활동은 정보통신기술을 이용하여 효율적으로 전달하기 어려우며, 장기적인 관계와 지리적 근접성 및 집적을 필요로 한다. 정보통신 수단의 진보와 더불어 접촉하는 고객과의 물리적인 거리가 점점 확대되지만, 이는 장거리 통신으로 가능한 집적의 한 형태로 볼 수 있다. 고객과의 거리는 확대되었지만 기업들은 역시 집적하는 경향을 보인다. 이는 정보, 암묵적 지식 및 아이디어의 전달은 물질적인 제품의 운송비용만큼 혹은 그 이상의 비용이 드는 사실과 관련된다. 다른 주체로부터 암묵적 지식을 전달받기 위해서는 다른 주체와 신뢰에 기반을 둔 장기적인 관계 수립이 필요하며, 이에 수반되는 투자비용을 감수해야 하기 때문이다. 따라서 집적의 형성은 다양한 지식의 교류를 통한 혁신 창출에 여전히 효과적이다.

셋째, 외부경제(external economies) 효과이다. Marshall에 의하면 외부경제는 개별 기업에게는 외부적이지만 지역에는 내부화된 공공재적 성격을 띤다. 네트워킹에 따른 외부경제의 형성은 개별 기업 단위에서 획득할 수 없는 규모의 경제와 범위의 경제를 동시에 발생시킨다. 이와 관련하여 Hoover는 외부경제가 적용되는 범위에 주목하여 외부경제를 지역화 경제효과와 도시화 경제효과로 구분하였다. 지역화 경제효과는 특정 업종에 특화함으로써 발생하는 규모의 경제에 기초한다. 반면 도시화 경제효과는 규모의 경제 효과뿐만 아니라 다양한 범위의 경제 효과가 결합되어 나타나는 효과이다.

외부성의 발생 원인은 규모의 경제, 범위의 경제, 복잡성의 경제의 측면으로 나누어 볼 수 있다. 규모의 경제에 의한 외부성은 산업의 규모 확장으로 인한 외부성이며, 범위의 경제에 의한 외부성은 서로 다른 종류의 제품을 생산하는 기업 주체들이 투입요소를 공유함으로써 얻을 수 있는 외부성이다. 복잡성 경제에 의한 외부성은 한 종류의 제품 생산에서 투입과 산출의 관계로 연결된 기업주체들의 활동으로부터 존재하는 외부성이다. 규모의 경제, 범위의 경제, 복잡성의 경제가 실현되기 위해서는 기업의 생산활동이 서로 인접한 장소에서 이루어져야 숙련된 노동인력 풀, 전문 서비스, 정보 확산 등의 실질적인 이점을 누릴 수 있다.

넷째, 네트워크 외부성은 외부성의 일종으로 앞의 복잡성 경제와 관련이 있다. 이는 주체들이 네트워킹에 포함됨으로써 얻는 이점을 활용하여 높은 수준의 경제적 성과를 내는 경제적 공생(economic symbiosis) 개념과 이를 공간적 개념으로 적용시킨 공간적 공생(spatial symbiosis) 개념으로 설명할 수 있다(Roberta and Nijkamp, 1996). 경제적 공생 개념에서는 네트워크에서 획득할 수 있는 이점을 직접적인 것과 간접적인 것으로 분류하였다. 직접 이점은 서로 다른 경제 환경에서 활동하는 주체들 간 시너지 효과 획득과 네트워크 기반 혁신의 성취이다. 간접 이점은 네트워크 상호 연결에서 비롯되는 정보 및 암묵적 지식의 공급과 제품의 생산, 혁신 과정에 있는 기업 주체들에게 필요한 보완적 자산의 획득이다. 공간적 공생 개념은 네트워크화된 산업 주체들이 공간적으로 군집되거나 인접한 주변 지역으로의 파급 효과에 관련되며, 기업들 간 네트워크가 특정 지역에 분포할 경우 발생한다.

4.2 클러스터 유형

동일한 업종의 생산시설이나 기업, 의류, 음식점, 의료, 약국 등 동일한 서비스업이나 유통업이 한곳에 모여 클러스터를 형성하고 있는 경우가 빈번하다. 공급자 측면에서의 집적 효과뿐만 아니라 수요자 측면에서 불특정 다수를 효과적으로 유인하는 효과가 있다. 클러스터마다 다양한 형성 과정을 거치지만 대개 임계규모를 형성하기까지는 필요 효과가, 임계규모 형성 이후부터는 네트워크 효과가 지배적으로 작용한다고 볼 수 있다. 이는 넓게는 인류의 역사 이래 오랜 세월에 걸쳐 균일한 공간구조에서 도시라는 고밀도 지역이 형성되는 과정에도 동일하게 적용되었다고 볼 수 있다.

국가 간 산업경쟁력이 치열해지고 기술혁신이 중요해지면서 혁신 시스템 구축이 강조되고 있다. 혁신 시스템 구축의 요체로서 혁신 클러스터의 조성이 중요해지면서 많은 국가들이 혁신 클러스터 조성을 위한 마스터플랜을 수립하여 노력을 경주하고 있다. 무엇보다 실리콘밸리의 성공을 계기로 제2, 제3의 실리콘밸리를 꿈꾸며 야심찬 계획하에 경쟁을 벌이고 있다. 그러나 성공적인 클러스터는 필요 효과와 네트워크 효과의 상호작용과 더불어 여러 내생적·외생적 요인들이 총체적으로 어우러져 자기조직화(self-organizing)하면서 형성되기 때문에 인위적 조성에는 상당한 한계가 뒤따른다. 이에 따라 영국, 독일 등 유럽에서는 지역혁신체제(Regional Innovation System ; RIS)와 국가혁신체계(National Innovation System ; NIS) 개념을 도입하고, 양자 간의 적절한 조화와 치밀한 계획 수립을 통해 시행착오를 줄이는 접근 방법을 택한다(이덕희 · 박재곤, 1999 ; 이덕희 · 한병섭, 2001 ; 한국전산원, 2006).

국가마다 산업의 역사가 다르고, 또 한 국가 내에서도 지역마다 고유한 역사적 경험이 다양하므로 클러스터도 다양한 배경을 지닌다. 따라서 유형을 나누는 것이 자못 인위적이고 부정확할 수 있다. 그럼에도 불구하고 적어도 클러스터 형성을 주도하는 주체에 따라 몇 가지로 나눌 수 있다. 기업이 주도하는 기업형, 관련 산업이 특화되어 형성된 산업형, 중앙 및 지방정부가 주도하는 정부 주도형, 대학, 연구소, SOC 등 기반시설이 주도하는 인프라 중심형,

클러스터 내 구성원들 간 활발한 협력 네트워크로 형성된 상호 네트워크형으로 분류된다(〈표 6-5〉). 그러나 실제의 클러스터에는 각 유형들의 속성들이 혼재되어 나타난다.

표 6-5 **유형별 지역 클러스터**

유형	배경	예
기업형	기업이 지역 혁신을 주도	■ 산호세 실리콘밸리(ICT, 바이오) ■ 샌디에이고 바이오 클러스터(바이오, 제약) ■ 핀란드 ICT 산업 집적지(Nokia) ■ 스코틀랜드 Silicon Glan(Ferranti)
산업형	기존 산업, 연관 산업 등이 연계되어 새로운 집적지 형성	■ 뉴욕 실리콘앨리(출판, 방송, 신문, 예술, 광고 → 문화 콘텐츠 산업)
정부 주도형	중앙 및 지방 정부가 집적지 형성 주도	■ 중국 상해 푸동지구(생의학 단지) ■ 벨기에 Flanders Multimedia Valley(ICT, Multimedia)
인프라 중심형	대학, 연구소, SOC 등 인프라를 기반으로 발전	■ 미국 270 코리더(워싱턴 DC 부근 NIH, FDA, 존스홉킨스대, 메릴랜드대 → 바이오 산업) ■ 보스턴 Gene Town(하버드대, MIT, 보스턴대 → 바이오 산업)
상호 네트워크형	집적지 내 구성원들의 상호 협력과 네트워크로 발전	■ 이탈리아 Emiglia Romagna(30만 개 중소기업의 네트워크 → 섬유, 세라믹타일, 수제화) ■ 아일랜드 Galway(Galway Technology Center 중심 산학연 네트워크 → S/W 산업)

자료 : 이덕희, 한병섭(2001), pp.65~80.

사례 6-1 혁신 네트워크와 클러스터 형성 사례

혁신 네트워크는 효과적으로 혁신을 창출·이전·확산하기 위한 혁신주체의 경제적 연합행위라고 할 수 있다(Metcalfe, 1995) 혁신 네트워크는 이의 궁극적 목적인 기술 변화와 혁신을 위해서 다양한 혁신주체가 효과적인 의사소통 구조를 매개로 상호보완적 혁신 자원을 상호 교류하는 관계적 구조로 정의할 수 있다. 혁신 네트워크는 지리적 근접성을 큰 특성으로 하기 때문에 지역 혁신 네트워크가 지역 외 혁신 네트워크에 비해서 혁신 성과 및 네트워킹 결과에 미치는 영향이 더 크게 나타난다(Stenberg, 1999).

구성원들의 네트워킹을 통해 끊임없이 진화하고 있는 실리콘밸리, 클러스터 내 상위 대기업 중심 클러스터 형태를 이루는 일본 도요타시의 자동차 클러스터, 바이오 산업의 메카로 부상하고 있는 샌디에이고 바이오 클러스터의 사례에 대해 간략히 살펴본다.

▪ 실리콘밸리

실리콘밸리는 스탠퍼드공과대학교의 Terman 교수가 그 지역 우수 졸업생들이 동부지역으로 이동하는 것을 우려하여 졸업생들의 창업을 독려한 데에서 비롯되었다. 실리콘밸리에 위치한 기업들은 세계적인 기업으로 성장하는 사례가 많았기 때문에 이를 중심으로 기업 연계구조가 발달되어 있다. 신기술을 보유한 대기업으로부터 분사나 독립이 이루어지면서 기업 수가 빠르게 증가하여 대학, 연구소, 대기업, 벤처기업, 전문 서비스 공급자들이 집적을 이루고 있는 세계 최고의 클러스터로 성장하였다. 실리콘밸리 경쟁력의 원천은 각 구성 주체들의 역량이 세계 최고 수준이며, 이러한 주체들의 네트워크를 통해서 첨단산업을 견인하고 있다는 점이다. 실리콘밸리 기업들의 독창적인 특성이라고 할 수 있는 도전 정신과 열린 문화를 바탕으로 개별 기업의 역량에 기반을 둔 네트워크를 형성한다. 전통적인 산업보다 제품 출시의 속도가 중요한 첨단산업의 특성에 맞게 다른 주체들과의 협력과 네트워크가 중요한 견인 역할을 한다. 그간 닷컴 기업의 버블 붕괴 등 다소의 굴곡이 있었으나, 스스로 조직화하는 시스템의 특성으로 새로운 산업을 창출함으로써 지속가능성을 유지하고 있다.

▪ 도요타시 자동차 클러스터

일본 도요타시의 자동차 클러스터는 1938년 도요타 자동차회사가 도요타시에 공장을 건설하면서 클러스터 형성의 기반이 마련되었다. 도요타시가 속해 있는 아이치현은 완성차 조립업체, 전문부품업체 및 관련 연구소의 집적을 보유한 일본 최대의 자동차 산업 집적지를 이루고 있다. 도요타의 총 14개 공장 중에서 12개, 미쓰비시의 8개 공장 중에서 3개의 공장이 이 지역에 입지하고 있다. 또한 도요타가 설립한 도요타 공업대학을 포함한 45개 대학과 도요타중앙연구소, 부품업체 연구소가 이 지역에 집적되어 있다. 도요타시 자동차 클러스터의 가장 큰 경쟁력은 클러스터 형성의 핵심적인 역할을 담당하는 대기업 중심의 네트워크 형성에서 비롯된다. 도요타는 부품업체와 자본 및 인적 교류를 바탕으로 강력한 네트워

그림 6-12 지리적 근접성에 따른 학습과 지식 창출(도요타시 자동차 클러스터)

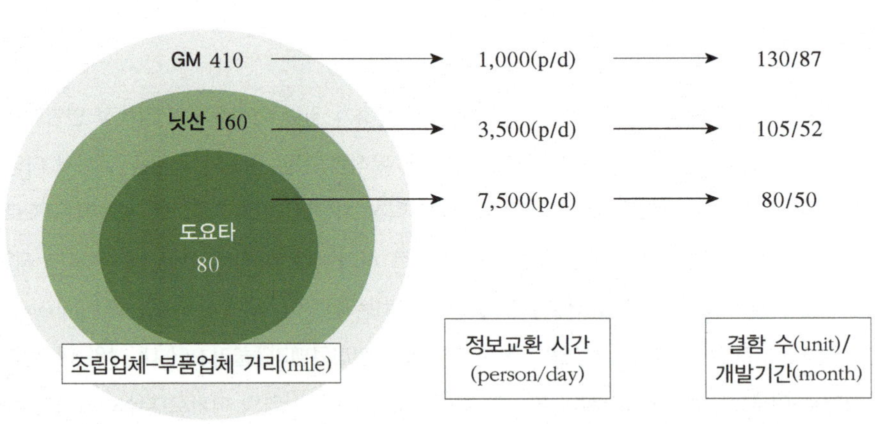

자료 : 복득규(2002)

크를 구축했다. 도요타와 협력업체 간 지식 이전, 컨설팅, 부품업체 간 연구회, 인력 교류, 각종 협력회 등이 활성화되어 있으며, 다양한 주체들이 지리적으로 인접해 있어서 의사소통과 협력이 원활하다.

▪ 샌디에이고 바이오 클러스터

1978년 Hybritech라는 첫 번째 바이오테크 회사가 샌디에이고에 설립된 이래 점차 관련 기업들이 모여들기 시작하여, 1985년 UCSD(UC San Diego) CONNECT 프로그램이 도입되고 퀄컴(Qualcomm) 사의 설립을 계기로 벤처 생태계가 서서히 조성되었다. 이후 바이오 산업이 활력을 띠고 바이오테크 기업들이 입지하면서 1995년 이후 본격적인 붐이 일어났다. 바이오테크 분야뿐만 아니라 바이오메디컬회사, Pfizer, Johnson & Johnson, Novartis, Lilly 등 대형 제약회사들까지 위치함으로써 명실상부한 바이오 산업의 클러스터가 형성되었다.

그림 6-13 샌디에이고 바이오 클러스터의 벤처캐피털 자금규모 추이

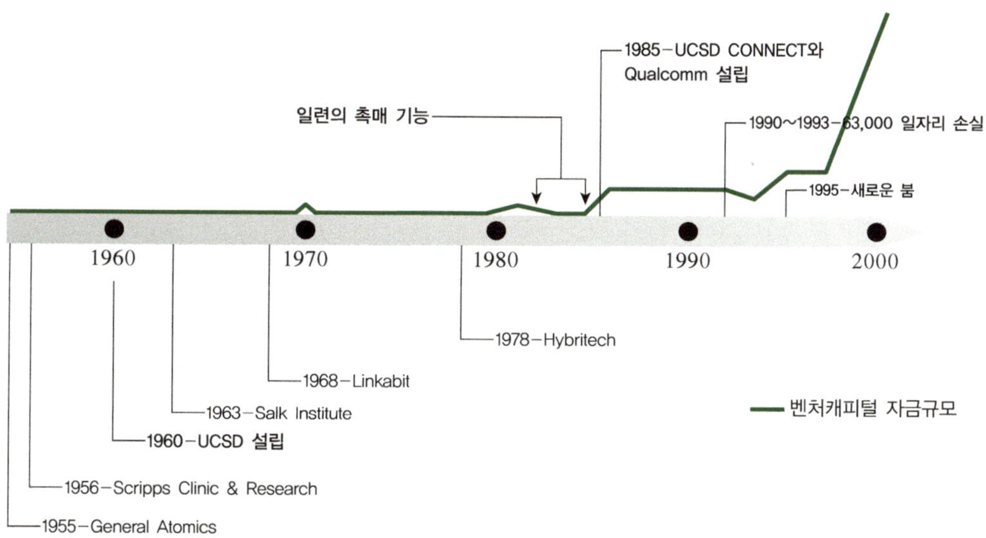

바이오 산업의 클러스터 형성에는 실리콘밸리와 같은 인근의 성공 사례가 훌륭한 예가 되었다. 대학교, 연구소, 기업, 벤처캐피털 등의 활발한 상호작용을 통한 벤처 생태계의 자생적 형성이라는 실리콘밸리의 경험이 또 다른 장소인 샌디에이고에서의 성공을 불러왔다. 또한 UCSD CONNECT와 같은 프로그램이 훌륭한 촉매 역할을 담당하여 벤처 생태계가 원활히 작동하게 하는 윤활유 역할을 하였다. 비록 붐이 조성되기까지는 상당한 시간이 걸렸지만 샌디에이고 바이오 클러스터는 어떤 임계점을 넘어서면 가속도가 붙어 새로운 국면을 창출하면서 스스로 조직화해 나가는 또 하나의 전형을 보여준다.

그림 6-14 UCSD의 CONNECT 프로그램

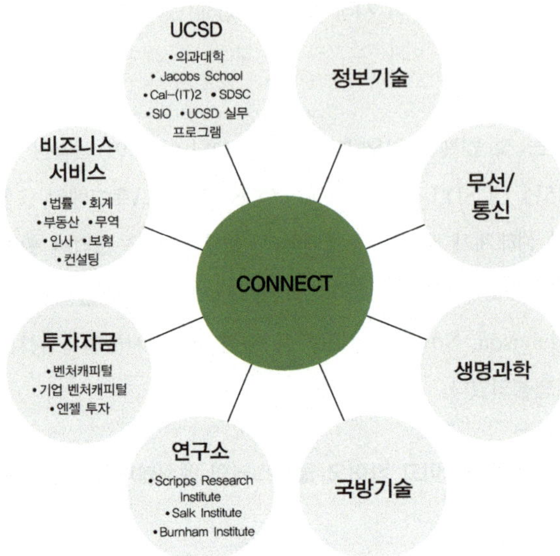

네트워크 과학

part **two**

II

통계물리학의 발전은 모든 세상을 노드와 링크로 이루어진 관계망으로 파악하는 네트워크 과학을 탄생시켰다. 네트워크의 위상 분석을 통해 연결의 분포구조와 연결의 강도, 동종 및 이질적 연결과 같은 노드들 간 질적인 관계 분석이 가능하다. 네트워크 분석 방법론은 경제주체들의 관계 분석에 소홀한 경제학에도 유용한 분석 틀을 제공한다.

제7장 네트워크 유형

1. 네트워크란 무엇인가? / 2. 물리적 네트워크
3. 사회적 네트워크 / 4. 생물학적 네트워크

네트워크는 기본적으로 '노드'와 노드 간을 연결하는 '링크'로 이루어져 있다. 하지만 대상에 따라 노드와 링크의 실체가 다양하므로 네트워크의 형태, 형성 메커니즘, 분석방법이 다르며, 그 의미 또한 다르다. 물리적 네트워크, 사회적 네트워크, 생물학적 네트워크에 대해서 알아본다.

1 네트워크란 무엇인가?

네트워크란 '노드(nodes 또는 vertices)와 링크(links 또는 edges)로 이루어진 유·무형의 집합체계'라고 간단히 정의 내릴 수 있다. 그러나 실제 네트워크의 존재 형태는 매우 다양하여 노드와 링크에 해당하는 요소가 다양하게 불리고 있다. 노드의 경우 기하학에서는 결절점, 물리학에서는 정지점(site) 또는 절, 식물에서는 마디 또는 절, 건축에서는 절점, 통신 및 컴퓨터과학에서는 노드, 사회학에서는 행동자(actor) 등으로 불린다. 링크의 경우도 물리학에서는 접합(bond), 컴퓨터과학에서는 연결(link), 사회학에서는 묶음(tie), 그 밖에 고리, 망, 접속, 관계 등의 명칭으로 불리고 있다.

두 개의 노드와 두 노드 간의 링크로 형성된 것이 가장 기본적인 네트워크의 구조라 할 수 있다. 그러나 네트워크가 진화하여 커지게 되면 다소 복잡한 구조를 띠게 된다. 하나의 카테고리 기준으로 보면 단일 수직적 계층구조의 관계지만, 또 다른 카테고리 기준으로 보면 새로운 수직적 계층구조가 형성되어 기존의 계층구조의 질서 위에 더해져 한층 복잡해진다. 또한 하나의 수직적 계층구조 내에서도 동일한 계층에서는 노드와 링크의 관계지만 상위 계층으로 가면 노드와 링크가 종합하여 하나의 단위 노드를 형성하게 된다. 이처럼 네트워크는 복잡한 중층적 구조를 띤다.

그림 7-1 네트워크의 기본 구조

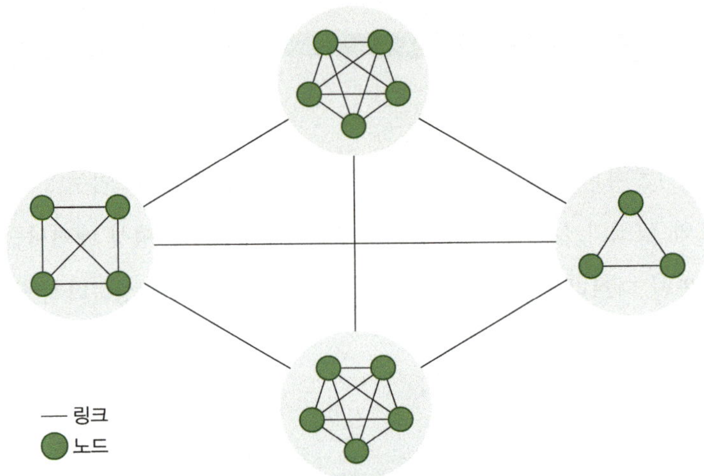

좀 더 구체적으로 들어가면 노드 및 연결 형태에 따라 유형이 분류된다. 간단하게는 연결에 방향성이 없는 동일한 타입의 노드와의 연결로 구성된 네트워크([그림 7-2] (a))부터 상이한 노드와의 연결로 구성된 네트워크((b)), 비중이 상이한 노드와의 연결로 구성된 네트워크((c)), 방향성을 가진 네트워크((d))까지 다양하다(Newman, 2003a).

네트워크는 크게 물리적(physical) 네트워크와 비물리적(nonphysical) 네트워크, 그리고 그 중간 형태인 생물학적 네트워크의 세 가지 형태로 나누어 볼 수 있다. 물리적인 형태의 네트워크는 통신, 방송망뿐만 아니라 철도, 도로, 항공, 운하, 전력 등 정보 및 기술적인 네트워크를 포괄한다. 비물리적 네트워크는 작게는 개인, 단위 조직에서 크게는 국가 간 관계에 이르는 추상적인 여러 사회적 관계를 일컫는다. 생물학적 네트워크에는 단백질, 세포 등 신진대사 네트워크 및 뇌신경 등 신경 네트워크 등이 해당된다. 물리적 네트워크의 경우 물리적 형태를 띠고 있어 네트워크의 관리와 통제가 용이하고 불확실성이 적은 편이다. 반면 비물리적 네트워크는 네트워크 구성원들이 자율성을 가지고 행동하기 때문에 상호작용을 통해 자기조직화하는 측면이 강하다. 따라서 복잡성과 불확실성이 훨씬 높다. 생물학적 네트워크는 복잡한 구

그림 7-2 여러 형태의 네트워크

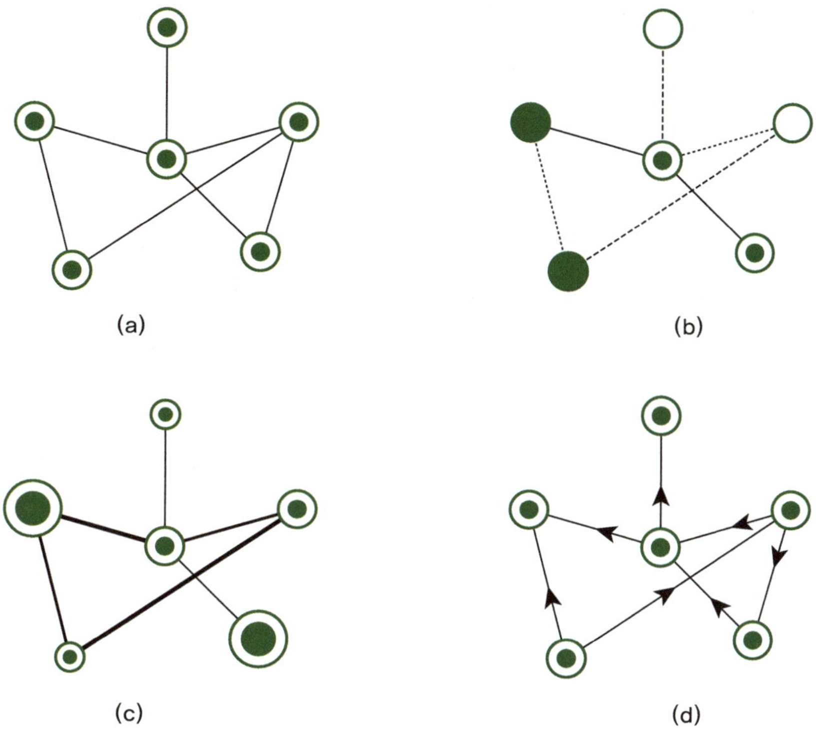

주 : (a) 단일 형태의 노드와 연결로 구성된 비방향성 네트워크, (b) 별개의 노드와 연결로 구성된 네트워크, (c) 다양한 비중의 노드와 연결로 구성된 네트워크, (d) 방향성을 가진 네트워크

조를 보이는 반면 매우 효율적인 기능을 유지한다.

동일한 네트워크라 하더라도 분석 관점에 따라 네트워크의 의미와 내용이 달라진다.

첫째, 네트워크 산업적 측면에서 네트워크 형성 비용, 소비자 효용, 사회적 후생 등 비용-편익 분석 차원에서 네트워크를 분석할 수 있다. 주로 경제학 이론을 적용하여 분석하는데, 이때 중요한 개념이 '네트워크 외부성'으로 이 개념을 적용할 경우 기존 경제학 이론의 수정이 불가피하다. 여기에는 물리적·비물리적 네트워크 형태 모두 분석의 대상이 될 수 있다.

둘째, 사회학적 측면에서의 접근이다. 주로 비물질적 네트워크를 대상으로 사회관계적 측면에서 네트워크를 분석한다. 사회학에서는 사회나 조직의 역동성의 주된 요인인 관계적 측면에 초점을 맞추어 연구를 수행한다. 네트워크의 구성요소들 가운데 상호관계, 접촉, 연결, 연합 및 협력 체제를 주 관심 대상으로 하여 공식적 계약관계뿐만 아니라 신뢰, 파트너십, 신

념 등 비공식적 관계를 포함하여 포괄적으로 접근한다.[1]

셋째, 공학적 측면에서의 접근으로 주로 물리적 네트워크에 국한하여 분석한다. 통신망, 도로망, 철도망 등에서 노드와 노드 간 정보나 물질의 이동이 혼잡 없이 원활하게 이루어질 수 있도록 기술적 · 공학적으로 어떻게 네트워크를 설계하느냐가 주된 관심사이다. 이를 위하여 노드 간 소통 물질의 양, 소통 속도 등의 데이터를 기초로 알고리즘, 시뮬레이션 기법 등 고도의 수학적 · 통계적 지식을 활용한다.

넷째, 기술경영적 측면에서의 접근으로 기술혁신을 위한 주체들 간의 협력과 경쟁관계를 주로 다룬다. 경제학, 경영학, 사회학 이론과 방법론들이 종합적으로 적용되어 연구가 이루어진다. 혁신 시스템의 관점에서는 연구, 교육, 훈련, 생산, 유통에 관련된 협력, 제휴를 비롯한 공식 · 비공식적 네트워킹 활동을 지역적 관점에서는 지역혁신체제, 국가혁신체제 등 다양한 기술혁신 활동을 둘러싼 유무형의 네트워크 체계를 대상으로 한다.

노드와 링크라는 기본 구조는 동일하더라도 형태에 따라 개념, 용어, 분석대상, 방법론 등이 달라진다. 최근에는 분석 관점들이 구분되지 않고 서로 융합하는 경향을 보인다. 네트워크 경제학이 물리적 · 비물리적 네트워크 모두를 대상으로 하는 만큼 다음에서는 물리적 네트워크, 사회적 네트워크, 생물학적 네트워크의 기본 구조에 대해서 살펴본다.

2 물리적 네트워크[2]

2.1 물리적 네트워크의 구성요소

물리적 네트워크에는 통신, 인터넷, 방송, 철도, 도로, 전기, 가스, 물류, 운하 등 여러 형태가 존재한다. 각각의 구성요소와 기술적 특성이 다르지만, 기본적으로 하나의 노드에서 다른 노드로 물질적 · 비물질적 재화나 정보를 보내고 받는 일련의 시스템으로 구성된다.

---

1. Castells(1996)는 네트워크 패러다임을 대표할 수 있는 가장 중요한 속성으로 접속성(connectivity)을 꼽고 있다.
2. Longstaff(2000)를 주로 참조하였다.

먼저 네트워크는 트래픽을 시스템에 올려보내는 송신자, 트래픽을 받는 수신자, 트래픽이 통과하는 채널, 트래픽의 채널을 통한 이동을 통칭하는 수송, 채널을 통해 이동되는 실체인 트래픽/수하물, 트래픽의 안전한 수송을 담당하는 보안, 네트워크 시스템 내에서의 안전과 보안을 위한 소통 시스템인 시그널링(signaling), 채널 내 혹은 채널 간, 상이한 수송체계 간 트래픽을 통제하는 스케줄링(scheduling), 트래픽의 입력과 출력이 이루어지는 터미널, 기타 시스템이 작동되는 데 필요한 요소인 보조 기능 등으로 구성된다.

표 7-1 네트워크의 구성요소와 기능

구성요소	기능	예
송신자	시스템에 트래픽을 올려보내는 자	제조업자, 통화송신자, 전기 및 오일 생산자
수신자	트래픽을 받는 자	소매업자, 소비자, 통화수신자
채널	트래픽이 통과하는 루트	도로, 수로, 통신망, 전기선, 파이프라인
수송	트래픽의 채널을 통한 이동	열차 및 트럭 이동, 신호 및 정보 전달
트래픽/수하물	채널을 통해 이동되는 실체	상품, 정보, 신호, 오일, 가스 등
보안	트래픽의 안전한 수송 보장 장치	공항의 보안 프로세스, 수하물 터미널 경비, 컴퓨터 보안
시그널링	시스템 내에서의 안전과 보안을 위한 소통 시스템	교통신호등, 표지판, 디지털신호 어드레싱, 에너지 유량 표시
스케줄링	채널 내, 채널 간 효율적 소통을 위한 트래픽 통제 시스템	라우팅, 스위칭, 열차시간표, 용량조절, 가격체계
터미널	트래픽의 입력과 출력이 이루어지는 장소 및 장치	기차역, 화물 터미널, 전화기, 오일 및 가스 저장소
보조 기능	기타 시스템 작동의 보조 기능	연료 장치, 전력(전화, 컴퓨터용), 예인선

(1) 송신자

일반적으로 우편, 전화, 인터넷, 도로, 철도 등 양방향 네트워크에서 송신자는 곧 수신자가 된다. 대개 송신자는 시스템에 트래픽을 보낼 때 일정 요금을 지불하게 되는데, 지불하지 않는 경우도 있다. 또한 반대로 송신자가 트래픽을 보냈음에도 수신자가 요금을 지불하는 경우도 있다. 예를 들어 미국 전화요금의 경우 전화를 거는 사람뿐만 아니라 받는 사람도 일정 부분 요금을 지불한다. 이는 통화 성립으로 인해 송신자뿐만 아니라 수신자도 효용을 누리기 때문에 이를 반영하지 않을 경우 발생하는 통화 외부성(call externalities)을 내부화한 경우이다. 물론 수신자 부담과 같은 송신자의 선택 사항은 대부분의 국가에서 별도로 존재한다. 대개 송신자들은 네트워크 내에 트래픽이 어떻게 전달되는지에 대해 통제할 수 없으며, 다만 전달 속도, 안정성 등을 요금제도를 통해 선택할 수 있다.

(2) 수신자

양방향 네트워크에서 수신자는 송신자와 별 다른 차이가 없다. 그러나 단방향 네트워크일 경우에는 일반적으로 수신자는 송신자에 비해 협상력이 낮아 상황이 달라진다. 수신자가 집합적으로 대규모 수요를 형성하고 의견을 모을 수 있는 메커니즘을 보유할 경우에는 상당한 협상력을 가지고 시장에 영향력을 행사할 수 있다. 그러지 않으면 흩어진 수동적인 존재에 불과해 단지 납세자 또는 유권자 정도에 지나지 않는다. 그러나 정보통신기술의 발달로 양방향 네트워크가 발달되고 보편화되어 수신자와 송신자의 구분이 모호해지면서 송신자인 동시에 수신자인 경우가 많아져 전달 속도, 안정성, 가격 등의 선택에서 수신자의 협상력이 높아지고 있다.

(3) 채널

대개 신규 채널은 기존 채널보다 훨씬 우수하다. 왜냐하면 시장을 지배하고 있는 기존 채널과 경쟁하기 위해서는 송신자와 수신자에게 보다 우수한 서비스를 제공해야 하며, 그러기 위해서 더 큰 용량과 빠른 속도를 제공해야 하기 때문이다. 하지만 채널의 구축은 대규모의 초기 투자비용이 들기 때문에 아무나 쉽게 구축할 수 있는 것은 아니다. 따라서 정부가 직접 소유 혹은 투자하여 공공재로서 제공하고 대신 규제하거나 혹은 기존 사업자가 소유한 채널을 신규 사업자에게 저렴하게 빌려주도록 함으로써 진입장벽을 낮추어 경쟁하도록 유도한다. 이러한 과정에서 '자연독점', '규모의 경제', '범위의 경제', '민영화', '상호접속' 등의 이슈들이 나타나며, 특히 통신, 방송, 전력 산업 등에서 기존 사업자와 신규 사업자 간의 공정경쟁을 둘러싼 다양한 이슈들이 제기된다.

(4) 수송

채널을 소유한 사업자가 수송을 함께 담당할 수도 있지만 네트워크 유형에 따라서는 채널 소유자가 아닌 다른 사업자가 수송을 담당하는 경우도 흔하다. 화물수송, 택배 등 물류 산업이나 우편업무가 전형적인 경우로서 공공기관이 도로나 철도 등의 채널을 소유하지만 수송은 물류 전문 업체들이 담당하고 있다. 통신, 방송도 그와 유사한데, 통신 서비스의 경우 망을 소유하지 않고 통신 서비스를 제공하는 별정통신사업자(MVNO 등)가 이에 해당된다. 방송의 경우도 케이블 방송은 방송사업자(SO)와 망사업자(NO), 프로그램 제공자(PP)가 분리되어 이 중에서 망사업자가 수송을 담당한다. 대개 사업자들은 일등급(first-class), 특급(express) 등 수송 품질에 따라 가격을 차별화하여 수익을 극대화한다.

(5) 트래픽

트래픽은 채널을 통해 이동되는 내용물로서 패키지 형태와 비패키지 형태의 두 종류로 나뉜다. 전자의 예로는 봉투에 담겨져 전달되는 편지, 자동차, 배, 비행기에 탑승하여 이동하는 승객 등을 들 수 있다. 후자의 예로는 파이프라인을 통해 수송되는 가스, 거리를 걷는 도보자 등 개별 단위로 이동하는 경우를 들 수 있다. 전자의 경우 패키지 단위와 채널 간의 호환성이 문제가 된다. 예를 들어 철도의 트랙과 객차가 동일한 규격을 유지해야만 철도 시스템이 온전하게 작동된다. 우리나라 철도는 넓은 트랙이지만 일본은 좁은 트랙을 채택하였다. 이 문제는 비단 기술적인 문제에 그치지 않고 경쟁전략적으로 활용되기도 한다. 예를 들어 한국의 닌텐도 게임 수입업자가 사용자들이 다른 나라로부터 저렴한 가격의 게임팩을 구입하여 사용하는 것을 방지하기 위해 다른 국가와 다른 규격의 게임팩(트래픽)과 콘솔(채널)을 채택하는 경우이다. 일반적으로 소비자는 기술이나 서비스의 호환을 선호하는 반면 생산자는 시장점유율 감소를 우려하여 비호환을 선호하는 경향을 나타낸다.

(6) 보안

네트워크는 기본적으로 온전해야 한다. 서로 연결되어 거대한 집합체를 형성하기 때문에 어느 한 부분이 온전하지 못하면 상당한 비용을 지불하며, 때로는 예기치 않은 엄청난 피해를 유발한다. 사고로 인해 교통혼잡이 야기되거나, 홍수로 다리가 유실되어 마을 전체가 고립되거나, 항공 교신 주파수의 혼잡으로 인해 수많은 비행기의 이착륙이 지연되는 경우가 바로 네트워크의 안전 및 보안과 관련된 문제들이다. 트래픽이 채널을 통하여 이동될 때 분실이나 손상이 되지 않도록 안전하게 보호되어야 한다. 비행기의 승객과 수하물을 보호하는 장치, 에너지 네트워크에서 유출을 탐지하거나 흐름을 측정하는 장치, 인터넷의 개인정보 보호와 보안 등이 모두 이와 관련된다.

(7) 시그널링

시그널링은 네트워크 내부의 소통 기능을 말한다. 시그널링은 도로나 철도의 신호등처럼 트래픽이 상호 충돌 없이 원활하게 소통되도록 하는 기능을 담당한다. ICT 기술의 발전은 이러한 커뮤니케이션 기술을 획기적으로 발전시켜 보다 효율적인 시그널링을 가능하게 한다. 바코드나 RFID(Radio Frequency Identification) 등이 도입됨으로써 트래픽이 세밀하게 모니터링되어 전체 물류 시스템의 효율성이 제고된다. IoT, AI 기술이 보편화됨에 따라 네트워크 내부의 트래픽 소통이 더욱 효율적으로 이루어질 것이다.

(8) 스케줄링

스케줄링은 네트워크의 온전한 기능을 위한 트래픽 통제 시스템을 통칭한다. 여기에는 라우팅(routing), 스위칭, 용량 통제, 가격체계 등이 포함된다. 라우팅은 트래픽 이동 시 네트워크 내에서 가장 효율적인 루트를 찾아가도록 하는 기능을 담당한다. 채널 내 혼잡 상황 등을 고려하여 시간을 단축하는 경로를 찾아가도록 라우팅을 설계한다. 또 채널 간 많은 연결점을 만들어 되도록이면 많은 경우의 수가 생기도록 네트워크를 설계하는 것이 중요하다. 이를 위해 수학적 모델이나 컴퓨터 시뮬레이션 기법이 사용된다.

스위칭은 상이한 네트워크 계층 간에 트래픽을 최소 시간 내에 착오 없이 이동시키는 역할을 담당한다. 시내전화와 장거리전화 간, 백본망과 가입자망 간, 고속도로와 국도 간 스위칭이 대표적이다. 대개 상이한 네트워크 계층 간을 이동할 때에는 용량이 달라지기 때문에 병목 현상과 같은 혼잡문제가 발생하기 쉽다.

용량 통제는 채널 내 트래픽의 소통이 원활하게 이루어지도록 트래픽의 양을 통제하는 시스템을 일컫는다. 피크타임 때 혼잡비용을 줄이기 위한 물리적 통제 기능을 들 수 있다. 전형적인 예가 명절이나 공휴일일 때 고속도로 진입이 차단되는 경우이다. 보다 장기적으로는 도로나 통신망을 확충함으로써 해결할 수 있다. 또 다른 방안은 유연한 가격체계를 도입하여 트래픽을 분산시키는 것이다. 대표적인 것이 성수기와 비성수기에 따라 가격을 달리하는 것(peak and off-peak pricing)으로 트래픽이 피크일 때는 높은 가격을, 그렇지 않은 때는 낮은 가격을 부과한다. 서비스의 안정적인 공급은 높은 가격을, 불안정적인 공급은 낮은 가격으로 설정하여 소비자들이 상품을 스스로 선택하도록 하기도 한다. 그 밖에 송신자와 수신자 사이의 거리에 따라 또는 트래픽의 양에 따라 단위 가격을 할인하는 가격체계도 널리 활용된다.

(9) 터미널

터미널은 트래픽이 중간 혹은 최종적으로 머무르는 곳으로 송신자와 수신자가 트래픽을 직접 접촉하는 지점이다. 터미널은 채널과 호환이 되어 트래픽을 소통하는 데 기술적으로 아무런 문제가 발생하지 않아야 한다. 또 송신자와 수신자의 인터페이스는 쉽게 사용할 수 있도록 설계되어야 한다. 정보통신 서비스 분야에서 다양한 융합 서비스가 출현하면서 터미널(단말기)의 형태도 매우 다양해지고 있다. 스마트폰에서 경험하였듯이 터미널(단말기)의 형태는 서비스의 진화 방향 선택에 중요한 영향을 미친다. 반대로 기술의 진화 패턴이 터미널의 형태에 영향을 미치기도 한다. 기존 기술에서 신기술로 이전이 느린 경우 셋톱박스 시장이 활성화되는 현상은 이와 관련이 있다.

(10) 보조 기능

보조 기능은 네트워크상의 트래픽 소통에 보조적인 기능을 담당하지만 없어서는 안 되는 기능들이다. 대표적인 것으로 전력, 가스, 석유 등 에너지원을 들 수 있다. 트래픽 이동에 필수적인 각종 원료·물질의 공급과 가격 등도 원래의 네트워크 서비스의 원활한 공급 및 경쟁력에 영향을 미치는 요인들이다. 이 밖에 본 네트워크의 작동을 도와주는 다른 네트워크의 원활한 운용도 중요하다. 예를 들어 전력공급 네트워크의 경우 석탄의 수송을 위한 철도나 바지선 네트워크, 천연가스 네트워크, 전력 사용량을 측정하는 통신 네트워크 등이 원활하게 작동되어야 본 네트워크도 작동할 수 있다.

2.2 네트워크의 특징 및 문제점

(1) 병목 현상

네트워크의 가장 흔한 문제이면서 심각한 문제 중 하나가 바로 병목 현상이다. 이로 인해 트래픽의 혼잡 현상이 발생하기 때문이다. 주된 이유는 채널의 용량이 부족하여 트래픽을 수용하지 못하거나 혹은 채널 간 상호 연결이 부족하여 트래픽 소통이 원활하지 못해 발생한다. 병목 현상의 해결은 용량을 확대하거나 네트워크 간 연결점을 구축함으로써 가능하다. 한편 정보통신 네트워크에서는 가입자망이 필수설비 또는 병목설비로서 사업자들 간 경쟁관계에서 매우 중요한 의미를 지닌다. 대개 필수설비를 구축하는 데는 상당한 비용이 들기 때문에 이것이 신규 사업자들에게 큰 진입장벽으로 작용하여 시장경쟁 활성화에 장애요인이 된다. 따라서 규제당국자는 공정한 경쟁 여건을 조성하기 위해 기존 사업자들로 하여금 필수설비를 신규사업자에게 의무적으로 개방하도록 규제한다.

(2) 접속

네트워크의 범위와 종류가 다양해지면서 접속이 점점 중요해진다. 트래픽의 원활한 소통을 위해서뿐만 아니라 다양한 서비스의 실현을 위해서도 접속은 필수적이다. 또한 네트워크 간 접속으로 규모의 경제를 실현할 뿐만 아니라 기존 네트워크에 대한 접속을 통해 네트워크 사용의 효율성을 높임으로써 네트워크에 대한 과잉·중복 투자도 방지할 수 있다.

정보통신 네트워크의 경우 과거 동등접속(equal access) 문제는 유무선 융합이나 통신방송 융합의 추세에서 공정 경쟁의 주요 이슈였다. 가령 위성방송이나 위성 DMB 서비스에 대한 지상파 재전송 거부, 이동통신사업자들이 무선 포털사이트를 자사의 것으로 독점화하는 무선 인터넷 개방문제, 온라인 음악 서비스에서 비호환 DRM(Digital Rights Management)으로 인해 타사의 음악 포털사이트에서 다운로드받은 음악파일이 자사 핸드폰에서 작동이 되지 않는 문제 등은 시장배제(market foreclosure)의 대표적인 예이다.

(3) 트래픽 규모

이동되는 트래픽의 양에 따라 규모의 경제가 적용되어 적은 양보다는 일정한 규모 이상일 경우에 단위비용이 저렴하다. 이른바 대량 공급에서 오는 이점이다. 그러나 정보기술의 발달에 따라 작은 규모에서도 규모의 경제 실현이 가능하여 MVNO(Mobile Virtual Network Operator ; 알뜰폰 사업자)와 같이 MNO(Mobile Network Operator)로부터 망을 빌려 소규모 이동통신 서비스를 제공하는 사업이 가능해졌다. 트래픽 통제에 ICT 기술을 접목하여 전반적으로 효율성이 증대되고 있다. 트래픽을 적정 규모로 저장, 패키지화하거나 트래픽 추적 시스템을 채택하여 비용을 절감시키려는 노력들도 활발한데, 특히 승객이나 화물 수송, 물류 산업 등에 많이 적용된다.

(4) 네트워크 거리

일반적으로 장거리가 단거리보다 단위비용이 저렴하다. 마찬가지로 규모의 경제 원리가 적용된다. 대도시 지역의 시내전화망 구축은 비록 거리가 짧지만 비용이 높으며, 반대로 농촌 지역은 거리가 길지만 비용이 저렴하다. 또한 시내전화망은 구축에 많은 비용이 들며, 매몰비용이 높아 투자하기가 용이하지 않은 자연독점적 성격을 지닌다. 이런 특성으로 시내전화는 정부 규제의 대상이 되는 반면, 장거리 전화는 상대적으로 경쟁적이다. 비행기의 경우 이륙과 착륙 시에 비행 중일 때보다 연료가 많이 소요되는 현상도 이와 무관하지 않다.

한편 정보기술의 발달은 동일한 네트워크 내에서 네트워크 연결 범위를 확대할 뿐만 아니라 기술 간 융합에도 영향을 주어 상이한 네트워크 간에도 연결할 수 있게 해 점점 연결 범위를 넓히게 한다. 이는 네트워크 외부성을 확대시키고 규모의 경제, 범위의 경제를 증대시켜 수확체증 원리가 더 작동되는 세계로 변모시킨다.

(5) 네트워크 생산성

네트워크의 생산성 혹은 효율성은 결과적으로 네트워크 내 트래픽이 얼마나 효율적으로 이동되고 있는가로 나타난다. 즉, 얼마나 신속하게 트래픽 흐름이 유지되고 있는가인데, 여기에는 앞서 살펴본 네트워크의 구성요소들이 모두 관련된다. 터미널, 스케줄링, 시그널링 등의 시스템이 얼마나 트래픽을 효율적으로 통제하고 있는가가 네트워크 생산성에 영향을 미친다. 네트워크를 공학적인 차원에서 다루는 영역에서는 네트워크의 효율성 혹은 생산성을 네트워크 속도와 용량의 곱으로 가늠한다. 트래픽 통제 시스템뿐만 아니라 채널이 2차선이냐 혹은 4차선, 협대역이냐 혹은 광대역이냐에 따라 네트워크 속도가 기본적으로 제약을 받기 때문이다.

네트워크 생산성과 관련된 또 다른 요인으로 상호 연결점이 있다. 상호 연결점은 트래픽 소통에서 경우의 수와 관계되며, 특히 트래픽의 혼잡 상황이 발생하였을 때 혼잡을 누그러뜨리는 데 중대한 영향을 미친다. 도로의 예를 들면 도로와 도로가 만나는 교차점(IC)이 많을수록 경로의 경우의 수가 많아져 혼잡 상황이 발생했을 때 우회 경로가 많아지기 때문에 혼잡이 가중되는 것을 방지할 수 있다. 일반적으로 교차점에서는 8가지 경로의 수가 만족되어야 원활한 소통의 흐름이 이루어진다.

그림 7-3 도로 교차점(IC)의 경로

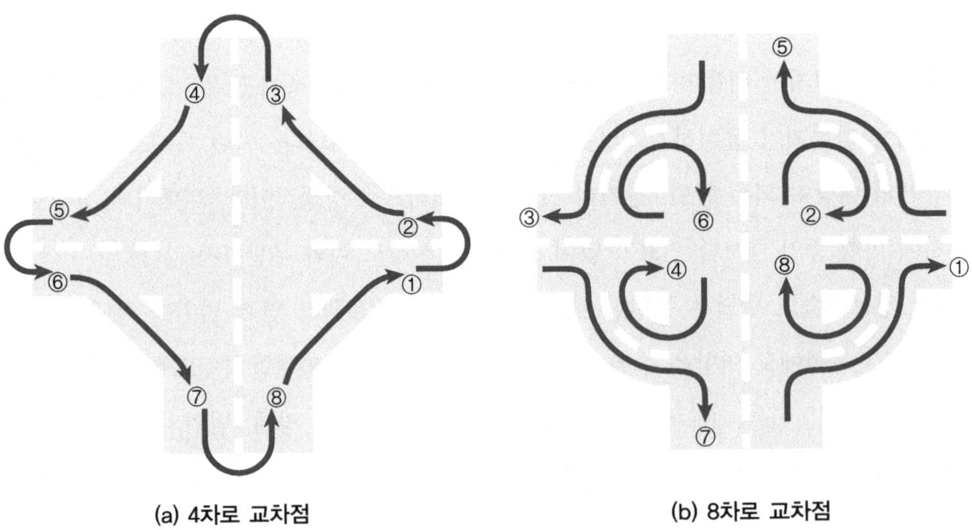

2.3 단방향 네트워크와 양방향 네트워크

단방향 네트워크는 노드들 간 연결이 한 방향으로만 소통되는 경우로 방송이나 전기, 가스 등 에너지 네트워크가 이에 해당한다. 일방적인 성격이 강해 대개 공공재 서비스에 단방향 네트워크가 적용되는 경우가 많다. 로컬보다는 중앙에서 통제하는 경우가 많고 노드들 간 상호작용이 낮아 역동성이 낮은 특성을 지닌다.

양방향 네트워크는 노드들 간 연결이 양 방향으로 소통되는 경우로 전화, 인터넷, 도로, 철도 등의 네트워크가 이에 해당한다. 개별 노드 간에 활발한 상호작용이 있어 네트워크 크기가 급속하게 확대되며, 역동성이 높은 특성을 지닌다.

표 7-2 단방향과 양방향 네트워크 비교

	양방향 네트워크	단방향 네트워크
로컬 서비스	의미 있음	의미 없음
상호작용	존재	존재하지 않음
네트워크 크기	$2n$개 생성	n개 생성
역동성	높음	낮음

사례 7-1 통신과 방송의 가입자 추이

단방향 네트워크인 지상파 TV 및 케이블 TV와 양방향 네트워크인 이동통신 및 인터넷 서비스의 가입자 수 추이를 비교해 보면 양방향 서비스의 증가 추이가 훨씬 빠르다. 1991~2002년 사이 지상파 TV 가입자 수는 10년 동안 총 120% 증가한 1,800만 명인 데 비해, 이동통신 서비스는 서비스 개시 8년 만에 18배 증가한 3,200만 명으로 높은 성장을 기록했다. 인터넷 서비스 가입자 수도 본격적인 초고속 인터넷이 도입된 1997년 이후 채 2년도 되지 않아 100만 명을 넘어섰고, 2002년도에는 2천 7백만 명에 이르는 높은 성장률을 기록하였다. 비록 지상파 TV나 케이블 TV가 가구 기준 가입자라 하더라도 증가 속도가 비교된다.

이동통신 서비스는 개별적인 사용자를 기반으로 한다는 특징 이외에도 양방향 매체라는 속성을 지닌다. TV 가입자 수가 늘어나도 개인이 느끼는 효용에는 큰 영향을 주지 못하지만, 이동통신의 경우 가입자 수가 증가되면 개인이 느끼는 네트워크의 효용성이 배가된다. 그만큼 상호작용이 많고 네트워크 외부성이 크기 때문이다.

그림 7-4 통신방송 서비스별 가입자 수 추이

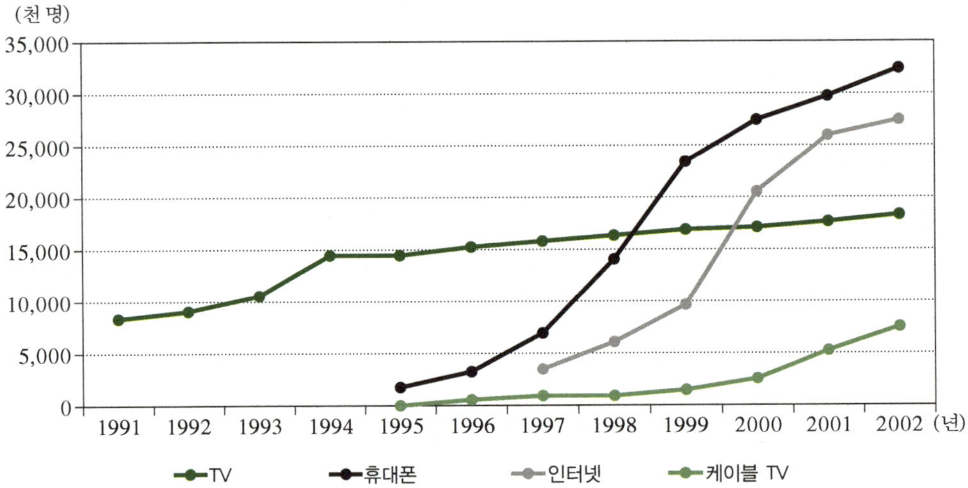

자료 : 정통부, KBS, 한국인터넷정보센터(KRNIC), 한국케이블TV방송협회(KCTA).

3 사회적 네트워크[3]

사회적 네트워크 분석은 사회를 구성하는 주체들 간에 존재하고 있는 관계와 이들 관계의 형태, 형성 과정, 그리고 관계의 의미를 주로 연구대상으로 한다. 관계는 주체들 간의 연계를 의미하며, 정치적·경제적·상호작용적·정서적인 관계, 물리적 연결(정보통신망, 도로 등) 등을 포함하는 포괄적인 개념이다. 사회적 네트워크 연구에서는 다음과 같은 측면들이 중요하게 다루어진다. 첫째, 네트워크 주체와 주체 간 행동은 상호 의존적이기 때문에 주체들 간의 연계는 자원의 전달이나 흐름의 수단으로 활용될 수 있다. 둘째, 개별 주체에 중점을 둔 네트워크 모델에서 네트워크 환경은 개별 주체들에게 기회를 제공하는 동시에 제약 요인으로 작용한다. 셋째, 네트워크 모델은 정치, 경제, 사회 등의 구조를 주체들 간 관계의 연속으로 인식한다.

---

3. Wasserman and Faust(1994), pp.17~21.

3.1 사회적 네트워크의 구성요소

사회적 네트워크를 구성하는 요소로는 주체(actor), 관계(relation), 연결(tie)이 있다. 주체는 네트워크 연구에서 관심이 되는 사회적으로 독립된 존재(social entity)를 의미한다. 네트워크를 구성하는 주체는 개인, 기업, 집합적인 사회단체 등이 될 수 있다. 예로 그룹 내의 사람들, 조직 내의 부서, 도시 내의 공공 서비스 기관, 국제기구의 국가별 지점 등을 들 수 있다. 주체들은 스스로 행동하기 위한 의지나 능력을 반드시 필요로 하는 것은 아니며, 대부분의 사회 네트워크 연구에서는 주체들을 동일한 성격을 갖는 집합적 개념으로 다룬다.

그림 7-5 네트워크의 구성요소

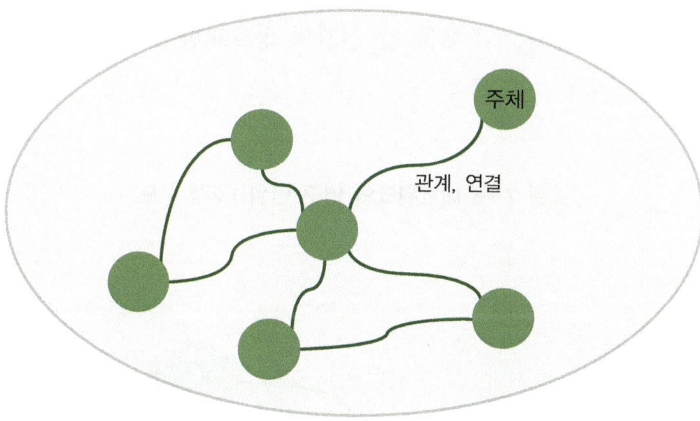

관계는 네트워크의 구성원 사이에서 특정한 성격을 띠는 연결들의 집합을 말한다. 한 학급 내에서 어린이들 사이의 교우관계, 양국 간에 지속되어온 공식적 외교관계 등이 그 예이다. 하나의 조직은 여러 개의 다른 관계를 가지고 있을 수 있는데, 위에서 언급되었던 국가 간 네트워크에서는 양국 간 외교관계뿐만 아니라 두 국가 간의 교역량 또한 하나의 관계가 될 수 있다. 이처럼 관계는 다양하여 물질적 거래, 자원의 흐름, 상호작용, 그룹 멤버십, 상대에 대한 정서적인 평가 등 어떠한 관계도 연구의 대상이 될 수 있다. 또한 관계는 그 관계를 구성하는 주체들의 특성과 관계없이 관계 자체의 특성으로 파악된다. 예를 들어 두 국가 사이의 교역량은 두 국가의 특징과는 별개이며, 국가의 특징은 교역량이라는 관계 속에서 그 의미를 지닌다.

연결(tie)이란 한 쌍의 주체의 결합을 의미한다. 주체 간에 존재하는 연결의 범위와 형태는 매우 다양하다. 예로 타인에 대한 평가, 물적 자원의 전달, 연합이나 제휴, 대화나 메시지를 주고받는 것과 같은 상호작용, 장소의 이동이나 상태의 변화, 도로나 강, 교량 등의 물리적인 연결, 권한과 같은 형식적인 연결, 가족이나 혈족과 같은 생물학적 연결 등을 들 수 있다.

3.2 네트워크의 단위

사회적 네트워크는 주체들의 관계에 따라 2각 구도, 3각 구도, 하부 조직(subgroup), 조직(group)의 단위로 구성된다. 2각 구도(Dyad)는 한 쌍(pair)의 주체와 이들 간의 관계를 연구의 대상으로 한다. 쌍은 네트워크 연구에서 가장 기본적인 연구 단위이다. 2각 구도를 기본 단위로 하는 네트워크 연구에서는 주체들 간 연결의 상호교환성 여부와 같은 관계의 특성에 집중한다.

그림 7-6 네트워크의 연구 단위 : 2각 구도

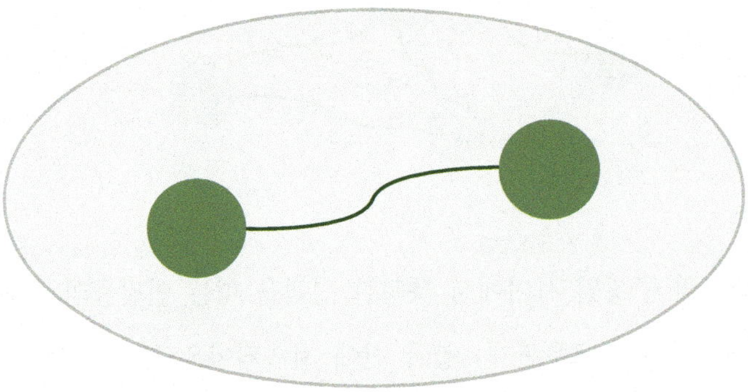

3각 구도(Triad)의 경우는 세 주체들 간의 관계를 기본 단위로 한다. 3각 구도는 잠재적으로 세 개의 연결을 포함하고 이들 연결의 이행성(transitivity)이나 균형(balance) 등이 연구 대상이 된다.

그림 7-7 네트워크의 연구 단위 : 3각 구도

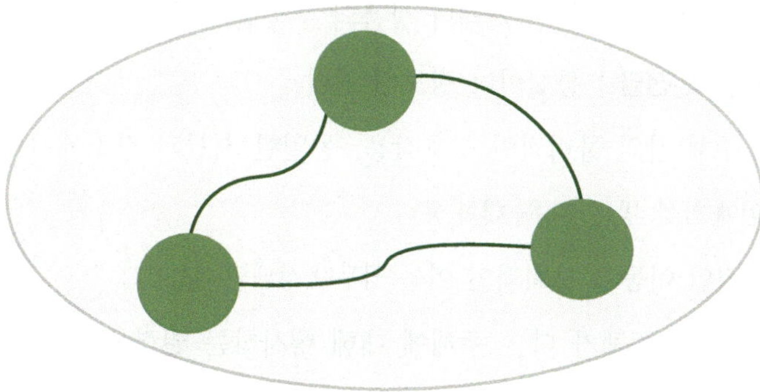

2각, 3각 구도에서 확장된 연결이 하부 조직과 조직이다. 하부 조직은 한 조직 내의 임의의 주체들로 이루어진 하위 집합과 그들 간의 연결로 이루어진다. 사회 네트워크 연구에서 특정한 범주 내에서의 하부 조직의 위치와 하부 조직에 대한 연구는 중요하다. 조직(Group)은 측정 가능한 범위 내의 주체들의 집합으로 정의된다. 네트워크 연구는 조직 내 주체들 간의 연결관계를 밝히는 것뿐만 아니라 조직 간의 관계를 밝히는 것도 중요하므로 조직은 중요한 연구 단위가 된다.

3.3 네트워크의 형태

▪ 1모드 네트워크

1모드 네트워크는 동일한 특성을 갖는 하나의 주체들의 집합으로 이루어진다. 주체들의 집합은 개인, 하부 조직, 조직, 집합적 공동체 등 다양한 형태를 띨 수 있다. 네트워크 연구에서 대부분의 경우 연구하고자 하는 주체가 동일한 집단에 속한 경우가 많기 때문에 1모드 네트워크는 네트워크 연구의 가장 일반적인 형태이다.

1모드 네트워크에서 주체들의 관계는 특정한 목적을 갖는 연결이나 그 관계의 내용을 나타낸다. 1모드 네트워크에서 관계는 다음과 같은 다양한 관계를 포함한다(Knoke and Kuklinski, 1982).

① **개인에 대한 개별적인 평가** : 우정, 친밀감, 존경과 같은 개인에 대한 개별적 평가

② **물적 자원의 거래** : 상업적인 거래나 상품의 수출입과 같은 물적 자원의 거래 및 전달

③ **비물질적 자원의 전달** : 통신이나 정보의 전달

④ **상호작용** : 주체 간의 물리적인 상호작용, 동일한 시간과 장소에서의 존재(근접해 있는 것, 같은 모임에 참석, 방문, 교육, 대화 등)

⑤ **이동** : 물리적인 이동과 사회적인 이동(업무나 상태의 이동)

⑥ **역할** : 연결은 한 주체가 다른 주체에 대해 행사하는 권력을 나타낼 수 있음(고용주와 피고용인, 스승과 제자, 의사와 환자 등)

네트워크의 연구에는 주체들의 관계에 대한 정보 외에도 주체들의 속성이 포함될 수 있다. 기업을 대상으로 할 경우 이익, 수익, 지리적 위치, 기업의 목적 등이 네트워크 연구를 위해 포함될 수 있다.

그림 7-8 네트워크의 형태 : 1모드 네트워크

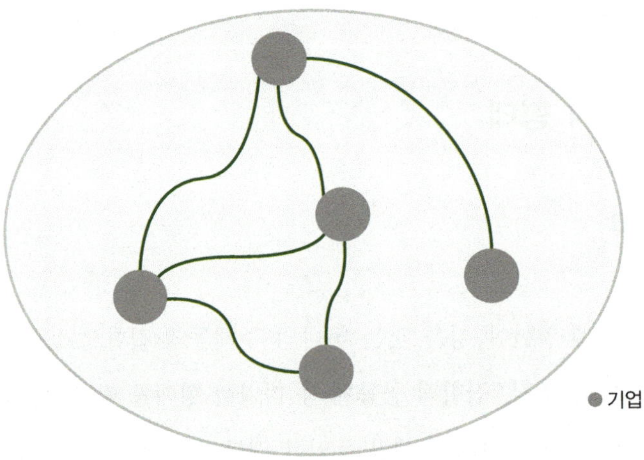

▪ 2모드 네트워크

2모드 네트워크는 연구의 대상이 되는 집단이 2개인 경우이다. 2모드 네트워크는 다른 성격의 두 가지 주체 집합을 연구의 대상으로 하는 2각-2모드 네트워크(dyadic two-mode network)와 한 종류의 주체 집합의 주체와 행동(event, activity)을 연구의 대상으로 하는 비2

각-2모드 네트워크(non-dyadic two-mode network)로 나눌 수 있다.

2각-2모드 네트워크의 주체는 성격이 다른 두 집합이다. 이들의 관계는 각기 다른 집단의 주체들 간의 연결로부터 측정된다. Galaskiewicz and Wasserman(1989)은 영리를 목적으로 하는 기업체와 비영리 단체 간의 관계를 2각-2모드 네트워크의 예로 설명한다. 기업체와 비영리 단체 간 네트워크의 주요 관계 설정은 기업체에서 비영리 단체에 무상으로 제공하는 기부금의 흐름에서 비롯된다. 이처럼 2각-2모드 네트워크는 서로 대등한 관계에 있는 두 집단의 구성원들 간 연결관계를 대상으로 한다.

그림 7-9 2각-2모드 네트워크

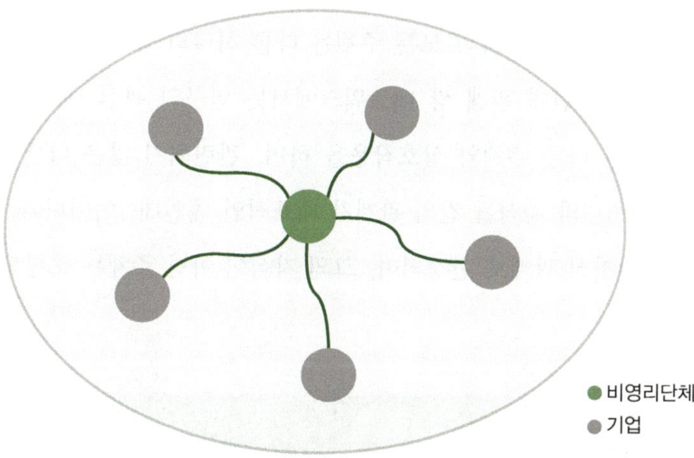

비2각-2모드 네트워크는 한 집합의 주체들의 행동을 주 연구 대상으로 한다. 일명 제휴 네트워크(affiliation network)라고도 하는데 이 네트워크에는 주체들의 집합체와 이 주체들이 관련되거나 속한 사건 및 행동에 대한 집합체가 존재한다. 주체들의 행동은 주체가 어떠한 공동체 또는 협의체에 소속되거나 제휴관계를 갖는 형태에서 비롯된다. 구체적으로 클럽이나 자원봉사 조직의 멤버십이나 정치적 집회나 사건에 참석하는 것, 이사회 임원으로 활동하는 것이나 작은 규모의 그룹의 일원으로 활동하는 것 등을 들 수 있다. 각각의 행동에 참여하는 주체들의 타입에 따라 주체들이 서로 특별한 관계를 맺게 된다.

▪ 자아 중심적 네트워크

자아 중심적 네트워크(ego-centered network)는 중심이 되는 주체(ego, focal actor)와 중심이 되는 주체와 연결되어 상호작용하는 다른 주체(alter)로 구성된다. 자아 중심적 네트워크는 개인 네트워크 연구에서 많이 이용된다.

▪ 관계 쌍 네트워크

일반적으로 1모드 네트워크에서는 모든 주체들이 서로 연결되어 있다고 간주하며, 2모드 네트워크에서는 하나의 네트워크의 모든 주체는 다른 하나의 네트워크의 주체와 모두 연결되어 있다고 간주한다. 그런데 관계 쌍 네트워크에서는 연구의 관심 대상을 한 쌍으로 한정한다. 한 주체는 특정한 다른 주체와 상호작용을 하며, 관련되지 않은 다른 주체와는 상호작용을 하지 않는다. 어머니와 자식들 간의 관계가 대표적인 예인데, 어머니와 자식의 상호관계는 오직 어머니와 그의 자식 관계로 한정되며, 그의 자식이 아닌 주체는 포함되지 않는다.

4 생물학적 네트워크

생물학적 네트워크는 물리적 네트워크나 사회적 네트워크보다 훨씬 복잡하고 정교한 구조를 보인다. 신경 네트워크의 경우 외부의 충격에 대해 정보를 흡수하고 반응을 보이기까지 매우 신속하고 효율적인 전달 메커니즘을 유지한다. 사회과학적, 정책적 연관성과 시사점이 적지 않은 네트워크이다. 대표적인 생물학적 네트워크인 신진대사 네트워크와 뇌신경 네트워크의 형태에 대해서 간단히 살펴보기로 한다.

4.1 신진대사 네트워크

단백질, DNA, RNA, 분자 등 세포 신진대사에 관련된 여러 구성원들은 그 과정에서 매우 역동적인 상호작용을 하는 일련의 복잡계 네트워크를 구성한다. 각 구성원들의 네트워크 프로세스가 다양하고 복잡함에도 불구하고 네트워크 구조는 공통적인 모습을 보이고 있다. 즉, 랜덤 네트워크보다는 스케일프리 네트워크 구조를 보인다. 생물학적 네트워크에도 선호적 부착(preferential attachment)과 같은 원리가 기본적으로 적용된다고 볼 수 있다.

단백질의 예를 들어보자. 단백질은 주로 촉매 역할, 세포분자들에 신호 제공, 세포 증식 등의 역할을 담당한다. 이러한 과정에서 단백질과 단백질 간의 상당한 상호작용이 일어나면서 하나의 단백질 네트워크를 형성한다. 기존 연구들에 의하면 단백질 네트워크는 매우 비동질적인 스케일프리 네트워크 형태를 가진 것으로 밝혀지고 있다(Jeong et al., 2000 · 2001). 즉, 소수의 많은 연결을 지닌 노드가 다수의 연결이 적은 노드들 간 상호작용에서 중심 역할을 담당하는 구조이다. [그림 7-10]은 효모 단백질의 네트워크 구조(유전 정보)인데, 매우 집중된 스케일프리 네트워크 구조를 보인다. 즉, 링크 수가 20에서 최대 연결도를 보이는 전형적인 멱함수 분포를 보인다.

그림 7-10 효모 단백질 네트워크의 구조

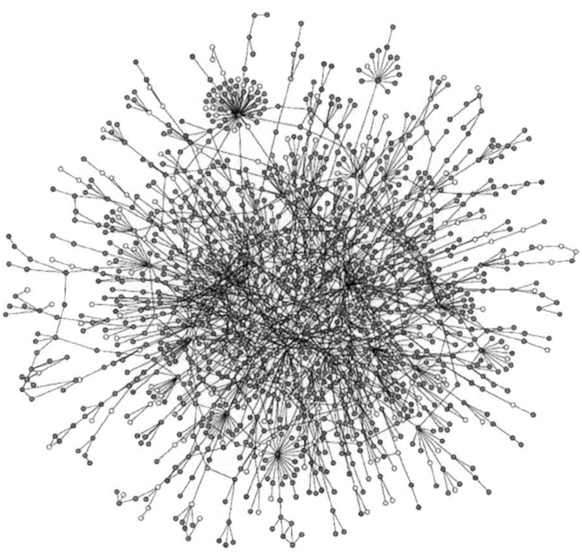

자료 : Jeong et al.(2001), p.41.

4.2 신경 네트워크

신경 네트워크는 수많은 뉴런(neuron)과 시냅스(synapsis), 수상돌기(dendrite), 축색돌기(axon)로 이루어져 있다. 신호는 뉴런의 입력 부문인 수상돌기를 통해 들어와 시냅스를 통해 다른 뉴런의 수상돌기로 전달이 된다. 이때 뉴런과 뉴런 사이의 틈인 시냅스를 통해 신호가 전달된다. 신호 전달은 신호 전달 물질에 의해 이루어지는데, 대부분은 질소를 함유한 작은 유기분자이다. 입력신호의 총합이 어떤 임계치를 넘게 되면 뉴런은 잠재적 행동반응을 축색돌기로 보내고 축색돌기는 이를 전기신호로 바꾸어 다른 뉴런들에게 전달한다.

인간의 뇌신경 네트워크는 매우 복잡하고 정교한 구조를 가지고 있다. 대뇌 피질의 경우 8.3×10^9개의 뉴런과 6.7×10^{13}의 링크로 구성되어 있으며, 링크의 길이는 총 100,000~10,000,000km에 이른다. 클러스터링 지수가 10^{-6}에 달하는 매우 분산되면서도 국부적으로 집중된 대규모 네트워크 분포를 보인다. 이러한 분포 구조는 뇌의 사물 인지, 기억의 입력 및 출력, 읽기, 집중화 과정, 운동계획, 인식 능력 등 고도의 능력과 밀접한 관련이 있는 것으로 보고되고 있다(Sporns, 2002). 뇌신경 네트워크에 대해서는 15장 뇌신경 네트워크에서 더 자세히 살펴본다.

그림 7-11 인간 및 척추동물의 신경 네트워크 구조

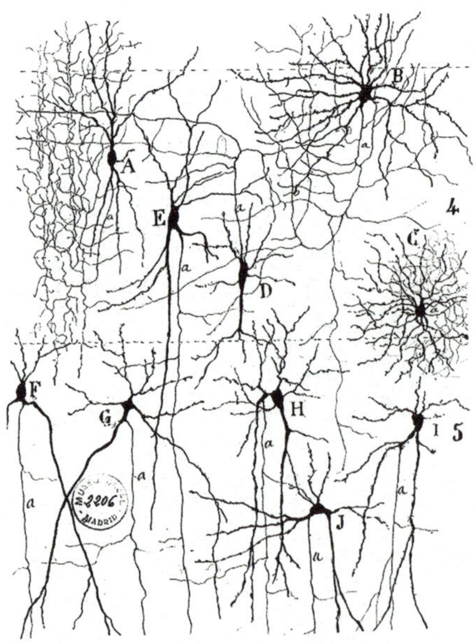

자료 : Wikipedia, "Biological neural network"

제8장 네트워크 구조

1. 네트워크 이론 / 2. 중심부–주변부 네트워크 / 3. 웹 네트워크

네트워크 원리는 물리학, 수학 등 자연과학에서 보다 심도 있게 연구되어 현재 네트워크 과학(Network Science)이라는 하나의 학문 영역으로 자리 잡고 있다. 네트워크 과학으로 자리 잡기까지 네트워크 이론이 어떻게 진화되어 왔는가를 네트워크 구조, 분포, 성장, 확산 측면에서 살펴본다. 그리고 나서 최근 복잡계 네트워크 진화의 한 형태인 중심부–주변부 네트워크와 웹 네트워크의 구조에 대해서 살펴본다.

1 네트워크 이론

1.1 네트워크 구조와 분포

(1) 랜덤 네트워크

헝가리의 유명한 수학자 P. Erdös와 그의 동료 A. Réney는 일찍이 네트워크의 형성과 성장에 관해 관심을 갖고 연구를 하였다. 그들은 모든 노드가 추가적으로 하나의 링크를 더 부여받을 확률은 동일하다는 의미에서 랜덤 네트워크 이론을 주장하였다. 그러나 실제로는 노드마다 링크 수에서 많은 편차가 나타난다. 예를 들어 잭팟에서 거액의 상금을 딸 확률은 동일하지만 실제로는 소수만이 행운을 잡는다. 사람들이 평생 알고 지내는 사람의 수가 평균 200~5,000명 정도인데, 이처럼 사람들마다 편차가 크다.

그러나 P. Erdös와 A. Réney는 만약 네트워크가 커지게 되면 모든 노드들은 동일한 수의 링크를 갖게 될 것이라고 주장한다. 마치 중심극한정리처럼 확률변수의 표본이 많아질수록 변수의 평균이 정규분포로 수렴하는 것과 같이 네트워크의 규모가 커지면 종국에는 바둑판과 같은 형태의 네트워크 구조를 보인다는 것이다. 예를 들어 그들이 수행한 칵테일파티 실험에서는 처음에 서로를 모르는 가운데 2~3명의 소그룹 단위로 네트워크가 형성되다가 점점 시간이 경과할수록 소그룹들 간에 네트워크가 형성되어 파티가 끝날 즈음엔 참석한 모든 구성원이 서로 알게 되어 하나의 단일 네트워크가 형성되었다. 이 실험에서는 시간이 지남에 따라 한 사람이 알게 되는 사람들의 수가 비슷해지는데, 이에 따라 각 개인마다 형성된 네트워크 수가 평균이 지배하게 되는 포아송(Poisson) 분포를 따르는 것을 알 수 있다.

랜덤 네트워크는 무수히 많은 수요자와 공급자가 완전한 정보하에 균일한 힘을 갖고 거래를 하는 완전경쟁시장의 세계와 유사하며, 어떤 물체를 구성하는 소립자가 각각 독립된 개체로서 랜덤하게 운동하는 물리적 평형 상태와도 흡사하여 매우 이상적인 구조를 보인다.

그림 8-1 포아송 분포

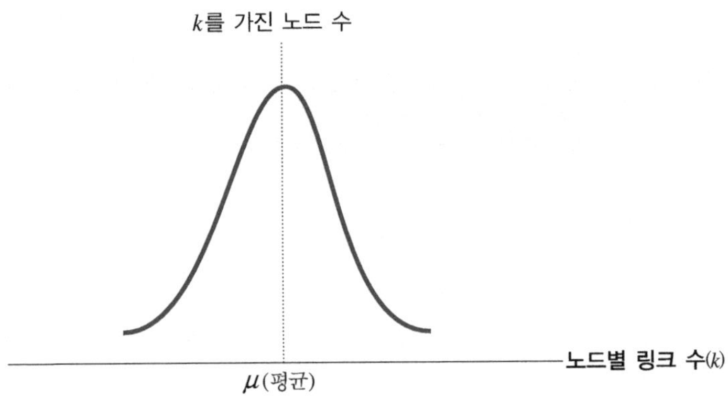

(2) 작은 세상 네트워크

랜덤 네트워크 이론과 달리 실제 세계에서는 링크를 유난히 많이 가진 노드들과 그러지 못한 노드들이 혼재되어 있는 것이 더 일반적이다. Watts and Strogatz(1998)는 다음에 살펴볼 스케일프리 네트워크 가설을 여는 단초를 제공하는 데 중요한 역할을 하였다. 그들은 네트워크가 성장함에 따라 어떤 질서가 존재할 가능성을 여러 예를 통해 발견하였다. 흔히 극장,

스포츠 경기에서 청중들이 박수를 처음에 랜덤하게 치다가 나중엔 모두 일정한 리듬에 맞춰 동기화(syncronization)되는 현상을 경험한다. 또 어떤 종류의 반딧불이 무리들이 처음에는 각자 다른 주기로 깜박이다가 곧 모두 같은 주기로 깜박거린다. 마찬가지로 귀뚜라미들이 다른 리듬으로 울다가 곧 합창을 하게 된다. 이러한 현상들은 동기화의 대표적인 현상들로서 무질서 속에서 질서가 나타나는 경우이다.

동기화 현상에 매료되어 Watts와 그의 지도교수 Strogatz는 랜덤 네트워크 이론 이상의 무엇인가가 존재할 것이라 생각하여 연구를 시작하였다. 예를 들어 '나의 친구 두 사람은 서로 알 확률이 얼마일까?'라는 질문에 대답하기 위해서 '클러스터링 계수(clustering coefficient)'를 도입하였다. 이 계수는 노드들 간 실제 링크 수를 링크 가능한 수로 나눈 값이다. 만일 친구 4명이 있을 때 이들이 모두 서로 알고 있으면 6개의 링크가 생긴다. 이 경우 클러스터링 계수는 1이 된다. 반면 4개의 링크가 있다면 계수는 0.67이 된다. 계수가 1에 가까울수록 노드들 간에 링크가 많이 존재하여 네트워크의 밀도가 높으며, 반대로 0에 가까울수록 네트워크의 밀도가 낮다. 밀도가 높을수록 서로 알 확률이 높다고 할 수 있다.

Wattz와 Strogatz는 이에 그치지 않고 특정 노드가 보통 노드들보다 유난히 많은 링크를 갖고 있는 현상에 대해 관심 영역을 넓혀갔다. 그들은 단순한 하등동물의 신경체계 연결구조를 밝혀냄으로써 복잡한 고등동물의 신경구조 및 사회 네트워크 연결구조의 일반화를 시도하였다. 씨 엘레강스(C. elegans)라는 단지 302개의 뉴런만 가진 다세포 벌레를 대상으로 분석한 결과, 유난히 많은 링크를 가진 노드들이 존재하며, 한 노드에 바로 인접한 노드들이 서로 링크되어 있을 확률이 매우 높음을 밝혀냈다. 이 연구 결과는 서로 멀리 떨어져 있는 노드들 간에는 링크가 형성되기 어려움을 말해 주는 것으로 지리적 근접성에 의한 클러스터 경향을 시사한다.

마침내 Watts and Strogatz(1998)에서 이들은 주목할 만한 모델을 발표하였다. 이들은 링크를 새로 추가하지 않고 기존 링크를 무작위로 재배치할(rewiring) 경우 클러스터링 계수를 증가시키지 않고 노드 간의 거리를 단축시킬 수 있음을 보였다([그림 8-2]). 따라서 [그림 8-3]에서처럼 링크를 랜덤하게 재배치할수록(p가 증가할수록) 평균 노드 간 거리 $L(p)$는 낮아지지만 클러스터링 계수 $C(p)$는 낮아지지 않는 구간이 존재한다. 또한 전체 노드 수(N)가 많을수록 재배치로 인해 $L(p)$는 더 빨리 낮아진다.

그림 8-2 링크의 재배치와 네트워크 구조의 변화

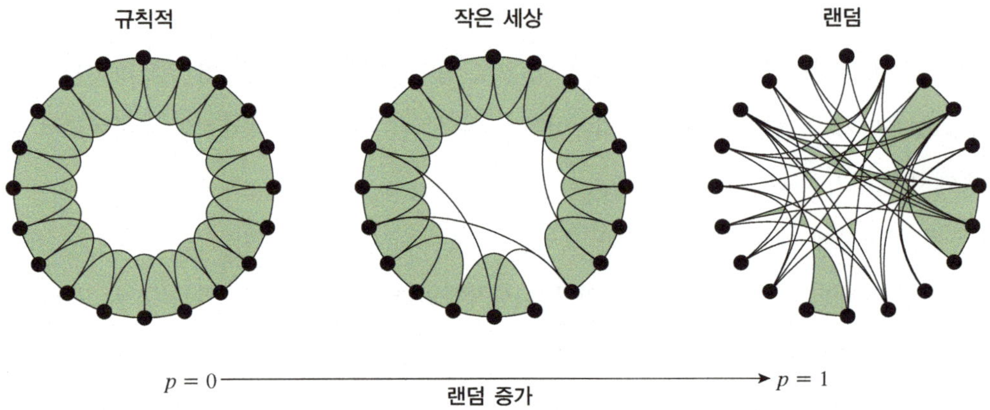

그림 8-3 링크의 재배치와 노드 간 평균거리 $L(p)$와 클러스터링 계수 $C(p)$와의 변화

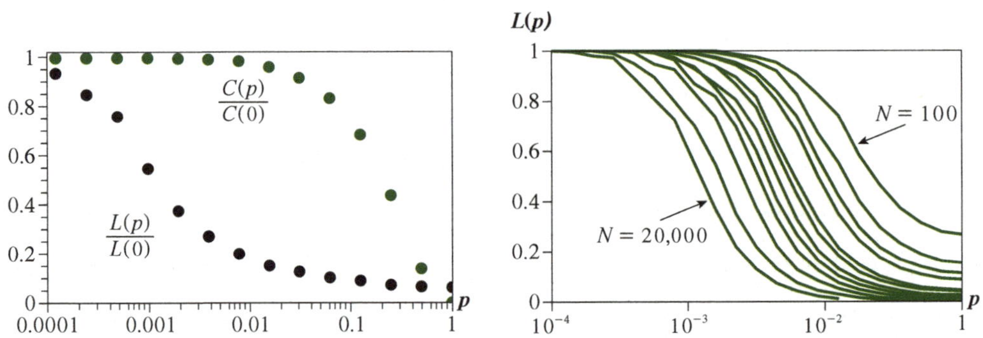

(a) 랜덤 정도(p)와 $L(p)$, $C(p)$ (b) 네트워크 크기(N)와 $L(p)$

장거리 링크를 갖고 있는 노드에 더욱 많은 노드들이 링크될 확률이 높기 때문에 자연스레 그러한 노드를 중심으로 클러스터나 허브가 형성될 가능성이 높다. 그렇게 되면 자연히 네트워크의 중복성이 낮아져 클러스터링 계수가 결국 낮아진다([그림 8-3]의 (a))[1]. 또한 노드가 많아질수록 네트워크의 효율성이 높아져 노드 간 평균거리도 낮아진다([그림 8-3]의 (b)). 허브 노드의 역할로 인해 랜덤 네트워크 세계가 이른바 '작은 세상 네트워크(small world network)'로 변한다.

1. 여기서의 클러스터링 계수는 사실 밀도를 말한다. 허브 노드가 생성되면 링크의 중복성이 사라지면서 링크 수가 줄어들어 밀도가 줄어든다. 현재 네트워크 사이언스에서 클러스터링을 측정하는 지표는 삼각형 네트워크 형성(triadic closure)으로 이에 기초하여 측정하고 있으며, 여기서의 클러스터링 계수와 다르다.

만일 네트워크가 성장하여 새로운 링크의 추가를 허용하면 클러스터 계수가 증가하면서 노드 간의 거리를 단축시킬 수 있다. [그림 8-4]에서처럼 (a)에서 최상위 노드에서 최하위 노드까지는 최소한 3개의 링크를 거쳐야 하는데, (b)에서 보면 장거리 링크를 몇 개 추가함으로써 직접 연결될 뿐만 아니라 이웃의 노드들도 경로 단축의 혜택을 누리게 된다. 몇 개의 링크 추가가 전체 클러스터링 계수를 약간 증가시키면서 노드 간의 거리를 크게 단축시키는 효과를 나타낸다.[2]

그림 8-4 링크의 추가와 네트워크 구조의 변화

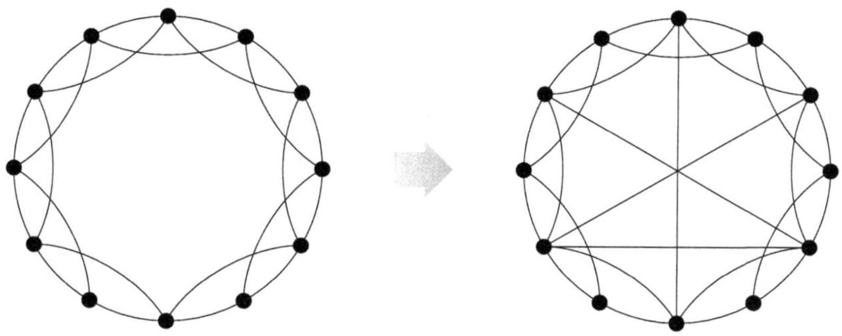

(a) 클러스터링 계수 0.36

(b) 클러스터링 계수 0.42

(3) 스케일프리 네트워크

Wattz와 Strogatz의 노력에 힘입어 네트워크상에서의 클러스터 형성과 존재에 대한 주장이 점점 강하게 자리 잡아 나갔다. 더불어 이를 뒷받침하는 많은 예들이 뒤따랐다. 대표적인 것으로 이탈리아의 경제학자 V. Pareto가 주장한 80/20 법칙을 들 수 있다(Koch, 1998). 80/20 법칙은 전체 중 80%는 20%에 의해 지배된다는 것으로, 콩의 80%는 20%의 콩깍지에서 생산되고 있으며, 이탈리아 땅의 80%는 인구 20%에 의해 소유되고 있는 현상을 들 수 있다. 또 머피의 법칙(Murphy's Management Law)으로 알려진 것도 이와 유사한데, 기업 이윤

2. 이와 관련하여 Barabási(2002)는 『링크』에서 다음과 같은 유용한 공식을 소개하고 있다. N을 노드의 수, k를 각 노드에 연결된 평균 링크의 수, d를 단계의 수라고 하면 k^d는 N을 초과할 수 없다. 즉, $k^d \leq N$이 되며, 편의상 $k^d = N$이라 하면, $d = \frac{\log N}{\log k}$가 되어 k가 증가함에 따라 d는 줄어들게 된다.

의 80%는 20%의 종업원으로부터 발생하고, 고객 불만의 80%는 20%의 고객으로부터 발생하고, 80%의 결정이 20%의 회의에서 이루어진다. 인터넷상에서도 웹페이지의 80%는 15%의 웹페이지에 연결되어 있으며, 논문 인용의 80%가 38%의 과학자에 관한 것이라든지, 할리우드 배우의 80%가 30%의 배우와 연결된다는 통계도 이와 관련이 있다.

이러한 현상들은 일반적으로 많이 알려진 종형 분포보다는 멱함수 분포에 가깝다. 종형 분포에는 정규분포, 포아송 분포 등이 해당되며, 평균에 표본 수가 집중적으로 분포한다. 어떤 집단의 키, 몸무게 분포나 도로, 철도, 전기선 등의 네트워크 분포는 대개 종형 분포를 따른다. 반면에 멱함수 분포는 링크를 많이 가진 노드의 수는 적은 반면, 링크를 적게 가진 노드의 수는 많이 분포하는 형태를 띤다. 웹사이트, 항공노선, 도시 분포, 지진, 경기변동 등이 대표적인 예이다([그림 8-5]).

그림 8-5 네트워크의 분포

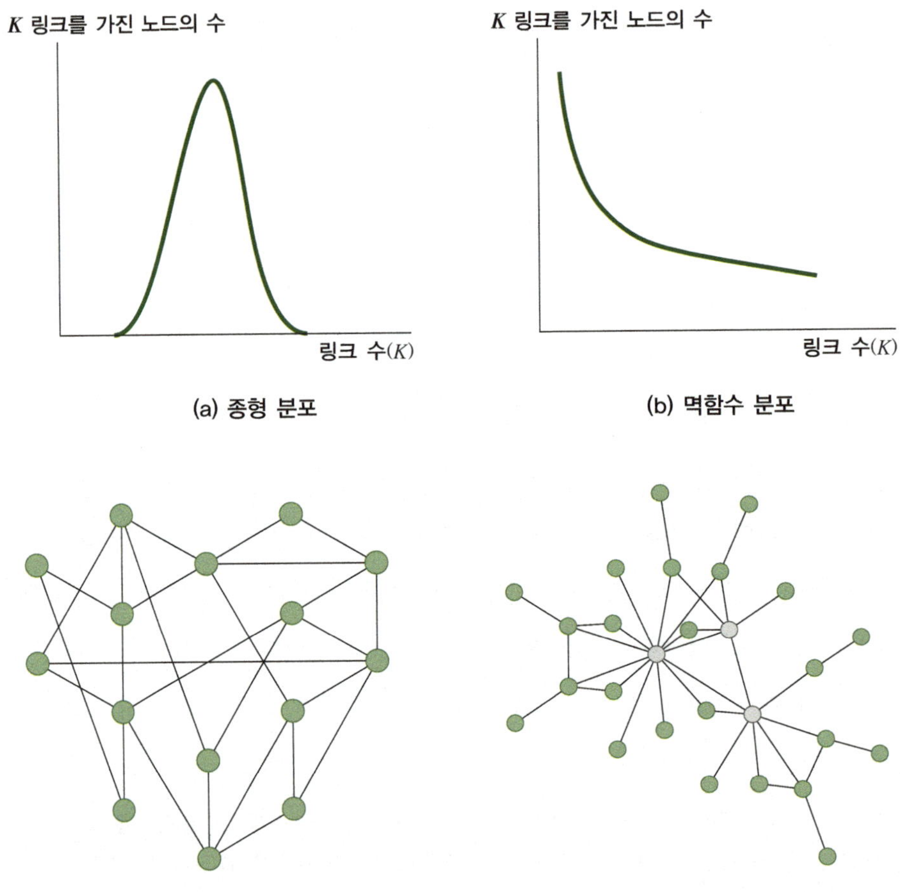

(a) 종형 분포 (b) 멱함수 분포

(c) 랜덤 네트워크 (d) 스케일프리 네트워크

점점 네트워크상의 클러스터 형성은 네트워크 성장에서 자연스런 현상으로 받아들여지기 시작하였고, Barabási and Albert(1999)는 그 분수령 역할을 하였다. 동 연구에 따르면 매기에 하나의 새로운 노드가 생성되고 새로운 노드가 기존 노드에 링크될 확률은 그들이 갖고 있는 링크 수에 비례한다고 가정할 경우 유난히 많은 링크를 가진 노드가 탄생된다. 즉, 노드들 간에 선호적 연결(preferential attachment) 현상이 일어나 네트워크의 경로의존적 특성이 나타난다.

새로운 노드가 노드 i에 연결될 확률 $p(k_i)$는 다음과 같은 관계를 가진다.

$$p(k_i) = \frac{k_i}{\sum_j k_j}$$

k_i는 노드 i가 갖는 링크 수이며, $p(k_i)$는 바로 선호적 연결 현상을 말해 준다. 이러한 확률에 따라 연결되면 유난히 링크를 많이 가진 노드는 소수이고, 링크를 적게 가진 노드는 다수가 되는 멱함수(power-law) 형태의 연결분포 $P(k)$가 나타난다.

$$P(k) = \frac{N(k)}{N} \backsim Ck^{-\alpha}$$

$P(k)$는 k개의 링크를 가진 노드의 존재 확률(빈도)을 나타낸다. $N(k)$는 k개의 링크를 가진 노드의 수, N은 전체 노드의 수를 나타낸다. 다수의 실증 연구에 따르면 대개 지수 α는 $2 < \alpha \leq 3$의 크기를 갖는 것으로 알려지고 있다. 미국의 영화배우, World Wide Web (www), 남녀 간의 연결분포가 스케일프리 네트워크 형태를 보이는 것으로 조사되었다.

스케일프리 네트워크에 따르면 기존에 링크를 많이 가진 노드에 또 다른 링크가 형성될 확률이 높으므로 선발자는 항상 선발자로 남는다. 후발자는 선발자를 능가할 수 없으며, 영원히 후발자로 남는다. 이는 비현실적이며, 상당히 제한적인 가정이라 할 수 있다. 후발자가 경우에 따라서는 선발자가 될 수 있는 가능성이 열려 있다. 비록 후발 노드지만 질적인 면에서 매우 우수하여 선발 노드보다 강한 흡입력을 지니고 있을 때에는 선발자를 능가할 수 있다. 이는 앞서 언급한 기술 선택에서 기존 기술이 갖고 있는 네트워크 효과와 신기술이 갖고 있는 기술 우수성 간의 상호작용과 유사하며, 후발자의 기술이 아주 우수한 경우 선발자의 네트워크 효과를 언제라도 능가할 수 있다.

그림 8-6 스케일프리 네트워크의 예

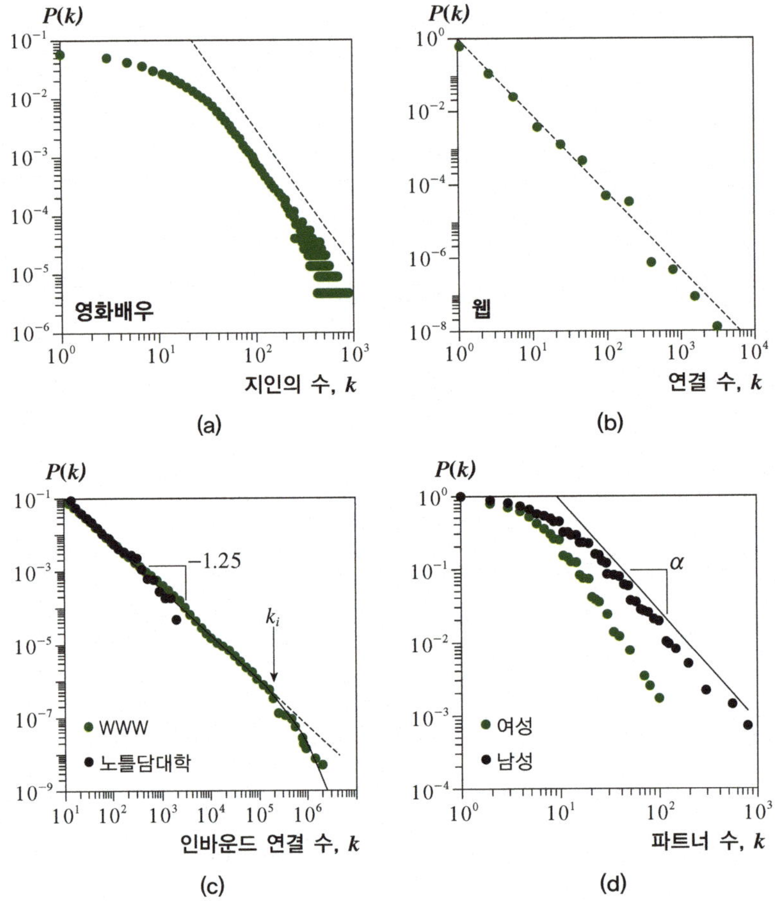

뿐만 아니라 선호적 연결을 방해하는 요인들도 존재한다. 노드들은 시간이 흐름에 따라 매력도가 감소한다. 영화배우나 스포츠인들은 시간이 지남에 따라 인기가 떨어지게 마련이다. 노드에의 접근성에도 일정 포화 상태가 있어 수많은 링크로 인해 혼잡비용을 지불해야 하는 한계가 존재한다. 정보 보안상의 이유로 노드 내외부로부터 접근을 차단하는 경우도 선호적 연결에 방해가 되는 요소이다(Amaral et al. 2000).

참고 8-1 멱함수 분포

스케일프리 네트워크 현상을 설명하기 위하여 Barabási and Albert(1999)는 멱함수 분포라는 새로운 분포를 제시하였다. 멱함수 분포는 스케일프리(또는 스케일 불변성)의 특징을 지닌다(Farber, 2003 ; Newman, 2005). '스케일프리'라고 표현한 이유는 $P(k) = Ck^{-\alpha}$의 멱함수 분포가 있을 때 α값은 k값의 변화에 영향을 받지 않기 때문이다. 아래 식과 같이 기존 k값을 λ배 했더라도, 기존 멱함수 분포에서 상수($\lambda^{-\alpha}$)만 곱해진 형태이기 때문에 분포의 모양이 바뀌지 않는다.

$$P(\lambda k) = C(\lambda k)^{-\alpha} = C\lambda^{-\alpha}k^{-\alpha} = \lambda^{-\alpha}P(k)$$

멱함수 분포를 도식화하면 스케일프리 네트워크가 시사하고 있는 양극화의 특징을 볼 수 있다. [그림 8-7]과 같이 멱함수 분포는 정점(peak)이 없고 지속적으로 감소하는 형태를 보인다. 이때 멱함수 분포는 극단적인 값을 갖는 소수의 사례를 설명하기 때문에 그 감소폭이 다른 분포보다 작다(Barabási and Bonabeau, 2003 ; Farber, 2003 ; Jackson and Rogers, 2007). 소수의 링크를 갖고 있는 노드가 다수이며, 연결된 링크의 수가 많아지는 노드의 수가 감소하다가 소수의 노드가 극단적으로 많은 링크를 가진다. 이와 같은 특징으로 인해 멱함수 분포는 평균값과 표준편차로 표현하는 데 한계가 있으며, 다른 분포들보다 두꺼운 꼬리를 갖는다(Farber, 2003 ; Clauset et al., 2009). [그림 8-7]은 멱함수 분포가 가우스 분포, 지수 분포, 정규분포 등 다른 분포보다 두꺼운 꼬리를 갖고 있음을 보여준다.

그림 8-7 멱함수 분포의 두꺼운 꼬리

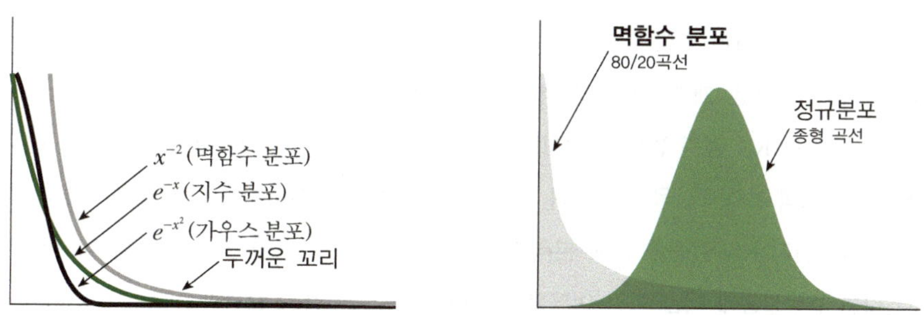

실제 사례에 대해 멱함수 분포를 적용할 때 모든 데이터가 멱함수 분포를 따르는 사례는 소수이며, 대부분 특정 값 이상(이하 k_{min})부터 멱함수 분포를 따른다. k_{min}은 다음과 같이 상보누적함수(complementary cumulative distribution function) $P(K \geq k) = \int_k^\infty p(k)dk$에 따라 표현된 실제 데이터 분포

($S(x)$)와 해당 데이터로 생성된 멱함수 분포($P(x)$) 간의 최장거리(D)를 최소화할 수 있는 k값을 의미한다. 이때 최장거리는 Kolmogorov-Smirnov(KS) 검증을 통해 계산한다(Clauset et al., 2009).

$$D = \max_{k \geq k_{\min}} |S(x) - P(x)|$$

멱함수 분포의 또 다른 특징은 멱함수 분포의 척도(α)가 대부분 $2 < \alpha \leq 3$의 범위 내의 값을 갖는다는 것이다. 멱함수 분포의 척도가 해당 범위 내에 있을 때만 유한한 값의 평균값과 무한한 분산값을 갖기 때문이다. 만약 $\alpha \leq 2$라면 평균값이 무한대로 수렴하게 된다(Clauset et al., 2009 ; Newman, 2017). 그리고 α가 작을수록 더 두꺼운 꼬리 분포를 보이며, 더 극단적인 경우가 일어날 확률이 높다.

멱함수 분포는 양변에 로그를 취할 경우 선형적인 관계가 나타나기 때문에 많은 선행 연구들이 양변에 로그를 취한 선형 모델의 기울기를 계산하여 멱함수 분포의 척도를 추정한다.

$$\ln P(k) = -\hat{\alpha} \ln k + C$$

하지만 이와 같은 로그-로그 분포도에서는 두꺼운 꼬리 부분에 있는 데이터들의 표본추출 오차(sampling error)로 인해 편의추정량의 문제가 발생할 우려가 있다. 따라서 다음 공식과 같이 최대우도법(Maximum Likelihood Method ; MLE)을 이용한 멱함수 분포의 척도를 추정하는 방식이 더 적합하다(Goldstein et al., 2004 ; Newman, 2005 ; Clauset et al., 2009 ; Newman, 2017).

$$\hat{\alpha} = 1 + n\left[\sum_{i=1}^{n} \ln\left(\frac{k_i}{k_{\min}}\right)\right]^{-1}$$

일반적으로 특정 네트워크가 멱함수 분포에 적합한지를 파악하는 방법으로는 두 가지가 있다. 첫 번째 방법은 멱함수 분포에 대한 개별적인 모델 적합도 분석이다. 이와 관련하여 Clauset et al.,(2009)은 다음과 같은 절차를 통한 KS 검증 방법을 제시하였다. (i) 실제 데이터를 이용하여 멱함수 분포를 추정하고, 해당 멱함수 분포의 α와 $k_{\min}$을 이용하여 가상의 데이터를 구축한다. (ii) 실제 데이터와 가상의 데이터의 분포도가 유사한지 KS 검증을 통해 분석한다. 이때 유의수준 0.1을 기준으로 두 데이터가 동일한 분포를 따른다는 귀무가설에 대한 기각 여부를 결정한다. 즉, KS 검증 결과가 p-value > 0.1이면 귀무가설을 기각할 수 없으므로 실제 데이터가 멱함수 분포를 따르는 가상의 데이터와 동일한 분포를 따르는 것을 의미한다. 이와 같은 과정을 여러 번 반복하여 p-value > 0.1인 경우가 대다수이면 실제 데이터가 멱함수 분포를 따른다고 판단한다.

그러나 이와 같은 방법으로는 실제 데이터가 멱함수 분포를 따르는지 분석할 수는 있지만, 멱함수 분포가 해당 분포를 가장 잘 설명하는지는 알 수 없다. 따라서 두 번째 방법으로 많이 활용되는 것이 다른 분포도와 모델 적합도를 likelihood ratio를 이용하여 비교분석하는 것이다. 이때 대조군으로 자주 사용되는 분포는 지수 분포[3]와 로그 정규분포[4] 등이 있다.

상기와 같은 적합도 판단 방법들에 대한 이해를 돕기 위해 10,000개의 실제 데이터가 $\alpha = 2.5$와 $k_{\min} = 5$의 멱함수 분포를 따르는 상황을 가정해 보자. 먼저, 해당 데이터를 설명하기 위한 분포유형으로서 멱함수 분포가 적합한지 KS 검증을 통한 모델 적합도를 분석하기 위해 $\alpha = 2.5$와 $k_{\min} = 5$의 멱함수 분포를 따르는 가상의 데이터를 구축한다. 그리고 실제 데이터와 가상 데이터의 분포도가 유사한지 KS 검증을 실시한 결과 p-value가 0.925로 나타나며, 두 데이터의 분포가 동일하다는 귀무가설을 기각할 수 없다. 이와 같은 과정을 1,000번 반복한 결과 p-value가 0.1보다 큰 경우가 983번 나왔다면 멱함수 분포가 실제 데이터를 설명하기에 적합하다는 주장이 타당하다. [그림 8-8]은 1,000번의 KS 검증을 실시한 결과를 도식화한 것으로 청록색 점은 p-value가 0.1보다 큰 경우이며 검정색 점은 p-value가 0.1보다 작은 경우이다.

그림 8-8 1,000번의 KS 검증 결과

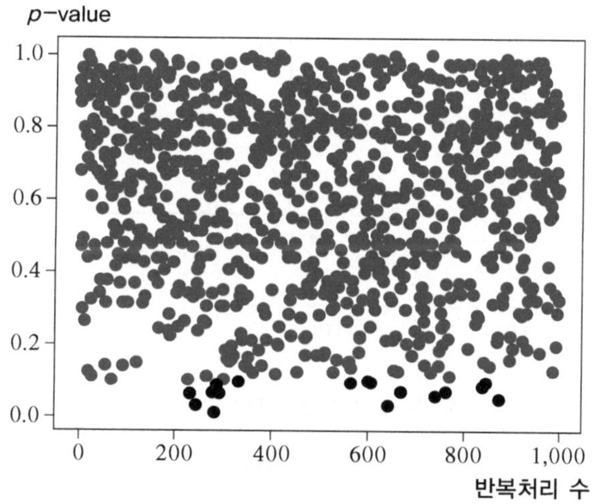

두 번째 방법은 likelihood ratio를 이용하여 다른 분포와의 비교를 통해 해당 분포가 멱함수 분포에 더 적합한지를 식별하는 방법이다. 〈표 8-1〉은 지수 분포와 로그 정규분포를 각각 대조군으로 설정하고 log-likelihood ratio 검증을 실시한 결과이다. Ratio 값이 유의한 정(+)의 값이 나온다면 멱함수 분포

---

3. $P(k) \sim e^{-\lambda k}$.

4. 로그 정규분포란 확률변수를 로그값으로 치환했을 때 정규분포를 따르는 분포를 의미하며, 이를 수학적으로 표현하면 다음과 같다. $P(k) \sim \frac{1}{\sqrt{2\pi\sigma}}\frac{1}{k}\exp\left[-\frac{1}{2}\left(\frac{\ln(k)-\mu}{\sigma}\right)^2\right]$. 로그 정규분포의 경우 likelihood ratio를 이용하여 멱함수 분포와 비교하였을 때 유의한 차이가 나타나지 않을 가능성이 존재한다(Duxbury and Haynie, 2018).

가 해당 후보군보다 더 적합한 분포인 것을 의미한다. 분석 결과 실제 데이터를 설명하는 데 멱함수 분포가 지수 분포보다 유의한 차이로 더 적합한 것으로 나타났지만, 로그 정규분포와는 유의한 차이가 없는 것으로 나타났다.

특정 값의 멱함수 분포를 따르는 데이터를 이용하였음에도 불구하고 로그 정규분포와 유의한 차이가 없는 것으로 나온 것은 방법론적 한계 때문이다. 로그 정규분포 또한 멱함수 분포와 유사하게 두꺼운 꼬리와 심한 왜도를 보이고 있는 상황에서 데이터에 가장 적합한 분포 유형을 선택할 수 있는 명확한 기준을 갖고 있는 방법론은 아직까지 뚜렷하게 제시되지 못하고 있다(Duxbury and Haynie, 2018 ; Broido and Clauset, 2019).

그림 8-9 멱함수 분포 vs. 지수 분포 및 로그 정규분포 대조

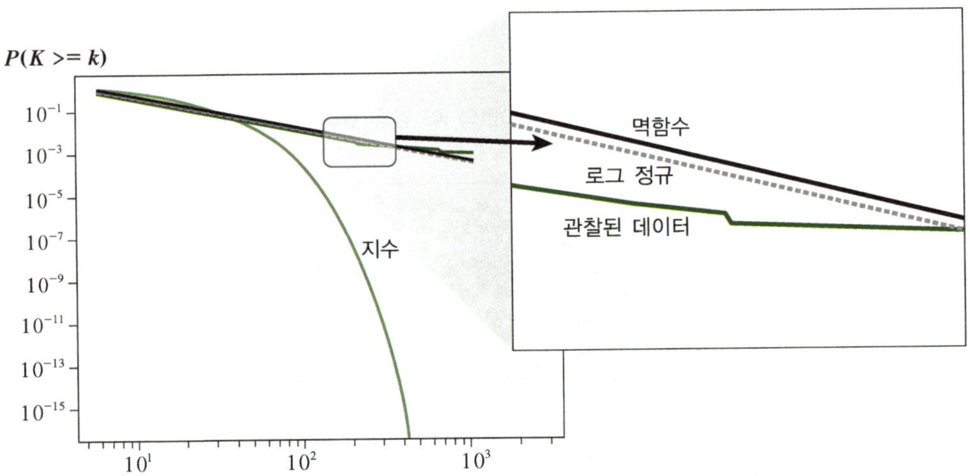

표 8-1 멱함수 분포 vs. 지수 분포 및 로그 정규분포의 Log-likelihood ratio 검증 결과

대조군 분포유형	Log-likelihood ratio 검증 결과
지수 분포	7.59 (0.000)***
로그 정규분포	−0.338 (0.736)

사례 8-1 허브공항의 탄생

클러스터의 탄생은 경제적 요인으로 간단히 설명할 수 있다. 허브공항의 탄생이 그 예이다(Selwyn, 1996). 과거 미국에 CAB(민간 항공 위원회, Civil Aeronautics Board)에 의해 항공 서비스 산업에 대한 규제가 엄격하게 실시된 때가 있었다. CAB는 두 도시 간에 직접 연결되든, 갈아타서 연결되든 상관없이 동일한 도시 구간에는 동일한 요금이 부과되도록 규제하였기 때문에 허브공항의 인센티브가 전혀 존재할 수 없었다. 이로 인해 항공사들의 적자가 누적되었다. 그러던 것이 규제 완화가 이루어지고 동일한 도시 간에도 노선에 따라 다양한 요금이 부과되면서 자연스레 허브공항이 탄생하였다.

예를 들어 A(필라델피아)로부터 B(디트로이트) · C(피닉스) · D(오마하) · E(시애틀)까지의 노선을 가정해 보자. 비행기의 정원은 50명이라 하고, AB구간은 평균 20명, 나머지 AC, AD, AE구간은 각각 평균 10명의 승객이 이용한다고 한다. (a)에서처럼 중간에 허브공항이 없는 경우에는 각각의 비행기가 모든 구간을 운항해야 하며, AB노선은 30명, AC, AD, AE노선은 각각 40명분의 좌석이 남게 되어 총 150명분의 잔여 좌석이 생긴다. 이렇게 지속적으로 운행된다면 얼마 가지 않아 항공사는 심각한 파산 국면에 직면하게 될 것이다.

반면에 (b)처럼 B도시에 허브공항으로서 역할을 부여할 경우를 생각해 보자. 노선은 AB, ABC, ABD, ABE의 4가지이다. C, D, E도시로 가기 위해서는 B공항까지 가서 각각의 비행기로 갈아타야 한다. 이렇게 되면 AB노선은 첫 번째 경우와는 달리 50명의 정원을 채우게 된다. 나머지 BC, BD, BE는 첫 번째 경우와 마찬가지로 각각 40명분의 좌석이 남게 되어 총 120명의 잔여 좌석이 발생한다. 첫 번째 경우보다 두 번째 경우가 비용을 절감하게 되어 자원배분이 보다 효율적으로 이루어진다. 또한 두 번째의 경우 허브공항인 B에서 중소도시인 C, D, E로의 운항은 거리가 비교적 짧기 때문에 정원이 적은 소규모 비행기 운항도 가능하므로 비용을 추가적으로 줄일 수 있는 여지가 있다. 따라서 허브공항이 자연스레 탄생하게 된다.

그림 8-10 허브공항의 탄생

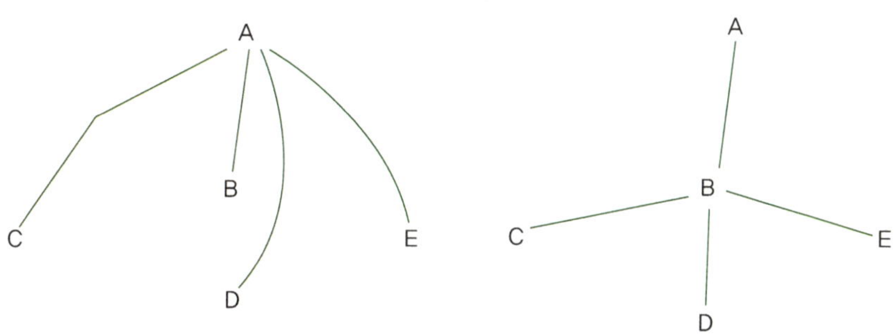

(a) 규제가 있을 때

(b) 규제가 없을 때

참고 8-2 롱테일 마케팅

마케팅 분야에서의 롱테일(long tail) 법칙은 바로 멱함수 분포와 밀접한 관계를 가진다. 롱테일 법칙은 상위 20%의 소비자가 시장수요의 80%를 차지한다는 80/20의 파레토 법칙과는 반대로 하위 80%가 시장수요의 상당 부분을 차지한다는 것이다. 주요 원인은 정보유통비용이 현저히 감소되었기 때문이다. 과거에는 고객이 증가할수록 정보유통비용이 비례적으로 증가하기 때문에 시장수요의 대부분을 차지하는 소수 상위 계층을 주 타깃으로 마케팅 전략을 폈으나, 이제는 정보유통비용이 저렴하여 다수의 소량 구매 고객을 대상으로 하는 마케팅이 매우 용이해졌다. 실제로 이러한 롱테일 마케팅을 잘 활용한 결과 인터넷 서점인 아마존 닷컴에서 1년에 '잘 팔리지 않는 무수한 책'의 판매량을 합한 것이 '잘 팔리는 소수의 책'의 합을 능가하는 현상이 발생하였다.

그림 8-11 롱테일 법칙

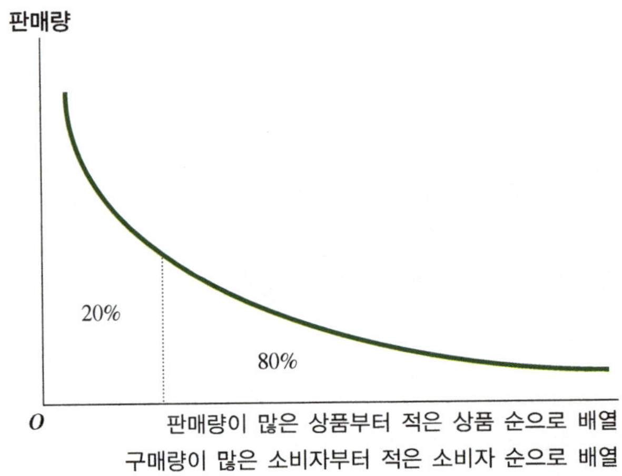

이런 현상은 그만큼 소비자의 분포가 두꺼운 꼬리를 가진 멱함수 분포의 모양으로 변하고 있음을 의미한다. 온라인 거래의 활성화로 글로벌시장이 형성되면서 소량을 구매하는 무수한 소비자들의 판매량이 큰 비중을 차지하는 현상, 즉 롱테일 법칙이 나타나고, 이것이 이에 기초한 롱테일 마케팅을 불러온 것이다.

(4) 콤플렉스 네트워크

콤플렉스 네트워크는 말 그대로 복잡성이 높은 네트워크이다. 노드에 링크를 연결할 확률로서 랜덤 네트워크와 스케일프리로 구분했다면 콤플렉스 네트워크는 그 확률이 완전히 랜덤하지도 않고 어떤 뚜렷한 규칙도 없는 중간 정도의 형태를 가진다. 형태적으로는 집중형도 분산형도 아닌 집중분산형에 가깝다. 내용적으로는 노드들이 분산 전문화되어 있으면서도 전체적으로 통합적으로 연결되어 있다. 로컬 차원에서는 기능적으로 분산되어 있으면서도 글로벌 차원에서는 협력적인 모습을 보인다(Sporns and Tononi, 2002). 그런 면에서 콤플렉스 네트워크는 형태적 측면과 질적인 측면 모두 포괄한다.

그림 8-12 콤플렉스 네트워크 구조

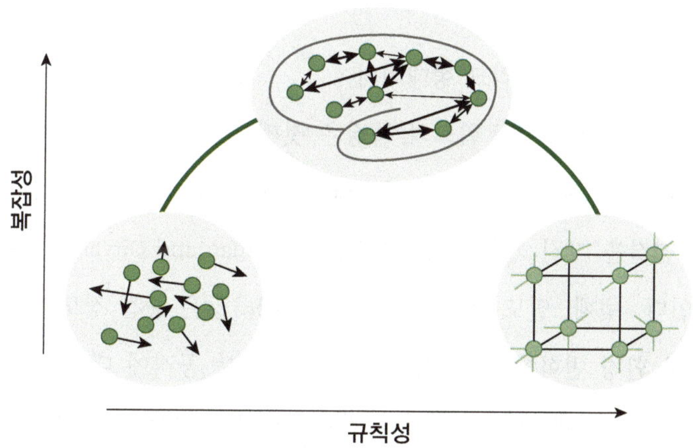

뇌신경 네트워크는 콤플렉스 네트워크의 하나의 전형으로서 복잡하면서도 매우 효율적인 구조를 지닌다. 인간을 포함한 포유류의 뇌신경은 8.3×10^{9}개의 뉴런과 6.7×10^{13}개의 시냅스로 구성되어 있는 매우 큰 규모의 네트워크이다. 클러스터링 계수는 10^{-6}으로 매우 분산된 구조를 보인다. 자세한 구조와 작동 원리에 대해서는 제15장에서 다루도록 한다(Sporns, 2003).

콤플렉스 네트워크는 랜덤 네트워크나 스케일프리 네트워크처럼 뚜렷하게 정의되지 않고 다소 포괄적인 특성을 지닌다. 산업경쟁이 치열해지고 기술혁신의 중요성이 높아지면서 네트워크 환경 변화에 대한 높은 적응력이 중요하게 되었는데 콤플렉스 네트워크는 적응력을 포함

그림 8-13 네트워크 유형

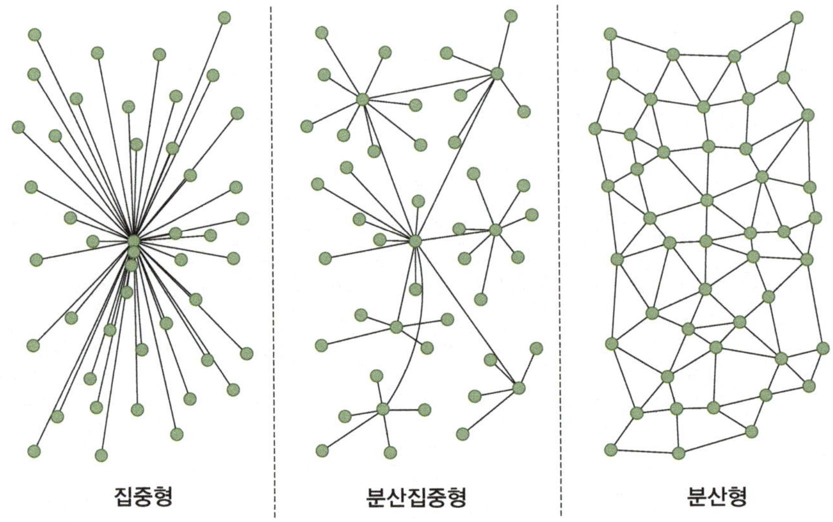

한 여러 가지 장점들을 지닌 네트워크 형태이다.

지금까지 파악된 콤플렉스 네트워크의 특징은 첫째, 작은 세상 네트워크처럼 노드 간 평균거리는 짧고 클러스터링은 높은 구조를 보인다. 둘째, 그룹 내 밀도가 높은 연결을 보이나 그룹 간에는 성긴 연결을 가진 커뮤니티 구조이다(Newman and Girvan, 2004). 셋째, 멱함수의 연결분포를 보인다. 넷째, 밀도가 아주 높지도 낮지도 않은 중간 정도의 연결로서(Kim and Wilhelm, 2008) 외부 환경 변화에 대한 적응력이 높고 외부 공격에 대해서도 강건하다(Dunne et al., 2002). 다섯째, 그룹 내 강한 응집력과 외부 그룹과의 연결의 적절한 조합은 새로운 지식과 정보의 흐름을 원활히 하는 역할을 한다(Granovetter, 1973 ; McEvily, 2003 ; Schilling and Phelps, 2007 ; Verspagen and Duysters, 2004).

1.2 네트워크의 성장

네트워크 성장 모델은 노드와 연결이 성장하면서 연결분포가 어떻게 변화하는지를 설명한다. 효시격인 Price(1976) 모델을 살펴본 뒤 이 분야 연구의 기폭제가 된 Barabási and Albert(1999)의 모델을 설명하고 모델들의 다양한 변형과 일반화된 형태를 설명한다(Newman, 2003a).

(1) Price 모델

Price는 과학 논문들 간에 발생하는 인용 네트워크가 어떠한 형태를 지니는지에 대해 연구하였다. 결론적으로 한 논문이 타 논문에 인용된 횟수(피인용 횟수)와 한 논문이 타 논문을 인용한 횟수(인용 횟수) 모두 멱함수 분포를 보였다. 논문이 새로이 인용되는 횟수는 해당 논문이 이미 인용된 횟수에 비례한다. Price에 따르면 누적적 우위, Barabási and Albert에 의하면 선호적 연결의 원리가 작용한다. 이는 1950년대 Herbert Simon의 "부익부"를 네트워크 성장에 적용한 것이다.[5]

Price 모델에 대해서 살펴보자. p_k를 피인용 횟수 k를 갖는 노드가 전체 네트워크에서 차지하는 비율이라고 하면 다음이 성립된다.

$$\sum_k p_k = 1$$

네트워크에는 새로운 노드가 꾸준히 추가되나 반드시 일정한 비율을 따르지는 않는다. 새로운 노드들은 서로 상이한 인용 횟수를 가지나 평균 인용 횟수와 피인용 횟수인 m은 항상 일정하다.

$$\sum_k k p_k = m$$

가장 간단한 누적적 우위 과정에서 새로 나타나는 논문이 이전 논문을 인용할 확률은 단순히 이전 논문들이 갖고 있는 피인용 횟수 k에 비례적이다. 그러나 이 경우 모든 노드의 최초 피인용 횟수는 0이므로 새로운 연결을 가지는 것이 불가능하다. 이 점을 고려하여 Price는 새로 인용될 확률이 $k + k_0$에 비례하도록 하였다. k_0는 상수이며, $k_0 = 1$인 경우로 가정하여 모델을 전개하였다. 논문의 첫 출판을 바로 해당 논문의 첫 인용이라고 보고 새로이 인용될 확률은 $k + 1$에 비례하게 된다. 즉, k 연결을 가지는 어떤 노드에 새로운 연결이 생겨날 확률

5. 성경 구절의 한 부분(마태복음 25:29)에서 따와 "매튜 효과"라고도 한다. Simon은 주로 부(富)의 분포에 대해 연구하였으며, 네트워크 관점에서 분석하지는 않았다.

은 다음과 같다.

$$\frac{(k+1)p_k}{\sum_k (k+1)p_k} = \frac{(k+1)p_k}{m+1}$$

Price는 이를 통해 $p_k \sim k^{-(2+\frac{1}{m})}$이라는 멱함수 분포를 도출하였는데, 지수가 $2+\frac{1}{m}$로 2와 3 사이의 크기를 보인다.

(2) Barabási-Albert 모델

Barabási and Albert(1999)는 Price(1976)의 '누적적 우위' 대신 '선호적 연결'이라는 개념을 소개하였다. 이 논문이 *Science*에 발표되면서 널리 알려지게 되었다. 이 논문은 몇 가지 점에서 Price(1976)와 차이가 난다. 첫째, 노드와 노드의 연결에 방향성이 없다. 둘째, 방향성을 채택하지 않았기 때문에 Price 연구의 문제였던 첫 번째 인용 또는 첫 웹사이트 링크의 문제를 해결할 수 있는 장점이 있는 반면, 실제 방향성을 지니는 네트워크의 속성을 단순화한 단점을 지닌다. 셋째, 그래프상의 각 노드는 초기 연결 m을 가지므로 새로운 링크를 받는 확률이 처음부터 0이 아니다. 넷째, 같은 나이를 가지는 노드들은 같은 연결 수를 가진다.

이상의 가정들하에 새로운 연결이 k 연결 수를 갖는 노드에 연결될 확률은 다음과 같다.

$$\frac{kp_k}{\sum_k kp_k} = \frac{kp_k}{2m}$$

좌측 분모의 합은 전체 네트워크의 평균 연결 수이다. 각 노드마다 m개의 연결을 가지며, 각 연결선은 방향성을 갖지 않기 때문에 실제 평균 연결 수는 $2m$이다. m개의 연결을 갖는 새로운 노드가 추가되었을 때 기존 k개의 연결을 가지고 있는 노드들의 평균 연결은 다음과 같이 m과는 독립적으로 결정된다.

$$m \times \frac{kp_k}{2m} = \frac{1}{2}kp_k$$

그러면 연결이 추가되면 연결이 $k+1$개가 되므로 그만큼 k개의 연결을 가진 노드의 수

np_k가 줄어든다. 반면 기존에 $k-1$개 연결을 가진 노드들에 연결이 추가됨으로써 k개의 연결을 가진 노드들의 수는 증가한다. 따라서 $p_{k,n}$을 전체 노드의 수가 n일 때 p_k의 값이라 하면, 노드 하나가 추가될 때 np_k의 순 변화는 다음과 같다.

$$(n+1)p_{k,n+1} - np_{k,n} = \frac{1}{2}(k-1)p_{k-1,n} - \frac{1}{2}kp_{k,n}, \quad k > m \text{일 때}$$

$$(n+1)p_{m,n+1} - np_{m,n} = 1 - \frac{1}{2}mp_{m,n}, \quad k = m \text{일 때}$$

그리고 $k < m$의 경우는 그러한 노드는 존재하지 않는다. 정상적인 상태 $p_{k,n+1} = p_{k,n} = p_k$를 상정하면 다음과 같이 된다.

$$p_k = \begin{cases} \frac{1}{2}(k-1)p_{k-1} - \frac{1}{2}kp_k, & k > m \text{ 일 때} \\ 1 - \frac{1}{2}mp_m, & k = m \text{ 일 때} \end{cases}$$

이를 다시 변형을 하면, $p_m = \dfrac{2}{(m+2)}$와 $p_k = p_{k-1}\dfrac{(k-1)}{(k+2)}$가 되어 다음과 같이 정리된다(Dorogovtsev, 2000 ; Krapivsky et al., 2000).

$$p_k = \frac{(k-1)(k-2)\cdots m}{(k+2)(k+1)\cdots(m+3)}p_m = \frac{2m(m+1)}{(k+2)(k+1)k}$$

결국 k가 무한히 큰 극한에서 p_k는 $p_k \sim k^{-3}$의 멱함수 분포를 보인다.[6] Barabási- Albert는 시뮬레이션 결과도 함께 보여준다. 이 외에도 Dorogovtsev and Mendes(2000a·2000c)와 Krapivsky and Redner(2002)는 더욱 확장된 시뮬레이션 결과를 보여준다(Dorogovtsev and Mendes, 2000a·2000c ; Krapivsky and Redner, 2002)

---

6. 보다 의욕적인 도출에 관해서는 Bollobás et al.(2001) 참조.

(3) Barabási-Albert 모델의 일반화

Barabási and Albert(1999) 모델은 상당한 주목을 끌었으며, 이후 많은 학자들이 본 모델을 확장하거나 실제 현상에 보다 더 부합하도록 네트워크 분석을 시도하였다. Dorogovtsev et al.(2000)과 Krapivsky and Redner(2001)는 k개의 연결을 가진 노드에 부착될 확률은 $k+k_0$에 비례한다는 모델을 검증했다. 단, 여기서 k_0는 상수이고 음수가 될 수 있도록 $-m<k_0<\infty$로 일반화하였으며, 부착 확률은 항상 양(+)이다. 분석 결과 이 모델 역시 k에 대한 멱함수 관계를 증명해 주었으며, $\alpha = 3+\frac{k_0}{m}$으로 나타났다. k_0의 음수값은 $\alpha<3$인 경우의 네트워크를 설명해 줄 수 있어 보다 현실에 가깝게 설계되었다고 평가할 수 있다.

Krapivsky et al.(2000·2001)은 노드에 부착되는 확률이 k에 선형적이지 않은 경우, 즉 k^γ로 일반화시켰다. 이 모델 역시 이전과 유사한 방법론으로 풀 수 있으며, 저자들은 이를 세 개의 일반적인 경우로 정리하였다. ① $\gamma=1$의 경우 평범한 선형적 선호 부착과 멱함수 관계를 나타낸다. ② $\gamma<1$의 경우 멱함수 관계를 보이며, 지수는 γ의 함수로 이루어진다. ③ $\gamma>1$의 경우 연결의 집중화 현상이 나타나는데, 하나의 노드가 네트워크상의 전체 연결의 일정한 비율을 점한다. 그리고 $\gamma>2$의 경우에는 이 노드가 그래프상의 다른 모든 노드들과 연결될 확률을 가진다.

네트워크 성장에 대한 또 하나의 변형은 평균 연결 수(m)를 시간에 따라 변화하도록 한 것이다. World Wide Web의 경우 실제로 한 노드가 가지는 평균 연결 수가 시간이 지남에 따라 점차 증가한다. Dorogovtsev and Mendes(2001b·2003)는 Barabási-Albert 모델을 이용해 이러한 변형을 연구하였다. 이들은 새로 생성된 노드가 갖게 되는 새로운 연결의 수 m이 네트워크 크기인 n이 커짐에 따라 함께 증가한다고 가정하였다. 즉, 기존 노드에 부착될 확률을 $k+Bn^a$라 하였다. 분석 결과 연결분포는 지수 $\alpha = 2+B\frac{(1+a)}{(1-Ba)}$를 가진 멱함수 분포를 가짐을 밝힘으로써 지수 조정을 통한 보다 유연성 높은 모델 설정의 가능성을 보이고 있다.

한편 일련의 연구들은 연결의 증감에 대해서 이루어졌다. 초기 Price의 논문에서는 일단 연결이 이루어지면 변하지 않는다고 함으로써 다소 극단적인 모델을 설정하였다. 그러나 Barabási-Albert 모델을 계기로 기존 노드에도 새로운 연결이 생기거나 연결이 사라지는 등의 유연성이 더해졌다. Dorogovtsev와 Mendes는 Barabási-Albert 모델에 기존 노드들 사이에서 각기 다른 비율로 연결이 나타나고 사라지는 메커니즘을 더하였다. 그럼에도 불구하고 대부분의 경우 멱함수 분포가 유지되는 것으로 나타났다.

Adamic and Huberman(2000)은 실제 World Wide Web에서는 노드들의 나이와 연결 간에 상관관계가 없다고 주장하였다. 대신에 노드의 연결 수가 노드 고유의 가치에 대한 함수라고 제안하였다. 어떤 웹사이트들은 보다 많은 사람들에게 유용하기 때문에 더 많은 연결을 갖게 된다는 것이다. Bianconi and Barabási(2001a·2001b)는 이 점을 고려하여 Barabási-Albert 모델을 확장하였다. 새로이 추가되는 노드 i는 그 매력도를 나타내는 "적합도(fitness)" η_i를 가진다. 적합도는 분포 $\rho(\eta)$로부터 선택되고 연결들은 단순히 k_i에 비례하여 이루어지는 것이 아니라 적합도와의 곱인 $\eta_i k_i$에 의해서 노드에 연결된다. 이 모델의 결과는 $\rho(\eta)$의 분포 형태에 따라서 두 가지 형태를 보인다. 만일 해당 분포가 유한할 경우에는 네트워크는 Barabási-Albert 모델과 같이 멱함수 분포를 보이지만, 무한할 경우 가장 높은 적합도를 가진 하나의 노드가 네트워크상의 모든 연결을 얻게 되는 "승자독식" 현상이 나타난다. 마치 시장에서의 독점기업에 비유된다.

이 밖에 연결의 방향성을 비롯하여 노드와 연결 형태의 비동질성 등 네트워크 형태가 다양하기 때문에 차별화된 연구들이 진행되었다. 이후 인터넷이 보편화됨에 따라 World Wide Web 네트워크를 대상으로 많은 연구가 진행되었다(Callaway et al., 2001).

(4) 노드 복사 모델

멱함수 분포인 것처럼 보이지만 선호적 연결에는 적합하지 않은 네트워크들이 있다. 다양한 생화학적 상호작용 관련 네트워크가 이에 속한다(Fell and Wagner, 2000 ; Jeong et al., 2000·2001 ; Stelling et al., 2002 ; Wagner and Fell, 2001). 대표적인 예가 단백질의 상호작용 네트워크에 대한 연구이다. 단백질 네트워크들의 변화는 유전적 정보에 의한 생물학적인 진화에 해당하기 때문에 상당히 오랜 시간이 걸린다. 따라서 단백질 네트워크는 단순히 누적적 우위나 선호적 연결 과정에 의해 성장한다고 볼 수 없다. 그럼에도 이 네트워크들은 멱함수의 연결분포 관계를 보여준다.

Kleinberg et al.(1999)와 Kumar et al.(2000)는 이러한 네트워크가 노드들의 복사(vertex copying)로 성장한다고 설명한다. 웹(Web)을 예로 들어 네트워크에 노드가 랜덤하게 꾸준히 추가되고 또 방향성 있는 연결이 랜덤하게 추가되거나 혹은 다른 노드로부터 연결을 복사함으로써 네트워크가 성장한다고 주장한다. 예를 들어 하나의 노드가 기존 노드들끼리의 수많은 연결 중 자신에게 m개의 연결을 추가하겠다고 선택하게 되면 랜덤하게 다른 노드들을 선택하여 목표로 한 m개의 연결을 복사한다. 만일 선택된 노드의 연결이 m보다 적으면 총 m개의 연결이 복사될 때까지 다른 노드를 선택해 그 노드의 연결을 복사한다.

1.3 네트워크 확산

네트워크 구조를 연구하는 목적은 특정 네트워크 위에 지어진 시스템들의 작동 메커니즘을 이해하고 설명하기 위해서이다. 이를테면 World Wide Web 네트워크 형태가 웹서핑과 검색 엔진에 어떠한 영향을 주는지, 사회 네트워크의 구조가 정보 확산에 어떠한 영향을 미치는지, 네트워크의 형태가 질병 확산에 어떠한 영향을 주는지, 먹이 웹(food web)이 어떻게 인구역학에 영향을 미치는지 등을 알아보는 데 있다. 네트워크상에서의 확산 메커니즘을 알아보기로 한다.

(1) 침투이론과 네트워크 복원

침투이론(Percolation Theory)은 네트워크상의 노드와 연결들 간의 확산 패턴을 다룬다. 여과 프로세스는 노드 또는 연결선이 랜덤하게 선택되거나 선택되지 않음으로써 나타나는 노드들의 패턴 속성들에 대해 연구한다. 침투 모델이 처음 1950년대에 만들어졌을 때의 목적은 질병의 확산에 대해 알아보기 위해서였으나 시간이 지나면서 일반적인 네트워크상에서의 확산패턴 연구로 확장되었다.

최근에는 네트워크 실패가 이슈가 됨에 따라 네트워크의 복원력 또는 취약성에 대한 연구도 활발하다. 실제 현실의 네트워크는 랜덤하게 없어진 노드들이 상당한 복원력을 가진다. 복원력을 측정하는 가장 간단한 기준은 네트워크를 구성하는 거대 요소(giant component)에 속한 노드들의 비율일 것이다. 커뮤니케이션 네트워크의 경우 거대 요소에 속한 노드들은 전체 네트워크와 상당 부분 소통할 수 있지만 작은 요소에 속한 노드들은 일부에 한정된다.

노드들은 랜덤하게 연결되거나 연결되지 않을 수 있는데, 이러한 과정에서 노드들 중 전

그림 8-14 네트워크상의 노드와 링크의 침투 현상

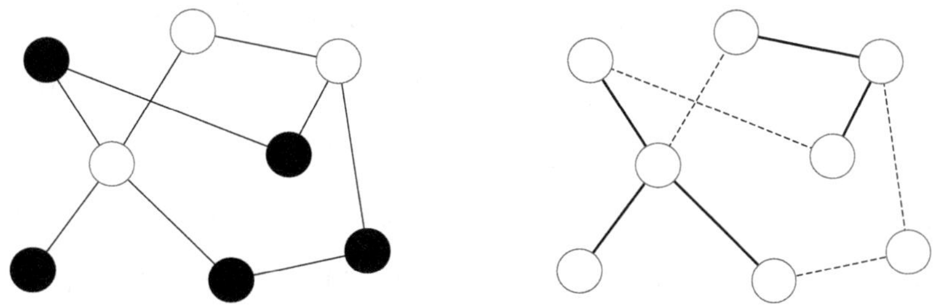

(a) 노드 침투 (b) 링크 침투

주 : 노드 침투의 경우 검은색은 선택, 흰색은 선택되지 않은 상태를 나타내며, 링크 침투의 경우 실선은 선택, 점선은 선택되지 않은 상태를 나타낸다.

체 네트워크와 성공적으로 의사소통할 수 있는 점들이 바로 해당 침투 모델의 거대 요소가 된다. Cohen et al.(2000)은 랜덤 네트워크를 대상으로 다음과 같은 분석 아이디어를 제공하였다. 연결분포 p_k인 네트워크에서 전체 노드의 q 비율만큼 연결되어 있다고 하자. 그러면 k개의 연결을 가진 노드가 k'개의 연결을 가진 노드들과 연결될 확률은 다음과 같다.

$$\binom{k}{k'} q^{k'} (1-q)^{k-k'}$$

따라서 랜덤하게 선택된 k개 연결을 가진 노드가 k'개의 연결을 가진 다른 노드들과 연결되어 있을 총 확률은 아래와 같다.

$$p_{k'} = \sum_{k=k'}^{\infty} p_k \binom{k}{k'} q^{k'} (1-q)^{k-k'}$$

본 연구의 결론 중 가장 흥미로운 것은 멱함수 분포 $p_k \sim k^{-\alpha}$를 갖는 네트워크에서 $\alpha \leq 3$인 경우 네트워크가 확산되어 거대 요소가 형성되는 임계치 q_c가 존재함을 밝혀낸 점이다.

Callaway et al.(2000)은 보다 일반적인 접근을 취한다. k개의 연결을 가진 노드가 선택될 확률을 q_k라 하면 이 확률은 k의 함수가 된다. 즉, Cohen의 q가 q_k로 일반화된다. 그리고 일정한 분석을 통해 q_c와 멱함수 분포 $p_k \sim \frac{k^{-\alpha}}{\zeta(\alpha)}$의 지수 α와의 관계를 도출한다. $\alpha < 3$이면 q_c는 부(−)의 값을, α가 아주 크면 $q_c > 1$이 되어 두 경우 모두 극단적인 경우로 네트워크상의 거대 요소가 존재하기 어렵게 된다. 이때 기준이 되는 α_c는 3.4788로서 거대 요소를 제거하는 임계치가 된다. 이로부터 네트워크의 복원력 또는 취약성에 관한 분석의 실마리를 찾을 수 있다. 네트워크의 거대 요소를 무너뜨리는 것은 적은 비율의 노드들만 제거함으로써 가능하다는 얘기가 성립된다. 특히 World Wide Web처럼 멱함수 분포를 따르는 네트워크들은 이러한 공격의 표적이 되기 쉽다(Albert et al., 2000 ; Broder et al., 2000 ; Cohen et al., 2001).

Dorogovtsev and Mendes(2001a)와 Newman(2003b)에서도 유사한 결과를 도출하였다. [그림 8-15]는 네트워크의 거대 요소를 제거하기 위해 삭제되어야 하는, 가장 높은 연결도를 가진 노드들의 비율을 나타낸다. α가 클수록 삭제되어야 하는 비율이 작으며, 최대 비율이 3%보다 작고 대부분의 α값에 대해 이보다 현저히 낮게 나타나는 것을 볼 수 있다. α가 클수록 멱함수 분포가 얇은 꼬리를 갖는데 이는 네트워크에서 적은 비율의 노드 제거로 전체 시스템이 와해될 수 있음을 뜻하므로 더 취약한 구조를 가진다.

그림 8-15 네트워크의 거대 요소를 제거하기 위해 삭제되어야 하는 가장 높은 연결도를 가진 노드들의 비율

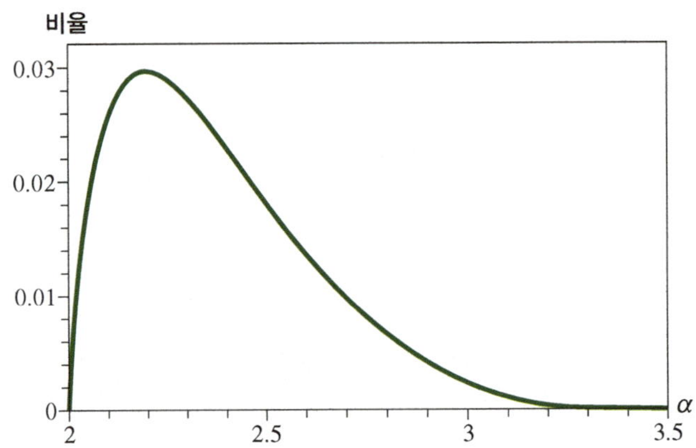

이러한 현상은 네트워크의 연속적 실패와 밀접하게 관련되어 있다. 전력 네트워크와 같이 물건을 나르거나 자원을 전달하는 일부 네트워크에서는 하나의 노드 또는 연결선의 실패가 해당 노드와 연결선은 물론 인접 노드들과 연결선들에 과부하를 초래하여 결국 전체 네트워크가 실패하거나 대재난이 발생하는 사태로 이어진다. 1996년 8월 미국 서부 텍사스 El Paso에서 시작된 정전이 오리건과 캘리포니아까지 번져 6개 주의 수백만 소비자들에 피해를 끼친 사건이 대표적인 예이다.

Watts(2002)는 이러한 프로세스에 관한 간단한 침투 모델을 제시하였다. 노드 i는 이웃들

중 φ_i 비율이 실패하면 따라서 실패한다. φ_i는 분포 $f(\varphi)$로부터 추출된 독립적이고 동일한 분포를 가진 변수이다. 실패의 씨앗으로 0이 아닌 밀도 Φ_0의 노드들이 심어진다. 소규모 네트워크는 같은 형태를 띠며 연쇄 실패의 첫 단계에 각 노드들은 최대한 하나의 실패한 이웃 노드를 가진다. 이때 해당 노드는 임계치 $\varphi_i < \frac{1}{k}$인 경우에만 따라서 실패하며, Watts는 이를 만족하는 노드를 '취약하다'고 칭하였다. 따라서 노드가 취약할 확률은 아래와 같으며, 연쇄적인 실패는 이러한 노드들이 서로 연결되어 네트워크상에서 확산 클러스터를 형성하고 있는 경우에만 발생한다. 동 확률은 초기 실패가 거대한 실패로 확산되는 하나의 조건이 된다.

$$q_k = \int_0^{\frac{1}{k}} f(\varphi)d\varphi$$

(2) 전염병 확산

질병이나 정보, 컴퓨터 바이러스, 루머 등이 어떻게 네트워크 내에서 확산되는가를 파악하는 것도 네트워크를 연구하는 이유 중 하나이다. 코로나19 바이러스 전파 네트워크를 연구하는 것은 코로나19 전염의 확산을 이해하고 통제할 수 있도록 하기 위함이다. 마찬가지로 이메일을 통한 컴퓨터 바이러스 감염을 연구하여 효율적인 바이러스의 차단을 돕는다. SIR 모델과 SIS 모델이 대표적인 모델이다.

▪ SIR 모델

질병 확산의 전통적인 모델로서 1920년대에 L. Reed와 W. H. Frost에 의해 최초로 탄생되었다. 안타깝게도 그들의 연구 결과는 논문으로 발간되지는 못하였다. 그들은 인구를 세 유형으로 분류하였다.

① Susceptible(S) : 질병을 갖고 있지는 않으나 전염 가능성 보유

② Infective(I) : 질병을 갖고 있으며, 전염시킬 수 있음

③ Recovered(R)[7] : 질병으로부터 회복하여 영구적인 면역 보유

7. Removed 또는 Refractory로 쓰기도 한다.

전통적인 전염병학에서 S 상태의 모든 개체는 단위시간당 β의 일정한 확률로 질병에 걸릴 수 있으며, I 상태의 개체들은 일정한 랜덤 γ의 확률로 병으로부터 치유되고 면역을 보유한다(Anderson and May, 1991 ; Bailey, 1975 ; Hethcote, 2000). S, I, R 상태에 있는 개인들의 비율을 각각 s, i, r이라고 하면 미분방정식은 다음과 같다.

$$\frac{ds}{dt} = -\beta is,\ \frac{di}{dt} = \beta is - \gamma i,\ \frac{dr}{dt} = \gamma i$$

이 모델은 질병의 기본 역학에 대해서 많은 것을 알려주지만 가정들이 상당히 비현실적이다. 현실에서 질병은 실제로 신체적 접촉을 한 사람들 사이에서만 전염이 가능하며, 따라서 접촉의 네트워크가 질병의 확산 패턴에 매우 중요한데, 이에 대한 고려가 부족하다.

SIR 모델은 네트워크 내 전염병 확산 모델로 일반화될 수 있다. 첫 번째 시도는 Grassberger(1983)에 의해서 이루어졌다. 감염률 β는 $P_i(\beta)$의 분포로부터, 치유율 γ는 $P_\gamma(\gamma)$의 분포로부터 추출된다고 하면 연결선이 선택될 확률, 즉 감염될 확률은 아래와 같다.

$$T = 1 - \int_0^\infty P_i(\beta)P_\gamma(\gamma)e^{-\frac{\beta}{\gamma}}d\beta d\gamma$$

선택된 연결선으로 서로 연결된 노드들의 집합인 확산 클러스터의 분포는 랜덤하게 선택된 질병 크기의 분포에 해당하며, 확산으로의 전환은 전염 임계점에 해당한다. 또 거대 요소의 크기는 전염병의 크기라 할 수 있다. SIR 모델은 동 모델을 바탕으로 감염률 혹은 감염 시기, 노드의 연결도, 네트워크 구조 등의 상관관계에 따른 확산 패턴, 임계점의 존재 유무 등의 이슈로 발전되었다.[8] 이들 연구들의 중요한 결론 중 하나는 멱함수 분포를 따르는 네트워크에는 지수가 3보다 작은 경우 0이 아닌 전염 임계점이 존재하지 않는다는 것이다. 후속 연구들은 노드들 간 상관관계, 공간 차원, 높은 전이성 등 네트워크 구조와 관련한 다양한 조건들에 따라 상이한 결론들을 도출하였다.[9]

---

8. 감염률 혹은 감염 시기는 Newman(2002), 노드의 연결도는 Moreno and Vázquez(2002), 네트워크 구조는 Meyers et al.(2003) ; Newman(2002) 참조.
9. 노드들 간의 상관관계에 대해서는 Blanchard et al.(2002) ; Boguñá et al.(2002a · 2002b) ; Moreno and Vázquez(2002), 공간 차원에 대해서는 Rozenfeld et al.(2002) ; Warren et al.(2002), 높은 전이성에 대해서는 Eguiluz and Klemm(2002) 참조.

▪ SIS 모델

모든 질병이 생존자들에게 면역을 부여하는 것은 아니다. 감기처럼 약으로 쉽게 치유될 수 있는 질병들은 다시 걸리곤 한다. 컴퓨터 바이러스도 이에 해당한다. 안티바이러스 소프트웨어를 통해 치료는 할 수 있으나 영구적인 바이러스 검사 프로그램이 없으면 컴퓨터가 다시 같은 바이러스에 감염되는 것을 피할 수 없다. 이처럼 질병 보유자들은 치유를 통해 면역된 그룹이 아니라 다시 감염 가능자 그룹으로 들어가게 된다. 이에 기초한 모델이 SIS 모델이다. 이를 SIR 모델처럼 간단한 미분방정식으로 표현하면 다음과 같다.

$$\frac{ds}{dt} = -\beta is + \gamma i, \ \frac{di}{dt} = \beta is - \gamma i$$

SIS 모델은 최근 인터넷이 보편화되면서 정보의 확산 속도가 빨라지고 이와 더불어 컴퓨터 바이러스의 감염 문제가 중요한 이슈로 등장함에 따라 활발하게 연구되고 있는 분야이다. 현재까지는 대개 네트워크의 구조가 랜덤인지 스케일프리인지 혹은 매우 집중된 스케일프리인지에 따라 확산 패턴이 어떻게 달라지는지, 즉 전염 임계점의 존재 유무 등이 주요 이슈 중 하나로 논의되어 왔다(Eguiluz and Klemm, 2002 ; Pastor-Satorras and Vespignani, 2001a · 2001b) 전염병 확산 모델에 관해서는 21장에서 더 자세히 소개하기로 한다.

(3) 상전이 모델

상전이 모델은 전통적인 통계역학적 모델을 네트워크 확산에 적용한 모델로서 물리 현상에서의 상전이 현상을 네트워크상에서 설명하려는 시도이다. 주로 Ising 모델[10]과 같은 Spin 모델을 네트워크에 응용한다. 구체적으로는 Watts-Strogatz의 작은 세상 네트워크, 랜덤 네트워크, Barabási-Albert의 스케일프리 네트워크 등의 네트워크 유형에 적용한 연구들이 주

---

10. Ising 모델은 물리학자인 E. Ising의 이름을 딴 것으로 통계역학에서 수학 모델의 일종이다. 네트워크 공간상에서 각 노드들 사이에 작용하는 상호 끌어당기는 힘과 밀어내는 힘의 에너지를 이용하여 상전이 등의 변화를 설명한다.

류를 이룬다.[11]

Spin 모델의 응용은 매우 다양하며, 사회적 네트워크에서의 여론형성 과정 등의 분야에서 많은 연구가 이루어지고 있다(Young, 2003 ; Castellano et al., 2002 ; de Groot, 1974 ; French, 1956 ; Stauffer, 2002 ; Sznajd-Weron and Sznajd, 2000 ; Vázquez et al., 2003). Goltsev et al.(2003)는 Landau 이론[12]을 활용하여 네트워크상의 상전이 현상을 설명한다. 분석 결과 네트워크상의 임계 행동은 일반적으로 연결분포, 특히 멱함수 분포에 상당히 영향을 받는 것으로 밝혀졌다.

상전이와 관련된 또 하나의 이슈는 문제의 해결이 가능하도록 전이를 제공하는 채색 가능성(colorability)에 관한 것이다. 채색 가능성은 경영과학에서의 스케줄링이나 통계역학의 Potts 모델[13]과 관련이 있다. 어떤 시스템을 구성하는 구성원들(노드)을 많은 그룹들(색깔)로 나누었을 때 일부 노드들의 짝은 같은 그룹에 속하지 않을 수 있다. 이를 연결선으로 표시함으로써 구분이 가능하다. 이러한 상태에서 어떤 제약조건들을 주었을 때 이 제약조건들을 모두 만족하는 해를 구할 수 있다. 예를 들어 '어떤 균형점에 도달하기 위해서는 인접한 두 노드들은 같은 색깔을 가져서는 안 된다'와 같은 해를 도출할 수 있다. 만일 이러한 해를 구하지 못할 때는 그룹들 간 상전이를 경험하게 된다. 이와 관련된 연구들은 그동안 컴퓨터 과학 분야에서 많이 이루어져 왔다(Du et al., 1997). 그러나 대부분의 연구는 포아송류의 랜덤 그래프를 대상으로 했다. 이에 반해 Walsh(1999)는 Watts-Strogatz의 작은 세상 네트워크를 대상으로 연구를 했으며, Vázquez and Weigt(2003)는 보다 일반화된 랜덤 네트워크를 대상으로 연구를 수행하였다.

---

11. 작은 세상 네트워크에 대해서는 Barrat and Weigt(2000) ; Watts and Strogatz(1998) ; Herrero(2002) ; Hong et al.(2002) ; Kuperman and Zanette(2002) ; Pękalski(2001) ; Zhu and Zhu(2002), 랜덤 네트워크에 대해서는 Dorogovtsev et al.(2002) ; Leone et al.(2002), 스케일프리 네트워크에 대해서는 Aleksiejuk et al.(2002) ; Bianconi(2002) 참조.

12. 물리학에서 2차 상전이를 설명하기 위해 Lev Dovinovich Landau에 의해 소개된 이론이다. 한 시스템의 자유에너지를 테일러 전개의 형태로 표현하고 있다.

13. Potts 모델은 Ising 모델이 일반화된 형태로 격자 모양의 공간구조상에서 상호작용하는 각운동량(spin = angular momentum)에 관한 모델이다. 각운동량은 회전운동의 양으로 관성 모멘트(회전관성)과 회전 속도의 곱으로 나타낸다.

2 중심부-주변부 네트워크

선호적 연결에 기초한 연결 메커니즘은 거시적으로 양극화 네트워크로 자기조직화하는 양상을 보인다. 인터넷을 중심으로 한 정보화 현상은 스케일프리 네트워크 구조와 관련이 있으며, 경제사회의 제 양극화 현상과 무관하지 않다. 양극화 네트워크에 대해서 살펴본다(Csermely et al., 2013).

2.1 특징

양극화 네트워크를 설명하는 중심부-주변부 네트워크 이론은 선호적 연결의 스케일프리 네트워크가 거시적으로 확장된 형태라 할 수 있다. 즉, 스케일프리 네트워크가 외부 환경에 적응하는 과정에서 창발되는 자기조직화의 산물이 중심부-주변부 네트워크이다. 구체적으로는 복잡계 네트워크 시스템에서 중심부 네트워크는 서로 복잡하게 얽혀 상호 대체하고 지지하면서 변화에 저항하는 부문(Ma and Zeng, 2003 ; Kitano, 2004 ; Csete and Doyle, 2004 ; Tieri et al., 2010), 무작위적인 외부 공격에 대해 저항하는 가장 강건한 부문(Schneider et al., 2011; Wu and Holme, 2011 ; Peixoto and Bornholdt, 2012), 다양한 스트레스와 위기에 대한 복잡계 시스템의 일종의 대응 형태(Derényi et al., 2004 ; Csermely, 2006 ; Brede, 2010 ; Mihalik and Csermely, 2011 ; Peixoto, 2012 ; Saavedra et al., 2011) 등으로 간주된다.

네트워크 내에서 노드들 간에 상호작용을 하다 보면 중심 역할을 하는 노드들과 주변 역할을 하는 노드들로 자연스레 구분된다. 중심 역할을 하는 노드들은 아무래도 연결의 밀도가 높으며, 주변 역할을 하는 노드들은 연결의 밀도가 낮다. 중심부-주변부 네트워크는 외관상으로 높은 밀도의 연결을 가진 중심 역할을 하는 노드들과 그렇지 않은 노드들로 특징지어지지만, 실제로는 다양한 정의와 유형을 지닌다.

초기 1940~1970년대의 중심부-주변부 네트워크의 정의는 '중심부에 속한 노드들은 서로 연결이 있지만, 주변부에 속한 노드들은 서로 연결이 되지 않는다' 또는 '중심부 내 노드들의 자기 그룹의 다른 노드들과의 연결이 다른 그룹의 노드들과의 연결보다 상대적으로 많다'와 같은 기준으로 접근되었다. 이에 해당되는 것이 Clique, k-clan, k-club, k-clique, k-clique community, k-component, k-plex, Strong LS-set, LS-set, lambda-set, weak(modified) LS-set, k-truss or k-dense subgraph, k-core 등의 정의들로서 앞의 기준들을 자의적으로 변용한 것이라 할 수 있다(Csermely et al., 2013).

1970년대 이후 네트워크 분석이 보다 활발하게 이루어지면서 중심부-주변부 네트워크에 대한 보다 객관적인 기준은 1990년대 후반 Borgatti and Everett(1999)에 의해 제시되었다. 이들은 이상적인 중심부-주변부 네트워크로서 완전하게 서로 연결된 중심부와 중심부에 완전하게 연결되어 있지만 내부적으로는 연결이 없는 주변부로 구성된 네트워크를 상정하고, 이와 실제 네트워크의 상관관계를 통해 중심부-주변부 네트워크를 판별할 수 있는 알고리즘을 제시하였다.

n개의 노드와 m개의 링크로 구성된, 방향성이 없는 네트워크를 $G=(V, E)$(V는 노드, E는 링크)라 하자. 그리고 $A=(a_{ij})_{i,j}$는 G의 인접행렬로서 노드 i, j가 연결되면 $a_{ij}=1$, 연결되지 않으면 $a_{ij}=0$이다. δ는 n개의 요소로 구성된 벡터로서 해당 노드가 중심부에 속하면 1, 주변부에 속하면 0의 값을 가진다. $\Delta=(\Delta_{ij})$를 n개의 노드와 m개의 링크를 가진 이상적인 중심부-주변부 매트릭스라 하고 $\delta_i=1$과 $\delta_i=1$이 서로 곱해 $\Delta_{ij}=1$이 되고 그렇지 않으면 0이 된다. 즉, 행렬식으로 $\Delta=\delta^T\delta$이 되고, δ^T는 δ의 전치 벡터이다.

따라서 하나의 네트워크가 중심부-주변부 네트워크인지 판별하는 것은 아래 ρ가 최대가 되는 벡터 δ를 찾는 문제라 할 수 있다.

$$\rho=\sum_{i,j}A_{ij}\Delta_{ij}$$

ρ는 인접행렬 A와 행렬 Δ가 동일할 때 최대값을 가지므로 ρ가 클수록 해당 네트워크는 뚜렷한 중심부-주변부 네트워크 구조를 가진다. 따라서 Borgatti와 Everett가 제시한 알고리즘은 이상적인 중심부-주변부 행렬 $\Delta=\delta^T\delta$와 해당 매트릭스 A 간 상관관계를 최대화하는 벡터 δ를 찾는 작업이라 하겠다.

이후 중심부-주변부 네트워크를 식별하는 방법론은 점점 정치화되어 연결의 유무뿐만 아니라 연결의 강도도 반영하는 방향으로 진화되었으며, 나아가 네트워크 이론들이 계속 발전함에 따라 실제의 네트워크 형태를 반영할 수 있는 다양한 형태의 지표들이 소개되었다. 이와 관련하여 몇 가지 중심부-주변부 네트워크 유형을 소개한다(Csermely et al., 2013).

2.2 부자 클럽 네트워크

부자 클럽(Rich-clubs)은 소위 부자 노드들끼리 얼마나 연결되어 있느냐로 중심부 네트워크를 식별한다. [그림 8-16]의 1, 2, 22, 23처럼 일정 수 이상의 링크를 가진 부자 노드들이 얼마나 연결되어 있는지를 나타내는 계수 $\phi(k)$로 부자 클럽의 정도를 식별한다(Zhou and Mondragón, 2004).

$$\phi(k) = \frac{E_{>k}}{\binom{N_{>k}}{2}} = \frac{2E_{>k}}{N_{>k}(N_{>k}-1)}$$

$N_{>k}$는 k 이상의 링크를 가진 노드 수, $E_{>k}$는 k 이상의 링크를 가진 노드들 간 링크 수를 나타낸다. 그러니까 $\phi(k)$는 부자 노드들의 가능한 링크 수에 대한 실제 링크 수의 비율을 나타낸다. $\phi(k) = 0$이면 부자 노드들 간에 링크가 없으며, $\phi(k) = 1$이면 부자 노드들 간에 완

그림 8-16 중심부-주변부 네트워크 유형과 그 인접행렬

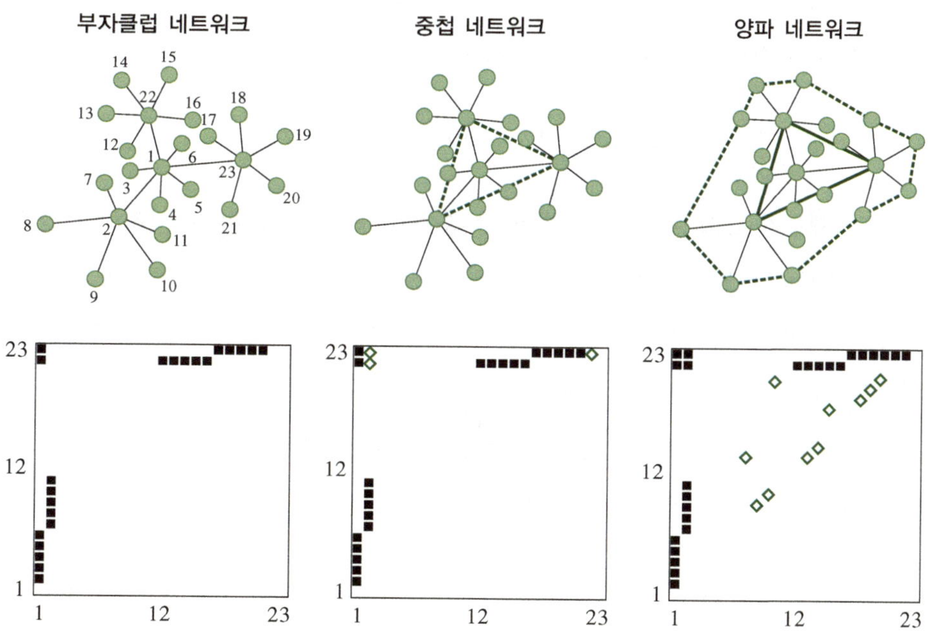

전하게 연결되어 있다는 의미로서, 1에 가까울수록 부자 클럽과 그렇지 않은 클럽 간 구분이 뚜렷하다고 할 수 있다.

이후 부자 클럽 계수는 같은 수의 노드를 가진 랜덤 네트워크를 상정하고 이의 계수와 해당 네트워크의 계수와 상대 비교하는 방식(Mondragón and Zhou, 2011), 나아가 연결의 강도까지 반영하는 방식(Maslov and Sneppen, 2002 ; Opsahl et al., 2008 ; Serrano, 2008) 등으로 확장되었다.

2.3 중첩 네트워크

중첩 네트워크(nested network)는 [그림 8-16]에서 보듯이 부자 노드들 간에 중첩되어 연결된 형태를 띤다. 부자 클럽의 경우는 부자 노드들 간에 중복된 연결이 없지만, 중첩 네트워크는 직접 연결뿐만 아니라 다른 부자 노드를 통해 간접적으로 연결된다. 네트워크 중첩성을 측정하는 지표로는 매트릭스 온도(T) 지수, N(Atmar & Patterson, 1993)과 중복과 채우기 감소 지수, NODF(overlap and decreasing fills)가(Almeida-Neto et al., 2008) 널리 쓰인다.

메트릭스 온도 T는 해당 네트워크의 접속행렬을 1과 0의 배열이 완전하게 중첩된 네트워크와 비교하여 얼마나 차이가 나는지로 중첩성을 측정한다. 해당 네트워크가 완전 중첩 네트워크이면 $T = 0$, 완전 반대의 경우이면 $T = 100$이 된다. 따라서 네트워크의 중첩성 N은 다음과 같이 정의되고 0과 100 사이의 값을 가진다.

$$N = 100 - T$$

NODF는 채우기 감소(decreasing fill)와 쌍 중복(paired overlap)의 두 가지 성격을 반영한다. $m \times N$ 매트릭스에서 N_i를 노드 i의 링크 수(= 어떤 행과 열의 1의 합)라 하면 어느 행의 두 쌍 i, $j(i < j)$에 대해 $N_i < N_j$이면 $DF_{ij} = 100$, 그렇지 않으면 $DF_{ij} = 0$이라 한다. 동일한 방법으로 어느 열의 두 쌍 k, l에 대해서도 DF_{kl}을 정의한다. 그리고 행의 쌍 중복을 $PO_{ij} = \dfrac{[N_i \cap N_j]}{|N_i|}$, 열의 쌍 중복을 $PO_{kl} = \dfrac{[N_k \cap N_l]}{|N_k|}$로 하면, 행과 열의 어떤 쌍 i, j와 k, l에 대해 쌍 중첩성 N_{ij}는 다음과 같이 정의된다.

$$N_{ij} = \begin{cases} 0 & if\ DF_{ij} = 0 \\ PO_{ij} & if\ DF_{ij} = 100 \end{cases}$$

NODF는 모든 행과 열의 노드 쌍들의 평균 $N_{ij}(N_{kl})$ 값으로 다음과 같이 계산된다.

$$NODF = \frac{\sum_{i<j} N_{ij} + \sum_{k<l} N_{kl}}{\binom{n}{2} + \binom{m}{2}}$$

말하자면 NODF는 네트워크 전체의 밀도를 정밀하게 측정하여 중복성을 체크하는 장점을 지닌다. 반면 허브 네트워크 간의 연결 유무나 연결의 분포도와 같은 측면을 놓칠 우려가 존재한다. 이후 이러한 점을 보완하는 후속 연구들이 이어졌으며, 특히 연결분포의 이질성을 고려한 연구들이 많이 뒤따랐다(Lee et al., 2012 ; Staniczenko et al., 2013 ; Jonhson et al., 2013 ; James et al., 2012 ; Rohr et al., 2013 ; Saavedra and Stouffer, 2013 ; Saavedra and Stouffer, 2013).

2.4 나비넥타이 네트워크

나비넥타이(bow-tie) 네트워크는 [그림 8-17]에서처럼 중심부를 중심으로 한쪽에서 중심부로 들어가는 부문(source nodes)과 중심부에서 빠져나오는 부문(sink nodes)의 2개의 주변부로 구성된, 방향성 있는 네트워크 구조를 보인다. 지금까지의 연구에 따르면 나비넥타이 네트워크

그림 8-17 나비넥타이 네트워크 구조

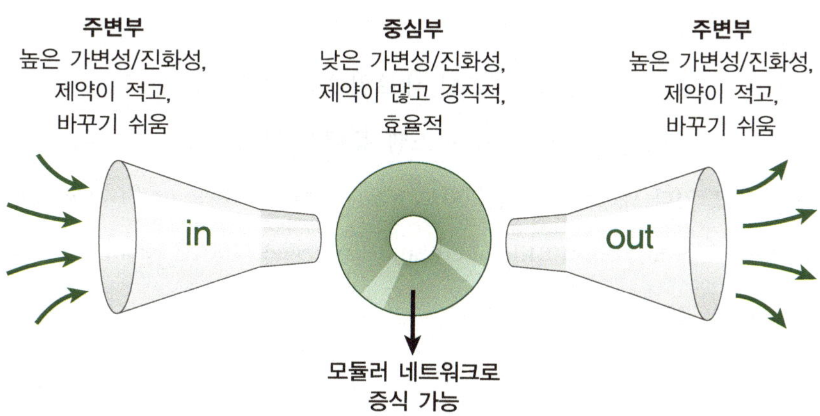

워크의 중심부는 모든 소스 노드와 싱크 노드를 연결시키는 데 필요한 노드와 링크의 수를 줄여 최적화시키며, 시스템의 동요나 소음 효과를 줄일 뿐만 아니라 환경 변화에 대한 진화 능력을 키우는 역할을 담당하는 것으로 분석되고 있다(Ma and Zeng, 2003 ; Kitano, 2004 ; Csete and Doyle, 2004).

Supper et al.(2009)은 방향성과 연결의 강도가 있는 네트워크를 대상으로 나비넥타이 구조를 측정하는 알고리즘을 제시하였다. 방향성 있는 그래프 $G=(V,E,w)$를 상정하고 $e \in E$는 가중치 $w_e \in [0,1]$를 가진 링크라 하자. 일련의 소스 노드 집합 $S \subseteq V$을 일련의 싱크 노드 집합 $T \subseteq V$와 연결시키는 하부 그래프 $G' \subseteq G$를 찾는 문제이므로($T \cap S = 0$), 모든 $s \in S$와 $t \in T$ 노드들을 연결하는 적어도 하나의 경로를 가진 G'가 존재해야 한다. 따라서 알고리즘은 소스 노드와 싱크 노드를 연결하는 경로들 P를 만들되, 그 경로들의 가중치 $W_{prod}(P)$가 최대화되도록 해야 하는 것이다.

$$W_{prod}(p) = \prod_{e \in P \subseteq E} w_e$$

그러면 노드 v의 나비넥타이 점수 $b(v)$는 다음과 같이 계산된다.

$$b(v) = \frac{|S_v||T_v|}{|S||T|}$$

$|S_v|$는 노드 v가 연결을 시작하는 소스 노드들의 수, $|T_v|$는 노드 v가 도달하는 싱크 노드들의 수, $|S|$와 $|T|$는 소스와 싱크 노드들의 전체 수를 각각 나타낸다. 일종의 중심성 지수를 응용한 것이라 할 수 있다.

실제 신진대사, 유전자 통제 및 시그널 네트워크와 같은 생물학적 네트워크를 비롯해 World Wide Web, 제조업 공정, 면역 시스템 등에서 나비넥타이 네트워크 구조를 보이는 것으로 밝혀지고 있다(Ma and Zeng, 2003 ; Kitano, 2004 ; Csete and Doyle, 2004 ; Supper et al., 2009 ; Broder et al., 2000 ; Kleinberg and Lawrence, 2001 ; Kitano and Oda, 2006 ; Rodriguez-Caso et al., 2009).

2.5 양파 네트워크

양파(onion) 네트워크는 [그림 8-16]에서 보듯이 주변부 네트워크 간에도 연결됨으로써 또 다른 형태의 중심부 네트워크 모습을 보여준다. 양파 네트워크는 외부의 공격에 의해 소위 허브 노드나 부자 노드가 손상을 입었을 경우에도 전체 노드들 간에 연결을 유지할 수 있는 네트워크의 강건성(robustness)을 지닌다.

Schneider et al.(2011)은 네트워크의 강건성을 나타내는 지표를 다음과 같이 제시하였다.

$$R = \frac{1}{N}\sum_{Q=1}^{n} s(Q)$$

N은 노드들의 수, $s(Q)$는 $Q = qN$ 노드들을 제거한 후 가장 연결이 많은 부문 노드들이 전체 노드들에서 차지하는 비중을 나타내며, $\frac{1}{N}$은 네트워크 크기를 고려하여 R을 정상화시킨다. R은 스타 네트워크의 경우 최소값 $\frac{1}{N}$, 완전 연결된 네트워크의 경우 최대값 0.5의 값을 가진다. 이 경우 양파 네트워크는 네트워크의 가장 중요한 노드들이 제거되더라도 대부분의 노드들이 서로 연결되는 구조를 지닌다.

그런 면에서 양파 네트워크는 집중 네트워크와 분산 네트워크를 절충한 구조를 지니고 있어 외부의 의도된 또는 무작위적 공격에 대해 상당한 방어력을 가진다(Schneider et al., 2011 ; Wu and Holme, 2011 ; Peixoto and Bornholdt, 2012 ; Friedel and Zimmer, 2007 ; Trajanovski et al., 2013). Louzada et al.(2013)은 외부의 공격에 의해 와해되지 않고 네트워크의 연결을 복원할 수 있는, 즉 네트워크 효율성을 측정하는 지표, E를 제시하였다.

$$E = \sum_{\substack{i,j=1 \\ i \neq j}} \frac{1}{I_{ij}}$$

I_{ij}는 노드 i와 j 간에 가장 짧은 경로 길이를 나타낸다. 따라서 노드들 간에 경로가 짧을수록 네트워크 효율성이 높아진다. E를 활용하여 네트워크의 종합적 효율성(Integral Efficiency), IE를 다음과 같이 제시하였다.

$$IE = \frac{1}{N}\sum_{Q=1}^{n} E(Q)$$

$E(Q)$는 Q 노드를 제거한 후 네트워크 효율성을 나타낸다. 동 지표에 의하면 양파 네트워크 구조가 외부 공격에 대비한 가장 최적화된 네트워크 형태 중 하나로 분석되었다(Tanizawa et al., 2012).

사회가 점점 네트워크화되고 또한 네트워크가 복잡해져 감에 따라 네트워크의 유지 및 복원력에 자연히 관심이 높아지고 있다. 이에 따라 양파 네트워크의 강점이 부각되고 있다. 특히 마약, 테러 등 범죄 네트워크의 유지 및 복원력에 대한 양파 네트워크의 적용은 흥미로운 연구이다(Kenney, 2009 ; Krebs, 2002 ; Morselli et al., 2007).

지금까지 중심부-주변부 네트워크의 특성을 살펴보았다. 중심부-주변부 네트워크는 스케일프리 네트워크가 진화한 것으로 복잡계 네트워크(complex network)의 한 형태라 할 수 있다. 복잡계 네트워크의 일반적인 형태인 모듈 네트워크와는 주변부 노드들 간 연결이 드물다는 측면에서 구분되지만, 양파 네트워크는 주변부 노드들 간 연결을 허용하고 있어 양자 간 구분이 다소 애매하다. 또한 측정 지표들도 각자의 장단점을 지니고 있어 연구 목적에 알맞은 지표 활용이 필요하다.

3 웹 네트워크

사람이나 또는 기업, 단체와 같은 사회적 조직들을 연결하는 일반적인 사회적·경제적 네트워크와 달리 월드와이드웹(World Wide Web, 이하 웹)의 네트워크는 연결구조가 다르다. 연결의 단위가 정보이며, 이들 간 연결에서도 다른 메커니즘이 작동되는 소위 '정보 네트워크'의 형태를 지닌다[14].

14. Easley and Kleinberg(2010), Ch. 13.

3.1 월드와이드웹

대표적인 정보 네트워크가 인터넷상의 월드와이드웹이다. 소위 Hypertext(html)로 알려진 연결자가 웹의 계층적 구조에 관계없이 정보들을 서로 연결시킨다. 그야말로 시공을 초월하여 웹페이지를 넘나든다. 예를 들어 필자의 연구실 Nexys Lab 웹페이지에서 complexity를 클릭하면 Wikipedia의 Complexity로 가고, 여기서 Self-organization이라는 주제를 클릭하면 다음 Ilya Prigigine's의 홈페이지로 간다.

그림 8-18 Hypertext의 예

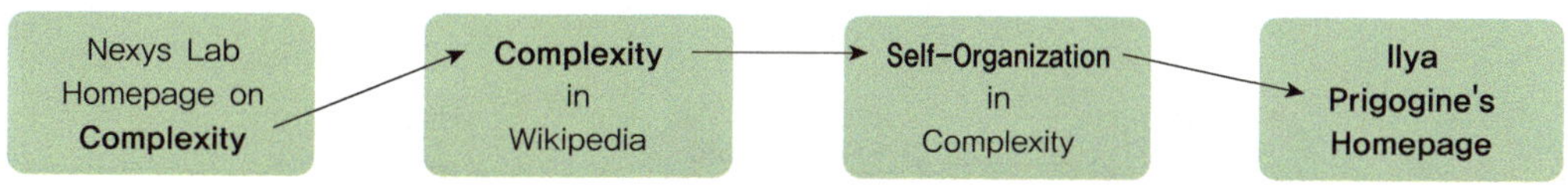

이러한 방식은 기존의 폴더 방식으로 알려진 수직적 선형관계의 정보 배열 방식과는 매우 상이한 방식으로 정보 접근에의 범위와 시간을 획기적으로 변화시켰다.

3.2 지식 융합의 유연성

웹 이전의 지적 활동은 주로 활자화된 책, 논문, 신문, 문서, 오디오, 비디오 등의 형태로 이루어졌다. 각각의 매체는 저자가 전달하려는 주제와 관련된 범위에서 벗어나기 어려우며, 시간적으로도 과거에 이루어진 것들을 인용하면서 주제를 전개한다. 한번 작성된 논문은 그것으로 화석처럼 굳어져 버리기 때문에 논문을 인용할 때 저자는 시간적으로 현재에서 과거를 인용하는 방식을 취한다. 반면 웹상의 정보는 오랜 시간에 걸쳐 계속 진화하기 때문에 일방적인 정보의 흐름이 아니라 쌍방의 정보 흐름이 가능하다. 그런 면에서 지식 교류가 훨씬 용이하다.

또한 웹 네트워크에서는 다른 영역 간의 지식 교류도 쉽게 할 수 있어 새로운 사고의 생성을 돕는다. 어떤 한 분야에 깊게 들어갈 수도 있지만(入乎其內) 거기에서 쉽게 나와 다른 영역으로 항해함으로써(出乎其外)[15] 창조적인 사고의 지평을 열게 한다. [그림 8-19]에서처럼

---

15. 근대 중국의 대표 지식인인 왕국유(王國維)가 『인간사화(人間詞話)』에서 작가의 자세로서 그 대상 속으로 들어가

그림 8-19 game theory(게임이론)에 관한 교차 인용(Wikipedia)

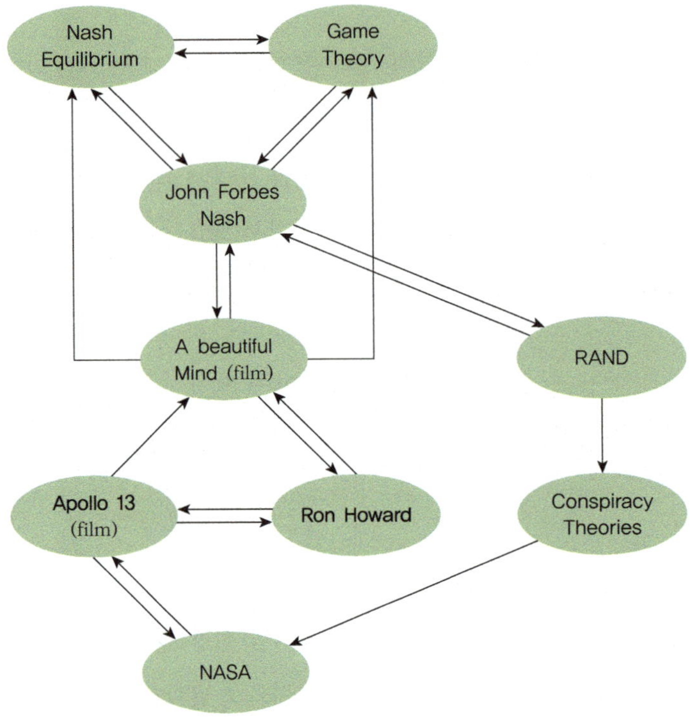

게임이론의 주제가 NASA에까지 연결되는 사고의 확장이 가능하다. 이를 기반으로 의미 네트워크(semantic network) 분석이나 단어 연관(word association) 분석이 활발하게 일어나고 있다(Mark and Joshua, 2015).

3.3 방향성 네트워크

웹 네트워크는 앞서 hypertext의 예에서처럼 A블로그에서 B블로그로, B블로그는 C블로그로 연결되는 지시 네트워크(directed network)로 연결된다. 그러나 반드시 C블로그는 B블로그로, B블로그는 C블로그로 가야 한다는 쌍방성이 성립되지 않는다. 말하자면 후진보다는 전진하는 성향의 네트워크이다. 또한 우리가 방문하고 있는 블로그에 얼마나 다른 링크들이 연결되어 있는지 알 수 없다.

는(入乎其內) 동시에 거기서 나오는(出乎其外) 노력을 언급한 데서 유래한다.

대개 특정 네트워크에서는 중심 역할을 하는 네트워크 그룹이 자연스럽게 형성된다. 이들은 서로 강하게 연결되어 하부 집합(subset), 즉 강한 연결의 요소(Strongly Connected Component ; SCC)를 형성한다. SCC의 노드들은 모두 연결되어 있으며, 다른 더 큰 SCC의 하부 집합이 되면 SCC가 될 수 없다. [그림 8-20]에서 Univ. of X, Class, Networks, I teach at Univ. of X로 연결된 하부 집합은 더 큰 하부 집합의 하부 집합이 되어 SCC가 될 수 없다. 이러한 강한 연결의 네트워크 그룹은 어느 네트워크에든 존재하며, 점점 확장되어 거대 SCC가 되고 이것이 성장하여 허브 포털사이트가 된다.

그림 8-20 강한 연결의 요소를 가진 방향성 그래프

3.4 웹 구조의 변화와 이슈

웹 구조는 여러 가지 서비스의 등장으로 계속 변화하고 있다. 몇 가지 특징을 얘기하면 첫째, 다수의 개인들이 참여하여 집단적으로 컨텐츠를 구성하는 형태의 웹이 늘어나고 있다. Wikipedia, Twitter, Facebook, Youtube 같은 것이 대표적으로 이들은 웹 구조와 비즈니스 행태를 근본적으로 변화시키고 있다.

둘째, 이와 같은 소셜 네트워크 서비스의 확산으로 개인의 데이터들이 온라인에서 활발하게 유통되고 있다. 소위 P-to-P 네트워크로 이전되면서 과거 오프라인 시장에서의 생산자와 소비자가 분리된 관계가 구분이 없어지는 관계로 바뀌고 있다.

셋째, 네트워크의 범위가 더욱 넓어지고 관계가 복잡해지면서 네트워크 확보가 중요한 비즈니스 모델이 되었다. 즉, 네트워크 외부성이 더욱 강해지는 추세로 변모하면서 시장 쏠림 현상이 빈번해지고 있다.

넷째, 그러다 보니 대중의 지혜(The wisdom of crowds)가 한편으로 요구되는 상황이 전개되고 있다. 매우 광범위한 네트워크상에서 각자가 자기 이익을 위해 나름 합리적인 행동을 하지만 결과는 각자가 의도하지 않았던 바람직하지 않은 방향으로 나타나고 있다. 그런 면에서 네트워크상의 자기조직화 현상에 대한 이해가 필요하다.

다섯째, 수많은 상이한 목적을 지닌 개인들을 연결하는 플랫폼 비즈니스가 활발하다. 이는 수요자와 공급자 간 거래비용의 획기적인 절감으로 가능해진 것이다. 전통적인 비즈니스 관행을 대체하는 새로운 비즈니스가 끊임없이 창출되고 있다. 플랫폼에 대한 액세스 없이 사업이 불가능하기 때문에 상대적으로 플랫폼 사업자의 지배가 우려되고 있다. 비즈니스 생태계의 지속가능성에 대한 인식이 필요하다.

여섯째, 따라서 소수의 거대한 플랫폼 사업자와 다수의 프로슈머 간의 균형적인 성장이 필요하다. 비즈니스뿐만 아니라 인구분포를 비롯한 사회의 많은 분포들이 정규분포에서 벗어나 멱함수 분포 등으로 변하면서 불안정성을 보이고 있다.

3.5 링크 분석과 페이지랭크[16]

(1) 링크 분석

구글에서 'Cornell'을 검색하면 첫 번째 결과가 www.cornell.edu로 나온다. 코넬대학교의 하키팀일 수도 있고, 코넬대학교의 특정 연구실일 수도 있고, 아이오와주의 Cornell College일 수도 있고, 노벨 물리학상 수상자인 Eric Cornell일 수도 있다. 그런데 어떻게 해서 코넬대학교 홈페이지가 제일 먼저 나오는 걸까?

기본적인 메커니즘은 'Cornell'과 관련하여 다른 페이지들로부터 가장 많은 링크를 받은 페이지들로 순서를 정하는 것이다. [그림 8-21]은 'newspaper(신문)' 검색에 대한 링크 결과이다. 그 결과 *New York Times*가 제일 많은 링크를 받아 페이지 순위가 가장 높다.

그림 8-21 'newspaper'의 검색 결과

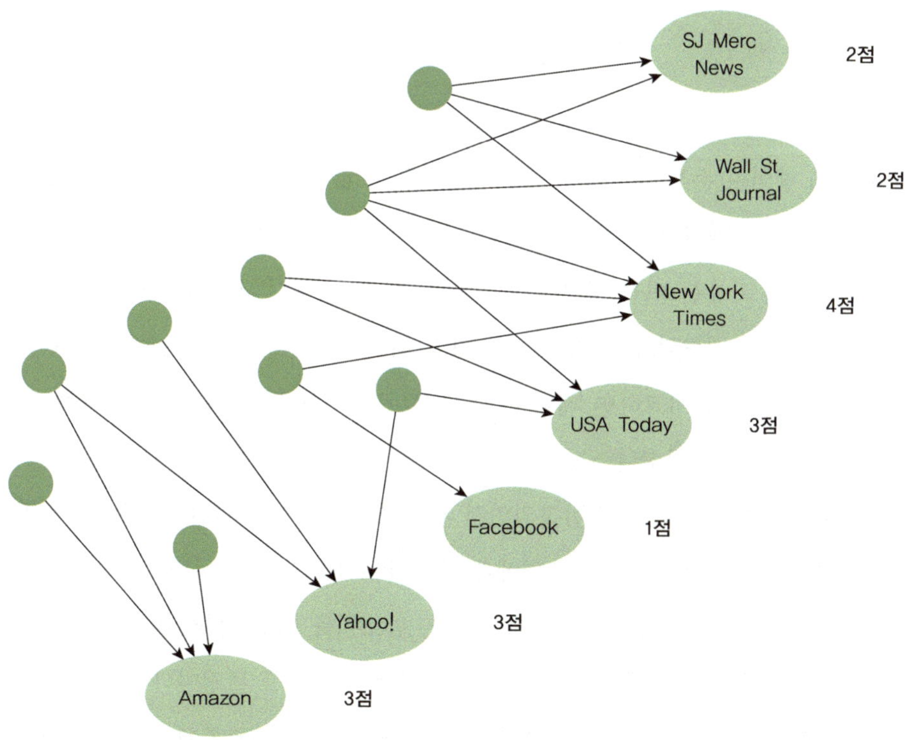

16. Easley and Kleinberg(2010), Ch. 14.

그림 8-22 가중치 재부여 후 'newspaper' 검색의 결과

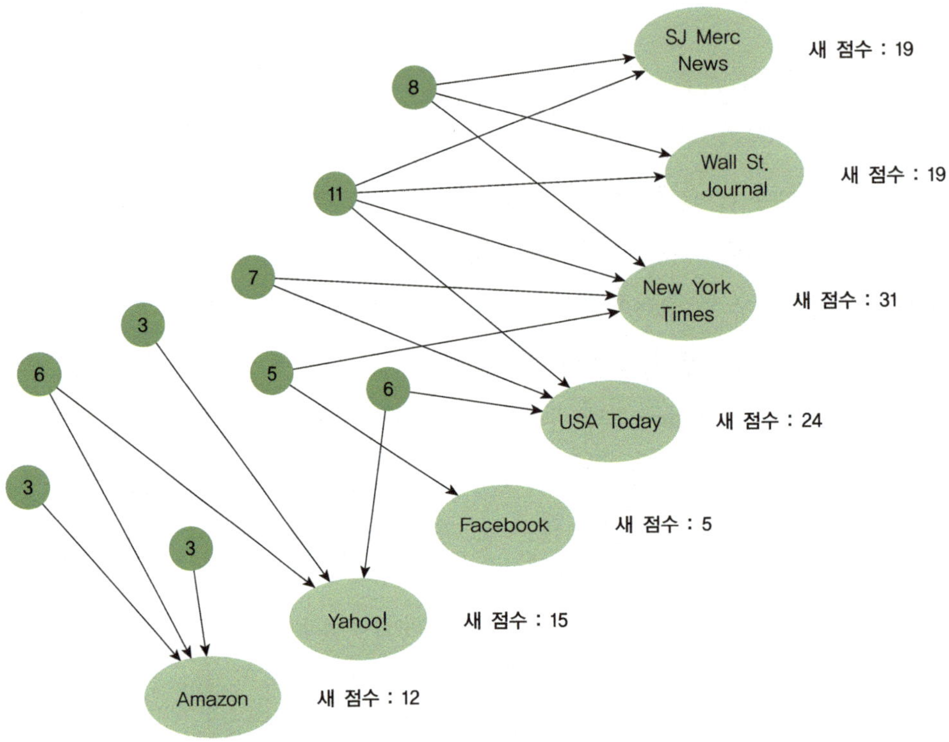

그러나 실제 페이지 순서 리스트는 이처럼 단순하지 않고 복잡하다. [그림 8-21]에서 신문들에 링크를 지시한 페이지들은 또한 일정 수의 자신들의 링크들을 갖고 있다. 따라서 실제 신문들이 받은 링크 수는 이들 링크 수들을 다 합한 것이 된다. [그림 8-22]에서 SJ Merc News의 점수는 8개의 링크와 11개의 링크를 가진 페이지들의 링크의 합인 19가 된다. [그림 8-21]과 [그림 8-22]을 비교하면 페이지 순위가 바뀌어 신문들의 순위가 올라가고 SNS의 순위가 낮아져 정확도가 높아졌다.

이와 같은 가중치 부여 과정이 반복되면서 검색의 정확도가 개선된다. 마치 5명으로부터 식당 추천을 받고 다시 자신의 지인 10명에게 추천받은 식당을 추천하면 링크 점수가 5에서 15로 업그레이드되는 것과 동일하다. 만일 수많은 팔로워를 가진 유명인이라면 링크 점수는 훨씬 높아지게 된다. 결국 네트워크의 링크 분포가 페이지 순위를 결정한다.

좀 더 일반화를 해 보면, [그림 8-21]과 [그림 8-22]에서 왼쪽에 있는 추천하는 페이지들과 오른쪽에 있는 추천받는 페이지들 간의 상호작용을 통해 'newspaper'라는 검색 주

제와 관련하여 왼쪽의 허브 페이지와 오른쪽의 영향력 있는 페이지에 관한 질서가 성립한다. 즉, 링크 수를 기반으로 이들 간에 순위가 매겨지는데, 먼저 오른쪽의 추천받는 각 페이지의 점수 업데이트 규칙은 각 페이지를 추천하는 왼쪽의 허브 페이지들의 점수의 합에 따라 정해진다. 반대로 왼쪽의 추천하는 각 페이지의 점수 업데이트 규칙은 각 페이지가 추천하는 페이지들의 점수 합에 따라 정해진다. 이 경우 검색 사이트가 특정 검색에 대해 얼마나 정확한 리스트를 제공하느냐에 관한 질적 평가에 해당한다. 정확도가 높아지면 왼쪽 추천 사이트로서의 명성이 높아지면서 점수가 올라간다.

이와 같은 업데이트 과정을 계속하면 왼쪽과 오른쪽 페이지 간에 매우 큰 점수로 발산되어 양극화의 가능성이 높다. 실제 현실에서는 그럴 가능성을 배제할 수 없으나 여기서는 상대적인 크기를 보기 위해 비중으로 표시해 보기로 한다. 전체 점수에서 각 페이지의 점수가 차지하는 비중을 계산하여 업데이트 과정을 무한히 실행하면 각 비중은 일정한 한계값으로 수렴함을 알 수 있다.([그림 8-23])

그림 8-23 점수 비중으로 계산한 'newspaper' 검색 결과

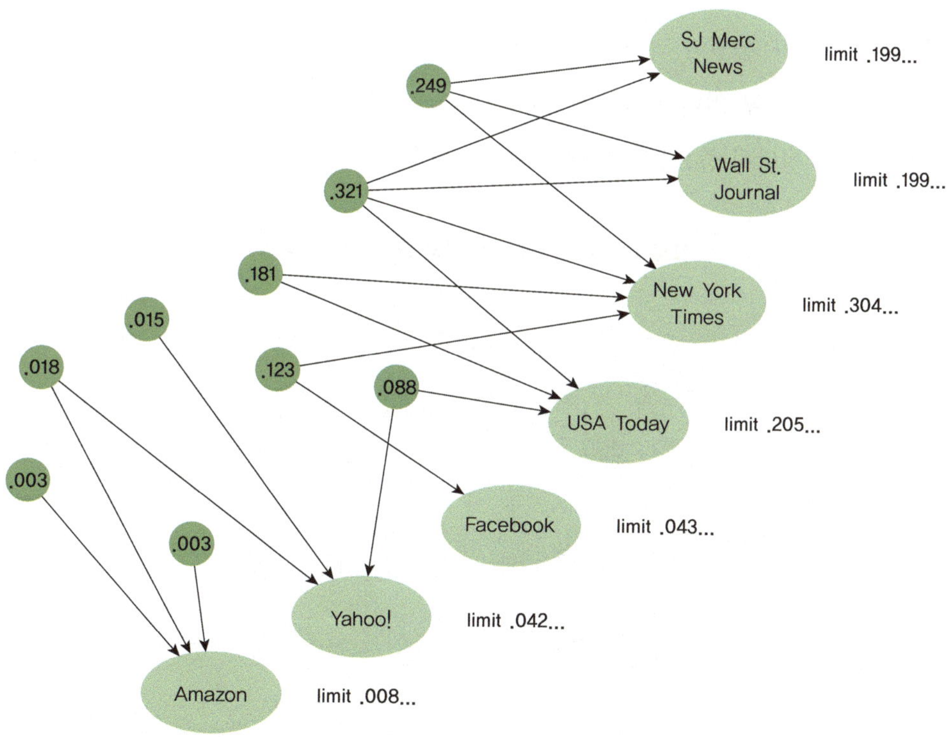

(2) 페이지랭크

사람들의 관계에서 저명한 사람들을 많이 알고 있고 또 그들이 자신을 추천한다면 영향력을 발휘하는 등 사회생활에서 여러 유리한 점들이 많다. 마찬가지로 웹페이지도 영향력 있는 페이지들로부터 많은 연결을 받으면 그만큼 해당 페이지의 영향력이 증대한다.

페이지랭크(PageRank)는 웹페이지에서 각 페이지의 영향력을 나타내는 것으로 앞서 살펴본 페이지들 간의 점수 업데이트 메커니즘에 기초하여 페이지 순위가 매겨진다. n개의 노드로 구성된 네트워크에서 각 노드의 초기 페이지랭크는 모두 $\frac{1}{n}$로 동일하게 주어진다. 여기서 시작하여 링크에 따라 각 페이지랭크가 업데이트 과정을 거친다. 모든 페이지는 연결하는 대상 페이지들에게 자신의 페이지랭크를 똑같이 나누어 전달한다. 각 페이지들은 자신이 받은 페이지랭크를 모두 합산하여 새로운 페이지랭크를 형성한다.

[그림 8-24]는 이러한 페이지랭크 업데이트 과정을 거친 후의 균형 페이지랭크의 예를 보여준다. 먼저 8개의 페이지들은 모두 $\frac{1}{8}$의 페이지랭크로 시작한다. 첫 번째 단계에서 A는 $\frac{1}{2}$의 값을 갖는데, F, G, H로부터 각각 $\frac{1}{8}$을, D와 E로부터는 각각 $\frac{1}{16}$을 받아 총 $\frac{1}{2}$이 된다. 나머지 노드들도 동일한 과정으로 업데이트된다. 첫 번째 과정 이후 A가 $\frac{1}{2}$로 가장 높은 값을 가지며, 이는 이후 업데이트 과정에 다른 노드들에게 계속 영향력을 미친다. 따라서 초기의 페이지랭크가 상당히 중요한 영향력을 가지며, 이는 곧 네트워크 구조에 의해 결정된다.

그림 8-24 8개 웹페이지의 균형 페이지랭크

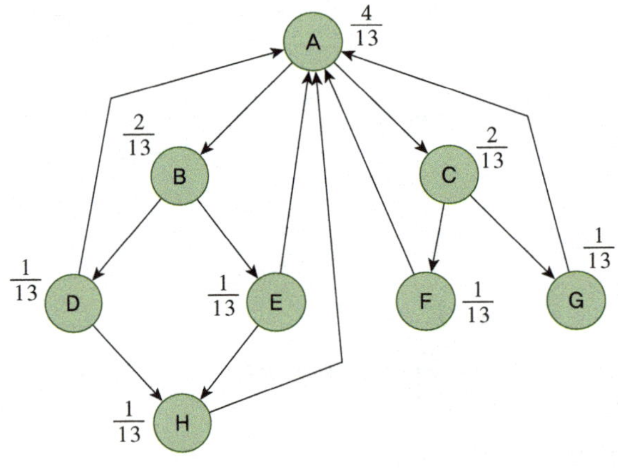

표 8-2 1, 2단계에서의 각 노드의 페이지랭크

Step	A	B	C	D	E	F	G	H
1	$\frac{1}{2}$	$\frac{1}{16}$	$\frac{1}{16}$	$\frac{1}{16}$	$\frac{1}{16}$	$\frac{1}{16}$	$\frac{1}{16}$	$\frac{1}{8}$
2	$\frac{3}{16}$	$\frac{1}{4}$	$\frac{1}{4}$	$\frac{1}{32}$	$\frac{1}{32}$	$\frac{1}{32}$	$\frac{1}{16}$	$\frac{1}{16}$

그럼에도 불구하고 총 페이지랭크의 합을 1로 가정하였기 때문에 각 노드의 페이지랭크의 한계가 존재한다. 즉, 업데이트 과정을 계속 반복하면 일정한 페이지랭크로 수렴하고, 하나의 안정적인 균형 상태에 도달한다. [그림 8-24]의 각 노드의 페이지랭크는 안정적인 균형값으로 업데이트 횟수와 상관없이 값이 일정하다. 따라서 전체 페이지링크 합에 한계가 존재하고 모든 노드가 연결된다면 각 네트워크 구조에 상응하는 안정된 페이지랭크들이 존재한다.

그러나 실제 웹 네트워크는 이처럼 아름답지가 못하다. 새로운 노드들이 계속 생성되면서 링크 구조가 계속 바뀐다. 네트워크상의 노드들이 모두 연결되지 않는 경우도 발생한다. 예를 들어 [그림 8-25]처럼 F와 G가 A로 연결되는 대신 서로 연결되어 다른 노드들로의 연결이 차단되어 버린다. 그러니까 다른 노드들로부터 F나 G로 입력이 들어오면 F와 G 사이에 머물게 되고 시스템 내의 다른 노드들로 순환이 이루어지지 않는다. 이러한 과정이 반복되면 종국에 가서는 F와 G가 비대해져 각각 $\frac{1}{2}$로, 나머지 노드들은 0의 값으로 수렴하는 현상이 발생한다. 이렇게 발산하는 현상을 방지하고자 웨이트를 조정하여 스케일을 낮추는 방식이 동원되기도 한다.

그림 8-25 폐쇄 링크가 존재할 경우 불균형한 페이지랭크

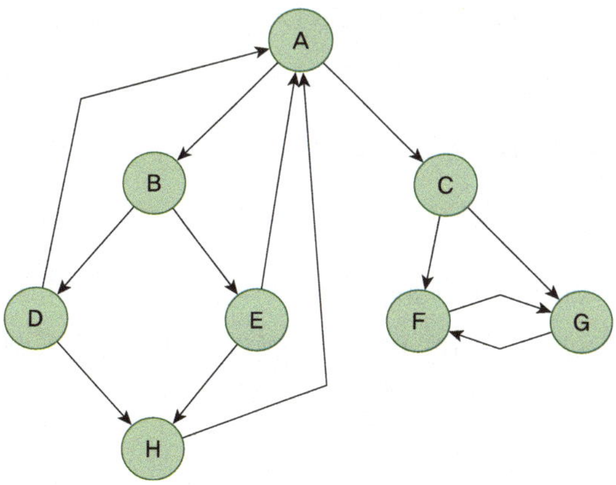

아무튼 실제 네트워크는 훨씬 복잡하게 작동되지만 페이지랭크는 기본적으로 링크 구조에 의해 결정되며, 반대로 링크 구조는 페이지랭크에 기초하여 만들어지는, 일종의 양의 피드백 루프에 의해 자기조직화해 나간다. 특정 시점에 특정 페이지에 연결이 이루어질 확률은 바로 그 시점의 해당 페이지의 페이지랭크라 할 수 있다.

실제 비즈니스에서는 각자의 페이지가 높은 페이지랭크를 유지하려고 많은 노력을 기울인다. 왜냐하면 비즈니스의 수익에 직결되기 때문이다. 일반적으로 많이 활용되는 방법 중 하나가 앵커 텍스트를 활용하는 것이다. 앵커 텍스트는 클릭해서 옮겨갈 수 있도록 하이라이트된 텍스트를 말한다. 앵커 텍스트를 통해 해당 페이지에 대한 이용자의 관심 사항을 알 수 있을 뿐만 아니라 해당 검색과 관련한 네트워크에서 그만큼 기여하므로 페이지랭크가 높아진다. 즉, 양의 피드백 루프의 구성원이 되었기 때문에 해당 사이트에 이용자가 접속할 확률이 높아진다.

페이지랭크가 높으면 검색했을 때 노출 빈도가 높기 때문에 비즈니스 세계에서는 이에 매우 민감할 수밖에 없다. 검색 엔진의 페이지랭크 함수가 어떻게 작동되는지 모두 궁금해 하는 이유이다. 검색 엔진이 특정 페이지랭크 함수를 오랫동안 유지하면 결국 그 함수가 어떤 구조인지 알려질 것이고, 모든 페이지들이 그 함수에 최적화되게 운영되므로 검색 엔진의 지배력이 사라진다. 따라서 검색 엔진들은 이 함수를 극도로 비밀로 하여 공개하지 않는다. 이런 상황에서 검색 엔진은 페이지들의 중요한 광고 수단으로서 페이지랭크를 활용하여 광고비를 페이지랭크 함수에 반영한다.

논문의 질을 평가하는 기준으로 논문의 인용 정도가 점점 중요해지고 있다. 대표적인 인용지수로 Impact Factor(IF)가 많이 쓰인다. 초기에는 단순히 인용 횟수를 모두 동일한 비중으로 계산하였으나, 점점 정교해져 이제는 페이지랭크처럼 인용하는 논문의 페이지랭크(IF), 저널의 명성 등을 반영하는 형태로 변하고 있다(Gabriel and Francis, 1976).

법원 판례의 인용관계도 마찬가지로 논문의 인용지수처럼 분석이 가능하다. 판례마다 인용지수(authority score)를 알면 특정 사건이나 이슈에 대한 판결의 변화를 파악할 수 있다(Fowler and Jeon, 2008). 사회가 변화하고 사회 구성원들의 생각이 변함에 따라 동일한 사건이라도 판결이 달라질 수 있다. 그러한 변화를 판례의 인용관계를 통해 읽을 수 있다.

그림 8-26 미국 대법원 판례 인용지수의 변화

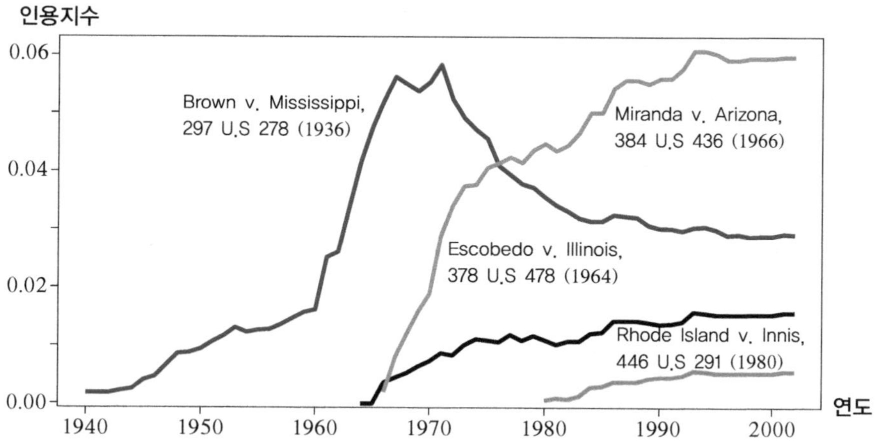

제9장 네트워크 분석

1. 네트워크의 구성 / 2. 통계지표

네트워크 분석의 유용성은 모든 변화와 역동성의 기저가 되는 관계를 대상으로 하는 데 있다. 대표적인 경제학 방법론의 계량경제학은 설명변수 간 독립적 관계를 전제로 하기 때문에 변수 간 다면적인 관계를 분석하는 데 한계를 지닌다. 네트워크 분석은 이러한 점을 보완하여 변수 간 복잡한 관계의 질적 측면을 포착한다.

1 네트워크의 구성

수학에서는 네트워크를 그래프(graph)라고도 하며, 노드는 버텍스(vertex), 링크는 엣지(edge)라고 부른다. 따라서 하나의 그래프 G는 버텍스 V와 엣지 E로 구성되며 수학적으로 다음과 같이 표현된다.

$$G = (V, E)$$

$$V = \{1, \cdots\cdots, N\},\ E = \{(i, j) \mid i, j \in V\}$$

연결의 강도를 나타내기 위해 그래프에 $[(i, j) \in R]$(R은 실수)과 같이 가중치를 부여할 수 있다. 그래프에 가중치를 부여하지 않고 $[(i, j) \in \{0, 1\}]$과 같이 연결의 유무를 나타낼 수도 있다. 연결의 방향성에 대해서도 방향성이 있으면 $(i, j) \neq (j, i)$, 없으면 $(i, j) = (j, i)$로 표현된다.

워크(walk)는 일련의 노드들을 연결한 것을 통칭하고, 사이클(cycle)은 한 노드에서 연결이 시작하여 다시 시작한 노드로 연결이 끝나는 워크를 일컫는다. 경로(path)는 일련의 연결에서 노드가 한 번만 연결되는 워크를 말한다. 지름길(geodesic)은 두 노드를 연결하는 가장 짧은 경로를, 경로의 길이(length)는 경로를 구성하는 연결의 수로 나타낸다.

그림 9-1 네트워크의 구성

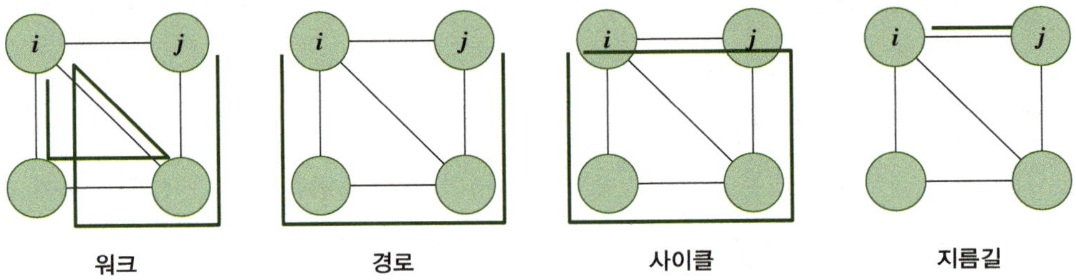

네트워크를 표현하는 또 다른 유용한 방식으로 행렬(matrix)이 있다. 그래프 A를 원소(elements) a_{ij}를 가진 행렬이라 하면 다음과 같이 표현된다.

$$a_{ij} = \begin{cases} 1, & \text{노드 } i\text{와 } j \text{ 간에 연결될 때} \\ 0, & \text{노드 } i\text{와 } j \text{ 간에 연결되지 않을 때} \end{cases}$$

그러면 [그림 9-2]와 같이 방향성이 있는 그래프와 [그림 9-3]과 같이 방향성이 없는 그래프는 각각 행렬로 표현할 수 있다.

그림 9-2 방향성 있는 그래프

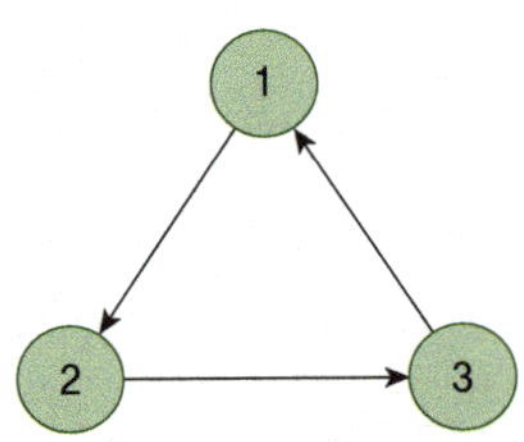

$$\rightarrow A = \begin{bmatrix} 0 & 1 & 0 \\ 0 & 0 & 1 \\ 1 & 0 & 0 \end{bmatrix}$$

그림 9-3 방향성 없는 그래프

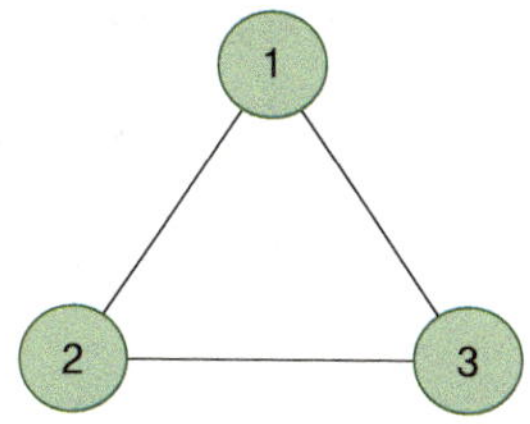

$$\rightarrow A = \begin{bmatrix} 0 & 1 & 1 \\ 1 & 0 & 1 \\ 1 & 1 & 0 \end{bmatrix}$$

이렇게 표현된 행렬 A를 인접행렬(adjacency matrix)이라 하며, A^n은 길이가 n인 모든 사이클과 경로를 나타내준다.

노드 i의 이웃(neighborhood)은 i가 연결된 노드들의 집합을 나타낸다.

$$N_i = \{j \mid (i, j) \in E\}, \ E = \text{edge}$$

노드의 차수(degree)는 해당 노드의 링크 수를 말하며, 해당 노드의 이웃의 갯수에 해당된다.

$$k_i = \# \mid N_i \mid$$

방향성이 있는 그래프의 경우는 진입 차수(in-degree)와 진출 차수(out-degree)로 구분하여 다음과 같이 표현된다.

$$\begin{aligned} \text{in-degree} &: k_i = \sum_j a_{ji} \\ \text{out-degree} &: k_i = \sum_j a_{ij} \end{aligned}$$

네트워크의 밀도는 일반적으로 실제 링크 수를 가능한 링크 수로 나눈 값으로 나타낼 수도 있고 더 간단하게 실제 링크 수를 $n-1$(n = 노드 수)로 나눈 평균 링크 수로 나타내기도 한다.

다음은 2모드 네트워크(two-mode network 또는 bipartite graph)를 1모드 네트워크로 변환하는 방법에 대해서 알아본다. 예를 들어 저자와 저자가 참여한 논문 네트워크를 저자 또는 논문만의 네트워크로 변환하는 것을 말한다. 먼저 앞서 소개한 인접행렬의 개념을 활용하여 원소 b_{ki}로 구성된 접속행렬(incidence matrix) B를 생각할 수 있다.

$$b_{ki} = \begin{cases} 1, & \text{노드 } i\text{가 그룹 } k\text{에 속할 경우} \\ 0, & \text{노드 } i\text{와 그룹 } k\text{에 속하지 않을 경우} \end{cases}$$

그러면 노드 i와 j가 동일하게 그룹 k에 속한다면 $b_{ki}b_{kj}$는 1이 되며, 인접행렬 B와 그 전치행렬(transposed matrix) B^T의 곱인 행렬 P를 통해 i와 j가 함께 속한 그룹들을 파악할 수 있다. 즉, 노드들이 함께 속한 그룹을 통해 노드들만의 네트워크를 그릴 수가 있다. 마찬가지로 노드 i가 동시에 참여한 그룹들을 원소 $b_{ik}b_{il}$을 통해 동일한 방식으로 파악할 수 있으며, 노드들을 통한 그룹들만의 네트워크를 그릴 수 있다.

$$P = B^T B$$

다시 저자와 논문의 2모드 네트워크의 예를 들어 아래와 같은 4개 논문과 7명의 저자 네트워크를 상정하자.

그림 9-4 저자와 논문의 2모드 네트워크

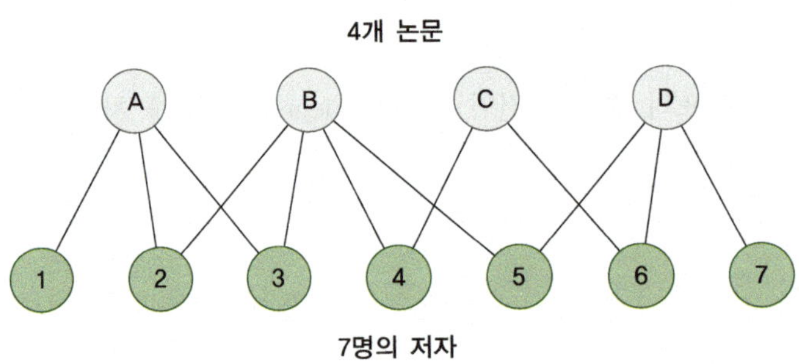

이를 접속행렬 B(4×7)로 나타내면

$$B = \begin{bmatrix} 1 & 1 & 1 & 0 & 0 & 0 & 0 \\ 0 & 1 & 1 & 1 & 1 & 0 & 0 \\ 0 & 0 & 0 & 1 & 0 & 1 & 0 \\ 0 & 0 & 0 & 0 & 1 & 1 & 1 \end{bmatrix}$$

이 된다. 저자와 논문의 2모드 네트워크를 저자만의 1모드 네트워크(7 × 7)로의 변환은 $P = B^T B$를 통해 구할 수 있다. 마찬가지로 논문만의 네트워크(4 × 4)는 $P' = BB^T$를 통해 가능하다.

그림 9-5 저자와 논문의 2모드 네트워크를 1모드 네트워크로 전환

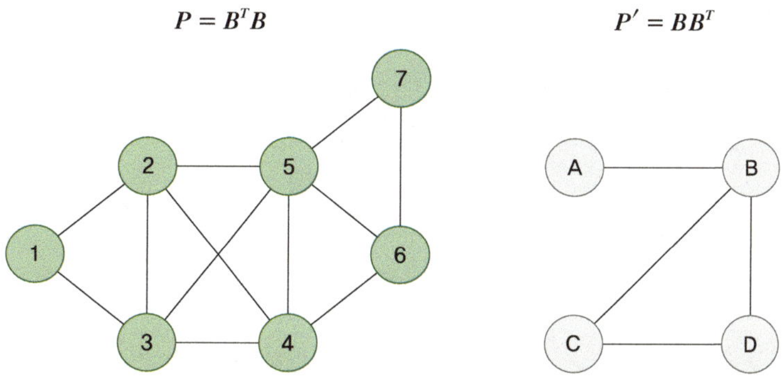

2 통계지표

네트워크의 분포를 나타내는 유용한 지표인 차수 분포(degree distribution)는 랜덤 네트워크와 스케일프리 네트워크에서 각각 달리 표현된다. 랜덤 네트워크는 노드가 연결될 확률이 $p = \frac{1}{2}$로서 동일하므로 조합의 개념을 활용하여 k개의 링크를 가진 노드의 분포 확률은 다음과 같이 포아송 분포를 따른다(Newman, 2003b).

$$p(k) = \binom{n}{k} p^k (1-p)^{n-k} \simeq \frac{z^k e^{-z}}{k!}$$

z는 평균 차수(mean degree)로서 $z = \langle k \rangle = p(n-1)$이다. 3개의 노드로 구성된 3각형 모양의 간단한 네트워크의 예를 들어보자. [그림 9-6]과 같은 8개의 경우가 있는데, 각각의 확률은 $p(0) = \frac{1}{8}$, $p(1) = \frac{3}{8}$, $p(2) = \frac{3}{8}$, $p(3) = \frac{1}{8}$이며, 평균 차수는 $\frac{1}{2} \times 2 = 1$인 포아송 형태의 확률분포함수를 보인다(Dorogovtsev, 2010).

그림 9-6 3개 노드의 랜덤 네트워크의 차수 분포

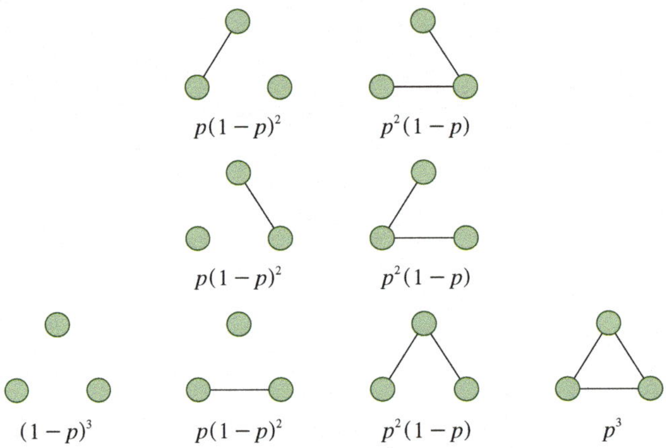

스케일프리 네트워크의 경우는 노드 간 상호작용이 동일하지 않고 선호적 연결이 작동하기 때문에 $p(k)$가 다른 형태를 보인다. 즉, 멱함수 분포로서 많은 차수를 가진 노드의 확률이 점점 낮아지는 분포를 보인다.

$$p(k) = ck^{-\alpha}$$

c와 α는 상수로서 k의 크기와 상관없이 일정하다. 그래서 스케일프리라 명명된다. 멱함수 분포는 꼬리가 두껍고 긴 분포를 보이며, α가 작을수록 더 두껍고 긴 분포를 보인다. 대부분의 연구에 따르면 멱함수 분포를 보이는 실제 네트워크들은 $2 < \alpha < 3$의 크기를 갖는 것으로 조사되고 있으며, $1 < \alpha < 2$의 경우도 종종 나타나 매우 두꺼운 분포를 보이기도 한다.

다음은 네트워크 구조를 구체적으로 파악할 수 있는 지표에 대해서 알아본다. 네트워크상에서 노드들 간에 얼마나 거리가 가까운지를 알아보기 위해서 평균 경로 길이(average path length)를 측정한다. 노드와 노드 간에는 여러 경로들이 존재하는데, 이 중에서 가장 짧은 지름길 거리(geodesic distance) d_{ij}를 측정하여 활용한다. 반대로 두 노드 간에 가장 긴 지름길 거리는 직경(diameter)이라 부른다. 평균 경로 길이는 다음과 같이 방향성이 없는(undirected) 네트워크와 방향성이 있는(directed) 네트워크로 구분되어 정의된다.

$$\text{방향성이 없는 경우 : } l = <d_{ij}> = \frac{1}{n(n-1)/2} \sum_{i,j;i \neq j} d_{ij}$$

$$\text{방향성이 있는 경우 : } l = <d_{ij}> = \frac{1}{n(n-1)} \sum_{i,j;i \neq j} d_{ij}$$

다음은 네트워크상에서 노드 간 연결의 동태적 측면을 측정하는 지표에 대한 것이다. 일반적으로 친구의 친구와는 서로 친구가 되기 쉽다. 즉, A와 B가 친구 간이고, A와 C가 친구 간이면 자연스레 B와 C도 친구가 된다. 이를 네트워크의 이행성(transitivity)이라 부르고 얼마나 삼각형 네트워크를 형성하고 있느냐를 나타내는 클러스터링 계수(Clustering Coefficient ; CC)로 측정한다. 클러스터링 계수에는 전체 네트워크의 클러스터링 정도를 나타내는 전체 클러스터링 계수(overall *CC*)와 개별 노드의 클러스터링 정도를 나타내는 개별 클러스터링 계수(individual *CC*), 그리고 개별 *CC*의 평균을 나타내는 평균 클러스터링 계수(average *CC*)가 있다(Newman, 2003a).

$$\text{전체 } CC : CC = \frac{3 \times \text{삼각형의 수}}{\text{3개 노드 연결의 수}}$$

$$\text{개별 } CC : CC_i = \frac{\text{노드 } i\text{에 연결된 삼각형의 수}}{\text{노드 } i\text{가 중간에 연결된 3개 노드 연결의 수}}$$

$$\text{평균 } CC : CC_{ave} = \frac{1}{n} \sum_i CC_i$$

[그림 9-7]과 같은 간단한 네트워크를 예로 들어 *CC*를 측정해 보자.

그림 9-7 5개 노드와 1개 삼각형으로 구성된 네트워크

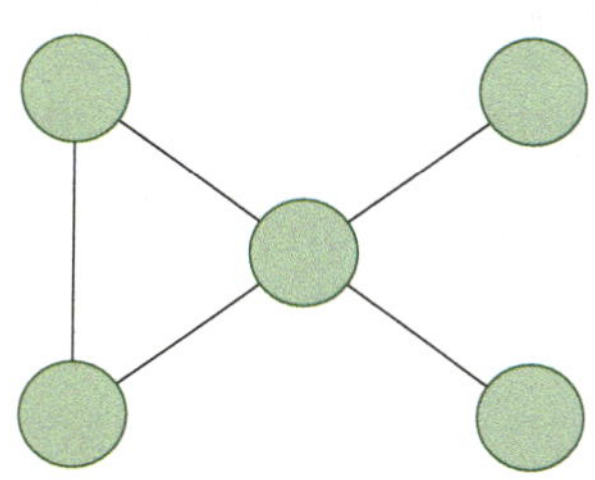

삼각형이 1개이고 3개 노드 연결 수가 8개로 구성되어 있다. 따라서 전체 CC는 $3 \times \frac{1}{8} = \frac{3}{8}$, 개별 CC는 각각 1, 1, $\frac{1}{6}$, 0, 0, 평균 CC는 $\frac{13}{30}$이 된다.

다음은 네트워크의 연결이 얼마나 소수의 노드에 집중되어 있느냐를 측정하는 지표이다. 크게 개별 노드 차원에서 얼마나 연결이 집중되어 있는지와 전체 네트워크 차원에서 얼마나 연결이 집중되어 있는지로 나누어 볼 수 있다(Freeman et al., 1979 ; Kasper and Voelkl, 2009). 먼저 개별 노드 차원에서 보면 노드 i의 연결의 정도를 나타내는 연결 중심성(degree centrality) $C_d(i)$가 있다. 인접 중심성(closeness centrality) $C_c(i)$는 해당 노드가 다른 노드들과 얼마나 가까이 있는지를 나타내며, 매개 중심성(betweenness centrality) $C_b(i)$는 다른 노드들을 얼마나 잘 매개하는 위치에 있느냐를 나타낸다. 또한 고유벡터 중심성(eigenvector centrality) $C_e(i)$는 해당 노드가 얼마나 영향력 있는 노드들과 연결되어 있느냐를 나타낸다. 즉, 연결이 많은 노드들에 연결되면 자신의 고유벡터 중심성이 높아지게 된다.

$$C_d(i) = \frac{k_i}{n-1}\ ;\ k_i = degree\ of\ node\ i,\ n = no.\ f\ nodes$$

$$C_c(i) = \frac{n-1}{\sum_i d_{ij}}\ ;\ i \neq j,\ d_{ij} = geodesic\ distance\ between\ i\ \text{and}\ j$$

$$C_b(i) = \frac{1}{(n-1)(n-2)/2}\sum_{st}\frac{g_{sit}}{g_{st}}\ ;\ s \neq t,\ g_{st} = no.\ of\ the\ shortest\ path\ \text{from s to t}$$

$$g_{sit} = no.\ of\ the\ shortest\ path\ \text{from s to t through i}$$

$$C_e(i) = \frac{1}{\lambda_{\max}}\sum_j a_{ij}C_e(j)\ ;\ i \neq j,\ a_{ij} = elements\ of\ adjancency\ \text{matrix}$$

$$C_e(j) = eigenvector\ centrality\ of\ node\ j,$$

$$\lambda_{max} = the\ largest\ eigenvalue$$

전체 네트워크 차원에서도 동일한 종류의 지표로 중심화 지수(centralization index)가 있다. 단지 측정 방법이 다른데, 각 노드의 중심성 값과 가장 중심성이 높은 노드의 값과의 차이를 모두 합산한 후, 이를 동일한 노드 수를 가진 극도로 집중된 네트워크(예 : 스타 네트워크)의 중심화 지수와 상대 비교하는 방식을 취한다. 이러한 방식으로 연결(CI_d), 인접(CI_c), 매개(CI_b), 고유 벡터(CI_e) 중심화 지수를 각각 구한다.

$$CI_d = \frac{\sum_i [C_d^* - C_d(i)]}{n^2 - 3n + 2}; \; C_d^* = the\ largest\ value\ of\ C_d(i)$$

$$CI_c = \frac{\sum_i [C_c^* - C_c(i)]}{(n^2 - 3n + 2)/(2n - 3)}; \; C_c^* = the\ largest\ value\ of\ C_c(i)$$

$$CI_b = \frac{\sum_i [C_b^* - C_b(i)]}{n^3 - 4n^2 + 5n - 2}; \; C_b^* = the\ largest\ value\ of\ C_b(i)$$

$$CI_e = \frac{\sum_i [C'^*_e - C_e'(i)]}{\sum_i [1 - C_e'(i)]}; \; C_e' = normalized\ eigenvector\ centrality$$

$$C'^*_e = the\ largest\ value\ of\ C_e'$$

한편 네트워크가 얼마나 그룹화 경향을 보이는지를 측정하는 지표도 있다. 실제 네트워크는 직업, 전공, 취미, 학교, 혈연, 지연 등 여러 성향의 몇몇 커뮤니티로 나누어 강하게 응집하는 경향을 보이는 것이 일반적이다. 따라서 동일 그룹 내에서는 강한 연결을 형성하지만, 상이한 그룹 간에는 느슨한 연결을 보인다.

그림 9-8 강한 커뮤니티 구조의 네트워크

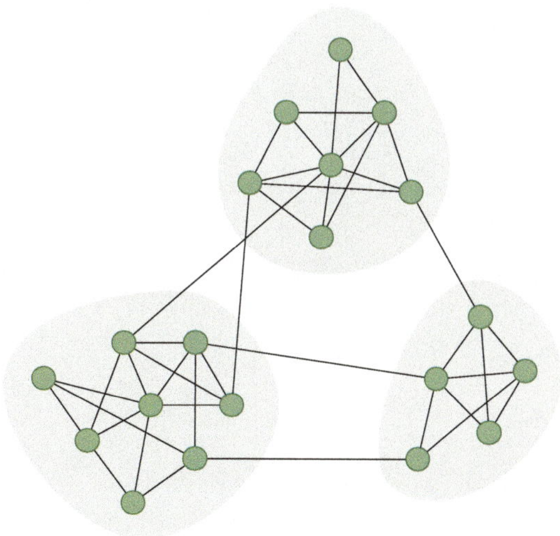

이를 측정하는 지표로서 모듈성(modularity) Q가 있다. Q값은 해당 네트워크의 그룹 내 연결 정도를 그룹화 구조가 존재하지 않는 상응한 랜덤 네트워크의 연결 정도와 비교함으로써

구한다(Newman, 2006). 말하자면 클러스터 네트워크와 격자형 네트워크를 비교하여 해당 네트워크가 얼마나 그룹화되어 있는지를 측정한다.

$$Q = \frac{1}{2m}\sum_{ij}[A_{ij} - P_{ij}]\delta(g_i, g_j)\ ;\ \delta(r, s) = 1 \text{ if } r = s \text{ and } 0\ \textit{otherwise},\ m = \textit{no. of links},$$

$$g_i = \textit{the group which node i belongs},$$

$$A_{ij} = \textit{the actual no. of links between nodes } i \text{ and } j,$$

$$P_{ij} = \textit{the expected no. of links between nodes } i \text{ and } j$$

Q값이 0에 가까우면 해당 네트워크가 랜덤 네트워크에 가깝기 때문에 약한 커뮤니티 구조를 보이며, 1에 가까우면 반대로 강한 커뮤니티 구조를 보인다. Q값은 네트워크의 강한 연결(strong tie) 또는 약한 연결(weak tie)과 같은 연결의 응집성이나 네트워크 내에 구조적인 공백(structural hole)이 존재하는지를 측정하는 데 유용한 지표로 활용된다.

지금까지 소개한 네트워크 분석 지표들은 실증 연구에서 많이 활용되는 것들이며, 기타 다른 지표들은 관련 논문들을 참조하기 바란다. 또한 지표들의 계산을 위해 현재 유용한 통계 프로그램이 많이 활용되고 있다. 대표적으로 많이 쓰이는 프로그램으로는 Pajek, Netminer, Gephi, Matlab 등이 있다.

제10장 강한 연결과 약한 연결

1. 연결의 강도 / 2. 사회적 자본으로서 연결의 강도 / 3. 착근성
4. 네트워크 조직 원리로서의 신뢰 / 5. 비시장 상호작용

노드들의 연결 위상으로부터 유추할 수 있는 또 하나의 중요한 성질은 연결의 강도이다. 연결의 강도는 노드들의 자율성, 배태성, 안정성 등에 영향을 주어 네트워크상에서 유통되는 지식 및 정보의 흐름, 상호작용, 네트워크 구조 등에 영향을 미치며, 나아가 다양성, 신뢰와 같은 사회적 자본의 형성을 비롯한 네트워크의 성과에 지대한 영향을 미친다. 연결의 강도, 브리징 연결, 구조적 빈 공간, 사회적 자본으로서의 연결의 강도, 배태성, 신뢰 등에 대해 살펴본다.

1 연결의 강도

네트워크의 형성에서 연결은 네트워크의 크기와 범위를 결정하고 주체들 간의 관계를 형성하는 구성요소가 된다는 측면에서 매우 중요하다. 또한 연결의 강도는 네트워크의 크기와 범위에 영향을 미칠 뿐만 아니라 결과에도 영향을 미치는 중요한 질적인 요소이다[1]. 기존의 많은 연구에서는 연결의 강도에 따라서 네트워크의 결과가 다르다고 밝히고 있다. 환경의 변화에 빠르고 유연하게 대처하고 신뢰를 바탕으로 한 협력관계를 유지하기 위해서 적절한 연결 강도의 유지가 중요하다는 것이 주된 논의이다. Granovetter(1973)는 연결을 강도에 따라서 강한 연결(strong tie)과 약한 연결(weak tie)로 구분했다. 연결의 강도에는 관계에 투자하는

1. Easley and Kleinberg(2010), Ch. 3.

시간, 감정적인 강도, 상호 신뢰, 그리고 상호작용과 같은 요소가 복합적으로 고려된다. 비근한 예로 강한 연결은 가족이나 친지, 친구 등과의 관계처럼 사회적, 지역적으로 끈끈한 관계를 형성하고 있는 반면 약한 연결은 대개 사회적 혹은 지역적 경계의 범위를 넘어서서 형성되는 연결이라 하겠다.

1.1 강한 연결

대개 A가 B도 알고 C도 알고 있으면 B와 C도 서로를 알게 되기가 쉽다. 더구나 A와 B, A와 C가 매우 가까운 사이라면 시간이 지남에 따라 더욱 B와 C가 서로를 알게 될 확률이 높다. A와 B, A와 C가 대화 중에 다른 친구에 대해 얘기하기가 쉬우며, 그러다 보면 B와 C가 만날 기회가 자연히 많아진다. 그러나 A와 B, A와 C가 그리 가까운 사이가 아니면 대화 중에 서로 다른 친구를 언급하기가 어려우며, 자연히 B와 C가 만날 기회가 적어 서로 알고 지낼 확률이 희박하다.

이처럼 삼자 간에 삼각형 연결이 형성되는 것은 바로 노드들 간의 강한 연결의 결과로 해석할 수 있다([그림 10-1]). 앞서 살펴본 클러스터링 계수는 바로 삼각형 연결을 기초로 측정되기 때문에 연결의 강도를 나타내는 하나의 지표라 할 수 있다. [그림 10-1]에서 (a)의 A 노드의 클러스터링 계수는 $\frac{1}{6}$, (b)의 A는 $\frac{1}{2}$로서 오른쪽이 더 강한 연결을 보인다.

그림 10-1 일정 기간 전후의 새로운 네트워크 형성

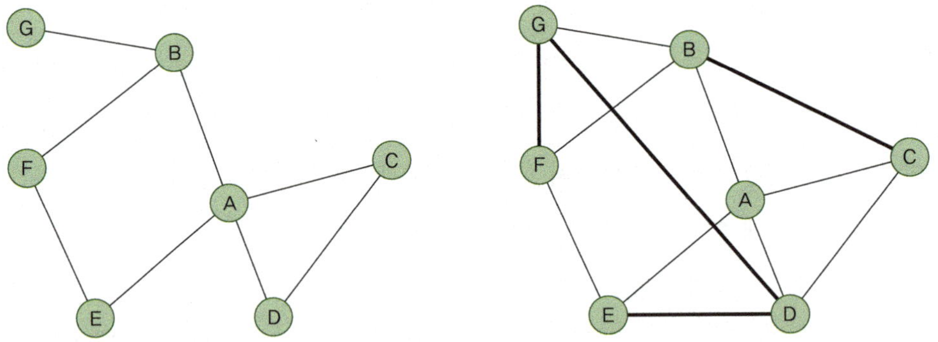

(a) 새로운 네트워크 형성 이전 (b) 새로운 네트워크 형성 이후

B와 C가 연결이 되는 이유는 앞서 얘기한 B와 C가 서로 접촉할 확률이 높다는 사실 외에

각자 A와 친구 사이라는 일종의 신뢰가 작용하기 때문이다. B와 C는 각자 A와 친구라는 신뢰관계로 인해 또 다른 신뢰가 형성되어 쉽게 친구 사이가 된다. 이 밖에 A의 입장에서는 B와 C가 서로 친구가 되면 각각 따로 만나야 하는 수고를 덜 수 있는 이점이 있다. 즉, 시간과 비용을 절감할 수 있다.

강한 연결은 아무래도 구조적으로 네트워크 시스템에 깊게 뿌리내리게 된다. 소위 착근성 또는 배태성(embeddedness)으로 불리는 성질과 관련이 있다. 네트워크상에서는 서로 연결되는 두 노드가 공유하는 이웃 노드들의 수, 즉 이웃의 중복성으로 가늠할 수 있다. 서로 공유하는 이웃들이 많으면 서로의 직간접적인 연결이 많고 그러다 보면 깊이 있는 정보들이 교류된다. 따라서 강한 연결 네트워크하에서 일을 추진하면 높은 성과들로 이어질 가능성이 높다.

치열한 경쟁이 벌어지는 비즈니스나 혁신의 영역에서 강한 연결이 많이 조명받아 왔다. 제품의 혁신이나 공정의 혁신 등 기업의 혁신 시스템에 대한 연구 결과에서 주로 강한 연결의 중요성이 강조되었다. 지식 교환 및 공유를 통한 제품혁신 차원에서도 부문들 간의 강력한 네트워크 형성은 그렇지 못한 경우에 비해 높은 성과를 나타내는 것으로 분석되고 있다. 빈도가 높은 밀접한 네트워킹은 제품혁신에 결정적이라 할 수 있는 고도의 복잡한 지식의 상호 공유에 매우 효과적이어서 제품혁신의 촉진으로 연결된다(Clark and Fujimoto, 1991 ; Leonard-Barton and Sinha, 1993 ; Henderson and Cockburn, 1994 ; Eisenhardt and Tabrizi, 1995 ; Szulanski, 1996).

한편 연결 강도의 중요성은 전달되는 지식의 복잡성에 따라서 다르게 나타난다는 연구 결과도 있다. Hansen(1999)은 강한 연결은 복잡한 지식의 전달을 촉진시키고 약한 연결은 단순한 지식의 전달을 촉진시킨다고 보았다. 프로젝트를 단위로 한 실증 분석에서 약한 연결은 한 프로젝트 팀이 다른 하위 부서에서 유용한 지식을 검색하는 데 도움을 주고 프로젝트의 속도를 증가시키는 것으로 나타났다. 반면 전이되는 지식이 복잡할 때 약한 연결은 지식의 전이를 방해하고 프로젝트의 속도를 감소시키는 것으로 나타났다.

그러나 경험적 연구에서는 이러한 주장들이 혼합되어 적용되는 것으로 나타났다. McEvily and Zaheer(1999)는 기업을 중심으로 형성된 전문가 네트워크에서 연결의 강도보다는 정보의 비중복성이 중요함을 입증하였고, Walker et al.(1997)은 생명공학 분야에서는 유대관계가 강한 연결이 중요함을 보여주었다. 또 다른 경험적 연구에서는 네트워크의 밀도와 강도가 산업의 특성에 따라서 다르게 나타남을 보여주고 있다.

1.2 약한 연결

Granovetter(1973)는 개인들의 이직에 관한 행태 조사 연구에서 가까운 친구보다는 알고 지내는 사람들로부터 구직 관련 정보를 많이 얻는다고 함으로써 약한(느슨한) 연결이 유용한 정보의 획득에 중요한 역할을 한다고 주장하였다. Burt(1992)는 새로운 지식에 접근하기 위해서는 연결의 중복이 없고 구조적 빈 공간(structural hole)을 연결하는 약한 연결이 필요하다는 점을 강조하였다. 이러한 주장은 비용, 시간, 노력의 측면에서 약한 연결의 유리한 점을 설명하고 있다. 빈번한 교류를 동반하고 상대적으로 높은 밀도를 보이는 강한 연결은 네트워크를 통해 얻어지는 정보와 지식의 중복을 증가시키는데, 이러한 중복된 정보는 정확성과 비용 면에서 문제를 일으킬 수 있다. 정보는 여러 경로를 통해 혹은 여러 상대방들에게 전달되는 동안 원래의 내용이 변질될 수 있으므로 정확성이 떨어지게 되고, 같은 내용의 정보를 중복해서 관리함으로써 관리비용의 증가를 유발한다. 또한 중복된 정보를 가져다주는 다수의 연결을 관리하는 것도 관리비용을 증가시킬 수 있다. 그러므로 Granovetter와 Burt는 밀도가 높은 네트워크에서 정보의 중복을 줄이고 중복되지 않은 새로운 정보의 원천을 찾아내고 유지하는 것이 중요하다고 보았는데, 그러한 원천은 약한 연결을 통해 확보될 수 있다고 했다.[2]

소셜 네트워크 연구에서는 브릿지(bridge)라는 연결의 개념으로 약한 연결 또는 구조적 빈 공간을 설명한다. 두 네트워크를 연결하는 유일한 링크를 브릿지라 한다. [그림 10-2]에서 A-B가 브릿지 연결로서 두 네트워크를 연결한다. [그림 10-3]은 노드 A, B가 직접 공유하는 노드가 존재하지 않고 우회하여 공유하는 경우이다. 이 경우 A-B는 로컬 브릿지(local

그림 10-2 A-B가 브릿지인 경우

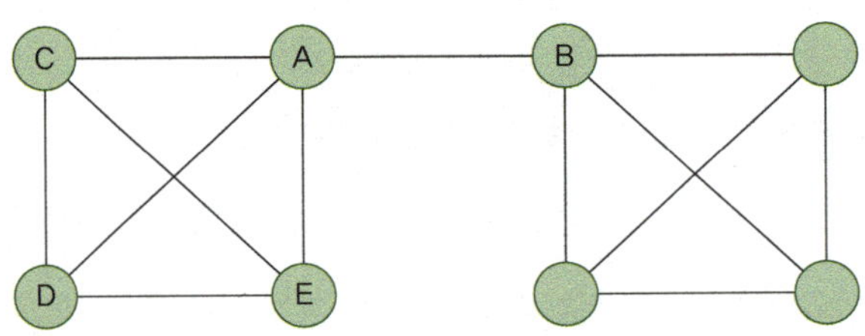

2. 약한 연결은 개별 주체들의 독립성, 다양성, 분권화를 보장하여 거시적 차원에서의 왜곡을 최소화하는 효과가 있다. 이에 관한 논의는 제22 장 집단지혜를 참조하기 바란다.

bridge)라 한다.

그림 10-3 A-B가 로컬 브릿지인 경우

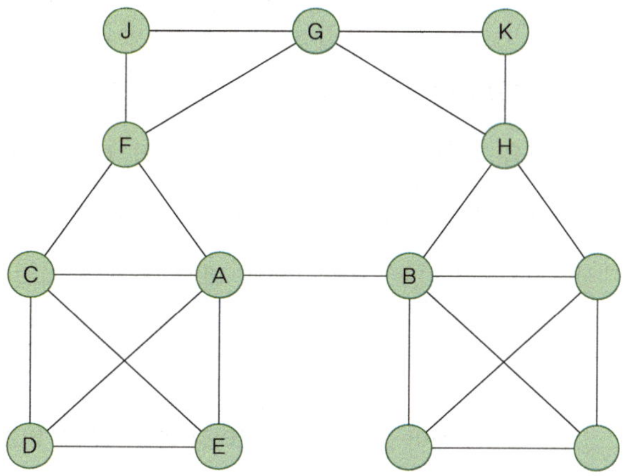

로컬 브릿지는 약한 연결이 될 가능성이 높다. 왜냐하면 [그림 10-4]에서 A-B가 강한 연결이면 앞서 세 친구 간의 친구관계의 전이에서 본 것처럼 B-C의 연결이 생성될 가능성이 높다. A-C도 강한 연결이면 더욱 그러할 확률이 높다. 그러면 A-B는 더 이상 브리지가 아니다. 그러므로 브리지는 약한 연결이 될 개연성이 높다.

그림 10-4 브릿지와 약한 연결

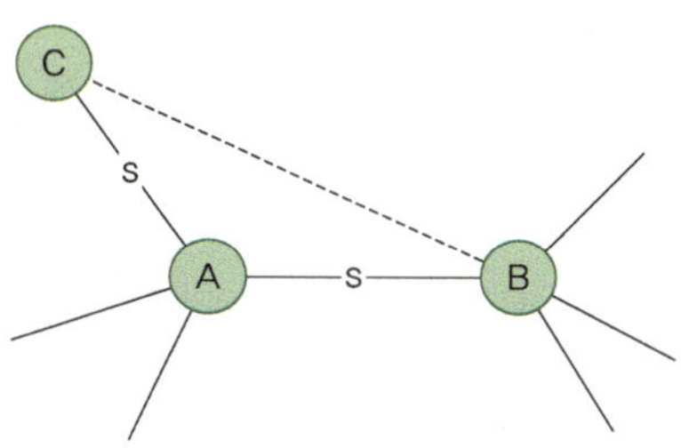

이를 '이웃 중복(neighborhood overlap)'이라는 지표로 측정할 수 있는데 분모는 A, B 중에 적어도 하나가 이웃이 되는 노드의 수, 분자는 A, B 둘 다 이웃이 되는 노드들의 수로 나타낸다. 이 지표에 의하면 로컬 브리지의 이웃 중복은 0이다. 앞의 강한 연결에서 언급한 착근성(embeddedness)은 바로 이웃 중복의 분자에 해당하며, 로컬 브리지의 착근성은 0이다.

$$\text{이웃 중복} = \frac{A\text{와 }B\text{ 둘 다 이웃이 되는 노드의 수}}{A\text{와 }B\text{ 적어도 하나가 이웃이 되는 노드의 수}}$$

약한 연결은 연결의 중복이 낮아 듬성하여 군데군데 빈 공간이 있는 반면 착근성이 낮은 구조를 보인다. 즉, 다른 그룹과의 연결을 허용하기 때문에 동일 그룹 내의 강한 연결보다 새로운 아이디어의 생성과 혁신을 촉진시키는 면이 있다. [그림 10-5]에서 A와 B를 비교하면 A는 하나의 그룹 내의 다른 노드들과의 끈끈한 연결로 보호되어 착근성이 매우 뛰어나다. 반면 B는 그룹 내에 착근성은 떨어지지만 다른 그룹의 다른 정보나 지식에의 접근성이 뛰어나 새로운 혁신 가능성이 높다.

그림 10-5 착근성이 높은 노드와 브리징 연결 노드의 비교

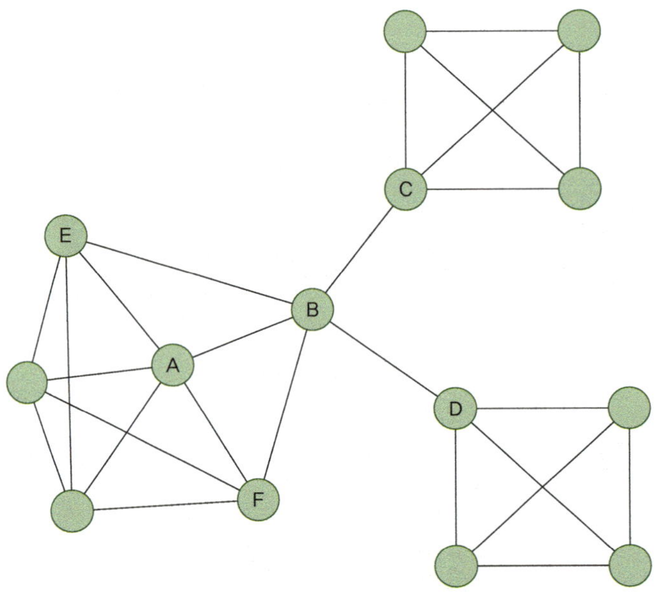

McEvily and Zaheer(1999)는 기업의 성과에 영향을 주는 중요한 네트워크 자원으로 브리징 연결(bridging ties)을 들었다. 브리징 연결은 주체들 간의 중복되지 않은 유일한 연결을 의미하는 것으로 McEvily and Zaheer(1999)는 비중복성의 개념을 중요하게 보았다. 한 기업이 형성하는 네트워크가 브리징 연결을 포함하고 있다면 경쟁력 확보에 유리하게 작용한다고 볼 수 있다.

McEvily and Zaheer(1999) 이전에 브리징 연결에 대한 개념은 Granovetter(1973)와

Burt(1992)에 의해 정의되었다. Granovetter는 성공적인 혁신 시스템을 위해 필요한 중요하고 새로운 정보는 교류가 빈번하게 이루어지지 않는 약한 연결에 의해 얻어진다고 보았다. 빈번한 교류가 이루어지는 강한 연결은 정보의 중복이 크게 존재하는 반면, 약한 연결은 기존에 접하지 못했던 중복되지 않은 새로운 정보를 제공해 줌으로써 기업이 유용한 정보를 획득할 수 있는 기회를 갖게 해주기 때문이다. 반면 Burt는 Granovetter의 의견과는 달리 새로운 정보는 연결의 강도보다는 연결 사이의 구조적인 빈 공간의 존재에 의해 얻어진다고 하였다.

McEvily와 Zaheer는 Granovetter와 Burt의 정의를 받아들이되 약간의 차이점을 두었다. 브리징 연결이 비중복성을 만족하고 구조적인 빈 공간을 연결한다는 점에서 이들의 의견에 동조하였지만, 브리징 연결은 느슨한 연결이어야만 한다는 Granovetter의 의견과는 달리 강한 연결일지라도 비중복성이 만족된다면 브리징 연결이 될 수 있다고 보았다. Burt는 구조적인 빈 공간을 연결하는 것을 브리징 연결이라고 본 반면에 McEvily와 Zaheer는 구조적인 빈 공간을 연결하는 것은 정보 획득의 기회를 의미하며, 브리징 연결은 기업이 어떻게 유용한 정보 획득의 기회를 갖게 되는지를 의미한다고 보았다.

2 사회적 자본으로서 연결의 강도

강한 연결과 약한 연결은 서로 장단점을 갖고 있어 일방적으로 취사선택할 대상이 아니다. 이 둘은 단순히 위상적 관계이지만 사회의 다양한 질적 문제를 시사하고 있어 사회와 시대의 상황에 맞게 적절한 조화가 필요하다. 사회적 자본은 개인의 행동이 공동체의 선과 얼마나 잘 조화되어 나가냐를 나타내는 가치로서 사회적 관계로부터 크게 영향을 받는다.

이에 관해서는 사회학자들 사이에서 많은 연구가 이루어졌다. Coleman(1988)은 신뢰성과 같은 사회적 자본 형성에 규범과 명성의 역할이 중요하다고 보고 개인의 사회 시스템 내에서의 착근성을 강조하였다. 이에 반해 Burt(1992)는 서로 다른 그룹 간의 중개(brokerage) 역할도 중요하다고 하며, 착근성과 중개 간의 적절한 긴장 관계를 강조하였다. Putnam(1995)도 Burt와 유사하게 그룹 내 끈끈한 유대 자본(bonding capital)과 그런 그룹들을 연결시키는 가교 자본(bridging capital)의 적절한 조화가 중요하다고 하였다.

Reagans and McEvily(2003)는 응집력과 네트워크 범위라는 개념으로 사회적 자본으로서 연결의 강도에 접근하였다. 응집력은 네트워크에서 중복되는 연결의 중요성을 강조하는 개념으로 연결의 강도와 관련하여 이해될 수 있다. 즉, 연결의 강도는 바로 사회적 응집력을 나타낸다고 볼 수 있다. 네트워크의 범위는 네트워크의 연결이 기관, 조직 또는 사회적인 범위 내로 확장되는 정도이다. 이들은 R&D 컨설팅 기업을 대상으로 사회적인 응집력과 지식 전이의 용이성에 관한 조사 연구를 실시하여 사회적 응집력은 지식 전이에 긍정적인 역할을 한다는 것을 밝혔다. 특히 강한 연결관계 속에 놓여 있는 주체들 간의 연결과 정보 공유가 매우 중요한 것으로 나타났다. 지식의 전달은 정보 제공자에게 비용을 발생시키기 때문에 응집력은 연결의 강도와 마찬가지로 지식을 전달하고자 하는 의지에 긍정적인 영향을 준다. 그러므로 정보의 수요자와 제공자 사이에 기꺼이 정보를 전달하고자 하는 강한 연결관계, 즉 응집력이 부족하면 정보전달이 용이하지 못하다.

네트워크의 범위 또한 지식의 전달에 긍정적으로 작용함으로써 네트워크의 결과에 영향을 미친다. 네트워크의 범위는 다른 분야에 복잡한 지식을 전달할 수 있는 개인의 능력에 영향을 줌으로써 지식의 전이를 촉진시킨다. 다양한 분야의 지식에 접근할 수 있는 사람은 더 넓은 관점을 가질 수 있고 복잡한 지식을 전달하는 방법을 배울 기회를 갖는다. 다양한 분야에 걸친 지식의 경험과 이해는 지식의 전달을 용이하게 한다.

3 착근성

착근성(embeddedness)이란 구성원들 간 관계가 사회적 관계구조 속에 뿌리내리는 것을 의미한다. 착근성에 대한 이론은 사회관계가 하나의 공공재로서 구성원들 간 신뢰가 형성되는 데 도움을 주며, 이로 인해 구성원들 간 정보 및 지식 이전이 활성화되어 전체 성장에 기여하게 된다는 점을 강조한다. Polanyi(1957)는 시장의 사회관계 구조를 설명하기 위하여 착근성 개념을 얘기하였고, Schumpeter(1950)와 Granovetter(1985)는 경제활동에서, 특히 기업 간 네트워크 환경에서 착근성의 영향을 얘기하였다.

3.1 사회관계 구조와 경제활동

조직이론가들은 사회관계 구조가 경제활동에 중요한 역할을 한다고 보았다. 반면 경제학자들은 사회관계 구조가 경제활동에 최소한으로 작용하거나 시장 거래를 오히려 제약함으로써 비효율을 초래한다고 보았다(Peterson and Rajan, 1994). 그러나 일련의 학자들의 노력으로 양자 간에 접점이 모색되었다. Granovetter(1985)의 착근성 이론은 조직이론에 경제학과 사회학적인 접근을 동시에 고려하였다. 그의 이론은 경제활동의 경제학적인 관점과 사회학적인 관점의 차이를 분석하였지만 양자 간의 관계에 대해서는 설명하지 못하였다. Uzzi(1996)는 양자 간을 연결하는 착근성의 특성을 부각시켰다.

(1) 신고전주의 관점

신고전주의의 경제학자들은 완전경쟁시장 구조에서 교환은 시장 거래를 통해 이루어지는 것으로 교환의 동인은 이기(self-interest)와 기회(opportunity)로 보았다. 이기와 기회에 바탕을 둔 개인은 시장의 가격 정보에 의해 교환 여부를 결정하게 되며, 주체 간의 관계는 냉정하고 독립적이다. 주체들 간의 지속적인 관계나 암묵적인 계약의 존재는 의도적인 약속이나 이타주의적인 결과가 아닌 이기주의와 수익을 최대화하기 위한 행동의 결과로 간주된다(Macneil, 1978). 이러한 시장 거래의 장점으로는 풍부한 가격 정보를 바탕으로 치열한 경쟁을 통해 사업을 확산시키고 비효율적인 관계 속에서 형성되어 기업을 불리하게 만들 수 있는 거래계약을 회피하게 해줌으로써 성과를 촉진시키는 점을 들 수있다(Hirschman, 1970). 이러한 신고전주의적인 관점은 현실에 적용하기에는 많은 괴리가 있지만 기본적으로 타당한 관점이라고 간주되어 왔다.

(2) 수정주의 관점

수정주의자들은 사회관계 구조를 거래비용 이론, 대리인 이론, 게임이론 관점에서 설명하고자 하였다. 그러나 고전주의와 마찬가지로 수정주의도 사회관계 구조를 명확하게 이해하거나 모델화하지 못하고 조직행동 이론에 전통적인 경제학적 접근을 적용하는 데 그쳤다. 거래

비용 이론은 양자 간의 관계에만 초점이 맞추어져 있으므로 네트워크의 다양성을 설명하지 못한다(Williamson, 1994). 대리인 이론도 인간의 이기적인 성향, 양자 간의 관계와 교환을 설명하기 위한 형식화된 통제에 초점이 맞추어져 있어 통제 및 감시기구의 부재로 대리인과 의뢰인의 역할이 변질되는 상황에서는 조직 네트워크의 형태를 설명하지 못하는 한계점을 가진다(Larson, 1992).

게임이론 역시 다수의 참여자가 있는 네트워크 형태의 구조를 적용할 수는 있지만 게임의 끝이 명시적일 경우 장기적인 협력관계가 지속될지라도 이기주의적인 개인이 협력관계를 배반할 수 있다(Jackson and Wolinsky, 2003)는 기본 개념은 실제 네트워크의 관찰에 적합하지 못하다. 수정주의자들의 연구가 거래에 대한 이해를 돕는 데 많은 역할을 하였지만 사회관계 구조가 경제활동에 미치는 영향을 밝히는 데는 일정한 한계를 가졌다.

(3) 착근적 관계 관점

많은 연구에서 일본의 자동차 산업과 이탈리아의 니트 의류 산업은 형식적인 계약보다는 신뢰와 개인적인 관계에 의해 특징지어진다고 보았고 이러한 특징은 기대치를 예측할 수 있게 하고 감시비용을 줄여주는 측면이 있다고 밝혀졌다(Dore, 1983 ; Asanuma, 1985 ; Smitka, 1991 ; Gerlach, 1992). 자동차 산업에서 부품업체와 조립업체 간의 긴밀한 관계는 그들이 소유하고 있는 암묵적 전문 지식의 교환에 영향을 주는 것으로 나타났다(Helper, 1990). 또한 성공적인 기업 경영의 네트워크는 지식의 전달과 학습을 촉진하는 조정 기구에 의해서 정형화되는 특징을 보인다(Larson, 1992 ; Lazerson, 1995).

지역 생산 네트워크에서 기업들은 이윤극대화보다 착근성에 대한 고려에 더욱 만족스러워 하며, 그들의 관점이 단기적인 이익이나 종속관계의 개척과 같은 협의의 목표에서 장기적이고 협력적인 관계를 유지해 나가는 쪽으로 변화하고 있는 것으로 나타났다(Romo and Schwarts, 1995 ; Dore, 1983). 이처럼 착근적 관계는 시장, 계약, 수직적 통합을 통해 얻을 수 없는 기회와 측정할 수 없는 이익을 제공해 준다.

3.2 착근적 관계의 형성

Uzzi(1997)는 착근성의 3가지 중요한 구성요소로 신뢰, 세밀한 정보 교환, 공동 문제해결 체제를 들고 있다. 신뢰는 교환의 상대방이 비용에 근거하여 이기적으로 행동하지 않고 발견법적으로(heuristic) 행동할 것이라는 믿음이다. 발견법적이란 이미 정립된 공식에 의해서가 아니라 정보가 완전하지 않은 상황에서 노력을 통해서 시행착오를 거쳐, 또는 경험을 통해 지식을 알게 되고 관계를 형성해 나가는 과정을 뜻한다. 상대방이 자기의 이점을 얻기 위해 나를 이용하지 않을 것이라는 믿음이며, 협력관계를 중요하게 여기는 상대방에 대한 믿음이다.

신뢰는 서로 간에 배려하는 호의가 자의적으로 주어질 때 더욱 발전된다. 신뢰에 의한 교환은 상호교환을 위한 계약, 벌금, 법적 인가 등과 같은 형식적인 기구를 필요로 하지 않는다. 시장 거래에서 교환될 수 없는 신뢰관계는 경쟁력을 향상시키고 가격으로 산정할 수 없는 자원을 갖게 해준다. 신뢰를 바탕으로 한 협력관계에서는 문제가 발생하면 관계를 끊지 않고 문제 해결을 위해 서로 협력한다.

Williamson(1994)은 신뢰는 시장 거래에서의 위험과 두 가지 측면에서 다르다고 하였다. 시장 거래에서 위험을 계산하기 위해 필요한 정보는 교환 상대방으로부터 얻어지지 않는다. 그러므로 위험을 계산하기 위한 정보의 획득비용과 감시비용이 발생한다. 그러나 신뢰를 바탕으로 한 협력 거래에서는 감시기구가 존재하지 않으므로 감시비용을 줄일 수 있다. 신뢰 기반의 의사결정 심리는 계산된 위험에 근거하기보다 발견법적인 과정에 근거한다. 동 의사결정은 자원, 시간, 과정에서 기울여야 하는 노력이 생략되지만 결코 질적인 면에서 뒤지지 않는다. 오히려 보다 빠르게 복잡한 정보를 처리할 수 있도록 도와준다. 또한 신뢰의 발견법적인 특징은 주체가 상대방으로부터의 자극에 민감하게 반응할 수 있도록 해준다. 이는 신뢰가 불신으로 바뀌는 것을 감지할 수 있게 해줌으로써 신뢰를 가장한 교환 상대방이 신뢰를 남용하는 것을 방지하는 역할을 한다.

한편 신뢰에 근거한 장기적인 협력관계에서 정보의 교환은 시장 거래에서 교환되는 가격 정보나 수량 정보보다 소유적이며, 암묵적이다. 이는 학습을 통해 얻어지는 암묵적인 정보뿐 아니라 전략과 수익에 관한 정보도 포함한다. 시장에서 쉽게 얻을 수 있는 가격 정보나 수량 정보와는 달리 한 기업이 고유하게 소유한 정보는 그 전달이 암묵적이며, 세밀하다. 정보를 세부 조각으로 나누는 것이 아니라 통합적으로 받아들여야 이해할 수 있다. 이와 같은 암묵적 지식의 전체적인 이해는 단기적인 관계만을 유지하는 시장 거래에서는 획득하기 어렵다. 장기적 협력관계에서는 암묵적이고 세밀한 정보의 전체적인 이해와 교환을 통해 시장의 요구에 보다 빠르게 적응할 수 있고 장기적인 계획을 수립할 수 있다.

장기적 협력관계는 주체들이 직면한 문제를 해결하는 메커니즘을 제공한다. 문제가 발생할 경우 주체들은 서로 상대방의 업무에 대하여 잘 알고 있으므로 협력적으로 해결해 나갈 수 있다. 시장 거래에서는 문제가 발생할 경우 거래관계가 종료되거나 시장에서 퇴출되므로 문제에 대한 피드백을 받을 수 없는 반면, 장기적 협력관계에서는 문제에 대한 피드백을 통해 새로운 해결책을 만들어 나갈 수 있다. 공동 문제해결 방안은 생산 과정에서의 오류와 개발 단계를 줄임으로써 조직의 대응력을 향상시키고 상호 학습과 혁신을 촉진시킨다.

3.3 착근성과 경제적 성과의 관계

(1) 시간의 경제

시장거래 관계에서는 가격 협상이나 일정 조정 등의 계약이 생산이 이루어지기 이전에 진행된다. 그러나 장기 협력관계에서는 기업 간 신뢰를 바탕으로 계약이 생산 중간 혹은 생산이 완료된 이후에 협상되므로 계약비용을 절감시키고 시장 기회를 빠르게 잡을 수 있도록 시간의 경제(economies of time)를 촉진시킨다. 세밀한 정보의 전달은 자료 교환의 속도를 높이고 상대방의 생산 방식에 대한 이해를 높임으로써 의사결정이 빠르게 일어날 수 있도록 한다. 또한 공동 문제해결 체제는 생산 기간 동안 발생하는 문제점을 실시간으로 해결할 수 있도록 해줌으로써 신제품이 시장에 출시되는 시간(생산 기간을 포함한)을 줄여준다. 시간의 경제란 오랜 거래에서 발생하는 포괄적·경제적 효율성이라 할 수 있다. Uzzi(1997)는 시장에서 가격 정보의 중요성이 낮을수록 더 많은 장기 협력관계가 형성되고 장기 협력관계의 수준이 높을수록 시간의 경제가 크다고 보았다.

(2) 배분적 효율성

시장거래 관계에서는 시장의 반응과 생산자의 조정 사이에 지연이 발생된다. 지연이 클수록 시장은 불균형적으로 되고 자원은 제한적으로 배분된다. 그러나 장기적 협력거래 관계는 시장의 수요에 빠르게 반응할 수 있기 때문에 배분적 효율성이 증가한다. 배분적 효율성과 관련하여 Uzzi는 환경 변화와 유행에 민감한 산업일수록 장기적 협력거래 관계가 시장거래 관계보다 경쟁적이며, 배분적 효율성을 제공한다고 하였다.

(3) 탐색과 통합적 협정

탐색은 조직의 경쟁력 연구에 있어서 중요한 요소이다. 장기적 협력거래 관계에서 기업들은 최적 가격 결정을 선택하려고 노력하기보다는 만족하는 수준에서 선택을 한다. 장기적 협력거래 관계에서 기업들의 탐색활동은 시장을 통해 넓게 이루어지기보다는 관계 내에서 깊게 이루어진다. 또한 장기적 협력거래 관계는 자원을 공동으로 출자하여 상호 이익이 되는 통합적 협정의 가능성을 증가시킨다. Uzzi는 네트워크의 배태성이 강할수록 관계 내의 탐색의 깊이는 증가하고 통합적인 협정이 이루어질 가능성이 커진다고 보았다.

(4) 위험 감수와 투자

착근성은 장기적인 협력거래 관계 내에 존재하는 투자자를 연결해줌으로써 투자의 위험성을 줄여주고 위험한 투자 상황에서 주체들의 자원에의 접근, 예측 불가능한 일의 조정, 위험을 받아들이는 능력을 향상시킨다. 또한 상호관계에 대한 기대와 협력관계를 통한 자원의 공유는 투자를 이끌어낸다. 네트워크의 착근성 수준이 높을수록 조직의 투자활동이 많이 이루어지며, 투자를 위한 담보 설정이 낮아진다. 즉, 제품개발 위험이나 투자 불확실성이 큰 산업일수록 장기적 협력거래 관계를 유지하는 것이 투자에서 유리하다.

3.4 착근성과 네트워크의 형성

착근성의 한 특징으로 형성되는 장기적인 협력거래 관계는 조직의 네트워크 구조를 설명한다. 관계를 맺고 있지 않는 주체들 간의 새로운 협력관계는 이들 주체들과 모두 협력관계를 맺고 있는 다른 주체를 통해 이루어진다. 거래관계가 없는 두 주체들과 협력관계를 맺고 있는 주체가 중개자 역할을 하여 삼각형의 네트워크를 형성한다. 중개자는 협력관계의 기대와 기회를 새로운 기업에 전달해 주고 신뢰를 기반으로 한 계약의 기초를 마련해 준다. 또한 이들 간 상호교환이 일어나면서 신뢰, 용이한 정보 교환, 공동 문제해결 방안이 형성된다.

이러한 관계의 형성 과정은 거래비용적 관점에서 네트워크 파트너를 고려하는 경제학적인 관점의 대상이 될 뿐만 아니라 친분관계나 이타주의적 행동을 할 수 있는 사회학적인 관계의 고려 대상이 된다. 기업들은 기업이 보유하고 있는 협력관계의 파트너를 중개자로 하여 협력관계를 넓혀 나가면서 점점 하나의 고유한 커뮤니티를 형성한다. 이 과정에서 협력관계의 밀도가 높아지면서 네트워크의 착근성도 함께 심화된다. 커뮤니티 네트워크는 비록 구성원들의 소속감이 뚜렷하지 않더라도 기업의 성과에 직간접적으로 영향을 미친다.

3.5 착근성의 단점

지금까지 신뢰를 바탕으로 한 장기 협력관계의 형태로 나타나는 착근성의 특징에 대하여 살펴보았다. 또한 장기 협력관계의 특징 및 경제 성과에 영향을 미치는 요인과 네트워크 형성에 대하여도 살펴보았다. 그러나 이러한 장점과 긍정적인 면 이외에 과도한 착근성의 형성은 몇 가지 문제점을 안고 있다. 파트너에게 형성된 과도한 착근성은 파트너에게 급작스런 환경의 변화가 생겼을 때 빠르게 대처할 수 있는 능력을 약하게 만든다. 특히 과도한 착근성으로 형성된 소수의 파트너를 갖고 있을 때는 더욱 그러하다. 이 경우 파트너에 대한 의존성이 크고 시장에 대한 적응력이 약하기 때문에 변화된 환경에 적응하는 데 많은 시간과 비용이 필요하다. 오늘날과 같이 경쟁의 심화로 산업의 환경이 빠르게 변화하는 경우에는 이러한 문제점이 충분히 발생할 수 있다. 근래 우크라이나 전쟁과 기술패권 경쟁에 의한 글로벌 공급망 문제는 이 점을 상기시키고 있다.

또 하나의 중요한 문제는 관계의 유지가 관습화되어 효율적으로 행동하지 못할 수 있다는 점이다. 이는 비용 측면에서 보다 유리한 파트너가 존재함에도 오랫동안 지속되어온 관계의 관행에 따라 파트너를 교체하지 못하는 데서 발생한다. 과도한 착근성은 문제점을 야기할 수 있으며, 이를 해결하기 위해서는 적당한 수준의 착근성을 유지할 필요가 있다.[3]

3. 착근성이 높은 경우는 거래 유형 중 전속 거래와 유사하다. 전속 거래의 단점을 극복하기 위해 네트워크 거래가 활

4 네트워크 조직 원리로서의 신뢰

신뢰는 상대방의 의도와 행동을 긍정적으로 받아들이는 데 존재하는 위험을 기꺼이 감수하고자 하는 의지이다(Mayer et al., 1995 ; Rousseau et al., 1998). 현재까지 진행된 여러 연구에서 신뢰는 조직과 조직 구성 주체들에게 여러 가지 중요한 이점을 제공한다는 결과들이 도출되었다(Kramer, 1991). Dirks and Ferrin(2001)은 신뢰에 대한 문헌 연구를 통해 신뢰가 이점을 제공하는 두 가지 수단을 지적하였다. 주체 간 및 네트워크에서의 신뢰관계는 조직 유지에 중요한 요소인 커뮤니케이션, 갈등 조정, 협상 과정, 만족, 주체 및 상위 조직의 성과 달성에 직접적인 영향력을 행사한다. 또 다른 수단은 신뢰로서 이룰 수 있는 성과와 관련된 것이다. 협력과 높은 성과 달성과 같은 조직의 성공에 필수적인 주체들 간 행동양식은 상대방의 행동을 긍정적으로 이해하는 것이라고 할 수 있다. 이 점에서 신뢰는 성공 조건을 이룰 수 있는 여건 및 상황을 제공해 준다.

신뢰가 조직의 성장 및 유지에 영향력을 행사한다는 것은 여러 연구에서 입증되었다. 신뢰는 조직의 주요 요소에 영향을 미칠 수 있는 조직의 원리이다(McEvily et al., 2003). 조직 원리로서의 신뢰는 조직의 밀도, 다양성, 안정성, 연결의 비중복성에 영향을 미치며, 이들은 전이성, 생성 능력, 상호작용, 역할 전문화 등의 과정을 통해 달성된다.

그림 10-6 조직 원리로서의 신뢰

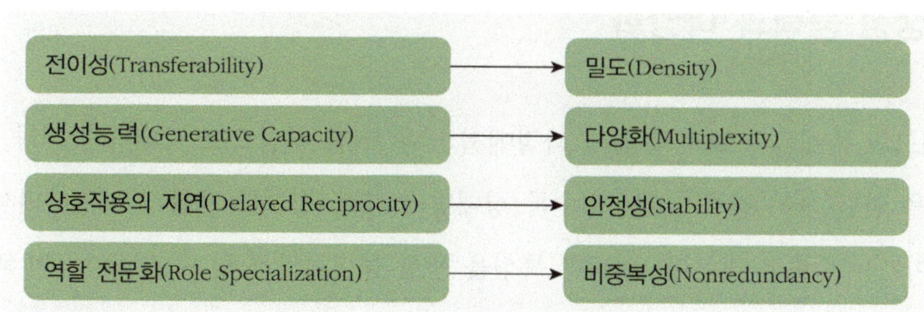

자료 : McEvily et al.,(2003).

발하게 이루어지고 있다. 네트워크 거래에 대해서는 제5장을 참조 바란다.

4.1 전이성과 밀도

신뢰는 전이성(transferability)을 통해서 네트워크의 밀도(density)를 증가시키고 경계를 넓혀나갈 수 있다. 신뢰 전이성의 전제조건으로서 초기의 신뢰 형성은 직접적인 경험에 기초하기보다는 제3자에 의존하는 경향을 보인다. 개인 차원을 고려할 때 서로 모르는 두 개인 간 신뢰는 두 개인이 모두 알고 있는 제3자가 있는 경우 더욱 쉽게 형성된다. 제3자에 대한 신뢰는 서로 모르는 구성원 간 신뢰 형성에서 대리인 역할을 한다. 신뢰가 중간 역할자에 의해 신뢰를 구축하고 있지 않았던 다른 주체에게로 전이되는 것이라고 할 수 있다. 이러한 신뢰의 전이는 조직 내 네트워크의 밀도를 더욱 촘촘하게 만드는 역할을 한다. 이러한 현상은 특히 모르는 상태의 두 개인을 중재 혹은 연결하는 제3자 조직에서 분명하게 드러난다. 제3자 조직은 이때 '구조적 빈 공간'의 역할을 한다.

신뢰 전이성의 형태와 관련하여 여러 견해들이 존재한다. Coleman(1990)은 '신뢰 중재자' 개념을 제시하였다. 이는 제3자 조직이 신뢰의 중재 역할을 수행하는 신뢰의 전이 형태이다. Zuckerman(1986)의 연구에서는 '특성적 신뢰(characteristic based trust)' 형태가 제시되었다. 개인이 자신이 속한 집단에서 형성된 신뢰를 직접적인 연관이 없는 다른 집단 혹은 조직으로 전이시킬 때 발생하는 형태이다. 구성원 간 상호작용의 결과로 생성된 공통성을 기반으로 신뢰의 전이가 일어난다. 이와 같은 맥락에서 전이성은 새로운 신뢰를 기반으로 새로운 관계 확장을 얘기함으로써 개개인의 네트워크 크기의 성장을 설명한다.

4.2 생성 능력과 다양화

네트워크의 주체들은 초기의 탐색 과정에서 낮은 위험 부담으로 상대방의 역량, 신뢰성, 성실성 등을 판단한다. 관계가 지속될수록 상대방에 대한 정보를 새롭게 보완하면서 신뢰의 기반을 쌓아가는 수순을 밟는다. 이러한 특성을 생성 능력이라고 할 수 있으며, 이 과정을 거쳐서 형성된 신뢰로 두 주체 간의 관계를 다양화시킬 수 있다. 관계의 다양화는 새로운 형태의 가치 형성을 가능하게 한다.

신뢰는 생성 능력을 활용하여 주체 간 연결관계에서 다양화를 이룰 수 있다. 다양화는 주어진 연결관계 내에서 헤아릴 수 있는 관계의 수라고 정의할 수 있다(Fischer, 1977 ;

Galaskiewicz and Wasserman, 1993). 관계에서 다양화는 네트워크가 형성하는 차원 및 관계에 관한 정보들이 추가됨으로 인해서 연결이 중첩되는 경우가 늘어나는 것을 뜻한다. 네트워크 참여 주체들은 단순히 정보의 교환에만 참여하는 대신 자원 공유, 조언, 부탁, 우정 등과 같은 관계에도 참여할 수 있다. 구매 기업과 공급 기업 관계에서 형성된 신뢰와 긍정적 경험을 기반으로 두 기업의 관계는 신제품 개발을 위한 조인트 벤처 설립 등으로 확장된다.

주체들 간의 관계 생성 능력은 신뢰를 기반으로 형성된다. 서로 신뢰관계에 있는 집단은 역사와 경험을 공유하는 경우가 일반적이므로 관계의 어느 한 국면에서 관찰할 수 있는 신뢰성이 상호작용의 또 다른 측면에서 예상되는 신뢰성으로 쉽게 대치된다. 이는 곧 관계의 확장으로 이어진다.

4.3 상호작용의 지연과 안정성

신뢰가 조직 형성에 영향을 미칠 수 있는 또 다른 장점은 주체 및 집단 간 상호작용을 가능하게 하여 시간적 형평(serial equity)을 달성한다는 데 있다. 주체들 간 관계에서 상호작용이 즉각적으로 이루어지지 않을 경우 관계에 일시적인 불균등 상태가 발생한다. 교환에서 시간적 격차가 있을 경우, 즉 교환관계에 따르는 의무에 대한 보상이 지연되거나 보상이 이루어지지 않고 서로 대체 가능한 재화가 명확하지 않을 때 교환에서의 의무를 먼저 이행한 집단은 위험 부담을 떠안게 된다. 그러나 신뢰관계의 형성은 시간이 경과되면서 교환되는 재화가치가 균형점에 도달할 것이라는 기대감을 형성함으로써 교환관계에서 서로 추구하는 가치가 완전히 일치해야 한다는 필요성에서 벗어날 수 있게 한다. 또한 즉각적 보상의 필요성을 줄이는 역할을 함으로써 미래의 어느 시점에서는 교환의 계약이 공정하게 이행될 것이라는 기대감을 보장한다. 이는 시간적 형평 상태를 기대할 수 있을 만한 상황을 만들어 낸다.

시간적 형평 상태에 기반을 둔 조직활동은 융통성과 유연성을 갖출 수 있게 된다. 이는 교환이 시간을 두고 다양한 형태로 이루어질 수 있기 때문이다. 또한 한 집단이 그 집단의 기본적 구조를 유지하면서 불확실성에 대처하는 능력을 향상시킬 수 있는 이점도 시간적 형평을 갖춘 조직에게 있다. 그러나 신뢰에 기반을 둔 상호작용의 지연으로 인한 부정적 측면 또한 제기된다. 두 집단 간에 신뢰관계가 형성되어 있는 상태라면 서로 상호 집단에서 이익을 더 이상 기대할 수 없는 상황에서도 다른 수단을 사용하면 그보다 더 많은 이익을 얻을 수 있음에도 그 관계를 청산하려는 능력이 감소될 가능성이 있다.

그러나 궁극적으로 네트워크 조직에서의 상호작용 및 관계의 안정성과 관련하여 신뢰는 보다 안정적이고 영속적인 관계를 유지할 수 있는 원동력을 제공하고 이를 확장하여 조직적 네트워크를 형성할 수 있는 기초를 제공한다.

4.4 역할 전문화와 비중복성

신뢰는 주체들의 역할 전문화를 통해서 네트워크 내 연결의 중첩을 감소시킬 수 있다. 네트워크 주체들이 전문화된 역할을 확보하고 높은 신뢰를 형성했을 때 신뢰는 이전에 서로 관계가 없었던 구성원, 팀, 조직 간에 가교 역할을 수행한다.

한 조직 내에서 전문적인 역할을 보유한 구성원이 그가 속한 집단 및 조직을 위해 할 수 있는 중요한 활동은 다른 집단과의 관계 형성을 위한 대리인 혹은 중개자 역할을 하는 것이다. 신뢰관계 형성 없이는 외부 구성원과의 네트워크 관계 형성을 위한 대리인으로서의 역할을 수행하는 데 어려움이 따른다. 따라서 신뢰를 확보하는 것은 중개자 역할을 하는 집단의 대표 활동에 힘을 실어주는 역할을 한다.

신뢰는 또한 중개자가 다른 주체 및 집단과 배타적인 관계를 형성했을 때 보다 가치 있는 접촉 및 추천을 제공할 수 있을 것이라는 기대감을 형성하게 한다. 신뢰가 형성되지 않았다면 집단 내 다른 구성원들은 중개자의 역할에 의구심을 갖게 될 것이다. 즉, 중개자가 다른 구성원을 위해서 일하는 것이 아니라 중개자 자신의 이익을 위해 일하는 것이 아닌지를 의심하게 된다. 그 결과 중개자를 거치지 않고 구성원 각자가 연결관계를 형성하게 되어 네트워크의 중첩(redundancy)이 발생한다. 반면 중개자에 의존하는 관계인 경우에도 위험성은 존재한다. 신뢰를 확보한 중개자가 관계에서 빠질 경우 중개자로 인해 형성된 외부와의 관계가 위태로워질 수 있기 때문이다.

5 비시장 상호작용

경제활동 및 일반적인 활동에서의 상호작용은 시장 상호작용(market interaction)과 비시장 상호작용(non-market interaction)으로 구분해 볼 수 있다. 시장 상호작용과 비시장 상호작용의 구분은 상호작용이 금전적인 거래를 수반하는지 여부에 따라 나누어진다. 시장 상호작용은 금전적인 거래를 수반하는 경우로서 생산, 유통, 마케팅, R&D 활동 등을 들 수 있다. 비시장 상호작용은 금전적인 거래를 수반하지 않는 경우로 전적인 거래 없이 한 개인의 행동이 다른 개인에게 영향을 미치는 것을 의미한다(Glaeser, 1999). 개인의 의도되지 않은 행동이 다른 개인에게 영향을 미친다는 점에서 외부 효과와 유사한 개념이다. 지식의 전달, 학습, 친목, 이타적인 행동, 시민의식의 형성, 사회적 범죄, 편견, 신뢰 이러한 것들이 모두 비시장 상호작용에 포함된다고 볼 수 있겠다. 기업 간 정보의 확산, 노동자 사이에서 인적자본의 흐름, 동료 효과, 사회자본 형성 등은 비시장 상호작용의 형태라고 볼 수 있겠다.

비시장 상호작용은 최근 그 중요성이 더욱 커지고 있다. 비시장 상호작용이 기업의 성과 및 혁신 시스템의 성과에 중요하게 영향을 주는 다른 요인들에게 직·간접적으로 많은 영향을 미치기 때문이다. 사회과학에서는 비시장 상호작용에 대한 연구가 오래전부터 진행되어 왔는데 사회자본 이론에서는 시민들 간의 관계가 정부의 질을 결정한다고 보고 있으며, 도시의 공동화와 빈곤 문제에 관한 연구에서도 이웃의 영향을 강조하고 있다.

경제학에서도 경제성장과 비시장 상호작용의 중요성에 대한 많은 연구가 진행되었다. 내생적 성장이론에서는 혁신주체들 간의 지식의 확산이 경제적 성장에 핵심으로 작용한다고 보고 있는데 비시장 상호작용은 지식의 확산에서 중요한 역할을 한다. 도시경제학에서도 비시장 상호작용을 강조한다. 도시경제학에서 도시와 집적을 이해하기 위해서는 비시장 상호작용에 대한 이해가 무엇보다 중요하다. 기존의 거래비용 이론, 노동시장 등의 설명은 도시의 형성을 충분히 설명하지 못하고 있다. 반면 집적 형성의 하나의 원인으로서 비시장 상호작용은 그 중요성이 커지고 있으며, 특히 정보에 대한 접근의 용이성(Glaeser, 1999), 공간가치 소비 등은 도시 형성의 중요한 요인 중 하나이다.

제11장 유유상종 네트워크

1. 유유상종 / 2. 유유상종의 생성 원리 / 3. 멤버십 네트워크
4. 공간분리 모델

유사한 사람들끼리 서로 어울리는 유유상종 현상이 일상에서 매우 흔하다. 같은 인종(민족), 성별, 종교, 연령, 학력, 신념을 가진 사람들끼리 쉽게 어울리기도 하지만, 다른 사람들이라 하더라도 서로 어울리다 보면 서로 같아지는 성향이 있다. 유사한 개체들 간 상호작용은 스스로의 성향을 변화시킬 뿐만 아니라 네트워크 구조를 변화시킨다. 유유상종의 유형, 생성 원리, 멤버십 네트워크, 공간분리 모델 등에 대해서 알아본다.

1 유유상종

옛말에 유유상종(類類相從)이라는 말이 있듯이 서로 비슷한 성향의 사람들이 어울리는 것(similarity breeds connection)은 인지상정이다. 마찬가지로 인간 생활에서 사회의 추세에 발맞추어 나가는 성향은 자연적인 현상이기 때문에 유행이라는 것이 항상 존재한다. 개인이 사회 환경과의 상호작용의 일환으로서 서로 어울리게 되고 그러다 보면 서로 성향이 유사한 사람들끼리 모이기가 쉽다.

유유상종에는 몇 가지 차원이 존재하는데, 하나는 인종, 성별, 나이 등과 같이 변하지 않는 성질과 학교, 직업, 취미 등과 같이 변할 수 있는 성질에 따른 유유상종이 있다(Currarini et al., 2016). 다른 하나는 사회 계층, 지위와 같은 사회에서의 위치와 신념, 태도, 세계관 등의 가치에 따른 유유상종이 있다(Lazarsfeld and Merton, 1954 ; Sun and Rui, 2017). 사실 과거에는 이러한 차원에서 동종선호 네트워크에 대한 연구가 자료의 제약상 쉽지 않았으나 페이스북,

트위터 등 소셜 네트워크 서비스가 일반화됨에 따라 이러한 연구가 활발히 진행될 수 있었다.

유유상종에 관한 대부분의 연구는 인종, 성별, 나이, 종교, 학교 등과 같은 일반적인 영역별로 서로 유사한 성향을 가진 사람들끼리 네트워크를 형성한다는 것을 입증하는 데 집중되었다. McPherson et al.(2001)의 서베이 연구에 의하면 가장 강한 유유상종의 성향을 보이는 영역은 인종(민족)이고 그 다음 연령, 종교, 학교, 직업, 성별 등의 순으로 나타났다. 이들에 관해 간략히 살펴본다.

(1) 인종

유사한 인종(민족)끼리 서로 어울리는 것은 세계적으로 공통된 현상이다. 대부분의 국가들이 바로 인종(민족)을 배경으로 형성되고 같은 민족끼리는 같은 언어를 쓰기 때문에 더 그러하다. 인종(민족)끼리의 유유상종은 미국과 같은 다민족 국가에서 더 뚜렷하게 나타난다. 단순히 같은 민족끼리 관계를 형성하는 데 그치지 않고 다른 관계 형성에까지 확장되는 경향을 보인다. 가령 결혼(Kalmijn, 1998), 신뢰관계(Marsden, 1987 · 1988), 학교친구 관계(Shrum et al., 1988), 직장동료 관계(Lincoln and Miller, 1979 ; Ibarra, 1995), 특정 주제에 관한 토론 네트워크(Schneider et al., 1997), 공공장소에서의 출현(Mayhew et al., 1995), 단순히 아는 관계(Lawrence, 2000) 등 다양한 관계에서 같은 인종끼리의 유유상종이 나타난다.

미국의 경우 인구 분포, 직장, 여러 사회활동 등에 걸쳐 앵글로 아메리칸이 가장 강한 유유상종의 성향을 보이며, 아프리칸 아메리칸과 히스패닉 그룹이 중간 정도의 유유상종 성향을 보이는 것으로 나타났다(Marsden, 1987).

(2) 성별

남녀별로 유유상종에서 비대칭적인 특징을 보이는 것이 흥미롭다. 그것도 연령대에 따라 다르게 나타난다. 미성년자 시절에는 소녀들은 친구관계의 대체를 통해 네트워크 전이 문제를 해결하는 반면 소년들은 친구관계를 추가하여 해결한다(Eder and Hallinan, 1978). 가령 A와 B가 친구이고 B와 C가 친구이면 소년들은 A와 C를 친구관계로 만들어 추가시키나 소녀들은 친구관계에서 B를 제거시킴으로써 네트워크 전이 문제를 해결하는 경향이 있다. 또한 남녀

관계에서는 주로 추가시키는 것보다는 제거시키는 형태로 네트워크 전이 문제가 해결되는 특징이 있다(Tuma and Hallinan, 1979). 따라서 대개 소년들은 규모가 크고 이질적인 네트워크, 소녀들은 규모가 작고 동질적인 네트워크 그룹을 형성한다.

성인이 되면 사람들은 성별 유유상종의 성향이 다른 카테고리인 인종, 연령, 교육 등의 유유상종에 비해 완화되는 경향을 보인다. 사람들의 약 70%는 중요한 문제를 인구 구성과 유사한 이질적인 성별로 구성된 그룹과 얘기하는 것으로 나타났다(Marsden, 1987). 반면에 정치적인 이슈에 관해서는 남자들이 여자들에 비해 훨씬 유유상종의 성향이 강한 것으로 나타났다(Huckfeldt and Sprague, 1995).

(3) 연령

연령별 유유상종은 다른 카테고리에 비해 비교적 강하게 나타나는 편이다. 가까운 친구 사이일수록 연령별 유유상종이 강하게 나타난다. Fisher(1977)의 연구에 따르면 디트로이트 남자들의 가까운 사이의 38%가 그들 나이의 2년 이내에, 72%가 8년 이내에 분포하였다. 가까운 사이에는 친척들도 포함되어 있는데, 이를 제외하면 실제 연령별 유유상종은 더 뚜렷한 것으로 나타났다(Feld, 1984 ; Marsden, 1987 ; Blau et al., 1991).

연령별 유유상종은 어린 시절 학교에서 같은 연령이 같은 학년과 반으로 그룹 지어진 것이 강하게 영향을 미치는 것으로 분석되었다(Shrum et al., 1988). 또한 이런 경험은 이웃, 직장, 봉사활동 등에서도 비슷한 연령끼리 유유상종의 경향을 형성하는 데 일조한 것으로 보인다(Feld, 1982). 같은 시대를 경험한 사람들끼리 비슷한 생각과 가치관을 공유하기 때문에 서로 어울리기 쉽다. 그런 이유로 연령 차이가 많을수록 서로 연결될 확률이 낮아지게 된다(Louch, 2000).

(4) 종교

종교를 중심으로 한 유유상종은 인종이나 민족만큼 강하진 않고 과거에 비해 다소 약화되는 경향을 보이지만(Kalmijn, 1998), 결혼, 친구관계 등 광범위한 관계 속에 영향력을 발휘한다. 종교별로 다소 다른 양상을 보이는데, 미국의 경우 다수의 사람들이 믿는 기독교는 유유상종의 경향이 약한 편이고 가톨릭, 무교, 소수 종교, 유대교의 순으로 유유상종의 경향이 강한 편이다(Fischer, 1982 ; Marsden, 1988 ; Kalmijn, 1998).

재미있는 점은 강한 유대관계에서 종교가 힘을 발휘한다는 점이다. 취미활동이나 직장에서의 관계에서보다 비상시 도움을 받거나, 돈을 빌린다거나, 신뢰가 가는 충고를 주는 것과 같은 강한 연결관계에서 같은 종교를 가진 사람들 간에 관계가 형성되기 쉽다(Feld 1984 ; Marx and Spray, 1972). 심지어 가족 간에도 중대한 일을 의논할 때 배우자가 같은 종교를 가질수록 배우자와 의논하기 쉽다(Liao and Stevens, 1994). 종교는 가까운 사이일수록 영향력을 발휘하는 경향을 지닌다고 하겠다(Bainbridge and Stark, 1981).

(5) 학교, 직업, 사회계층

앞서 얘기한 인종(민족), 성별, 연령, 종교 등은 태생적으로 주어져 쉽게 변할 수 있는 것이 아니나 여기서 말하는 학교, 직업, 사회계층은 자신들의 노력 여하에 따라 변경될 수 있는 특징을 지닌다. 이들 카테고리별로 실제 여러 공식·비공식적 사회활동이나 주거지역 분포 등에서 유유상종의 모습이 나타난다.

Louch(2000)는 같은 인종(민족)이나 종교만큼은 덜하지만 서로 같은 학교를 다녔으면 교류가 더 빈번함을 밝혔다. Yamaguchi(1990)는 학연에 의한 유유상종은 다른 차원의 선택에까지 확장됨으로써 왜곡될 수 있음을 주장하였다. 즉, 학연관계가 사회 전반의 유유상종을 확대시키는 역할을 한다. Marsden(1988)은 사람들은 동일한 학력을 가진 사람들과 밀접한 관계를 가지는 경향이 있는 반면 서로 성취도의 차이가 클수록 밀접한 관계를 맺기가 어렵다고 하였다. 나아가 학력 간 유유상종은 직업 간 유유상종, 즉 화이트칼라와 블루칼라 간 구분으로까지 이어진다고 하였다(Kalmijn, 1998 ; Hout, 1982).

학력이나 직업별 유유상종 현상은 국가별로 다소 차이를 보이는데 중국과 미국의 도시에서는 유사한 정도를 보였다(Blau and Robins, 1991). 반면 독일의 Altneustadt는 미국의 Detroit보다 학력보다는 직업을 중심으로 유유상종이 상대적으로 두드러지는 것으로 나타났다(Verbrugge, 1977). 또한 동창끼리의 결혼은 미국에서 강한 반면 다른 나라들에서는 약하거나 경향이 없는 것으로 나타났다(Kalmijn, 1998).

(6) 네트워크 위상

네트워크 내에서의 위치를 감안한 유유상종 현상은 대개 중심부–주변부 형태를 보인다. 즉, 중심부 그룹 내 사람들은 높은 밀도의 상호연결 관계를 보이나 많은 주변부 그룹 내 사람들은 낮은 밀도로 중심부 그룹 및 자기들끼리 연결된다(Brass, 1985). 이는 사회적 관계에서 어떤 이슈나 분야에서 참조 그룹이나 영향력 있는 대상에의 연결이 증가한다는 가설(Burt, 1982 ; Friedkin, 1993)과 관련되며, 나아가 스케일프리 네트워크의 선호적 연결에까지 거슬러 올라간다.

네트워크 위상에서 구조적으로 서로 유사한 위치에 처할수록 서로 연결이 이루어질 확률이 높다. 특정 네트워크 환경에서 사람들이 참조하거나 비교 대상으로 삼고자 하는 사람, 여론을 주도하는 사람, 잘 알려진 사람들 또는 그 사람들을 중심으로 강한 유유상종 현상이 일어나기 쉽다(Lawrence, 2000).

(7) 행동

유사한 행동을 하는 사람들끼리의 유유상종 현상은 전통적으로 청소년들의 관계에서 뚜렷하게 관찰된다. 소위 또래 영향(peer influence)으로 불리는 것으로 학업 성과가 좋은 행동이나 흡연과 같은 행동에서 강한 유유상종의 모습이 나타났다(Cohen, 1977 ; Kandel, 1978). 이러한 경향은 친구관계 내에서 다른 친구들의 행동에 영향을 받은 것이라기보다는 그런 행위를 하는 친구들을 선택함으로써 더 강하게 나타났다.

성인들의 경우는 주거지 선택 행동에서 유사한 성향의 사람들끼리 모여 사는 행태라든가(Verbrugge, 1977) 유사한 정치적 성향을 가진 사람들끼리 정치적 행동을 함께하는 경향이 관찰된다(Knoke, 1990).

(8) 태도, 능력, 신념

유사한 태도, 능력, 신념을 가진 사람들끼리 유유상종하는 경향이 나타나는데, 다른 말로는 가치 유유상종(value homophily)이라고도 한다. 인간의 주체적 능력이 진화함에 따라 친구

관계 내에서 서로 영향을 주고받는 것보다 자기와 유사한 사람들을 선택하는 경향이 강하게 나타난다(Kandel, 1978 ; Cohen, 1977).

그러나 가치관계에서는 종종 혼돈의 상황이 발생하기도 한다. 사람들은 자기 친구들이 드러나지 않은 특정 사안에 대해서 자기와 유사한 견해를 가진다고 믿는 경향이 강하다. 특히 정치적 성향에 관해서 실제로 해당 정치적 이슈에 대한 견해가 같은지 아니면 해당 이슈와 관련된 다른 이슈에 대한 견해가 같은지 불명확함에도 그러한 경향이 있다(Huckfedlt and Sprague, 1995).

2 유유상종의 생성 원리

2.1 생성 원인

(1) 지리적 근접성

유유상종의 중요한 원인은 무엇보다 지리적인 근접성이다. 가까이 있으면 연결의 비용이 멀리 떨어져 있을 때보다 적은 데다, 접촉의 빈도 또한 전자가 후자보다 빈번하다. 그래서 앞서 살펴본 여러 영역에 걸쳐 가까이 있음으로 인해 자연스레 유유상종의 경향이 강하게 나타난다. 이에 관한 구체적인 연구를 보면 인종, 민족, 종교, 가문 등에서 지역적으로 유유상종 경향이 강하며, 반면에 학교나 직장은 상대적으로 덜한 것으로 나타났다(Lieberson, 1980). 또한 여자들이 남자들보다 이웃과 가까운 관계를 형성하는 경향이 강하며(Moore, 1990), 봉사활동도 주로 지역에서 이루어지는 것(Fischer and Oliker, 1983)으로 나타났다. 이와 유사하게 노인들도 활동에서 지리적인 근접성에 제약을 받는다(Fischer, 1982).

한편 ICT 기술의 발전으로 지리적 근접성의 중요성이 점점 약화되고 있다. 그럼에도 일련의 연구들은 지리적 근접성의 중요성이 사라지지 않음을 보였다. Verbrugge(1977)은 친구들이 얼마나 자주 접촉하느냐를 결정짓는 데 여전히 지리적 근접성이 영향력을 발휘함을 강조하였다. 비대면 관계도 대면접촉을 통해 보완되었을 때 더 지속되므로 서로 보완관계에 있다

(Wellman, 1996). 뿐만 아니라 관계의 강도나 빈도도 지리적으로 근접되어 있을 때가 그렇지 못한 경우보다 더 강하게 나타난다(Wellman and Hampton, 1999). 그러나 이러한 연구들은 20여년 전 연구들로서 그 이후 환경이 많이 바뀌었고 더구나 코로나19와 같은 전염병 발병을 계기로 비대면이 일상화되었기 때문에 이전과는 달리 지리적 근접성에 따른 유유상종 현상은 많이 약화된 것으로 보인다.

(2) 가족관계

지리적 근접성이 물리적 관계라면 가족관계는 생물학적 관계로부터 기원한다. 우선 성별로 보면 동일한 비율의 남녀 간 결혼과 동일한 비율의 자녀를 통해 가족이 형성되므로 동종선호보다는 성별균형의 메커니즘이 존재한다. 또한 혈연을 통한 가족관계는 연령을 뛰어넘어 유대관계를 형성하고 지리적으로 멀리 떨어져 있어도 관계가 끊기지 않으며, 학력, 직업에 상관없이 연결된다. 이는 가족관계가 유유상종을 약화시키는 측면이라 하겠다.

반면에 가족관계가 인종, 민족, 종교 측면에서는 유유상종을 강화시키는 역할을 한다. 대개 같은 인종, 민족, 종교 간에 결혼을 하기 때문이다. 따라서 이러한 가족관계의 양면성은 국가나 사회마다 다르므로 한 사회를 이해하는 데 흥미로운 실마리를 제공한다(Raymo and Xie, 2000 ; Smits et al., 2000).

(3) 조직체

학교, 직장, 단체 등 어떤 목적을 가진 조직체는 활동을 통해 사람들 간 접촉과 관계 형성을 유발시키는 중요한 동력이다. 학교는 인생에 걸쳐 사람 관계 형성의 매우 중요한 근원이 된다. Shrum et al.(1988)에 따르면 3학년 학생의 친구 중 88%가 같은 학년에서 형성되었다. 학교친구 관계는 비록 불안정하지만 성인이 되어서도 관계가 지속되는 경우가 많아 Detroit에 사는 성인 남자들의 친구관계 20%가 어릴 때 형성되었다고 한다(Fischer, 1977).

학교 이외에는 대부분 직장을 중심으로 관계가 형성된다(Ibarra, 1992·1995). 직장을 중심으로 형성되는 관계에서 인종(민족), 종교별 유유상종은 약한 반면 성별, 학력별 유유상종은 다소 강하게 나타나는데, 이는 성별과 학력별로 담당하는 일이 나누어지는 경우가 많기 때문이다.

자발적 모임은 사회가 진화할수록 점점 영향력이 강해지는 경향이 있다. 가족, 학교, 직장만큼 구속력이 낮지만 보다 자발적 선택에 기초하기 때문에 자발적 모임에는 전 생애주기에 걸쳐 개인과 그룹 간 공진화하는 힘이 내재한다(McPherson et al., 1992). 자발적 모임은 대부분 어떤 단체의 회원 형태로 이루어져 2모드 네트워크의 형태를 띠기 때문에 훨씬 다면적이고 역동적이다(McPherson, 1983 ; McPherson and Smith-Lovin, 1982).

(4) 동병상련

동병상련은 직장이든 조직체이든 같은 처지에 있는 사람들 간에 관계가 쉽게 형성되는 것을 말한다. 직장에서의 관계는 같은 부서와 같은 조직 구성에 의해서보다 같은 직급, 동일한 직무와 같은 수평적 위치에 의해 형성되는 경향이 있다(Ibarra, 1992 · 1995). 예를 들어 에너지 물리학자들 그룹 내에서는 각자의 역할별로, 즉 강의 전담이냐 연구 전담이냐에 따라 관계가 나누어진다(Blau, 1974).

가족 내에서의 역할도 특정 관계 형성에 영향을 미치는데, 대개 주부들은 그들의 남편을 통해 다른 주부들과의 관계를 형성한다(Fischer and Oliker, 1983). 부모로서의 역할 또한 관계 형성에 크게 영향을 미치는데, 대개 아이를 양육하는 엄마 친척들이나 아이 친구의 부모들과 관계를 형성하는 경향이 강하다(Munch-Rotolo, 2000). 이들의 관계는 다시 인종, 민족, 종교, 계층 등을 중심으로 한 유유상종 관계로 확장된다.

(5) 관계 단절

지금까지 관계 형성에 관해 살펴보았는데, 관계 단절도 유유상종 경향에 영향을 미친다. 학창시절의 친구관계는 시간이 지나면서 느슨해지는데, 이성 간, 다른 인종 간 관계는 다른 유유상종보다 단절되기 쉽다(Hallinan and Williams, 1989). 특히 관계에 어려움이나 문제가 발생했을 경우 비유유상종 관계는 지속되기 어려운 경향을 보인다(Galaskiewicz and Shatin, 1981; Hurlbert et al., 2000).

회원 네트워크에서도 유사한 현상이 나타났는데, 회원들이 서로 유사할수록 회원 유지기간이 길어졌으며(McPherson et al., 1995), 그룹 내 소수자들과 가까울수록 그룹을 쉽게 떠나는 경향을 보였다(Popielarz and McPherson, 1995). 금융기관 내의 관계에서도, 같은 은행가들 간의 관계가 은행가와 은행가가 아닌 사람들 간 관계보다 더 지속적이었으며, 지위가 높은 사람들과의 관계가 지위가 낮은 사람들과의 관계보다 더 오래 지속되는 소위 중심부-주변부 네트워크 형태를 띠었다(Burt, 2000).

2.2 유유상종과 근묵자흑

서로 유사한 부류끼리 어울리는 성향에는 두 가지 유형이 작용한다. 하나는 유사한 사람들끼리 서로 어울리는 유형이고, 다른 하나는 어울리다 보면 서로 유사해지는 유형이다. 관계 형성이 개인의 선호와 사회적 영향의 상호작용의 산물이라 할 때 전자는 개인의 선호에 무게 중심이 있으며, 유유상종에 더 가깝다. 후자는 개인의 선호보다는 사회적 영향에 무게 중심이 있으며, 근묵자흑(近墨者黑)에 더 가깝다.

두 가지 유형을 3자 간의 연결관계에 적용해 보자. B와 C가 A와 친구 사이로 지내다 보면 서로 만날 기회가 많아지고 또 그러다 보면 서로 신뢰를 쌓게 된다. 그러면 A는 자연스럽게 B와 C가 서로 친구가 되게 중개 역할을 하게 될 것이다. 관계 형성에 있어서 지극히 자연스런 진화이며, 내생적인 과정이라 할 수 있다. 두 유형 중 전자에 가까우며, 유유상종으로 나타난다. 반면에 A와 B, A와 C가 친구 사이로 지내다 보면 B와 C가 A와 유사해지면서 B와 C도 서로 유사해져 간다. 예를 들어 B와 C가 A와 동일한 취미를 갖게 되어 B와 C도 동일한 취미를 갖게 되는 현상이다. 여러 차원에서 B와 C가 유사하게 됨으로써 서로 친구 사이가 될 가능성이 높다. 전자와 비교할 때 이는 타인에 자신이 동화됨으로써 발생하는 사회 맥락적 관계이므로 외생적인 과정이라 할 수 있다.

겉으로는 같은 피부색, 같은 국가, 같은 학교, 같은 고향 등으로 관계를 형성하고 있지만 그 배경에는 이와 같은 두 가지 유형이 작용한다. [그림 11-1]은 미국 작은 도시의 중고등학교 학생들의 관계를 나타낸 것이다. 연결이 하나는 피부색, 다른 하나는 중학교 또는 고등학교라는 소속을 매개로 형성되어 있음을 알 수 있다(Moody, 2001).

그림 11-1 미국 작은 도시의 중고등학생의 친구관계

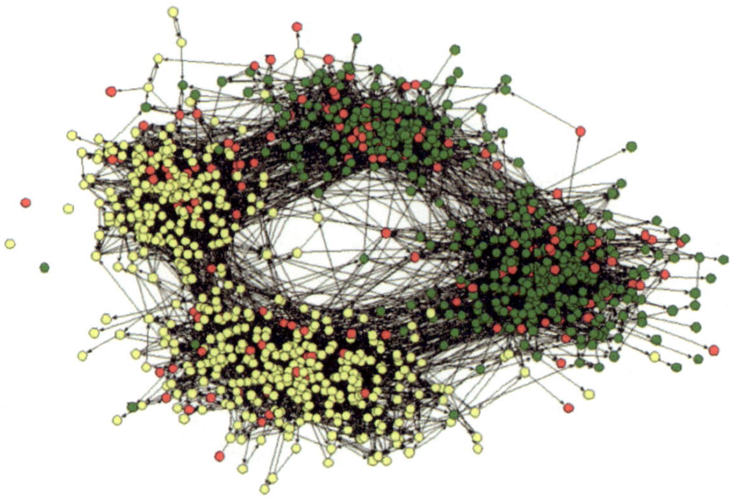

주 : 인종은 색깔별로 왼쪽에서 오른쪽으로, 중고생은 위쪽에서 아래쪽으로 유유상종을 보임.

그러면 네트워크상에서 동종 간 연결의 정도를 어떻게 측정할 수 있을까? 가장 간단한 방법은 두 집단 간 연결 확률을 이용하는 방법이다. 예를 들어 한 집단에 연결될 확률을 p, 다른 집단에 연결될 확률을 q라고 하면 두 집단이 연결될 확률은 $2pq$이다. 실제 두 집단 간 연결이 $2pq$와 비교하여 크면 동종 연결의 정도가 낮고, 낮으면 동종 연결의 정도가 높다고 판단할 수 있다. [그림 11-2]에서 남 6명(회색), 여 3명으로 구성된 네트워크에서 남자와 연결될 확률은 p로 $\frac{2}{3}$, 여자와 연결될 확률은 q로 $\frac{1}{3}$, 남녀가 서로 연결될 확률은 $2pq = \frac{8}{18}$이다.

그림 11-2 성별 유유상종 네트워크의 예

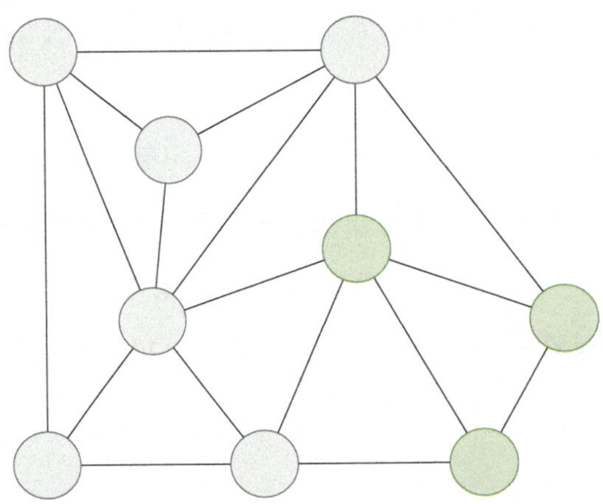

실제 남녀 연결은 전체 연결 18 중 5이므로 $\frac{5}{18}$로 확률 $\frac{8}{18}$보다 낮다. 따라서 같은 성별 간 연결의 정도가 높다고 하겠다.

2.3 선택과 사회적 영향

동종선호 연결과 관련한 두 가지 유형인 유유상종과 근묵자흑을 선택(selection)과 사회적 영향(social influence)이라 달리 표현할 수 있다. 선택은 자신의 성향 및 선호와 유사한 대상을 스스로 찾는 행위이다. 같은 학교, 고향, 피부색을 지닌 사람들과 어울리는 성향은 바로 선택의 범주에 속하는 행위이다. 반면에 다른 사람들과의 상호작용 속에서 스스로를 타자에 동화시켜 나가는 행위도 일어난다. 소위 사회화(Socilaiztion)라는 과정으로 사회적 영향이 발휘되는 측면이다.

이 두 가지 측면이 역동적으로 얽혀 진행되고 있는 것이 실체이다. 스스로 선택해서 연결을 하지만 연결 자체가 다시 개체의 성향에 영향을 주는 피드백 시스템이 작동된다. 유행이 대표적인 현상으로 처음에는 새로운 유행에 거부감이 있지만 많은 사람들이 선택을 해서 하나의 큰 흐름을 형성하면 오히려 이전 유행이 어색해지는 사태가 벌어진다. 개인의 선택이 사적인 결정에만 그치지 않고 다른 사람들의 선택을 자극하는 촉매 역할을 한다. 기술의 시장 확산에서 임계규모(Critical Mass) 전후와 매우 유사하여 개인의 선택에 의해 임계규모에 도달하면 그 이후에는 임계규모 자체가 지니는 사회적 영향이 시장을 지배하게 되는 국면으로 전환된다.

Christakis and Fowler(2007)은 비만자와 그렇지 않은 자가 각각 유유상종의 네트워크를 형성하고 있음을 보여준다. 비만은 건강상 바람직하지 않은 퇴치해야 할 대상이지만 개인으로서는 퇴치하기 쉽지 않으므로 서로 간의 공감대가 필요하다. 아무래도 동병상련의 공감이 비만자들을 서로 연결시키는 요인으로 작용한 것으로 보인다. 더 세부적으로는 비만자 중에서도 성별, 연령 등에 따라 커뮤니티를 형성할 수도 있을 것이다. 따라서 지리적 근접성이 중요한 여타 경우와는 달리 비만자 네트워크에서는 인구통계학적 요인과 같은 사회적 거리가 유유상종 형성에 더 크게 작용하고 있다고 하겠다.

그림 11-3 사회적 거리와 지리적 거리에 따른 비만자 네트워크 비교

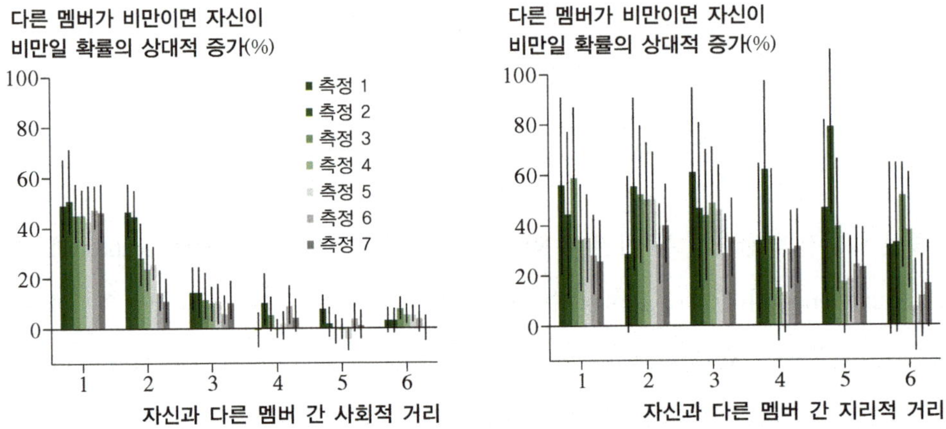

(a) 사회적 거리 (b) 지리적 거리

주 : *Y*축의 확률은 실제 네트워크의 비만 확률을 동일한 멤버 수를 가진 랜덤 네트워크의 비만 확률과 비교한 것임. 사회적 거리는 자신과 다른 멤버 간 최소 링크 수, 지리적 거리는 자신과 다른 멤버 간 최단 거리를 6개 스케일로 표시함. 7번의 다른 시점에서 측정함.

3 멤버십 네트워크

보통 사람들은 사회적 활동을 통해 네트워크를 형성한다. 사회적 활동은 주로 직업, 단체, 모임 등 일정한 조직에 소속되면서 이루어지는 경우가 일반적이다. 이런 경우는 단순히 사람들 간의 연결이 아니라 그 사이에 조직이 개입되므로 사회적 활동 내의 관계는 단순하지 않다. 다시 말해 사람과 소속(affiliation)이라는 노드 단위에서의 선택과 사회적 영향의 상호작용이 일어난다. 예를 들어 주요 회사들의 이사회 멤버들의 네트워크를 생각해 보자. 이사회 멤버의 구성 배후에는 본인이 특정 회사가 생산하는 제품에 전문성이 있어서 혹은 원래 이사들끼리 잘 알고 지낸 사이여서, 또는 특정 회사 이사회에서 만난 인연으로 추천되어서 … 등 다양한 사연들이 있다.

개인의 선택과 사회적 영향이 복합적으로 작용하여 사람들의 관계가 형성되어 진화하는 것이 보편적인 현상이라 하겠다. 더 자세히 들여다보면 기본적으로 두 가지 경우가 있다. 두 사람의 성향이 유사하여 같은 조직에 가입하여 활동하다가 서로 친구가 된 경우와 두 사람이

친구 사이여서 한 친구가 가입한 조직에 다른 친구도 가입하게 되는 경우가 있다. 전자는 선택이, 후자는 사회적 영향이 더 지배적으로 작용한 것이라 할 수 있다.

좀 더 일반화해 보면 사람과 소속이 공존하는 2 모드 네트워크에서 (a) 친구를 통한 삼원적 관계 형성, (b) 멤버십(소속)을 통한 친구관계 형성, (c) 친구를 통한 멤버십 가입 등 3가지 유형으로 나누어 볼 수 있다.

그림 11-4 2모드 네트워크에서의 3가지 연결 유형

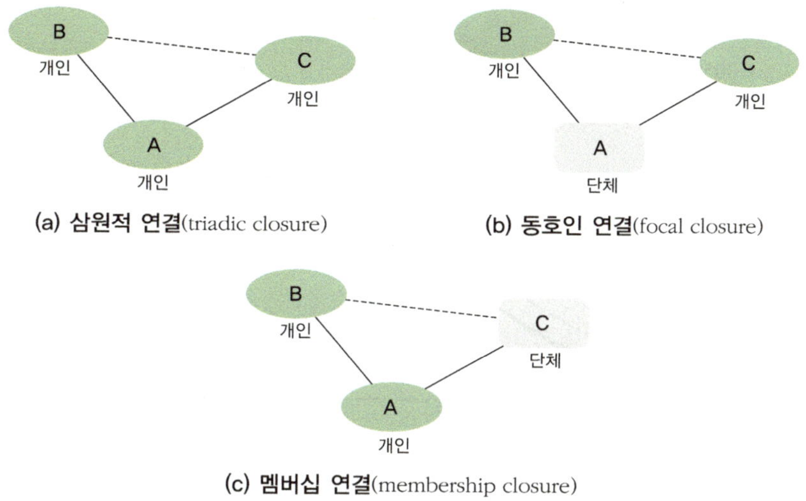

[그림 11-5]에서 왼쪽에서 오른쪽으로 변화한다고 했을 때 삼원적 연결(triadic closure)은 (a), 동호인 연결(focal closure)은 (b), 멤버십 연결(membership closure)은 (c)의 유형에 속한다. 삼원적 연결은 유림과 도연이 인수를 통해 자연스레 친구가 되는 것이며, 동호인 연결은 유림과 관오가 태권도 클럽에 가입하여 활동하다가 서로 친구가 되는 것이며, 멤버십 연결은

그림 11-5 3가지 연결 유형의 예

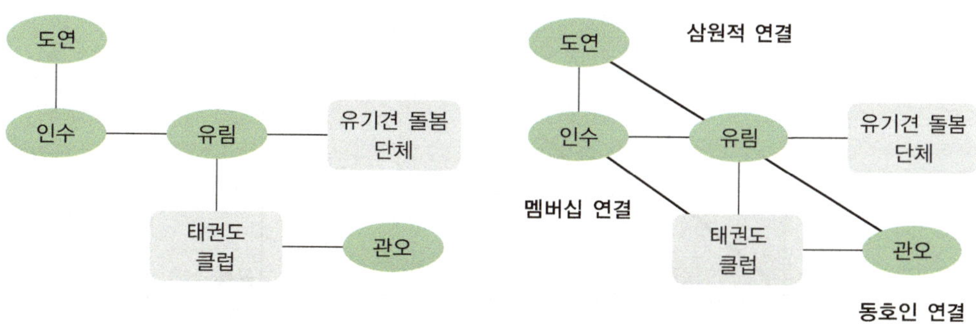

인수가 친구인 유림을 따라 태권도 클럽에 가입하게 되는 경우이다.

3가지 유형과 관련된 많은 연구들이 행해졌다. 삼원적 연결을 밝힌 연구로는 Kossinets and Watts(2006)의 대학생들의 e-mail 네트워크를 분석한 것을 들 수 있다. e-mail상 연결이 될 확률이 서로 공통의 친구가 많을수록 높아진다는 사실을 밝혔다([그림 11-6]).

그림 11-6 공통의 친구 수와 서로 연결을 맺을 확률

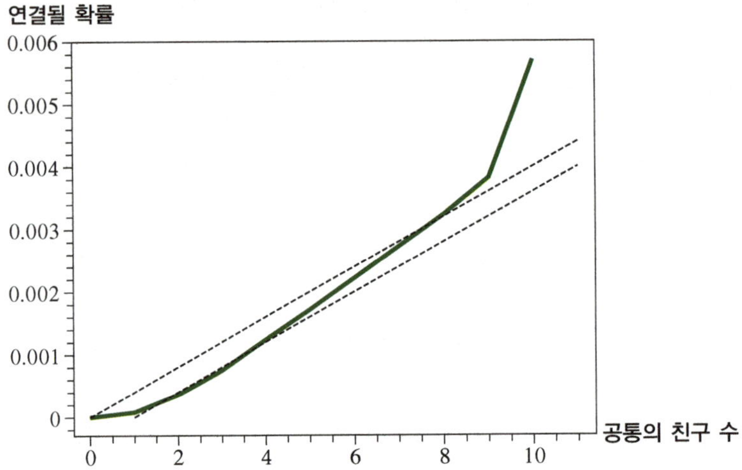

Kossinets and Watts(2006)는 또한 동호인 연결에 관한 연구도 수행하였다. 마찬가지로 대학생 e-mail 네트워크를 대상으로 조사하였는데, 같이 수강하는 수업이 많을수록 서로 연

그림 11-7 공통 수강 과목의 수와 연결을 맺을 확률

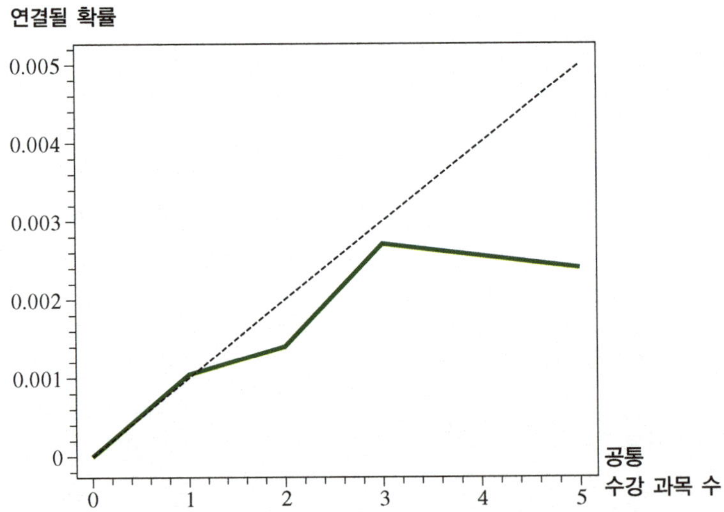

결을 맺을 확률이 높다는 것을 밝혔다([그림 11-7]).

Backstrom et al(2006)은 멤버십 연결에 대해 조사하였다. 'LiveJournal'이라는 블로그 사이트를 대상으로 조사한 결과 특정 커뮤니티에 소속된 친구들의 수가 많을수록 해당 커뮤니티에 가입할 확률이 높은 것으로 나타났다([그림 11-8]).

그림 11-8 커뮤니티에 소속된 친구들의 수와 커뮤니티에 가입할 확률

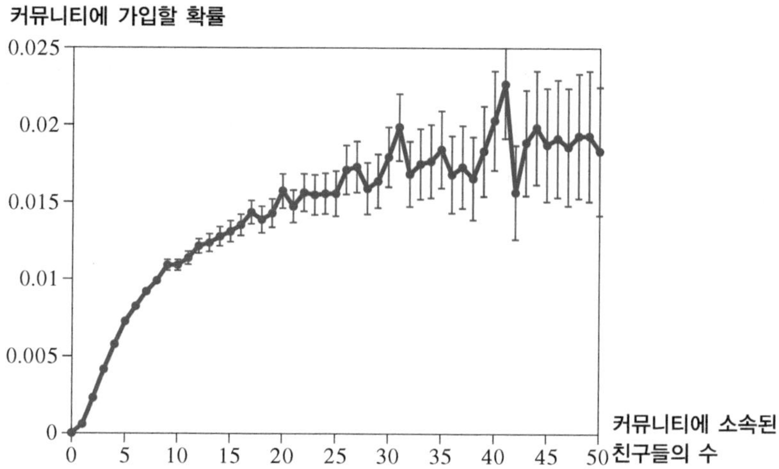

Crandall et al.(2008)은 위키피디아 편집 데이터를 이용하여 멤버십 연결을 조사하였다. 그 결과 되도록 많은 위키피디아 편집자들과 소통할수록 위키피디아 내용을 편집할 확률이 높아지는 것으로 나타났다([그림 11-9]).

그림 11-9 소통한 위키피디아 편집자들의 수와 편집할 확률

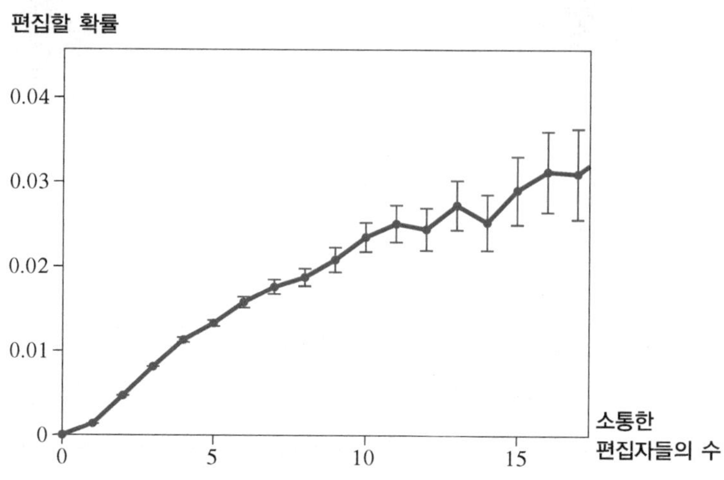

4 공간분리 모델

유유상종은 공간적으로도 쉽게 관찰할 수 있는 현상이다. 흔히 부유한 마을과 그렇지 못한 마을이 분리되거나 특정 피부색을 가진 사람들이나 같은 민족이 모여 커뮤니티를 형성하는 것도 일종의 유유상종의 결과이다. 미국과 같이 다민족이 모여 만들어가는 사회는 유유상종 현상이 두드러진다. Mobius and Rosenblat(2001)는 1940년과 1960년의 시카고 지역의 인족 간 분리 현상을 조사하였다. 지역 인구 중 흑인의 비율이 1~5%이면 노란색, 5~10%이면 분홍색, 10~25%이면 오렌지색, 25~50%이면 붉은색, 50~75%이면 짙은 붉은색, 75~95%이면 브라운색, 95% 이상이면 검은색으로 표시하였다. 분석 결과 1940년에 비해 1960년에 노란색과 오렌지색의 영역이 감소한 반면 브라운색과 검은색의 영역이 증가하였다. 즉, 흑인 비율이 높은 지역이 증가하여 인종 간 유유상종 현상이 심화되었음을 볼 수 있다([그림 11-10]).

그림 11-10 시카고 지역의 유유상종 현상

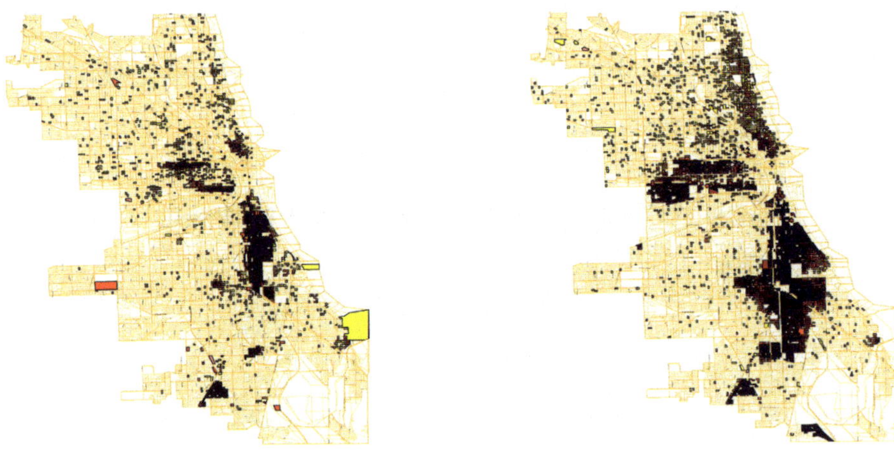

(a) 시카고(1940) (b) 시카고(1960)

Thomas Schelling은 논문 "Dynamic model of segregation"(1972)과 저서 *Micromotives and Macrobehavior*(1978)에서 지역 내 혹은 그룹 내 구성원 간 분리 현상을 주목하고 왜 분리 현상이 일어나는가에 대한 모델을 제시하였다(Schelling, 1972 · 1978). 결론적으

로 말해 사람들이 자신과 다른 패턴의 사람들과 함께하기를 꺼리게 될 때 그룹 간 분리 현상이 나타난다. 꺼리는 정도가 아주 강하지 않더라도 미시적 차원의 상호작용이 뚜렷한 거시적 구조를 창발시킴을 보여준다.

[그림 11-11]을 보면 두 부류의 그룹을 격자 모양으로 배열했는데 각 그룹은 동일한 종류의 사람(비즈니스)과 인접하는 데 대한 선호가 그리 강하지 않다. 자, 이제 다음과 같은 룰을 적용시켜 보자. ① 한 명의 이웃을 가진 사람이 자신의 이웃이 다른 부류의 사람이면 이동한다. ② 두 명의 이웃을 가진 사람은 적어도 둘 중 한 명은 같은 부류의 사람이기를 희망한다. ③ 3~5명의 이웃을 가진 사람은 적어도 2명은 같은 부류의 사람이기를 희망한다. ④ 6~8명의 이웃을 가진 사람은 적어도 3명은 같은 부류의 사람이기를 희망한다.

그림 11-11 두 그룹의 통합

	#	@	#	@	#	@	
#	@	#	@	#	@	#	@
@	#	@	#	@	#	@	#
#	@	#	@	#	@	#	@
@	#	@	#	@	#	@	#
#	@	#	@	#	@	#	@
@	#	@	#	@	#	@	#
	@	#	@	#	@	#	

[그림 11-11]은 이와 같은 룰을 완벽하게 만족시키는 하나의 균형 상태이다. 그러나 이러한 균형 상태는 매우 불안정하다. 예를 들어 일부 구성원들이 무작위로 다른 도시로 이동하게 되면 룰이 깨지면서 불만스런 구성원들이 발생하게 되고 새로운 균형을 찾기 위한 이동을 시작하는 등 동요가 일어나게 된다. 한 구성원이 이동하면 이웃한 구성원이 갑자기 불만족스럽게 되어 이동하게 되는 연쇄적인 반응이 일어난다. 이러한 현상이 되풀이되면서 [그림 11-12]와 같은 동요를 거쳐 결국 [그림 11-13]과 같이 지역적으로 그룹 간 분리되는 상태에 머물게 된다.

그림 11-12 균형의 동요

	#	@		@	#	@	
#	@	#	@	#	@	#	
@	#	@	#	@	#	@	#
#		#		#	@	#	
@		@	@	@	@	@	#
#	@		@	#	@	#	@
@			#				#
		@	@			@	

그림 11-13 두 그룹의 공간적 분리

#	#		#		#	#	#
#	#	#		#		#	#
#	#	#	#	@	@		#
#	#	#	@	@	@	@	
@	@	@	@	@	@	@	
	@	@	@	@	@	@	@
@						@	
	@	@				@	

만일 이동의 룰을 다르게 적용하면 공간 분리의 모습이 다르게 나타날 것이다. 희망하는 동종의 이웃 수를 증가시킬수록 또 시간을 길게 할수록 두 그룹 간 공간적 분리 현상은 더 뚜렷하게 나타날 것이다. 이 모델은 대부분의 도시에서 시간이 지남에 따라 구역화(Zoning) 현상이 고착화되는 것을 설명하고 있어 공간적 자기조직화 현상의 한 단면을 보여준다([그림 11-14]).

그림 11-14 시간의 진행에 따른 공간적 분리 현상

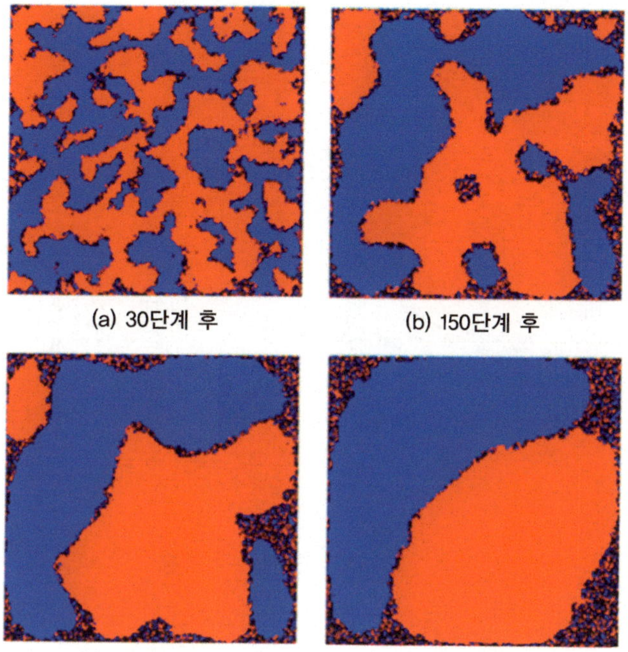

(a) 30단계 후 (b) 150단계 후

(c) 150단계 후 (d) 800단계 후

초기 개별 차원에서는 이러한 공간적 분리 현상을 의도하지 않았지만 이웃들의 공간분포 선호에 근거한 미시적 차원의 상호작용이 거시적 차원의 질서를 탄생시킨다. 임계점 이후 이러한 경향은 개별 행동에 피드백되면서 더 가속화된다.

복잡계

part three

III

12 복잡계 시스템

1. 자기조직화 세계 / 2. 자연의 자기조직화 현상 / 3. 동기화 현상

13 자기조직화 사회와 재난

1. 자기조직화 사회 / 2. 재난

14 프랙탈과 카오스

1. 프랙탈 / 2. 카오스

15 뇌신경 네트워크

1. 기본 구조 / 2. 자기조직화 학습 / 3. 다층적 구조와 AI

4. 분리와 통합의 공존

16 복잡계 경제와 ABM

1. 복잡계 경제란? / 2. 자기조직화 경기변동 / 3. 자기조직화 공간

4. 행위자 기반 모델 / 5. 진화론적 게임이론 / 6. 경제물리학

네트워크의 세계는 자연과학의 복잡계 자기조직화 세계와 맞닿아 있다. 과거 결정론적 세계관의 근대과학으로부터 점차 비결정론적 세계관의 현대과학으로 이전하면서 과학적 현상이 단순하지 않고 복잡하다는 인식에 이르게 된다. 질서가 존재하되 복잡한 질서(complex order)가 존재한다고 보고 다양한 분야에서 복잡계(complex systems)에 대한 연구가 진행되고 있다. 물리, 화학, 생물 등의 분야에서의 복잡계 현상에 대해서 살펴본다.

제12장 복잡계 시스템

1. 자기조직화 세계 / 2. 자연의 자기조직화 현상 / 3. 동기화 현상

1 자기조직화 세계

지난 1세기여 동안 자연과학에서의 주요 이슈는 어떠한 세계가 존재하느냐에 대한 설명을 둘러싼 결정론적 세계관과 비결정론적 세계관, 가역적 세계관과 비가역적 세계관의 대립으로 요약할 수 있다. 결정론적 혹은 가역적 세계관은 어떤 사물이나 세계에 결정적인 법칙이 존재한다는 것으로 데카르트, 뉴턴의 근대과학 세계의 주된 원리이다. 결정론적인 원리는 미시적(부분) 세계와 거시적(전체) 세계에 동일한 원리가 적용된다는 환원주의적 입장을 취한다. 결정론적 혹은 가역적 세계관은 마찰 없는 진자운동이나 지구 주위를 도는 달의 운동처럼 환경에 상관없이 일정한 운동법칙에 따르는 세계를 말한다. 반면에 비결정론적 혹은 비환원주의 세계관은 어떤 사물이나 세계에 결정적인 법칙이 존재하지 않는다는 것으로 뉴턴 이후 여러 과학자들에 의해 형성된(지금도 계속되고 있는) 현대과학의 주된 원리이다. 이 원리는 미시적 세계와 거시적 세계에 적용되는 원리가 다르다는 비환원주의적 입장에서 출발한다. 물체의 확산이나 화학적 반응처럼 시간과 더불어 어떠한 질서가 끊임없이 변하고 생성되고 있으며, 변화 이후의 상태가 변화 이전의 상태로 결코 환원될 수 없으며, 변화 이전과 이후에 적용되는 원리도 다르다는 것이다.

20세기 초반까지만 하더라도 환원주의적 세계관이 주류를 형성하였으며, 비환원주의적 세계관은 예외적으로 취급되었다. 그러나 시간이 지나 수많은 과학자들의 연구 결과가 축적되면서 미시적 차원에서의 상호작용을 설명하는 환원법칙이 거시적 차원에서는 설명되지 않

는다는 사실이 점점 확산되어 나갔다.

이러한 인식에까지 이른 데에는 여러 과학적 발견들이 기여하였다. 먼저 열역학 제2법칙이라 불리는 '비가역 과정'의 발견이다. 물리적 현상은 어떠한 경향성을 가지며, 일반적으로 무질서를 증가시키는 방향으로 움직인다는 것이다. 가령 더운물과 찬물이 섞여 미지근한 물이 되며, 그것은 다시 원래로 분리되지 않는다. 백색 모래와 흑색 모래를 혼합하면 회색 모래가 되고 이를 흔들수록 더 균질의 회색이 되며, 이 둘은 저절로 분리되지 않는 현상들을 말한다. 루트비히 볼츠만(Ludwig Boltzmann, 1844~1906)은 이러한 현상들을 확률 개념을 도입하여 통계 법칙으로 기술함으로써 여러 가능성들로부터의 경향성을 설명하였다. 뭔가 세상은 기계처럼 마음대로 조작할 수 없다는 발견들이 하나둘씩 늘어갔다. 사실 이러한 경향이 나타난 데는 생물학에서 찰스 다윈(Charles Darwin, 1809~1882)의 진화론이 끼친 영향도 컸다. 진화론은 세계가 창조자에 의해 출현한 기계라는 데카르트적 믿음에서 벗어나 복잡하게 진화하는 시스템이라는 믿음을 갖게 하였다.[1]

알버트 아인슈타인(Albert Einstein, 1879~1955) 또한 새로운 과학 패러다임의 형성에 크게 공헌하였다. 아인슈타인의 상대성 이론은 시간과 공간의 개념을 독립적인 절대 세계로 바라보는 것이 아니라 상대적인 세계로 바라보았다. 우리는 일상생활에서 경우에 따라 시간이 빨리 혹은 느리게 간다고 느낄 때가 많다. 어떤 공간에 있느냐에 따라 또 행위자의 의식에 따라 시간 개념이 다르게 느껴진다. 공간과 시간은 상대적 개념으로 특정 관찰자의 특정 시공간에서의 주관적인 느낌에 의존한다. 따라서 시간을 제외하고 공간을 말할 수 없고, 공간을 제외하고 시간을 얘기할 수 없다[2]. 또한 아인슈타인은 물체를 고정된 입자들의 집합체가 아니라 지속적으로 움직이는 일종의 에너지 덩어리로 보고 $E = mc^2$(E = 에너지, m = 질량, c = 속도)라는 유명한 법칙을 발견하였다.

현대과학의 패러다임 형성 배경에는 양자론(量子論)의 등장이 무엇보다 큰 역할을 하였다는 데 별 이견이 없어 보인다. 양자론은 원자는 전자(electrons)와 핵(nucleus)으로 구성되며, 전자가 핵의 주위를 끊임없이 움직이고 있음을 밝혔다. 핵은 다시 양성자와 중성자로 구성되며, 이들도 매우 빠른 속도로 움직이고 있다. 또한 원자는 상황에 따라 입자 또는 파동의 양

1. 프리초프 카프라 지음, 이성범·구윤서 옮김(1985), pp.68~69.
2. 프리초프 카프라 지음, 이성범·구윤서 옮김(1985), p.85.

면성을 지닌다. 이로써 원자는 고정되어 있지 않고 끊임없이 움직이는 실체로 밝혀진 것이다. 베르너 하이젠베르크(Werner K. Heisenberg, 1901~1976)는 이를 불확정성 원리(Uncertainty Principle)로 입증하고, 그 실체는 관찰자를 비롯한 실험 당시의 상황에 상당히 영향받는다고 하였다. 입자의 특성인 위치와 파동의 특징인 운동량은 하나를 측정할 동안 다른 하나가 변하기 때문에 동시에 측정할 수 없다. 그는 어떠한 실험도 그 실체를 완전하게 파악할 수 없다는 한계를 지적하였다[3].

닐스 보어(Niels Bohr, 1885~1962)는 상보성이라는 개념으로 이를 설명하였다. 그는 "입자설과 파동설은 하나의 실체를 상보적으로 표현한 것으로 각자는 부분적으로 옳은 것이고 전체를 정확하게 표현한 것이 아니다"라고 하였다.[4] 불확정성 원리의 또 다른 표현이라 할 수 있다. 하이젠베르크나 보어의 주장은 동양의 도가 사상과 유사하다. 『노자』의 첫 구절인 '도가도 비상도(道可道 非常道)'의 의미처럼 "도를 도라고 말하면 그것은 항상 그러한 도가 아니다." 실체가 늘 변하는 역동적 관계 속에 있기 때문에 어느 순간을 포착해서 "실체가 이것이다"라고 말할 수 없다는 것이다. "음의 기운이 다하면 양의 기운이 도래하고 양의 기운이 다하면 음의 기운이 도래한다"라는 음양론처럼 음과 양이 서로 상보적인 관계를 유지하며 움직이는 원리와도 통한다.

뉴턴 이후 19~20세기에 걸친 다방면에서 이루어진 과학적 성과들은 "구름을 그을려 달을 드러낸다"라는 홍운탁월(烘雲托月)처럼 서서히 그 실체의 윤곽을 드러내었다. 요약하면 "물체는 통일된 전체의 여러 가지 부분 상호 간의 복잡한 관계 그물 덩어리"라 할 수 있다[5]. 물체의 성질이라는 것은 그 상황에서 다른 물체들과의 관계 속에서 정의될 수 있다. 그 관계는 결정되어 있는 것이 아니라 일어나려는 경향성으로서 확률적 사건의 의미를 지닌다. 결국 물질을 구성하는 독립된 최소 단위가 존재할 수 없다는 결론에 도달한다. 캘리포니아대학 헨리 스탭(Henry Stapp) 교수는 "소립자는 독립적으로 존재하는 분해할 수 없는 실체가 아니다. 그것은 본질적으로 다른 것과의 상관관계의 세트이다"라고 하였다.[6]

---

3. 프리초프 카프라 지음, 이성범, 구윤서 옮김(1985), pp.74~75.
4. 양자의 이러한 성질을 '양자 얽힘'이라고도 한다. 프리초프 카프라 지음, 이성범, 구윤서 옮김(1985), pp.75~76.
5. 프리초프 카프라 지음, 이성범, 구윤서 옮김(1985), pp.76~77.
6. Stapp, Henry P., "S-Matrix Interpretation of Quantum Theory," *Physical Review D*, March 15 ; 프리초프 카프라 지음, 이성범, 구윤서 옮김(1985), p.77에서 재인용.

이러한 발견들은 물리학, 화학뿐만 아니라 우주론, 자기조직화 시스템 연구 등 여러 분야에서 나타나기 시작하였다. 고전과학의 결정론적 세계관이 지배하는 물리학, 화학의 단순 시스템과 비결정론적 세계관이 지배하는 생물학, 인문학의 복잡계 시스템 간의 이분법적 경계가 허물어지기 시작하였다.

그 중심에는 새로운 질서의 창발이라는 비결정론적인 세계관이 자리하고 있으며, 이는 미시적 차원의 개체 간 상호작용이 거시적 질서를 창발시키고 이것이 다시 개체 행동에 영향을 주는 일련의 과정을 말한다. 즉, 개체들의 상호작용 행동은 연쇄반응을 일으키고 그 결과 미시적 차원에서 작동되지 않는 새로운 집합적 질서가 탄생되어 이것이 다시 개체들의 행동에 영향을 미치는 과정이 되풀이된다. 이러한 일련의 과정을 자기조직화 과정(self-organizing process)이라 부른다. 또한 동 과정에서 우리는 다음과 같은 개념이나 원리들을 접하게 된다.

- 수확체증 원리(increasing returns principle)
- 양의 피드백 효과(positive feedback effect)
- 경로의존성(path dependency)
- 자기강화적 학습(self-reinforcing learning)
- 쏠림 효과(tipping effect)
- 집적 효과(agglomeration effect)
- 멱함수 분포(power-law distribution)
- 스케일프리 네트워크(scale-free network)

그림 12-1 자기조직화의 구도

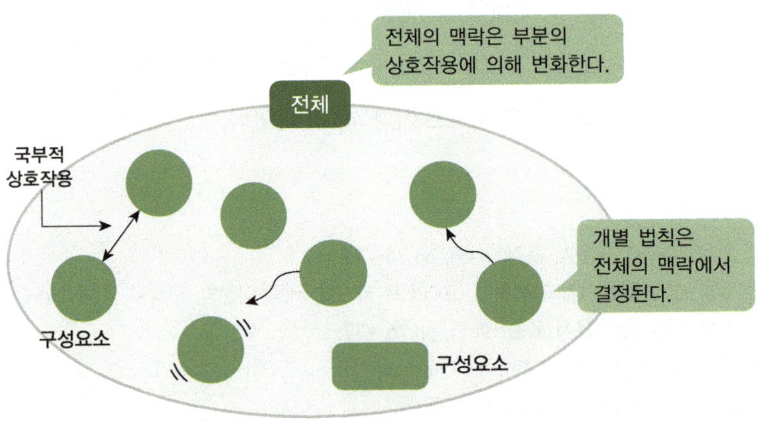

- 다수균형(multiple equilibria)
- 무리 짓기(herding)
- 혁신(innovation)

이제 한 세계만으로는 복잡한 세계를 설명할 수 없게 되어 양자를 포괄하는 새로운 세계관과 법칙을 필요로 하게 되었다. 과거에는 구경꾼과 배우가 분리되었다. 구경꾼은 시스템 밖에 있고 배우에 적용되는 법칙과는 무관한 존재였다. 그러나 복잡한 세계에서는 우리 모두가 구경꾼인 동시에 배우이다. 현재에는 잘게 쪼갬으로써 실체를 온전하게 파악하지 못하는 기존 과학의 한계를 극복하는 전체적인 접근(holistic approach)을 취하여 단순 인과성을 지양하고 생성(becoming)과 창발(ermerging)의 세계를 지향한다.

복잡계 과학은 이러한 현대과학의 흐름 가운데 일련의 사조를 통칭하는 영역으로 20세기 중반 이후에 두드러진 영역이다. 이 영역은 특히 데이비드 봄(David Bohm, 1917~1992), 일리야 프리고진(Ilya Prigogine, 1917~2003) 이래로 복잡계 과학이란 이름으로 명명되어지면서 독자적 영역으로서 진화해 가고 있다. 복잡계 과학은 지금까지 언급한 현대과학의 흐름을 타면서 그중에서도 미시적 차원에서의 주체(입자)들의 상호작용에 의한 거시적 질서의 창발 현상에 스포트라이트를 비추고 있다. 즉, 부분과 전체 간 복잡성에 관한 것이다. 부분을 이루는 주체들 간의 행위가 주체들이 의도하지 않았던 거시적 질서를 창발시키고 이것이 다시 부분들의 행위에 영향을 주는 시스템이다.

봄은 그 질서 창발의 메커니즘을 다음과 같이 설명하고 있다(Bohm, 2004).

> "하나의 뚜렷한 질서는 감춰진 질서의 매개를 통하여 일어난다. 선행 사건은 다음 사건에 직접적으로 영향을 미치지 않고 먼저 그 뚜렷한 질서의 배후에 감춰진 전체 질서에 주입되고, 그러고 나서 그로부터 다음 사건이 탄생된다.(An apparent order occurs through the medium of hidden order. The precedent event does not directly affect the following event but is first injected into the hidden order(whole) which is behind the apparent order(part), and then the following event is projected from it.)"

봄은 주체들 간 상호작용이 단순히 선형적 인과관계가 아니라 부분들과 그 부분들을 초월하는 전체가 함께 작용하는 비선형적 인과관계라는 점을 밝히고 있다. 이는 화이트헤드가 주장한 현 실재의 과거, 현재, 미래뿐만 아니라 그것을 초월하는 존재 등을 고려하여 새로운 존재를 생성해가는 자기창조적 과정이라는 과정철학의 메시지와 매우 유사하다.

2 자연의 자기조직화 현상

2.1 물리 현상

760밀리미터의 수은 압력과 0°C 온도하에서 1몰(mole)의 기체 혹은 액체 내에는 6.023×10^{23}개의 분자가 존재한다. 이를 아보가드로 수(Avogadro's number)라고도 한다. 환언하면 1큐빅 센티미터의 공간에 10^{19}개의 분자가 빽빽이 들어서 서로서로 충돌하면서 끊임없이 움직인다. 분자들이 어떠한 질서나 방향성 없이 무작위하게 움직이는 상태를 분자 혼돈 상태라고 부르며, 개별 분자들이 몇 옴스트롬(Å, 1Å = 10^{-8}cm) 이상 떨어져 있어 서로 인식하지 못해 상호 간섭하지 않고 움직이는 상태이다.([그림 12-2] (a))

다음은 이러한 상태의 액체(예 : 물)가 추운 겨울이 되면 눈(얼음)으로 변하게 되는데, 눈의 분자구조는 이와는 확연히 다른 구조를 가진다([그림 12-2] (b)). 즉, 상당히 복잡한 구조를 띠기 시작한다. 어떻게 이러한 복잡한 분자구조로 변화하는지는 하나의 블랙박스다.

그림 12-2 물과 눈의 분자구조

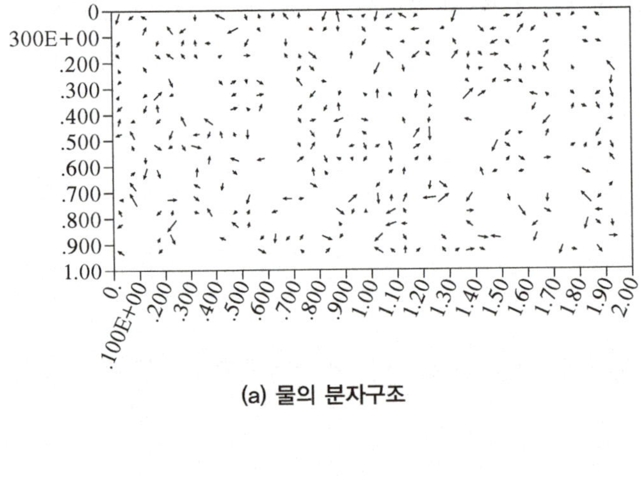

(a) 물의 분자구조

(b) 눈의 분자구조

마찬가지로 온도가 높아져 기체로 변화하는 데에도 매우 복잡한 변화가 숨어 있다. 구체적으로 어떠한 경우에 복잡성이 존재하는지에 대해 알아보기 위해 열대류 현상에 대해 좀 더 살펴보자[7]. [그림 12-3]처럼 평행한 두 개의 판 사이에 액체 덩어리가 존재할 경우 액체의 상태는 매우 동질화되어 있다. 관찰자가 V_A 내부에 있는지 V_B 내부에 있는지 구분하기가 불가능할 정도로 동질화된 상태이다. 동질화 상태는 온도에도 마찬가지로 적용되어 액체 내 모든 부분들의 온도가 동일하며, 플레이트뿐만 아니라 나아가 외부 온도와도 차이가 없다. 이처럼 액체 덩어리의 움직임도 없고 외부와의 온도차도 없는 하나의 균형 상태가 이뤄진다. 플레이트 1과 2의 온도를 각각 T_1, T_2라 하면 온도차는 $\Delta T = T_2 - T_1$이 되고 온도차가 없는 균형에서는 다음과 같이 된다.

$$\Delta T_e = T_2 - T_1 = 0$$

그림 12-3 액체덩어리와 외부와 온도 차이가 없을 경우 동질화 상태

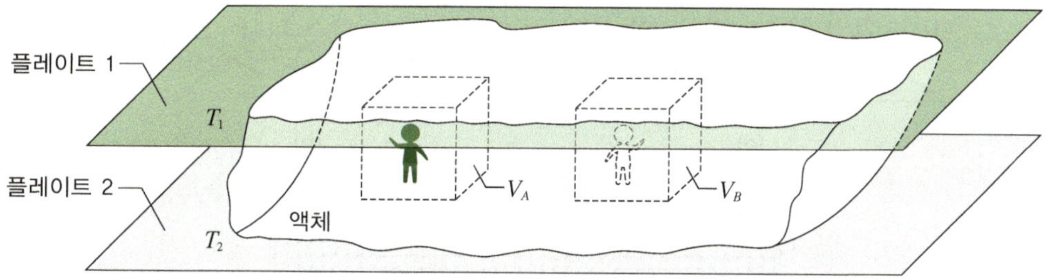

이 상태에서 약간의 변화를 일으켜 보자. 손가락을 가볍게 판에 대보면 약간의 온도 변화가 일어난다. 예를 들어 플레이트의 온도가 20°C이면 36.5°C로 변하게 된다. 이처럼 시스템에서 국부적으로 일어나는 변화를 동요라 한다. 그러나 동요는 비교적 빨리 사라지므로 손가락을 플레이트에서 떼는 순간 다시 원래 균형 상태인 20°C의 온도로 되돌아간다. 시스템에 일어난 동요가 비교적 빨리 사라지는 상태에 있을 때 이를 점근적으로 안정적(asymptotically stable)이라 한다.

이번에는 밑에서 열을 가해 보자. 그러면 T_2가 T_1보다 높아져 균형 상태가 깨진다. 외부

7. Nicolis and Prigogine(1989), pp.5~15.

에너지의 주입에 의해 불균형 상태가 된다. ΔT가 아주 크지 않다면 시스템은 아래 판에서 위 판으로 열을 전달함으로써 단순히 새로운 상태를 형성한다. 그러나 이 상태는 액체 내 온도, 밀도, 압력 등이 동일하지 않다는 점에서 이전 균형 상태와는 차이가 난다. 이른바 열전도 현상이 일어난다. 그렇지만 곧 안정성을 회복하며, 입자들의 행동은 단순하다.

다음으로 열을 높여 온도차가 임계점(ΔT_c)에 도달하게 되면 액체는 덩어리 움직임을 보이기 시작한다. 덩어리 움직임은 무작위적이지 않고 일정한 구조를 보이는데 베나르 셀(Bénard cells)이라는 일련의 작은 대류 셀의 구조를 띤다([그림 12-4]). 열이 가해진 아래 판 가까이에 있는 액체는 열의 팽창으로 인해 밀도가 낮아지는, 즉 가볍게 되어 위로 올라가려고 하는 반면, 위판 가까이에 있는 액체는 밀도가 높아 아래로 내려오면서 서로 밀어냄으로써 순환 현상

그림 12-4 액체의 대류 현상과 순환 방향

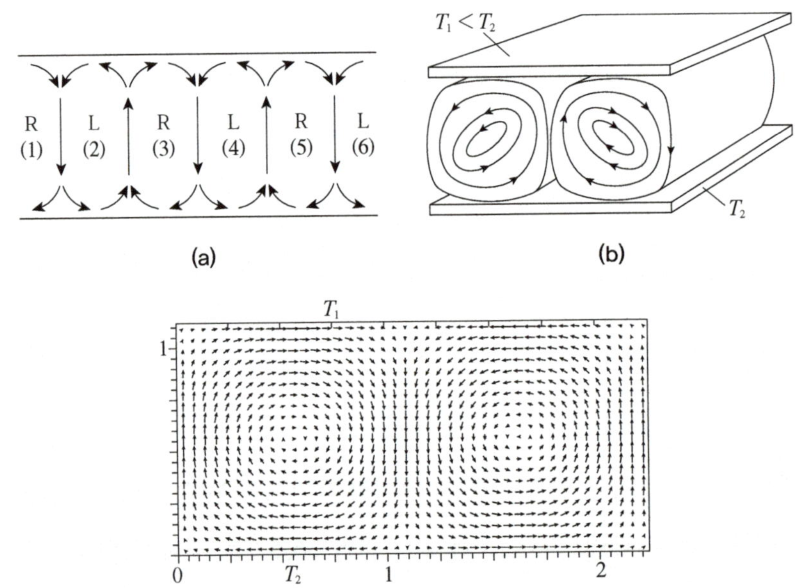

그림 12-5 밀도 차이와 대류 현상

이 일어난다([그림 12-5]). 초기의 작은 움직임은 점차 증폭되어 덩어리 움직임으로 전이된다. 작은 단위의 덩어리가 열의 팽창으로 위쪽으로 올라가게 되면서 동시에 아르키메데스 부력(Archimedes force)을 경험하게 되어 올라가려는 힘이 더욱 증폭된다. 이는 연쇄적으로 내려가는 힘을 다시 증폭시키게 되어 대류 현상으로 이어진다. 따라서 셀 단위로 방향이 번갈아 가면서 움직인다([그림 12-5]).

액체의 대류 현상을 통한 단순한 복잡성이 발생하는 현상에 대해 좀 더 설명해 보자. 미세 입자들은 대류 현상을 통해 셀과 셀을 이동하면서 자신이 어떤 위치에 있는지를 점차 알게 되는, 소위 공간 지각력을 갖는다. 이전의 공간 구분이 불가능한 대칭적 상황과 대비된다는 측면에서 '대칭 파괴'라고도 불린다. 입자들 간에 공간 지각력을 통해 무질서인 상태에서 시스템 질서라는 일체성이 발생한 것이다. ΔT가 ΔT_c 이하일 때는 시스템 내 입자들이 동질하기 때문에 별다른 차이가 발생되지 않고 입자들은 독립적으로 존재하여 움직인다. 그러나 ΔT_c를 초과하게 되면 입자들은 자신들의 이웃의 움직임을 주시하고 전체 시스템의 움직임 패턴에 자신들의 행동을 적절하게 조화시킨다. 입자들 간, 입자와 전체 시스템 간에 상관관계가 존재한다.

그러면 복잡성은 어디에 존재하는가? 온도를 높여 ΔT_c를 초과하기 시작하면 베나르 셀이 생기면서 셀이 움직이게 되는 현상은 동일한 조건하에서는 얼마든지 재생산될 수 있는 것으로 결정론적인 현상이다. 그러나 셀의 움직임이 오른쪽-왼쪽 방향으로, 아니면 왼쪽-오른쪽 방향으로 번갈아 나타나는지에 대해서는 알 수 없으며, 우연에 의존한다([그림 12-6]). 이처럼 매우 단순한 물리적 현상에도 결정론적 현상과 우연 현상이 공존하고 있으며, 복잡성이 내재한다.

그림 12-6 열대류 현상과 복잡성

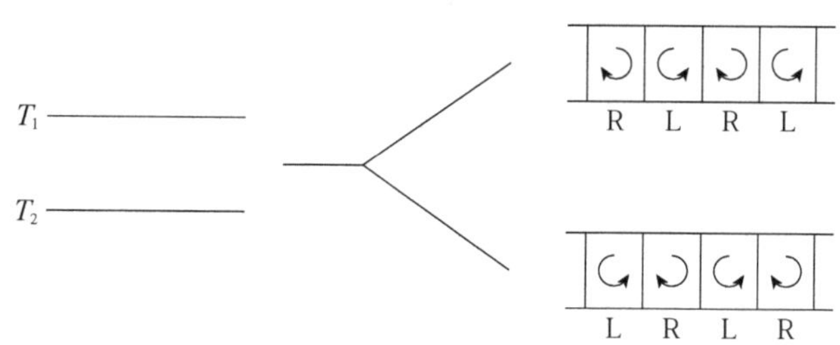

통제할 수 없는 우연 현상이 복잡성의 주원인이며, 동일한 변수와 조건하에서도 상이한

결과들이 나올 수 있다. 여러 가능한 결과들 중에서 우연히 하나가 일어나고 이것이 시스템에 과거의 기억으로 작용하면서 향후 진화에 중대한 영향을 미친다.

2.2 화학 현상

상당한 화학적 반응들이 이질적 촉매작용에 기초하여 이루어진다. 어떤 물질의 생성에 필요한 과정이 촉매제와의 반응에 의해 가속화된다는 의미이다. 예를 들어 암모니아의 산화는 백금 촉매제에 의해 이루어지며, 이산화질소(NO_2)의 분해에는 구리산화물이 촉매제로 쓰인다. 마치 생물학적 현상에서의 효소에 의한 화학반응 촉진과 유사하다.

예를 들어 A 물질(수산기, OH)과 B 물질(수소, H_2)의 분자들 간 화학반응을 통해 C 물질(H_2O)과 D 물질(H)의 분자들을 각각 생성한다고 하자.

$$A + B \xrightarrow{k} C + D$$

k는 비율상수로서 대개 온도와 압력의 함수이다. 반응물 A, B가 융합하는 과정에서 A, B가 사라지고 새로운 C, D가 생성되었다. 상당한 시간이 지난 뒤에 A, B, C, D는 일정한 비율 $\frac{c_C c_D}{c_A c_B}$를 형성한다(c는 각 요소의 집중도). 이 상태를 화학적 균형이라 하고 이때의 고정된 비율을 균형 상수라 한다. 마치 열대류 현상에서 나타나는 동질화된 균형 상태와 유사하다.

반대로 일정한 조건(k')이 주어지면 그 반대의 반응도 존재한다.

$$C + D \xrightarrow{k'} A + B$$

균형에서 두 반응은 똑같은 속도로 일어난다. 가역반응은 다음과 같이 표현된다.

$$A + B \underset{k'}{\overset{k}{\rightleftarrows}} C + D$$

열대류 현상에서처럼 에너지를 주입함으로써 시스템을 균형에서 이탈시키는 것과 같이 마찬가지로 외부와의 화학물질 덩어리를 주고받음으로써 동일한 상태에 도달할 수 있다. 예를 들어 A, B를 예정된 비율보다 과도하게 투입하면 A, B가 사라지게 된다. 그 반대로 C, D 경우도 마찬가지이다.

오랫동안 화학자들은 화학적 변화에서도 궁극적으로 동질적이고 시간에 독립적인 일종의 균형 상태가 존재한다고 생각해 왔다. 그러나 Belousov-Zhabotinsky(BZ) 반응이라고 알려진 화학적 반응은 특정 불균형 조건하에서 다양한 스펙트럼의 예기치 않은 결과들을 생성시켜 복잡성의 한 단면을 보여주고 있다. 화학적 진동, 교류 현상, 공간패턴, 이력 현상(hysteresis) 등 몇 가지 유형이 있다[8].

(1) 잘 혼합된 시스템에서의 BZ 반응

[그림 12-7]과 BZ 반응 시스템을 상정해 보자. 실험에 사용되는 화학물질들은 세륨황산염($Ce_2(SO_4)_3$), 말론산($CH_2(COOH)_2$), 브롬산칼륨($KBrO_3$) 등으로 모두 황산에 용해된다. Ce^{4+}

그림 12-7 BZ 반응 시스템

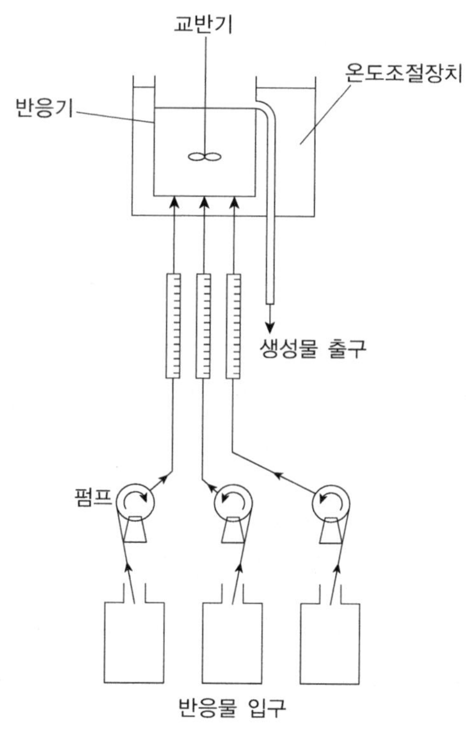

8. Nicolis and Prigogine(1989), pp.15~26.

이온이 과다하면 옅은 노란색을, Ce^{3+} 이온이 과다하면 색깔이 없는 용해 상태가 된다. 시스템 내외로 들어가고 나오는 화학물질의 조절을 통해 반응기 내에 물질들이 머무르는 시간을 변화시킴으로써 시스템의 균형 상태를 변화시킬 수 있다. 오래 머물게 되면 시스템은 폐쇄 시스템이 되어 기본적으로 균형 상태를 유지하게 된다. 일정한 시간이 경과되면 동질적인 안정 상태에 도달되게 되고 이때 화학물질의 집중도는 시간에 관계없이 일정한 상태를 유지한다. 마치 Bénard 시스템에서 약한 온도의 변화가 플레이트에 가해질 때 곧 균형 상태로 회복되는 현상과 유사하다.

반대로 머무는 시간을 줄이게 되면 불균형 상태가 나타나기 쉽다. Ce^{4+} 이온이 과다하면 갑자기 옅은 노란색이 시스템을 침범하게 되고 몇 분 후에는 Ce^{3+} 이온이 과다하게 되면서 색깔이 없어지게 된다. 노란색과 무색이 번갈아 가면서 일정한 시간 간격과 크기로 반복 과정이 되풀이된다. 이른바 화학적 진동 현상을 보인다([그림 12-8]).

그림 12-8 화학적 시계추 현상

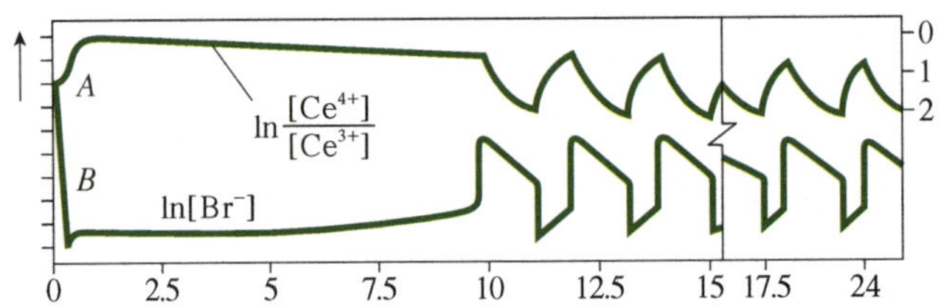

이와 같은 화학적 진동은 물리적 진동과는 어떻게 다른가? 마찰 없는 진자의 운동은 초기에 진폭이 θ_1이면 일정한 주기로 θ_1의 진폭을 유지하면서 진자운동을 계속한다. 그리고 이번에는 환경을 변화시켜 θ_2로 진폭을 확대시키면 마찬가지로 θ_2의 진폭을 유지하면서 일정한 주기로 진자운동을 계속한다([그림 12-9]의 왼쪽). 즉, 시간에 대해서 불변의 운동을 보인다. 그러나 반대로 BZ 반응의 경우 특정 화학물질의 구성비 변화가 초기에는 불규칙적이다가 곧 T 주기와 A 크기의 시계추와 같은 규칙적인 진동 현상을 보인다.

이제 어떤 화학물질을 소량 투입하거나 혹은 반응기를 가볍게 만져 온도를 변화시키는 등 약간의 변화를 일으켜보자. 그럼에도 불구하고 초기의 불안정적 움직임을 거쳐 곧 이전과 동일한 진동 현상으로 되돌아간다. 열대류 현상에서 논의한 점근적 안정성과 유사한 상태라 할 수 있으며, 이는 비가역성과 관련성이 높다. Bénard 시스템과 BZ 반응은 비가역성을 나타내

그림 12-9 보존적 시스템과 산일적 시스템

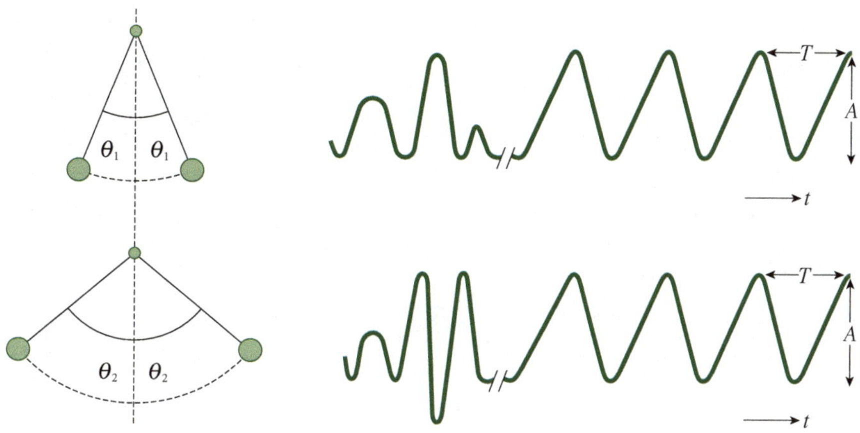

는 산일적(흩어지는) 시스템과 연관성이 높으며, 마찰 없는 진자운동은 운동이 시간에 대해 불변하는 보존적 시스템과 연관성이 높다.

산일적 시스템과 관련이 있는 현상으로는 심장박동을 들 수 있다. 대개 사람의 평균 심장박동수는 1분에 70~80 정도이다. 이러한 규칙성은 특정한 경우에 불규칙적으로 바뀌게 된다. 대표적인 경우가 심장박동을 구성하는 근육운동이 갑작스럽게 정지되는 현상인 세동 현상(fibrillation)이다. 만일 놀라움, 기쁨, 공포 등 어떤 외부 자극이 일어나면 심장박동은 불규칙적인 반응을 보인다. 대개 이러한 현상은 아주 치명적인 자극이 아닌 이상은 곧 평균적인 심장박동으로 회복된다. 그러나 고압전류 감전 등 아주 치명적인 자극에 노출되면 심장박동이 정지되는 현상을 경험하게 된다. 심장박동은 마찰 없는 진자운동과는 다르며, 화학적 진동과 밀접한 관련이 있다.

(2) 비균일 시스템에서의 BZ 반응

앞에서와는 달리 불규칙적으로 혼합하는 BZ 반응을 생각해 보자. 그러면 공간적인 비동질화 현상을 경험한다. 비동질화 현상은 퍼져 나가는 파동 모양을 형성하면서 공간 및 시간적으로 규칙적인 패턴을 형성하게 된다. 형성되는 모양은 다양하여 (a) 원형 모양, (b) 나선 모양, (c) 다중나선 모양 등으로 나타난다([그림 12-10]). 파동은 일정한 속도로 중심부에서부터 멀리 공간적으로 확산되어 나가는 패턴을 보인다. 또 하나의 복잡성을 나타내는 현상이다.

그림 12-10 BZ 반응의 공간적 비동질화 현상

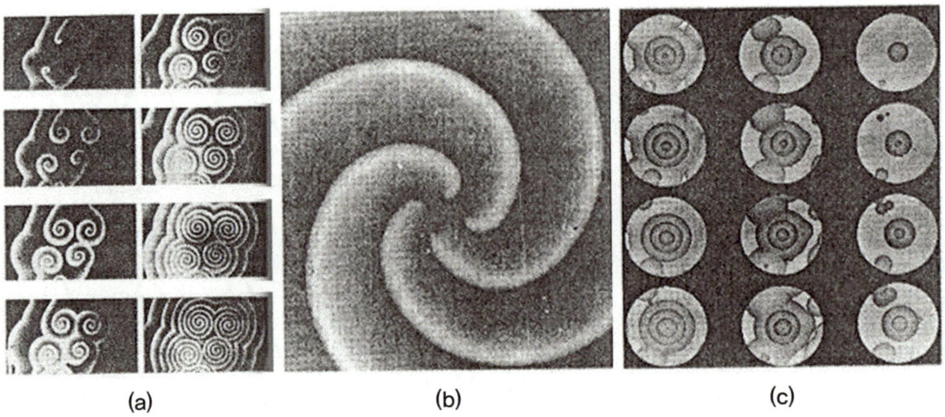

Bénard 시스템에 비유하자면 파동확산 현상은 공간 대칭 파괴 현상과 유사하다. [그림 12-10] (a)는 시스템이 특정 공간적 방향으로 변화함으로써 공간적 동질성이 파괴되고 있다. (b), (c)는 순환 모양과 관련이 있기 때문에 다소 다른 경우이다. 이는 유명한 근대 생화학의 창시자인 L. Pasteur가 주장한 생체분자의 광학적 비대칭성 현상과 관련이 있다. 광학적 비대칭성 현상이란 선호하는 방향으로 편광면이 번갈아 가면서 나타나는 현상을 말한다.

이러한 현상은 특히 쌍안정(bistability) 현상과 매우 유사하다. 쌍안정 현상은 2개(혹은 그 이상)의 안정적인 상태가 동일한 조건하에서 공존하는 경우를 말한다. 가령 어떤 화학물질의 집중도가 어떤 파라미터 λ, 예를 들어 반응기에서의 머무르는 시간에 따라 변한다고 하자. 그러면 [그림 12-11]과 같은 모습을 보이게 되는데, 초기 $\lambda = \lambda'$일 때는 (a)가 안정적인 균

그림 12-11 쌍안정과 이력 현상

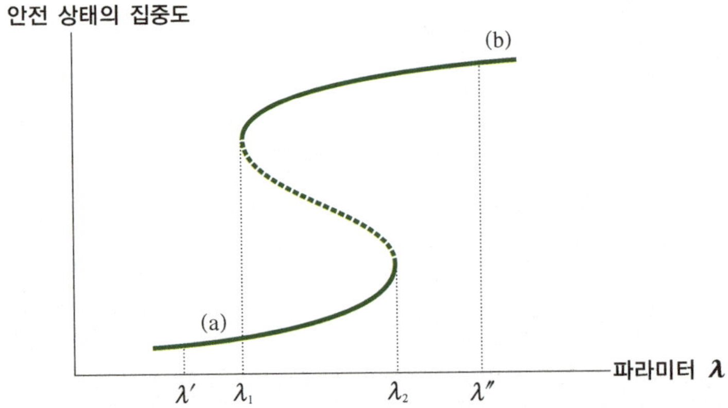

형 상태가 된다. 점차 λ를 증가시키면 시스템은 다수 균형 영역으로 이전한다($\lambda_1 < \lambda < \lambda_2$). 그러나 시스템은 λ가 λ_2를 초과할 때까지는 여전히 (a)에 머무르게 된다. 그러다가 λ_2에 도달하는 순간 (b)로 점프하여 그 상태에 머무르게 된다. 마찬가지로 반대의 경우도 (b)에서 출발하여 λ_1까지는 (b)에 머물다가 그 이후엔 (a)로 점프하게 된다. 시스템은 과거 경로에 의존적인 패턴을 보인다. 이러한 현상을 이력 현상이라 부른다.

지금까지 언급한 거의 모든 반응에는 자기촉매 단계가 포함되어 있다. 화학 현상에서 자기촉매는 복잡성 발현의 주요 원인이 되고 있다. 그러나 복잡성의 원인에는 이 외에 다른 요인도 작용한다. 예를 들어 이질적 촉매 현상에서 어떤 화학반응들은 에너지를 발산하는데, 이것이 매개체의 온도(T)를 상승시켜 복잡한 현상을 일으킨다. 아레니우스의 법칙(Arrhenius law)이 이를 잘 설명해 주고 있다. 이 법칙에서 비율상수(k)는 다음과 같이 표현된다.

$$k(T) = k_o e^{-\frac{E_0}{k_B T}}$$

E_o는 활동 에너지, k_B는 볼츠만 상수로 알려진 보편 상수이다. 화학반응의 과정에서 기존의 화학 결합을 파괴하고 새로운 화학 결합을 생성하기 위해서는 에너지 장벽을 극복해야 한다. 이때 필요한 에너지는 서로 충돌하면서 전이운동을 하는 분자들 간의 운동 에너지에서 획득된다. 매개체가 열을 받게 되면 분자들의 운동 에너지는 올라간다. 그래서 수많은 충돌분자들이 장벽을 극복할 수 있을 정도로 충분한 운동 에너지를 획득하게 되고 화학반응은 더욱 가속된다([그림 12-12]).

그림 12-12 화학 결합과 에너지 장벽의 극복

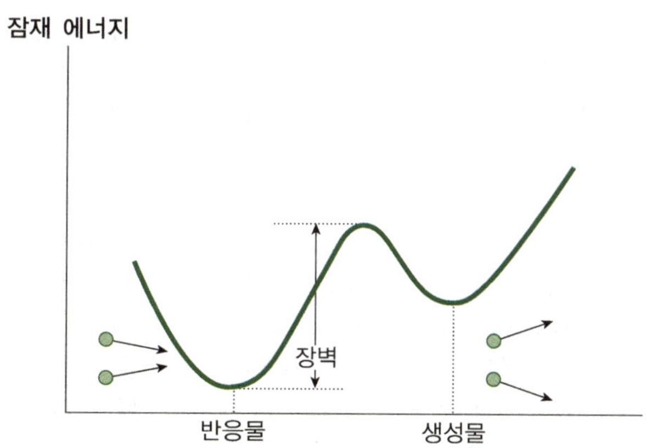

전형적인 예가 발열반응[9]이다. 반응 과정이 가속되면 더 많은 에너지가 발열되고 매개체의 온도는 더욱 상승한다. 이것이 다시 반응을 가속시키게 되는 과정을 일으킨다.

화학 현상에서도 농도, 온도, 압력 등의 불규칙한 변화에 따라 안정적인 균형 상태와는 완전히 다른 국면의 비결정론적인 화학반응이 일어날 수 있음을 보았다.

참고 12-1 볼츠만 상수

볼츠만 상수는 오스트리아 물리학자 볼츠만이 도입한 보편 상수의 하나이다. 이상기체 1몰의 압력을 p, 부피를 V, 절대온도를 T라 하면 이들 사이에는 상대방정식 $pV = RT$가 성립한다. 여기서 비례상수 R은 보편기체상수라고 하는데, 이를 아보가드로수(몰 분자 수) N_A로 나눈 것, $k = \frac{R}{N_A} = 1.380658 \times 10^{-23} J \cdot K^{-1}$을 볼츠만 상수라고 한다. 한편 기체분자의 중심 운동 에너지는 $\frac{1}{2}mv^2 = \frac{1}{2}mv_x^2 = \frac{1}{2}mv_y^2 = \frac{1}{2}mv_z^2$이며, 여러 개의 분자(또는 1개 분자의 장시간 운동)에 관한 평균값(〈 〉로 표시)이 $\left\langle \frac{1}{2}mv_x^2 \right\rangle = \left\langle \frac{1}{2}mv_y^2 \right\rangle = \left\langle \frac{1}{2}mv_z^2 \right\rangle = \frac{1}{2}kT$, $\left\langle \frac{1}{2}mv^2 \right\rangle = \frac{3}{2}kT$라는 것이 알려졌다. 일반적으로 고체나 액체 내 원자의 불규칙적인 운동에 대해서도 같은 관계가 성립한다. 따라서 kT라는 양(量)은 온도 T에서 시스템 내부의 미시적인 운동 에너지의 대략적인 정도를 나타내는 양이라고 생각할 수 있다.

2.3 생물 현상

살아 있는 생명체는 의심할 바 없이 형태학(morphology)과 기능적인 측면에서 가장 복잡한 조직체이다. 그야말로 복잡계의 전형으로서 물리학, 화학 등 기타 학문에서의 복잡성 연구에 기본 레퍼런스를 제공한다.[10] 생명체는 오랜 진화 과정을 통해 축적된 과거를 현재에 고스란히 간직하고 있는 역사적인 존재이다. 더구나 생명체는 균형과는 거리가 멀다. 생명체 조직

9. 화학반응에서 반응물로부터 생성물을 얻을 때 열이 발생하는 반응이다. 화학 반응식의 좌변은 반응물, 우변은 생성물을 나타내며, 이 식에 열의 출입을 포함시킨 것을 열화학 방정식이라 한다. 발열반응은 반응에서 열이 발생하므로 우변에 발열량 Q를 양의 값으로 기록한다. 반응에서 열의 출입은 반응물질을 이루는 원자 간 결합 에너지의 총합과 생성물질을 이루는 원자 간 결합 에너지의 총합의 차에 따른다. 생성물의 결합 에너지가 반응물의 결합 에너지보다 작을 때 Q는 양이 되어 발열반응이 되고, 반대로 Q가 음의 값이 되면 흡열반응이 된다.

10. Nicolis and Prigogine(1989), pp.31~36.

은 끊임없이 외부로부터 에너지(식물의 광합성을 위한 태양에너지)와 물질(영양분)을 받아 그것을 다른 형태의 산출물로 바꾸어 외부로 내보낸다.

세포 차원에서도 강한 이질성이 관찰된다. 예를 들어 칼륨이온(K^+)의 농도가 신경 시스템 세포인 뉴런의 바깥보다 안이 높은 반면, 나트륨이온(Na^+)은 반대로 바깥이 안보다 농도가 높다. 이러한 불균등성은 생명체의 높은 불균형을 말해 주는 동시에 신경 충격 전달과 같은 생명 과정의 근원이 된다. 이러한 과정은 당분해(glycolsis)나 호흡과 같은 활발한 전달 과정과 생명 에너지 반응 등에 의해 유지된다.

범위를 좁혀 앞서 살펴본 물리·화학 현상에서와 같은 복잡성이 생명체에서도 유사하게 일어나는지를 살펴보도록 한다. 배아 발달(embryonic development)은 하나의 세포나 알이 완전한 조직체(기관)로 발전해 나가는 일련의 연속적 사건이다. 다양한 형태가 있지만 가장 간단한 형태는 세포 분열 형태를 보이는 박테리아이다. 반대로 아주 복잡한 경우는 포유류처럼 세포가 무수한 세포로 이루어진 특정 조직(tissues)과 기관(organs)으로 발전하는 형태이다.

(1) 아메바의 배아 발달

아메바의 한 종류인 점균류(Dictyostelium discoideum)의 배아 발달은 단세포에서 다세포로 변화하는 과정이다. [그림 12-13]에서 (a)는 단세포 단계의 아메바들이다. 그들은 박테리아를 먹이 삼아 세포분열을 통해 번식한다. 이 단계에서 그들은 하나의 통일된 체계를 형성하여 공간적 밀도가 기본적으로 동일하다. 이제 주위 환경 변화로 인해 아메바들이 굶어 죽게 되는 상황이 벌어진다고 하자. 그러면 아메바들은 죽지 않고 오히려 이러한 제약조건에 대응하여 서로 한곳으로 뭉쳐 한 몸이 되기 시작한다((b)). 초기의 동질성이 깨어지고 공간이 재편된다. 결과적으로 다세포의 변형체(plasmodium)((c))가 되어 더 적합한 온도와 습기가 있는 곳을 찾아다닌다. 일련의 이주 기간이 끝나면 몸은 줄기와 포자가 들어 있는 봉오리의 두 부분으로 나뉜다((d)). 결국 봉오리 속의 포자는 흩어지게 되고((e)) 적절한 환경이 갖추어지면 다시 아메바가 되어 또 다른 사이클을 시작한다.

그림 12-13 아메바 점균류의 라이프 사이클

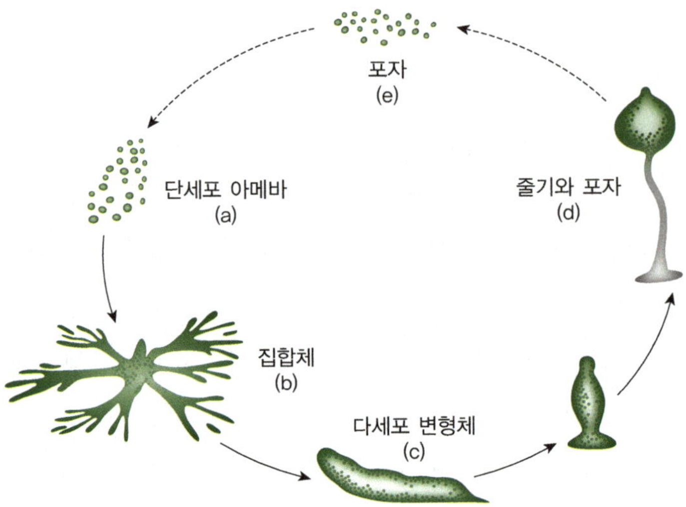

아메바들이 뭉쳐서 한 몸이 되는 단계((b))에서 몇 가지 현상들이 주목된다. 첫째, 일부 세포들은 굶주리게 되면 뭉치기 시작하면서 고리 모양의 아데노신1인산(cAMP)[11]이라 불리는 매개신호 물질을 분비하기 시작한다. 합성과 분비는 마치 BZ 화학 반응 진동처럼 주기적으로 일어난다. 그리고 개척자 세포들이 분비한 cAMP는 점차 이웃한 세포들의 표면으로 확산하여 접촉이 이루어진다. 이때 두 가지 현상이 일어나는데 하나는 세포들이 cAMP가 집중되어 있는(농도가 높은) 개척자 세포들 쪽으로 향하는(주화성, chemotaxis[12]) 것이다. 이 경우 마치 BZ 반응의 물결 패턴과 유사한 세포들의 밀도 패턴을 형성한다. 또 다른 하나는 이러한 세포들

11. 정식명칭은 사이클릭아데노신-3′, 5′-1인산이다. 고리 모양 AMP 또는 사이클릭 AMP이라고도 한다. 펩티드 호르몬이 세포에 작용하면 세포막 구조 내의 효소인 아데닐사이클라제가 활성화하여 ATP에서 cAMP가 합성된다. 이것이 세포 내의 효소 등을 활성화하여 그 세포 특유의 호르몬에 대해 반응을 일으킨다고 주장한 E. W. Sutherland는 1971년 노벨 생리의학상을 수상하였다. cAMP는 세균에도 존재하는데 세균에서는 호르몬과 관계없이 적응효소의 생산에서 유도물질과 함께 작용하고 있음이 밝혀졌다. 이때 cAMP는 cAMP 리셉터 단백질과 결합하여 DNA에 작용한다. 이 외에는 세포의 영양 · 증식 · 분화와 같은 기본적인 활동에도 관여하는데 예를 들면 cAMP에 의하여 종양(腫瘍)세포의 증식이 억제된다. 그 외에도 물질 수송이나 분비에도 영향을 미치는 것으로 알려져 있다.

12. 물질주성 · 추화성(趨化性)이라고도 한다. 농도가 높은 쪽을 향하는 것을 양의 주화성, 낮은 쪽으로 향하는 것을 음의 주화성이라고 한다. 1884년 독일의 W. Pfeffer가 고사리의 정자(精子)가 말산에 대하여 양의 주화성을 나타내는 것을 발견했다. 짚신벌레는 진한 식염수에 대하여 음의 주화성을, 묽은 아세트산에 대하여 양의 주화성을 나타낸다. 백혈구도 세균에 대하여 주화성을 나타낸다.

간 합성 과정이 세포들의 신호 증폭 및 매개체(물질)의 전달 능력에 의해 가속화된다는 점이다. 이렇게 하여 아메바는 넓은 영역에 걸쳐 10^{15}개의 세포로 구성된 다세포 생물로 변신한다.

굶주림이라는 제약조건에 대응한 수많은 세포들의 일치된 행동으로 새로운 차원의 조직이 탄생된다. 이러한 변화를 가능하게 하는 메커니즘은 무엇인가? 먼저 세포들의 주화성은 초기 개척자 세포들이 cAMP 분비를 시작했을 때 형성된 이질성을 더욱 증폭시키는 역할을 한다. cAMP가 분비되는 지역에 세포들이 몰리게 되고, 이것이 다시 cAMP를 더 많이 분비시켜 세포들의 주화성이 더욱 증가한다. 이는 일련의 피드백 루프(feedback loop)로서 화학적 자기 촉매, 자기 가속화, 발열반응 등과 유사한 현상이다.

둘째, 두 번째 피드백 현상은 하위 세포 차원에서의 주기적 cAMP의 분비와 관련하여 주화적 신호의 전달 과정에서 일어난다. 이 메커니즘은 세포의 cAMP 합성에 관계되는 것으로, cAMP는 살아 있는 세포 내 주된 에너지 전달자인 ATP(아데노신3인산[13])로부터 형성된다. ATP → cAMP의 변화는 자발적으로 일어나지 않으며, 촉매제의 역할이 필요하다. 생명체에서 촉매제의 역할은 효소라고 불리는 특별 분자들에게 부여된다. 이들 분자들은 대개 중량 있는 분자들로 구성되어 있어 고분자(거대 분자)로 불린다. 대부분의 효소는 협력적인 효소로 복수의 사이트들을 포함한다. 일부 사이트들은 촉매 역할을, 다른 사이트들은 통제 역할을 담당한다. 결과적으로 촉매가 진전되었으면 양의 피드백이, 촉매가 억제되었으면 음의 피드백이 이루어진 것이다.

ATP → cAMP 변화를 촉매시키는 효소는 아데닐산 시클라제로서 세포막 내부에 붙어 있으면서 세포막 외부에 붙어 있는 리셉터와 협력적으로 상호작용한다. 생산된 cAMP는 세포막을 통과하여 매개체 세포로 확산되어 리셉터로부터 통제받을 수도 있고 활성화될 수도 있다. 이렇게 세포는 재생산되면서 양의 피드백 메커니즘이 이루어진다.

---

13. 아데노신3인산이라고도 한다. 아데노신은 아데닌이라는 질소함유 유기화합물에 오탄당(탄소 원자가 5개인 탄수화물의 일종)이 결부된 화합물이다. 아데노신에 인산기가 1개 달려 있으면 아데노신1인산(AMP)이라 하고, 2개 달려 있으면 아데노신2인산(ADP)이라 한다. 아데노신3인산은 동물 · 식물 · 미생물 등 모든 생물의 세포 내에 풍부히 존재하는 물질이며, 생물의 에너지 대사에서 매우 중요한 역할을 하고 있는 물질이다. 이 ATP의 마지막 인산기와 두 번째 인산기는 고에너지 인산 결합으로 연결되어 있어서 이를 보통 화학 결합처럼 －으로 표시하지 않고 ～와 같이 표시한다. 이것을 고에너지 인산 결합이라고 하는 이유는 이 결합 하나가 끊어져 인산기가 떨어져 나가면 그때 약 7～12kcal/mol의 자유 에너지(또는 유리 에너지라고도 한다)가 방출되기 때문이다.

그림 12-14 cAMP 합성에서 양의 피드백 과정

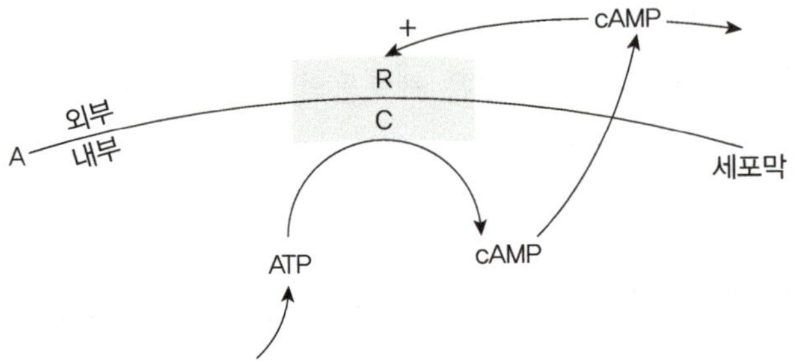

아메바 점균류의 배아 발달은 비록 간단하지만 다른 복잡한 생명체 현상의 전형으로 볼 수 있다. 공간 대칭의 파괴나 연쇄적인 세포분열 현상은 많은 형태학적 현상을 설명할 수 있다. 보다 일반적으로는 어떠한 조직을 발달시키기 위해서는 이온이나 신진대사 물질과 같은 다양한 요소들의 역할이 필요하다. 이러한 요소들은 조직에게 일련의 통합조정 시스템을 제공하는데, 이는 개별 세포들에게 그들의 파트너들과 더불어 그들의 위치를 인지할 수 있는 위치 정보를 전달하는 역할을 담당한다.

화학적 물질에 의해 매개된 변화나 대칭 파괴와 같은 변화가 물리-화학적 자기조직화 현상에 부합하는 생명체의 핵심적인 특징 중 하나라 할 수 있다. 이러한 아이디어는 1952년 영국 수학자 A. Turing에 의해 처음 소개된 이후 줄곧 물리학자와 생물학자의 영감의 근원이 되고 있다.

(2) 튜링 모델

Turing(1952)은 생명체 배아의 발달 과정에서 어떠한 메커니즘이 작용하는가에 초점을 맞추어 세포가 다음 단계의 조직으로 발달해가는 과정에서 일어나는 물리-화학적 특징을 수학적 모델을 통해 규명하였다. 모델은 두 부문으로 나누어지는데 하나는 세포 차원으로 세포들을 기하학적인 점들로 간주하여 분석하며, 다른 하나는 유기체 차원으로 세포와 유기체 간 끊임없이 상호작용하는 실체로 간주한다. 다시 말해, 유기체 차원에서는 유기체의 여러 물리적·물리-화학적 특징이 세포들에게 적절한 영향을 주고받는 것을 대상으로 한다.

이러한 조건하에 시스템의 한 상태에서 다른 시스템의 상태로 어떻게 변화하는지, 이전 상태가 새로운 상태에 어떻게 영향을 미치는지를 규명한다. 이 과정에서 다시 수학적 상태와 화학적 상태, 두 부문으로 나누어진다. 수학적 상태는 세포들의 위치, 덩어리 정도, 속도, 탄력성, 상호 힘 등이 관계한다. 화학적 상태는 개별 세포들의 화학적 합성에서 인접 세포들 간의 각 물질들의 확산성, 집중도 등이 관계하는 것이다. 시스템의 상태를 변화시키는 데 영향을 미치는 요인으로는 다음과 같은 것이 있다.

① 뉴턴 운동법칙에 의한 위치와 속도의 변화

② 탄력성과 운동에 의한 압력 또는 긴장도 또한 화학적 데이터로부터 주어지는 삼투압

③ 화학적 반응

④ 화학 물질의 확산, 확산이 가능한 지역(장소)

이 외에도 전기적 성질, 세포의 내부 구조 등의 요인들이 있으나 이러한 것들을 모두 고려하게 되면 수학적으로 매우 복잡하게 되어 시스템을 이해하는 데 상당한 어려움이 따른다. 또한 화학적 데이터와 물리적 데이터 간 상호의존성에 대한 고려도 복잡성을 상당히 증가시키기 때문에 여기서는 상호 분리된 것으로 간주한다.

유전자의 특징적 행동은 기본적으로 화학적이어서 일종의 조직 덩어리로 이루어져 있으며, 단지 덩어리 내부의 특정 물질들이 화학적인 상호작용을 하고 덩어리를 통해 특정 물질들이 확산되어간다. 이 물질은 몰포겐(morphogen)[14]으로 불린다. 몰포겐은 특정한 의미를 지닌 물질을 지칭하는 것이 아니라 일련의 형태를 형성하는 물질을 의미한다. Waddington(1940)에 따르면 발생 인자들이 한 조직에 흘러들어 가게 되면 이전과는 다소 다른 발전 경로가 유발된다. 그런 측면에서 유전자도 하나의 몰포겐으로 간주될 수 있다. 보다 정확하게는 유전자는 크로모좀(chromosomes)과 같은 거대 분자들의 근간으로 볼 수 있기 때문에 독립된 분자들로 간주해도 무방할 것이다.

유전자는 순수한 촉매 역할을 한다. 즉, 다른 몰포겐의 형성을 촉매시키며, 생성된 몰포겐 역시 촉매자가 되는 자기촉매의 메커니즘이 유전자에 적용된다. 이러한 연쇄작용이 나중에는 단순히 촉매역할만 하지 않는 일부 몰포겐을 형성한다. 예를 들어 어떤 물질은 수많은 작은 단위의 분자로 쪼개지고 세포 내에서의 삼투압을 증가시키며, 세포의 성장을 도모한다.

14. 발생 도중의 세포에 작용하여 장래의 구조를 결정하는 화학 물질이다.

이때 유전자는 스스로 촉매시키는 반응률을 결정함으로써 특정 기관의 해부학적 형태에 영향을 미친다.

생명체는 계속 변화하는 것이라 물리적 상전이와 같은 현상이 다반사로 일어난다. 그리고 그 과정에 물리적·화학적 현상이 복합적으로 적용되어 더 복잡한 메커니즘을 가진다. Turing(1952)은 그 복잡한 메커니즘을 수학적으로 규명하려 한 점에서 큰 기여를 하였다.

2.4 상호작용

1,044K 이상 온도에서 철은 자석 성질이 사라지고 그 이하에서는 다시 자석 성질이 회복된다. 전형적인 상전이 현상이다. 임계 온도 이상에서 철은 등방성(isotropic)을 지닌다. 특정한 방향성이 관찰되지 않는다. 그러나 임계 온도 이하에서는 특정 방향을 선호하는 자석 성질을 지녀 이방성(anisotropic)을 나타내며, 자석 성질이 없을 때의 회전 대칭[15]이 더이상 존재하지 않는다[16].

다른 예를 들어보자. 액체 상태에서 구성 분자들은 아주 미세한 거리 이상에서는 서로 알아차리지 못하고 모든 가능한 방향으로 움직인다. 모든 공간의 상태가 동일한 상태이다. 이제 온도를 낮추어 0℃ 이하가 되면 딱딱한 결정 격자(crystal lattice)의 물체를 얻게 된다. 전이 과정에서 물체의 밀도는 일정하지 않으며, 대칭 현상이 더 이상 존재하지 않는다.

위의 두 가지 경우에서 대칭성이 사라지면서 새로운 질서가 나타나는데, 이것이 자기조직화 및 복잡성 현상의 근원이 된다. 바로 분자들 간에 상호작용이 일어나게 되는데, 상호작용이 없는 대칭 상태에서는 분자들의 행동이 매우 자유로워 어떠한 방향으로도 움직일 수 있다.

---

15. 물리학에서는 뉴턴의 법칙, 중력의 법칙, 쿨롬의 법칙 등 많은 법칙을 다룬다. 이와 같은 법칙과 밀접한 관계가 있는 것은 운동량 보존 법칙, 에너지 보존 법칙과 같은 보존 법칙이다. 일반적으로 계에 어떤 내용의 변화가 일어났다고 할지라도 계에서의 어떤 특성적인 내용이 불변으로 남을 때 이 계는 대칭성을 가진다고 말한다. 예를 들어 무한대 길이의 직선 철도 궤도나 원자의 주기적인 직선상의 배열은 계가 선형 변위(linear displacement)를 하게 되어도 불변으로 남는 병진 대칭을 갖는다. 회전되었을 때 계가 변하지 않으면 회전 대칭이라고 말할 수 있다. 또한 반사되었을 때 계가 변하지 않으면 반사(또는 반전) 대칭이라고 말할 수 있다. 공간적인 대칭 원리를 시간에 관한 대칭으로 확장시킬 수 있고 이때에 자연의 법칙은 시간의 경과에 대해서 불변이다.

16. Nicolis, G. and I. Prigogine, (1989), *Exploring Complexity : An Introduction*, W. H. Freeman and Company. pp.41~44.

이때 분자운동은 운동 에너지 $\frac{1}{2}(m_i v_i)$(m_i는 분자의 중량, v_i는 분자의 속도)에 의해 특징지어진다. 그러나 대부분의 물리적 시스템에서는 분자들은 상호작용을 하며, 특히 전자기력에 영향을 받는다. 짧은 영역 내의 분자들 간에 작용하는 힘은 일정 거리를 벗어나면 현저히 약해진다([그림 12-15]).

그림 12-15 분자들 간 거리와 상호작용의 힘

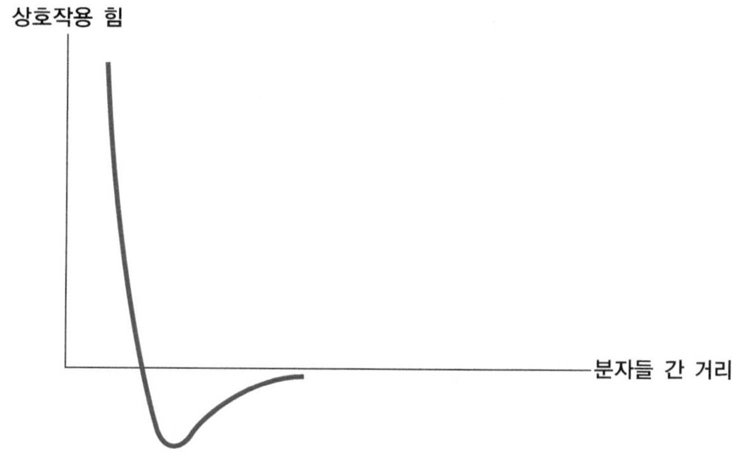

시스템이 희석되거나 온도가 매우 높은 경우에는 분자 간에 작용하는 상호작용 힘이 약화되고 운동 에너지가 지배하게 되어 물체는 무질서한 형태로 움직이게 된다. 그러나 온도가 내려가거나 농도가 높아지면 반대로 운동 에너지와 상호작용의 관계가 역전된다. 결국 시스템은 상호작용에 의해 지배되고 그에 상응하는 잠재 에너지(운동 에너지)가 최소화되는 환경을 채택한다. 물론 이러한 환경은 상호작용을 유지시키는 분자 간 일정 거리를 기준으로 채택하고 있다.

논의를 확장해 우주의 생성과 연관지어 보자. 초기 우주가 팽창한 빅뱅 이후 우주는 높은 온도에서 서서히 식어가면서 임계 온도를 지나면서 상당한 변화를 겪었을 것으로 추측된다. 첫 번째 변화(임계 온도) 이전에는 매우 대칭적인 상태였을 것이다. 모든 구성 입자, 즉 양자(protons), 중성자(neutrons), 경입자(leptons)의 구성요소인 쿼크(Quarks)의 행동이 동일한 패턴을 보인다. 그러나 임계 온도 이하에서 대칭 파괴를 통하여 차이가 나타나기 시작한다. 이러한 차별화된 입자들이 별과 위성, 생명체를 구성했다고 볼 수 있다. 동질화된 안정적인 균형 상태가 환경 변화를 겪으면서 불균형 상태가 되고, 불균형 상태의 연속이 또 다른 거대한 질서를 지속적으로 탄생시켜 오늘날에 이르고 있다.

결국 환경 변화가 일어나면 이에 대한 시스템 내에서의 구성원들의 상호작용을 통해 시스템은 하나의 균형 상태에서 또 다른 균형 상태로 전이 과정을 밟는다. 이 과정에서 대칭 파괴 또는 상전이의 불안정적인 상태를 경험하며, 그 방향 전환의 경계에 임계 상태[17]가 존재한다. 이러한 일련의 과정에서 구성원들 간 상호작용은 핵심적인 역할을 담당하며, 이에 영향을 미치는 요인들이 현상에 따라 각기 달리 나타나고 있다. 물리 현상에서는 구성원들의 위치, 거리, 중량, 속도, 덩어리 정도 등이, 화학 현상에는 온도, 농도, 확산성, 촉매 등이, 생물 현상에는 온도, 습기, 위치, 거리, 밀도, 속도, 효소 등이 관계한다.

그림 12-16 상전이와 상호작용

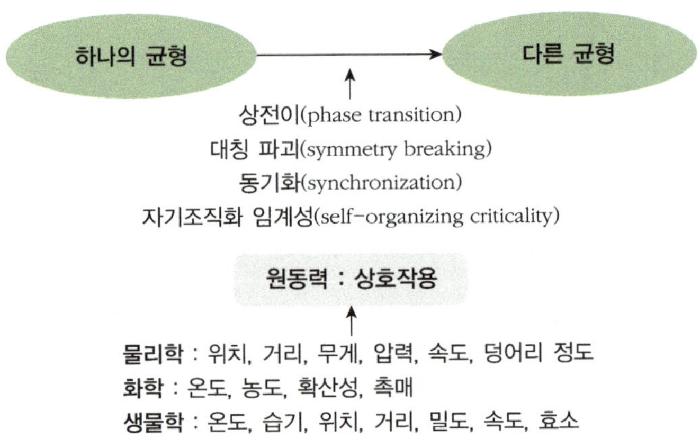

3 동기화 현상

우리는 종종 음악회나 연극, 무용 등의 행사장에서 많은 청중들이 하나의 리듬에 맞추어 박수치는 현상을 경험한다. 처음에는 각자 자기 고유의 리듬에 맞추어 박수치다가 어느 순간

17. 새로운 질서를 잉태한 불안정적인 불균형 상태로서 혼돈의 가장자리(edge of chaos), 산일구조라고도 불린다. 기업이나 기관의 조직을 혼돈의 가장자리 상태로 어떻게 유지시키느냐가 관심의 대상이 된다.

부터는 하나의 일치된 리듬을 형성하여 마치 한 사람이 박수치는 것과 같게 된다. 왜 이러한 현상이 발생하는 것일까? 이런 현상은 마치 물을 끓였을 때 임계점을 지나면 대류 현상이 발생하는 것을 연상시킨다. 처음 물 입자들의 무작위적인 운동이 온도가 올라가 어느 점을 지나게 되면 각자의 움직임이 서로 동화를 일으켜 일제히 질서 있는 운동을 보이는 것과 유사하다.

이처럼 개별 차원의 서로 다른 행동들이 특정 조건하에서 서로 통일을 이루는 경우가 발생한다. 이를 동기화 현상이라 부르며, 개별 차원의 행동들이 상호작용을 통해 하나의 질서를 만들어내는 측면에서 복잡계 현상의 하나로 간주된다. 반딧불이[18], 심장박동[19], 뇌파[20] 등에서의 동기화 현상에 대해서 알아본다.

3.1 반딧불이의 깜박임

우리는 반딧불이들이 일제히 같은 리듬으로 불을 반짝이는 것을 목격할 수 있다. 서로가 그렇게 하기로 약속한 것도 아닌데 신기한 일이 아닐 수 없다. 혹자는 순전히 우연의 일치라 하고, 혹자는 특별한 습도, 어둠, 정적의 조건이 갖추어지면 일어날 수 있는 현상이라고 하며, 또는 모든 반딧불이들의 행동을 주관하는 리더가 있을 것이라고 주장한다. 이러한 궁금증은 1960년대에 들면서 실마리를 찾게 된다. 첫 번째 실마리는 반딧불이들의 깜박임이 일치할 뿐만 아니라 일정한 템포의 리듬으로 깜박인다는 사실이다. 비록 서로 떨어져 있다 해도 동일한 현상이 일어난다. 반딧불이가 서로 간에 시간을 맞추는 나름대로의 장치를 갖고 있다는 증거이다. 마치 인간의 심장에 자동 페이스 조절 장치가 있는 것처럼 반딧불이 뇌의 어느 부위에 신경의 집합체, 즉 가상의 진자가 있어 이를 감지한 것이 불빛 조절장치에 전달되어 일정한 리듬의 깜박임으로 나타나는 것이다.

두 번째 실마리는 생물학자인 J. Buck에 의해 밝혀졌다(Buck and Buck, 1968). 20여 마리의 반딧불이를 잡아다가 방에 가두어 놓고 관찰을 하였다. 각자 10센티미터씩 떨어져 자리 잡고 처음에는 제각기 깜박거리다가 시간이 지남에 따라 두 마리, 세 마리가 같이 깜박거리기

18. Strogatz(2003), pp.11~14.
19. Strogatz(2003), pp.14~39.
20. Strogatz(2003), pp.40~69.

시작하고 나중에는 모두 일치하여 깜박거렸다. 이 실험은 반딧불이들이 서로서로 리듬을 맞추어나간다는 사실을 입증하고 있다. 이를 실험하기 위해 다른 반딧불이의 불을 대신하여 인공 불빛을 깜박거리고 반응을 관찰하였다. 그러자 반딧불이는 그 인공불빛의 깜박임에 조화를 맞추기 위해 스스로 깜박임의 타이밍을 조절하기 시작하여 결국 서로 일치시키는 현상을 보였다.

이 두 실마리로부터 우리는 반딧불이들의 집합적 깜박임 속에서 각자 서로 동기화하는 현상을 읽을 수 있다. 각자 지속적으로 신호를 보내고 주고받으면서 한편으로는 다른 반딧불이의 리듬을 변화시키고 다른 한편으로는 자신의 리듬을 변화시킴으로써 조화를 이루어 나가고 있다. 즉, 무질서한 가운데 자발적으로 질서를 찾아가고 있는 것이다.

3.2 심장박동세포

심장은 살아 있는 동안 끊임없이 일정한 주기로 박동을 한다. 대개 사람은 살아 있는 동안 약 30억 번의 심장박동을 경험한다. 이는 심장박동을 관장하는 세포(pacemaker cell, 이하 박동조절세포)들 간에 나타나는 놀라운 동기화의 결과이다. 박동조절세포는 약 10,000개이며 일종의 전기 리듬을 생성시켜 심장을 박동시킨다. 이들은 심장의 다른 세포들과는 달리 자동적으로 진동하면서 일정한 리듬으로 전압을 올렸다 내렸다 한다. 그러면 하나의 박동조절세포가 홀로 그 일을 수행해도 될 텐데 왜 그렇게 많은 세포가 심장박동에 참여하는 것일까? 아마 하나의 강력한 세포가 담당할 경우 만일 그 세포에 이상이 생기면 생명이 위험하게 되므로 이러한 위험을 감소시키고자 수많은 세포들이 참여하여 집합적으로 심장박동을 조절하는 것이라 생각할 수 있다. 그러나 이 경우에도 세포들 간 조정의 문제는 남아 있다.

그러면 뚜렷한 리더나 지침 없이 세포들 간 동기화가 어떻게 가능한 것인가? Peskin (1975)은 간단한 모델을 통해 이를 설명하였다. 각각의 박동조절세포는 축전기와 같은 역할을 한다. 일정한 전류의 진입은 축전기의 전하량을 증가시키며, 동시에 전압도 증가한다. 그러나 한편으로 전압이 증가됨에 따라 저항기를 통해 빠져나가는 전류의 양도 함께 증가한다. 증가율은 점차 감소하게 된다. 그러다가 전압이 임계점에 도달하면 축전기는 방전하게 되어 전압은 순식간에 0 수준으로 떨어진다. 전압이 다시 공급이 되면 동일한 사이클을 반복하게 된다. 사이클은 두 부분으로 나눠진다. 첫 번째는 축전하는 과정으로 반원 모양의 곡선을 그리고 두

그림 12-17 Peskin의 심장박동세포 동기화 메커니즘

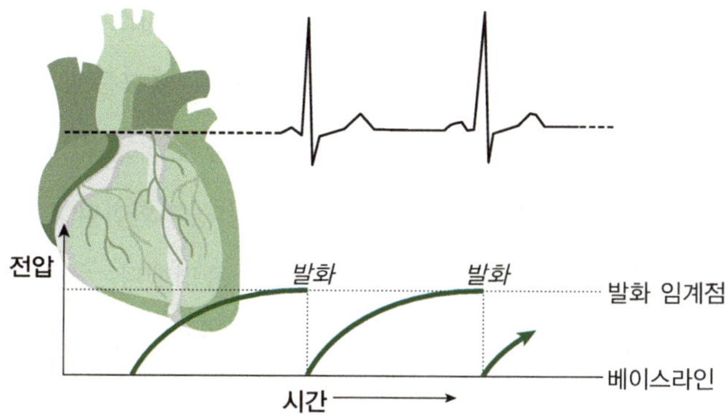

번째는 베이스라인으로 수직으로 떨어지는 선을 그린다.

박동조절세포의 주기는 바로 축전기처럼 발화되었다가 곧바로 베이스라인으로 되돌아가는 모습과 유사하다. Peskin은 심장박동 조절자를 이러한 무수한 진동자(세포)들의 집합체로 간주하였다. 분석의 편의상 모든 세포들은 같다고 본다. 이들은 동일한 축전곡선을 그리며, 동일한 크기로 서로 영향을 주고받는다. 그러나 진동자는 단지 발화될 때만 서로 영향을 미치며, 한 진동자가 발화하면 모든 다른 진동자들의 전압이 일정한 양만큼 증가한다.[21] 어떤 세포의 전압이 임계점에 도달하면 즉시 발화한다.

진동자들이 같은 단계에 머물러 있으면 별문제가 아니나 실제로는 서로 다른 단계에 머물러 있을 때가 많다. 이런 경우 한 진동자가 임계점에 도달하여 발화하면 다른 진동자에게 두 가지 형태로 영향을 미친다. 임계점에 가까이 있는 진동자들은 발화하는 진동자에 더 가까이 가게 되는 반면 베이스라인에 가까이 있는 진동자들은 베이스라인에 더 가까이 간다. 한 진동자의 발화는 일부 진동자들에게는 동기화를, 다른 진동자들에게는 비동기화를 촉진시킨다.

이러한 현상은 화장실의 수세 시스템과 상당히 유사하다. 물이 일정한 높이에 도달하면 자동적으로 내려보내져 베이스라인에 이를 때까지 계속되다가 베이스라인에 이르면 다시 탱크에 물이 채워진다. 박동조절세포와 더 유사한 경우는 탱크의 물이 조금씩 빠져나가는 구멍이 존재하는 경우이다.[22] 이 경우 물이 빠질 때는 빨리 내려가지만 물이 찰 때는 서서히 차게

21. 마치 화학 현상에서 반응물로부터 생성물을 얻는 경우 열이 발생하는 발열반응과 유사하다.

22. 이는 서로 연결되어 있다는 의미이다. 즉, 네트워크화되어 있다는 의미로서 동기화를 유발시키는 조건이 된다.

된다. 이는 수많은 진자들의 동기화에 있어서 매우 중요한 작동 원리이다. 박동조절세포의 동기화는 모든 탱크들이 서로 연결된 10,000개의 화장실 수세 시스템과 같이 어느 한 탱크에 물이 더해져 임계점을 넘게 되어 물을 내려보내면 다른 모든 탱크들도 일제히 물을 내려보내게 되며, 내려보낸 후에는 또 동시에 모든 탱크들에 물이 차게 되는 것과 유사하다.[23]

Peskin은 심장박동은 어떠한 상태에서 시작하든 항상 동기화한다고 주장했다. 그는 동일한 두 개의 진동자를 대상으로 한 간단한 모형으로 이를 증명했다. 증명 방법은 카오스 이론을 창시한 프랑스 수학자 H. Poincaré의 아이디어를 이용했다. A, B 두 진동자의 운동을 A가 발화하는 매 순간을 포착해 플래시라이트를 이용한 스냅 사진을 찍어본 결과 A가 발화해 곧바로 베이스라인, 즉 전압이 0으로 내려갈 때 B의 전압은 스냅 사진이 찍힐 때마다 변화했다. 스냅 사진 간 B 전압의 변화를 살펴본 결과 일정한 법칙이 존재했다. B 전압이 특정 임계점 이하이면 0이 될 때까지 서서히 감소하며, 임계점보다 크면 한계점에 도달할 때까지 서서히 높아졌다. 어느 경우이든 B는 A와 동기화를 이룬다. 한 가지 예외는 B 전압이 임계점과 정확하게 같으면 0이나 한계점으로 접근하지 않고 임계점에서 머무르는 경우이다. 그러나 이는 불안정하여 어떠한 조그만 움직임에도 곧 동기화 상태에 도달한다.

Peskin의 분석은 A. Winfree가 지적하였듯이 두 개의 진동자만을 대상으로 하는 한계점을 지니고 있다. 과연 수많은 진동자들에게도 동일하게 적용될 수 있을까(Winfree, 1980)? S. Strogatz는 이러한 한계를 극복하기 위해 3개의 진동자를 대상으로 컴퓨터를 활용하여 분석하였다. 그 결과 비록 수학적 증명은 불완전하지만 Peskin의 추측이 3개 진동자에도 적용되는 것으로 나타났다. 나아가 Strogatz는 100개의 진동자를 대상으로 시뮬레이션을 실시하였다. 그러나 이 시뮬레이션에서는 너무 많은 정보로 인해 특정한 규칙성을 발견할 수 없었다. 그러자 이번에는 Peskin이 사용하였던 플래시라이트를 이용하는 방법을 사용하였다. 그 결과 놀랍게도 하나의 진동자가 발화하자 나머지 99개의 진동자가 동일한 사이클을 그리면서 동기화를 시작하는 규칙을 발견할 수 있었다.

이 실험에 고무된 Strogatz는 그의 오랜 동료 R. Mirollo와 더불어 이 현상의 일반화를 시도하였다(Mirollo and Strogatz, 1990). 동기화의 증명에서 중요한 개념은 "흡수"로 하나의 진

23. 이는 경제적 변동에서 개별 단위의 볼록한(convex) 생산기술들이 상호작용하여 거시경제적 변동을 야기할 수 있다는 사실과 일맥상통한다.

동자가 다른 진동자에 영향을 주어 임계점을 넘게 되면 영원히 동기화가 된다는 사실이다. 마치 일련의 흡수 메커니즘이 진동자들을 지속적으로 커지는 덩어리 속에 편입시켜 종국에 가서는 거대한 하나의 그룹으로 합체시키는 현상과 유사하다. 먼저 A, B 두 개 진동자의 경우를 살펴보면 A가 발화하고 곧바로 베이스라인으로 돌아갔을 때 B의 전압은 베이스라인(0)과 한

그림 12-18 Strogatz와 Rennie의 심장박동세포 동기화 메커니즘

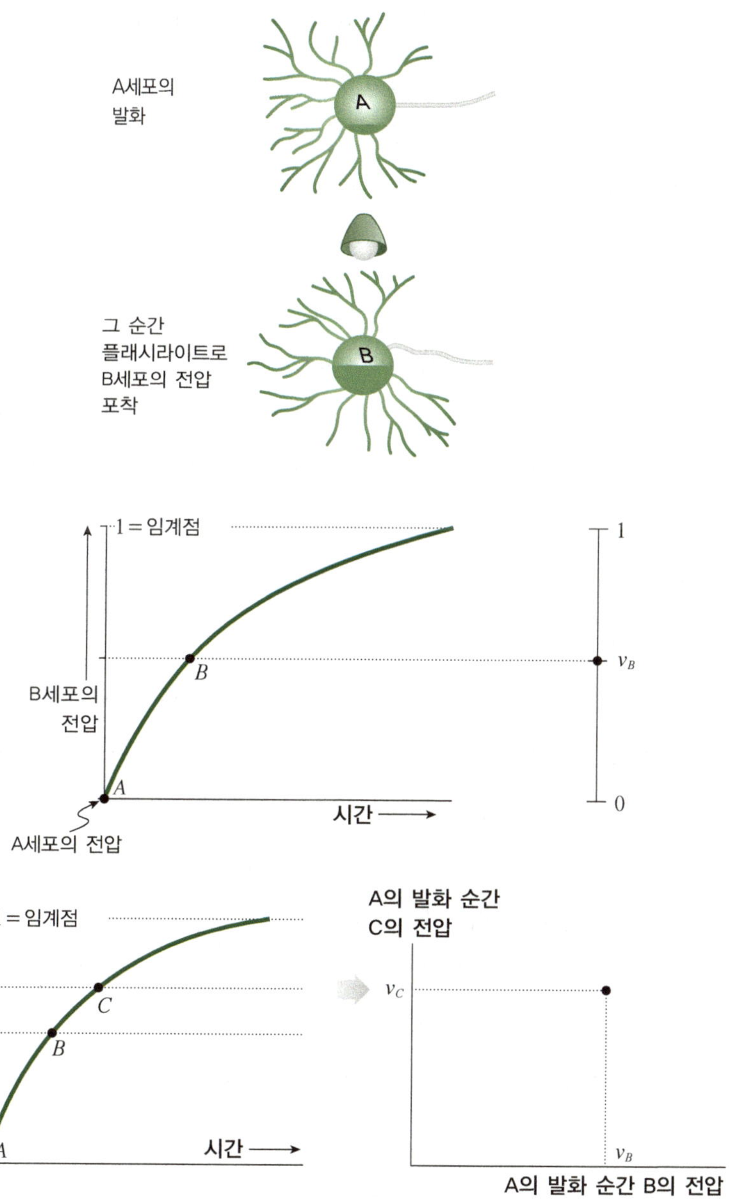

계점(1) 사이에 있게 된다. 이때 B의 전압이 어떤 수준에 있느냐에 따라 전체 시스템의 여러 가능성이 열려 있다. 3개의 진동자 경우도 마찬가지로 A가 발화하는 순간 B와 C의 전압이 어떤 수준에 있느냐에 따라 동기화 과정이 달라진다.

구체적으로 살펴보자. A가 발화되었을 때의 B와 C의 전압을 *X*, *Y*축에 나타냈을 경우 사이클이 거듭될수록 축전 곡선과 A의 B, C에 대한 영향력의 크기에 따라 *X*, *Y* 좌표가 상이하게 된다. 이러한 과정이 반복될 것이지만 만일 A, B, C 모두 동기화되려면 B, C의 좌표가 궁극적으로 (0, 0)에 도달해야 한다. 그래야만 A, B, C 모두 (0, 0, 0)에서 동시에 출발할 수 있다. 모두를 궁극적으로 동기화로 유도하는 출발점을 우량점이라 하고 결코 동기화를 유발시키지 않는 출발점을 불량점이라 하자. 그러면 결코 불량점이 존재하지 않거나 존재하더라도 선택될 확률이 극히 낮다는 것을 증명하면 동기화 과정을 잘 설명할 수 있다. Strogatz와 Rennie는 이를 증명하기 위해 진동자들의 동기화 현상을 복사기의 확대 기능에 비유해 설명한다. 그림을 확대하면 원래 그림의 모든 부분이 동일한 비율로 확대된다. 예를 들어 출발에서부터 동기화 과정까지 단 한 쌍의 동기화 현상도 발생하지 않는 최대 불량점을 생각해 보자. 그런데 최대 불량점이 확대될 수 있겠는가? 매 단계별 최대 불량점이 선택되어야 한다. 이는 불가능하다. 애초부터 최대 불량점이 선택될 수 없다. 결국 불량점은 결코 선택되지 않으며, 동기화는 불가피한 현상이라 할 수 있다.

지금까지 Peskin이 설명한 축전기 실험에서 방전 현상에 대한 언급은 없었다. 그러나 방전 현상은 동기화의 매우 중요한 가정으로 진동자들 간에 서로 연결되어 각자의 행동을 스스로 조정하여 수렴하게 하는 기능을 한다. 이는 축전 곡선이 체감하는 형태와 관련되어 있다. 만일 체증하는 형태를 띠면 전압이 가속하여 증가하게 되어 결코 시스템은 동기화되지 않는다.

1990년대 들어 수많은 후속 연구들이 이어졌다. 분야도 다양하여 뉴런(Hopfield, 1994), 지진(Herz and Hopfield, 1995), 모래더미, 산불, 대량 멸종 등으로 확대되었다. 동 연구들은 모두 진동자들의 동기화 현상과 밀접하게 연관되어 있다. 동종의 개별 행위들이 더해져 특정 임계점을 넘어서게 되면 곧바로 다른 행위자들에게 영향을 주게 되어 결국 도미노 현상을 유발시키는 원리이다. 이러한 확산 메커니즘은 '자기조직화 임계성(self-organized criticality)'이라는 개념을 탄생시키면서 활발하게 연구되고 있다(Bak, 1999).

3.3 뇌파

N. Wiener는 세상 도처에 동기화 현상이 존재함을 인식하고 그 근본적인 원리를 파헤친 탁월한 수학자 중 한 사람이다. 무엇보다 1950년대 후반 인간 뇌파의 기원에 관한 연구를 통해 탁월한 업적을 남겼다(Wiener, 1958). 1950년대 후반만 하더라도 뇌가 파를 형성한다(진동을 한다)는 사실이 알려지지 않았다. 두 개의 전극을 사람 머리의 다른 부위에 붙이면 약한 전압이 발생하고 시간에 따라 전압이 변동함을 알 수 있다. 점차 전자기술이 발달함에 따라 뇌의 전압 변화, 즉 뇌파의 측정이 가능하게 되었다.

그중에서도 사람이 깨어 있는 평온한 상태에서 발생하는 '알파 리듬'이라는 패턴이 잘 알려져 있는데, Wiener가 바로 이 뇌파에 대해서 깊게 연구하였다(Wiener, 1961). 그는 마치 컴퓨터에 수많은 구성원들 사이에서 메시지 전달을 동기화시키는 시계가 있어 그러한 역할을 수행하는 것처럼 뇌에서도 수많은 신경활동들을 동기화시키는 메커니즘이 존재한다고 주장하였다. 개별 뉴런들은 조잡하고 정확성이 결여되어 있지만 수많은 개별 뉴런들이 모여서 집합적으로 정확한 질서를 창출한다는 것이다. 어떤 뉴런은 주기가 빨라 1초에 12번, 어떤 뉴런들은 느려서 1초에 8번의 사이클을 가지나 평균적으로 1초에 10번의 사이클을 가진다. 수많은 진동자들은 마치 오케스트라 연주 이전에 튜닝 업 할 때의 소리와 유사한 소음으로 이질적인 주기의 충격을 발생시킨다. 그러나 각 진동자들은 서로 상대방의 행동을 인식하고 협력하여 동기화 반응을 보인다. Wiener는 진동자들은 서로 상대방의 주기를 잡아당김으로써 자발적으로 동기화한다고 하였다. 한 진동자가 너무 빠르게 가면 나머지 진동자들이 그 진동자를 느

그림 12-19 Wiener의 뇌파 분포

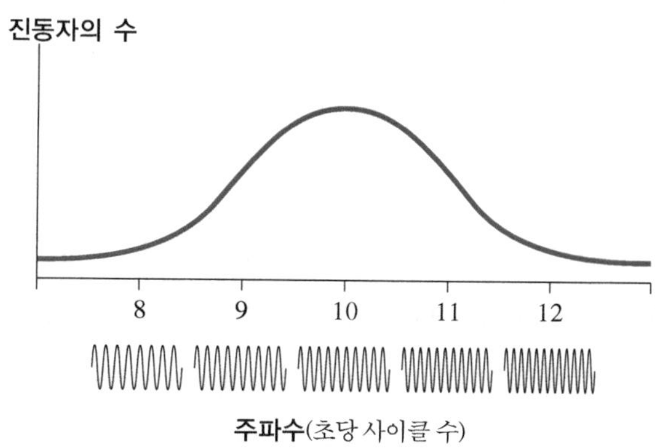

리게 가도록 하고, 반대로 느리게 가면 빠르게 가도록 만든다.

이를 테스트하기 위해 Wiener는 자동표시장치를 이용해 아래와 같은 그래프를 그렸다. *X*축은 1초당 진동자의 사이클 수를, *Y*축은 1초당 특정 사이클 수를 가진 진동자의 수를 나타낸 것이다. 그림에서 나타난 바와 같이 종형 분포를 보이고 있으며, 진동자들 간에 서로 영향을 주고받지 않은 경우이다.

이제 진동자들 간에 서로 영향을 주고받게 되면 각자의 사이클을 변화시키기 시작한다. 느린 주기는 좀 더 빨라지며, 빠른 주기는 좀 더 느리게 되어 아래와 같이 종형 분포가 변화되어 평균에 더욱 집중되는 분포를 보인다.

그림 12-20 뇌파 진동자의 동기화 현상

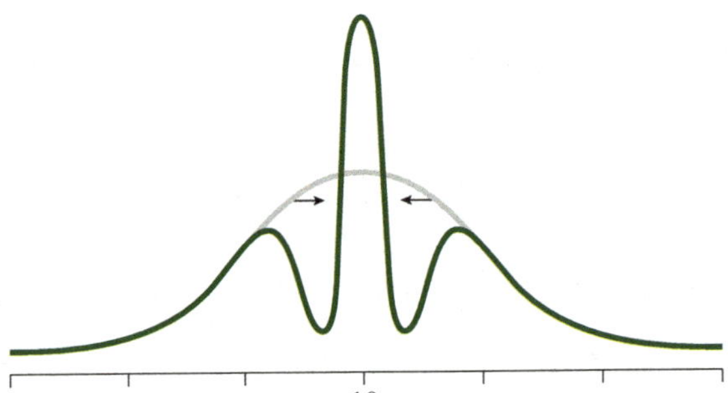

평균에 밀집된 사이클이 인근의 진동자의 사이클에 영향을 주어 동화시키고 이것이 또 다른 진동자의 사이클을 흡수시키는 더 큰 힘으로 작용하게 되는 과정이 이어진다. Wiener는 그의 공저자이자 MIT의 전기공학자인 W. Rosemblith와 함께 뇌파를 마그네틱테이프에 기록함으로써 뇌파의 사이클을 보다 정확하게 측정하여 나타내었고, 이를 1958년에 논문으로 발표하였다. Wiener는 이른바 사이클 흡수(frequency pulling) 현상이 생명체나 비생명체와 상관없이 자기조직화 메커니즘의 보편적 현상임을 확신하였다. 이와 관련하여 당시 Wiener는 개구리 울음, 귀뚜라미 울음, 반딧불이 깜박임과 같은 동기화 현상을 여러 생물학자들에게 연구 주제로 권유하였다.

코넬대학의 젊은 물리학도였던 A. T. Winfree는 동기화 현상의 메커니즘을 좀 더 구체적으로 규명하고자 하였다(Winfree, 1980). 그는 모든 생물학적 진동자들의 상호작용에 관계되는 신호를 주고받는 능력에 초점을 맞추었다. Winfree는 영향을 주는 영향 함수(influence function)와 영향을 받는 감응 함수(sensitivity function)에 관해 분석을 시도하였다. 그러나 문제가 그리 간단하지 않았으며, 두 함수가 단계에 따라 달라짐을 발견하였다. 예를 들어 반딧불이 깜박임의 경우 플래시를 일으킬 때가 일으키지 않고 어두울 때보다 훨씬 상대에게 미치는 영향력이 높았다. 마치 사람들이 트랙을 조깅할 때 서로 속도 조절을 외치는 것과 유사하다. 상대방이 느리게 갈 때 "좀 더 속도를 내어서 달리세요"라고 가볍게 외치는 경우와 "좀 더 빨리 달려!"라고 강하게 외칠 경우, 아니면 아무 말도 하지 않을 경우, 그 외침의 강도에 따라 영향력이 달라지며 동기화 정도도 달라진다.

Winfree는 동기화에 영향을 미치는 요인을 다음과 같이 3가지로 정리하고 이를 수학 방정식으로 설명하였다. 첫째, 진동자 고유의 주기, 둘째, 다른 진동자들로부터 받는 영향에 대한 감응도, 셋째, 모든 진동자들의 집합적 행동으로부터의 총체적 영향이다. 그는 변수가 많을 뿐만 아니라 비선형을 다루기 때문에 일반적 해를 찾기가 불가능하다고 판단하고 컴퓨터를 이용한 시뮬레이션을 이용하였다.

이 실험을 통해 그는 몇 가지 사실을 발견하였다. 어떤 실험에서는 진동자들 간에 영향을 서로 주고받게 함에도 동기화가 전혀 일어나지 않았다. 심지어 모두 동일한 주기로 출발하였음에도 동기화가 일어나지 않았다. 마치 미국 음악회 청중들의 박수처럼. 그러나 다른 영향력

그림 12-21 동기화와 상전이 현상

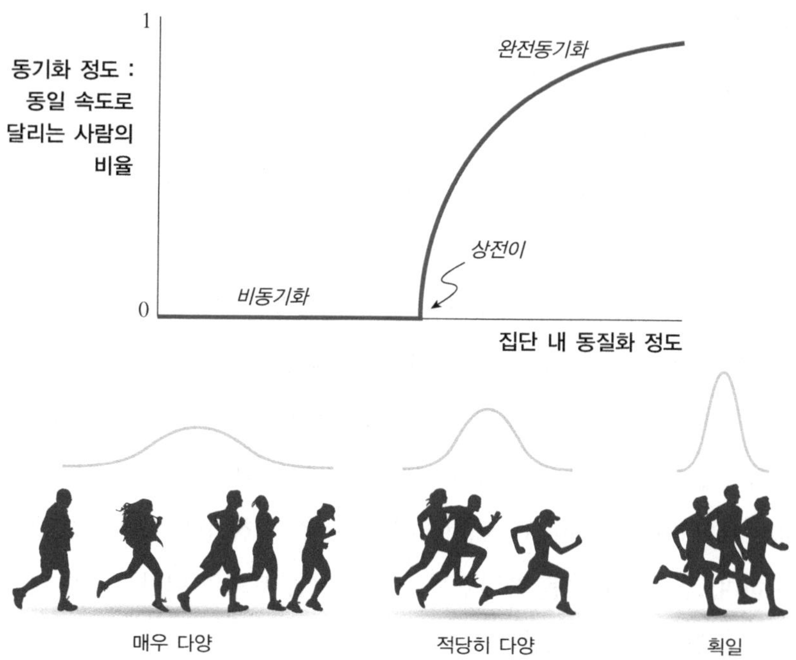

과 감응도 조건의 실험에서는 동기화 현상이 강하게 일어났다. 우연히 몇몇 진동자들이 동기화한 것이 계기가 되어 이것이 또 다른 동기화를 불러와 연쇄반응을 일으키고 거대한 동기화 현상으로 발전했다. 마치 동유럽 음악회의 박수처럼. 그럼에도 몇몇 극단적 고유 주기를 가진 진동자들은 여전히 동기화하지 않고 자신의 주기를 지켰다.

트랙을 조깅하는 사람들에 비유하면 전자는 상당히 극단적인 경우로 일부는 비만자, 일부는 육상선수 등 … 사람들의 개성이 너무 강하여 아무리 속도를 맞추라고 해도 그렇게 되지 않고 각자의 페이스대로 뛰는 경우이다. 반대로 후자는 사람들이 좀 더 동질적이어서 평균적인 속도에 동기화가 일어날 가능성이 높은 경우이다. 그러나 이 경우에도 일정 임계점에 이르지 않으면 동기화 현상은 일어나지 않는다. 일정 크기를 확보해야만 동기화로의 국면 전환이 일어난다. 여기서 Winfree는 물리학과 생물학 사이의 연결고리를 찾는다. 마치 물리학에서 물이 변하여 수증기나 얼음이 되는 현상처럼 임계온도에 도달하자마자 국면 전환이 순식간에 일어나 완전히 다른 형태의 구조로 바뀌는 것과 유사한 상황이다. 유사성의 발견은 Winfree의 위대한 업적으로서 생물학의 복잡한 진화 현상을 다루는 비선형 동학과 물리학에서 원자, 분자의 거대한 시스템의 집합적 질서를 다루는 통계 역학(statistical mechanics)의 접목을 통한 연구의 가능성을 열어 놓았다.

Winfree의 업적을 기반으로 일본 물리학자인 Y. Kuramoto는 비선형 미분방정식 등 고도의 수학을 통해 동기화 현상을 한 단계 더 발전시켰다(Kuramoto, 1984). 그의 연구에서 Winfree가 설정한 진동자들 간 영향력 및 감응도 관계를 특정 상호작용의 관계로 구체화시킨 노력이 돋보였다. 개념을 간단히 설명하기 위해 트랙에서 조깅을 하는 두 친구를 상정해 보자. 둘은 가벼운 얘기를 하면서 서로 속도를 조절할 것이다. 원래 빠른 속도를 가진 친구는 조금 속도를 늦추고, 느린 친구는 속도를 조금 빨리하면서 동기화를 유지한다. 동기화 정도는 두 친구 간의 함께 가고자 하는 힘에 영향을 받는다. 만일 각자의 고유 속도 간 차이가 너무 커 함께하고자 하는 힘을 초월할 경우 동기화가 일어나기 어렵다.

Kuramoto 모델이 Winfree 모델과 다른 점은 트랙상의 조깅 환경이 무차별하다는 것이다. Winfree의 모델에서는 조깅하는 상대방에게 외치는 소리의 강도에 따라 미치는 영향력과 감응도가 다른 데 비해, Kuramoto 모델에서는 아무런 외침이나 듣는 행위 없이 모두 침묵 속에 조깅을 하며, 단지 상대방을 예의주시할 따름이다. 트랙의 어떤 지점에 있든 그들은 그들 사이의 가까운 정도에 따라 적절하게 속도를 조절한다.

이제 많은 사람들이 조깅을 하는 경우를 상정해 보자. 그러면 다음과 같은 Kuramoto 룰이 적용될 것이다. 선두는 자신의 원래 속도보다 느리게 달리라는 메시지를 받을 것이며, 중간은 다소 혼합되어 일부는 좀 더 빨리, 일부는 좀 더 느리게, 맨 마지막은 좀 더 속도를 높이라는 메시지를 받으면서 각자 조정할 것이다. 그리고 이러한 조정은 한꺼번에 일어나는 것이 아니라 사람과 사람 사이에 순차적으로 일어난다.

그러나 이러한 상황이 오래 지속되어 장시간이 흐른 후 어떠한 상태가 벌어질 것인가는 아무도 모른다. 서로 뭉쳐서 함께 달릴 수 있고 아니면 뭉쳐 달리는 대열이 깨어져 각자 자기의 고유 속도로 달릴 수도 있다. 다소 혼란스러운 상황이다. 하지만 Kuramoto는 이러한 동기화의 정도를 측정할 수 있는 순서 파라미터(order parameter)를 소개하면서 연구를 진행시켜 나갔다. 사람들이 밀접하게 뭉쳐서 조깅할 경우 순서 파라미터는 1의 값을, 그렇지 않고 각자 자기의 속도대로 조깅할 경우는 0에 가까운 값을 가진다. Kuramoto는 순서 파라미터가 일정한 값을 갖게 되는 안정적인 상태가 반드시 존재함을 상정하고 연구를 진행한 결과 두 가지 가능성이 존재함을 발견하였다.

하나는 순서 파라미터가 영원히 0의 값을 갖는 경우이다. 사람들 간의 유사성과 다양성이 어느 정도인지에 상관없이 각자의 속도를 유지하여 전혀 질서가 나타나지 않는 경우이다. 이러한 가능성은 언제나 존재한다. 다른 또 하나의 가능성은 부분적인 동기화 현상으로 세 그룹으로 나누어지는 경우이다. 첫째, 평균 속도에 동기화된 조깅자 그룹, 둘째, 느린 속도에 비동기화된 그룹, 셋째, 빠른 속도에 비동기화된 그룹으로 이루어져 있는 상태로 앞의 첫 번째 가능성처럼 항상 가능한 상태가 아니라 어떤 임계 상태까지만 존재하는 상태이다. 즉, 임

그림 12-22 조깅자 그룹의 동기화 현상

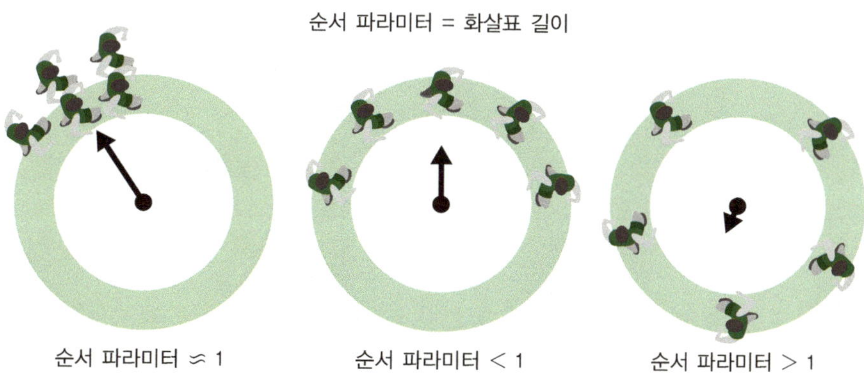

계 상태만 지나면 급격한 동기화 현상을 경험하게 되는 불안정한 상태이다. 세 그룹의 형성은 앞서 살펴본 Wiener의 종형 분포의 알파 리듬 뇌파와 매우 유사하며, 임계 상태를 전후로 일어나는 변화는 Winfree의 임계점을 기준으로 한 상전이 현상과 매우 유사하다. 다만 Kuramoto가 이러한 관계를 수학적으로 정확하게 규명한 점은 높이 평가할 만하다.

지금까지 뇌파의 동기화 현상과 관련하여 일련의 연구들을 소개하였다. 동 연구는 지금도 활발하게 진행되고 있는 주제이다. 하지만 이 연구는 직관적으로 어떠한 메커니즘으로 동기화할 것이라고 추측하지만 이것이 온전하게 실제 현상을 설명하지 못하며, 설사 매우 설득력이 있는 가설이라 하더라도 실증하기가 매우 어려운 한계를 지닌다. 특히 생명체의 동기화를 포함한 자기조직화 현상은 더더욱 실험하기가 어렵다. 이런 연구는 아마도 신의 영역을 침범하고 있는 건지도 모른다.

제13장 자기조직화 사회와 재난

1. 자기조직화 사회 / 2. 재난

인간의 생각과 행위로 이루어지는 사회 현상에서 자기조직화는 더욱 빈번하고 다면적이다. 인간 행위의 자율성과 불확실성이 높은 데다 인간은 관계에 매우 민감하기 때문이다. 복잡계 과학에서는 많은 전문가들이 자기조직화 메커니즘에 대한 이해와 문제 해결을 위해 많은 노력을 기울이고 있다. 지진, 태풍, 화재와 같은 자연재난이나 주식 폭락, 가격 급등과 같은 경제위기를 분석해 보면 이것이 자기조직화 복잡계 현상임을 추론할 수 있다.

1 자기조직화 사회

우리는 종종 매우 불안정해지는 사회에 살고 있다. 우리는 기후변화, 재난, 유행병, 금융위기, 경제위기 등 개체들이 의도하지 않았던, 그리고 통제할 수 없는 위기 상황을 맞이한다. 어떠한 정책이든 상황을 오히려 악화시킬 뿐 개선에 도움이 되지 않는 경우도 경험한다. 많은 경우 정책이 실패한 원인은 사태의 메커니즘을 제대로 파악하지 못한 데서 기인한다. 바로 부분과 전체 간 복잡한 관계에 관한 것이며, 개체와 시스템 간의 상호작용 메커니즘에 대한 이해이다. 이를 이해하기 위해서는 정태적이 아닌 동태적이며, 결정론적이 아닌 확률론적 접근이 요구된다.

1.1 복잡계 시스템으로서의 사회경제 시스템

시스템이 복잡하다는 것은 간단히 얘기해서 투입과 산출이 비례적이지 않다는 것이다. 투입이 2, 3, 4배로 늘어나지만 산출은 3, 5, 7배로 될 수도 있고, 반대로 $\frac{1}{2}$, $\frac{1}{4}$, $\frac{1}{7}$배로 될 수도 있다. 복잡한 시스템은 이처럼 단순한(대칭적인) 룰이 적용되지 않는 세계이다. 단순하지 않는 이유는 바로 개체들 간, 개체와 전체 간의 비선형적 상호작용(nonlinear interaction)에 기인한다(Helbing, 2012).

지금까지 네트워크 구조와 원리에 대해서 보았듯이 노드가 N개인 네트워크 시스템에서 노드의 수는 N이지만 상호작용인 링크 수는 $N(N-1)$로 훨씬 경우의 수가 많다. 또 여기에 1개의 노드가 추가되면 노드는 1개 늘지만 링크 수는 $2N$개가 증가한다. 이처럼 링크는 개체 간 상호작용의 기회를 증폭시켜 사태를 가속화시킨다. 단순히 양적 관계뿐만 아니라 질적 관계까지 더해져 시스템의 복잡성이 더욱 증대된다. 개체들의 상호작용이 전체 시스템에 영향을 주고 변화된 전체 시스템은 다시 개체들의 행동에 영향을 준다. 이러한 과정이 진행되면서 시스템은 역동적으로 변화하게 된다. 즉, 시스템이 서서히 변화되지 않고 때로는 임계점이나 특정 정책 변화를 전후로 갑자기 변화하는 모습을 보인다([그림 13-1]).

그림 13-1 시스템의 갑작스런 변화

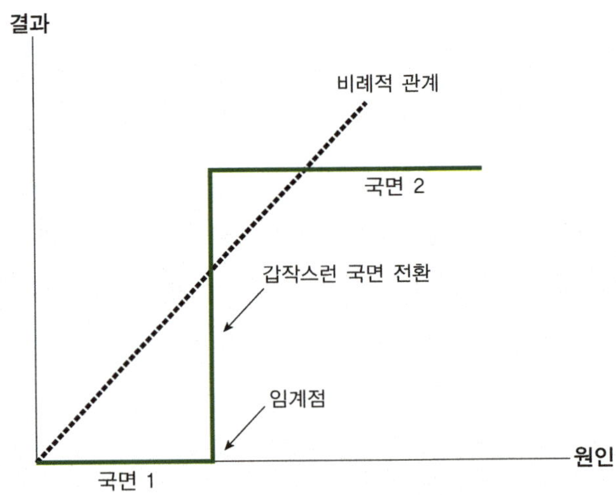

2022년 한국 정부가 다주택자 양도세를 일시적으로 유예하는 부동산 정책을 발표하자, 갑자기 시장에 주택 매물이 쏟아져 나와 가격이 하락하는 국면으로 바뀌는 현상이 그러한 예에 속한다. 이런 상황에서는 사건이나 지표, 가격 등이 평균으로 수렴하는 것이 아니라 극단으로 발산하는 경향을 지니기 때문에 정규분포보다는 꼬리가 두꺼운 멱함수 분포가 더 흔하게 나타난다. 빈도는 낮지만 매우 큰 규모의 사건이 나타날 수 있는 등 정규분포에서는 볼 수 없는 극단적인 사건들이 나타날 수 있다([그림 13-2]).

그림 13-2 정규분포로부터 멱함수 분포로의 변화

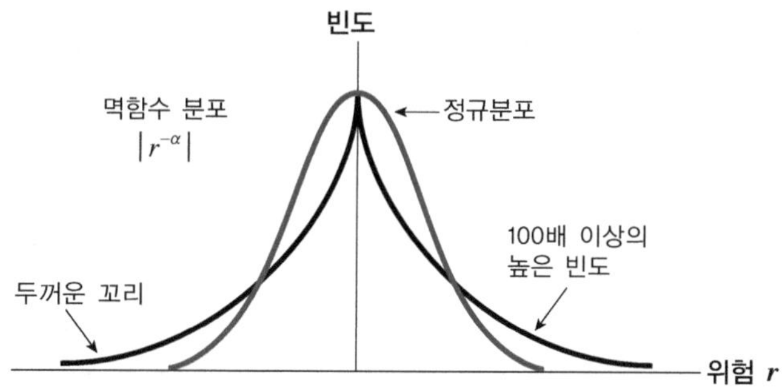

우리가 경험하는 대형 위기 현상은 결코 이러한 메커니즘과 무관하지 않다. 바람직하지 못한 현상이 초기에는 미미하지만 서로 맞물려 증폭되어 연속적인 실패(cascading failures) 현상을 초래한다. 소위 연쇄적인 반응, 도미노 효과로 불리는 과정을 거쳐 전염병 확산, 금융위기, 교통혼잡, 대규모 정전과 같은 큰 위기로 나타난다.

대형 사태에는 일정한 계기나 고비가 작용한다. 임계점이 있어 그 이전에는 크게 동요되지 않다가 고비에 도달하면 갑자기 큰 사태로 국면이 전환된다. 이를 자기조직화 임계성(self-organized criticality)이라는 성질이라고 부른다. 동 성질이 작동되는 현상에는 두 가지가 있는데, 하나는 내생적 작용으로 시스템이 임계점에 도달하는 경우와 다른 하나는 외생적 작용으로 시스템이 임계점에 도달하는 경우이다. 전자는 시스템의 구조와 원리를 알면 예측이 가능한 경우로서 연쇄적인 도산, 교통혼잡, 대규모 정전 등이 해당한다. 예측 시스템을 정교하게 만들고 용량 조절, 분산 등 사전에 조치를 취하면 예방할 수 있는 사태들이다.

반면 후자의 경우는 불확실성이 높아 예측이 불가능한 경우이다. 난기류, 지진과 같은 자연재해, 부동산 및 주식시장 폭등 등 수많은 요인들이 복합적으로 작용하여 움직이는, 복잡도가 매우 높은 경우에 해당한다. 과학적 원리뿐만 아니라 인간의 심리, 감정 등의 요인들이 작용하기 때문에 버블의 형성과 붕괴처럼 통제가 불가능한 상황이 벌어지기도 한다. 이런 경우 섣부른 정책적 개입이 오히려 더 큰 화를 부를 수 있다. 일종의 '긁어 부스럼'이라 할 수 있다. 2020년 전후 한국의 부동산 시장이 이와 유사한 모습을 보였는데 이 당시 수차례에 걸친 정책이 작동되지 않고 오히려 시장을 더욱 왜곡시켰다. 이러다 보니 한국의 부동산 시장은 경제 원리로 작동되기보다는 공포 매수(panic buying)와 같은 심리적 행위가 지배하는 국면으로 바뀌었다.

이는 일찍이 Goodhart's law(1975)와 Lucas Critique(1976)이 지적한 문제 상황과 관련된다. Goodhart's law는 하나의 지표가 목표가 되는 순간 그 지표는 더 이상 훌륭한 지표가 되지 못한다는 점을 말한다. 부동산 시장을 예로 들자면 부동산 가격 억제를 하나의 목표로 설정하고 여러 정책을 동원하는 순간 부동산 가격 억제라는 목표는 달성하기 어렵다는 얘기이다. 왜냐하면 그 정책이 발표되는 순간 수많은 사람들이 이해관계를 달리하면서 게임을 시작하기 때문이다. 예를 들어 특정 지역의 집값 9억 원을 기준으로 종합부동산세를 부과한다고 하면 일단 규제가 적용되지 않는 다른 지역에 집에 대한 수요가 증가하는 풍선 효과가 나타난다. 또한 9억 원 이하의 집들이 9억 원 가까이 가려는 힘이 강하게 작용하여 소득수준에 상관없이 집값이 9억 원 주변에 몰리는 시장 왜곡 현상이 일어난다.

Lucas Critique은 과거 데이터를 평균적으로 분석해서 얻은 변수들 간의 관계에 기초하여 경제정책을 펴는 것은 특정 경제 상황을 반영할 수 없을 뿐만 아니라 계속 변화하는 플레이어들의 행동과 기대를 반영하는 데 한계를 지닌다고 지적하였다. 사실 Lucas Critique는 요즘처럼 모든 것이 빨리 변화하는 정보화 시대에 더 적합한 것으로 보인다.

어찌할 수 없는 천재(天災)와 같은 상황에서 정책 개입으로 상황을 개선시키고자 하는 노력은 소기의 목적을 달성하기가 매우 어렵다. 복잡한 시스템의 전체 얼개를 파악하지 못한 채 투입-산출의 선형적 함수 방식으로 개입하면 효과가 없고 효과가 없으니 더 강력한 정책을 동원한다. 이 때문에 시장은 극단적으로 변해 갑작스런 국면의 변화를 경험한다. 이러한 과정이 반복되면서 시장은 널뛰기식의 불안정성으로 치닫게 된다.

이럴 경우에는 불확실성의 가치를 살리는 지혜가 필요하다. 경제주체들이 스스로 자기조직화해 갈 수 있도록 시스템을 디자인하는 방식이 바람직하다. 즉, 다소 시간이 걸리더라도 구성원들의 자유도를 높여 주어 해답을 찾아가도록 유도하는 것이 적절하다. 이는 비단 시스템 리스크와 같은 불가항력적인 사태를 해결하는 데 도움이 될 뿐만 아니라 혁신 생태계와 같은 내생성을 키우는 데도 효과적이다.

2008년 서브프라임 모기지 사태로 촉발된 글로벌 금융위기가 대표적으로 예측이 불가능한 시스템 실패 사례에 해당한다. 여러 가지 요인들이 얽혀 있는데 직접적인 원인으로는 다음과 같은 것들이 있다.

- 금융시장의 규제 완화
- 파생상품의 폭발적 증가 : 세계 GDP의 15배
- 허술한 리스크 관리 : 느슨한 대출 조건에 의한 부채 스왑
- 금융상품의 복잡성으로 인한 신용평가의 실패
- 변수들 간의 비선형적인 상호작용과 멱함수 분포의 변동을 고려하지 못한 리스크 모델
- 은행들의 불충분한 순자산
- 투자은행과 CEO의 단기 인센티브 구조와 탐욕

그 밖에 간접적인 원인으로는 다음과 같은 것들이 있다.

- 금융시스템의 복잡성 : 복잡한 자산구조로 예측과 통제 불가
- 은행의 상호 의존적 글로벌 네트워크 : 방화벽 없는 지구촌
- 일부 시장에서의 적응 지연으로 인한 전체 시스템의 불균형 증폭 : 응축된 스트레스를 품은 잠재적 지진과 유사
- 기업 등 플레이어들 간 강한 유사성 : 다양성 부족으로 인해 실패가 없거나 다수가 한꺼번에 실패
- 무리 짓기 현상 : 정보의 피드백 루프는 '집단지혜'와 역행하고 매스컴에 의해 증폭되면서 극단적 현상으로 전이
- 휘발성 높은 가격 형성 메커니즘 : 신뢰, 상대적 박탈감, 탐욕, 심리적 동요 등에 매우 민감
- 신뢰 상실이 파산으로 인도
- 자기조직화 임계성의 성질을 지닌 경제 시스템

1.2 복잡계 시스템과의 조화

복잡계 시스템은 다루기가 쉽지 않아 연구자들에게 매우 도전적인 과제 중 하나이다. 수많은 연구자들이 노력한 결과 다양한 과학적 접근들이 이루어지고 있다. 이런 노력들 덕분에 우리들은 복잡계 시스템에 대해 한층 더 가까이 가 이해를 높일 수 있게 되었다.

- 빅데이터 마이닝(Large-scale data mining)
- 네트워크 분석(Network Analysis)
- 시스템 다이내믹스(system dynamics)
- 시나리오 모델링(Scenario modeling)
- 민감도 분석(Sensitivity Analysis)
- 불균형 통계물리학(Non-equilibrium statistical physics)
- 비선형 동학 및 혼돈 이론(Non-linear dynamics and chaos theory)
- 시스템 이론 및 인공두뇌학(Systems theory and cybernetics)
- 파국 이론(Catastrophe Theory)
- 극한 사건 통계학(Statistics of extreme events)
- 임계현상 이론(The theory of critical phenomenon)
- 에이전트 기반 이론(Agent-based modeling)

복잡계 시스템은 타도의 대상이 아니라 우리가 제대로 이해해야 할 대상이고 함께 조화롭게 살아가야 할 환경이다. 우리가 우리의 몸을 잘 이해하고 어울려 살아가야 하듯이 복잡계 시스템도 그런 존재이며, 스스로 균형을 회복하는 힘을 자체 내에 갖고 있는 자기조직화 체계이다.

그러면 우리는 복잡계 시스템과 어떻게 지혜롭게 살아갈 것인가?

첫째, 분산(분권) 시스템이다. 정보가 개방되고 전달 속도가 빠른 매우 유동적인 사회는 고정된 원리와 이론이 적용되기 매우 어려운 사회이다. 지속적으로 변화하는 환경에 대한 적응력이 매우 중요한 관건이기 때문에 중앙 집중적인 통제 시스템이 아닌 자율적인 집단지혜가 유연하게 발휘되는 시스템이 적합하다. 중앙 집중적인 통제 시스템은 어떤 특정한 환경하에서는 매우 질서정연하고 효율적이나 일정 임계점 전후로는 매우 불안정한 위험성을 보인다. 따라서 상황 판단의 오류와 잘못된 정책변수를 선택할 가능성이 높은 복잡계 시스템하에서는 이질적인 로컬 차원에서의 유연성을 높여 시스템의 적응력을 높이는 것이 더 효율적이다 (Durret, 1999).

따라서 개별 차원에서 자기조직화할 수 있도록 공간을 허락하는 방향으로 통제 시스템을 바꾸어 나가는 것이 필요하다. 교통 통제 시스템을 예로 들면 중앙에서 일률적으로 통제하는 것이 아니라 교통 흐름에 맞게 유연하게 통제하는 신호 시스템, 실시간으로 교통정보를 운전자에게 알려주는 시스템, 회전교차로 등 분산 자율 시스템의 활용이 이에 해당한다.

그림 13-3 복잡도와 분산화 정도, 그리고 시스템 성과

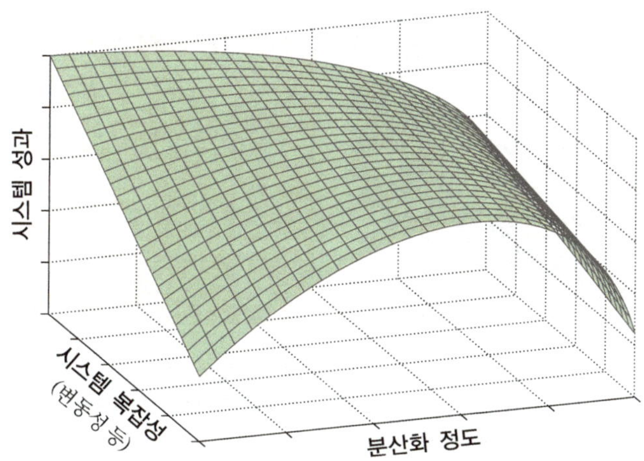

분산화라는 것은 스스로를 이롭게 하기 위해 주체적으로 행위를 하고 그 결과에 대해서도 책임을 지는 자기조직화 행위를 말한다. 일찍이 이에 관해서는 아담 스미스가 『국부론』에서 '보이지 않는 손'에 의한 시장의 역할을 설명하면서 포괄적으로 얘기한 바 있다. 그러나 후대 사람들은 보이지 않는 손의 전제가 되는 도덕성을 간과하는 경우가 많다. 아담 스미스는 인간의 과도한 이기심의 탐욕을 자제하는 도덕성의 기반 위에 시장의 자율적 통제 기능을 얘기하였다. 도덕성이라는 것은 매우 자발적이고 내생적인 과정을 거쳐 형성되는 것이기 때문에 여기서 말하는 분산화의 취지에 잘 부합한다. 사회가 매우 다면적이고 통제해야 할 변수가 매우 많아 복잡도가 점점 높아지면 전지전능한 통제라는 것은 불가능하고 설사 고도의 능력을 지닌 개입자가 존재하더라도 개입은 오히려 사태를 더 악화시킬 뿐이다.

중요한 것은 사회의 규범이나 도덕성이 외부에서 주어지는 것이 아니므로 그 사회의 내부에서 구성원들 간에 협력과 경쟁 등의 상호작용을 거쳐 형성될 수 있느냐이다. 각자의 로컬 커뮤니티 상황과는 상관없는 글로벌 질서의 강제는 필연적으로 전체 시스템을 불안정하게 만든다. 로컬의 질서가 부재한 가운데 급속한 글로벌 질서에 편승하는 것은 매우 불안정한 상황을 초래할 수 있다. 또한 질서를 만든 경험이 없기 때문에 그만큼 경직적이고 환경 변화에 대해 유연하게 대처할 수 없다. 따라서 바람직한 분산 시스템은 로컬 차원에서 상호작용을 활발히 하면서 나름의 질서를 만들어내는 동시에 글로벌 차원에서 서로 협력하는 시스템이라 할 수 있다(Dwork et al., 2001).

그림 13-4 로컬 상호작용이 존재할 경우와 부재할 경우의 공동체의 모습

주 : 왼쪽은 로컬 상호작용과 이동성이 있을 때 협력이 존재하는 경우이며, 오른쪽은 글로벌 상호작용과 이동성이 있을 때 협력이 부재하게 되는 경우이다. 파란색은 협력자, 붉은색은 이탈자/거짓행위자/무임승차자를 가리킨다. 공동체 통합의 부족은 이동성보다는 로컬 상호작용의 결여로부터 기인한다.

둘째, 네트워크의 취약성을 줄이는 것이다. 네트워크가 쉽게 흔들리는 현상은 불가피한 일이라고 전제하고 그 취약성의 정도를 줄이는 일이다. 어떤 네트워크이든 네트워크의 한 부분이 작동이 되지 않으면 전체 네트워크가 마비되어 큰 재난을 초래한다. 이를 방지하기 위해서는 대안을 항상 마련해야 한다. 금융시스템이 작동되지 않으면 금융 거래가 일시에 마비되어 경제 시스템에 큰 혼란을 초래한다. 대체 금융시스템을 항시 준비해야 하는 이유이다.

과잉연결은 시스템 리스크를 초래할 위험이 높으므로 연결의 정도나 네트워크 크기를 적절하게 제한하는 조치도 필요하다. 전체 네트워크 시스템을 몇몇 서브 네트워크로 분할하여 대규모 정전이나 글로벌 금융위기를 사전에 차단하는 노력이 요구된다. 그렇게 하여 변동이 발생하더라도 적당한 수준으로 유지하여 큰 규모로 확대되지 않도록 한다. 또한 연속적인 실패로 확대되지 않도록 매우 신속한 대응도 중요하다.

경제 시스템의 경우 주체들 간에 시스템이 동질화되어 서로 동일한 방향으로 움직이게 되므로 외부의 충격에 쉽게 동조한다. 이를 방지하기 위해 글로벌 경제의 움직임에 쉽게 동조되지 않도록(decoupling) 방어벽을 가지려는 노력도 매우 중요하다. 말하자면 자국의 통화가 안전자산으로서의 지위를 확보하도록 하는 노력이다.

그림 13-5 네트워크 분할과 시스템 리스크 감소

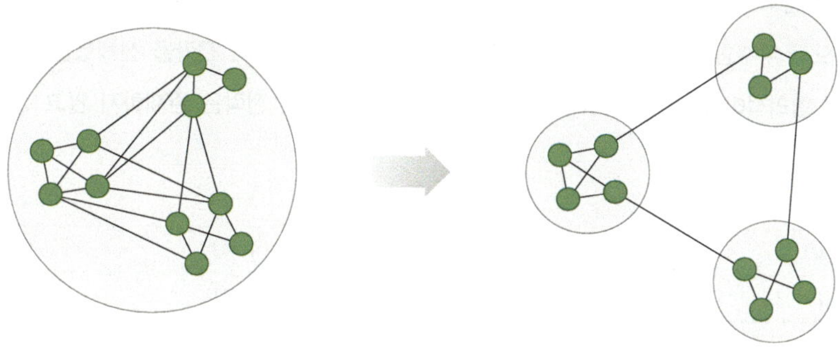

셋째, 통합적 시스템 디자인 접근이다. 지금까지 살펴본 것처럼 복잡계 시스템에 대한 이해 부족과 그로 인해 파생되는 진단 오류가 사태의 해결보다는 증폭으로 이끌고 있다. 부분과 전체 간 시스템 다이내믹스에 대한 이해와 접근이 상당히 부족했음을 인정하지 않을 수 없다. 지금까지의 복잡계 시스템은 스스로 행위를 조절하여 해답을 찾아갈 수 있도록 시스템을 설계하는 지혜를 요구한다. 그러기 위해서는 우리는 지금보다 훨씬 융합적 접근을 허용해야 문제해결에 더 가까이 갈 수 있다.

참고 13-1 사회적 행위와 공간 조직화의 공진화

사회적 행위가 공간 이주와 밀접하게 연관되어 변화된다는 것을 진화론적 게임이론으로 설명한다(Helbing and Yu, 2009 ; Helbing ed., 2012 Ch. 7). 누구나 자신이 선호하는 이웃들과 같이 살기를 원한다. 그럴러면 공간 이주가 자유롭게 이루어져야 한다. 그러나 실제 공간 이주에는 많은 제약이 따르기 때문에 공간 이주의 여부에 따라 사회적 행위의 결과가 어떻게 달라지는지를 살펴볼 필요가 있다.

동 모델은 죄수의 딜레마 상황에서 출발한다. 즉, 어떤 상황에서 플레이어들이 협력하는 것은 위험하고 이탈할 유인을 가지나 상호 협력하면 상호 이탈하는 것보다 전체적으로 유리한 상황이다. 보상체계는 상호 협력할 경우를 R, 상호 이탈하면 P, 일방적인 이탈이면 T, 개별 협력할 경우를 S라 하면, $T > R > P > S$와 $2S > T + S$가 성립하며, 아래와 같은 간단한 보상 매트릭스를 생각할 수 있다. 이 경우 지배적인 전략은 (P, P)가 되어 상호 이탈하게 된다.

(P, P)	(T, S)
(S, T)	(R, R)

=

(6, 6)	(10, 4)
(4, 10)	(8, 8)

그러나 한 번의 게임이 아닌 반복적이고 서로 간의 학습 효과를 고려한 보다 현실적인 상황을 고려하면 개별적으로 우수한 전략을 선택했을 때의 보상(S)이 상호 열위의 전략을 선택했을 때의 보상(P)보다 높은 것이 합리적이다. 즉, $T > R > S > P$이고 이때 지배적인 전략은 존재하지 않고 상황에 따라 달라진다.

(P, P)	(T, S)
(S, T)	(R, R)

=

(4, 4)	(10, 6)
(6, 10)	(8, 8)

이처럼 플레이어들은 서로 반복적인 상호작용을 통해 진화하면서 보상 시스템도 변화하게 된다. 또 하나 중요한 요인은 이익에 따라 행동하지 않는 잡음(noise)의 영향인데 이동하지 않거나 방향성 없이 랜덤하게 이주하는 것이 여기에 해당한다. 강한 잡음은 플레이어들이 원하는 결과에 저항하는 요인으로 작용한다. 반면에 자신의 이익에 따른 이주는 선호하지 않는 이웃들을 떠나 선호하는 이웃들에 인접함으로써 구성원들이 원하는 군집 형성이 가능하다.

Helbing and Yu(2009)는 잡음, 모방, 이주의 세 가지 요인으로 N명의 플레이어들을 대상으로 $L \times L$ 격자 모양의 공간에서 시뮬레이션을 수행하였다. 랜덤으로 선택된 개인은 자기 주위의 4명의 이웃과 상호작용을 하며, 자신의 보상과 4명의 이웃들의 보상과 비교한다. 그리고 자신의 성과가 낮다면 가장 성과가 높은 이웃의 행위를 $1 - r$의 확률로 모방한다. 그리고 이 전략은 r의 확률로 랜덤하게 리셋된다. 잡음의 경우 개인은 다음 전략이 변할 때까지 q의 확률로 협력하거나 $1 - q$의 확률로 이탈한다고 가정한다.

시뮬레이션 결과 죄수의 딜레마 상황에서 잡음이 있고 $r = q = 0.05$로 협력의 확률이 매우 낮은 상황에서 이주 없이 단지 모방만 존재할 경우 협력자의 비율은 극히 낮게 나타났다(d). 즉, 이웃 이탈자의 높은 보상을 모방하는 것이 지배적인 전략이 되는 상황이다. 반대로 이주만 있을 경우 협력자 비율은 미미하게 변할 뿐 결과는 d의 경우와 유사하다(e). 그러나 모방과 이주가 모두 가능한 상황에서는 협력의 클러스터가 존재함을 알 수 있다(f). 보상을 높게 실현하는 이웃들의 행위를 모방하고 또 자신이 선호하는 이웃들을 찾아 적극적으로 이주할 경우 비록 잡음이 존재하더라도 사회적으로 바람직한 결과를 초래할 수 있다는 것을 보여주고 있다. 물론 잡음이 존재하지 않는 경우는 협력자 클러스터 형성이 더 용이하다(a, b, c).

동 시뮬레이션은 어떠한 사회적으로 바람직한 현상에 도달하기 위해서는 다양한 로컬 커뮤니티의 자발적 형성이 필수적임을 시사한다. 플레이어들 간에 서로 소통하여 스스로 최적의 길을 선택할 수 있는 길이 차단되고 대신에 외부의 질서에 의해 강제되는 환경이면 결코 바람직한 현상에 도달할 수 없고 오히려 바람직하지 않는 현상이 나타날 수 있음을 시사한다.

그림 13-6 공간적 죄수의 딜레마 게임의 시뮬레이션 결과

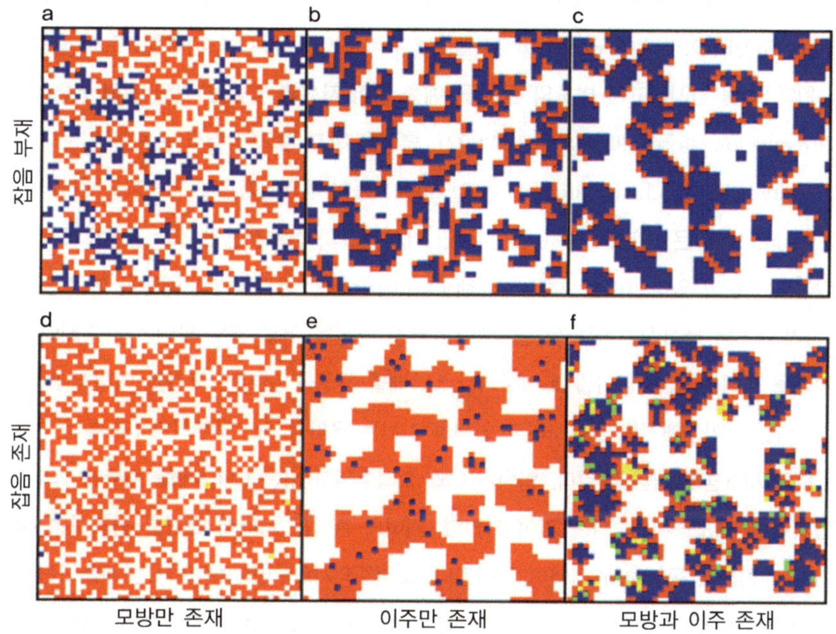

주 : $T = 1.3$, $R = 1$, $P = 0.1$, $S = 0$인 보상 시스템하에 $t = 200$회의 시뮬레이션을 수행한다. 50%가 비어 있는 49×49 격자 모양의 공간에서 초기 50%의 협력자와 50%의 이탈자가 동일하게 분포한다. $r = q = 0.05$의 잡음(돌연변이)이 존재할 경우와 존재하지 않을 경우로 나누어 실시하였다. 붉은색은 이탈자, 파란색은 협력자, 흰색은 빈 공간, 초록색은 마지막 시뮬레이션에서 협력자로 변한 이탈자, 노란색은 이탈자로 변한 협력자를 나타낸다.

참고 13-2 도덕적 행위의 진화[1]

공동체의 선을 위해 서로 협력하지 않고 자신의 이익만을 추구하면 자칫 '공공재의 비극(tragedy of commons)'을 초래할 수 있다. 기본적으로 비용을 지불하지 않고 자신의 이익을 추구하는 무임승차의 문제가 존재하기 때문이다. 공동체를 위해 협력하는 사람들 중에는 협력하지 않는 자들에게 벌을 주어야 한다는 매우 적극적인 도덕주의자가 있는 반면, 벌을 주어야 한다고 주장하지 않고 단지 협력만 하는 소극적인 도덕주의자도 있다. 대부분의 경우 적극적인 도덕주의자들은 소극적 도덕주의자들에 의해 지배되고 궁극적으로는 자신의 이익을 추구하는 이탈자들(무임승차자)이 공동체를 지배함으로써 공공재의 비극을 맞이하게 된다. 이를 방지하고자 별도의 장치들, 예를 들어 자신의 명성을 위해 협력 유인이 발생한다는 명성 효과(reputation effect)(Milinski et al., 2002), 협력을 하지 않으면 결국 손해를 입는다는 간접 상호성(indirect reciprocity)(Panchanathan and Boyd., 2004) 등의 메커니즘을 도입하기도 한다.

Helbing et al.(2010)은 이러한 장치 없이 공간 네트워크의 상호작용만으로 공공재의 비극 문제를 해결될 수 있음을 보이고 있다. 이를 위해 CO_2 배출 규제에 관한 국가들의 노력들을 예로 들어보자. 교토의정서에 따라 CO_2를 배출하는 국가를 협력자 C, 배출 규정을 어길 경우 무역거래 중지와 같은 국제적 제재 조치들을 취하는 협력 국가를 도덕주의자 M, 배출 규정을 어기는 국가를 이탈자 D, 자신은 규정을 어기지만 다른 국가들에게는 준수하라고 압력을 가하는 국가를 비도덕주의자 I라 한다.

이들 간 보상 시스템은 다음과 같다. 협력자 C와 도덕주의자 M은 CO_2 배출 준수에 1의 기여를 하는 반면 이탈자 D와 비도덕주의자 I는 기여가 없다. 기여의 총합은 시너지 효과를 반영하여 r배만큼 확대되며 $k+1$개 개인들에 동일하게 혜택이 돌아간다. 도덕주의자와 비도덕주의자는 배출 규정을 준수하지 않는 D 또는 I에게 $\frac{\beta}{k}$의 벌금을 부과한다. 벌금 부과에 따른 비용이 소요되므로 도덕주의자와 비도덕주의자는 이탈자당 $\frac{\gamma}{k}$의 추가비용을 부담한다. 이와 같은 보상 시스템하에서는 비도덕주의자 I의 보상은 이탈자 D의 보상에 비해 열위에 있으며($I < D$), 도덕주의자 M의 보상은 협력자 C의 보상에 비해 열위에 있다($M < C$). 또한 벌금 β가 추가비용 γ보다 크다면 $I < D < M < C$의 관계가 성립한다.

따라서 벌금 β, 벌금 부과비용 γ, 시너지 효과 r, 공간적 상호작용에 따라 다양한 결과가 가능하다. 벌금 부과비용에 대한 벌금 비율 $\frac{\beta}{\gamma}$와 시너지 효과 r이 낮으면 이탈자가 지배할 가능성이 높으며, β가 충분히 높으면 협력자와 이탈자보다는 도덕주의자들이 지배할 가능성이 높다.

[그림 13-7]은 시너지 효과 r이 높고($r = 4.4$) 벌금 부과비용에 대한 벌금 비율 $\frac{\beta}{\gamma}$이 적절한 경우 ($\beta = 0.1$, $\gamma = 0.1$)의 시뮬레이션 결과를 보여주고 있다. 이 경우 궁극적으로 도덕주의자와 이탈자가 공존하고 협력자는 거의 존재하지 않는다. 초기 각 전략 M, C, D, I가 고르게 분포된 상태에서 시작하여(a)

1. Helbing, Szolnoki, Perc, & Szabó(2010).

이웃의 우수한 전략들을 모방하기 시작한다(b). 가장 열위에 있는 비도덕주의자 I가 먼저 사라지기 시작하고 협력자와 도덕주의자들은 각각의 클러스터를 형성한다(c). 이탈자가 존재할 경우 도덕주의자의 운명은 협력자들과의 경쟁보다는 이탈자의 침략을 방지하려는 도덕주의자와 협력자 간의 협력에 의해 영향을 크게 받는다. $\frac{\beta}{\gamma}$이 적절하면 더 그러하다. 따라서 도덕주의자들이 훨씬 성공적으로 확산하여 협력자들을 대체한다(d, e, f).

이탈자의 존재가 결국 소극적 협력자의 제거에 도움을 준 셈이다. 물론 $\frac{\beta}{\gamma}$이 높으면 결국 이탈자도 사라질 것이다. d → e → f 과정은 많은 시간이 소요되며, 최종 웃는 자는 도덕주의자로 판명되었다. 또한 시너지 효과 r과 비용에 대한 벌금 비율 $\frac{\beta}{\gamma}$ 간에는 상쇄관계가 성립하는데 r이 높으면 도덕주의자가 지배하기 위해 요구되는 $\frac{\beta}{\gamma}$이 낮다.

그림 13-7 2차 무임승차자의 제거와 도덕주의자의 지배($r = 4.4$, $\beta = 0.1$, $\gamma = 0.1$)

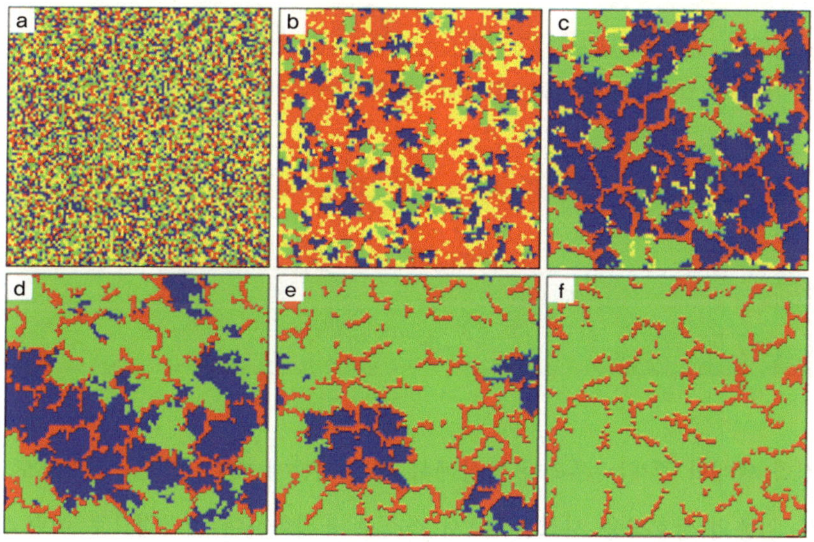

주 : 파란색은 협력자(C), 붉은색은 이탈자(D), 녹색은 도덕주의자(M), 노란색은 비도덕주의자(I)

[그림 13-8]은 낮은 벌금 부과비용, 적당한 벌금과 시너지 효과일 경우의 시뮬레이션 결과이다. 앞의 경우와는 다르게 도덕주의자와 비도덕주의자가 공존하는 결과가 나타났다. 비도덕주의자는 소위 '내로남불'의 이중적 도덕 기준을 가진 자로서 벌금을 내야 하지만 벌금 부과비용도 지불해야 한다. 따라서 낮은 벌금 부과비용 γ이 결국 도덕주의자와 비도덕주의자가 함께 공존하게 만든 것이다. 비도덕주의자를 제거하기 위해서는 $\frac{\beta}{\gamma}$이 높아야 한다.

그림 13-8 도덕주의자와 비도덕주의자의 공존($r = 3.5$, $\beta = 0.12$, $\gamma = 0.05$)

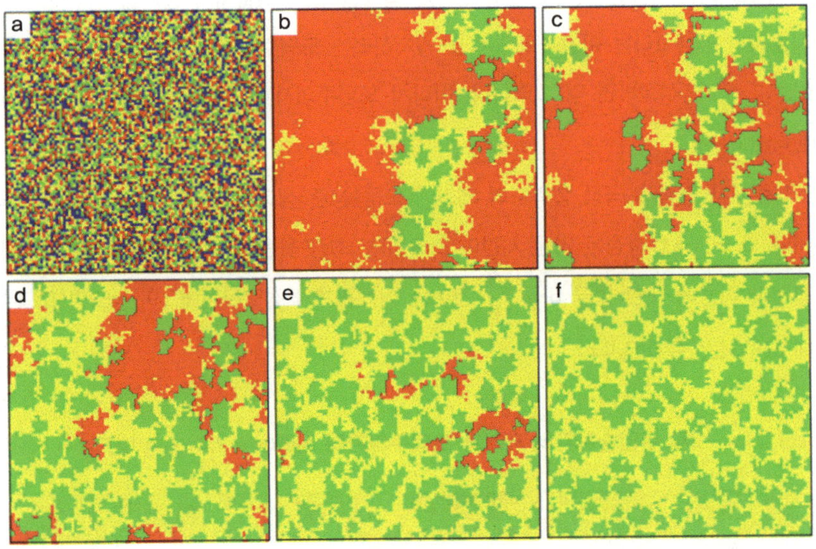

주 : 파란색은 협력자(C), 붉은색은 이탈자(D), 녹색은 도덕주의자(M), 노란색은 비도덕주의자(I)

2 재난

자기조직화 세계의 존재는 우리가 일상에서 겪는 재난에 대한 연구를 통해서도 밝혀지고 있다. 재난도 일종의 상호작용 시스템으로서 스스로 조직화하여 궁극적으로 어떤 임계 상태에 도달하게 되고 이 임계 상태에서는 아주 미세한 사건이라 하더라도 연쇄반응을 통해 거대한 사건으로 전화된다. 이전까지의 통상적인 재난 연구는 미시적 시스템의 연장선상에서 거시적 상호작용 시스템의 메커니즘을 해석해 왔다. 즉, 대규모 상호작용 시스템의 역동성은 외생적 요인에 의해 교란될 수 있으므로 균형 상태의 범주 내에서 재난을 설명할 수 있다고 간주하였다.

그러나 지난 수년간 무질서하고 복잡한 시스템에 대한 일련의 연구들은 기존 연구들의 한계를 드러내었으며, 점차 미시적 차원에서의 무수한 요소들 간 상호작용 자체가 내생적으로 거시적 질서를 형성한다는 인식에 이르게 되었다. 아울러 어떠한 복합적 시스템도 균형 상태에 도달할 수 없으며, 대신에 하나의 준안정적(metastable) 상태에서 다른 준안정적 상태로 이전할 뿐이라고 밝히고 있다.

재난 현상에서 미시적 차원에서의 상호작용으로부터의 거시적 질서의 탄생은 주로 재난 크기의 통계적 분포가 멱함수 법칙 또는 스케일프리 네트워크 구조를 따른다는 것을 보여주거나 자기조직화 임계성(self-organized criticality)의 존재를 통해 설명되었다.

2.1 지진, 화재, 정전

1956년 지질학자인 B. Gutenberg와 C. F. Ritcher는 대규모 지진의 수가 소규모 지진의 수와 어떤 관련이 있다는 Gutenberg-Richter law를 발견하였다. 매년 발생하는 지진의 수(N)는 지진이 분출하는 에너지 크기(E)와 일정한 관계를 가진다는 것이었다(Bak and Chen, 1991).

$$N = \frac{1}{E^b} = \frac{1}{E^{1.5}}$$

b는 지역에 상관없이 1.5의 값을 갖는 것으로 분석되었다.[2] 대규모 에너지를 분출하는 대

그림 13-9 지진 모델

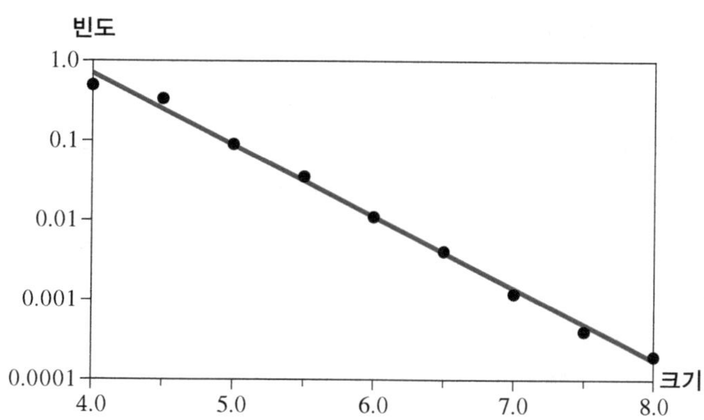

자료 : simscience.org

2. 지역에 상관없이 b가 일정한 값을 가진다는 것은 네트워크 구조 패턴에서 스케일프리 네트워크의 형태와 유사하다. $P(k) \sim Ak^{-\alpha}$에서 α가 네트워크 크기에 상관없이 일정한 값을 갖는 경우와 일맥상통한다.

그림 13-10 지진의 강도와 빈도

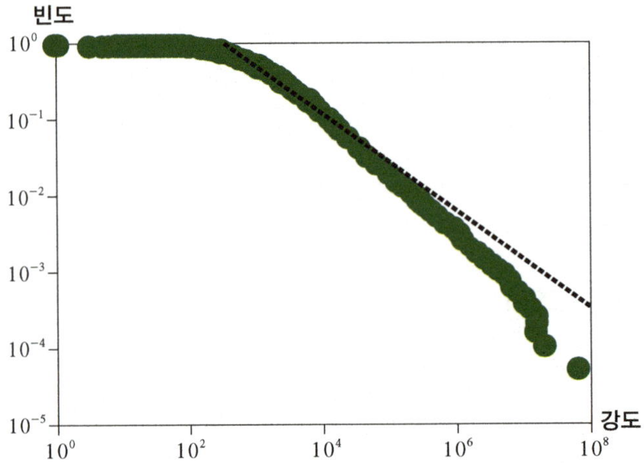

지진은 소규모 지진보다 훨씬 드물게 발생한다. 예를 들어 100 크기의 에너지를 분출하는 지진이 1년에 한 번 발생한다면 1 크기의 에너지를 분출하는 지진은 1년에 1,000번 발생하는 셈이다. 이러한 관계는 지진의 규모와 지진의 발생 빈도 간에 다름 아닌 멱함수 법칙 분포가 존재함을 말하며, 멱함수 법칙 분포의 존재는 지진이 스스로 조직화하는 실체임을 증명한다.

이후 Bak and Tang(1989)을 비롯해 지진에 관한 수많은 후속 연구들도 지진의 크기와 빈도 간에는 멱함수 법칙이 존재함을 밝혀 왔다. Clauset et al.(2009)은 1910~1992년 사이 미국 캘리포니아에서 발생한 지진을 대상으로 지진의 강도와 발생 빈도에 관한 분포를 조사하였다. 그 결과 잘린 멱함수 법칙(power-law with cutoff)이 존재함을 밝혔다.

그림 13-11 화재의 크기와 빈도

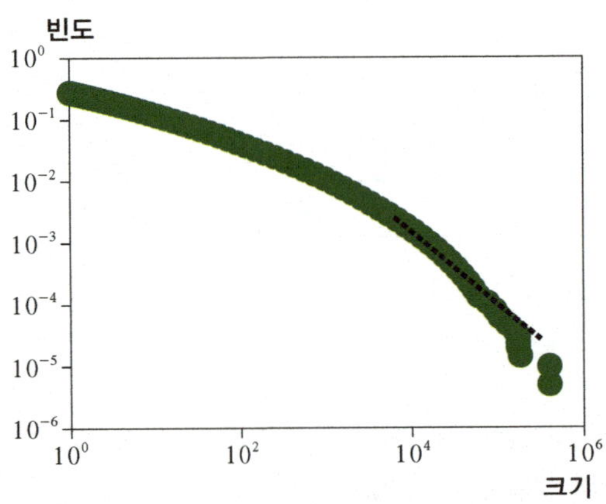

그림 13-12 정전의 크기와 빈도

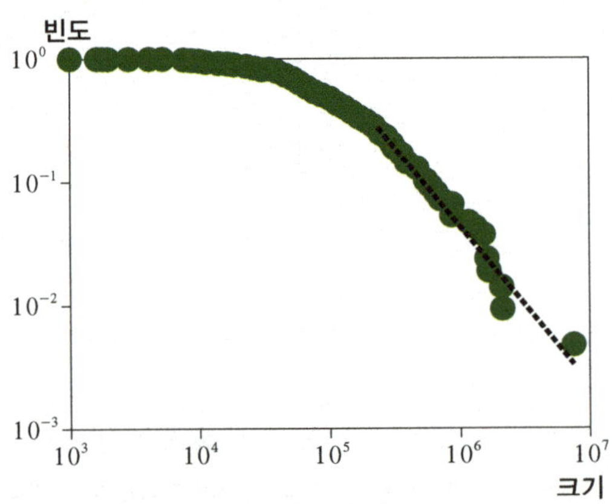

Clauset et al.(2009)은 화재와 정전에 대해서도 멱함수 법칙이 적용되는지를 조사하였다. 화재의 경우 1986~1996년 사이 미국에서 발생한 산불의 피해 면적과 빈도에 관한 분포를 조사하였다. 그 결과 지진과 유사하게 잘린 멱함수 법칙이 존재함을 알 수 있었다. 정전의 경우 1984~2002년 사이 미국에서 발생한 정전으로 인해 피해를 입은 사람 수와 빈도에 대해 조사하였고 그 결과 지진과 화재와는 다르게 멱함수 법칙이 다소 약하게 존재함을 밝혔다.

2.2 산사태

산사태도 지진과 유사한 특징을 지닌다. G. A. Held와 그의 IBM 왓슨 연구소의 동료들은 컴퓨터 프로그램을 이용하여 모래더미(sandpile) 실험을 하였다(Bak and Chen, 1991). 그들은 볼록한 표면 위에 모래알을 균일하게 천천히 쏟아붓는 장치를 고안해 모래더미를 만드는 실험을 하였다. 초기에는 처음 쏟아 내린 지점을 중심으로 완만한 경사를 가진 모래더미가 형성되었다. 그러나 시간이 지날수록 경사는 점점 가파르게 되어 어느 시점부터는 모래알이 흘러내리기 시작하여 조그만 산사태가 발생한다. 만일 더 많은 모래를 쏟아붓게 되면 경사가 더 가파르게 되면서 산사태의 규모도 커지게 된다. 쏟아붓는 모래 양이 흘러내리는 모래 양과 균형을 이루게 되면 더 이상 모래더미가 커지지 않게 되는데, 이 상태가 곧 임계 상태이다.

임계 상태에서는 단 하나의 모래알이 더해지더라도 대형 산사태를 포함한 어떠한 사태가 발생할 가능성이 존재한다. 산사태는 일련의 연쇄반응으로, 처음 작은 규모의 산사태의 움직임이 다른 불안정한 모래알로 전달되면서 대규모 산사태로 확산된다. 임계 상태에서는 산사

그림 13-13 모래더미의 컴퓨터 시뮬레이션

(a) 임계 상태 이전의 모래알 투입(완만한 경사) **(b) 임계 상태에서의 모래알 투입**(가파른 경사)

태가 사라지려는 확률과 산사태를 일으키려는 확률이 서로 상쇄되어 균형을 이루면서 일정한 높이와 경사의 더미를 형성한다. 만일 경사가 임계수준보다 낮을 때(하위 임계수준, subcritical state)는 작은 규모의 산사태가 발생하고 일정한 더미의 규모가 유지된다. 이러한 과정이 지속되어 경사가 임계수준을 초과하게 되면(상위 임계수준, supercritical state) 더 큰 규모의 산사태가 발생한다.

이처럼 모래가 균일한 비율로 모래더미에 더해지더라도 모래더미로부터 흘러내리는 모래의 양은 시간에 따라 상당히 달라질 수 있다. 이 점은 오랫동안 과학자들이 주장해 온 플리커 잡음(flicker noise)[3]에 대한 해석의 실마리를 제공해 준다. 플리커 잡음의 존재는 한 시스템의 역동성이 과거의 사건에 의해 강하게 영향받음을 입증해 준다. 반면 백색 잡음(white noise), 즉 무작위 신호의 존재는 현재의 역동성이 과거의 사건들과 상관관계가 없음을 말해 준다. 모래더미와 같은 일련의 실험과 분석 결과와 관련지어 볼 때 플리커 잡음은 시스템 내부의 모든 크기와 주기들의 상호작용과 연쇄반응을 통해 임계 상태에서 내생적으로 만들어진 하나의 질서임을 시사한다.

2.3 태풍, 토네이도

태풍과 토네이도와 같은 재난도 멱함수 법칙을 따르는 것으로 밝혀졌다. Jo and Ko (2014)는 미국의 토네이도를 대상으로 조사한 결과 토네이도의 크기와 그 피해규모의 크기가 멱함수 분포를 따른다고 밝혔다. 즉, 토네이도 크기와 피해의 분산이 크고 두꺼운 꼬리(fat-tail)를 가진 분포를 보인다는 것이다. 이들은 1970~2011년 동안 미국에서 발생한 토네이도를 대상으로 인명 및 재산 피해규모를 분석하였다. 그 결과 피해규모의 멱함수 분포는 토네이도의 크기와 인구/재산의 멱함수 분포와 공간적으로 상관관계가 있으며, 둘 중 더 두꺼운 분포에 의해 결정됨을 보였다.

---

3. 플리커 잡음은 자연 현상에 매우 흔한 것으로 태양의 행태, 은하수 빛, 저항기 전류, 강물의 흐름 등에서 일어나고 있다. 특히 전자장치 등에서 쉽게 발생되는데, 주로 저주파 현상으로 물리학 분야에서는 오랫동안 미스터리 현상으로 여겨왔다. 플리커 잡음은 능동소자의 내부에서 발생하는 잡음을 주파수축으로 표시했을 때, 저주파 쪽에서 갑자기 크게 증가하는 모습을 보인다. 이것의 원인은 전자이동도와 관련된 것으로 추측되나, 명백한 원인은 밝혀지지 않은 것으로 알려져 있다. 주파수에 반비례하기 때문에 $\frac{1}{f}$ 잡음이라고도 불린다.

피해규모(D)의 멱함수 법칙 분포는 두꺼운 꼬리 분포를 나타내는 지수 γ에 의해 특징지어지며, 분산이 크기 때문에 평균만으로는 분포를 제대로 파악할 수 없다. 얇은 꼬리의 정규분포의 경우 극단적인 사태가 0으로 빨리 수렴하는 반면 멱함수 분포에서는 극단적인 사태가 낮은 확률로 일어나지만 규모가 커서 무시할 수 없는 존재이다.

$$P(D) \sim D^{-\gamma}$$

일반적으로 자연재해의 피해규모는 재해 크기, 인구/재산 규모, 인구/재산의 취약성 등 3가지 요인의 함수인 것으로 알려졌다(Strömberg, 2007). 인구/재산 규모 v는 멱함수 분포 $P(v) \sim v^{-\alpha}$를 따르며, 세계의 부유한 사람들의 재산의 경우 α는 2와 3 사이의 값을(Brzezinski, 2013), 미국 도시의 경우 α가 2.37 정도인 것(Clauset et al., 2009)으로 분석되었다. 인구가 집중되면 지가가 오르기 때문에 인구와 재산은 서로 공간적으로 상관관계를 가진다. 다음으로 토네이도의 크기는 궤적의 길이 l로 측정하고 마찬가지로 멱함수 분포 $P(l) \sim l^{-\beta}$를 따르는 것으로 가정한다. 마지막으로 동일한 규모의 토네이도라도 재산규모, 건물의 견고성, 인프라 상황 등 지역의 사정에 따라 실제 피해규모는 다르다. 그러나 이러한 사정들을 고려한 실제 피해규모는 측정하기 매우 어렵기 때문에 지역의 피해 취약성은 모두 동일하다고 가정한다.

이런 가정하에 $L \times L$ 격자 모양의 공간에서 시뮬레이션을 수행한다. 공간의 좌표는 (i, j)로 표기된다. 공간의 형태는 인구/재산의 값을 활용한 집중도(c)에 따라 (i) 랜덤, (ii) 집중, (iii) 공간적 상관관계의 3가지 형태로 구분한다. 그러면 초기 (i_0, j_0) 공간에서 시작된 토네이도의 피해는 다음과 같이 토네이도 궤적상의 인구/재산의 합으로 계산된다.

$$D(i_0, j_0, l) = \sum_{i=i_0}^{i_0+l-1} A_{i,j_0} v_{i,j_0} = \sum_{i=i_0}^{i_0+l-1} v_{i,j_0}$$

$A_{i,j}$는 모든 공간에서 1로 동일하다고 가정한다. 따라서 결국 피해규모 D는 분산이 큰 두꺼운 꼬리를 가진 멱함수 법칙 분포 $P(D) \sim D^{-\gamma}$를 따르며, γ값은 α, β, c에 영향을 받는다.

시뮬레이션 결과를 보면 (i) 랜덤 공간($c = 0$)의 경우 피해규모의 분포는 인구/재산과 토네이도 크기 분포 중에 더 두꺼운 꼬리 분포를 보이는 것에 지배적인 영향을 받는다. 말하자면 더 큰 분산을 보이는 요인에 지배되어 버린다. 따라서 $\alpha > 2$이고 $\alpha > \beta$이면 $\gamma = \beta$이고,

$\beta > 2$이고 $\beta > \alpha$이면 $\gamma = \alpha$이며, α, $\beta < 2$이면 $\gamma = (\alpha - 1)(\beta - 1) - 1$이 된다. 종합하면 다음과 같이 표현된다([그림 13-14] (a), (c)).

$$\gamma = \min\{(\alpha - 1)(\beta - 1) - 1, \alpha, \beta\}$$

그림 13-14 토네이도 피해규모의 분포 시뮬레이션

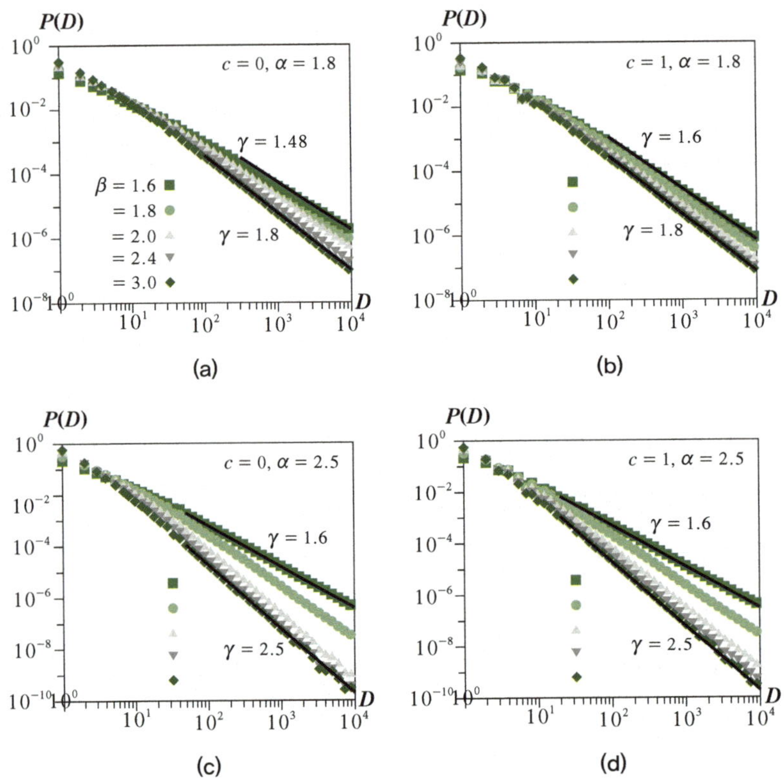

주 : (a), (c)는 랜덤 공간, (b), (d)는 집중 공간에서의 피해규모 분포를 나타냄.

(ii) 집중된 공간($c = 1$)에서는 산 모양의 공간 형태이므로 랜덤 공간에 비해 단순하여 인구/재산과 토네이도 크기 분포 중에 어느 분포가 두꺼운 꼬리의 분포를 갖느냐에 상관없이 양자 중에 더 두꺼운 꼬리를 갖는 분포에 영향을 받는다. 즉, $P(D) \sim D^{-\alpha} + D^{-\beta}$가 되고 γ는 α와 β 중 작은 값을 취한다([그림 13-14] (b), (d)).

$$\gamma = \min\{\alpha, \beta\}$$

(iii) 공간적 상관관계($0 < c < 1$)의 경우는 앞의 두 경우가 극단적인 것에 비해 보다 일반적인 경우에 해당한다. 그러므로 랜덤과 집중된 공간 영역의 성격으로부터 특징이 도출된다. 앞서 살펴본 대로 피해규모의 분포가 랜덤보다 집중된 공간에서 더 얇은 꼬리 분포를 보인다. 즉, 랜덤 공간에서 피해규모의 분산이 더 크고 변동성도 크다. 따라서 랜덤 공간일수록 인구/재산이 두꺼운 꼬리 분포($\alpha < 2$)이면 피해규모의 분산을 더 증폭시키는 반면, 인구/재산이 얇은 꼬리 분포($\alpha > 2$)이면 피해규모의 분산을 더 감소시킨다. 또한 공간적 상관관계가 높을수록 피해규모는 더 두꺼운 꼬리 분포를 보이며, 반대로 공간적 상관관계가 낮을수록 얇은 꼬리 분포를 보인다고 할 수 있다.

[그림 13-15]는 실제 1970~2011년 사이 미국에서 발생한 토네이도를 대상으로 사상자 피해와 재산 및 농작물 피해규모의 분포를 그린 것이다. 그 결과 사상자는 $\gamma \approx 2$, 재산과 농작물은 $\gamma \approx 1.5$로 둘 다 멱함수 법칙 분포를 보였다.

그림 13-15 미국 토네이도 피해규모의 분포(1970~2011)

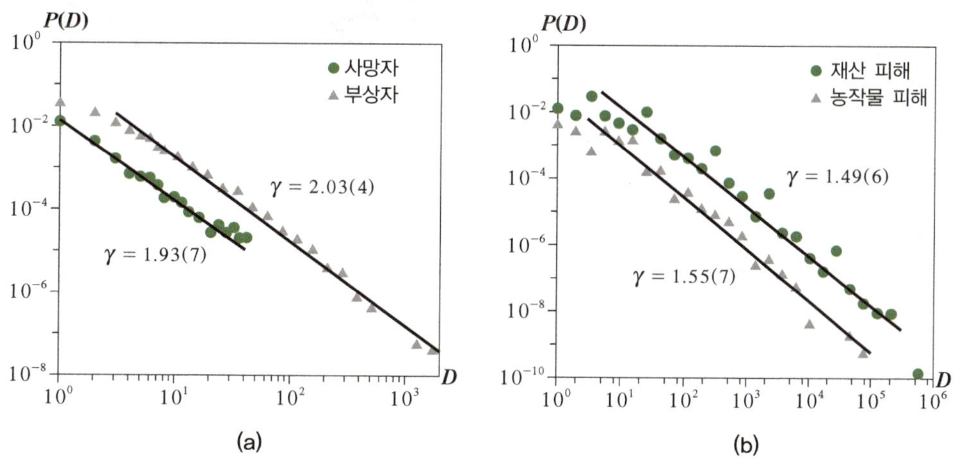

2.4 전기요금

전기는 대개 자연독점적 성격을 지니고 있어 정부가 전기 가격을 규제하여 정책적으로 결정되는 경우가 많다. 그러나 독일, 호주 등은 전기의 수요과 공급에 의한 경매제도를 이용해 현물시장에서 전기 가격을 결정한다. 석유, 가스 등 다른 에너지원의 국제 가격도 이와 유사하며, 주식시장도 예외가 아니다. 우리는 종종 에너지 가격이나 주식 가격이 폭등하거나 폭락하는 사태를 경험한다. 독일의 전기 가격을 대상으로 경제 현상에서 멱함수 법칙 분포가 존재하는지를 알아본다.

수요-공급에 의한 경매제도하에서의 가격은 수요의 갑작스런 변화에 매우 민감하게 반응

그림 13-16 독일 유럽에너지거래소(EEX)**의 전기 가격과 장기계절요인**(2007. 1. 1~2009. 12. 27)

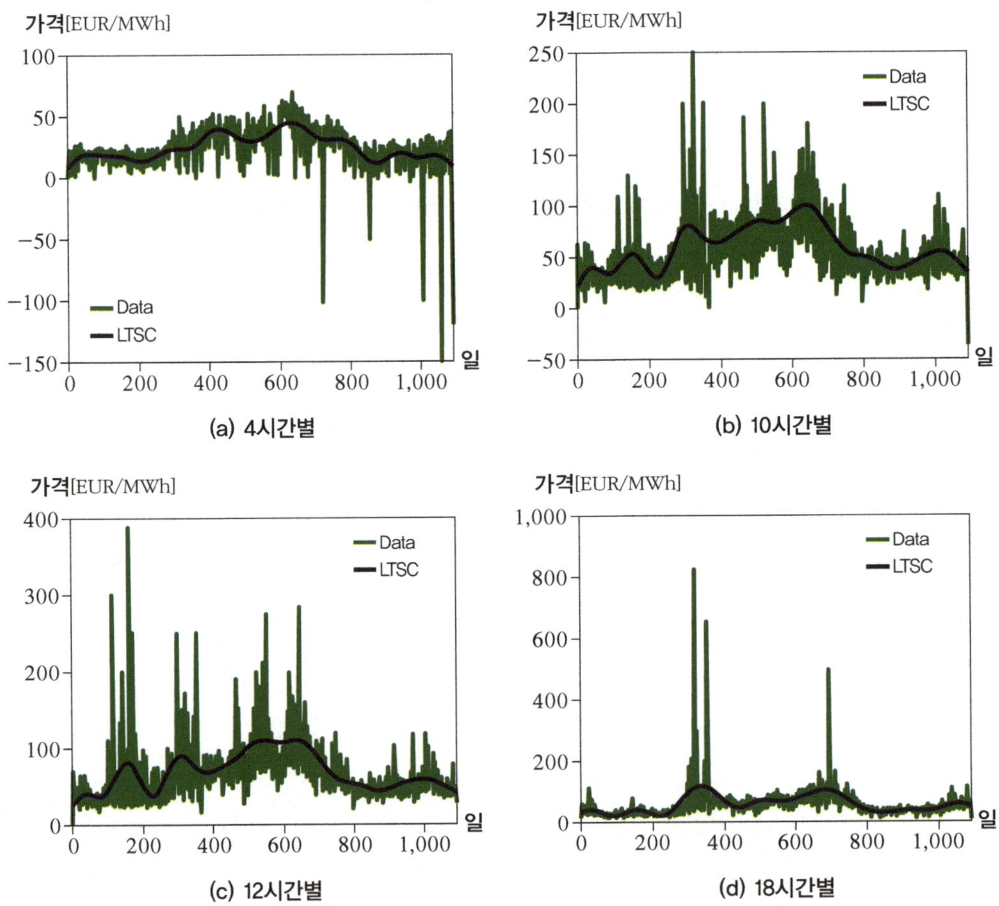

주 : Data는 전기 가격, LTSC는 장기계절요인을 나타냄.

한다. 특히 기후의 갑작스런 변화에 매우 민감하다. 예를 들어 갑작스런 폭염으로 에어컨의 수요가 폭발적으로 늘어나고 또 추가적인 소요 전기가 비싼 에너지원으로 생산될 경우 전기 가격은 가파르게 오르게 된다. 시장 참여자들의 호가전략(bidding strategy)에도 크게 영향을 받아 전기 가격이 갑작스럽게 폭등할 수 있다. 전기는 저장이 어렵기 때문에 충분하고도 안정적인 공급을 확보하려고 과도하게 높은 가격으로 응찰하는 경향이 있기 때문이다.

Janczura and Weron(2012)은 독일 유럽에너지거래소(European Energy Exchange ; EEX)의 2007년 1월 1일부터 2009년 12월 27일까지 1,096일 동안 매시간별 전기 가격을 대상으로 멱함수 분포가 존재하는지를 조사하였다.

그림 13-17 독일 유럽에너지거래소(EEX)의 전기 가격 변동의 분포

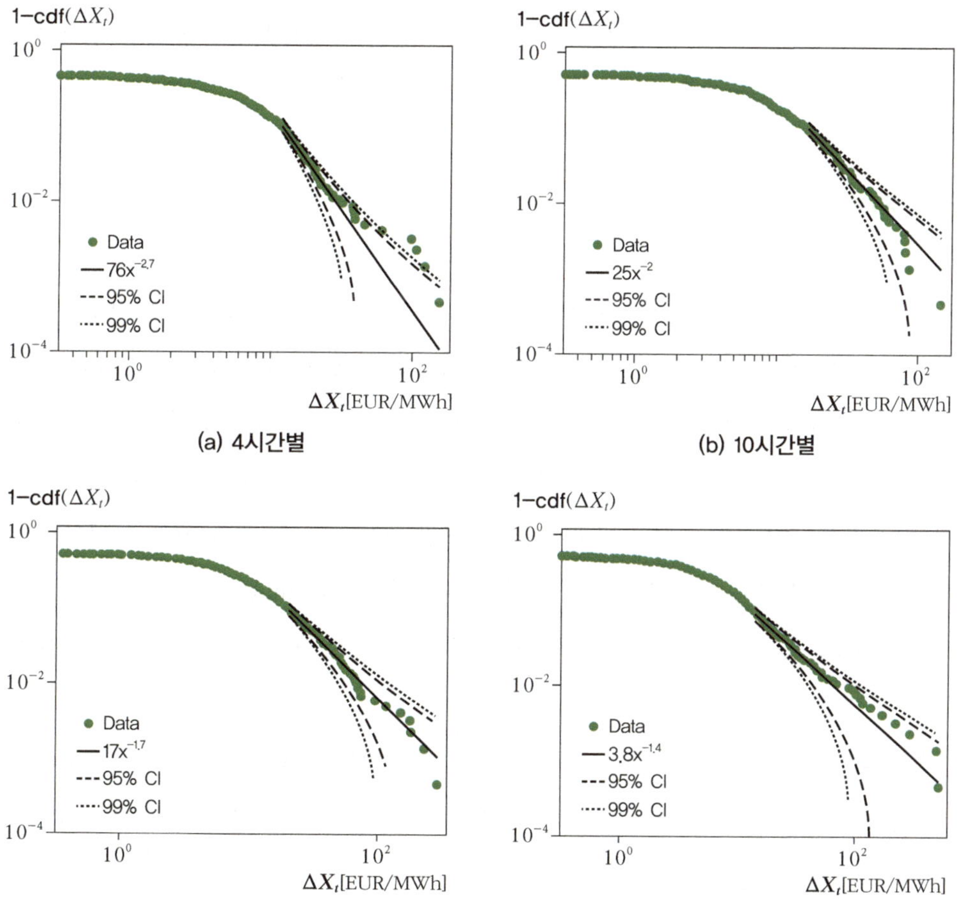

주 : 청록색은 실제 전기 가격 변동, 실선은 추정된 멱함수 분포를 나타냄.

전기 가격에는 계절적인 변동요소(T_t), 요일별 변동(s_t) 등이 반영되어 있으므로 이러한 추세적인 요인들을 제거하고 순수 스토캐스틱 요소만 반영된 가격(X_t)을 대상으로 가격 변동(ΔX_t)의 분포를 그렸다(Weron, 2009 ; Trueck, Weron, and Wolff, 2007 ; Janczura and Weron, 2010).

$$X_t = P_t - T_t - s_t$$

마찬가지로 시간 구간별로 데이터를 분석한 결과, 구간별 약간의 차이는 있지만 지수가 2 전후로 나타나고 있어 두꺼운 꼬리 분포를 보인다. 전기 가격이나 주식 가격처럼 시장의 수요와 공급에 기초한 경매제도에 의해 결정되는 가격은 언제라도 가격 폭등과 폭락의 가능성이 있으므로 멱함수 법칙의 분포가 존재함을 알 수 있다. 특히 경제위기 시기에 더 확연히 드러난다.

2.5 자연재난 총합

지금까지 세부 재난별로 멱함수 분포에 대해서 알아보았다면, 이제 이러한 개별 재난들의 총합도 멱함수 법칙을 따르는지에 대해서 알아보자. Becerra et al.(2006)은 1980~2005년 사이 전 세계와 대륙별 모든 자연재난이 발생시킨 사상자 피해의 분포에 대해서 조사하였다. 자연재난은 홍수, 가뭄, 지진, 기근, 태풍, 전염병 등을 포함하고 있으며, 데이터는 Center for Research on the Epidemiology of Disasters(CRED)의 International Disaster Database를 사용하였다. 방법은 사상자 피해의 분포가 lognormal 분포를 보인다는 가설을 Maximum Likelihood 방법으로 검정하는 방식을 취한다. 이를 통해 멱함수 법칙 분포를 나타내는 지수 α를 추정한다.

추정 결과 모든 α가 1.6~1.75 사이의 값을 보여 멱함수 분포를 따르는 것으로 나타났다.[4] 이러한 결과는 다른 연구들의 결과와 유사하다. Richardson(1948, 1960)와 Cedeman

4. 대륙을 좀 더 세분화하여 살펴보면 결과가 좀 다르게 나타난다. 예를 들어 북미(North America)의 경우 $\alpha = 2.09$로 2보다 높게 나타나 전 세계나 큰 대륙보다는 덜 두꺼운 꼬리 분포를 보인다. 자세한 것은 Becerra, Johnson, Meier, Restrepo, and Spagat(2006)를 참조 바란다.

(2003)은 세계의 전체 전쟁을 대상으로 멱함수 분포가 조사하는지를 조사하여 Becerra et

그림 13-18 전 세계 및 대륙별 자연재난 피해의 분포

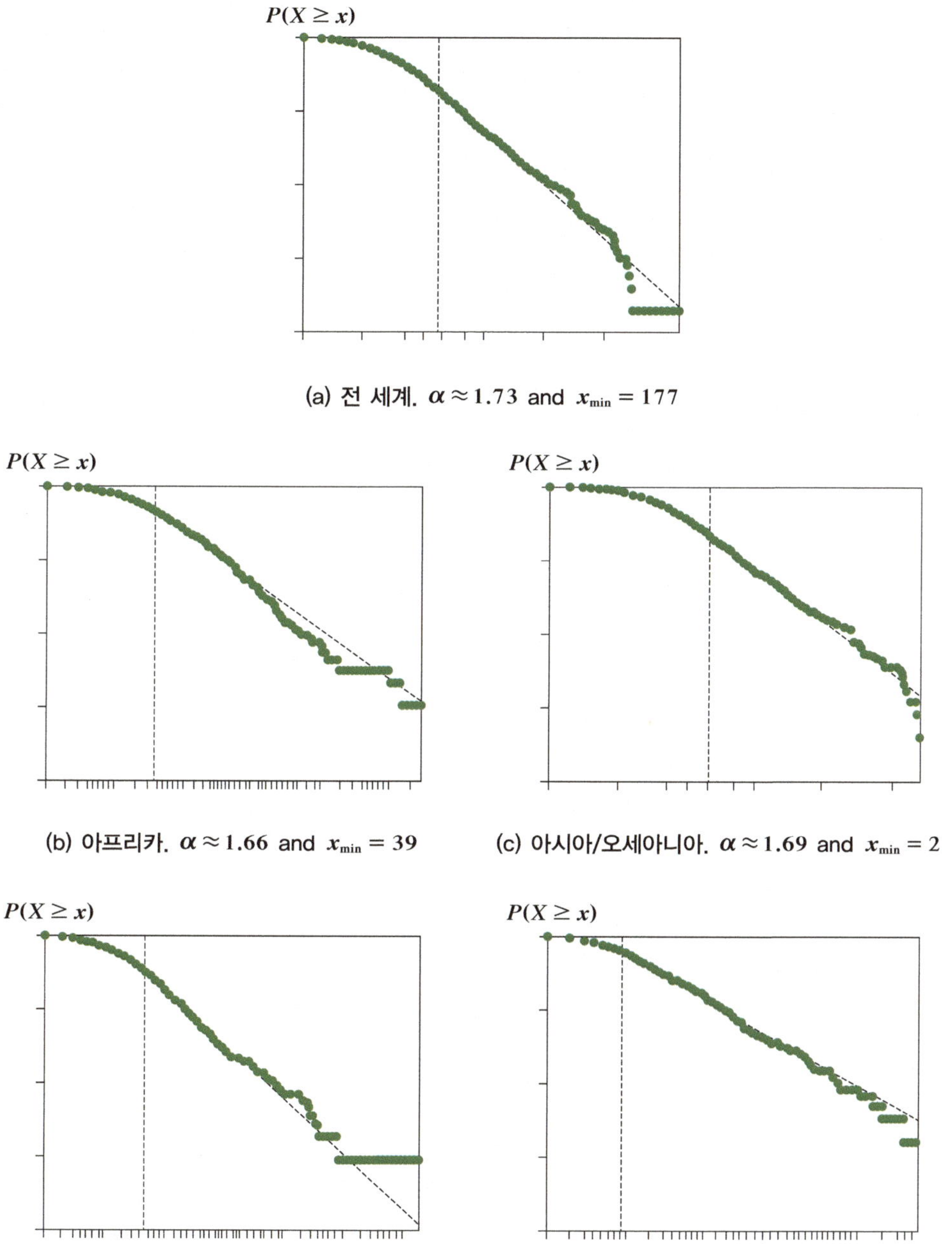

(a) 전 세계. $\alpha \approx 1.73$ and $x_{\min} = 177$

(b) 아프리카. $\alpha \approx 1.66$ and $x_{\min} = 39$

(c) 아시아/오세아니아. $\alpha \approx 1.69$ and $x_{\min} = 215$

(d) 아메리카. $\alpha \approx 1.75$ and $x_{\min} = 48$

(e) 유럽. $\alpha \approx 1.60$ and $x_{\min} = 9$

주 : X는 사상자의 수, $P(X \geq x)$은 사상자가 특정 x보다 클 확률, $X_{\min}$은 멱함수 법칙 분포를 보이는 최소 사상자 규모를 나타낸다.

al.(2006)의 값과 매우 근사한 α값을 추정하였다. 또한 Clauset and Young(2005)은 G7에 대한 테러 공격 피해규모를, Johnson et al.(2006)은 현대 전쟁의 피해규모를 대상으로 각각 조사한 결과 α를 2.5 정도로 추정하였다.

제14장 프랙탈과 카오스

1. 프랙탈 / 2. 카오스

자연은 기본적으로 복잡하고 무질서하다. 그러나 그 가운데서도 어떤 조건하에서는 특정 질서가 나타난다. 그 국부적 시스템 내에서는 일정한 질서가 필연적으로 결정되어 있다고 볼 수 있다. 그러나 그 계를 넘어서면 여러 가지 가능한 상태 중에 특정 상태가 나타난 확률적 사건에 지나지 않는다. 그 사건이 나타남으로 인해 그것은 시스템의 기억으로 각인되면서 그 이후에도 유사한 패턴이나 경로를 보인다. 이것이 복잡계의 큰 특징이고 자기 유사성의 패턴을 보이는 프랙탈과 규칙적인 질서로부터 불규칙한 질서를 창발시키는 카오스는 그 단면을 잘 보여준다.

1 프랙탈[1]

1.1 자기 유사성

우리 주위의 많은 것들은 대개 자기 고유의 크기를 갖고 있다. 그러나 자연계에서는 그렇지 않은 것들도 많다. 1967년 B. B. Mandelbrot는 「영국의 해안선 길이는 어느 정도인가?」라는 논문에서 이에 대해 언급하였다(Mandelbrot, 1967). 그는 국가마다 각자 측정 방법이 달라 국경의 길이가 각국의 백과사전에 다르게 실려 있다는 점을 지적하였다. 동일한 국경의 길

1. 井庭崇, 福原義久(2011), Ch. 4를 주로 참조하여 작성하였다.

이를 측정하는데 측정 방법에 따라 길이가 다르다는 것은 무슨 의미인가?

해안선을 멀리서 보면 톱니 모양처럼 들쭉날쭉한 부분이 많다. 좀 더 확대해 보면 미세한 톱니 모양이 보인다. 점점 확대하면 더 미세한 톱니 모양이 보이며, 멀리서 보지 못한 부분이 발견된다. 다시 말해, 해안선을 측정할 때 큰 스케일로 대략적으로 측정할 때와 작은 스케일로 세밀하게 측정할 때의 길이가 차이나며, 후자일 때 길이가 길어진다.

그림 14-1 측정 단위와 측정 길이

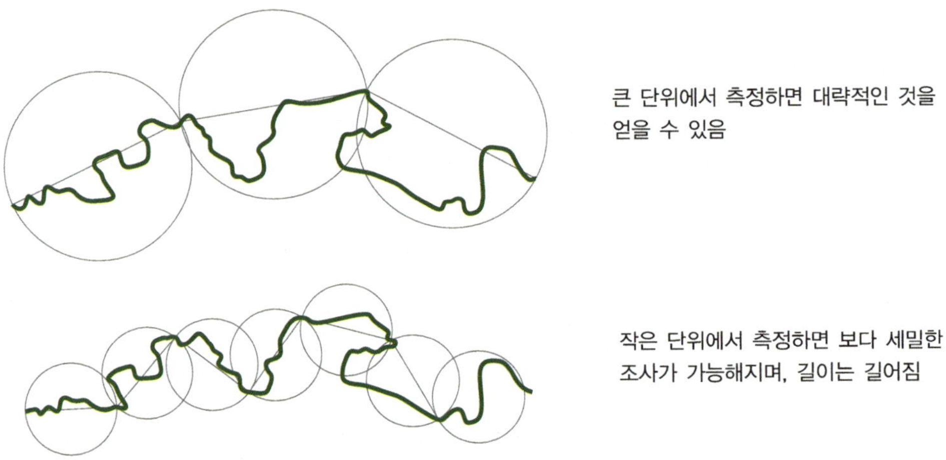

Mandelbrot는 이렇게 측정 단위를 다르게 하여 해안선을 측정했을 때 길이가 차이가 난다는 것을 발견하였다. 그리고 측정 단위를 크게 할수록 해안선의 길이가 작아지며, 그 관계가 정확하게 반비례한다는 것을 밝혔다. 양자의 관계를 로그-로그 스케일로 표시하면 [그림

그림 14-2 측정 단위 변경에 따른 국경과 해안선의 길이

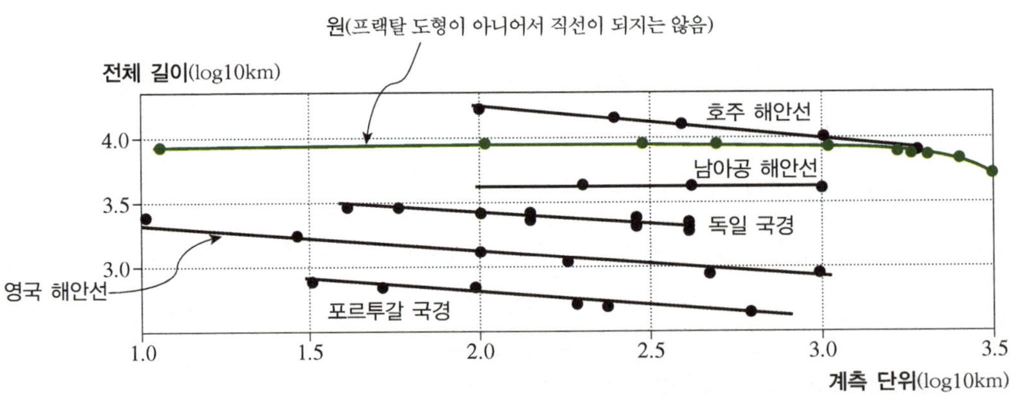

14－2]와 같이 직선으로 나타난다. 측정 단위를 일정 비율로 세밀하게 하면 해안선의 길이도 일정 비율로 길어진다. 이러한 결과는 해안선의 모습이 자기 유사성을 가진다는 것을 반증한다. Mandelbrot는 이러한 자기 유사성(self-similarity)의 모양을 '프랙탈(fractal)'이라 명명하였다.

1.2 프랙탈 유형

프랙탈은 모양이나 무늬가 계속 반복되는 자기 유사성의 특징을 지닌다. 프랙탈에도 몇 가지 유형이 있는데 지금까지 알려진 4가지 유형에 대해 살펴본다.

첫째, Koch 곡선이다. Koch 곡선은 해안선처럼 계속 확대해도 톱니의 들쭉날쭉한 모양이 반복되는 유형이다. 선분을 3등분하여 가운데 부분을 삼각형 모양처럼 만드는 것을 계속 반복하면 Koch 곡선이 된다. [그림 14－4]처럼 3배로 확대해도 동일한 무늬가 계속 반복된

그림 14－3 Koch 곡선의 형성 원리와 Koch 눈 결정체

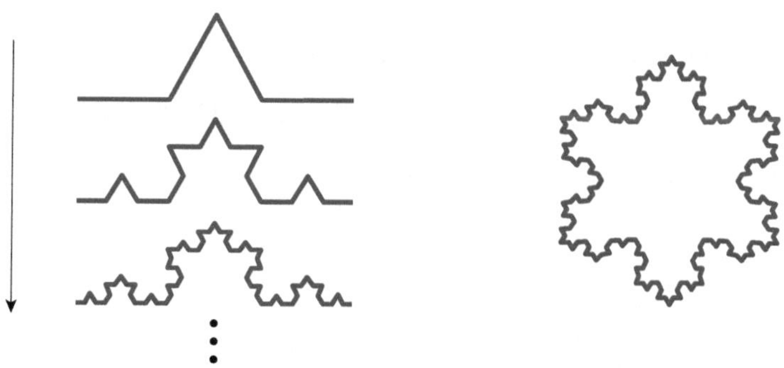

그림 14－4 Koch 곡선의 자기 유사성

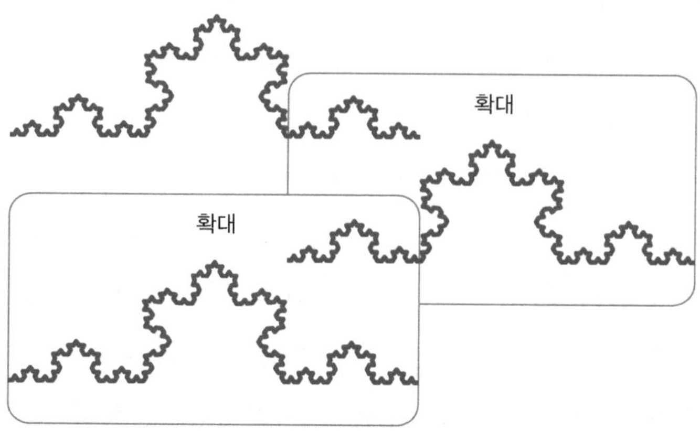

다. Koch 곡선의 대표적인 것이 정삼각형의 3변으로 연결된 Koch 눈결정체(Koch snowflake)이다.

둘째, Cantor 집합이다. 이는 1883년 독일 수학자 G. Cantor에 의해 소개되었다. 선분을 3등분하여 그 가운데 부분을 제거한다. 남아 있는 선분에 대해서 동일한 방법으로 계속 제거해 나간다면 구멍이 숭숭 난 선분을 얻을 수 있다.

그림 14-5 Cantor 집합

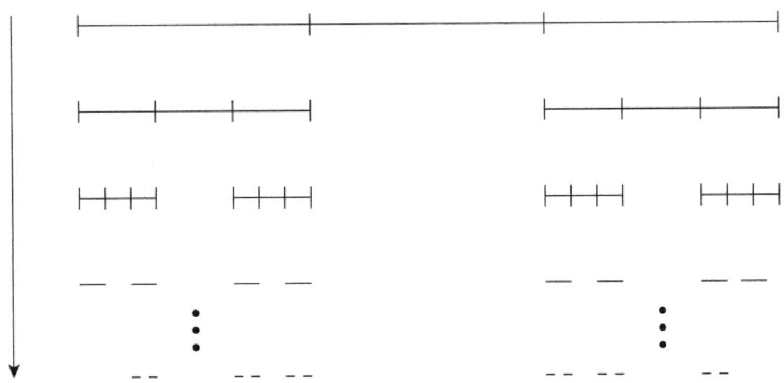

길이가 1인 선분에서 Cantor 집합과 같이 그 가운데 부분을 제거해 나가면 어떠한 모양이 되는지를 알아보기 위해 제거된 선분의 길이를 알아보자. 3분의 1씩 제거해 나가면 그 수가 2배씩 증가하므로 그 합은 아래와 같이 된다.

$$\frac{1}{3} + 2\left(\frac{1}{3}\right)^2 + 2^2\left(\frac{1}{3}\right)^3 + \cdots = 1$$

원래 선분 길이가 1인데, 제거된 선분 길이가 1이 되므로 남아 있는 선분을 모아 놓은 Cantor 집합은 길이가 존재하지 않는다. 다소 모순되어 보이지만 무한히 반복할 경우 수학적으로 가능한 일이다. Cantor 집합은 점에는 길이가 존재하지 않는다는 것이 선분에도 적용될 수 있음을 보인 측면에서 자기 유사성이 존재한다.

셋째, Cantor 집합과 유사하게 정삼각형을 4개의 부분으로 나누어 중간의 정삼각형을 제거하는 것을 무한히 반복하면 처음 정삼각형의 면적과 사라지는 면적이 같아져 결국 면적이 존재하지 않게 되는 프랙탈도 있다. 이는 폴란드 수학자 W. Sierpiński가 1915년에 고안한 것으로 Sierpiński 삼각형이라 불리며, Cantor 집합을 2차원 공간으로 확장한 것이라 할 수 있다.

그림 14-6 Sierpiński 삼각형

지금까지 살펴본 프랙탈 도형은 매우 규칙적인 모양으로 측정하기 쉬우나, 일부 프랙탈 도형은 그 규칙을 발견하기가 쉽지 않다. 또 무한히 반복되기 때문에 길이와 면적을 계산하기가 쉽지 않다. 고유의 스케일을 가진 도형을 대상으로 하는 유클리드 기하학으로는 프랙탈 도형을 다루는 데 한계가 있다. 따라서 이를 극복하기 위해 프랙탈 도형을 다루는 프랙탈 기하학이 등장한다.

1.3 프랙탈 차원

일반적으로 선은 1차원, 면은 2차원, 공간은 3차원으로 알려져 있다. 물리학에서는 변경 가능한 변수의 수로 차원(dimension)을 얘기한다. 평면을 얘기할 때는 x, y의 2개 변수, 공간을 얘기할 때는 x, y, z의 3개 변수로 표시한다. 그러나 이러한 차원의 개념으로는 프랙탈 도형을 정확하게 설명할 수 없다. 앞서 본 것처럼 Cantor 집합은 1차원 선분의 집합이지만 길이를 갖고 있지 않고, Sierpiński 삼각형은 2차원 평면상에 존재하지만 면적을 갖고 있지 않다. 따라서 프랙탈 도형을 다룰 수 있는 새로운 '프랙탈 차원'이 필요하다.

프랙탈 차원은 자기 유사성의 관점에서 차원을 바라본다. 그럼에도 기존의 차원 개념과 모순을 일으키지 않으며, 이를 확장한 개념이라 할 수 있다. 간단한 예로 직선, 정사각형, 정육면체라는 각각 1, 2, 3차원을 생각해 보자. 각각 도형의 각 변을 2등분하면 원래 도형과 동일한 모양의 분할된 도형이 각각 2개, 4개, 8개 생성된다. 따라서 각각 $2^1 = 2$, $2^2 = 4$,

$2^3 = 8$의 관계가 성립된다. 이때 각각의 지수가 곧 차원이 된다.

그림 14-7 도형의 분할과 차원

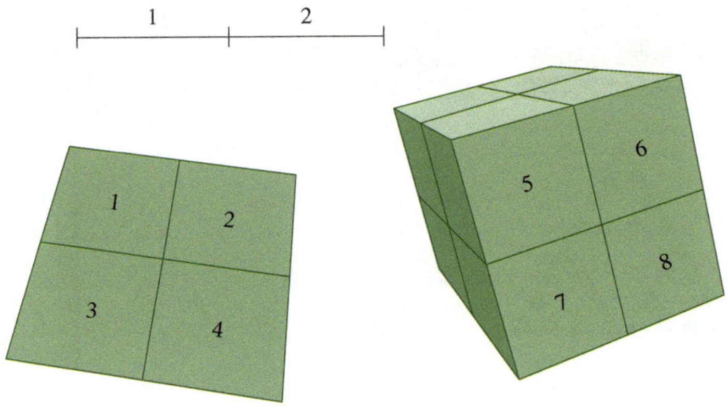

이처럼 프랙탈 차원은 어떤 도형을 분할했을 때 원래 도형과 모양이 유사한 도형이 얼마나 있느냐가 차원을 구성한다. 보다 일반적으로 표현하면 다음과 같다.

"어떤 도형이 전체를 $\frac{1}{a}$로 축소한 유사 도형이 a^D개 있다면, 이 도형의 차원은 D이다."

차원 수를 계산하기 쉽게 위를 달리 표현하면 다음과 같다.

"전체를 $\frac{1}{a}$로 축소한 유사 도형이 b개 있다면, 이 도형의 프랙탈 차원은 $D = \frac{\log b}{\log a}$이다."

예를 들어 Cantor 집합의 차원은 전체를 $\frac{1}{3}$로 축소한 선분이 2개씩 구성되므로 다음과 같이 약 0.6309이다. Cantor 집합은 길이가 없는 선분의 집합이므로 0차원(점)과 1차원(선)의 중간값을 갖는 것이 타당하다.

$$D = \frac{\log b}{\log a} = \frac{\log 2}{\log 3} = 0.6309...$$

1.4 자연에서의 프랙탈 현상과 응용

자연계에서는 다양한 프랙탈 현상이 발견된다. 강이 갈라지는 모양(프랙탈 차원 1.85)이나 인체의 혈관, 뇌의 주름(프랙탈 차원 2.73~2.79)이 갈라지는 모양에서 프랙탈이 관찰된다. 혈관의 경우 프랙탈 구조로 제한된 공간에서 혈액의 운반이나 산소 흡입과 같은 신진대사를 매우 효율적으로 수행할 수 있다. 식물이나 나무의 가지 모양(프랙탈 차원 1.5)도 프랙탈 구조를 보인다. 심지어 은하계와 같은 우주공간의 분포(프랙탈 차원 1.2)도 프랙탈 모습을 보인다.

자연계의 프랙탈 모습을 활용하여 반대로 자연의 모습을 재현하는 것이 가능하다. 프랙탈 구조는 초기 컴퓨터 그래픽 엔지니어링 분야에 많이 응용되어 실제 나무나 산과 같은 자연계의 모습을 상당 부분 재현하는 데 이용되었다. 간단한 프랙탈의 규칙으로 나무를 만드는 시뮬레이션을 예로 들어보자.

- 하나의 가지는 정해진 수로 갈라진다.
- 갈라지는 각도는 일정하다.
- 갈라진 가지는 일정 비율로 짧아진다(길어진다).

이와 같은 규칙으로 구현하면 [그림 14-8]처럼 실제 나무 모습과 유사하게 만들 수 있다.

그림 14-8 여러 형태의 식물 가지들의 시뮬레이션

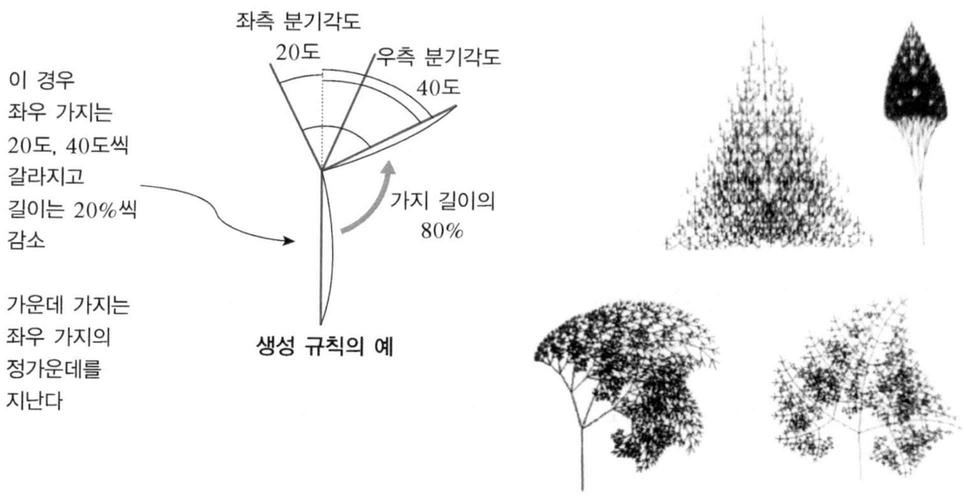

지금까지 프랙탈의 몇몇 예들을 살펴보았지만, 프랙탈을 몇몇 성질로 특징짓기는 어렵다(Falconer, 2003). Koch 눈결정체처럼 모든 스케일에서 동일한 패턴을 보이는 것(exact self-similarity)도 있고, 스케일에 따라 대략적으로 유사한 패턴을 보이는 것(quasi self-similarity)도 있다. 프랙탈 차원처럼 스케일 간에 통계적으로 자기 유사성(statistical self-similarity)을 보이는 것도 있다. 이는 프랙탈 자체가 복잡계일 수는 없고 복잡계를 이해하는 한 방편으로서 '자기 유사성'이라는 중요한 패턴을 발견한 것으로 이해할 수 있다. 다시 말해 세상의 무수한 일들이 확률적 사건과 그 기억들의 경로의존성으로 움직이고 있음을 확인시켜 준다.

2 카오스[2]

2.1 결정론과 비결정론

과학에서의 결정론은 불변의 법칙, 질서의 세계인 반면, 비결정론은 불변의 법칙과 질서가 작동되지 않는 세계이다. 법칙과 질서가 환경이나 조건에 상관없이 작동되는 세계가 전자라면, 환경이나 조건에 따라 변하는 세계가 후자이다. 결정론에서는 현재의 상태가 곧 다음의 상태를 결정하는 필연성이 있으나, 비결정론에는 반드시 그러하지 않고 우연이 개입할 수 있는 여지가 존재한다. 그런 면에서 결정론에서는 진정한 자유의지가 존재하지 않는다. 자신의 의지대로 선택하더라도 그것은 필연적으로 그렇게 될 수밖에 없는 것을 실행하는 데 불과하다. 비결정론에서는 자기 의지에 따라 얼마든지 운명이 바뀔 수 있다.

카오스는 비결정론적 세계에 해당하며, 결정론적인 규칙에 따라 행위가 이루어졌음에도 매우 복잡한 비결정론적인 결과가 도출될 때를 지칭한 것으로 시작되었다. 최초 카오스에 대해 관심을 기울인 사람은 J. H. Poincaré이다. 그는 1890년 논문(Poincaré, 1890)에서 3개 이상의 천체가 서로 간섭하여 복잡한 궤도를 형성한다는 것을 발견하였다. 그러나 당시 학문수준으로는 카오스의 실상에 가까이 접근해 규명하는 데 한계가 있었다.

---

2. 井庭崇, 福原義久(2011), Ch. 6을 주로 참조하여 작성하였다.

그러다가 70년이 지난 1961년 기상학자 E. N. Lorenz가 기상 모델에서 간단한 미분방정식이 카오스를 나타낸다는 것을 발견하였다(Lorenz, 1963). 그는 컴퓨터로 계산한 결과값이 예상 외로 진자운동처럼 진동하는(왔다갔다) 것을 알게 되었다. 원인을 조사한 결과 초기 값 0.506127 대신 0.506을 입력한 것이 원인이었다. 다시 말해 초기 값의 1,000분의 1 이하의 오차가 결과에 큰 영향을 끼쳤다. 초기 값의 오차가 결과에 큰 차를 나타내는 성질을 '초기 값의 민감성'이라 하는데, 이것은 카오스의 성질 중 하나이다. Lorenz는 '초기 값의 민감성'을 브라질 나비의 날개짓이 미국 텍사스의 태풍을 일으키는 것과 유사하다고 설명하였다.

2.2 카오스의 생성

1970년대에 들어와서 수리학자 R. May는 생물체의 부모 개체 수와 자녀 개체 수 관계에서 진자운동과 같은 카오스를 발견하였다. x_{n+1}을 $n+1$세대의 개체 수, x_n을 n세대의 개체 수로 하면 다음과 같은 식을 얻는다(May, 1976).

$$x_{n+1} = ax_n(1 - x_n)$$

이 식은 곤충과 같은 생물의 개체 수 관계를 잘 설명하는 것으로 알려져 있다. 우변의 x_n은 이번 세대의 개체 수가 증가하면 다음 세대의 개체 수를 증가시키나, $(1 - x_n)$은 반대로 다

그림 14-9 로지스틱 지도

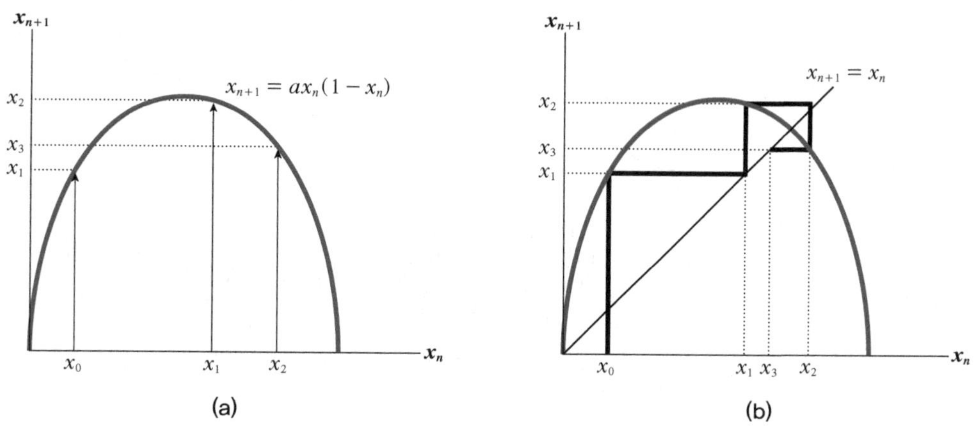

음 기의 개체 수를 감소시킨다. a는 양자 간 변화에 균형을 잡는 파라미터이다. 이 식은 로지스틱 방정식으로 알려진 $\frac{dx}{dt} = Ax - Bx^2$을 차분방정식으로 표현한 것으로 이것을 그래프로 나타낸 것을 로지스틱 지도라 한다.

개체 수의 변화를 그래프를 통해 보면 포물선상에서 개체 수가 늘었다가 줄었다가 하다가 어느 점으로 수렴하는 경향을 보인다([그림 14-9]의 (a)). 또한 이번 세대의 x_n으로부터 다음 세대의 x_{n+1}이 구해지고, 이는 다시 다음 세대의 x_n이 되므로 $x_{n+1} = x_n$선을 그어 개체 수 변

그림 14-10 파라미터 a의 변화에 따른 진자 움직임의 변화

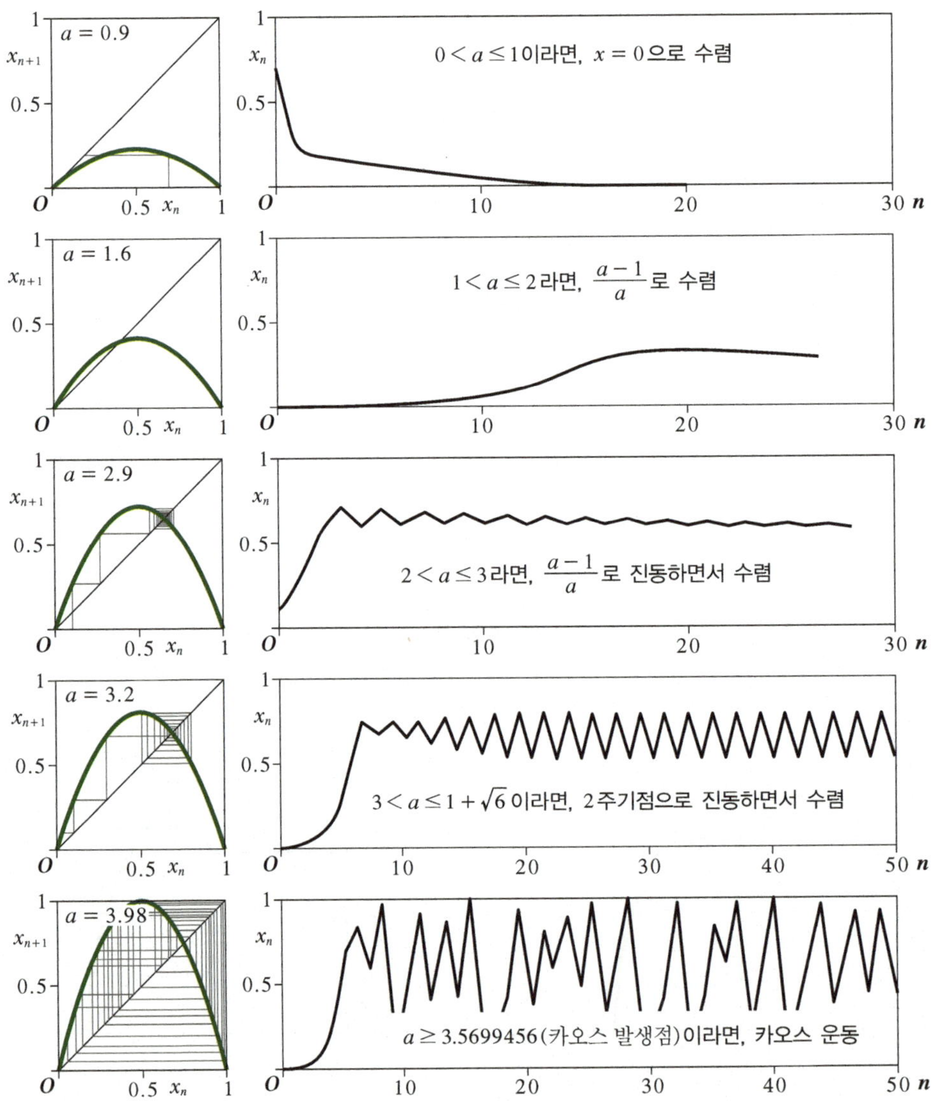

화의 궤적을 그릴 수 있다([그림 14-9]의 (b)).

다음으로 파라미터 a에 따라 개체 수가 어떻게 변화하는지에 대해서 보자. [그림 14-10]에서 보듯이 a값에 따라 진자의 움직임이 다양하게 나타난다. [그림 14-10]의 오른쪽은 x_n값을 시계열(세대별)로 나타낸 것이다. a의 변화에 따라 특정 값에 수렴하기도 하고 일정 주기로 진동하기도 한다.

[그림 14-10]의 제일 밑의 그림을 보면 a값이 3.5699456 이상이면 진자의 움직임이 카오스를 보인다. x_n이 결코 동일한 값을 갖지 않으며, 주기도 없는 진자 움직임을 보인다. 이를 좀 더 자세히 보기 위해 a값에 따른 개체 수의 최종 수렴값을 보면 [그림 14-11]과 같다. 그래프를 보면 처음에는 하나의 값으로 수렴하다가 그 다음에는 2개의 값으로 수렴하고, $a=3.5699456$부터는 수렴값도 없고 주기도 없는 카오스 상태로 진입함을 알 수 있다. a값에 따라 x_n이 분기하는 현상이 관찰된다. 더 흥미로운 점은 카오스 국면에서도 주기가 나타나는 지

그림 14-11 분기점과 카오스 현상

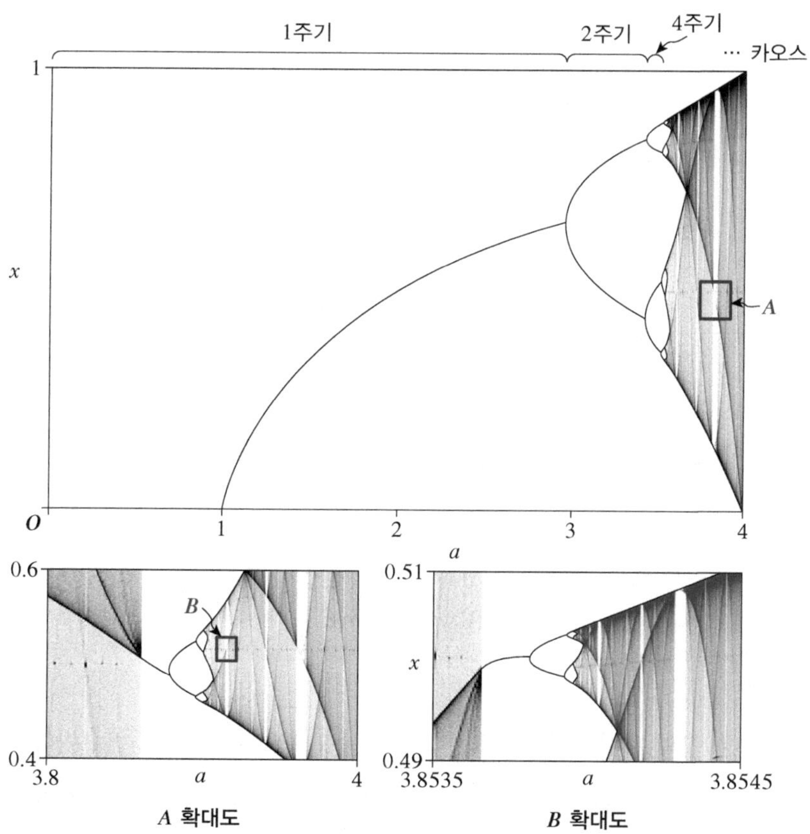

점이 있다는 것인데, [그림 14-11]의 A지점에 해당한다. 카오스 가운데서도 주기성이 잠재되어 있음을 시사한다. 그리고 A지점을 좀 더 확대하면 앞의 분기점에서의 모양과 동일한 패턴을 관찰할 수 있는데, 이는 일종의 프랙탈 현상으로 카오스와 프랙탈이 밀접하게 관련되어 있음을 알 수 있다.

2.3 진자운동과 카오스

결정론적 법칙에 의해 상태가 시간적으로 변하는 세계를 '역학계'라 한다. 역학계에서 운동은 그 운동방정식의 변수들로 구성된 상공간(相空間, phase space)에서 표현 가능하다. 가령 어떤 시점에서 a, b 두 변수로 표현되는 운동을 평면공간(상공간)에 표시할 수 있다. 마찬가지로 3개의 변수도 3차원 공간에 표시가 가능하다.

그림 14-12 운동과 상공간

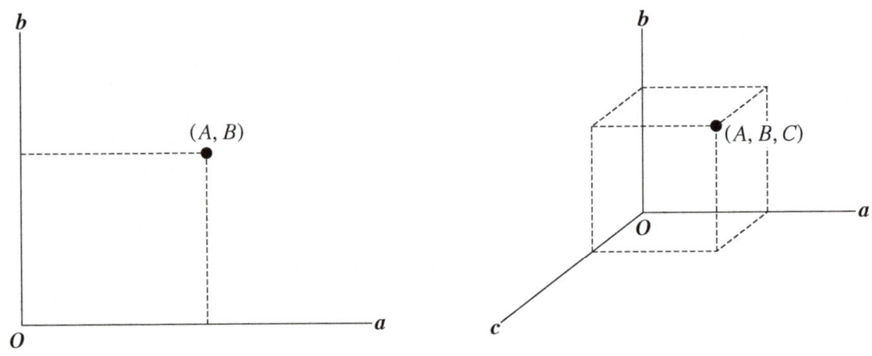

이러한 방식으로 진자운동을 평면공간에 표시할 수 있다. 진자운동은 다음과 같이 표시된다.

$$V = -\frac{g}{l}\sin\theta$$

g는 중력, l은 끈의 길이로서 고정되어 있고, 속도 V와 각도 θ가 변수이다. 마찰이 없는 상태에서의 운동이다. 진자를 처음 왼쪽 끝에서 놓는 순간에는 속도가 0이지만 그 이후 중력

에 의해 속도가 빨라져 각도가 0일 때 가장 빠르고 오른쪽 끝에서 다시 0이 된다. 반대 방향에서도 동일한 패턴이 나타난다. 이를 평면공간에 표시하면 원 모양으로 나타난다([그림 14-13]).

그림 14-13 상공간과 진자운동의 궤적

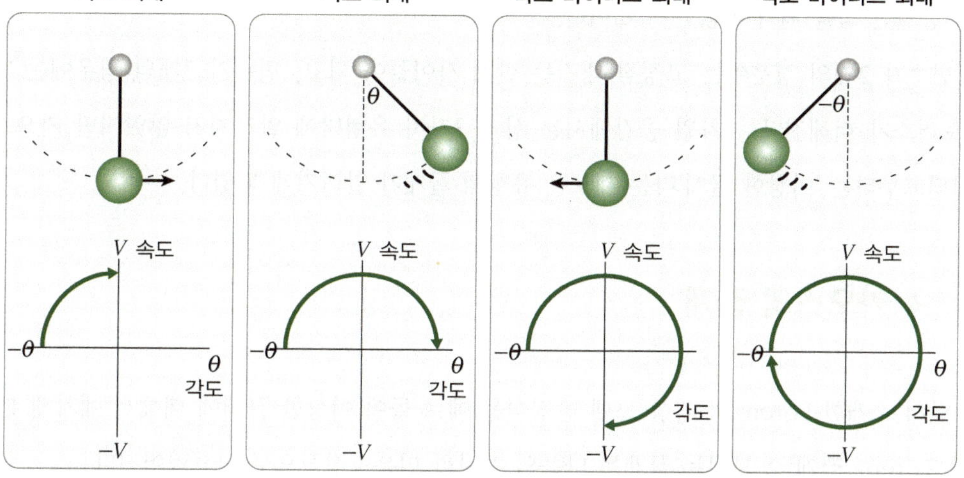

이러한 마찰 없는 진자운동은 에너지가 보존되는 전형적인 경우로서 '보존계(conservative system)'에 해당되며, 이와 대조적으로 에너지가 소실되는 운동을 '산일계(dissipative system)'라 한다. 공기저항과 같은 마찰이 있으면 진자운동의 에너지가 점점 소실되어 지속되기 어렵다. 실제 자연과 사회 현상은 에너지가 끊임없이 소실되어 가는 '산일계'이다.

산일계에서의 운동은 충분한 시간이 지나면 특정 궤적이나 점에 머문다. 이때의 안정적인

그림 14-14 끌개의 종류

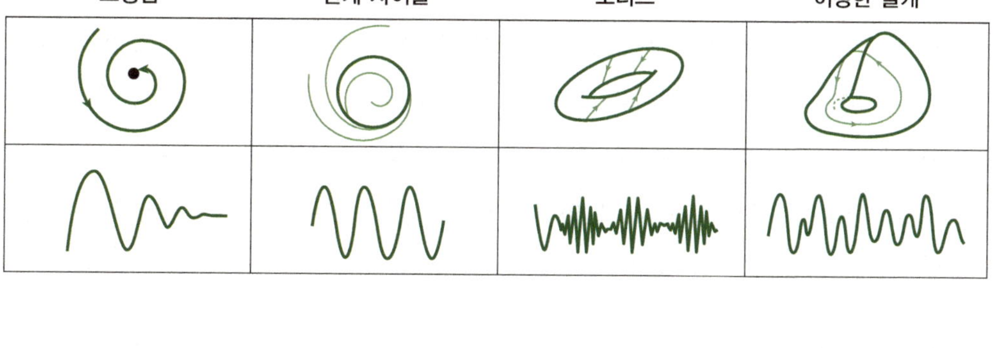

상태를 '끌개(attractor)'라 한다. 끌개는 운동의 복잡성이나 유형에 따라 다양한 형태를 가진다. 몇 가지 기본형을 보면 고정점(fiexd point)은 정지끌개, 점끌개, 평형점이라고도 하는데, 어떤 한 점으로 수렴하는 끌개이다. 한계 사이클(limit cycle)은 주기끌개라고도 하는데 주기적인 운동을 반복하는 끌개이다. 토러스(torus)는 원통 코일, 준주기끌개라고도 하는데 3차원의 공간에서 도너츠 모양의 궤적을 만들며 수렴한다. 이상한 끌개(strange attractor)는 궤도가 영원히 동일한 점을 지나지 않는 끌개이다.

변수가 2개의 경우에는 고정점 내지는 한계 사이클이 되고, 변수가 3개의 경우에는 거기에 토러스가 더해진다. 3차원 공간에서는 상기 3가지 유형밖에 알려지지 않았지만 카오스가 발견되고부터는 '이상한 끌개'라는 새로운 유형의 끌개가 알려지게 되었다.

2.4 카오스의 끌개

앞서 소개한 Lorenz의 기상 모델 방정식을 예로 들어 이상한 끌개에 대해서 얘기해 본다. 일명 'Lorenz 끌개'로 불리는 끌개는 다음의 간단한 미분방정식으로부터 얻어진다.

$$\frac{dx}{dt} = -10x + 10y$$

$$\frac{dy}{dt} = 28x - y - xz$$

$$\frac{dz}{dt} = xy - \frac{8}{3}z$$

이 식들은 각각 x, y, z의 시간에 대한 변화량을 나타낸다. 원래의 비선형방정식은 일정 형태를 갖고 있음에도 일반해를 알기 어렵다. 따라서 비선형방정식에 적당한 초기 값을 부여하여 공간상에서 x, y, z의 변화 궤적을 추적함으로써 일반해를 유추할 수가 있다. 3차원 공간의 적당한 x, y, z 초기 값에서 얻은 각 변수의 변화량으로부터 다음 기의 x, y, z 값을 구할 수 있다. 이러한 방식으로 궤적을 그리면 [그림 14-16]의 (a)와 같은 이상한 끌개 모양으로 나타난다.

Lorenz 끌개는 2개의 링이 서로 연결된 형태를 띠며, 두 링을 불규칙하게 왔다갔다하는 궤적을 그린다. 언제 어떤 링의 어느 곳을 지나는지는 초기 값에 의존한다([그림 14-16]의

그림 14-15 적당한 초기 값으로부터 x, y, z의 궤적 추적

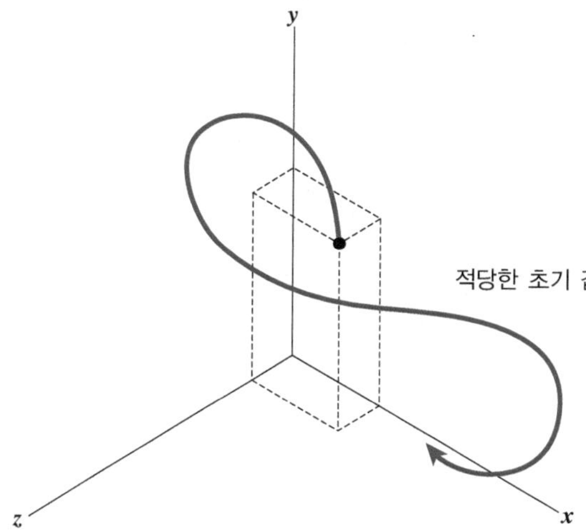

그림 14-16 Lorenz 끌개와 불규칙한 궤적

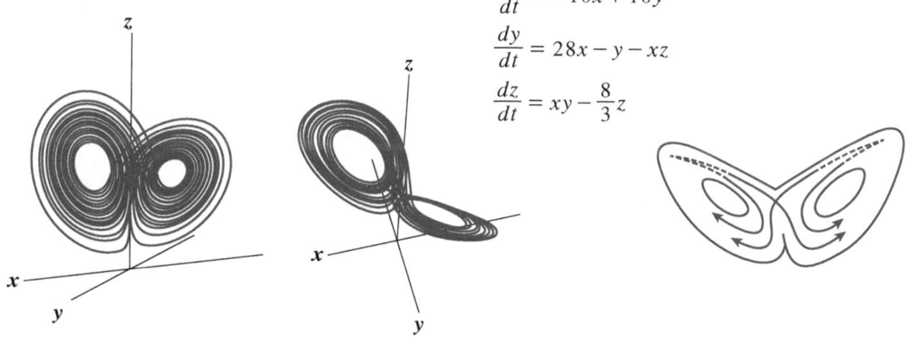

$$\frac{dx}{dt} = -10x + 10y$$

$$\frac{dy}{dt} = 28x - y - xz$$

$$\frac{dz}{dt} = xy - \frac{8}{3}z$$

(a) Lorenz 끌개

(b) 불규칙한 궤적

(b)). 이 궤도는 한정된 범위의 공간에서 발생하지만 결코 동일한 궤도를 반복하지 않는다. 따라서 주기가 없다고 할 수 있다. 이상한 끌개는 Lorenz 끌개 외에도 다양한 종류가 있는데 Rosseler 끌개가 대표적이다.

카오스는 복잡계의 중요한 성질의 한 단면을 보여준다. 어느 특정 계에서는 매우 안정적인 균형 상태를 보이다가도 '이상한 끌개'처럼 임계점을 넘어서면 완전히 달라져 불규칙적인 상태가 오히려 흔하고 규칙적인 상태가 희소하게 바뀐다. 이는 실체가 확률적이라는 것을 시사한다. 특정 상태의 경우의 수가 많으면 그 상태가 일어날 확률이 높다는 것이다. [그림

그림 14-17 Rosseler 끌개

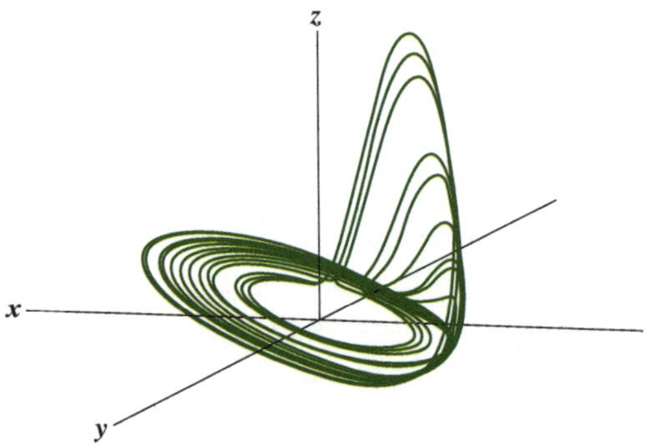

$$\frac{dx}{dt} = -y - z$$
$$\frac{dy}{dt} = x + ay$$
$$\frac{dz}{dt} = b + z(x - c)$$

14-11]에서 분기점 이전에는 하나의 값으로 수렴하는 상태가 거의 100% 가까이 나타나고 있기 때문에 그 상태가 일어날 확률이 거의 100%에 가깝다. 그러나 분기점 이후에는 2개의 값이 각각 50% 구성하기 때문에 2개의 값으로 진동하는 현상을 보인 것이며, 그 이후 분기점에서는 잠깐 4개 값으로 갔다가 무수히 많은 값의 불규칙한 상태로 바뀐다.

여러 가지 가능한(확률) 사건 중에 특정 사건이 일어나면 그것이 시스템에 기억으로 남아 이와 유사한 패턴이나 경로가 나타난다. 이는 결국 초기 조건에 따라 결과가 다르게 나타나는 '초기 민감성'을 얘기하며, 프랙탈 현상을 달리 표현한 것이라 하겠다.

제15장 뇌신경 네트워크

1. 기본 구조 / 2. 자기조직화 학습 / 3. 다층적 구조와 AI
4. 분리와 통합의 공존

뉴런이라는 노드와 시냅스라는 링크로 이루어진 뇌신경 네트워크는 매우 복잡한 구조를 보이나 매우 효율적으로 작동되고 있어 많은 학자들의 연구 대상이 되고 있다. 아직 밝혀진 바가 많지 않으나 지금까지 밝혀진 바에 의하면 입력과 출력 간 다층적 자기조절 기능을 통해 스스로 인지 능력을 학습하는 메커니즘을 지니고 있으며, 기능적으로는 부분적으로 전문화되어 있으면서 동시에 전체적으로 통합하는 시스템의 특징을 보인다.

1 기본 구조

뇌신경 네트워크는 뉴런(neuron)과 이들을 연결하는 시냅스(synapsis)의 집합체라 할 수 있다. 이들은 어떤 특정 일을 효율적으로 처리하기 위해 일종의 회로(ciruit)를 구성한다. 인간 뇌의 경우 약 140억 개의 뉴런들로 이루어졌으며, 뉴런의 본체인 세포체(cell body)는 본체로부터 출력되는 신호를 전달하는 축색돌기(axon)와 그 신호를 받는 수상돌기(dendrite)로 구성된다. 한 뉴런의 출력신호를 전달하는 축색돌기와 입력신호를 받는 다른 뉴런의 수상돌기의 연결이 시냅스(synapse)가 된다.

시냅스를 통해 신호를 전달받은 뉴런의 전압이 어떤 임계치보다 크면 흥분 상태가 되어 발화한다. 발화된 뉴런은 전기신호를 다른 뉴런에게 보내고 이는 다시 다른 뉴런을 발화시킨다. 이러한 메커니즘으로 뉴런이 상호작용하고, 이에 기초하여 인간이 생각하고 행동을 한다. 인간의 기억이라는 것은 뉴런들 간의 결합, 즉 시냅스 연결의 강도에 영향을 받는데, 강하게 연결되어 신호가 쉽게 통하거나, 약하게 연결되어 신호가 어렵게 통한다. 이 연결의 강도를 변하게 함으로써 인간은 기억, 학습 등 다양한 활동을 한다[1].

그림 15-1 뇌신경 네트워크의 기본 구조

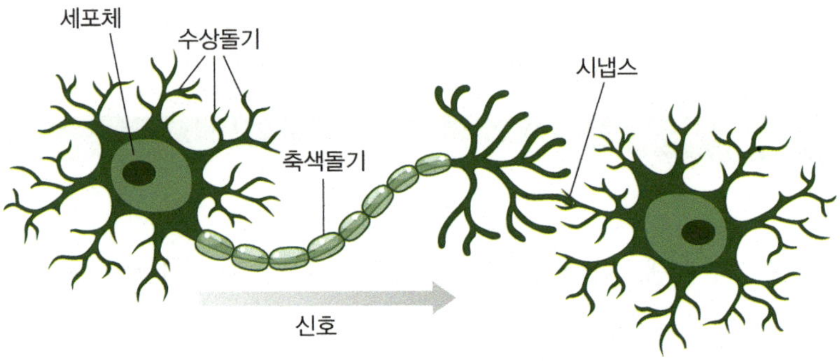

McCulloch and Pitts(1943)는 이를 간단한 수학으로 모델화하였다. 뉴런에 입력되는 신호를 x_1, x_2, …이라 하고 각 신호들이 가지는 가중치(강도)를 w_1, w_2, …라 하면 입력 신호의 총합은 $x = w_1x_1 + w_2x_2 + \cdots + w_nx_n$이다. 이때 w_i가 정(+)의 값이면 흥분성(excitatory), 부(−)의 값이면 억제성(inhibitory)이라 한다. 총합 x값이 어떤 임계치 0을 넘으면 발화해 1을 산출하고(연결됨), 0보다 작을 때는 0을 산출한다(연결 안 됨). 뉴런의 출력 y를 함수로 표현하면

$$y = f(x)$$

이다. 동 함수를 적절하게 변형시키면 모든 논리적 연산의 처리가 가능하다.

그림 15-2 McCulloch와 Pitts의 뉴런 모델

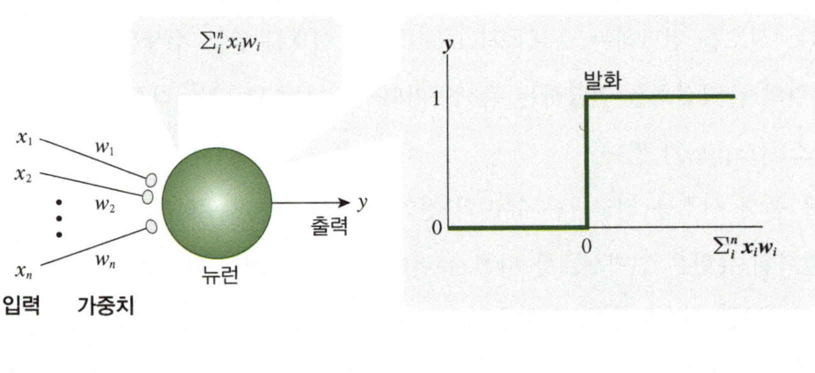

1. 井庭崇, 福原義久(2011), pp.136~137.

McCulloch와 Pitts는, 생명체의 뇌신경 네트워크는 생성될 때는 거의 조악한 상태에서 출발하여 서서히 환경 변화에 적응해가면서 회로가 조직화되어 간다고 하였다. 즉, 외부의 정보에 의해 결합을 조정해 나간다.

2 자기조직화 학습

Rosenblatt(1957)은 Perceptron이라는 패턴을 인식하는 뇌신경 네트워크 모델을 제안하였다. 처음에는 아무렇게나 인지를 하지만 점차 학습하여 어떠한 규칙을 인지하여 똑똑해져가는 메커니즘이다.

간단한 예를 들어보자. 0과 1로 쓰여진 카드가 있고, 이를 두 개씩 짝을 지우면 (0, 0), (0,1), (1,0), (1,1)의 4개의 조합이 가능하다. 4개의 조합 중 2개의 그룹으로 나누어 둘 다 1이어야 '1', 그렇지 않으면 '0'을 부여하도록 학습한다. 논리학에서는 이를 AND라 하여 둘 다 '참'이어야 '참'이 되는 조합이다. 어떤 기계가 입력이 (0, 0), (0, 1), (1, 0)이면 '0', (1, 1)이면 '1'을 출력하는 것을 생각해 보자. 처음에는 기계가 조악하여 입력에 대한 출력에 대한 정확도가 떨어지지만 학습의 피드백 과정을 거쳐 점점 정확도가 높아진다.

이제 McCulloch와 Pitts의 모델을 이용하여 그 과정을 좀 더 구체적으로 보자. 간단하게

그림 15-3 Perceptron의 학습

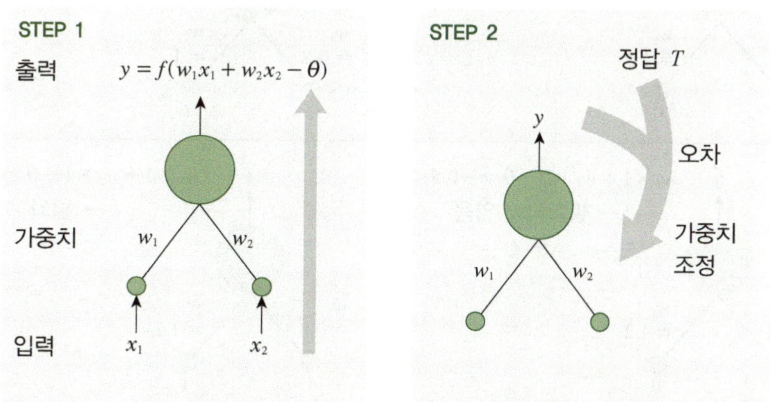

두 단계로 이루어지는데, 1단계는 입력으로부터 출력을 계산하는 것이고, 2단계는 출력에 오차가 있으면 가중치를 조정하는 것이다([그림 15-3]).

1단계에서는 다음과 같은 임계 함수에 의해 입력과 출력이 이루어진다.

$$y = f(w_1x_1 + w_2x_2 - \theta)$$

$f(x)$가 0보다 크면 1, 0보다 작으면 0의 값이 주어진다. θ는 처음에 적당한 값이 주어진다. 원래 정답을 T(0 또는 1)라 하고 출력된 값을 y(0 또는 1)라 하면 오차는 $(T - y)$이다. 2단계에서는 이 결과를 가지고 가중치를 조정한다. 오차가 크면 가중치인 w_1, w_2가 크게 조정되고 작으면 작게 조정되며, 조정 수식은 아래와 같다.

$$w_1^{new} = w_1^{old} + \eta(T - y)x_1$$
$$w_2^{new} = w_2^{old} + \eta(T - y)x_2$$

이러한 과정이 반복되면서 입력과 출력의 패턴을 학습하게 되고 그와 더불어 네트워크의 정확도가 높아지게 된다([그림 15-4]).

그림 15-4 뇌신경 네트워크의 학습 과정

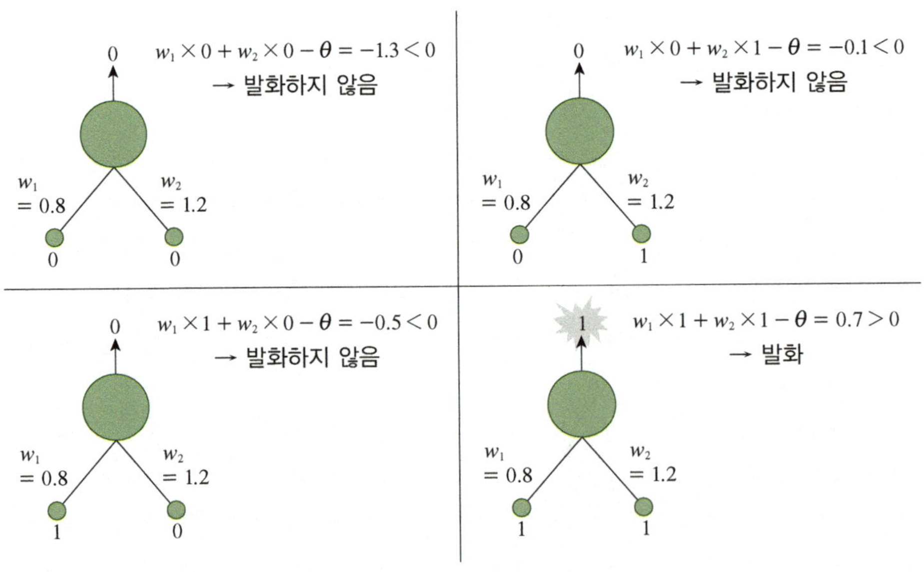

시냅스에 의한 뉴런과 뉴런의 연결은 바로 이러한 메커니즘으로 어떤 임계치를 넘으면 발화되어 다른 뉴런에게 신호가 전달되고, 그렇지 않으면 발화되지 않고 신호가 전달되지 않는다. Perceptron이라는 패턴을 인식하는 모델은 간단하지만 뇌신경 네트워크의 기본적인 메커니즘으로 오늘날 머신러닝의 기본 원리로서 AI의 영역으로 확장된다.

3 다층적 구조와 AI

앞서 설명한 Perceptron은 논리곱(AND)과 같은 선형적으로 분리 가능한 문제에 적합하나, 배타적 논리합(XOR)과 같이 주어진 두 개의 명제 가운데 하나만 참인 경우를 판단하는 문제의 경우에는 적용에 한계를 가진다. 즉, (0, 0), (1, 1)은 '0', (0, 1), (1, 0)은 '1'인 경우에 해당하는 좀 더 복잡한 문제에는 적용이 쉽지 않다.

이러한 한계점을 극복하기 위한 방법은 가중치를 조정하는 Perceptron 층을 하나가 아닌 여러 개를 만드는 것이다. 실제 뇌신경 네트워크는 여러 개의 뉴런 층으로 이루어진 다층적 구조를 보인다. 입력층과 출력층 간에 여러 개의 중간층을 만드는 것이다([그림 15-5]).

그림 15-5 다층 Perceptron

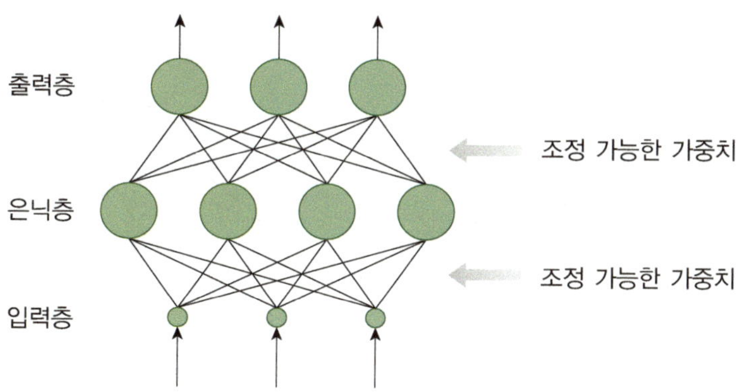

이제 다층적 구조하에서 어떻게 가중치가 조정되는지에 대해 알아보자. 이 경우 소위 오차 역전파(back propagation)라는 메커니즘이 작동한다(Rumelhart et al., 1986a·1986b). 여기서도 McCulloch와 Pitts 모델과 마찬가지로 두 단계로 나누어지는데, 1단계에서는 각 뉴런의 입력

으로부터 출력을 계산한다. 2단계에서는 출력값을 정답과 비교해 오차를 조정한다. 이때 출력에 가까운 층에서부터 입력층까지 역순으로 오차조정이 이루어진다. 이러한 방식으로 정답에 가까워질 때까지 반복하여 이루어진다.

이처럼 많은 층을 통하면 문제해결이 더 정확하고 또 적용 범위도 넓어진다. 이처럼 층을 많이 만드므로 이를 딥러닝(deep learning)이라고 부른다. 실제 뇌신경 네트워크의 구조와는 차이가 있지만 이러한 메커니즘은 공학적으로 응용되어 AI로 확장되고 있다.

그림 15-6 다층 구조의 뉴런 모델

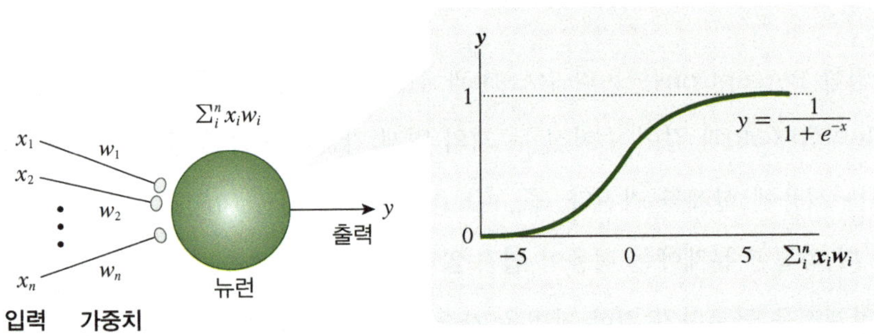

그림 15-7 오차 역전파

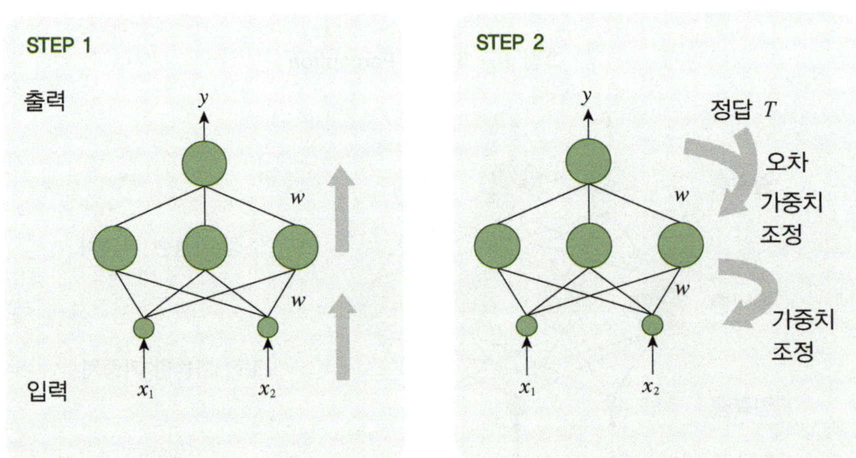

그러면 단층 구조와 다층 구조의 학습 과정이 어떻게 다른지 간단한 예를 들어보자. 단층 구조에서 앞서 살펴본 논리곱(AND)과 배타적 논리합(XOR)을 비교해 본다. 먼저 논리곱 문제에서 (1, 1)일 때만 '1'이고 나머지 (0, 0), (0, 1), (1, 0) 그룹은 '0'이 된다. 이를 x_1, x_2 좌표

축으로 표시하면 [그림 15-8]과 같다. 검은 원은 출력이 '1'을, 흰 원은 '0'을 나타낸다. Perceptron은 이 공간에서 적절한 직선을 그어 '0'과 '1'을 구분하는 역할을 한다. 그 직선은 $w_1x_1 + w_2x_2 = \theta$가 되며, $w_1x_1 + w_2x_2 > \theta$이면 음영 부분이고, $w_1x_1 + w_2x_2 < \theta$이면 나머지 부분이다. [그림 15-8]의 위는 검은 원과 흰 원을 잘 구분하지 못하여 (1, 0)의 입력을 '1'로 해서 출력한 경우이고, 아래는 잘 구분한 경우이다. 결국 학습에 의해 가중치 w_1과 w_2를 변화시켜 직선의 기울기를 변화시킴으로써 영역을 잘 구분할 수 있다.

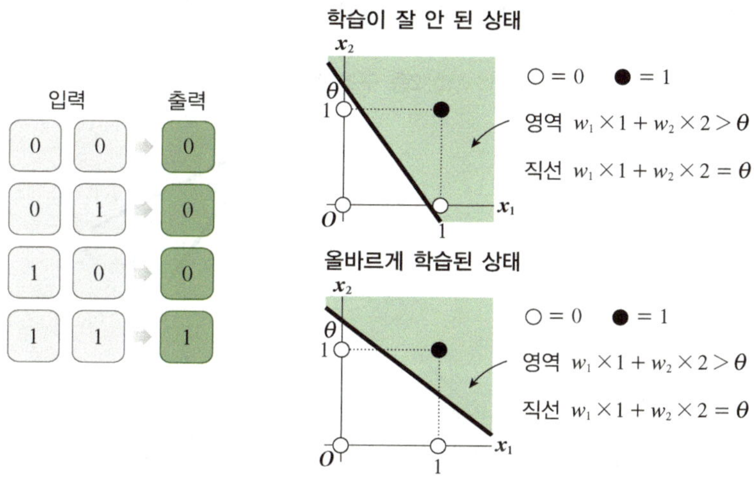

그림 15-8 단층 구조에서 논리곱(AND) 문제와 공간 분리

다음은 선형분리가 불가능한 배타적 논리합(XOR) 문제에 공간분리를 적용해 보자. 이 경우는 (0, 0), (1, 1)은 '0', (0, 1), (1, 0)은 '1'의 두 그룹으로 나누어진다. 그러나 [그림 15-9]에서처럼 하나의 직선으로 0과 1이 나누어질 수가 없어 문제의 해결이 불가능하다.

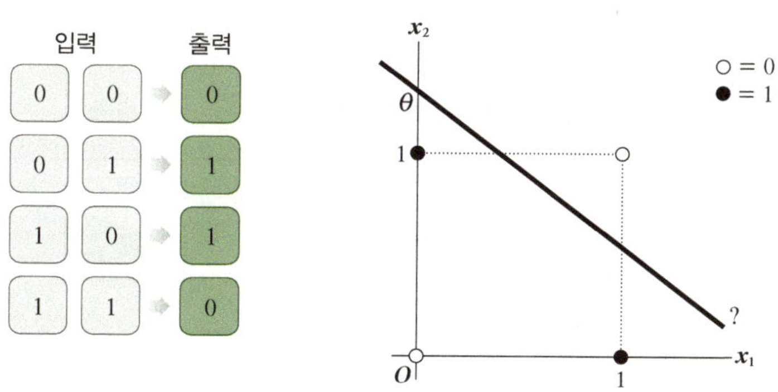

그림 15-9 단층 구조에서 배타적 논리합(XOR) 문제와 공간 분리

이러한 한계를 극복하는 데 다층 Perceptron의 쓰임이 있다. 여러 층 중 제1층은 앞서 본 단층 Perceptron의 경우와 동일하다. 그러나 2층인 경우 영역의 구분이 추가적으로 가능하기 때문에 앞의 배타적 논리합의 문제가 해결될 수 있다([그림 15-10]). 즉, 제1층 Perceptron 수를 단순히 증가시킴으로써 직선에 의한 영역 구분이 여러 개로 조합될 수 있다. 이제 층을 증가시켜 3층으로 하면 보다 복잡한 형태의 분류도 가능하다. 이렇게 층을 늘려가면 어떠한 형태의 문제든지 해결 가능하다. 가중치를 조정하는 층을 여러 개 만들면 보다 복잡한 문제까지 해결할 수 있지만 그만큼 조정해야 하는 가중치의 수가 엄청나게 많아져 계산량도 훨씬 커진다. 다행히 컴퓨터의 비약적 발전은 이러한 제약을 극복하는 데 큰 도움을

그림 15-10 2층 구조의 공간 분리

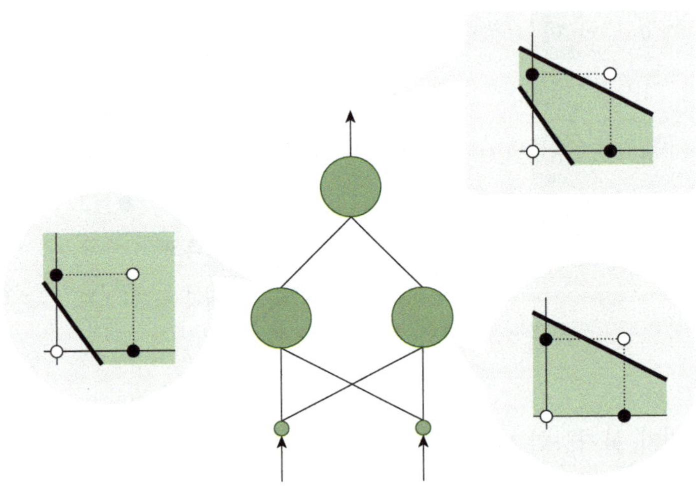

그림 15-11 다층 구조의 공간 분리

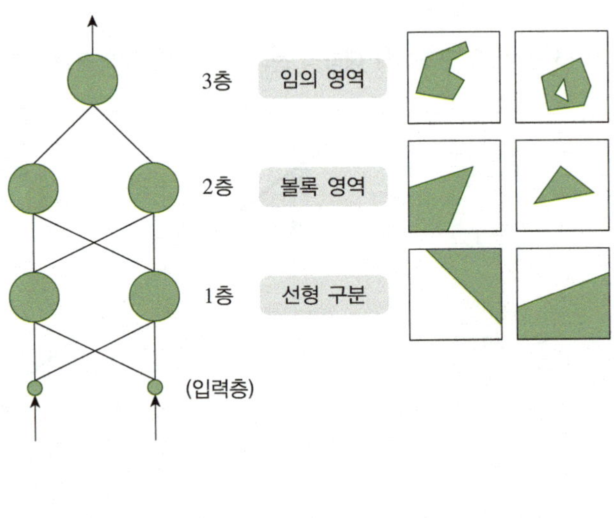

주고 있다.

지금까지 살펴본 뇌신경 네트워크는 어떤 층의 출력은 반드시 다음 층의 입력이 되는 피드 포워드(feed forward)형에 속한다. 이에 비해 뇌신경 네트워크에는 어떤 층의 출력이 그 이전의 층으로 되돌아가는 피드백(feed back)형도 있다. 또한 최적화나 연상기억에 적용되는 리커런트(recurrent)형 등 매우 다양한 형태의 모델이 있다. 그만큼 실제 뇌신경 네트워크의 작동 원리는 복잡하고 다양하여 규명하기가 쉽지 않다.

이러한 모델들은 실제 생명체의 뇌신경 네트워크의 구조를 단순화시킨 것으로 이 외에 아직 밝혀지지 않은 원리가 무궁무진하다. 아직 밝혀지지 않은 부분이 실제 뇌의 다이내믹스의 본질일지도 모른다. 그럼에도 인간의 탐구 노력은 계속되어 현재 다양한 모델을 AI 기술을 통해 구현해 사회경제적 문제나 비즈니스에 활용하고 있다. 머신러닝, 딥러닝은 바로 뉴런의 다층적 구조에 의해 가중치를 조정하는 과정을 지칭하는 것과 다름이 없다.

4 분리와 통합의 공존

뇌신경 네트워크는 매우 규모가 크고 복잡한 구조를 지니고 있어 뚜렷하게 규정하기가 쉽지 않다. 지금까지 밝혀진 특징 중 하나가 분리와 통합의 공존이다. 네트워크 구조상으로 보면 상당히 분산된 모습을 띤다(Sporns, 2002). 이는 뇌의 국부적 분산 기능과 관련된 것으로 밝혀지고 있다(Frackowiak et al., 1997 ; Sporns and Tononi, 2002). 뇌의 각 부분들마다 이른바 국부 회로라는 나름대로의 연결 시스템을 유지한다(Shepherd, 1998). 그러면서도 공간적 거리에 상관없이 서로 통합하는 기능을 유지한다. 국부적 자율성과 전체적 통합성이 유기적으로 상호작용하면서 자기조직화하는 시스템이라 할 수 있다. 뇌신경 네트워크 연결구조의 특징에 대해서 좀 더 살펴보자.

첫째, 해부학적 연결과 기능적 연결로 구분할 수 있다. 해부학적 연결은 뉴런들 간의 단순히 물리적·구조적 연결을 말한다. 좁게는 개별 뉴런들 간의 시냅스적 연결, 넓게는 뇌의 서로 다른 분리된 영역 간의 연결을 포함한다. 기능적 연결은 뉴런들 간에 존재하는 시간적 상관관계 패턴을 일컫는다. 대개 해부학적 연결상에서의 뉴런들 간의 상호작용 결과가 기능적 연결을 형성한다. 다시 말해 뉴런들 간의 통계적 상관관계를 가리킨다. 해부학적 연결과 기능적 연결의 관계는 상호적이며, 전자는 후자의 주된 제약조건으로서 역할을 담당한다. 반대로 후자는 전자의 기본적인 패턴 형성에 상당한 영향을 미친다. 이는 행동에 의존적인 시냅스적 수정에 의해 직접적으로 이루어지기도 하지만 오랜 시간에 걸쳐 기능적 연결이 조직의 개념적 · 인식적 · 행동적 능력에 영향을 미쳐 이루어지기도 한다. 해부학적 네트워크와 기능적 네트워크 간 상보성은 뇌신경만의 독특한 특성이기도 하다.

둘째, 분리와 통합의 상보성이다(Tononi et al., 1998 · 1994 ; Friston, 1997). 뇌신경 네트워크의 구조적 · 기능적 조직에는 분리와 통합이라는 두 원리가 존재한다. 해부학적 혹은 기능적 분리는 전문화된 뉴런 그룹과 뇌(피질) 영역이 존재함을 뜻한다. 전문화되고 분리된 뉴런 그룹은 각각 이에 상응하는 공간적 주파수, 파장, 결합구조를 가지고 상이한 색깔, 동작, 감지 방식을 지닌 피질 공간에 존재한다. 그럼에도 분리된 전문화 뉴런들은 결코 고립되어 작동되지 않는다. 왜냐하면 뉴런들은 밀착되어 서로를 개념적으로 인지하고 있기 때문이다. 그들은 광범위한 분산 시스템 내에서도 뉴런들 간에 상호 조정되는 기능적 통합 현상을 보인다(Bressler, 1995 ; Srinivasan et al., 1999 ; Varela et al., 2001). 실제 인간의 모든 지각적 · 인지적 행동에 해당하는 사물 인식, 기억의 입력과 출력, 읽기, 기억 작용, 주의 집중 과정, 운동 계획, 인식 등은 대규모로 분산된 뇌신경 네트워크 내 행위의 결과이다(Frackowiak et al., 1997 ; McIntosh, 1999).

셋째, 복잡계 구조를 보인다. 이는 뇌신경 시스템이 개별 정보를 통합하는 능력으로부터 발생된다. 즉, 부분과 전체 간의 상호작용으로부터 복잡성이 창발된다고 하겠다. 복잡성의 정도는 뇌신경 시스템의 모든 부문들 간 총체적인 상호 정보공유 정도로 측정될 수 있다. 상호 정보공유 정도는 전문화된 요소들 간에 시스템 전체적으로 상호작용이 가능할 때 높은 반면, 로컬 전문화는 존재하나 글로벌 통합이 결여된 시스템이나 혹은 글로벌 통합은 존재하나 로컬 전문화가 낮은 시스템에는 낮게 나타난다. 복잡성이라는 것은 다분히 구조적 네트워크에 의해 발생하는 기능적 상호작용의 한 패턴으로 간주할 수 있다.

넷째, 분산된 클러스터 네트워크 구조를 보인다. 대뇌피질은 매우 밀도가 높은, 그러나 전체적으로 연결되어 있는 클러스터들로 구성되어 있다(Sporns and Tononi, 2002 ; Sporns et al., 2000a ; Hilgetag et al., 2000). 즉, 클러스터링 지수가 높으며, 연결거리도 짧은 매우 효율성이 높은 네트워크 구조를 보이고 있다. 이러한 구조는 기능적 분리와 기능적 통합을 조화시키는 뇌신경 네트워크의 특성과 결코 무관하지 않은 것으로 보인다. 정보 전달을 효율적으로 수행할 수 있는 전문화된 신경회로의 구축(기능적 분리)과 더불어 전문화된 부문들 간 시간적 상관관계의 구축(기능적 통합)을 어떻게 통합시키냐의 능력과 관계가 있다.

이제 뇌신경 네트워크의 기능적 분리와 통합구조에 대해서 좀 더 자세히 살펴보자. 사실 뇌신경 네트워크는 매우 복잡하여 아직 밝혀지지 않은 부분이 훨씬 많다. 지금까지 밝혀진 바에 의하면 분리와 통합은 네트워크 구조를 구별 짓는 중요한 요인들로서 뇌신경 네트워크와 같은 복잡계 네트워크 구조를 규정짓는 척도가 된다. 이와 관련해서는 두 가지 접근 방법을 들 수 있는데, 하나는 시스템 내에서의 노드들 간 관계에(Sporns and Tononi, 2002), 다른 하나는 시스템 내 하부 시스템 간 관계에 초점을 맞춘다(Tononi et al., 1998).

시스템(X) 내 노드들 간 관계에 초점을 맞춘 경우는 노드들 간 통계적 관계, 즉 시스템의 전반적인 통계적 독립성을 나타내는 공분산(Covariance) 매트릭스에 의한 엔트로피($H(X)$), 시스템의 전반적인 통계적 의존성을 나타내는 통합($I(X)$), 시스템의 기능적 분리와 통합 정도를 나타내는 복잡계($C(X)$)의 정도를 각각 측정한다. 특정 수의 노드(n)와 링크(k)를 대상으로 랜덤, 엔트로피, 통합, 복잡계 등의 네 가지 네트워크 유형별로 시뮬레이션을 수행함으로써 각 유형별 분리와 통합, 연결의 정도를 분석한다. 이에 따르면 랜덤 네트워크는 뚜렷한 구조적·기능적 연결의 질서를 보이지 않으며, 엔트로피 네트워크는 다소 뚜렷한 상호 독립적 연결구조를, 통합 네트워크는 상호 의존적인 하나의 클러스터 연결구조를, 복잡계 네트워크는

그림 15-12 네트워크 유형별 분리와 통합 정도

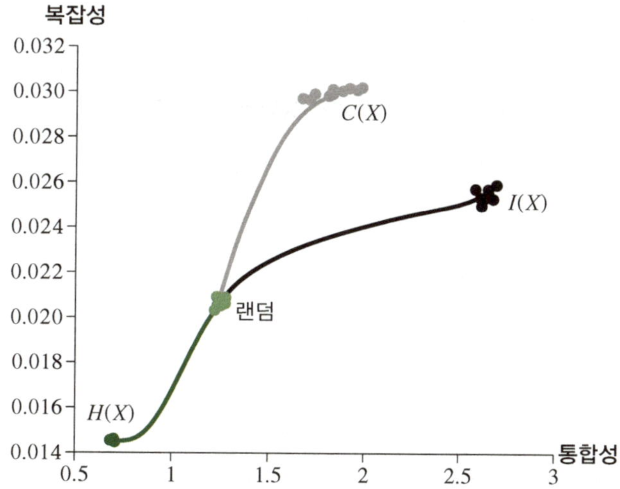

복수의 클러스터가 상호 연결되어 있는 구조를 보인다. 분리와 통합의 공존 정도로 보면 복잡계가 가장 높으며, 그 다음 통합, 랜덤, 엔트로피 네트워크의 순서로 나타난다.

그림 15-13 구조적 연결과 기능적 연결

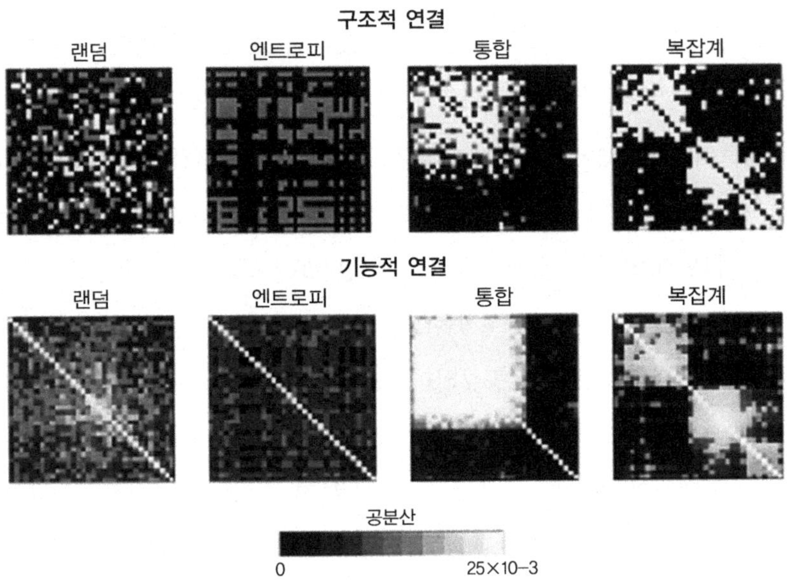

주 : 회색은 비방향적(undirectional) 연결, 흰색은 양방향적(bi-directional) 연결을 나타낸다.

[그림 15-14]는 각 유형별 상관관계 매트릭스를 거리 매트릭스로 전환하여 이차원 공간에 나타낸 것이다. $n = 32$, $k = 320$의 경우를 대상으로 그린 것으로 옅은 회색 선은 비방향적(undirectional) 연결을, 짙은 회색 선은 양방향적(bi-directional) 연결을 가리킨다. 각각의 분산 값은 11.5%, 8.8%, 28.3%, 41.0%이다(왼쪽에서 오른쪽으로).[2]

그림 15-14 네트워크 유형별 상관관계

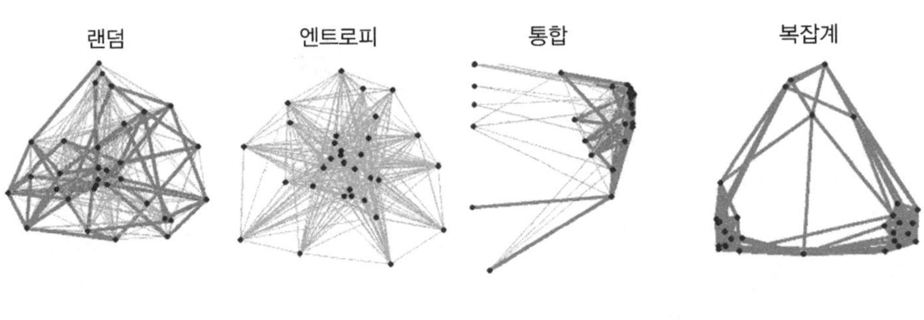

2. 분산이 크다는 것은 그만큼 시스템 내 다양성이 높다는 것으로 해석할 수 있다.

다음으로 시스템(X) 내 하부 시스템(X_j) 간 관계에 초점을 맞춘 경우는 앞의 경우와 유사하게 하부 시스템 내의 노드들 간 상호 의존관계를 나타내는 통합($I(X_j)$)의 개념을 다룬다. 다만 시스템 내 특정 하부 시스템과 나머지 시스템 간의 통계적 의존성을 나타내는 클러스터($CI(X_j)$) 개념을 도입하고 있는 것이 앞의 경우와의 차이점인데, 이는 상호 정보($MI(X_j; X-X_j)$)와 통합의 비율로 정의된다.

그림 15-15 시스템 내 통합과 상호 정보 공유

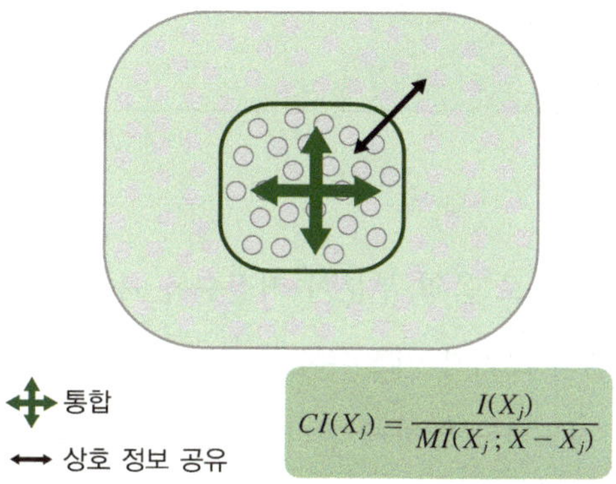

그림 15-16 복잡성과 질서의 관계

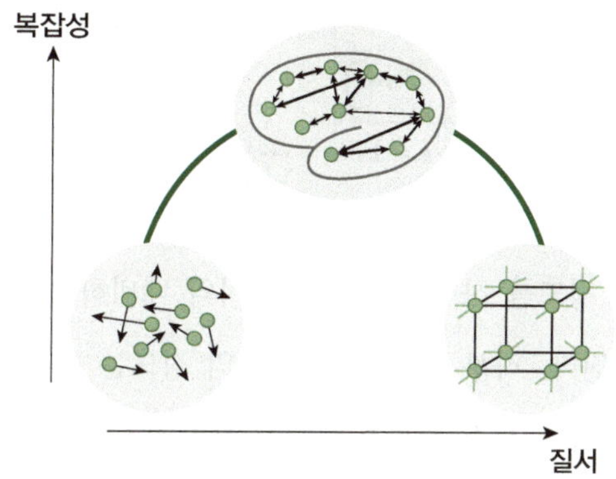

이에 따르면 뇌신경 네트워크의 복잡성은 높은 통합 정도와 높은 상호 정보의 공유로 정의된다. 달리 표현하면 기능적 분리와 통합의 조화가 이루어진 상태 또는 완전한 질서도 완전한 무질서도 아닌 상태로 정의된다. [그림 15-17]과 [그림 15-18]은 각각 통합과 상호 정보

그림 15-17 하부 시스템의 크기와 통합

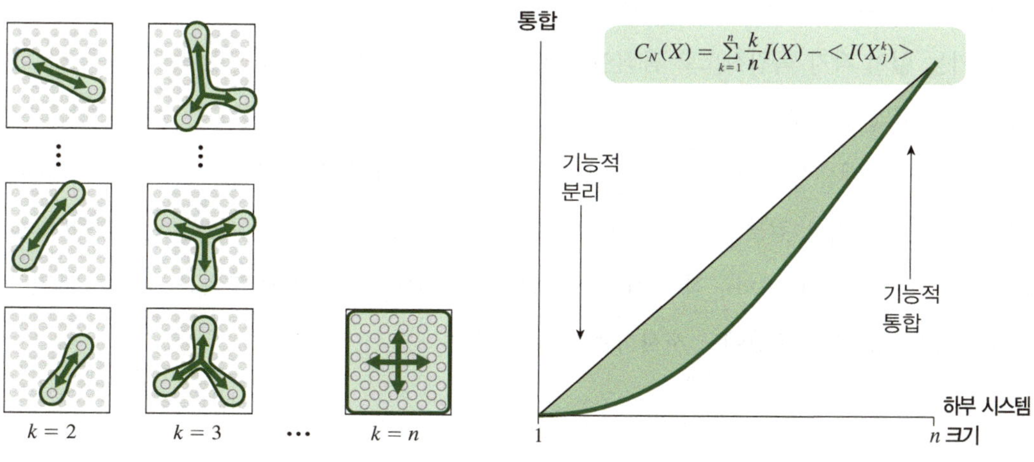

그림 15-18 하부 시스템의 크기와 상호 정보공유

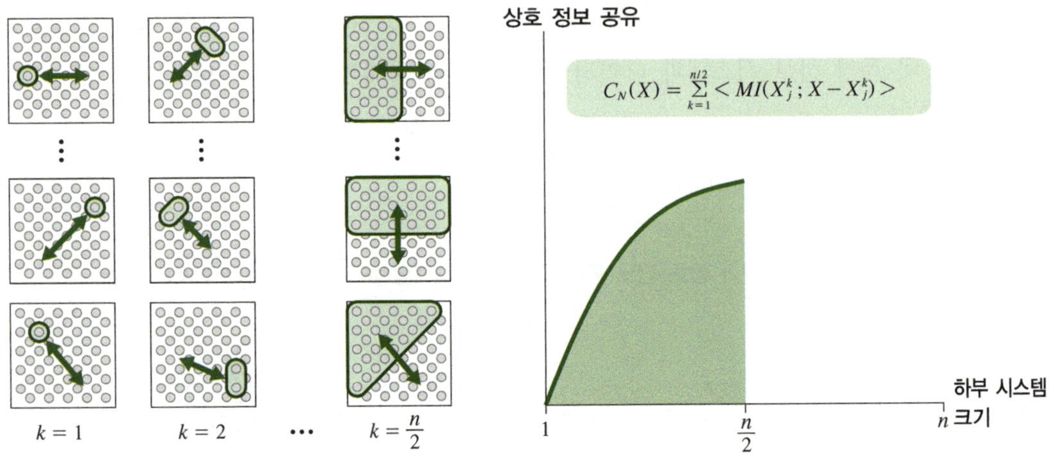

의 정도를 하부 시스템의 크기와 대비하여 나타낸 것으로 음영 부분이 커질수록 복잡성이 높아진다. 하부 시스템 내 통합의 정도는 하부 시스템의 크기가 커질수록 증대되어 $k = n$이 되면 하부 시스템과 전체 시스템이 일치되어 통합의 정도가 동일하게 된다. 반면 하부 시스템과 시스템의 나머지 부분과의 상호 정보의 정도는 하부 시스템의 크기가 커짐에 따라 확대되어 $k = \frac{n}{2}$일 때 최대가 된다. 하부 시스템의 크기가 나머지 시스템 크기와 대등할 때 상호 정보 공유 정도가 최대가 된다.

뇌신경 네트워크의 기능적 연결의 유형은 실제 해부학적 연결구조에 따라 달리 나타나며, 나아가 해당 행동의 종합적인 학습 과정에서 자기조직화하면서 유형화된다. 그럼에도 뇌신경 네트워크 연결구조의 가장 큰 특징은 분리와 통합의 공존이라는 복잡계 구조를 보인다는 점이다. 한 시스템의 구성원들이 고유의 전문성 없이 모두 유사하게 움직이거나 또는 전체적인 통합 기능 없이 각자 독립적으로 움직이는 시스템에서의 복잡성 정도는 낮다. 반대로 시스템의 구성원이 각자 전문성이 있으면서 동시에 통합되어 있다면 복잡성 정도는 높다. 아울러 부분과 전체라는 계층적 구조 차원에서는 로컬 시스템의 독립적 역할과 상호 정보공유 체제가 핵심이 된다. 이러한 점들을 고려할 때 뇌신경 네트워크는 매우 분산되면서도 집중된(highly distributed and concentrated), 작은 세상, 스케일프리 네트워크 구조에 가까운 것으로 보인다. 사회경제적 네트워크 현상에도 시사하는 바가 크다.

제16장 복잡계 경제와 ABM

1. 복잡계 경제란? / 2. 자기조직화 경기변동 / 3. 자기조직화 공간
4. 행위자 기반 모델 / 5. 진화론적 게임이론 / 6. 경제물리학

복잡계 경제는 경제 현상을 단순한 결정론적인 체계로 바라보는 기존 경제이론과는 달리 비결정론적인 복잡계 체계로 바라본다. 경제 현상에서 자기조직화, 멱함수 분포, 다수균형 등의 존재를 밝히거나, 비선형 동학, 행위자 기반 시뮬레이션 모형, 진화론적 게임 등 새로운 방법론을 경제에 적용하는 것은 비결정론적인 복잡한 경제 현상을 설명하려는 노력들이다. 자기조직화 경기변동 및 공간, 행위자 기반 계산경제학, 진화론적 게임이론, 경제물리학 등에 대해 살펴본다.

1 복잡계 경제란?

기존 경제학은 소위 신고전파 경제이론에 기초한다. 모든 경제주체들의 완전한 합리성에 근거를 두고 경제주체들은 효용극대화, 이윤극대화 행위를 한다는 것이 기본 전제이다. 그러나 이러한 전제가 비현실적이기 때문에 기존 신고전파 경제이론에 입각한 경제 분석은 현실 경제를 잘 설명하지 못한다. 전형적인 비현실적 전제로

(i) 완전정보

(ii) 경제주체들의 즉각적인 행위

(iii) 경제주체들의 자유롭고 독립적인 행위

(iv) 수확체감 원리

등을 들 수 있다.

(i) 완전정보는 사람들이 정보를 인지할 수 있는 능력이 제한되어 있기 때문에 매우 비현실적인 가정이다. 뿐만 아니라 사람들은 자기가 보고 싶은 것만 보려고 하는 선택적 정보 취득행위를 한다. 불완전 정보로 인해 시장은 불균형 상태가 더 자연스럽고 정보의 비대칭성으로 인해 상당한 역동성을 보인다. 요즘처럼 정보화 사회에서는 불완전 정보가 많이 해소되었지만 각자 무수한 정보 속에서 자기가 보고 싶은 정보를 취사선택하므로 합리적인 의사결정이 쉽지 않다.

(ii) 경제주체들이 각자 처한 시장 상황에서 즉각적으로 반응을 보여 합리적 행위를 선택한다는 것인데, 이는 현실적으로 불가능하다. 경제주체들은 매일 오랫동안 진화되어 온 행위에 익숙하기 때문에 그 관성을 즉각적으로 변화시키기 어렵다. 다양한 시행착오를 거쳐 합리적 행위를 향해 학습해 가는 하나의 복잡적응계이다. 여러 경로 중에 우연히 처음 들어선 경로가 하나의 기억으로 작용하면서 편향되어 나가는 것이 더 자연스런 패턴이다. 따라서 갑작스런 환경 변화로 경제가 출렁이는 것은 바로 경제주체들의 행위 교정에 비용이 들고 재화와 서비스를 만드는 데 시간(time to build)이 소요되기 때문이며, 이로 인해 경기가 변동된다.

(iii) 시장의 가격 정보에 기반하여 경제주체들은 각자 자기의 효용 및 이윤 극대화를 위해 누구의 간섭 없이 독립적인 행위를 한다는 가정이다. 이러한 행위들이 모여 거시적으로 시장은 바람직한 상태에 도달한다. 그러나 이 또한 경제주체들은 다른 주체들과 활발한 상호작용을 통해 서로의 행위에 영향을 주고받기 때문에 비현실적이다. 요즘은 경제주체들이 인터넷으로 직간접적으로 연결되어 있고 이러한 광범한 연결이 새로운 질서를 만들어내고 이것이 다른 개별 경제주체들의 행위에 영향을 주고 있어 훨씬 그 관계가 복잡해지고 있다.

(iv) 재화와 서비스의 양이 많아지면 그 한계가치가 감소한다는 수확체감 원리가 기존 경제이론의 기초 원리이다. 소위 희소성의 원칙으로 상당히 유용한 원리이다. 그러나 실제 경제 현상에서는 단순히 그 법칙만을 고집할 수 없다. 네트워크 같은 것이 대표적인데 네트워크는 연결되면 될수록 그 가치가 올라가는 수확체증 원리가 작용된다. 기존 경제이론에서도 '규모의 경제'가 바로 수확체증 현상을 설명하나, 디지털 재화에서는 오히려 수확체증 현상이 더 빈번하다. 따라서 실제 경제 현상에는 수확체증과 수확체감이 혼재되어 복잡한 양상을 띤다.

이러한 4가지 측면을 고려한다면 비현실적 전제는 다음과 같이 수정해 볼 수 있다.

(i) 완전정보 → 불완전정보

(ii) 경제주체들의 즉각적인 행위 → 경제주체들의 적응적 학습행위

(iii) 경제주체들의 자유롭고 독립적인 행위 → 경제주체들의 상호작용

(iv) 수확체감 원리 → 수확체증 원리

기존 경제학의 비현실적인 전제들을 완화하여 경제 시스템을 하나의 복잡적응계로 보고 새로운 접근들이 시도되었다. 자기조직화 경기변동, 자기조직화 공간, 행위자 기반 계산경제학(Agent-based Computational Econimics ; ABM), 진화론적 게임이론, 경제물리학 등에 대해 살펴본다.

2 자기조직화 경기변동

2.1 비선형경기순환이론[1]

전통적으로 거시경제학에서 경기순환은 외생적 충격에 의해 발생하는 것으로 알려져 있다. 경제 단위로부터의 내생적 변동은 거시적 차원에서 서로 상쇄되기 때문에 좀처럼 경기변동으로 이어지기 어렵고 매우 드물지만 수많은 독립적인 변동이 동시에 일어날 때 가능하다고 하였다. 수(변수의 수)가 많아지면 기댓값에 수렴한다는 큰 수의 법칙(law of large numbers), 수가 많아지면 사태의 크기는 정규분포에 가까워진다는 중심극한정리(central limit theorem)가 이를 뒷받침하였다. 그러나 수십 년 동안 경험해 왔듯이 전적으로 외생적 충격에 의해 경기순환이 일어난다고 볼 수 없으며, 특정한 충격이 없더라도 내생적인 메커니즘에 의해 일어날 수 있다. 일례로 1930년대의 대공황은 특정한 원인 없이 심각한 세계적인 수요 부족 현상이 일어나면서 발생했다. 이러한 현상들을 겪으면서 많은 거시경제학자들이 연구를 진행시켜 왔으며, 대표적으로 케인즈는 투자의 변동이 경기순환의 주원인이라고 진단하였다. 그 이

1. Krugman(1996), pp.54~73.

후 내생적 경기순환의 전달 메커니즘 규명을 둘러싼 연구들이 활발히 진행되었는데, 여기서는 Hicks(1950)와 Goodwin(1951)에 의해 발전된 비선형경기순환론에 대해서 살펴본다.

케인지안 균형소득결정론에 따르면 총공급과 총수요가 일치되는 수준에서 균형 국민소득이 결정된다. 총공급과 총수요가 일치하는 45도 선상에서 균형이 결정되는데, 일반적으로 한계소비성향이 1보다 적으므로 y_e에서 유일한 균형이 성립된다. 실제 국민소득이 y_e에 못 미치는 y_1에서는 총수요가 총공급을 능가하게 된다. 이 경우 재고가 부족하게 되므로 생산이 늘게 되어 균형 국민소득수준 y_e로 접근하게 된다. 반대로 실제 국민소득이 y_2이면 총공급이 총수요를 능가하게 되어 재고가 늘고 생산이 줄게 되어 y_e 수준으로 감소하게 된다. 결국 y_e 수준에서 안정적이게 된다([그림 16-1]).

그림 16-1 케인지언 거시 균형

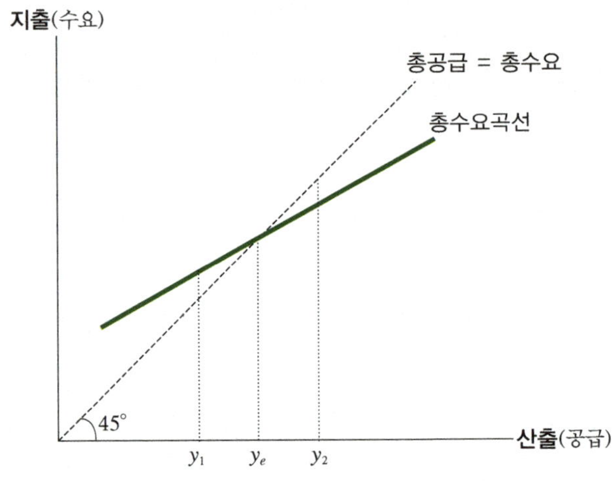

여기서 경기순환론을 설명하기 위해서 몇 가지 가정을 변경하면 첫째, 어떤 소득 구간에서는 한계소비성향이 1보다 크다. 예를 들어 어떤 구간에서는 경기 호황에 대한 기대심리로 매출액 증가 이상으로 투자수요가 증가할 수 있다. 이는 생산이 왕성하게 증가하는 구간에서 주로 나타난다고 볼 수 있으며, 낮은 생산수준에서는 투자가 거의 이루어지지 않고 높은 생산수준에서는 생산시설(능력)의 제약에 따라 투자와 생산의 증가가 용이하지 않다.[2] 이렇게 가정할 경우 [그림 16-2]처럼 S자 모양의 총수요(지출)곡선을 상정할 수 있으며, 3개의 균형이 존

2. 한계소비성향이 1보다 큰 경우는 라이프 사이클상 성장기에 주로 나타나며, 도입기나 성숙기에는 한계소비성향이 1보다 낮은 경우가 주로 나타난다고 볼 수 있다.

재하게 된다. L과 H는 안정적이며, a는 불안정적이다. 둘째, 총수요(지출) 함수는 생산수준뿐만 아니라 자본 스톡에도 의존한다고 가정한다. 경제가 호경기일 때는 자본 축적이 활발히 이루어져 점차 투자수요가 줄어들게 되어 지출계획을 하향 조정하게 될 것이다. 따라서 [그림 16-3]처럼 총수요곡선이 $S_3 \rightarrow S_2 \rightarrow S_1$로 이동하게 되고 균형점이 ① → ② → ③ → ④로 이동하여 경기침체로 이어지게 된다. 반대로 경기침체가 되어 자본 스톡이 줄어들게 되면 점차 투자가 다시 증가하게 되어 총수요곡선이 $S_1 \rightarrow S_2 \rightarrow S_3$로 이동한다. 이에 따라 균형점도 ④ → ⑤ → ⑥ → ①로 이동하여 다시 호경기를 맞이하게 된다. 결국 이러한 현상이 되풀이되면서 경기순환이 일어나게 되는 것이다.

그림 16-2 경기 상승과 하강

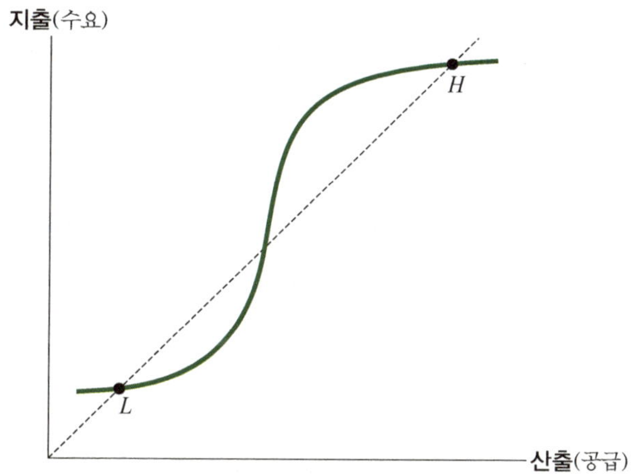

그림 16-3 비선형 경기순환

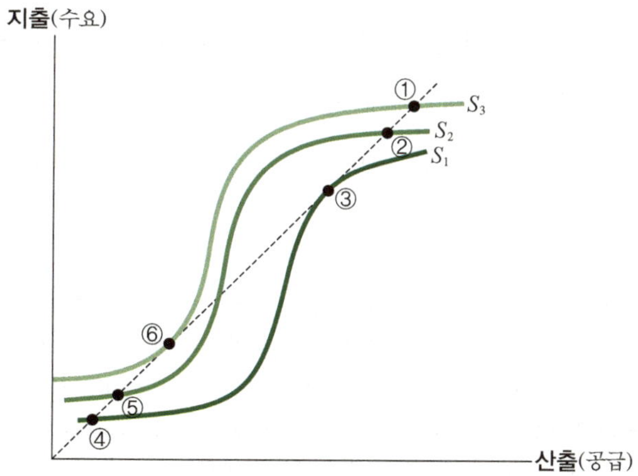

이처럼 투자가 지속적으로 증가(감소)하여 호경기(불경기) 일변도의 균형이 아니라 상호 번갈아 가면서 사이클을 형성하게 된다. 단기적인 투자 증가는 자본 스톡을 증가시킴으로써 장기적인 투자 감소로 이어지게 되고, 단기적인 투자 감소는 자본 스톡을 감소시킴으로써 장기적인 투자 증가로 이어진다. 지금까지 설명한 비선형경기순환론은 호경기와 불경기의 규칙적이고 동일한 주기를 상정하고 있다. 그러나 실제 경기변동은 다양한 주기를 동반한다. 그러한 측면에서 비선형경기순환론은 안정적인 유일한 균형이 아닌 진자운동과 같은 주기적인 상태를 생성할 수 있음을 보여준다.

2.2 자기조직화 임계성

Scheinkman과 Woodford는 「자기조직화 임계성과 경제적 변동(Self-Organized Criticality and Economic Fluctuations)」(1994)에서 경제적 변동이 일어나는 메커니즘을 '자기조직화 임계성' 개념을 응용하여 설명하고 있다. 자기조직화 임계성은 Bak과 Chen의 논문인 「자기조직화 임계성(self-organizing criticality)」(1991)에서 밝혀진 개념으로 물리적 세계에서 미시적 차원에서의 상호 독립적인 변동이 증폭되어 거시적 차원에서의 불안정적인 상태로 발전된 임계 상태를 말한다. 즉, 국부적 변동으로 촉발된 연쇄반응이 순간적으로 사라지거나 혹은 증폭되어 시스템이 더 이상 기존 상태에 머무를 수 없는 상태로 전이될 수 있는 가능성을 내포한 불안정적인 상태를 얘기한다. Scheinkman and Woodford(1994)는 이 개념을 경제적 변동 현상의 설명에 응용하였다.

경제적 변동이 일어나기 위해서는 먼저 두 가지 전제 조건이 만족되어야 한다. 하나는 국부적 상호작용이고 다른 하나는 비선형성인데 이것이 전제되지 않고서는 거시경제 차원에서의 변동이 일어나기 어렵기 때문이다. 대개 비선형 국부적 상호작용의 주된 원인으로 생산기술의 비볼록성(nonconvexity)[3]을 지적하는데 이는 개별 단위에서의 경제적 변동의 주된 원인

3. 전통적 미시경제학의 생산이론에서는 유일한 균형에 도달하기 위해서는 생산기술의 볼록성(convexity)을 가정한다. 이는 환언하면 볼록한 생산요소 집합과 적어도 준오목 생산함수를 충족해야 한다는 의미이다. 생산기술의 볼록성이 충족되어야만 단일균형 상태가 존재하며, 그렇지 않고 비볼록성 기술을 전제하게 되면 생산이 수렴하지 않고 발산하게 되어 단일균형 상태가 존재하지 못하기 때문이다. 보다 자세한 설명은 Varian(1992), pp.7~9를, 함수와 집합의 볼록성 및 오목성에 관해서는 Chiang(1984), pp.337~352를 참조.

으로 혁신과 같은 역할을 담당한다. 다음으로는 생산활동에서의 단위 간 상호작용이 경제적 변동의 또 다른 요인이라 할 수 있으며, 이는 상호작용의 형태, 즉 동일 섹터 내 생산단위 간 혹은 상이한 섹터 간 상호작용 등에 밀접하게 연관되어 있다. 둘 중 어느 것도 경제적 변동의 전적인 원인이 되지 못하며, 상호 결합하여 경제적 변동을 발생시키고 있다(Bak et al., 1993).

Bak et al.(1993)과 Scheinkman and Woodford(1994)는 다음과 같은 생산관계를 상정한다. 각각의 생산단위들이 L크기의 행과 L크기의 열로 구성된 격자 모양의 형태로 위치해 상호거래 관계를 형성하고 있다. 각 생산단위들은(맨 마지막 행은 제외) 바로 밑의 행의 두 개 생산단위로부터 생산요소를 공급받고, 반대로 각 단위들은(첫 번째 행은 제외) 바로 위의 행에 위치한 두 개의 생산단위들에게 같은 방식으로 제품을 공급한다. 생산단위 (i, j)는 $i < L$이면 $(i+1,\ j)$와 $(i+1,\ j+1)$의 두 공급자들로부터 제품을 구입하며, $i > 1$이면 $(i-1,\ j)$와 $(i-1,\ j-1)$의 두 수요자들에게 제품을 판매한다.

그림 16-4 격자 모양의 생산관계

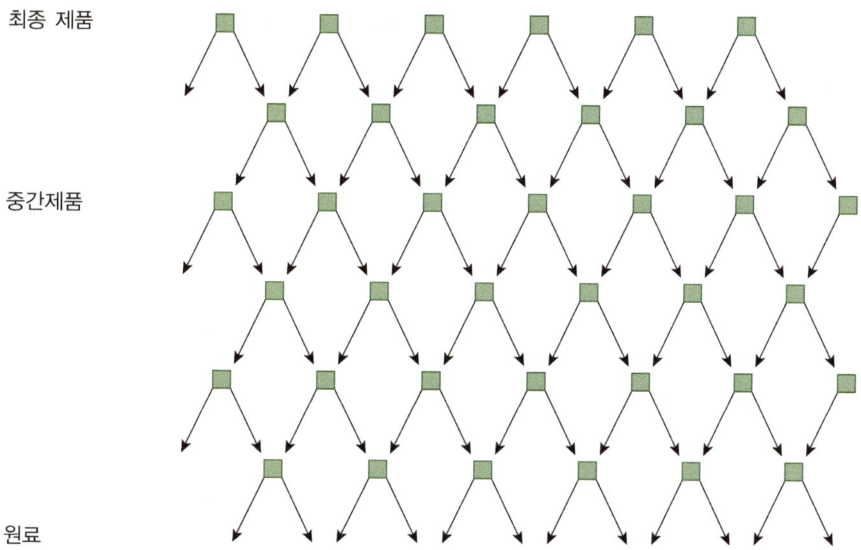

각 단위들은 2단위의 제품을 생산할 때 가장 효율적인 생산기술을 갖는다. 2단위의 제품은 각각 한 공급자로부터 1단위의 생산요소를 공급받아 생산된다. 그리고 각 단위들은 상황에 따라 0 혹은 1단위 최적 재고 보유비용을 가지는데, 신규 생산은 재고로 주문을 충당할 수 없을 경우에만 이루어진다. 각 단위의 생산과 재고 보유는 초기 재고 보유 현황과 현재 판매량에 따라 결정된다. 예를 들어 1단위의 재고와 2단위의 판매로 시작할 경우 이 생산단위는 2단위 생산과 1단위의 재고 상태를 유지할 수 있다. 그러나 1단위의 재고와 1단위 판매로 시작할 경우는 생산하지 않고 0단위의 재고 상태로 마감하게 된다. 왜냐하면 2단위를 생산하게 되면 재고가 2단위가 되어 최적 상태가 아니기 때문이다. 첫 번째 행의 단위들이 주문한 것은 같은 생산단위에서 최종재 주문에 해당하는 것으로 하나의 외생적 충격에 해당하는 것으로 간주한다.

이를 수식으로 표현해 보면 생산단위 (i, j)의 t기 재고 보유를 $x_{i,j}(t)$로 하면 2^{L^2}개의 상태가 가능하다. $s_{i,j}(t)$를 t기의 판매량, $y_{i,j}(t)$를 t기의 생산량이라 하면 재고 보유 상태는 $x_{i,j}(t+1) = x_{i,j}(t) + y_{i,j}(t) - s_{i,j}(t)$에 따라 결정된다. 최적 생산량은 초기 재고 보유 현황과 주문량에 의해 결정이 된다고 할 수 있다. 따라서 $y_{i,j}(t) = y(x_{i,j}(t), s_{i,j}(t))$를 앞의 식에 대입하면 $t+1$기의 재고는 함수 $x_{i,j}(t+1) = x'(x_{i,j}(t), s_{i,j}(t))$에 의해 결정된다.

〈표 16-1〉는 t기 재고 상황에 따른 주문량, 생산량, $t+1$기의 재고를 나타낸 것이다.

표 16-1 **t기 재고 상황에 따른 주문량, 생산량, $t+1$기의 재고**

x	s	$y(x, s)$	$x'(x, s)$
1	0	0	1
1	1	0	0
1	2	2	1
0	0	0	0
0	1	2	1
0	2	2	0

〈표 16-1〉에 따르면 각 생산단위가 받는 주문량은 상위 생산단위들의 생산량에 의해 결정되는데 이는 다음을 따른다.

$$s_{i,j}(t) = \frac{1}{2}(y_{i-1,j}(t) + y_{i-1,j-1}(t))$$

외부 충격 벡터는 각 기간마다 독립적으로 일어나며, 일정한 확률분포를 가진 것으로 가정한다. 매기 최종재에 대한 총수요를 N, 총생산을 Y(부가가치 개념)라고 하면 주 관심사항은 총수요(N) 부문의 외생적 변동이 존재하지 않아도 총생산(Y)에서 상당한 변동이 일어나는가에 대한 규명이다. 다시 말해, 초기 외부 충격에 의해 생산의 연쇄반응이 일어나 일련의 '눈사태'로 발전할 것인가에 대한 분석이다.

예를 들어 설명해 보자. [그림 16-5]와 같이 초기 재고 보유 상태에서 시작하여 외부 주문이 일어났을 경우 어떻게 생산의 연쇄반응이 일어나는지를 알아보도록 하자. 검은 원은 재고가 1, 흰 원은 재고가 0인 상태이다. 화살표가 가리키는 단위에서 1개의 주문이 발생하였다고 하면 해당 생산단위는 2개를 생산하고 1개를 재고로 보유하게 된다. 2개를 생산하므로 바로 아래 줄 두 생산단위들에게 각각 1개의 생산 주문을 발생시키게 된다. 이제 2번째 줄의 두

그림 16-5 초기 재고 보유와 생산의 연쇄반응

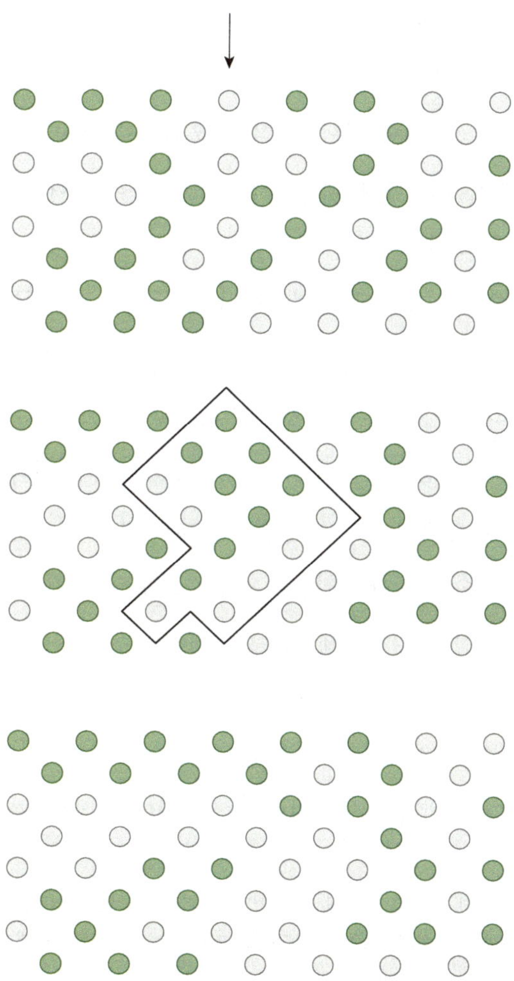

생산단위는 모두 재고를 보유하지 않기 때문에 각각 2개의 생산을 결정하고 각각 1개의 재고를 보유하게 된다. 이는 다시 세 번째 줄의 세 생산단위들에게 주문을 발생시키게 되는데, 이번에는 첫 번째 생산단위는 이미 재고를 1개 보유하고 있으므로 재고로 주문을 채우고 생산을 하지 않고 0의 재고를 보유하게 된다. 나머지 두 생산단위는 2개를 생산하고 각각 1개의 재고를 보유하게 된다. 동일한 방식으로 네 번째, 다섯 번째 등으로 각자가 보유한 재고와 주문량에 따라 최적 생산량을 결정하게 된다. 2번째 그림은 그 결과 $t+1$기의 재고보유 상황이다. 결국 검은 원으로 표시된 생산단위들이 각각 2개씩 생산하게 됨으로 총생산량은 16개가 된다. 즉, 최종 1단위의 수요가 일련의 눈사태를 일으켜 눈사태의 크기는 16이 된다.

좀 더 일반화하여 설명해 보자. 먼저 각 최종재 공급자들이 해당 기간에 다른 곳으로부터의 주문과 독립적으로 주문을 받을 확률을 p, 그렇지 않을 확률을 $1-p$라 할 경우, 생산단위의 수(L)가 매우 크게 되면 주문을 받을 확률은 0에 가깝게 될 것이다. 특별히 여기서는 $p\sim L^{-\gamma}$, 단, $\frac{2}{3}<\gamma<1$라 가정한다. 그러면 N의 평균은 $p(L)L$이 되고 $L^{1-\gamma}$의 비율로 성장하게 된다. 랜덤 변수 $\dot{N}=\frac{N}{L^{1-\gamma}}$는 외부 충격의 분포를 나타내는 변수로서 L에 무관한 평균값을 가지며, L이 무한히 커지면 특정 상수값으로 수렴한다. 따라서 최종재 수요에서 외생적 변동은 존재하지 않는 것으로 볼 수 있다.

다음으로 총생산의 변동에 대해서 살펴보면 Y의 중간값이 점근적으로 $L^{3(1-\gamma)}$의 비율로 증가하게 된다. 따라서 스케일로 조정된 총생산은 $\dot{Y}=\frac{Y}{L^{3(1-\gamma)}}$가 된다. 그러나 $\dot{Y}$는 L이 커짐에 따라 어떠한 분포로 수렴하기는 하나 특정 상수값으로 수렴되지는 않는다. 대신에 $\frac{1}{3}$의 지수값을 가진 파레토-레비 분포(Pareto-Lévy Distribution)를 보인다(Dhar and Ramaswamy, 1989). 비록 총체적인 외생 충격이 존재하지 않는다 하더라도 거시경제 차원에서의 총생산의 변동은 지속적으로 일어날 수가 있다.[4] 최종재 생산자로부터 받은 주문은 그 다음 공급자, 또 다음 공급자 등으로 연쇄반응을 일으키게 되는데, 연쇄반응의 범위는 초기 재고 상황이 어떠하냐에 달려 있다. 위로부터 받은 주문을 재고로 충당이 가능하면 더 이상의 후속 주문이 일어나지 않을 것이나 충당이 불가능하면 연쇄적인 주문이 가능할 것이다. 연쇄반응이 일어날 확률은 전체 시스템의 크기인 L과는 독립적인 사건이다(Dhar and Ramaswamy, 1989). 왜냐하

4. 마치 모래더미에서 모래가 균일한 비율로 더미에 더해지더라도 더미로부터 떨어지는 모래의 양은 시간이 지남에 따라 상당한 차이가 나는 현상과 유사하다. 특히 모래더미의 기울기가 임계점을 넘게 되면 산사태와 같은 사태로 이어질 수 있다.

면 연쇄반응은 주문을 받은 최종재 생산자 근처의 재고 상황에 밀접히 연관되어 있기 때문이며, 이는 모든 범위의 연쇄반응을 발생시킬 수 있는 가능성이 시스템에 내재되어 있다는 의미이다. 연쇄반응 범위의 분포는 멱함수 법칙을 따르며, 연쇄반응 범위를 y라 할 경우 y 이상의 연쇄반응이 일어날 확률은 $y^{-\frac{1}{3}}$을 따른다(Dhar and Ramaswamy, 1989). Y_j를 j번째 사이트에서 일어난 주문으로 인해 발생된 연쇄반응의 크기라 한다면 $P(Y_j > y) \sim y^{-\frac{1}{3}}$가 된다.

Π_L을 L 크기일 때 Y_j의 분포, Π_∞를 무한 크기일 때 Y_j의 분포라 하고 연쇄반응의 크기와 빈도(확률)에 각각 로그를 취한 값을 그래프로 나타내면 [그림 16-6]과 같다. 이를 통해 $P(Y_j > y) \sim y^{-\frac{1}{3}}$에 점근적 선형성이 존재함을 알 수 있다. 이는 대규모 생산이 일어날 확률이 정규분포에서처럼 지수적으로 감소하지 않고 대수적으로 감소하는 것으로 Y_j가 두꺼운 꼬리 분포를 가지며, 큰 규모의 생산 변동이 자주 일어날 수 있다는 의미이다.

그림 16-6 연쇄반응 크기의 분포

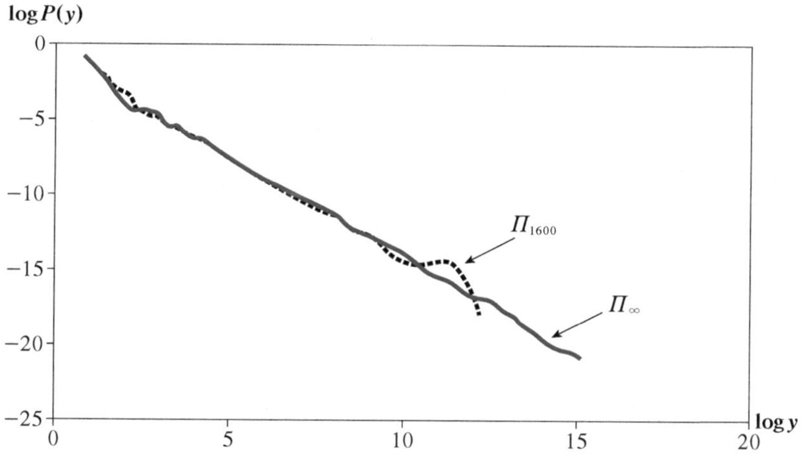

생산의 연쇄반응 크기가 멱함수 법칙을 따른다는 것은 경기변동의 자기조직화 성질을 말해준다[5]. 지금까지 그 주된 원인이 개별 단위의 상호작용, 즉 각 단위의 재고 현황에 따른 생산의 연쇄반응임을 보였다. 이러한 내생적 요인이 비선형 경기순환을 유발함을 다중 섹터 및 다중 생산 단계의 격자 모형을 통해 보여주었다. 단위 간 생산의 연쇄반응은 단위들 간 상관

5. 멱함수 법칙의 분포가 존재한다는 사실이 자기조직화 임계성이 존재한다는 강력한 증거가 된다고 주장하는 글은 Bak and Chen(1991), pp.46~53 참조.

관계가 높아지면 비례적으로 커져 그 범위가 확대된다. 범위가 일정 임계점(critical state) 이상으로 확대되면 이전과 달리 시스템 변동으로 이어져 대호황이나 대불황과 같은 큰 경기변동으로 이어질 수 있다. ICT 기술의 발전으로 단위들 간 정보공유 속도가 매우 빠르고 기술의 표준화가 급속하게 진전되고 있는 것은 단위들 간 상관관계를 높여(syncronization, coupling) 생산의 연쇄반응을 일으킬 확률을 높인다. 여기에 수확체증적 기술(생산기술의 비볼록성), 수요-공급 시간 격차(time to build), 기대심리, 외부충격 등 다양한 요인들이 복합적으로 얽혀 비선형적 경기변동을 일으킨다고 하겠다.

3 자기조직화 공간[6]

3.1 도시 생성 모델

전통적인 공간(도시)경제학에서는 공간 이용, 즉 도시가 어떻게 생성되고, 인구밀도는 왜 차이가 나는가를 지가, 수송비용을 노동, 자본과 같은 주요한 생산요소로 간주하여 생산자의 이윤극대화 행위에 따라 최적 입지를 결정하는 모델로 설명하고 있다. 19세기 초반 Von Thünen은 농축산물을 예로 들어 농부의 최적화 행동 결과 동심원 생산곡선이 생성된다고 설명하고 있다. 즉, 단위 면적당 생산량과 단위 수송비용이 각기 다른 채소, 밀, 소의 품목을 경작하는 농부가 도시의 중심으로부터 떨어진 교외지역을 대상으로 최적 경작지역을 어떻게 선택할 것인가 그리고 농부들과 지주들 사이에 경쟁이 도입될 경우 경작지가 어떤 형태로 분배될 것인가 하는 문제이다. 이 문제는 결과적으로 농부들 간의 경쟁으로 인해 품목에 따라 우하향의 지불의사 지가곡선(bid-rent curve)을 중심으로 [그림 16-7]과 같은 동심원 생산곡선을 그려낸다. 중심에 가까운 지역일수록 지가가 높은 반면 먼 지역일수록 지가가 낮아 지가와 수송비용 간에는 상쇄관계가 성립하게 된다.

6. Krugman(1996), pp.9~46 참조.

그림 16-7 Von Thünen 모델

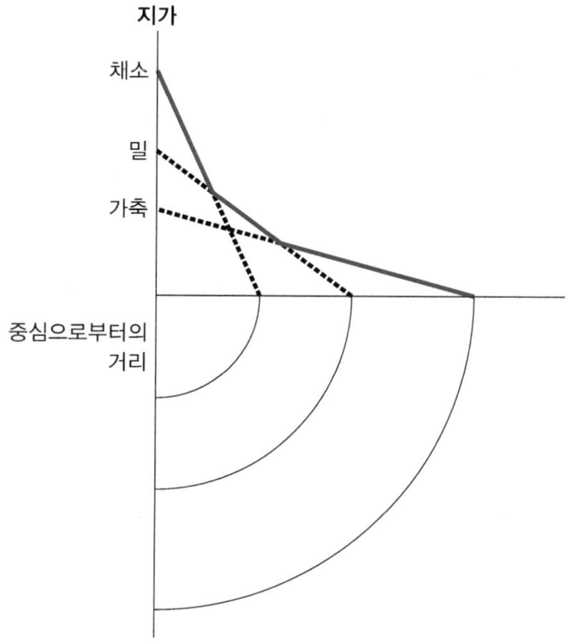

그러나 이 모델은 단순히 도시 중심 주위에 동심원 모양의 생산곡선이 존재함을 도출함으로써 주어진 도시 내에서 공간 이용이 어떻게 이루어질 것인가에 대한 해답은 제공해 줄 수 있지만 도시 자체(즉, 도시의 수, 규모 등)가 내생변수일 경우 공간 이용이 어떻게 될 것인가에 대해서는 해답을 주지 못하고 있다. 다시 말해 자기조직화하는 도시공간을 설명하기에는 한계를 지니고 있다. 실제 우리는 도시의 역사가 진행되면서 도시가 팽창하여 대도시화할 뿐만 아니라 여러 위성도시가 탄생되어 스스로 조직화하는 모습을 경험해 왔다. 도시가 팽창할수록 부심지가 생겨나 원도심보다 훨씬 밀접한 생활공간이 되고 있는 것이 현실이다. 이러한 현상들이 시간이 흐름에 따라 공간적으로 되풀이되면서 진화하고 있는 것이 도시화의 역사라고 할 수 있다. '단일 중심지'보다는 '다수 중심지'가 보다 일반적이다. 그런 면에서 E. Mills가 1967년에 소개한 단일 중심도시 모델(Mills, 1967)도 한계를 지닐 수밖에 없다.

이후 단일 중심도시 모델은 다수 중심지를 설명할 수 있는 모델인 중심지 이론(Central Place Theory)으로 이어졌다. 중심지 이론의 기본 아이디어는 인구밀도가 동일하게 분포된 지역에서 제조, 행정 서비스의 효율성을 달성시키는 규모의 경제 이점과 수송비용 간의 상쇄관계의 상호작용에 의해 격자 모양의 중심지들이 생성된다는 것이다. W. Christaller(1933)는 이 이론을 수정·발전시켜 중심지가 일련의 계층을 형성한다고 보고 수많은 중심지들 간에 또 다른 중심지가 존재한다고 하였다. Lösch(1940)는 수송비용이 감소하게 되면 육각형 모양의 격자가 가장 효율적인 패턴이라고 설명하였다.

그러나 Christaller-Lösch의 중심지 이론도 개별 주체들의 행동 결과가 어떻게 계층적인 중심지를 발생시키는지, 그리고 중심지들이 왜 분권화되어 가는지를 명확하게 설명하지는 못한다. 즉, 미시적 행동들의 집합이 어떠한 메커니즘으로 거시적 행동을 나타내는지에 대한 설명이 결여되어 자기조직화 과정을 온전하게 설명하지 못한다.

3.2 원심력과 구심력의 상호작용

실제 도시 발전 양상을 보면 비록 시차는 있을지언정 여러 도시들이 일정한 거리를 두고 발전해 온 것이 일반적이다. 초기에 어떤 한 도시가 번성하지만 곧 다른 도시가 따라서 번성하게 되고 그래서 초기의 도시로부터의 분산화 현상이 일어나는 동시에 새로운 도시로의 또 다른 집중 현상이 일어난다. 이를 다르게 표현하면 원심력과 구심력의 상호작용이라 할 수 있다,

이에 대해 Thomas Schelling은 논문 “Dynamic model of segregation(1972)”과 저서 *Micromotives and Macrobehavior*(1978)에서 지역 내 혹은 그룹 내 구성원 간 분리 현상에 주목하고 사람들이 자신과 유사한 패턴의 사람들과 함께하기를 원하는 동종선호(homophily) 현상에 의해 공간 분리 현상이 발생함을 설명하였다. 동 모델은 대부분의 도시에서 시간이 지남에 따라 유사한 계층, 업종끼리 구역화(Zoning)되는 자기조직화 메커니즘을 어느 정도 설명하고 있다. 그러나 토지에 대한 수요와 공급을 명시적으로 다루지 않은 점, 그룹을 두 부류로 국한시킨 점(실제 도시에서는 다수의 그룹과 지역들로 구분)은 한계점으로 지적된다[7].

P. Krugman은 이러한 문제점을 보완하여 도시를 중심으로 한 원심력과 구심력의 상호작용의 결과로 자기조직화 과정을 설명한다. 특정 비즈니스의 입지 결정은 기본적으로 다른 비즈니스의 입지에 상당히 의존적이며, 이 과정에서 원심력과 구심력이 개입하게 된다. 원심력은 하나의 비즈니스가 다른 비즈니스에 가까이 입지하는 것을 꺼리는 힘이고, 구심력은 반대

---

7. 보다 자세한 내용은 11장 유유상종 네트워크를 참조하기 바란다.

로 가까이 있고자 하는 힘이다. 전자는 고객이나 노동력 확보 경쟁을 회피하고자 하는 반면, 후자는 모여 있음으로써 더 많은 고객 유인과 정보 교환의 이점을 활용하는 동기이다.

원심력과 구심력의 상호작용에는 두 가지 기준이 있는데, 하나는 원심력과 구심력 사이에 너무 강하지 않은 적당한 긴장이 존재하며, 다른 하나는 구심력의 범위는 원심력의 범위보다 짧다는 것이다. 하나의 비즈니스는 다른 비즈니스가 가까이 있는 것을 선호하지만 일정한 거리를 두는 것은 선호하지 않는다. 이러한 조건하에 초기의 균일한 입지 분포에서 시간이 지남에 따라 몇 개의 비즈니스 중심지들이 발생하게 됨을 시뮬레이션 결과가 보여주고 있다. 초기의 불규칙한 주기를 가진 분포는 여러 규칙적인 주기들의 가능성을 내포하고 있다. 시간이 지남에 따라 원심력과 구심력의 상호작용에 의해 점차 어느 특정 주기를 가진 분포가 성장하여 지배적인 패턴을 형성하기 시작하고 다른 주기들은 사라지게 된다. 결국 [그림 16-8]처럼 어느 조건하에서는 2개의 비즈니스 중심지의 구조를 형성하거나 또 다른 조건 하에서는 [그림 16-9]처럼 짧은 주기를 가진 4개의 비즈니스 중심지의 구조를 형성하게 된다.

그림 16-8 가장자리 도시들의 진화 : 긴 주기

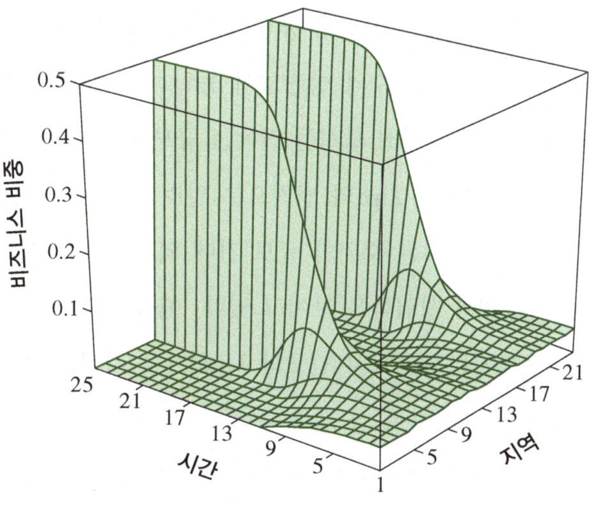

그림 16-9 가장자리 도시들의 진화 : 짧은 주기

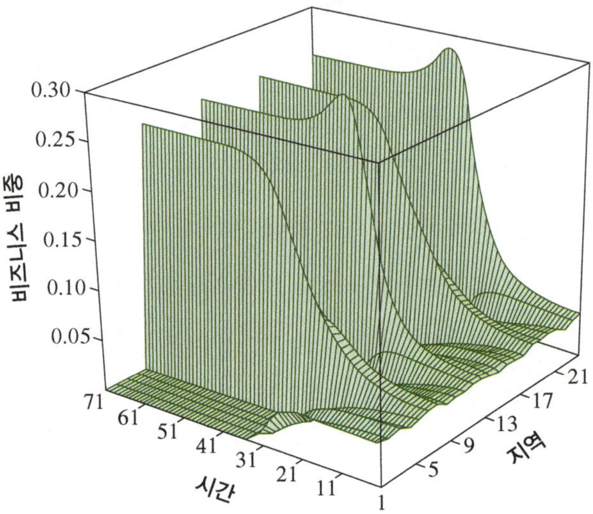

3.3 도시규모의 멱함수 법칙

앞서 원심력과 구심력의 상호작용에 의해 공간 조직이 스스로 조직화하여 규칙성을 가지는 중심지 구조를 형성하되 중심지의 수와 상관없이 동일 구조 내에서는 중심지들의 밀도가 동일한 것으로 설명하였다. 그러나 실제 도시들 간에는 규모에 차이가 있어 대도시, 중소도시 등이 혼재되어 있다. 이에 관해서는 Zipf의 법칙으로 알려진 멱함수 법칙으로 설명할 수 있다. Zipf의 법칙은 통계량에 따라서는 순위와 규모 간에 역관계가 성립한다는 법칙으로 도시 규모(*S*)와 순위(*N*) 간에 역관계가 성립함을 보이고 있다. 예를 들어 제2도시의 인구는 제1도시 인구의 2분의 1을, 제3도시는 제1도시 인구의 3분의 1을 가지는 패턴으로 계속 이어진다는 것이다. 실제 미국 도시를 대상으로 한 실증분석은 Zipf의 법칙이 잘 적용되고 있음을 보여주고 있다. 이를 나타낸 것이 [그림 16-10]인데 순위에 로그를 취한 값과 규모에 로그를 취한 값이 -1의 기울기로 선형관계를 보이고 있다.[8]

---

8. 즉, $N = S^{-1}$의 멱함수를 갖는다.

그림 16-10 시간 경과에 따른 Zipf의 법칙

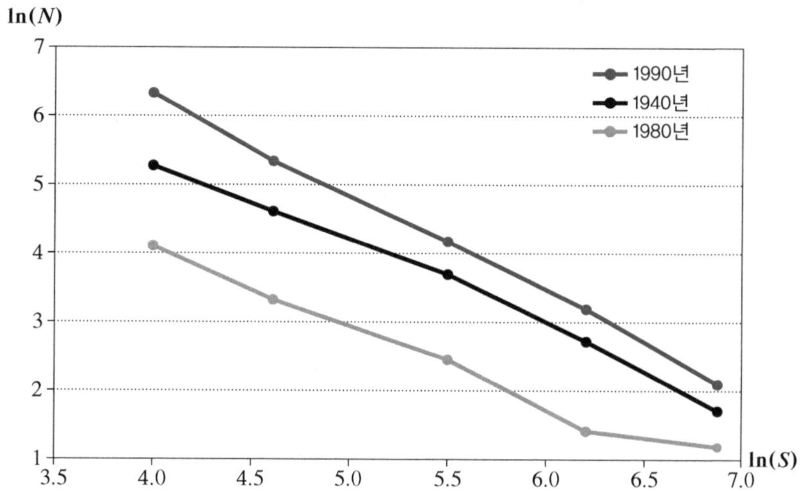

멱함수 법칙이 적용되는 사례는 도시뿐만 아니라 지진의 규모와 주기 간(Gutenberg-Richter law), 동물의 크기와 종류 수 간 등 수많은 현상에 적용되고 있다. 멱함수 법칙이 적용되기 위해서는 3가지 기준이 충족되어야 하는데, 첫째, 어떤 집합체(대상)가 시간이 지남에 따라 현저히 성장해야 하며, 둘째, 개별 구성원의 성장률이 랜덤이어서 시간이 지남에 따라 규모의 분포가 광범위하게 형성되어야 하며, 셋째, 기대 성장률이 규모와는 독립적이어야 한다는 점이다.

이미 오래전에 도시의 성장 시스템에 대해서 연구를 한 H. Simon은 도시 성장을 밀집(clump)지역에 덩어리(lump)가 붙는 패턴으로 파악하였다(H. Simon, 1955). 하나의 덩어리가 새로운 지역에 붙을 확률을 π라고 하면 기존 밀집지역에 붙을 확률은 $1-\pi$가 되고 기존 밀집지역에 덩어리가 붙는 확률은 밀집지역의 인구에 비례한다고 하였다. 즉, $N = S^{-\frac{1}{(1-\pi)}}$의 멱함수 분포를 상정한다. 이처럼 선호적 연결(preferential attachment)을 가정하면 기존에 밀집된 지역이 훨씬 빠르게 성장할 가능성이 높다. 따라서 대규모 도시가 탄생할 가능성이 높다. 이는 앞의 멱함수 법칙에서 개별 구성원의 성장률이 랜덤이어야 한다는 점, 기대 성장률이 규모와 독립적이어야 하는 점에 위배된다. 그러나 π의 크기에 따라 가변적이며, 만일 π가 매우 작다면 지수($\frac{1}{(1-\pi)}$)가 1에 가까운 멱함수 분포를 형성한다는 점에서 단순하지만 어느 정도 설명력이 있다고 하겠다.

참고 16-1

Zipf의 법칙

Zipf의 법칙은 원래 1916년 프랑스 저널리스트인 J. B. Estoup가 발견한 것으로 책에서 가장 많이 쓰이는 단어의 순위와 빈도의 곱은 일정한 값을 갖는다는 데서 출발하였다. 이후 1949년 G. K. Zipf가 논문 「인간 행동과 최소 노력의 원리」에서 $r \times Fr =$ constant(r : 순위, Fr : 빈도)를 소개하면서 알려지기 시작하였다. 논문에 소개된 예로 J. Joyes의 작품 『율리시스(Ulysses)』에서 쓰인 단어의 순위(r)와 빈도(Fr)를 보면 다음과 같다.

표 16-2 「율리시스」에서 쓰인 단어의 순위(r)와 빈도(Fr)의 관계

r	Fr	$r \times Fr$
10	2,653	26,530
20	1,311	26,220
100	265	26,500
500	50	25,000
2,000	12	24,000
5,000	5	25,000
10,000	2	20,000
20,000	1	20,000
29,899	1	29,899

4 행위자 기반 모델

4.1 제3의 분석방법론

행위자 기반 모델(Agent-based Model, 이하 ABM)을 활용하여 경제 현상을 다루는 것을 행위자 기반 계산경제학(Agent-based Computational Economics, 이하 ACE)이라 한다. ABM은 개별 행동의 변화가 어떻게 전체 시스템 행동의 생성에 영향을 미치는가를 대상으로 한다. 미

시적 현상과 거시적 현상 사이에 존재하는 복잡성을 개별 행위자에 기초한 계산적 모델로 설명하려는 방법론의 일종이다. 주로 컴퓨터 시뮬레이션 기법을 통해 실제 현상에 가깝게 환경을 구축하여 개별 행위자들의 상호작용을 통한 진화 및 적응 과정을 분석, 예측한다. ABM의 기원은 폰노이만 기계(Von Neumann Machine)로 거슬러 올라간다. 폰노이만 기계는 스스로 재생산이 가능한 이론적인 장치로서 그리드(grid)상 세포들의 집합체 형태를 띤다(Neumann, 1966). 이것이 바로 나중에 세포 자동자(cellular automata)로 발전하게 된다. 세포 자동자는 격자 모양의 세포들을 유한한 상태로 변하게 함으로써 복잡한 동적 현상을 이산적 방식으로 설명할 수 있는 유용한 방법이다.

또 다른 분석방법론은 수학자인 J. Conway에 의한 '인생의 게임(Game of Life)'이다. 이 이론은 매우 간단한 법칙을 적용해 2차원의 격자 모양의 가상공간에서 질서가 나타나는 현상을 설명한다(Gardner, 1970). '인생의 게임'은 추후 Schelling의 분리 모델[9]로 이어지게 된다(Schelling, 1978). 이후 사회과학에의 적용을 통해 행위자 기반 모형으로 발전되었다. 컴퓨터 과학자인 C. Reynolds는 생물학적 개체의 실체를 모형화하면서 인생의 게임을 사회과학에 적용하였는데 그것이 시초가 되었다. 동 연구 흐름은 계속 진화하여 오늘날 인공생명(artificial life), 인공지능(artificial intelligence)의 영역으로 이어지고 있다.

ABM에서는 각 행위자들이 실제 현실과 가깝게 행동을 하도록 환경을 설정한다. 그들은 매우 지적이고 합목적적이나 게임이론에서처럼 매우 합리적이지는 못하다. 또한 그들은 관계 속에 놓여 있으며, 서로 간의 행위에 대한 반응과 의도적인 행위가 알고리즘으로 컴퓨터 프로그램화되어 있다. 따라서 ABM은 다음과 같은 특징을 지니고 있다. 첫째, 연역적이나 귀납적이 아닌 제3의 접근방식을 취한다. 어떤 공리들을 증명하지 않는다는 측면에서 연역적이지 않으며, 실제 데이터를 측정하지 않고 분석 의도에 맞는 데이터를 생산하는 측면에서 귀납적이지도 않다.[10] 둘째, 사건을 쪼개어 질서나 법칙을 찾아내는 분석적인 태도보다는 가능한 한 전체를 있는 그대로 두고 움직임을 설명하려는 종합적인 태도를 취한다(holistic approach). 전체를 구성하는 매우 중요한 부분인 행위자들 간의 상호작용이 쪼개어 분석할 때 배제되는 현상을 방지할 수 있다. 셋째, 미리 균형 상태를 상정하여 분석하기보다는 균형 상태도 가능

9. 분리 모델에 대해서는 제11장의 Schelling의 분리 모델을 참조 바란다.
10. Axelrod and Tesfatsion(2005).

한 결과들 중 하나로 보는 보다 포괄적인 불균형 상태를 상정한다. 넷째, 특정 법칙을 염두에 두고 분석하기보다는 행위자들 간의 상호작용을 통해 질서가 생성되는 세계를 상정한다(heuristic approach).

ABM은 광범위하게 응용되어 공급사슬 최적화와 물류, 소비자 행동, 사회적 네트워크 및 현상, 분산 컴퓨팅, 인력 관리, 교통 관리, 포트폴리오 경영 등에 활용되고 있다(Granovetter, 1978 ; Epstein, 2002 ; Cederman, 2003 ; Miller and Page, 2004 ; Axelrod, 1986 ; Wilhite, 2001). 경제학 분야에의 응용이 바로 행위자 기반 계산경제학(ACE)인 것이다. 앞서 살펴보았듯이 경제 현상에서 복잡성이 날로 증대하여 기존의 이론이나 방법론으로는 분석과 예측에 한계가 있어 이러한 계산적 방법론이 활용되는 경향을 보인다. ABM은 자율적 의사결정권을 가진 분권화된 경제주체들의 상호작용의 결과 나타나는 경제 시스템의 어떠한 규칙성을 찾으려는 노력이라 할 수 있다. 그리고 그 방법론으로 주로 시뮬레이션 기법을 사용한다. 실제 경제주체들의 행위는 매우 적응적·역동적이며, 이질적이어서 수학적 모델을 사용하기가 거의 불가능하기 때문에 컴퓨터를 활용해 실제와 거의 유사한 환경을 설정하는 시뮬레이션을 활용하는 것이다. 소비자, 생산자, 정부 등 각 경제주체들의 특징과 행동 법칙을 정하고 이들 간의 상호작용을 허용함으로써 결과를 분석한다(Axtell, 2003·2005 ; Axtell et al., 2001 ; Arthur et al., 1997 ; Tesfatsion, 2001·2002a·2003 ; Vriend, 2000).

4.2 ABM 분석 방법

ABM 분석 방법은 가상 모형의 실험을 통해 분석하므로 다음과 같은 일정한 절차를 가진다.[11]

① 무엇을 보려고 하는지를 명확히 한다. 정형화된 사실(stylized facts), 즉 보려고 하는 시스템의 성질을 명확히 한다.

② 시뮬레이션의 목적을 명확히 한다. 어떤 현상을 이해하려는 것인지, 보다 정확한 설명을 하려는 것인지, 예측을 하려는 것인지, 새로운 해결책을 제시하는 것인지 등등. 대

11. Helbing ed.(2012), Ch. 2.

개 사회과학에서는 창발되는 시스템이 일반적인 법칙과는 상반되거나 역설적인 과학적 수수께끼(scientific puzzle)를 제시하는 경우가 많다.

③ 모델에서 에이전트를 결정한다. 예를 들어 기업 간 경쟁을 다루는 연구에서 모든 기업의 고용자들을 에이전트로 선택할 필요는 없다. 기업을 에이전트로 하여 분석하는 것이 합당하다. 이 경우 고유값 분석(eigenvalue analysis)에 의해 상호 유사한 행동을 보이는 에이전트들을 하나의 에이전트로 간주하는 방식으로 분석이 가능하다(Eigen and Schuster, 1978).

④ 보고자 하는 시스템 행동에 관한 가설을 설정한다. 이때 가설 관련 인과적 관계는 이론적인 타당성에 근거를 두어야 한다. 단순히 다른 분야나 연구에서 유사한 시스템 행동이 발견된다는 것만으로는 가설을 정당화시킬 수 없다.

⑤ 시뮬레이션 메커니즘을 설정한다. 이때 보고자 하는 시스템 행동을 모델 가정으로 설정해서는 곤란하다. 모델 가정은 보려고 하는 시스템 행동의 적어도 기초적인 하나의 요인이어야 한다. 예를 들어 계층 형성을 분석할 경우 부익부-빈익빈 효과(the rich-gets-richer effect)를 하나의 요인으로 사용할 수 있다(Merton, 1968). 또한 동종 선호(homophily)는 연대 형성의 모델에서(Mcpherson, Smith-Lovin, and Cook, 2001), 소셜 네트워크적 특성은 행위의 확산을 설명하는 모델에서 가정될 수 있다(Christakis and Fowler, 2007 · 2008 ; Smith and Christakis, 2008). 반면 소득 분포를 보기 위해 부익부-빈익빈 효과를 도입하는 것은 적절하지 않고 대신에 랜덤이나 균일한 분포로 출발하는 것이 타당하다(Chadefaux and Helbing, 2010). 마찬가지로 사회적 분리 현상을 보기 위해 동종선호를 가정해서 출발해서는 안 된다(Helbing and Yu, 2009 ; Helbing et al., 2011).

⑥ 마지막으로 시뮬레이션 결과를 실제 데이터와 비교하여 검증한다. 그렇게 함으로써 해당 모델이 설명할 수 있는 것과 설명할 수 없는 것을 구분해야 한다. 모델의 한계를 명확히 하는 것은 모델의 설명력만큼 중요하다.

4.3 자기조직화 창발 현상과 ABM

ABM의 장점은 현실에 매우 가깝게 모델을 설정할 수 있다는 점이다. 에이전트들의 행동 방식이나 결정 룰을 수학적 함수 형태로 설정하는 것보다 유연하게 설정할 수 있다. 즉, 에이전트 행동의 이질성(heterogeneity)이나 무작위적 변동성(stochasticity)을 쉽게 설정할 수가 있다. 보다 현실적인 에이전트들의 행동을 모델에 반영하여 이들의 상호작용 결과 창발되는 다양한 결과들을 컴퓨터 시뮬레이션을 통해 분석함으로써 실제 사회경제적인 현상들에 가깝게 설명할 수 있다. 그런 측면에서 ABM은 개체들의 상호작용을 분석하여 시스템의 지속가능성을 연구하는 생태학적인 접근과 유사하며, 통계물리학, 생물학, 사이버네틱스 등과도 접목 가능성이 있다고 하겠다.

참고로 에이전트들에 부여할 수 있는 행동 방식들의 예를 들면 다음과 같다[12].

- 출생, 사망, 번식(birth, death and reproduction)
- 개별적 자원 필요성(individual needs of resources e.g. to eat and drink)
- 경쟁과 경쟁력(competition and competitive oability)
- 인지 능력(perception)
- 호기심, 탐색 능력, 혁신 능력(curiosity, exploration behavior, ability for innovation)
- 감정(emotions)
- 기억, 미래 기대(memory and future expectations)
- 이동성, 수용 능력(mobility and carrying capacity)
- 의사소통(communication)
- 학습 및 강의 능력(learning and teaching ability)
- 거래 및 교환 가능성(the possibility of trading and exchange)
- 친화성(the tendency to have relationships with other agents)

무엇보다 AMB은 에이전트들의 미시적 상호작용 결과 나타나는 거시적 질서를 분석하는

---

12. Helbing ed.(2012), Ch. 2.

데 매우 적합하다. 특히 경제학 분석에서 대표 에이전트 모델을 통해 지금까지 가정해 온 자기 이익 극대화(Homo Economicus) 가정을 완화시켜 이질적인 다수 에이전트 모델 시뮬레이션(multi-agent model simulation)을 적용함으로써 미시경제와 거시경제 간 복잡성을 설명할 수 있는 가능성을 제공한다(Helbing and Balietti, 2010).

비단 경제 현상뿐만 아니라 ABM이 설명할 수 있는 자기조직화 창발 현상은 매우 다양하며, ABM은 이러한 복잡한 현상들을 잘 이해할 수 있는 실마리를 제공한다. 다음은 이러한 복잡한 현상들과 관련된 개념이나 현상들의 예이다.[13]

- 다수균형(multiple equilibria) : 초기 조건과 같은 역사에 따라 상이한 균형 존재(역사 의존성을 이력 효과(hysterisis effect)라 함)
- 자기조직화(self-organization) : 주기적 또는 비주기적 진동, 혼돈 또는 난기류 행동, 시공간적 유형(예 : 교통체증으로 가다서다 반복행위)
- 작은 동요에 대한 안정성(robust to small perturbation) : 안정적인 끌개(stable attractor)
- 쏠림 효과(tipping effect) : 작은 영향이 갑작스럽고 예기치 않은 시스템의 변화 야기, 시스템의 작동 원리가 완전히 다른 국면으로의 전이(phase transition)
- 새로운 창발 질서(new emergent order) : 부분 차원에서는 설명될 수 없는 새로운 원리 탄생, 전체는 부분의 합 이상
- 상관관계가 시스템 다이내믹스 결정 : 상관관계 무시는 완전히 다른 결론 도출
- 연쇄적 효과(cascading effects) : 국면 전이 또는 자기조직화 임계성의 과정에서 로컬 차원의 요인이 시스템적 차원의 변화 야기(예 : 시스템 실패(systemic failure))
- 멱함수 법칙 분포(power-law distribution) : 극단적인 경우의 발생 확률이 정규분포 때보다 높음(예 : 두꺼운 꼬리 분포(fat tail distribution))
- 양의 피드백 시스템(positive feedback system) : 재생산, 경로의존성(path dependency), 자기강화적 학습(self-reinforcing learning), 기대심리, 혁신 등의 원리 작동

따라서 복잡계 시스템하에서는 불확실성이 높아 결과를 예측하기 쉽지 않으며, 때로는 일

---

13. Helbing ed.(2012), Ch. 2.

반 상식과는 상반되는 결과들이 종종 일어난다. 이에 관해서는 교통흐름 현상을 대상으로 좀 더 구체적으로 살펴보자. 다음 현상들은 교통흐름상에서 경험하는 것들이다.

- 사고나 병목 현상과 같은 뚜렷한 이유 없이 교통체증 현상 발생(Kuehne, 1991 ; Kerner and Konhäuser, 1993)
- 운전자들이 전방 주행에 최선을 다함에도 불구하고 가다서다의 교통흐름 발생(Chandler et al., 1958 ; Herman et al., 1959)
- 교통량이 줄어들었음에도 교통체증 지속(Helbing and Treiber, 2002)
- 교통체증이 병목 지점이 아닌 뒤쪽 꼬리 부분에서 발생
- 느린 것이 빠른 것(slower–is–faster effects) : 특정 조건 하에서는 속도 제한이 흐름 속도를 상향(Kuehne, 1991), 적절한 시점에서의 적절한 기간의 지연은 오히려 전체 대기시간을 단축(Helbing et al., 2006 ; Helbing and Mazloumian, 2009)
- 용량의 극대화는 때로 시스템 다운 초래(Helbing, 2009)

[그림 16-11]은 이러한 현상들을 ABM 방법을 통해 시뮬레이션한 것이다(Helbing et. al., 2009). 특정 차량을 추적하는 지능형 운전자 모델(Intelligent Driver Model ; IDM)을 사용하여

그림 16-11 교통체증의 다양한 유형

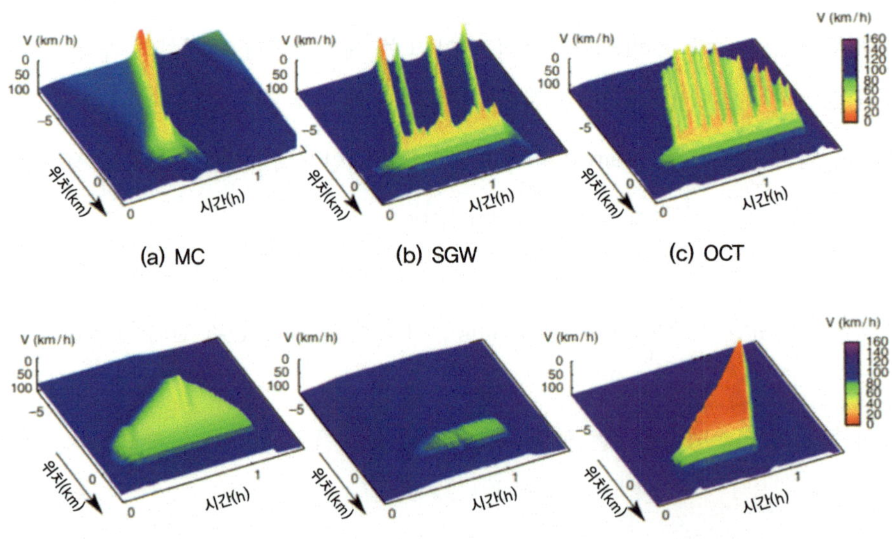

진입차선 지점($x = 0$)을 가진 고속도로에서 교통량, 병목현상 정도, 초기 조건 등에 따라 다양한 형태의 교통체증 유형들을 분석하였다: 이동 클러스터형(Moving Cluster ; MC), 고정된 로컬 클러스터형(Pinned Localized Cluster ; PLC), 가다서다 반복형(Stop-and-Go Waves ; SGW), 진자 체증형(Oscillating Congested Traffic ; OCT), 획일 체증형(Homogenous Congested Traffic ; HCT),확대 동기화형(Widening Synchronized Pattern ; WSP). 시뮬레이션의 초기에는 속도가 증가하여 최대 속도까지 도달하나 진입차선 지점에서의 교통량 변동이 결국 다양한 형태의 교통체증을 촉발시킴을 알 수 있다.

일반적인 예상과는 상반되는 결과가 나타나는 또 다른 예로서 화재가 났을 경우 대피 상황에 대한 시뮬레이션을 들 수 있다(Bonabeau, 2002). 방 안에 200명의 사람이 있을 때 출구 앞에 기둥이 있는 경우와 없는 경우를 대상으로 화재 발생 시 대피 상황을 시뮬레이션하였다. 그 결과 화재 발생 이후 45초 경과하였을 때 기둥이 없는 경우는 44명이 대피하고 5명의 부상자가 발생하였다. 반면 기둥이 있는 경우는 72명이 대피하고 부상자는 없었다. 기둥이 없는 경우 출구 주위로 사람들이 몰려 탈출하려는 압력이 훨씬 높아 체증의 정도가 매우 심각하기 때문에 그런 결과가 발생한 것이다.

그림 16-12 화재 대피 시뮬레이션

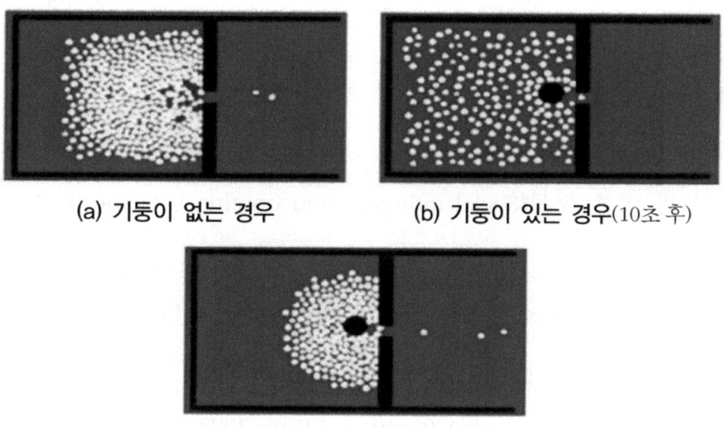

(a) 기둥이 없는 경우 **(b) 기둥이 있는 경우**(10초 후)

(c) 기둥이 있는 경우(20초 후)

교통체증과 화재 대피 현상의 예를 보았지만 체증의 정도를 경제지표의 균형에서 벗어난 정도로 간주한다면 경제 현상에의 적용이 충분히 가능하다. 수요와 공급, 이자율, 환율 등 가격에 영향을 미치는 변수들의 변동에 따른 가격변동 정도를 시뮬레이션함으로써 경제버블,

금융위기 등을 예측해 볼 수 있다. 예를 들어 글로벌 금융위기를 방지하기 위해서는 국가 간 자금 흐름을 어느 정도 규제하는 것이 필요하다. 너무 자유롭게 자금이 이동하면 국가 간 위험이 이전되어 거대한 금융위기 현상으로 확대되기 때문이다. 그러나 금융기관의 과도한 레버리지 상황에서 자기자본비율 규제 등 엄격한 규제는 오히려 시장을 경색시켜 시스템 리스크로 확대될 가능성이 높다는 것이 ABM 적용을 통해 밝혀졌다(Poledna et al., 2015).

그림 16-13 레버리지 정도에 따른 시스템 리스크

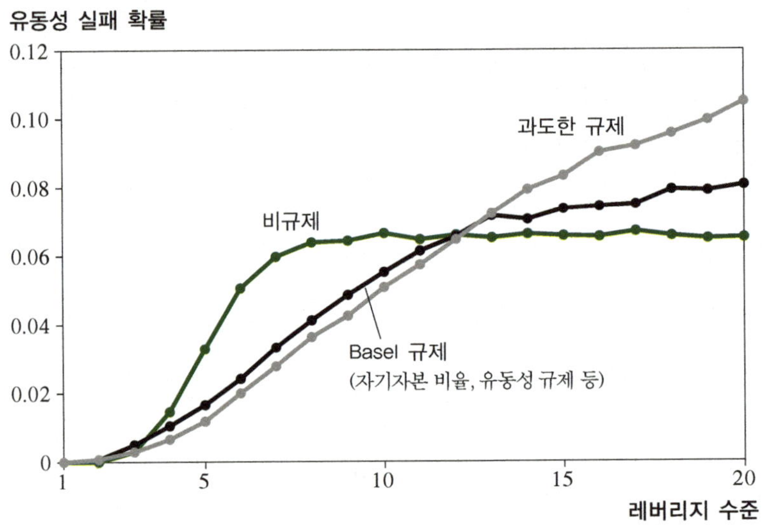

다음은 ABM 방법론을 적용하여 분석한 분야의 예들이다.

- 사회적 영향과 여론 형성(Social influence and opinion formation) (Mäs et al., 2010 ; Nardini et al., 2008)
- 연대 형성(Coalition formation) (Sichman, 1998 ; Gaston and Jardins, 2005)
- 집단지성(Collective intelligence) (Bonabeau et al., 2000)
- 사회적 네트워크(Social networks) (Szabo and Fath, 2007 ; Carrington et al., 2005 ; Holme and Ghoshal, 2006)
- 집단 역학(Group dynamics) (Sierhuis et al., 2003)
- 사회적 협력(Social cooperation) (Axelrod, 1997 ; Bowles and Gintis, 2004)
- 사회적 규범(Social norms) (Helbing et al., 2010 ; Helbing and Johansson, 2009 ; Rauhut

and Junker, 2009)

- 사회적 갈등(Social conflict) (Cederman, 1997 · 2003)
- 금융시장(Financial markets) (Hommes, 2006 ; LebBaron, 2002 ; Raberto et al., 2001)
- 기업 간 경쟁과 협력(Competition and cooperation between firms) (Zhang, 2005 ; Axtell, 1999)
- 미시경제학 모델(Micro-economic models) (Kaihara, 2003 ; Preist, 1999)
- 거시경제학 모델(Macro-economic models) (Lebron and Tesfatsion, 2008 ; Tesfatsion, 2002b)
- 조직 의사결정(Organization and managerial decisions) (Harrison et al., 2007)
- 이민(Migration) (Onggo, 2008)
- 집적과 분리(Agglomeration and segregation) (Mansury et al., 2002 ; O'sullivan et al., 2003)
- 도시 및 지역 발전(Urban and regional development) (Batty, 2007 ; Helbing and Nagel, 2004 ; Killer et al., 2010)
- 교통 역학(Traffic dynamics) (Binder et al., 2004 ; Dia, 2002)
- 군중 역학(Crowd dynamics) (Henein and White, 2005 ; Batty, 2003)
- 사회경제 시스템 위험(Systemic risks in socio-economic systems) (Gatti, 2008 ; Aoki and Yoshikawa, 2006 ; Conte et al., 1997 ; Sun, 2008 ; Gilbert, 2007 ; Grimm et al., 2005 ; Axelrod, 2005)

4.4 ABM의 장점과 도전

ABM은 기존 최적화 모델 방법론의 한계를 극복하는 많은 장점들을 가진다. 실제 경제 현상에 매우 가깝게 환경을 설정하여 결과를 분석할 수 있기 때문에 불안정성, 비선형성, 직접 상호작용과 같이 실제 현장에서 일어나는 현상을 설명할 수 있다. 뿐만 아니라 에이전트들의 이질성, 네트워크 구조 등 관계적 · 내생적 측면을 잘 반영할 수 있다. 정책 실행의 효과도 용이하게 검증할 수 있다. 최적화 모델이 중점을 두는 국부적 인과관계에 국한되지 않으며, 동 모델이 설명하지 않았던 부분들을 설명할 수 있는 보다 포괄적인 접근 방법을 취한다.

반면에 ABM은 환경을 설정하다 보니 작위의 영역(인위적 조작)이 넓다는 단점을 지닌다.

어떠한 변수를 포함해야 하고 제외해야 할지 모호할 때가 많다. 이는 객관적이고 논리적인 과학으로서의 자격을 의심받기 쉽게 한다. 더불어 이론적 토대가 매우 취약하고 모델이 복잡하다. 따라서 시뮬레이션 결과를 현실 데이터로서 검증하는 작업이 매우 중요한데, 모델이 복잡한 경우 현실 타당성을 검증하기가 쉽지 않다.

ABM 시뮬레이션 분석에 현재 여러 종류의 소프트웨어 패키지가 사용되고 있다. 가장 간단하면서도 교육용으로 널리 쓰이는 것으로는 NetLogo가 있다. 이와 유사한 것으로는 StarLogo가 있으며, Swarm은 ABM 범용의 최초 프로그램으로 C 프로그래밍 언어로 되어 있다. JAVA 프로그래밍 언어로 만들어진 프로그램으로는 MASON과 Repast가 널리 사용되고 있다. EcoLab은 C++ 프로그래밍 언어에 적합하다. 각자의 익숙한 언어에 맞게 시뮬레이션 소프트웨어의 선택이 가능하다.

그림 16-14 NetLogo 시뮬레이션의 예

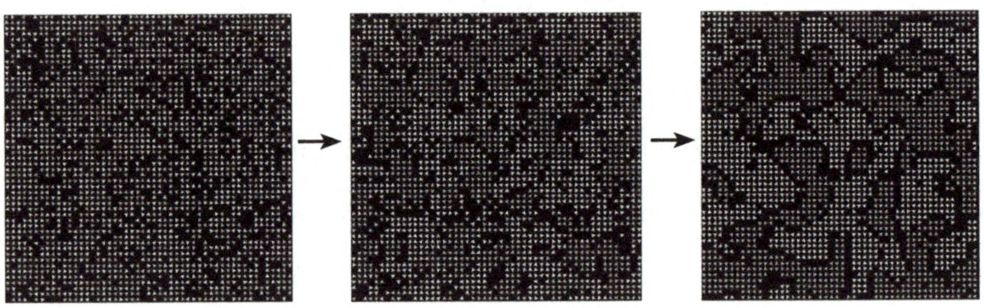

5 진화론적 게임이론

진화론적 게임이론은 미시적 상호작용의 결과 나타난 집합적 질서를 게임이론을 적용하여 설명하되 생물학의 진화론적 관점에서 설명하고자 하는 시도이다. 기존 게임이론이 가지고 있는 한계점을 극복하고자 하는 노력의 일환으로 생물학적 진화론을 가미한 것으로 해석할 수 있다. 전통적인 게임이론은 신고전파 경제학이 상정하는 합리적 기대를 가진 경제주체들의 정태적 내쉬 균형의 기본 패러다임에서 크게 벗어나고 있지 못하다. 따라서 진화 게임 모델에서는 이러한 가정들을 완화하여 동태적이고 적응적 기대를 가진 경제주체들의 게임이론을 전개하고 있다(Nowak and May, 1992 · 1993 ; Nowak and Sigmund, 1992).

진화론적 게임이론의 기원은 R. A. Fisher의 1930년 저서 *The Evolution of Dominance in Certain Polymorphic Species*까지 거슬러 올라간다(Fisher, 1930). 그의 주된 의문점인 "포유동물의 성비는 왜 비슷한가?"에 대해 암수의 수의 크기에 따른 상대적 적응력의 차이로 인해 결국 비슷한 성비를 구성하게 된다고 파악함으로써 동태적 진화 개념을 도입하였다. R. C. Lewontin은 1961년 저서 *Evolution and the Theory of Games*에서 게임이론을 처음 진화론적 생물학에 도입하였다(Lewontin, 1961). 진화론적 게임이론이 본격적으로 연구되기 시작한 것은 M. Smith의 노력에 힘입은 바 크다. 그는 진화론적으로 안정적인 전략 개념을 소개하였으며, 1982년에는 *Evolution and the Theory of Games*이라는 저서를 발간하여 이 개념이 널리 확산되는 계기를 마련하였다(Maynard, 1982). 아울러 1984년에는 R. Axelrod의 저서 *The Evolution of Cooperation*의 발간을 계기로 진화론적 게임이론이 경제학 등 사회과학으로 더욱 확산하게 된다(Axelrod, 1984).

기본적인 모델은 ① 개체군(population) → ② 게임(game) → ③ 복제(replication) → ④ 개체군 변화(population change)라는 4단계로 이루어진다.

① 개체군 : 모델은 기본적으로 개체군의 변화를 다룬다. 게임이라는 경쟁을 통해 개체군의 변화를 분석한다.

② 게임 : 게임은 경쟁 개체들의 전략과 동 전략에 따른 보상체계로 이루어진다. 게임은 모든 경우의 수에 따라 공평하게 이루어지며, 높은 보상을 받는 적자에게 생존의 기회가 주어진다.

③ 복제 : 경쟁의 결과 각 개체들은 복제자 역학 과정(replicator dynamics process)에 의해 복제 혹은 도태의 경로를 밟는다. 이러한 과정의 결과 새로운 개체군이 탄생되고 생존한 개체들은 새로운 생존능력을 가지게 된다.

④ 개체군 변화 : 새로운 개체군은 이전 개체군을 대체하게 되고 이 과정은 되풀이된다. 그 과정에서 개체군들은 어떤 돌연변이에 의해 생존의 위협을 받지 않는 진화론적으로 안정적인 상태를 지향한다.

모델에 관해 좀 더 살펴보기 위해 M. Smith의 진화론적으로 안정적인 전략(Evolutionarily Stable Strategy ; ESS) 개념을 간략히 소개하기로 한다(Smith and Price, 1973). 매와 비둘기가 V의 가치를 지닌 어떤 자원에 대해서 게임을 하는 구도를 생각해 보자. 물론 자원을 획득하면 환경에의 적응력이 증대된다. 매는 공격적인 행동을 먼저 일으키며, 상처를 입거나 비둘기가 물러설 때까지 지속하고, 비둘기는 매가 공격적인 행동을 시작하면 즉시 물러서는 전략을 취한다. 그리고 게임의 룰은 다음과 같이 가정한다. ① 두 매가 만나 공격적 행동을 동시에 취하면 갈등이 발생하여 양자 모두 부상을 입는다. ② 갈등의 비용은 C만큼의 적응력 감소로 나타난다. ③ 매가 비둘기를 만나면 비둘기는 즉시 물러서고 매가 자원을 획득한다. ④ 두 비둘기가 동시에 만나면 둘 다 동일하게 자원을 나누어 갖는다. 따라서 이 게임의 보상체계는 〈표 16-3〉과 같이 된다.

표 16-3 매와 비둘기의 보상체계

	매	비둘기
매	$(\frac{1}{2}(V-C), \frac{1}{2}(V-C))$	$(V, 0)$
비둘기	$(0, V)$	$(\frac{V}{2}, \frac{V}{2})$

이 게임에서 전략이 진화적으로 안정적이기 위해서는 모든 구성원이 이러한 전략 구도를 따를 때 돌연변이, 즉 아주 우수한 전략을 채택하는 구성원이 성공적으로 침입할 수 없어야 한다. $\Delta F(s_1, s_2)$를 상대방 전략 s_2에 대해 s_1을 취하는 개체의 적응력 변화라 하고, $F(s)$를 전략 s를 취하는 개체의 전체 적응력, F_0를 초기 적응력이라 한다. 그리고 σ를 진화적으로 안정적인 전략, μ를 돌연변이의 전략이라 하면 다음과 같이 나타낼 수 있다.

$$F(\sigma) = F_0 + (1-p)\Delta F(\sigma, \sigma) + p\Delta F(\sigma, \mu)$$
$$F(\mu) = F_0 + (1-p)\Delta F(\mu, \sigma) + p\Delta F(\mu, \mu)$$

이때 p는 모집단에서 돌연변이의 전략 μ를 따르는 개체의 비율을 말한다. σ가 안정적이기 위해서는 $F(\sigma) > F(\mu)$가 성립되어야 한다. 그렇지 않으면 궁극적으로 돌연변이가 모집단을 지배하게 될 것이다. 만일 p가 0에 가깝게 되면 다음의 2조건 중 하나가 만족되어야 한다. ① $\Delta F(\sigma,\sigma) > \Delta F(\mu,\sigma)$, ② $\Delta F(\sigma,\sigma) = \Delta F(\mu,\sigma)$, 그리고 $\Delta F(\sigma,\mu) > \Delta F(\mu,\mu)$. 이것이 바로 Smith가 제시한 ESS의 조건이다. 다시 말해, ① 해당 개체가 상대방의 σ에 대해 취하는 전략이 돌연변이가 상대방의 σ에 대해 취하는 전략보다 우수해야 한다. ② 돌연변이가 취하는 전략이 해당 개체가 상대방의 σ에 대해 취하는 σ전략만큼 우수해야 한다. 그러나 해당 개체가 돌연변이에 대해 취하는 전략 σ는 돌연변이가 돌연변이에 대해 취하는 전략 이상으로 우수해야 한다.

다시 매와 비둘기 게임으로 돌아가면 현재와 같은 게임의 구도하에서 $V > C$가 만족된다면 비둘기의 전략은 매(돌연변이)의 전략에 의해 침입을 당해 지배되기 때문에 ESS가 될 수 없다. 즉, 매의 전략이 ESS가 되어 자원을 획득하기 위해 부상이라는 위험을 무릅쓸 가치가 있다고 볼 수 있다. 만일 $V < C$이면 순수전략만 따른다고 할 경우 ESS는 존재하지 않는다.

이처럼 진화론적 게임이론은 생물 세계의 종 간의 생존 경쟁을 게임이론으로 설명한다. 개체수준의 합리적·이기적 행동에 기초하는 기존 게임이론과는 달리 진화론적 게임이론은 공동체 이익을 고려한 플레이어들의 전략을 다양하게 변화시킬 수 있는 정점이 있다. 대표적인 경우가 이기적인 유전자에 기초한 혈연선택 이론(theory of kin selection)이다. 실제 생태계에서 종 간의 경쟁은 한 세대에 그치는 것이 아니라 세대를 이어가면서 자기 종족을 보존하려는 형태를 띤다. William Hamilton은 게임이론적 접근을 통해 개미나 꿀벌 같은 사회성 곤충들의 행위, 부모와 자식 간 이타적 상호작용, 상호보호행위, 자식에 대한 협동적인 보살핌 등을 규명하였다. 그는 이러한 연구를 통해 환경 적응(fitness)의 의미를 보다 포괄적으로 확장시켰다(Axelrod and Hamilton, 1981).

이후 이타심을 둘러싸고 많은 연구 성과가 이루어졌다. 이타심 관련 연구를 몇 가지 유형별로 나누면 첫째, 앞서 얘기한 혈연선택(kin selection)으로 개인의 선택과 유전자(집단)의 선택이 반드시 일치하지 않음에 착안하여 게임을 전개시킨다. 이 경우 개인이 집단을 위해서 자신을 희생시키는 것이 진화적으로 안정적인 전략이 된다(Nowak and Sigmund, 2005). 둘째, 직접 상호성(direct recipocity)으로 "눈에는 눈, 이에는 이"의 직접적인 상호작용이 지배하는 이타심이다. 내가 남을 이롭게 하는 것이 제3자에게는 영향을 미치지는 않고 당사자 간에만 주고받는 것으로 한정하여 게임을 전개한다[14]. 셋째, 간접 상호성(indirect reciprocity)으로 행위의

---

14. Axelrod(1984), Ch. 1–4.

상호성이 미치는 범위가 집단으로 확장되어 사회의 도덕적 규범이나 사회적 명성과 같이 포괄적인 상호작용을 염두에 둔 경우이다. 이 경우 공동체의 선을 위한 협력이 매우 중요한 전략이 된다(Nowak, 1998 ; Nowak and Sigmund, 1998).

진화적 게임이론은 이기심, 이타심과 같은 생명체의 본능적인 행위를 다루고 있어 응용의 범위가 점점 확대되었다. 뿐만 아니라 수학적 최적화 모델로는 설명이 어려운 다양한 사회적 현상을 설명할 수 있는 유연성을 지니고 있다. 행위의 협력(cooperation)과 이탈(defection)이라는 전략 모델과 여기에 ABM과 같은 시뮬레이션 기법이 접목되어 '사회적 행위와 공간형성의 공진화(Helbing and Yu, 2009)', '도덕적 행위의 진화(Helbing et al., 2010)'와 같은 사회적 자기조직화 현상들을 설명하는 데 활발하게 응용되고 있다.

6 경제물리학

경제물리학은 물리학과 경제학의 학제적 접근 분야의 하나이다. 1990년대 중반 물리학자들이 시도한 것으로 경제주체들의 미시적 상호작용들이 물리 현상에서 나타나는 원자나 분자들의 상호작용과 매우 유사하다고 보고 물리학 원리를 경제 현상에 적용하려는 시도이다. 경제학은 일면 물리학의 패러다임과 운명을 같이 해 왔다고 볼 수 있는데, 신고전파 경제학이 뉴턴의 고전적 물리학 세계와 유사하다고 볼 수 있다. 기계적 균형이라는 물리학적 개념을 경제 현상에 적용하여 설명한 것이 L. Walras와 V. Pareto류의 일반균형 이론이라 할 수 있다(Ingrao and Israel, 1990). 즉, 동질화된 경제주체들의 행위에 기초한 균형 상태를 상정하고 있다. 그러나 경제 현상이 복잡해져 전통적인 경제학 이론으로는 설명에 한계를 가지게 되자, 발전된 물리학적 이론과 패러다임을 적용하여 경제 현상을 설명하고자 하는 시도가 나타났다. 특히 주식시장을 비롯한 금융시장에서의 비동질적 행위주체들의 상호작용에 의한 불균형적인 상태를 설명하려는 노력이 경제물리학 탄생의 주된 배경이 되었다. 주로 불확실성이나 스토캐스틱 요소(stochastic elements), 비선형 동학 등의 이론이나 방법론을 경제학에서의 문제를 해결하는 데 활용한다(Farjoun and Machover, 1983 ; Mirowski, 1989 ; Mantegna and Stanley, 1999).

6.1 통계물리학의 경제학적 응용[15]

통계물리학(또는 통계역학)의 경제학적 응용은 경제의 주요 변수인 균형가격, 이윤, 생산량 등이 어떠한 함수나 인과관계에 의해 결정론적으로 결정되지 않고 예기치 못하는 요인들에 의해 비결정론적으로 결정된다는 주장에 근거한다. 비결정론적인 측면을 경제에 접목하는 노력은 이미 오래전부터 있어 왔고, 이러한 노력들이 이어져 오다가 물리학과의 본격적인 만남을 통해 경제물리학이 형성되었다. 대개 스토캐스틱 요소, 랜덤 변수 등에 기초한 확률적 방법론을 활용하여 경제 현상을 설명하고 있다. 이미 계량경제학, 금융경제학, 재무관리 등에서는 오래전부터 확률적 방법론을 도입하여 왔다. 여기서는 기본적인 개념을 중심으로 설명하고자 한다.

첫 번째는 전통적인 경제학에서의 수익률 균등법칙의 비현실성에 관한 것이다. 전통적인 경제학에서는 자유경쟁을 통해 균형이 이뤄지고 균형에서는 모든 경제 섹터의 수익률이 일정하다고 상정한다. 이는 아주 장기적인 균형에서 그렇게 될 가능성이 높지만 어느 특정 단기간에서는 그럴 가능성이 낮다. 예를 들어 유망산업의 투자수익률은 높으나 성숙산업의 투자수익률은 낮은데, 이를 전체 평균하여 투자수익률이 일정하다고 가정한 후 경제문제를 인식하고 해결점을 모색하는 것은 합당하지 않다. 하물며 불균형 상태가 더 일반적인 상태에서 이를 견지하는 것은 더욱 그러하다. 또 기업의 전략적 측면에서 장기 이윤을 극대화하기 위해 단기적인 가격 인하를 통해 수요를 진작시키는 전략도 매우 빈번한데, 이러한 동태적인 측면 또한 수익률 균등법칙으로는 설명할 수 없다. 경제주체들이 자유롭게 경쟁할수록 그만큼 수익률이 균등해지기보다는 격차가 다양하게 일어날 수 있는 여지가 많아진다고 할 수 있다. 불확실성과 불안정성이 언제나 존재하고 있는 것이 더 일반적인 현상이다.

두 번째는 수많은 다양한 미시경제 현상의 집합이 거시경제 질서나 법칙으로 전환되는 과정은 다분히 확률적이다. 가격이나 이윤은 어떤 시점에서 고정된 것이 아니라 특정 확률분포를 가진 랜덤 변수로 취급된다. 마치 밀폐된 용기 내에 있는 기체 입자(분자)들의 무작위한 움직임을 설명하는 것과 유사하다. 기체 입자들은 기체의 안정적 균형 상태를 유지하기 위해 서로 부딪히기도 하면서 끊임없이 무작위로 움직인다. 기체 입자들의 거시적 움직임을 설명하기

---

15. Farjoun and Machover(1983), pp.28～38.

위해서는 개별 입자의 움직임을 파악해야 하는데, 일일이 파악하는 것은 불가능하므로 확률적인 행동으로 파악하여 분석하는 것이다. 좀 더 자세히 살펴보기로 한다. 가령 밀폐된 정육면체 용기 내에 n개의 입자가 있고 입자 i의 위치를 (X, Y, Z)로 표시한다. X는 가로, Y는 세로, Z는 높이를 나타내는 실수를 나타낸다. 이때 (X, Y, Z)만으로는 기체의 정확한 거시적 상태를 알기 어렵다. 즉, 입자들의 위치에 관한 정보와 움직임의 속도에 관한 정보가 필요하다.

먼저 위치에 관한 정보를 알기 위해서는 주어진 용기 내에서의 확률분포를 알아야 한다. 예를 들어 Z가 실수집합 A에 속할 확률 $P(Z \subset A)$를 생각할 수 있다. 그리고 상기 예처럼 특정 실수 r을 적용하면 $P(Z \leq r)$이 된다. 이때 r은 용기 높이의 최대치가 된다. 만일 r을 $\frac{1}{2}$로 취하면 $P(Z \leq \frac{1}{2})$이 되며, 높이는 음수가 될 수 없으므로 결국 $P(0 \leq Z \leq \frac{1}{2})$이 된다. 이제 우리는 누적분포함수 FZ를 다음과 같이 정의할 수 있다.

$$FZ(r) = P(Z \leq r), \text{ 모든 } r\text{에 대하여}$$

이제 Z는 확률분포를 가진 랜덤 변수로 정의되었다. 이로서 개별 입자의 구체적인 행동에 대해서는 알지는 못하지만 일부 거시적 행동에 관해서는 알 수 있게 되었다. 즉, 임의의 r에 대해 $FZ(r)$은 확률사건이고 0과 1 사이의 값을 가진다. 또 $FZ(r)$은 증가함수로 $r \leq s$이면 $FZ(r) \leq FZ(s)$가 성립한다. 이와 관련된 또 하나의 확률적 개념이 확률밀도함수 $fZ(r)$로 $FZ(r)$을 r에 대해 미분하여 구할 수 있다. $fZ(r)$은 r의 높이에서 입자들의 평균 밀도를 가리킨다. 따라서 확률밀도함수와 누적분포함수는 임의의 두 수 a, $b(a \leq b)$에 대해 다음과 같은 관계를 가진다.

$$P(a \leq Z \leq b) = \int_a^b f_Z(r)dr$$

그리고 Z의 기대값(평균)을 EZ라 하면 다음과 같이 정의된다.

$$EZ = \int_{-\infty}^{\infty} rf_Z(r)dr$$

다음으로는 입자들의 움직임의 속도에 관한 것이다. 지금까지는 고정된 시간하에 입자들의 위치 정보에 관한 것이었다면 이제는 입자의 시간에 따른 움직임 정보에 관한 것이다. 따라서 전자를 공간 평균이라 한다면 후자는 시간 평균의 개념이다. 시간 평균은 다음과 같이 정의된다.

$$\frac{1}{T}\int_0^T Z(i)dt$$

통계물리학에 따르면 시스템이 균형 상태에서 시간이 흐를수록 시간 평균은 공간 평균에 수렴한다. 이는 모든 입자들이 장기적으로는 통계적으로 거의 동일하게 움직인다는 것을 의미한다. 지금까지 입자의 위치 좌표 중 높이인 Z에 국한하여 설명하였는데, 동일한 논리가 가로와 세로인 X와 Y에도 적용된다.

이제 위에서 살펴본 입자들의 공간 및 시간 평균 개념을 경제이론에 적용시켜 보자. 경제이론의 특정 시점에서 모든 섹터 간 이윤이 균등하다는 법칙은 물리학에서 특정 시점에서 입자들의 위치가 동일한 현상과 입자들의 속도가 동일한 현상과 대비되는데, 양자 모두 일반적인 물리법칙에 위배된다. 이로 인해 발생하는 모순의 예를 구체적으로 살펴보자. 먼저 위치가 동일한 현상에 관한 것으로 새로운 랜덤변수 U를 다음과 같이 정의하자.

$$U(i) = g(Z(i))$$

그러면 $U(i)$의 총합 U는 $(U(1)+U(2)+\cdots\cdots+U(n))$가 된다. $U(i)$의 평균을 EU라 하면 U는 nEU가 된다. 이제 앞서 논의한 대로 모든 입자들이 동일한 위치를 점하고 있다는 가정을 활용하여 총합 U를 구해 보자. 즉, 모든 i에 대해 $Z(i) = EZ$가 되어 $U(i) = g(Z(i)) = g(EZ)$가 된다. 그래서 총합 nEU는 $ng(EZ)$와 같게 되고, 이는 결국 $EU = Eg(Z) = g(EZ)$가 되어 일반적으로 $Eg(Z)$와 $g(EZ)$가 엄연히 다른 사실에 위배된다.

다음 예는 각 입자의 움직임의 속도에 관한 것이다. 각 입자의 3차원에서의 시간에 대한 변화를 각각 $X^o(i)$, $Y^o(i)$, $Z^o(i)$로 하면 이들은 $X(i)$, $Y(i)$, $Z(i)$를 각각 시간에 대해 미분하여 구할 수 있다. 이 세 랜덤변수는 각자의 누적분포함수, 확률밀도함수 및 공간평균을 가지며. 시간이 지남에 따라 시간평균에 수렴한다. 여기서 각 입자의 움직임의 속도 V는 다음과 같이 정의된다고 하자.

$$V(i) = (X^o(i)^2 + Y^o(i)^2 + Z^o(i)^2)^{\frac{1}{2}}, \text{ 모든 } i\text{에 대해}$$

이때 입자의 운동 에너지는 입자 속도의 제곱에 비례한다. 즉, $k(V(i))^2$이며, k는 입자 크기의 2분의 1에 해당하는 상수이다. 모든 입자가 동일한 크기이므로 총 운동 에너지는 $nkE(V^2)$이 된다. 모든 입자의 속도가 동일하다고 했으므로 $V(i) = EV$가 되어 총 운동 에너지는 $nk(EV)^2$이 된다. 그러나 $E(V^2)$와 $(EV)^2$은 엄연히 다르며, 통계물리학에서 $E(V^2) - (EV)^2$은 랜덤변수 V의 분산, $E(V^2) - (EV)^2$의 제곱근은 표준편차로 정의되고 있다.

이처럼 물리학에서 균형 상태에서의 동일한 위치와 속도를 확장하여 적용하였을 경우 상당한 무리가 따름을 알 수 있다. 그럼에도 우리는 통계적 추론을 통하여 미시적 입자나 개체의 행동 방식이나 상호작용에 대한 구체적인 정보 없이도 시스템 전체의 거시적 행동을 유추할 수 있음을 보았다. 그리고 실제 과학에서는 비록 비현실적이지만 이러한 가정과 적절한 통제를 통해 실제 변수들의 근사치를 추정하는 방식을 취하는 것이 일반적이다. 또한 간단한 예이지만 물리적 현상의 설명과 경제 현상의 설명이 어떻게 연관이 되는지도 짐작할 수 있었다.

그러나 이러한 노력은 여전히 개별 입자의 행동에 초점이 맞추어져 있고 입자 간의 상호작용을 포함한 보다 복잡한 현상은 배제되고 있다. 특히 내부적 메커니즘 또는 외부충격 등에 의한 상전이 현상을 설명하지 못하고 있다. 더욱이 각자의 자율성을 가진 사회과학 현상으로서의 경제 현상은 그 복잡성이 더 높다고 하겠다. 근래에는 통계역학과 이론물리학에서 발달된 기법이나 방법론(비선형동학, 알고리즘, 시뮬레이션 등)을 고도로 발달된 컴퓨터 통계 패키지를 활용하여 복잡한 경제 현상을 설명하려는 시도가 활발하다.

6.2 금융시장에 응용되는 통계물리학[16]

금융시장은 수많은 개별 주체가 상호작용한 결과 나타난 거시적 현상을 주로 다루기 때문에 통계물리학의 적용이 가능한 분야이다. 랜덤 프로세스, 멱함수 분포, 스케일링, 상관관계, 카오스, 복잡계 등의 개념을 금융시장에 적용할 수 있다. 전통적으로 금융시장에서는 효율적 시장 가설이 주류를 형성하여 왔다. 효율적 시장 가설은 가격이 완전 랜덤 프로세스(또는 랜덤

16. Mantegna and Stanley(1999), pp.1~67.

워크) 형태를 띤다고 주장한다. 경제주체들의 합리적 행동과 효율적 시장 가설에 기초하여 $t+1$기의 기대가격은 t기의 가격과 동일하게 된다. 이는 게임이 공정하고 효율적이라면 그 결과 이득과 손실이 같게 되어 투자자의 미래 자산가치가 정확히 현재 자산가치와 일치하게 되기 때문이다. 따라서 이 경우 단순히 가격변동의 과거 정보에 기초해서만은 이익을 실현할 수 없다. 그리고 이는 가격변동의 과거 시계열로는 미래의 가격변동을 예측하기가 불가능함을 시사한다.

$$E\{Y_{t+1} \mid Y_0, Y_1, \cdots, Y_t\} = Y_t$$

그러나 실제 시장은 항상 효율적이지 못한 것이 일반적이며, 효율적인 상태는 이상적인 경우이다. 물리학에서의 마찰 없는 운동이나 열역학에서의 가역적 변화 등에 해당하는 상당히 극단적인 경우와 유사하다. 하지만 이론을 전개하고 발전시키는 데는 이러한 이상적인 경우가 안정성과 편리성을 제공하고 있어 그만큼 유용하다. 이론의 명확성 및 안정성과 현실 간의 간극을 메우고자 이론과 방법론들이 끊임없이 진화하여 왔다. 물리학에서의 이러한 노력이 경제학에 적용되고, 또 그 결과가 반대로 물리학에 영향을 주기도 한다.

물리학의 금융시장에의 응용에 실마리가 된 것은 프랑스 수학자인 Bachelier(1900)에서 비롯되었다. 그는 학위 논문에서 오늘날 금융시장에서 매우 중요한 투기시장에서의 옵션 가격에 대해서 다루었다. Bachelier는 오늘날 위너 프로세스(Wiener Process)라 불리는 랜덤 프로세스를 최초로 다루었다. 그 이후 상당한 세월이 흘러 Black and Scholes(1973)의 옵션 가격 모델이 나오면서 후속 연구들이 뒤따르기 시작하였다. 이를 계기로 주로 금융시장의 주식, 채권을 비롯한 다양한 파생상품 가격의 움직임을 분석, 예측하는 데 초점이 맞추어져 연구가 진행되었다. 예로서 스토캐스틱 프로세스의 활용을 대표적인 경우로 들 수 있다. 그중에서도 특히 1차원에서의 연속 프로세스인 위너 프로세스가 대표적이다. 이는 물리학에서 밀폐된 용기 내 입자들의 움직임의 궤적을 나타내는 브라운 운동(Brownian Motion)에서 기원한다. 브라운 운동이 3차원 공간에서의 움직임을 나타낸다면 위너 프로세스는 1차원에서의 움직임에 관한 것이다. 간단히 요약하면 어떤 n개의 독립적이며, 동일하게 분포된(independent identically distributed ; i.i.d.) 랜덤변수 x_i의 합을 S_n이라 한다.

$$S_n \equiv x_1 + x_2 + \cdots\cdots + x_n$$

그리고 S_n이 다음과 같은 성질을 가지고 있다면 위너 프로세스라 한다.

그림 16-15 1차원 위너 프로세스

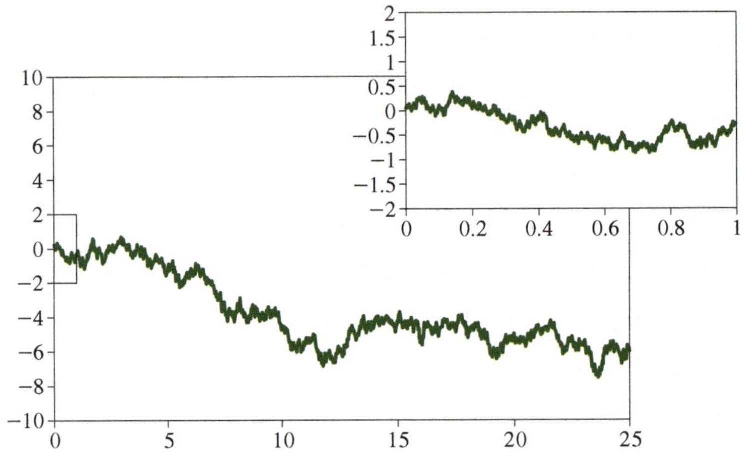

출처 : Wikipedia

그림 16-16 3차원 위너 프로세스 : 브라운 운동

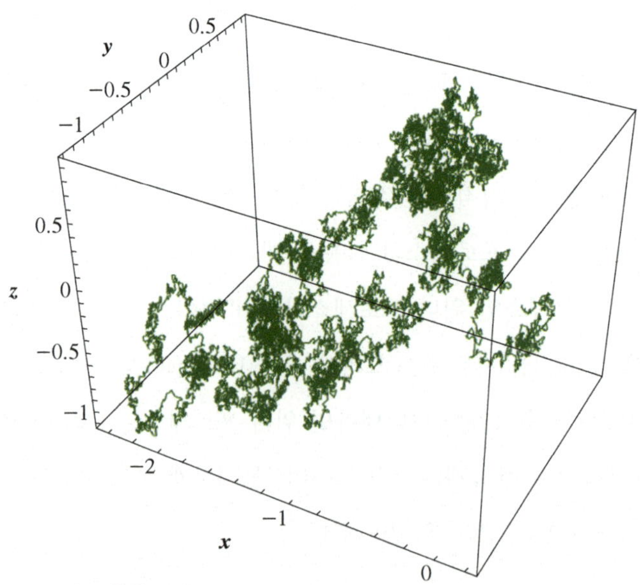

출처 : Wikipedia

① $S_0 = 0$

② S_n은 연속적이다.

③ S_n은 $S_n - S_t \sim N(0, n-t)(0 \leq t < n)$의 분포를 가진 독립적인 증분을 가진다.

이때 독립적인 증분을 가진다는 것은 만일 $0 \leq t_1 \leq n_1 \leq t_2 \leq n_2$이면 $S_{n_1} - S_{t_1}$와 $S_{n_2} - S_{t_2}$가 서로 독립적인 랜덤변수라는 의미이다.

이와 관련된 것으로 중심극한정리(central limit theorem)도 중요한 개념 중 하나이다. 중심극한정리는 독립적이고 동일하게 분포된 성질을 지닌 랜덤변수 x_i의 합인 S_n이 n이 무한대로 감에 따라 유한한 분산을 가지며, 정규분포에 가까워진다는 것을 말한다. 무한히 발산하지 않고 어떤 일정한 형태로 수렴한다는 의미이다.[17] 이와 관련하여 유한한 분산을 가지기 위한 보다 일반화된 조건들도 제시되었다. 예를 들어 어떠한 변수도 나머지 변수보다 월등하게 영향력을 가져서는 안 된다고 하는 린덴버그 조건(Lindeberg condition)과 리아푸노프 조건(Lyapunov condition), 즉 $\frac{1}{x^{\alpha+1}}(0 < \alpha < 2)$의 멱함수 꼬리 분포를 가진 랜덤변수의 합은 n이 증가함에 따라 대칭적으로 안정된 레비 분포(Lèvy distribution)에 수렴한다(Gnedenko and Kolmogorov, 1954) 등을 들 수 있다.

이러한 논의들은 어떤 변수의 시간적·동시적 움직임의 안정성에 관한 것이라 포괄적으로 얘기할 수 있다. 일반적으로 유한한 분산을 가진 경우에는 가우스 분포나 로렌츠 분포의 형태를 띠며, 안정적인 모습을 보인다. 반면 무한한 분산을 가진 경우, 예를 들어 멱함수 꼬리 분포를 가진 경우에는 비가우스 분포의 형태를 띠며, 안정적일 때와 불안정적일 때가 있다(Mantegna and Stanley, 1995). 변수가 멱함수 분포를 보이면 일정 조건이 만족될 경우에 발산하게 되는 성질이 있어 대개 불안정적인 경우가 많다. Mandelbrot and Hudson(2004)은 전통적인 가우스 분포가 아닌 멱함수 분포를 적용하여 금융시장의 변덕스러움을 설명하고 있다. 뿐만 아니라 Ball(2005)은 인간의 집합적인 행동의 상전이 현상에 멱함수 관계가 존재함을 밝히는 등 멱함수 분포를 활용하여 사건이나 행위의 복잡성을 설명하려는 움직임이 늘고 있다. 그 밖에 시계열 금융 데이터 분석에서 단위 스케일이나 시간 스케일, 정상성, 상관관계, 자기

17. 중심극한 정리는 '집단의 지혜'와 일맥상통한다. 개인 간의 의사결정에서 독립성이 유지되지 않으면 극단의 결과가 도출되기 쉬우며, 극히 불안정한 구조를 유지하게 된다. '집단지혜'에 관해서는 제22장 집단지혜를 참조 바란다.

상관 등도 주요 주제로 다루어지고 있다.

한편으로 카오스, 알고리즘 복잡계 이론 등을 금융시장의 분석에 적용하는 움직임도 보이고 있다. 금융시장에서 보이는 자산가격 변동 등 예상할 수 없는 시계열이 랜덤이거나 스토캐스틱 프로세스이기보다는 근본적으로 한정된 변수들의 결정론적인 비선형 동학에 기인한다고 보는 견해이다. 이러한 견해가 물리학이나 생물학 등에서의 발전된 연구 성과들로 인해 가능하게 된 측면도 간과할 수 없다. 그럼에도 자산 가격에 얽혀 있는 복잡하고 다양한 정보를 몇몇 한정된 변수들의 집합된 움직임으로만 파악하는 것은 기본적으로 한계를 지닐 수밖에 없을 것이다.

1990년대 이후 경제물리학은 금융시장뿐만 아니라 일반적인 경제 시스템으로까지 넓혀 나갔다. 특히 Santa Fe 연구소의 물리학자들을 중심으로 활발한 연구가 이루어졌다. 주제도 단순히 금융 데이터의 분석과 예측에서 벗어나 스케일링(scaling), 보편성[18], 난잡한 좌절 시스템(disordered frustrated system), 자기조직화 시스템, 생태 시스템 등 물리학이나 생물학에서 발전된 보다 광범위한 개념들이 적용되기 시작하여 현재에 이르고 있다. 또한 인터넷을 비롯한 정보기술의 발달에 따라 대량의 금융정보를 바탕으로 신속한 거래 및 상호작용이 가능하게 되면서 금융시장의 불확실성과 복잡성은 점점 높아지고 있다. 동시에 머신러닝 기법을 활용한 AI 등 고도의 수학적·통계적 기법을 활용한 분석 능력이 개발되어 금융시장의 가격변동 분석과 예측 등에 적극 활용되고 있다(Jean-Philippe and Potters, 2003 ; Enrico, 2006 ; Shapira et al., 2014).

사례 16-1

주식시장의 폭락

금융시장의 불확실성과 불안정성은 실제 역사적인 경험을 통해 입증되고 있다. 특히 주식시장의 경우 훨씬 변덕스럽다. 세계 주식시장의 규모가 기하급수적으로 늘어나고 온라인 거래들이 보편화되면서 금융시장은 이른바 자기조직화 시스템 혹은 복잡계 시스템과 유사한 형태로 변모해가고 있다. 주식시장의 대폭락과 같은 사태는 시장이 매우 불안정한 상태에 처해 있을 때 어떤 조그만 동요나 충격에 의해 발발되는 경향을 보이고 있다. Sornette는 근본 원인이 내생적으로 발생하며, 외생적 충격 요인은 단지

18. 특정 시스템에만 나타나지 않고 여러 많은 시스템에 공통적으로 나타나는 성질을 말한다.

방아쇠 역할을 하는 일련의 체계적인 불안정성으로 파악하고 있다(Sornette, 2003).

표 16-4 세계 주식시장 거래량 추이 (단위 : 10억 달러)

국가	1983	1989	1995	1998	1999
선진국	1,203	6,297	9,170	20,917	35,188
미국	797	2,016	5,109	13,148	19,993
일본	231	2,801	1,232	949	1,892
영국	43	320	510	1,167	3,399
개발국	25	1,171	1,047	1,957	2,321
세계	1,228	7,468	10,216	22,874	37,509

■ 1987년 10월 대폭락

1987년 10월 19일 세계 주요 주식시장은 일제히 대폭락을 경험하였다. 가장 큰 폭의 하락을 경험한 홍콩(−45.8%)을 비롯하여 호주, 오스트리아, 벨기에, 캐나다, 덴마크, 프랑스, 독일, 아일랜드, 이탈리아, 일본, 말레이시아, 멕시코, 네덜란드, 뉴질랜드, 노르웨이, 싱가포르, 남아공, 스페인, 스웨덴, 스위스, 영국, 미국 등 주요 산업 국가들의 대부분이 20% 이상의 주가 하락을 보였다. 일부 아시아 시장에서 촉발하여 유럽, 북미, 그리고 일본 시장으로 확산되었다.

이 폭락에는 복합적인 원인이 관련되어 있지만 1987년에 들어 대부분의 주식시장이 이례적인 호황을 누리고 있어 어느 정도 거품 현상이 예견되어 왔던 상황이었다. 대체로 다음과 같은 원인이 주된 배경으로 지적되었다. 첫째, 컴퓨터 거래 : 대부분의 시장에서 컴퓨터 프로그램에 의한 거래 시스템을 채택하고 있어 한꺼번에 대량의 매도 거래가 일어난 점. 둘째, 파생상품 : 선물지수, 파생상품 등의 기법들이 주식시장의 불확실성과 위험을 꾸준히 증가시킨 점. 셋째, 유동성 부족 : 한꺼번에 많은 매도 주문을 소화할 수 있는 매수자가 존재하지 않았다는 점, 넷째, 무역 및 재정 적자 : 특히 미국의 경우 1987년 3분기에는 1960년 이래 최대의 무역적자를 기록하여 국내 주식시장의 붕괴를 우려한 점. 다섯째, 과대평가 : 대부분의 전문가들이 주가 대비 수익률 및 주가 대비 배당규모로 보아 미국 주식시장이 과대하게 평가되었다고 평가한 점 등을 들 수 있다.

그러나 그 이전 대규모 주식시장의 폭락 경험과 비교할 때 컴퓨터 거래가 존재하지 않았는데도 폭락한 점, 파생상품의 고도의 기법들이 존재하지 않음에도 폭락한 점, 한꺼번에 많은 사람들이 동시에 매도한 점, 무역 및 재정 적자를 경험하지 않은 나라들에서 주가가 폭락한 점 등 설명될 수 없는 측면들이 있어 설득력이 부족하다. 보다 설득력 있는 원인으로 세계 주식시장이 세계시장 지표에 연동되어 움직였다는 사실을 지적할 수 있다. 이 지표는 23개 주요 산업 국가들의 자국 통화에 동일하게 가중치를 두어 계산된 것으로 1987년 9월 30일을 100으로 기준하여 만들어졌다. 그리고 10월 30일 73.6으로 폭락한 것이다. 세계 주요 국가들의 주식시장이 이 지표로 상호 연동되어 연쇄반응한 것이 1987년 10월 19일과 같은 대규모 폭락 사태를 불러온 것으로 볼 수 있다. 마치 1996년 8월 미국 서부지역의 대규모 정전 사태처럼 한 지역의 전력공급 중단을 막기 위해 인근 전력 시스템의 릴레이 시스템이 결국 광범위한 지역에 걸쳐 정전 사태를 일으킨 현상과 유사하다. 이와 유사한 현상으로 튤립 파동 사건, 남해회사 거품(South Sea Bubble) 현상, 1920년대 및 1980년대의 부동산 붐, 1929년 경제 대공황 등을 들 수 있다.[19]

19. Sornette(2003), pp.7~15.

사회경제적 이슈

part **four**

IV

17 격차와 불안정성

1. 격차와 휘발성 / 2. 정보화와 양극화 / 3. 디지털화와 독과점화

18 시스템 리스크

1. 금융시스템 리스크 / 2. 군중 행동

19 정보폭포

1. 대중의 행동 따라하기 / 2. 베이지안 법칙 : 불확실성하의 의사결정 모델

3. 정보폭포의 일반 모델 / 4. 연속적 선택과 정보폭포 현상

5. 정보폭포 사례와 응용

20 혁신 네트워크

1. 혁신 네트워크란? / 2. 강한 네트워크와 약한 네트워크

3. 동종 네트워크와 이종 네트워크 / 4. 선발자와 후발자 네트워크

21 전염병 확산

1. 전염병과 네트워크 / 2. 전염병 확산 모델

3. 네트워크 구조와 확산 패턴 : SIS 모델 응용

4. 인구 분포와 확산 패턴 : 코로나19 사례

22 집단지혜

1. 대중의 지혜 / 2. 정규분포 / 3. 동태적 균형 / 4. AI와 집단지혜

5. 도덕적 자본주의

네트워크 세계의 자기조직화는 여러 사회경제적 문제를 야기한다. 대개 정규분포보다는 멱함수 분포에 의해 극단적인 사태의 발생 빈도가 높아지는 현상과 관련이 있다. 네트워크 사회에서 집단지혜를 발휘하기 위해서는 복잡계 네트워크의 자기조직화 원리에 대한 이해와 이에 기초한 정책적인 접근이 필요하다.

제17장 격차와 불안정성

1. 격차와 휘발성 / 2. 정보화와 양극화 / 3. 디지털화와 독과점화

네트워크는 연결이 많은 곳에 또 연결이 일어나는 성질을 가지고 있어 균형이나 안정성보다는 격차와 불안정성을 초래하는 경향이 강하다. 격차가 심화되면 격차를 줄이기 위한 행위의 모방이 일어나면서 오히려 사태의 불안정성이 높아진다. 광범한 디지털화, 정보화 현상과 더불어 진화된 거대한 네트워크 구조는 이러한 미시 질서와 거시 질서 간 상호작용을 촉진시켜 격차와 불안정성의 증폭은 물론 사회경제적 제 양극화 현상으로 이어진다.

1 격차와 휘발성

격차가 격차를 부른다는 말이 있다. 사람들은 상대적 부의 격차에 매우 민감하다. 어떤 투자행위 결과 상당한 소득을 거두었을 경우 사람들은 그 투자행위에 관심을 가지고 모방하게 된다. 성공을 거둔 남의 행동을 따라하기(herding)가 확산되면서 그 행위를 하지 않은 사람들과의 격차가 점점 벌어진다. 많은 사람들이 이러한 행위에 동참하게 되면 소득은 균형에서 점점 멀어지면서 변동성이 높은 휘발성(volatlity)을 보인다. 다른 사람들의 성공 사례를 모방하여 따라하는 행위는 어떤 임계점을 넘으면 더 급속하게 이루어지는 속성을 지니므로 소위 정보폭포(information cascades) 현상이 일어난다[1].

1. 정보폭포 현상의 메커니즘에 대해서는 제19 장에서 살펴본다.

격차가 심화되는 현상의 배후에는 정보폭포 현상뿐만 아니라 많은 요인들이 관련되어 있지만 여기서는 격차가 어떤 사태의 변동성을 높이고 높은 변동성이 다시 격차를 불러오는 현상에 대해서 살펴보도록 한다.

Harras and Sornette(2011)은 어떤 시장에서 특정 상품(주식 등 거래 가능한 자산)에 대한 투자 수익의 격차가 클수록 그 상품의 가격이 높은 변동성을 보임을 모델로서 설명하였다. 간단한 ABM을 설정하였는데, 에이전트들은 3가지 정보에 기초하여 투자한다. 3가지 정보는 i) 공공정보, ii) 지인들로부터의 정보, iii) 개인정보이다. 에이전트들은 그때그때 기대수익에 따라 3가지 정보에 가중치를 달리하면서 각자의 거래전략을 지속적으로 수정하면서 투자한다. 가중치는 과거 기대에 대한 성과에 기초하여 재부여된다.

에이전트 i는 t기에 다음과 같이 상품을 사야 할지 팔아야 할지의 기초 의사 $w_i(t)$를 결정한다.

$$\omega_i(t) = c_{1i} \sum_{j=1}^{J} k_{ij}(t-1)E_i[s_j(t)] + c_{2i}u(t-1)n(t) + c_{3i}\varepsilon_i(t)$$

$\varepsilon_i(t)$는 에이전트 i의 개인정보, $n(t)$는 공공정보, J는 에이전트 i의 지인들 수($J = 4$로 가정), $E_i[s_j(t)]$는 에이전트 i가 추정하는 지인 j의 기대 행동을 나타낸다. (c_{1i}, c_{2i}, c_{3i})는 3가지 정보의 가중치를 나타내며, 1기에 $[0,\ C_1]$, $[0,\ C_2]$, $[0,\ C_3]$ 사이의 값으로 랜덤하게 주어진다. 그때그때의 시장 상황을 반영하여 에이전트들은 지인들의 정보에 대해서는 $k_{ij}(t)$, 공공정보에 대해서는 $u(t)$의 가중치를 부여한다. $t-1$기에 지인들로부터의 정보나 공공정보를 따라 행위를 한 결과 수익이 좋았다면 높은 가중치가, 반대로 나빴다면 낮은 가중치가 부여된다. 개인정보는 별도의 가중치 없이 동일하게 영향을 주는 것으로 가정한다.

다음은 에이전트들의 위험 성향에 관한 가정이다. 각 에이전트들은 각자의 임계치($\tilde{\omega}_i$)가 $[0,\ \Omega]$ 사이에서 랜덤하게 주어진다. $\tilde{\omega}_i$가 높을수록 행위 결정에 더 큰 확신이 필요하므로 위험 회피 성향이 강하다고 할 수 있다. 에이전트는 $\tilde{\omega}_i$를 기준으로 아래와 같은 행위를 한다.

$$\text{if } \omega_i(t) > \tilde{\omega}_i \ :\ s_i(t) = +1 \text{ (buying)},\ \ v_i(t) = g \cdot \left(\frac{\text{cash}_i(t)}{p(t-1)}\right)$$

$$\text{if } \omega_i(t) < -\tilde{\omega}_i \ :\ s_i(t) = -1 \text{ (selling)},\ \ v_i(t) = g \cdot \text{stocks}_i(t)$$

$v_i(t)$는 t기의 주식 매수량 또는 매도량으로 보유 현금이나 주식의 g 비율만큼 사거나 판다. $p(t)$는 t기의 자산의 가격으로 매기에 다음과 같은 방식으로 결정된다.

$$r(t) = \frac{1}{\lambda N}\sum_{i=1}^{N} s_i(t)v_i(t)$$
$$\log[p(t)] = \log[p(t-1)] + r(t)$$

$r(t)$는 t기 주식투자의 수익이고 λ는 초과수요의 가격에 대한 상대적인 영향으로 시장이 얼마나 두터운지를 나타낸다. 시장 중개자가 있어 에이전트들이 시장 중개자에게 주문을 하면 중개자는 그때의 초과수요 상황을 감안하여 가격을 채택하여 거래를 성사시키는 형태이다.

동 가격결정 방식으로 주가가 결정되면 현금과 주식은 다음과 같이 매기 업데이트된다.

$$\text{cash}_i(t) = \text{cash}_i(t-1) - s_i(t)v_i(t)p(t)$$
$$\text{stocks}_i(t) = \text{stocks}_i(t-1) + s_i(t)v_i(t)p(t)$$

또한 에이전트들의 행위의 근거가 되는 3가지 정보 중 개인정보를 제외한 2가지 정보는 매기 업데이트된다. 즉, 각 정보의 가중치가 각각의 신뢰수준에 따라 수정된다. 신뢰수준은 가장 최근의 성과에 따라 정해진다. 따라서 공공정보와 지인들로부터의 정보는 다음과 같이 업데이트된다.

$$u(t) = \alpha u(t-1) + (1-\alpha)n(t-1)\frac{r(t)}{\sigma_r}$$
$$k_{ij}(t) = \alpha k_{ij}(t-1) + (1-\alpha)E_i[s_j(t-1)]\frac{r(t)}{\sigma_r}$$

α는 기억요인으로 과거 정보의 관성을 나타내며 $0 < \alpha < 1$이다. 각각의 정보에 의한 수익이 많았을 경우 $r(t)$로 가중치가 더해져 해당 정보의 신뢰수준이 커지게 된다. σ_r은 수익의 변동성으로 주식의 수익을 변동성으로 조정한 것이다.

[그림 17-1]은 동 모델을 시뮬레이션한 결과를 요약한 것이다.

그림 17-1 3가지 정보에 기초한 에이전트들의 투자행위 시뮬레이션 결과

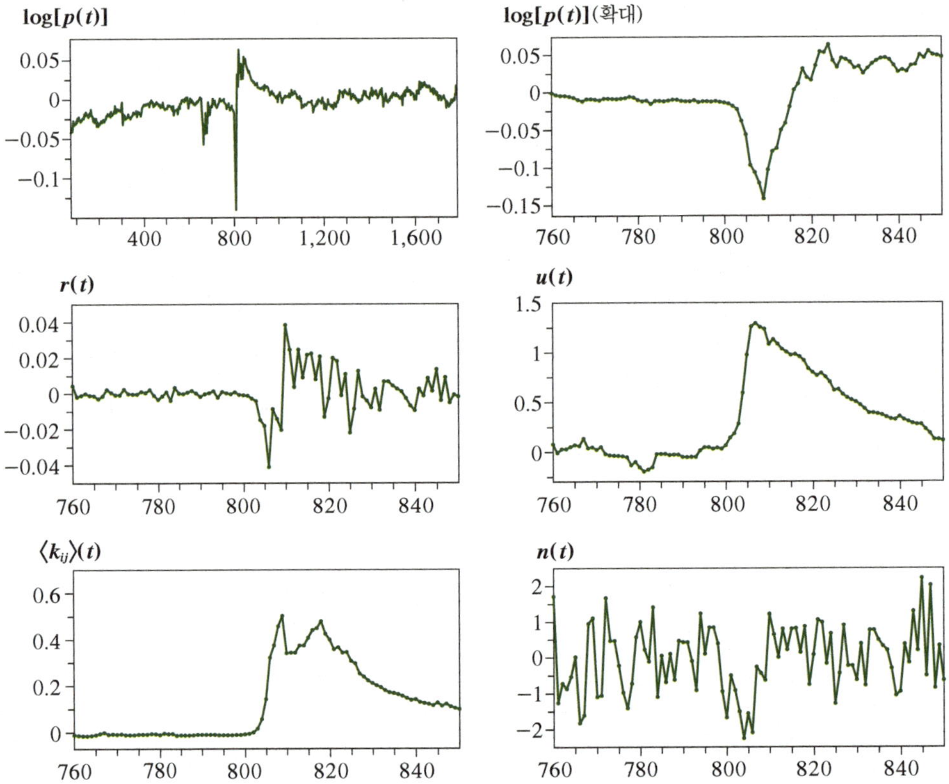

가격 $p(t)$의 변동은 주로 지인들로부터의 정보에 대한 신뢰성 $k_{ij}(t)$와 공공정보에 대한 신뢰성 $u(t)$에 영향을 받으며, 그중에서도 지인들로부터의 정보에 더 민감하게 영향을 받으면서 가격의 버블 형성과 소멸을 일으키고 있음을 알 수 있다. 랜덤으로 주어지는 뉴스에 에이전트의 지인들이 반응하고 그 반응들이 높은 성과를 보여 지인들의 행동에 일정한 수준 이상의 신뢰가 형성된다. 지인들로부터의 정보 신뢰성이 높아지면 가중치(C_1)가 높아지면서 에이전트들이 지인들의 행동을 모방하게 되고 또 수익이 높아지면서 가격도 올라간다. 이런 과정이 지속되면 시장은 전적으로 지인들로부터의 정보에 지배되게 되어 버블 국면으로 바뀐다.

동 모델의 결과에 의하면 지인들의 행동에 얼마나 영향을 받는냐에 따라 2가지 국면으로 나누어진다. 하나는 지인들로부터의 영향이 적을 때(낮은 C_1)는 가격의 변동성이 그리 높지 않아 균형에서 크게 벗어나지 않는다. 이 경우에는 오히려 뉴스와 같은 공공정보에 더 영향을 받는다. 다른 하나는 지인들로부터 영향이 클 경우인데, C_1이 어떤 임계치보다 커지면 지인

들의 행위를 인식하기 시작하고 자신의 행위와 지인들의 행위에 맞게 조정하려는 움직임이 나타난다[2]. 즉, 이웃들의 성공적인 행위를 따라 했을 경우 수익이 높아질 확률이 높을 것이라는 믿음이 형성된다. 그 결과 지인들로부터의 정보에 대한 양의 피드백 루프가 작동되고 신뢰수준 가중치(k_{ij})가 점점 높아져 결국 시장이 주식을 계속 사거나 혹은 계속 팔게 되는, 한쪽 방향으로 움직이게 된다. 그렇게 되면 시장은 균형에서 점점 멀어져 버블이 형성되거나 꺼지는 매우 휘발성이 높은 국면으로 변한다.

비록 로컬 차원에서 에이전트들은 자기의 이익을 극대화하기 위해 행동하기 시작하지만 전체 시장의 흐름과 본인의 행위를 조화시키는 과정에서 모방행위를 하면서 시장의 높은 변동성을 경험한다. 또한 결과적으로 시장이 정상화되면 결국 버블 형성 국면이든 붕괴 국면이든 일찍 움직인 에이전트가 유리하다는 것을 알 수 있다[3].

일상에서 새로운 기술이나 제품이 출현하면 미래의 불확실성이 발생한다. 이들 기술에 대한 투자가 높은 수익을 가져다줄지 손해를 가져다줄지 모르는 상황에서 이에 대한 긍정적인 뉴스나 주위 전문가들의 견해는 투자 결정에 매우 중요한 역할을 한다. 특히 가까운 지인들이 높은 수익을 거두었다는 사실을 알게 되면 본인도 지인의 행동을 따라 투자할 확률이 매우 높다. 이러한 행위들이 모여 일정 임계점을 넘으면 거대한 무리 짓기(herding) 현상을 일으켜 시장을 한쪽 방향으로 가게 하여 나중에는 신기술의 내재가치와는 상관없이 더 이상 투자를 지속할 수 없는 상태에 도달하게 만든다.

지인들로부터의 정보에 높은 신뢰도(높은 k_{ij})가 부여될 경우 어떤 임계점을 넘게 되면 양의 피드백 루프가 촉발된다는 것[4]은 결국 에이전트들이 주위 사람들의 부에 상당히 민감하다는 것을 말해 준다. 즉, 상대적인 부의 수준, 격차에 대한 관심, 의식 등이 종국에는 경제의 버블 형성 및 붕괴라는 변동성이 매우 높은 국면으로 인도한다.

Kim and Lee(2017)는 상대적 부에 대한 관심(relative wealth concern)에 초점을 맞추어 Harras and Sornette(2011) 모델을 변형하여 분석하였다. c_{1i}를 에이전트들이 느끼는 상대적

---

2. 제12장 열대류 현상에서 물의 온도가 높아지면 물 분자가 서로 의식하여 자신의 움직임을 다른 분자의 움직임에 맞추는 현상과 유사하다.
3. 근래 경험하고 있는 암호화폐 시장의 불안정성도 이와 유사한 모습을 보인다. 최근에는 다단계 판매 성격을 보이는 등 매우 비정상적인 형태를 보인다.
4. 제19장 정보폭포에서 high signal − low signal = 2가 임계점 역할을 하여 2를 초과하면 정보폭포 현상이 일어나는 현상과 상통한다.

부에 관해 얼마나 민감한지를 나타내는 가중치로 매기에 업데이트되는 변수로 설정하였다.

$$c_{1i}(t) = \frac{\sum_{j=1}^{J} Wealth_j(t-1)}{Wealth_i(t-1)} \cdot \log \gamma_i$$

γ_i는 에이전트 i의 상대적 부에 대한 민감도를 나타낸다. 또한 여기에다 초기 조건으로서 에이전트들의 부의 분포를 도입하였다. 에이전트들이 보유하는 현금과 주식의 분포는 파레토 법칙을 따르는 것으로 가정하였다. 부의 분포가 어느 정도 편중된 것으로 가정하고 부의 불평등도를 지수함수의 파레토 지수(α)로 표시하였다.

시뮬레이션 결과 부의 불평등도가 높은 경우(파레토 지수 = 1.5)에는 양의 피드백 루프가 형성되어 지인들의 행위에 대한 신뢰수준(k_{ij})이 계속 높아지면서 주가도 동시에 급속하게 높아지는 현상이 나타났다([그림 17-2]). 반면에 불평등도가 낮은 경우(파레토 지수 = 3.5)에는 양의 피드백 루프가 형성되지 않고 지인들의 행위에 대한 신뢰수준(k_{ij})과 주가가 낮은 변동성을 보였다([그림 17-3]).

그림 17-2 부의 불평등도가 높은 경우(파레토 지수 = 1.5)

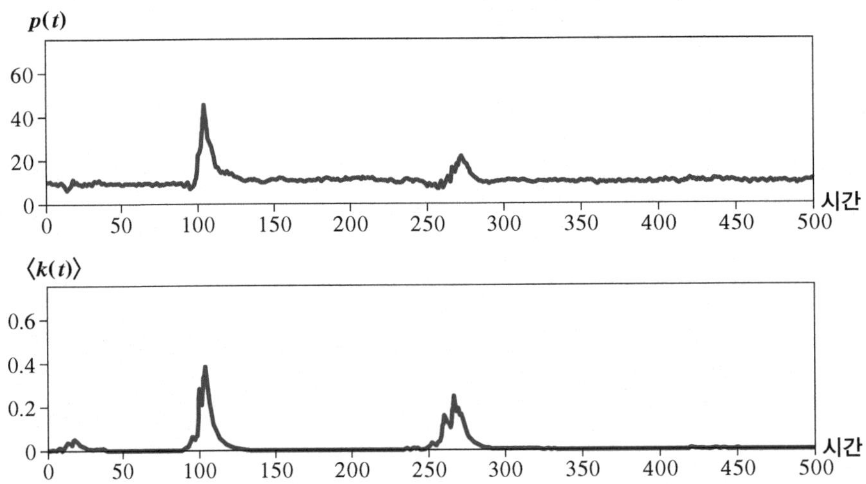

그림 17-3 부의 불평도가 낮은 경우(파레토 지수 =3.5)

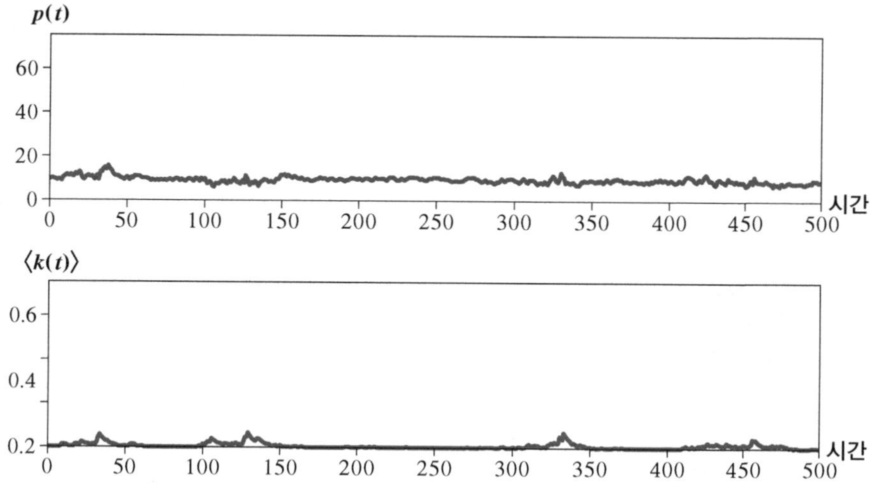

그러면 상대적 부에 대한 민감도(γ_i)가 어느 정도일 때 지인들로부터의 정보에 대한 신뢰도(k_{ij})가 급격하게 증가하는지, 반대로 부의 불평도(α)가 어느 정도일 때 지인들로부터의 정보에 대해 신뢰도(k_{ij})가 급격하게 증가하는지 임계치에 대해서 살펴보자. 시뮬레이션 결과 $\gamma_i = 1.5$ 부근에서 k_{ij}가 급격하게 증가하였고 그 증가 정도는 부의 불평도(α)가 높을수록 더 높게 나타났다([그림 17-4]). 또한 부의 불평도가 $\alpha = 2$ 정도에서 k_{ij}가 급격하게 증가하였으

그림 17-4 상대적 부의 민감도(γ_i)와 지인들로부터의 정보에 대한 신뢰도(k_{ij})

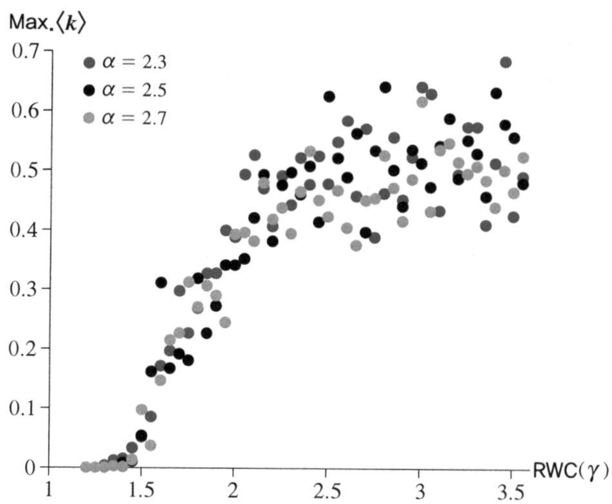

며, 그 증가 또한 상대적 부에 민감도가 높을수록 더 높게 나타났다([그림 17-5]). 초기에 에이전트들의 부의 불평도가 높을수록, 또 상대적 부에 대해 민감할수록 주위 사람들의 행위들에 대한 신뢰도가 높아져 모방행위가 심화되고 결국 주가가 급속하게 증가하거나 낮아져 높은 휘발성의 국면을 맞이하게 된다.

그림 17-5 부의 불평도(α)와 지인들로부터의 정보에 대한 신뢰도(k_{ij})

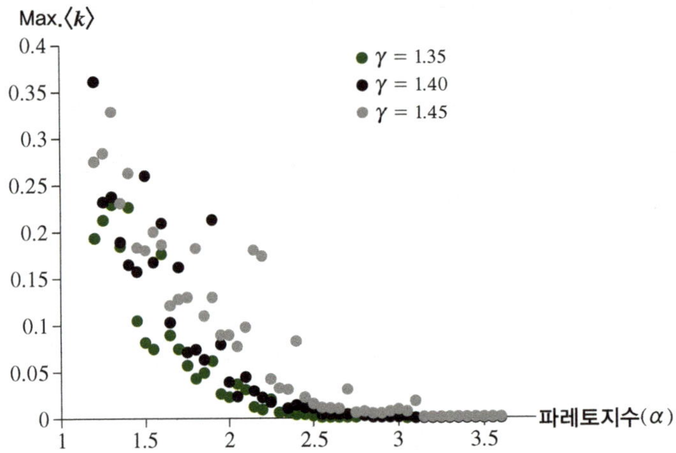

요약하면 에이전트들이 자신들의 이익을 위해 그때그때의 시장 상황에 적극적으로 적응하는 과정에서 시장 국면의 전환이 급속하게 일어나면서 가격의 급속한 변동이 발생한다. 즉, 적응과 모방이라는 양의 피드백 루프(positive feedback loop)가 일어나면서 급속하게 시장 상황을 바꿈으로써 불안정성을 야기시킨다. Kim and Lee(2017)는 그 과정에서 에이전트들의 부의 격차와 이에 대한 민감도가 임계치 부근에서 국면 전환을 촉발시키는 역할을 한다고 분석하였다.

우리나라 부동산 시장을 예로 들면 집값의 격차가 커지면 집을 소유하지 않거나 낮은 집값의 집을 소유한 사람들의 상대적 박탈감이 점점 커지게 된다. 이는 상대적 부의 격차가 더 벌어지기 전에 이를 만회하기 위해 공포 매수(panic buying)가 늘어나면서 가격의 변동성이 커지는 현상으로 이어지는 것과 관련이 있다. 마찬가지로 버블이 꺼질 때도 공포 매도(panic selling)가 일어나면서 시장이 크게 출렁인다.

2 정보화와 양극화

네트워크에는 기본적으로 불안정성, 불확실성, 격차, 양극화 등의 가능성이 내재하고 있다. 네트워크의 크기가 클수록 또 연결 속도가 빠르면 빠를수록 그러한 가능성은 점점 높아진다. 서로 연결되어 있기 때문에 상호작용이 일어나고, 정보전달 속도가 빠르니까 연쇄반응이 일어나기 쉽다.

정보화는 이러한 가능성을 증폭시킨다. 정보가 디지털화되어 쉽게 재생산될 뿐만 아니라 쉽게 거래되어 정보의 유통 속도가 획기적으로 빨라진다. 정보의 유통 속도가 느린 경우는 각 주체가 정보를 접하고 반응을 보이고 다른 주체들이 그것을 인지할 때까지 시간이 걸리므로 먼저 나타난 반응과 나중에 나타난 반응이 동시에 일어나기가 어렵다. 즉, 짧은 시간 내에 하나의 집합적인 질서로 나타나기가 쉽지 않다.

그러나 정보의 유통 속도가 매우 빠르면 각 주체가 균형으로 돌아올 시간적 여유가 없이 빠른 시간 내에 모든 구성원들에게 확산되기 때문에 각 주체의 즉각적인 반응이 하나의 거대한 질서로 두드러지기 쉽다. 물론 즉각적으로 사라지기도 한다. 경제행위에 적용하면 수요와 공급에서 거래비용이 매우 낮기 때문에 즉각적인 이익의 실현이 가능하고 이러한 결과에 대한 정보가 수요자와 공급자에게 즉각적으로 전달된다. 그러나 공급의 경우는 수요와는 달리 재화나 서비스를 제공하는 데 일정한 시간이 소요된다. 수요는 한꺼번에 증가하는데 이에 대한 공급이 충족되지 못하여 가격이 급격히 상승한다. 이에 따라 연쇄적으로 공급망의 교란이 발생한다. 수요와 공급의 미스매칭으로 인해 시장에서는 일시적인 변동성이 높아진다. 이와 같은 잦은 단기적인 변동성이 축적되면서 점점 양극화의 가능성은 높아진다.

그러므로 여러 사건이나 현상에서 평균으로 수렴하기보다 극단적인 경우가 생성되기 쉬운 시장구조가 된다. 사건이나 현상의 크기와 그 빈도를 나타내는 분포가 꼬리가 두꺼운 멱함수 분포나 정규분포가 되어 분산이 더욱 커진다.

그림 17-6 정보화와 분포의 변화

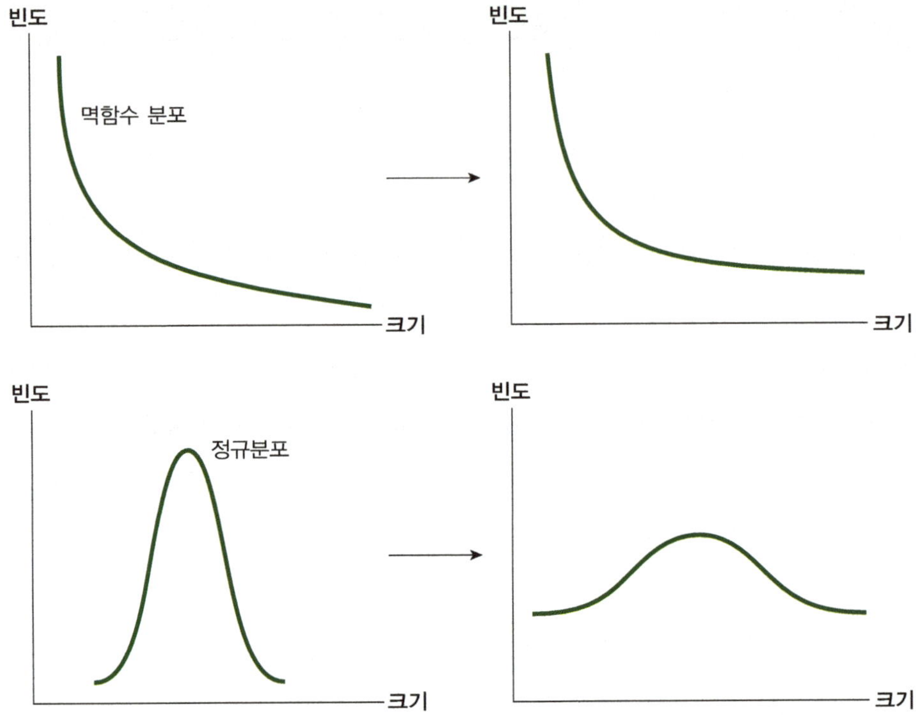

양극화 현상은 일련의 네트워크 현상으로 경제주체들이 주어진 환경하에서 최대의 이익을 실현하고자 하는 자기조직화 메커니즘이 작동한 결과이며, 정보화 현상은 이를 더욱 가속화시킨다. 예를 들어 전통적인 거시경제학에서는 소득 불평등을 자본소득-임금소득 간 격차의 확대로 설명하고 있는데, 정보화 현상은 자본소득과 임금소득 간 격차를 가속화시키는 데 기여한다. 자본소득과 임금소득 간에 격차가 점점 벌어지면서 전체 소득 격차가 벌어진다. 이는 주식, 부동산 등에 대한 투자 이득의 변동성이 훨씬 높은 현상과 관련이 있다. 자본 투자에 대한 이득의 분산이 크며, 그만큼 리스크가 높기 때문에 리스크를 감수할 수 있는 자산가들에게 투자의 기회가 더 많이 주어진다. 반면 임금소득은 일정 기간의 계약에 기초하기 때문에 변동성이 자산 투자에 비해 높지 않다. 특정 자산에 대한 투자로 높은 수익을 실현하면 이러한 정보는 빠르게 확산되어 많은 사람들이 이를 모방하게 되고, 모방 그룹과 그렇지 않은 그룹 간 자산 격차가 벌어지면서 양극화 현상이 나타난다. 결국 정보화 현상은 임금소득보다 자본소득의 격차를 더 확대시키면서 전체 소득의 양극화를 심화시킨다.

참고 17-1 자본소득-임금소득 간 격차

거시경제학에서는 오래전부터 소득 불평등에 관해 연구를 진행해 왔는데, 주로 자본소득과 임금소득 간 격차가 소득 불평등의 주된 원인이라고 밝히고 있다. 그러나 자본소득에 관한 데이터 확보가 어려워 연구에 한계가 있었다. 다행히 Piketty(2014)의 연구를 계기로 후속 연구가 많이 이루어졌다. Piketty and Saez(2014)에 따르면 유럽의 경우 부-소득 비율(wealth-to-income ratio)이 산업혁명 이후 생산력 증대에 따라 높아졌으나 제1, 2차 대전을 거치면서 낮아졌다. 전쟁 기간 투자 부진으로 자산의 가치가 하락하였기 때문이다. 그 이후 꾸준히 증가하여 최근 약 5.5배에 달하고 있다. 반면 미국은 후발국으로서 생산력의 꾸준한 증대로 3~4배의 비교적 안정적인 비율을 유지하나, 상위 10%의 비중은 1970년대 이후 급속하게 증가하는 추이를 보인다.

그림 17-7 유럽과 미국의 부-소득 격차의 장기 추이

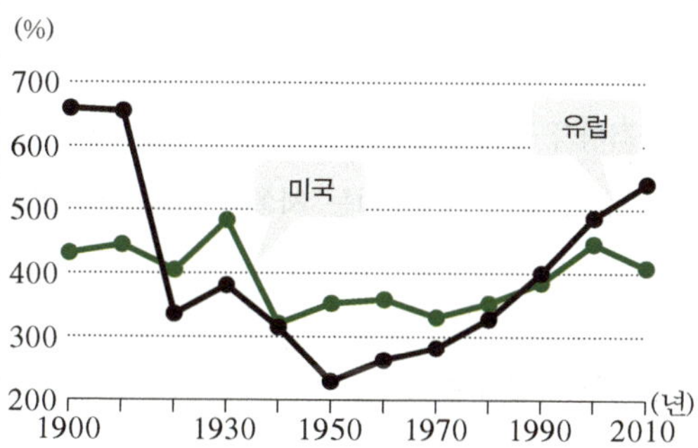

(a) 유럽과 미국의 부-소득 비율(1900~2010)

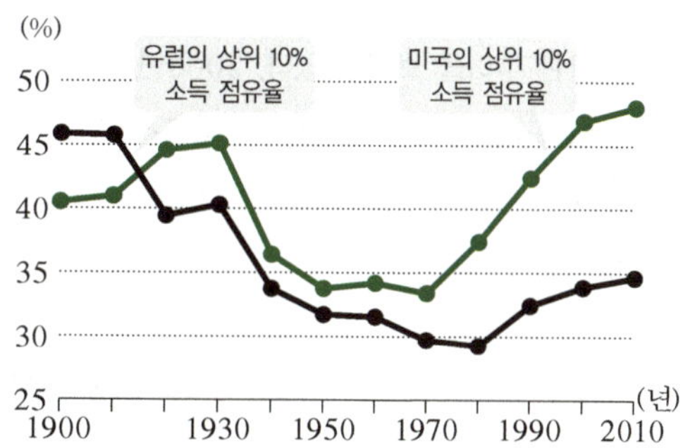

(b) 유럽과 미국의 소득불평등(1900~2010)

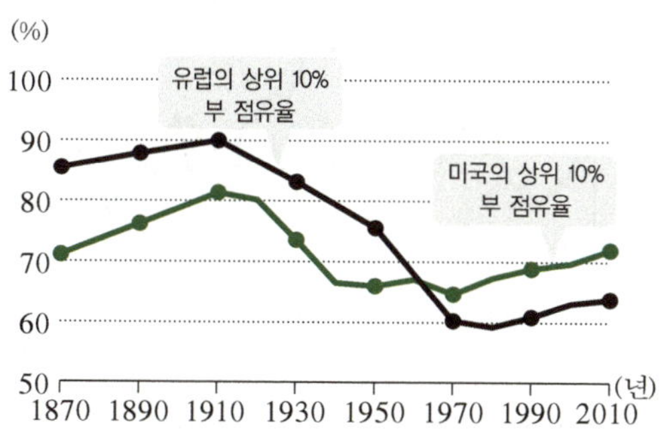

(c) 유럽과 미국의 부의 불평등(1870~2010)

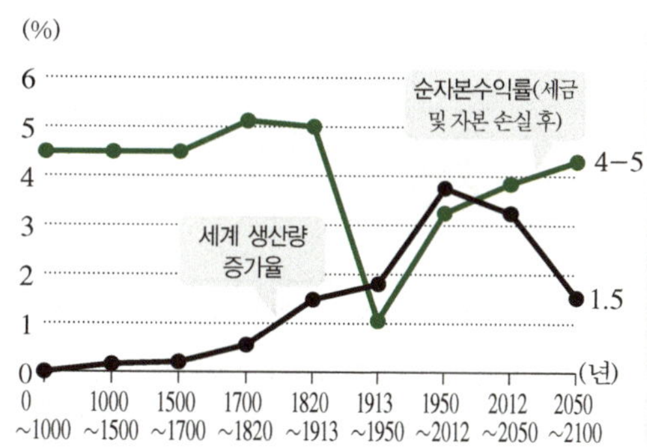

(d) 전 세계 수익률 대 성장률(0~2100)

자료 : Piketty and Saez(2014), pp.838~841 ; 조영철 · 권혁진(2020), p.17 재인용.

전반적으로 1950년대 이후 경제성장률은 감소하는 반면 자본수익률은 지속적으로 증가하는 추세에 있다. Piketty and Saez(2014)은 자본수익률과 경제성장률의 차이가 바로 부의 불평등을 나타낸다고 분석하고 21세기에 그 차이가 지속될 것으로 전망하였다. 인구 감소에 따라 경제성장률은 계속 감소하는 반면 감소한 노동에 대한 자본의 대체가 지속적으로 이루어지면서 자산 수익에 대한 기회는 점점 증대할 것이기 때문이다. 특히 계층 상승을 상징하는 주택에 대한 수요는 계층 간 모방 소비 패턴을 띠는데 이것이 격차를 심화시키는 주요 요인이라 지적하였다.

한편 자본 비중과 자본수익률이 동반 상승한다는 Piketty의 주장에 대해 Stiglitz(2015a · 2015b · 2015c · 2015d · 2015e)는 자산을 생산적 자본과 구분해야 한다고 주장하였다. 즉, 자산을 생산적 자본과 자산 잔차로 구분해야 한다는 것이다. 자산 잔차는 주로 지대에 의해 발생하며, 토지지대, 독점에 의한 착취지대, 지적재산권 수익 등을 포함한다. 그는 자본의 비중이 증가함에도 불구하고 자본수익률이 증가하는 것은 바로 자산 잔차인 지대가치의 증가에 기인한다고 하였다. 특히 주택 가격의 상승이 자본-소득 비율 증가에 크게 영향을 미친 것으로 분석하였다(Stiglitz, 2015e ; Borri and Reichlin, 2018)

한국도 자본-소득 비율이 1960년대 약 3배에서 최근 5.5배 정도로 증가했다. 소득 상위 10%의 비중과 유사한 추이를 보이고 있다. 2000년대 이후 부 상위 10%의 비중이 매우 높게 나타나고 있는데 앞으로 추이를 더 지켜봐야 하겠지만 부동산 등 자산소득의 격차가 전체 불평등을 견인할 것으로 예상된다(Lee and Yoon, 2017). 2000년대 이후 자본수익률이 소득성장률을 상회한다는 사실이 이를 뒷받침하고 있다.

그림 17-8 한국의 부-소득 격차의 장기 추이

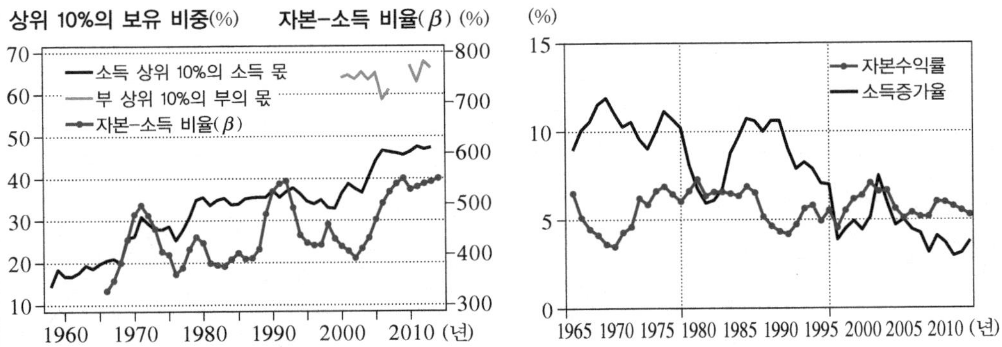

주 : 1) 소득 상위 10%의 소득 몫 : 홍민기(2015)
2) 왼쪽 그림은 자본-소득 비율 : Lee and Yoon(2017)의 전체 부에서 민간부문 비중을 적용한 수치임.
3) 왼쪽 그림은 부 상위 10% 부의 몫 : 김낙년(2016)

자료 : 조영철 · 권혁진(2020), p.22 재인용.

사례 17-1

한국의 제 양극화

디지털화·정보화의 진전과 더불어 공간적·사회적·경제적인 측면에서 다양한 상호작용의 결과 한국도 사회 전반에 걸쳐 양극화가 진행되고 있다. 자산, 기업, 고용, 지역 차원에서의 양극화 현상을 살펴본다.

〈자산〉

소득은 지니계수와 소득 5분위 배율이 꾸준히 감소 추세를 보여 양극화가 완화되고 있으나 부동산, 주식 등 자산은 5분위 배율이 증가 추세에 있어 자산의 양극화가 심화되고 있다. 이는 가계 순자산(총자산 – 부채)의 60~70%를 차지하는 부동산 가격 격차가 벌어진 데 크게 영향을 받은 것으로 보인다.

그림 17-9 순자산 5분위 배율 추이

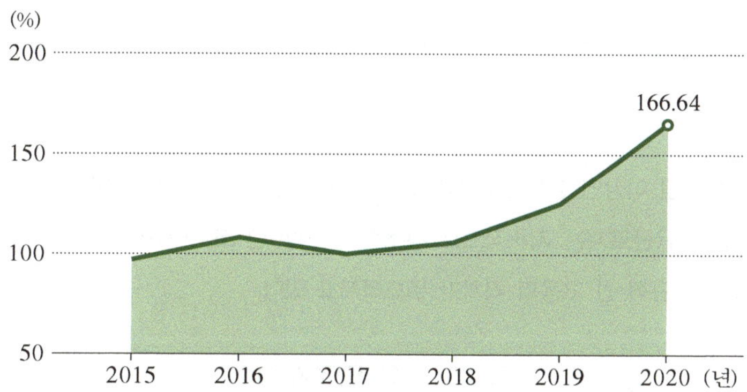

주 : 5분위 배율 = 상위 20% 평균 순자산/하위 20% 평균 순자산
자료 : 통계청·금융감독원·한국은행(2021. 1)

표 17-1 전국 5분위 및 1분위 아파트 평균 가격 추이

	2017년 12월	2018년 12월	2019년 12월	2020년 12월	2021년 6월
5분위 아파트 (상위 20%)	6억 3,692만 원	7억 5,662만 원	7억 8,905만 원	9억 9,978만 원	11억 379만 원
1분위 아파트 (하위 20%)	1억 2,014만 원	1억 1,664만 원	1억 1,204만 원	1억 1,739만 원	1억 2,386만 원

자료 : KB리브부동산(2021. 7)

〈기업〉

대기업 중심의 산업구조가 지속되고 있으며, 2019년 이후 제조업 부문 대기업과 중소기업 간 생산 격차가 더 벌어지고 있다. 특히 위기 대응 능력의 격차가 크기 때문에 2020년 코로나19 위기 이후 생산

격차가 더 두드러지고 있다.

그림 17-10 대기업과 중소기업 생산지수(제조업)

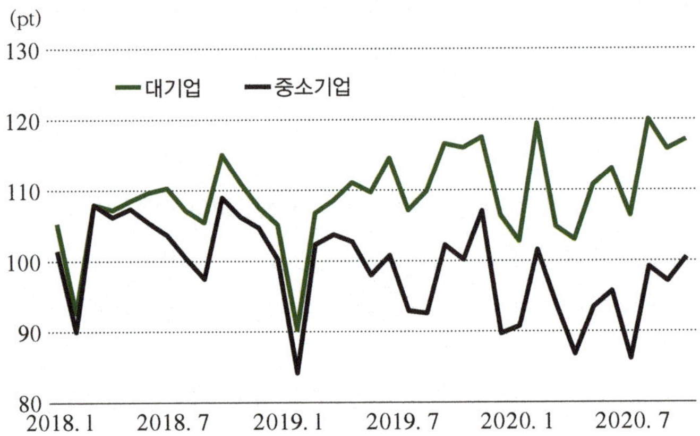

자료 : 통계청 ; 블룸버그 ; KB금융지주경영연구소(2021), p.6 재인용

〈고용〉

근로 계약 기간이 1년 이상인 상용근로자의 고용은 2019년 이후 소폭이지만 상향 또는 안정세를 유지하나 임시근로자와 일용근로자는 지속적으로 감소하여 2020년 코로나19 사태 이후는 상당한 폭으로 감소한다. 정규직과 비정규직 간 고용의 격차가 두드러지고 있다.

그림 17-11 임금근로자 지수

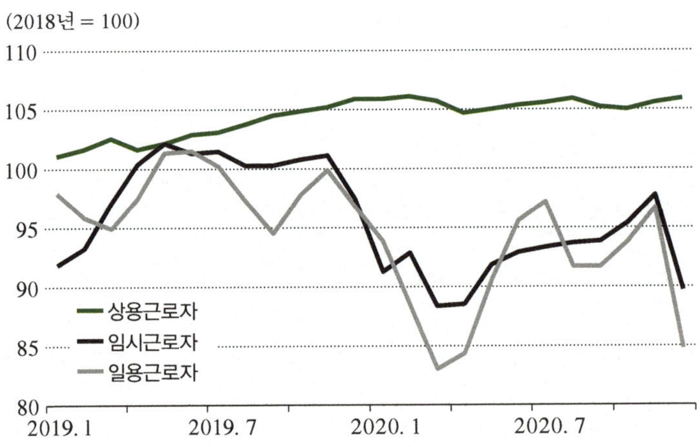

주 : 계약기간 1년 이상은 상용근로자, 1개월 이상은 임시근로자, 1일 이상은 일용근로자로 분류
자료 : 통계청 ; KB금융지주경영연구소(2021), p.3 재인용

〈지역〉

수도권과 비수도권의 격차도 꾸준히 진행되어 현재는 수도권의 인구 비중이 50%를 넘어 비수도권의 인구를 추월하였다. 추이를 보면 수도권의 지역총생산(GRDP)이 비수도권을 추월한 2015년 이후 4년이 지난 2019년에 인구 비중도 수도권이 비수도권을 추월하였다. 인구 이동에서 경제활동이 선행적인 요인이라는 점을 주목할 필요가 있겠다. 수도권에 인구가 집중되다 보니 주택 가격도 수도권과 비수도권 간 격차가 계속 벌어지고 있다.

그림 17-12 수도권과 비수도권의 인구 및 지역총생산 비중 변화

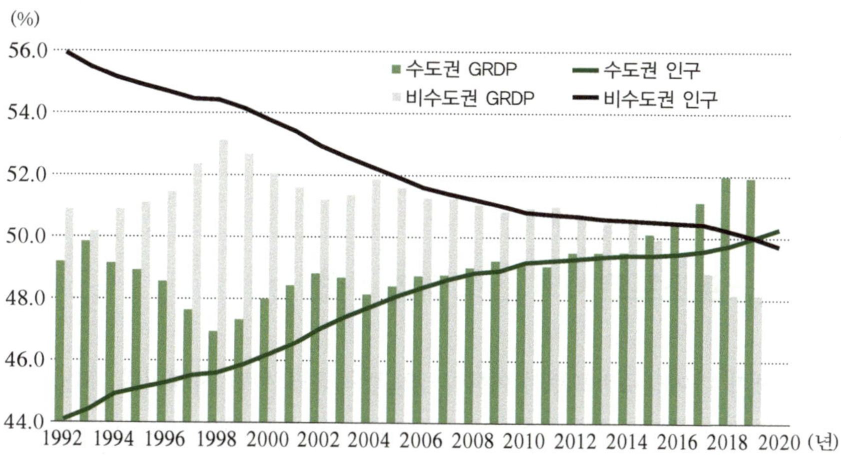

주 : 2019년 지역내총생산(GRDP)은 잠정치임.

자료 : 행정안전부, "주민등록인구현황" ; 통계청, "지역소득" ; STEPI Future Horizon(2021년 3호), p.14 재인용

그림 17-13 지역별 아파트 매매 가격

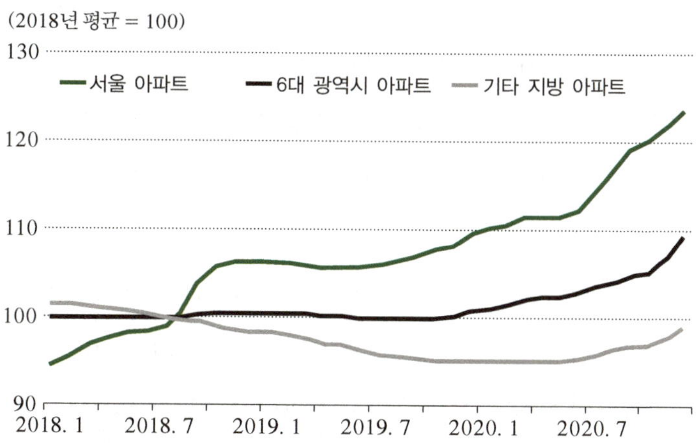

자료 : KB금융지주경영연구소(2021), p.3 재인용

3 디지털화와 독과점화

디지털화가 진전될수록 네트워크의 범위가 확대되고 속도가 빨라질수록 정보 격차가 확대되거나 디지털 재화의 독과점 현상이 심화될 가능성이 높아진다. 디지털 재화가 가지는 네트워크적인 특성으로 인해 상호 호환 또는 표준이 확보될수록 재화의 효용가치가 높아지기 때문에 시장에서 우위를 차지하는 제품은 쉽게 표준을 장악하거나 시장을 지배해버리는 속성을 지닌다. 이는 획득한 시장 지배력을 남용함으로써 독과점이 초래될 수 있으나 디지털 재화가 가지는 고유한 특성으로 인해 독과점화가 필연적으로 수반되는 측면도 있어 논란의 소지가 있다.

3.1 마이크로소프트사의 반독점법 위반

대표적인 예가 마이크로소프트사(이하 MS)의 반독점법 위반 사례이다. MS 반독점 소송은 사실 1991년부터 미 연방거래위원회(FTC)가 인텔 PC용 운영체제 시장에서 MS의 시장 지배력에 대한 조사를 실시한 이후 법무부가 몇 번에 걸쳐 제소하였지만 기본적으로 윈도우와 웹브라우저를 기능적으로 통합된 단일 상품으로 취급함으로써 MS에 유리하게 결론이 났었다. 그러나 1998년 5월 18일 법무부와 20개 주가 MS를 상대로 제소하면서 상황이 달라지기 시작하였다. 제소한 이유는 첫째, MS가 인텔 PC용 운영체제 시장에서 독점화를 시도했으며(셔먼(Sherman)법 제2조 위반), 둘째, 동일하게 웹브라우저 시장에서도 독점화를 시도했으며(셔먼법 제2조 위반), 셋째, 윈도우와 익스플로러를 끼워 팔기 함으로써 PC 운영체제 시장에서의 시장 지배력을 웹브라우저 시장에 이전함과 동시에 윈도우를 라이선스하는 과정에서 배타적 거래를 행한 점(셔먼법 제1조 위반) 등 때문이다.

먼저 이에 대해 2000년 4월 3일 컬럼비아 지방법원의 Thomas P. Jackson 판사는 배타적 거래를 제외한 나머지에 대해 원고 승소 판결을 내리고 2000년 6월 7일 MS를 운영체제 담당 회사와 응용 프로그램 담당 회사로 분할 조치하라는 명령을 내렸다. 이러한 판결에 대해 MS는 즉각 연방항소법원에 항소를 제기하였다. 연방항소법원은 6월 28일 MS가 PC 운영체제 시장에서 독점화를 시도하여 반독점법에 반하는 행동을 하였음을 부분 인정하나 나머지 웹브라우저 시장에서의 독점화 시도와 끼워 팔기에 대해서는 원심을 기각하였다. 또한 기업 분할의 시정조치 명령도 절차상의 하자를 이유로 파기하였다. 이러한 이유로 이 사건을 다시 지방법원으로 환송하되 Jackson 판사가 아닌 다른 판사에게 맡길 것을 명하였다.

이에 이 사건은 컬럼비아 지방법원의 Colleen Kollar-Kotelly 판사가 담당하게 되었으며, 그는 양자 간의 화해 협상을 명하게 된다. 이에 2001년 11월 2일 양자는 MS를 분리하지 않는 대신 반경쟁적 행위를 하지 않는 조건을 골자로 하는 화해 협정에 이르게 되었다. 주된 내용은 PC 제조업체나 소프트웨어 개발업자들이 MS와 경쟁관계에 있는 소프트웨어를 개발하여 탑재하는 행위에 대한 보복조치 금지, PC 제조업체에 대한 동일한 라이선스 조건 부과, 경쟁자들의 제품이 윈도우에서 작동이 되도록 윈도우의 일부 소스코드 공개, 배타적 거래행위 금지 등이다. 이후 이 화해 협정에 대해 매사추세츠 등 일부 주들(9개 주)의 강력한 반발이 있었지만 연방항소법원은 2004년 7월 2일, 2001년에 성립된 양자 간의 화해 협정이 MS의 반독점법 위반행위에 대한 법적 조치를 충분히 만족시켰다고 판단하여 화해 협정을 지지하면서 사실상 사건을 종결짓게 된다.

MS 반독점법 위반 사례는 초기에 기업 분할 등 강력한 조치들에서 시간이 흐르면서 반독점 행위를 시정하는 쪽으로 상당히 완화되었다. 이러한 과정에서 애초에 강력하게 적용되었던 기준과 개념이 다소 느슨하게 되었다. 예를 들면 끼워 팔기의 정의에서 소송 초기에는 "운영체제에 자기가 원하는 것을 포함시킬 수 있음을 우려하여 MS가 윈도우 운영체제의 구성을 스스로 정의할 수 없다"라고 하였다. 그러나 화해 협정에서는 MS가 원하는 것을 운영체제에 포함시킬 수 있도록 허용함으로써 인터넷 익스플로러나 윈도우 미디어 플레이어와 같은 미들웨어를 운영체제와 자유자재로 결합시킬 수 있게 되었다. 예를 들어 윈도우 미디어 플레이어를 제거하고 경쟁 제품인 리얼플레이어를 설치할 수는 없으나 윈도우 미디어 플레이어를 숨긴 채 리얼플레이어를 설치할 수는 있다. 따라서 리얼플레이어가 MS의 독점적인 포맷으로 된 음악을 수용하지 못하면 소비자는 자연스레 윈도우 미디어 플레이어를 활용하게 된다. 부가적 설치는 소비자에게 부담을 주게 되므로 특정한 이유가 없는 한 윈도우 미디어 플레이어의 시장확산이 예상된다. 이처럼 당초 소송 때보다는 판단 기준이나 개념을 보다 포괄적으로 적용하여 MS에 보다 유리한 결과가 나왔다.

이러한 배경에는 기술 패러다임의 변화와 이를 적극 수용한 정부의 태도 변화를 지적할 수 있다.

첫째, 기술의 불확실성과 네트워크 효과이다. 정보통신기술 분야는 기술의 변화 속도가 매우 빨라 예측이 쉽지 않다. 미래에 어떠한 형태의 기술이 경쟁력을 가지고 시장을 지배하게 될지 모르는 불확실한 상황에서 현재의 반독점법 기준으로 판단하는 것은 잠재적 위험이 클 수밖에 없다. 더구나 기술 융합이 다양한 형태로 이루어지고 있는 상황에서 기존 시장획정 기준으로 판단하는 것은 미래 지향적이지 못하다. 소프트웨어처럼 강한 네트워크 외부성을 지니고 있는 제품은 기본적으로 독과점화되는 자연 독과점적인 특성을 지니고 있다. 이러한 경우 자칫 정부의 과도한 개입은 오히려 전체 사회후생을 저하시키는 결과를 초래할 수 있기 때문에 정부는 개입에 신중할 필요가 있다.

둘째, 번들링은 단지 소비자의 선택을 제한하는 단점만 있는 것이 아니라 오히려 제품의 질을 높이고 거래비용을 줄여주는 장점이 있다는 점이다. 윈도우에서 웹브라우저는 대체 가능한 하나의 구성요소에 불과한 것이 아니라 운영체제의 주요 통합 부분으로 제품의 향상에 해당되며 결코 별개로 취급될 수 없다는 주장이다. 또한 번들링은 언번들링보다 유통 및 거래비용을 감소시켜 가격을 낮추는 효과가 있다. 소비자 선택에서도 순수 번들링이 아닌 혼합 번들링(언번들링 + 번들링)을 보다 많은 소비자가 선택하기 때문에 이러한 점도 고려되었다.

셋째, 글로벌 경쟁을 고려한 점이다. 국내시장만의 협소한 시장 개념을 적용할 경우 독과점이지만 세계시장이라는 광의의 시장 개념을 적용하게 되면 상황은 달라진다. 여기에다 소프트웨어 산업의 국가경쟁력 제고라는 것을 전제한다면 미국 정부의 이러한 선택은 당연한 귀결이라고 볼 수 있다.

비록 MS 사례에 국한하여 살펴보았지만, 정보통신산업의 비대칭 규제 등 공정경쟁 환경을 조성하기 위한 정부의 여러 정책들이 사업자들과 마찰을 빚고 있는 것도 동일한 맥락에 있다. 규제 당국이 기술의 불확실성과 네트워크 외부성 증대라는 기술적 흐름을 반영하여 뚜렷한 판단의 준거를 마련하지 못할 경우에는 예기치 못한 다양한 사례에서 기존 독점금지법 및 규제정책과의 마찰이 불가피할 것으로 예견된다.

사례 17-2

마이크로소프트사의 반독점법 위반 사례

MS사의 반독점법 위반 사례는 IT 산업과 반독점법 간 마찰의 대표적인 사례로 초기의 강한 제재 판결로부터 다소 후퇴하여 IT 기술의 네트워크적인 특징을 어느 정도 수용하는 선에서 타협이 이루어졌다.

표 17-2 MS 사례 일지

1997. 10. 20	법무부는 MS가 PC 제조업자에게 윈도우95와 그 라이선스와 함께 인터넷 익스플로러의 의무적인 설치를 요구하는 행위는 법원의 중재안에 위배된다는 이유로 법원에 제소
1998. 5. 18	법무부와 20개 주는 MS가 PC 운영체제 및 웹브라우저 시장에서 반경쟁적 행동을 통해 독점화를 시도했다는 이유로 법원에 제소
2000. 4. 3	컬럼비아 지방법원의 Jackson 판사는 배타적 거래를 제외한 MS의 인텔 PC용 운영체제 및 웹브라우저 시장에서의 독점화 시도와 윈도우와 익스플로러의 끼워 팔기를 인정하여 원고 승소 판결을 내림
2000. 6. 7	Jackson 판사는 시정조치로 MS를 운영체제 담당 회사와 응용 프로그램 담당 회사로 분할하라는 명령을 내림
2001. 6. 28	연방항소법원은 MS의 PC 운영체제 시장에서 독점화 시도 행동을 부분 인정하나 나머지 웹브라우저 시장에서의 독점화 시도와 끼워 팔기에 대해서는 원심을 기각. 기업 분할 조치도 절차상의 하자를 이유로 파기. 이 사건을 지방법원으로 환송하되 다른 판사에게 맡길 것을 명함.
2001. 8. 29	컬럼비아 지방법원의 새로운 담당 Kollar-Kotelly 판사는 양자 간의 화해 협상을 명함.
2001. 11. 2	법무부와 MS는 MS가 분리하지 않는 대신 반경쟁적 행위를 하지 않는 조건을 골자로 하는 화해 협정에 합의
2004. 7. 2	연방항소법원은 2001년 양자 간의 화해 협정이 MS의 반독점법 위반행위에 대한 법적 조치를 충분히 만족시켰다고 판단하여 화해 협정을 지지

자료 : Gilbert and Katz(2001) ; US Dept. of Justice(2004)에서 발췌 정리.

3.2 플랫폼 비즈니스와 시장 지배력 남용

경제의 디지털화가 광범위하게 진행됨에 따라 플랫폼 비즈니스가 빠르게 성장하고 있다. 플랫폼 비즈니스는 온라인 베이스로 수요자나 공급자가 쉽게 접속하여 비즈니스를 할 수 있도록 하는 일종의 중개 비즈니스로서 다양한 영역으로 확장되고 있다. 다양한 품목과 서비스에 대한 편리하고 쉬운 접근성으로 인해 빠른 네트워크의 확장성을 날개로 플랫폼 비즈니스의 규모가 급격하게 증가하는 양상을 보이고 있다.

그러다 보니 플랫폼의 시장 지배력이 점점 커지게 되어 해당 사업을 하려면 해당 플랫폼에의 접속이 필수적인 요건이 된다. 플랫폼 사업자들은 이러한 여건을 자신에게 유리하게 활용하기 위한 전략을 펴게 되고 그런 가운데 시장 지배력을 남용하는 사례가 발생한다. 플랫폼 사업자들이 취하는 시장 지배력 남용은 대개 3가지 유형으로 나누어진다.

첫째, 잠김(lock-in)전략이다. 플랫폼 비즈니스 성공의 관건은 얼마나 많은 플레이어들을 모으느냐이다. 이를 위해 플랫폼 사업자들은 플레이어가 자신의 플랫폼에 들어올 수 있도록 되도록이면 진입장벽을 낮춘다. 저렴한 수수료를 받거나 무료로 하여 적은 비용으로 자신들이 만들어 놓은 운동장에 쉽게 들어와 활동할 수 있도록 한다. 그렇게 하여 점점 해당 플랫폼의 사용자들이 많아지면 거대한 네트워크가 형성되어 플랫폼의 이용이 하나의 필수적인 요소가 된다. 다시 말해, 플레이어들이 해당 플랫폼으로부터 이탈하기가 쉽지 않으며, 이탈하는데 지불하는 전환비용(switching cost)이 매우 높아진다. 그렇게 되면 플랫폼 사업자는 그 필수적인 지위를 이용하여 수수료를 높이는 등 자신의 수익을 높이는 전략을 취한다.

둘째, 번들링(Bundling) 전략이다. 소위 끼워 팔기(tied sale) 전략으로 시장 지배력이 높은 제품과 그렇지 못한 제품을 묶어서 판매함으로써 전자의 지배력을 후자에게 전가시킨다. 대개 독과점적 위치에 있는 제품과 경쟁이 치열한 제품을 묶어서 판매를 한다. 일상에서 상품묶음은 매우 흔하다. 가정에서 이동통신, 인터넷, TV 등을 묶어서 구입하면 가격이 저렴하고 요금 지불도 편리하다. 소비자 입장에서는 많은 혜택을 누리기 때문에 제품차별화의 하나의 유형이라 할 수 있다. 다만 앞서 얘기한 대로 하나의 제품의 시장 지배력을 다른 제품에 전가하여 다른 제품들과의 공정한 경쟁질서를 해칠 때 문제가 된다. 플랫폼 비즈니스에서 이슈가 되고 있듯이 OS의 시장 지배력을 이용하여 OS를 자사 검색 소프트웨어와 묶어서 판매한다든지, 반대로 검색시장의 지배력을 이용하여 자사 검색 소프트웨어를 OS나 결제 시스템과 같은 다른 소프트웨어와 묶어서 판매하는 행위들이 시장 지배력 남용행위에 해당한다.

셋째, 수직적 통합전략이다. 밸류체인상에 수직적으로 연계되어 있는 부문들을 통합함으로써 다른 사업자들을 시장에서 배제시키는 전략이다. 특히 통합되는 부문이 해당 비즈니스를 영위하는 데 매우 필수적인 요소일 경우 시장 지배력의 행사가 두드러진다. 플랫폼 비즈니스의 경우 원래의 중개 역할에서 벗어나 직접 공급자로 나설 경우 수직적 통합의 형태를 띠면서 플랫폼의 지배적 지위를 행사하기가 쉽다. 검색 결과에 플랫폼 사업자가 운영하는 공급자를 우선적으로 노출시키도록 알고리즘을 조작하는 행위가 이에 해당한다.

사례 17-3

구글의 번들링 전략

구글은 안드로이드라는 OS와 구글 검색시장을 기반으로 글로벌 시장을 장악하고 있는 거대 회사이다. 플레이스토어의 앱을 통해 모바일 시장을 선점한 혁신적인 전략이 주효하였으며, 이를 지렛대로 더욱 시장 확대를 도모하고 있다. 그러나 그 과정에서 여러 불공정한 행위를 통해 시장 지배력을 확대하였다. 그중에서도 특히 OS나 검색시장의 지배력을 다른 서비스들에 확대하는 번들링 전략이 두드러진다.

하지만 국가들마다 문제를 삼고 있는 불공정 행위는 조금씩 다르다. 2018년 유럽연합집행위원회(EC)는 구글이 안드로이드 OS에 플레이스토어와 구글 검색엔진을 묶음으로써 OS의 시장 지배력을 타 소프트웨어에 전가하였고, 이로 인해 소비자의 다양한 선택권을 침해하였다고 판단하였다. 그 결과 EC는 구글에 5조 6,500억 원의 과징금을 부과하였다.

미국 법무부는 구글이 핸드폰 제조업체들과 배타적으로 계약하여 구글 검색기능이 자동으로 탑재된 핸드폰을 출시한 것을 문제 삼아 2020년 법원에 제소하였다. 법무부는 구글이 여기에 그치지 않고 인공지능 스피커도 동일하게 구글 검색기능을 배타적으로 탑재하였다고 주장하였다.

반면에 우리나라의 경우는 시장 지배력의 근원을 OS나 구글 검색기능이 아닌 플레이스토어라 보고 이를 문제 삼았다. 안드로이드에서 앱을 다운받기 위해서는 플레이스토어를 통해야 하므로 기기 제조사는 자연스레 구글의 OS를 사용할 수밖에 없고 만일 다른 OS를 채택하거나 변형할 경우 플레이스토어를 쓸 수 없다는 주장이다.

이처럼 국가마다 문제의 초점이 다른 것은 국가마다 처한 시장 상황이 다르기 때문이다. 미국이나 유럽과 달리 한국의 경우 검색시장을 시장 지배력의 근원으로 문제 삼지 않았는데 그 이유는 구글의 한국 검색시장 점유율이 2021년 현재 36.5%로 유럽이나 미국의 90%보다 낮기 때문이다.

또한 우리나라에서는 최근 구글 인앱 결제방지법을 발의하였는데, 사용자들이 앱을 다운받아 결제할 때 구글의 지불 시스템을 의무적으로 사용할 것을 요구하는 것은 불공정 행위에 해당한다는 취지이다. 이 또한 번들링 전략의 또 다른 예에 해당한다.

사례 17-4

네이버의 수직적 통합전략

네이버는 우리나라 검색시장의 58.2%(2020년 기준) 점유율을 차지하는 1위의 인터넷 포털사이트이다. 시장 점유율이 구글로 인해 하락하고 있지만 2016년에는 85.8%에 달했을 정도였고 지금도 여전히 높은 시장 지배력을 가지고 있다. 검색시장의 지배력을 바탕으로 다양한 비즈니스로 확장하여 현재는 계열사 133개, 네이버 회원 수 5,400만 명의 거대 그룹으로 성장하였다. 비즈니스 영역도 쇼핑, 부동산, 금융, 웹툰 등 상당한 업종에 걸쳐 있다.

네이버가 이렇게 성장하게 된 배경에는 검색시장의 지배력을 바탕으로 직접 사업자로 확장하는 수직적 통합전략이 자리하고 있다. 즉, 네이버라는 플랫폼에 들어오면 필요한 거래를 매우 편리하게 할 수 있는 유통시장의 거대 지배력을 적극적으로 활용한 결과이다. 특히 그 과정에서 여러 가지 불공정 경쟁행위를 통해 경쟁자들을 배제시킨 행위가 지적되었다.

2020년 10월 공정거래위원회의 조치에 따르면 네이버는 쇼핑과 동영상 서비스에서 자사에 유리하도록 알고리즘을 조작한 것으로 드러났다. 네이버는 자사 오픈 마켓이 경쟁사보다 노출이 빈번하게 되도록 알고리즘의 가중치를 높였다. 그 결과 자사 오픈 마켓의 노출 점유율이 2015년 3월 12.68%에서 2018년 3월 26.20%로 증가하였으며, 거래액 기준으로는 2015년 4.97%에서 2018년 상반기 21.08%로 4배 넘게 증가하였다. 마찬가지로 동영상 서비스에서도 자사의 네이버TV의 동영상 노출 빈도를 높이도록 알고리즘을 조작하여 일주일 만에 검색 결과 최상위에 노출된 네이버TV 동영상 수는 22%, 재생수는 15.9% 증가한 반면 판도라TV, 곰TV 등 대부분의 다른 동영상은 감소하였다.

사례 17-5

카카오 모빌리티의 잠김전략

카카오 모빌리티는 '카카오 T'라는 플랫폼을 활용하여 택시 호출 서비스를 제공한다. 스마트폰에서 앱을 통해 가까운 위치에 있는 택시를 호출할 수 있고 요금도 스마트폰으로 편리하게 지불할 수 있어 시장에서 빠른 속도로 확산되었다. 그 결과 카카오 모빌리티는 2021년 10월 현재 승객 2,800만 명, 기사 23만 명이 사용하는 호출 택시 시장의 80%를 차지하는 회사로 성장하였다. 그러자 카카오 모빌리티는 시장지배적 위치를 활용하여 새로운 요금계획을 발표하였다. 기존 택시 기본요금 3,800원에 호출료 최대 2,000원(일반호출 무료, 스마트 호출 최대 2,000원)에서 호출료를 서비스 유형에 따라 최대 5,000원까지 인상한다는 것이었다.

이는 전형적인 잠김전략으로 사업 초기에 많은 네트워크를 확보하기 위해 수수료를 받지 않거나 저렴하게 하고 네트워크 크기가 일정 규모 이상이 되면 수수료를 인상하여 많은 수익을 올리는 전략이다. 이에 대한 비판이 일자 카카오 모빌리티는 호출료를 최대 2,000까지로 인하하는 것으로 계획을 변경하였다.

카카오 모빌리티뿐만 아니라 카카오는 국내 이용자 4,670만 명이라는 거대한 카카오톡 서비스를 기반으로 플랫폼 비즈니스를 통해 소위 문어발식 사업 확장을 하여 2021년 6월 기준 계열사 158개의 회사로 성장하였다. 플랫폼 비즈니스는 플랫폼을 통해 다양한 플레이어들에게 사업의 기회를 창출하는 장을 제공함으로써 새로운 산업을 일으키는 매우 긍정적인 기능을 하고 있다. 그러나 그 장에 들어가는 관문이라는 배타적인 힘을 이용하여 생태계 전체의 건전한 성장을 가로막는 불공정 거래행위는 엄격하게 규제되어야 한다.

그림 17-14 온라인 플랫폼 사업자의 매출 비중

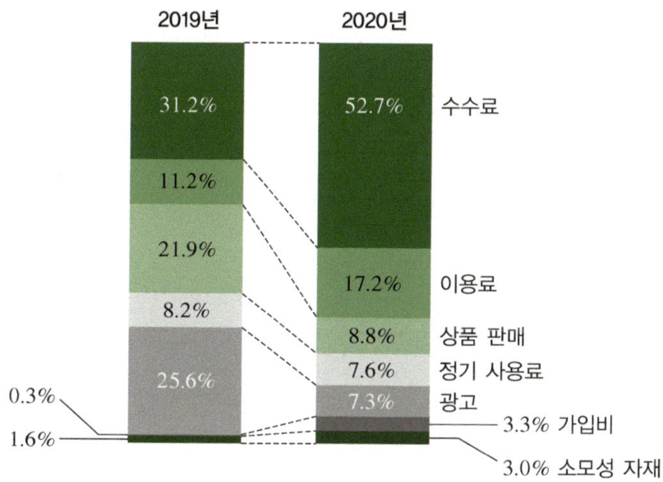

자료 : 과학기술정보통신부

제18장 시스템 리스크

1. 금융시스템 리스크 / 2. 군중 행동

자기 의도와는 상관없이 외부에서 위기가 발생하여 개인의 행동을 제약하는 일이 빈번해지고 있다. 시스템 리스크는 각자 주어진 환경하에서 최적 행위를 한 결과가 서로 맞물려 거시적으로 나타난 위험한 질서를 말한다. 이는 다시 개별 행동에 피드백되어 상당한 영향을 주면서 자기조직화해 나간다. 시스템 리스크는 복잡계 시스템의 한 단면으로서 금융위기, 교통혼잡, 군중 압사 등이 대표적인 예이다.

1 금융시스템 리스크[1]

앞의 자기조직화 사회에서 시스템 리스크의 대표적인 예로 2008년 글로벌 금융위기를 들었다. 1929년에 세계 경제 대공황이 있었지만 대공황은 실물경제 부문에서의 경제 불황이 주원인이었고 지금처럼 세계 경제의 글로벌화가 그다지 진행되지 않았던 시기에 발생하였다. 금융 부문의 시스템 리스크는 2008년 미국의 Lehman Brothers의 서브프라임 모기지 부실이 시발이 되어 연쇄적으로 확산되어 나갔던 글로벌 금융위기가 대표적이다. 그 이후 학계에서도 시스템 리스크에 대한 연구가 보다 활발하게 이루어졌다. 그 이전에는 시스템 리스크에 관한 연구가 주로 이론적인 측면에서 이루어졌다면 2008년 이후에는 시스템 리스크의 존재나 측정에 관한 실증 분석 및 규제와 같은 정책 연구가 활발히 진행되었다.

---

1. Benoit et al.(2016)를 참조하여 작성하였다.

1.1 시스템 리스크의 발생 원인

시스템 리스크에 대한 논의에 앞서 다양한 논의의 의미를 일목요연하게 파악하고, 또 논의를 편리하게 전개하기 위해 간단한 모델을 설정하고자 한다. 먼저 N개로 구성된 금융기관 i를 상정하고 각각 x_i의 리스크에 노출되어 있다고 하자. x_i의 α_i 비중을 시스템 리스크라 하면 $1-\alpha_i$는 i에 고유한 리스크 요인이 된다. 그러면 금융기관 i의 시스템 리스크는 $y_i^S = \alpha_i x_i$이고, 기관에 고유한 리스크는 $y_i^I = (1-\alpha_i)x_i$이다. $y^S = \Sigma_{i=1}^N y_i^S$는 전체 시스템 리스크에 해당된다. 또한 모든 기관들 간에 대출이나 파생상품들로 연결되어 있어 i기관이 j기관에 얼마나 채무나 채권 관계를 가지고 있는지를 $b_{i,j}$로 표시되며, 이들을 요소로 하는 $N \times N$ 매트릭스 B를 상정할 수 있다.

시스템 리스크와 기관 고유의 리스크에 대한 수익률을 각각 $\rho^S + \varepsilon^S$와 $\rho^i + \varepsilon^i$라 하면 i의 이상적인 수익, 즉 다른 기관들과의 연결을 고려하지 않을 경우의 수익 $\hat{\pi}_i$는 다음과 같다. 단, 평균이 0인 독립적으로 분포된 랜덤 변수이다.

$$\hat{\pi}_i = (\rho^S + \varepsilon^S)y_i^S + (\rho^i + \varepsilon^i)y_i^I$$

모든 기관들이 시스템 리스크에 노출되어 있기 때문에 대규모 충격 ε^S가 일어나면 모든 기관이 손실을 겪게 된다. 이것이 자본자산 가격결정 모형(Capital Asset Pricing Model)에서의 체계적인 혹은 조직적인 리스크(systematic risk)로 정의되고 있다. 그러나 우리가 일반적으로 얘기하는 시스템 리스크(systemic risk)는 그 이상의 것을 포함한다. i가 금융시스템에 속해 있기 때문에 실제 수익은 $\hat{\pi}_i$과는 다르다. 즉, 다른 기관들이 얼마나 시스템 리스크에 노출되어 있는지, 그들의 고유한 리스크가 얼마인지, 그리고 i가 다른 기관들과 어떻게 연결되어 있는지, 나아가 이들이 또 다른 기관들과 어떻게 연결되어 있는지 등에 영향을 받는다.

i의 실제 수익을 π_i라 하고, ε^I, Y^S, Y^I를 각각 경제의 고유한 충격, 시스템 리스크에의 노출, 고유한 리스크에의 노출을 나타내는 $N \times 1$ 벡터라 하면 π_i는 $\pi_i(Y^S, Y^I, B, \varepsilon^S, \varepsilon^I)$가 되며, $\hat{\pi}_i(y_i^S, y_i^I, \varepsilon^S, \varepsilon^i)$과는 다르다. 따라서 시스템 리스크는 폭넓은 변수들에 영향을 받아 보다 복잡한 구조를 보인다. 그럼에도 시스템 리스크의 논의는 3가지 측면에서 나누어 살펴보는 것이 타당하다.

첫째, 시스템 리스크를 감수하는 측면이다. 모델에서 x_i와 α_i가 시스템에서 어떻게 분포되어 있느냐의 문제이다. 다시 말해 금융기관들이 구조적으로 얼마나 최적 균형수준 이상으로 리스크를 취하느냐 하는 문제와 관련되어 있다.

둘째, 리스크 전염 측면이다. 금융기관 j가 손실을 겪더라도 그것이 j에 고유한 충격 ε^j로부터 왔다면 π_i는 낮다. 기본적으로 리스크 전염은 B 매트릭스 구조에 달려 있으며, 두 기관의 수익이 양의 상관관계를 가지면 상호 전염 효과가 있다고 하겠다.

$$Cov(\pi_i, \pi_j | \varepsilon^S = 0) > 0$$

셋째, 리스크 확대 측면이다. 어떻게 작은 충격이 크게 확대되어 대규모 손실로 이어지는가 하는 문제이다. 경제에 부정적인 작은 충격 ε^S가 높은 α_i를 가진 기관들에게 강하게 영향을 주어 그들의 자산을 매각하고 가격을 인하시킴으로써 다른 시장 참여자들에게 손실을 입힌다. 그 손실의 규모는 모든 기관들의 y_i^S, 즉 y^S에 달려 있다.

(1) 시스템 리스크 감수

금융기관들이 시스템 리스크를 감수하게 되는 이유는 다음과 같다. 첫째, 금융기관들은 동일한 자산에 투자하여 동일한 리스크를 감수하는 경향을 보인다. 한 은행이 실패를 하게 되면 대부분의 은행들이 위험이 높은 자산에 대한 투자를 줄이고 안전한 자산에 대한 투자를 늘리게 된다. 그러면 대부분의 은행들의 수익률이 떨어지게 된다. 일종의 부의 외부성으로 '불황의 파급(recessionary spillover)'이라 불린다(Acharya, 2009). 이러한 외부성을 최소화하기 위해 은행들은 동일한 자산에 투자하여 함께 실패하거나 생존하려는 경향을 보인다.

여기에다 다른 은행들로 실패가 이어지는 것을 방지하기 위해 정부가 긴급구제정책을 실시하게 되면 이 또한 은행들이 동일한 위험 감수를 모방하는 행위를 유발시킨다. 다른 은행들도 긴급구제를 받은 은행과 같은 리스크를 감수해도 괜찮다는 시그널을 가지기 때문에 경제 전반의 위험 수위가 올라가게 된다(Acharya and Yorulmazer, 2008).

둘째, 유동성 리스크이다. 은행들이 비유동성 자산에 너무 많이 투자하면 유동성 부족의 위험에 직면하게 된다. 사실 은행의 입장에서는 언제라도 유동화할 수 있는 자산에 투자하는 것이 합리적이다. 그러나 어느 한 은행이 유동성 문제로 다른 은행으로부터 자금을 빌리려 하면 다른 은행은 자금을 빌려주기 위해 자신의 자산을 유동화시켜야 한다. 은행들은 이러한 일을 꺼려하기 때문에 비유동자산에만 투자를 하고 외부로부터 유동성 충격이 오면 다른 은행에 자금을 빌리고자 하는 인센티브를 가진다. 말하자면 무임승차(free-riding)의 문제가 있다. 모든 은행들이 이렇게 행동하면 결국 비유동자산에 과도하게 투자하게 되고 어느 한 은행에 유동성 부족 문제가 발생하면 모든 은행들이 충격을 받게 된다(Bhattacharya and Gale, 1987).

셋째, 리스크 자체(x_i)가 커진다. 위기의 조짐이 보이면 위기 상황에 대처하는 과정에서 소위 비제도권 금융기관들이 극도의 위기를 조장하는 경향이 있다. 뿐만 아니라 투자자들도 단기적인 이익에 매달려 비제도권의 위기 조장행위를 적절하게 통제하는 데 실패하게 된다(Acharya et al., 2010). 투자자들의 이러한 근시안적 행태는 비제도권 금융기관들로 하여금 각종 파생상품을 출시하게 하는 등 고도 투자기법의 동원을 부추긴다. 결국 시스템 리스크가 발생하게 된다(Gennaioli et al., 2013).

넷째, 레버리지 사이클(leverage cycle) 효과이다. 경기가 좋아 자산가치가 오르게 되면 이를 담보로 자금을 융통하기가 수월하다. 반면에 경기가 불황이면 자산가치가 떨어져 이를 담보로 자금을 융통하기가 매우 어려워진다. 즉, 실물경기 사이클과 금융 사이클이 맞물려 호경기 때 거품처럼 확장되고 불경기 때 리스크가 확대된다는 견해이다(Adrian and Shin, 2014 ; Brunnermeier and Oehmke, 2013a ; Allen and Gale, 2000a).

(2) 금융기관 간 전염

금융기관 간 리스크 전염은 대개 3가지 경로를 통해 일어난다.

첫 번째로 무엇보다 금융기관 간 거래에 의한 대차대조표상에서 일어난다. 금융기관 간 직접적인 거래에 기반한 것으로 앞의 모델에서 j 기관으로부터 i 기관으로 파급된 $b_{i,j}$에 해당한다. 즉, j가 i에 갚아야 할 부채이다. 그러므로 실재 시스템 리스크는 전체 기관들 간의 리스크가 어떻게 분포되어 있는지를 알 수 있는 B 매트릭스의 구조에 달려 있다.

은행 간 네트워크는 리스크를 전파하기도 하지만 리스크를 서로 분산(분담)하는 역할도 한다. 다른 기관들이 유동성을 공급해줌으로써 한 기관의 파산 확률을 줄일 수 있다. 이때 모든 기관들이 연결된 완전한 네트워크가 그렇지 않은 불완전한 네트워크보다 파산 위험이 더 적다. 예를 들어 i가 j에게 돈을 빌려주고, j가 k에게 빌려주고, k가 다시 i에게 빌려주는 관계가 i가 j에게, j가 k에게 빌려주는 것으로 끝나는 관계보다 파산 위험에 덜 직면한다는 것이다(Allen and Gale, 2000b). 결국 리스크의 분산과 전파는 은행들 간 네트워크가 어떻게 연결되어 있는지에 달려 있다고 하겠다. 보다 완전한 네트워크가 불완전한 네트워크나 하부 네트워크 클러스터로 분절된 네트워크보다 위험을 분산하기에 더 적합한 동시에 또 리스크를 더 잘 전파한다고 할 수 있다(Allen et al., 2012).

이러한 강건하면서도 부서지기 쉬운 네트워크의 양면성에 대한 연구는 계속 이어져 모든 기관들이 다 연결된 네트워크일수록 충격에 보다 강건한 반면, 큰 충격에 대해서는 모든 기관들이 실패할 가능성이 높다는 것이 밝혀졌다(Acemoglu et al., 2015). 그리고 이는 이른바 네트워크의 통합성(각 은행의 다른 은행에의 의존성)과 다양성(각 은행 부채의 분산성)의 역할에 대한 연구로 이어졌다(Elliott et al., 2014).

그러면서 자연스럽게 은행은 각자 이익극대화를 꾀하면서 어떤 형태의 네트워크를 형성하고 또 균형에서 어떻게 리스크를 짊어지느냐에 대한 연구로 이어졌다. 서로 촘촘하게 연결되어 밀도가 높은 네트워크에서 은행들은 유동성 위기 시 실패하지 않도록 자발적으로 상호 연결을 통해 리스크를 짊어진다. 즉, 유동성이 풍부한 은행은 유동성 부족에 시달리는 은행이 실패하지 않도록 유동성을 공급한다. 이렇게 리스크를 다른 은행에 전이시키면 전체 리스크가 점점 커지기 때문에 결국 정책 당국은 긴급 구제정책을 실시할 수밖에 없다(Leitner, 2005). 또한 네트워크 형태를 달리한 후속 연구들이 이어졌는데, 보다 현실 은행 시스템과 유사한 중심-주변부 네트워크(core-periphery network)나 스타 네트워크(star network)를 가정하고 동일한 연구들이 이루어졌다(Boss et al., 2004 ; Castiglionesi and Navarro, 2011 ; Babus, 2015 ; Babus and Hu, 2015 ; Farboodi, 2015).

두 번째로 금융기관 간 리스크 전염은 지급 및 청산 제도를 통해 일어난다. 은행은 다른 은행을 상대로 거래할 때 서로 청산 절차를 거친다. 그 결과 지급결제일에는 은행의 흑자 또는 적자의 상태가 드러나게 되고 이것이 은행의 신용 상태에 영향을 미친다. 만일 어느 은행의 적자 상태가 지속되면 그 은행의 파산 가능성이 높아져 다른 은행들과의 거래가 순조롭게 이루어지기 어렵게 된다. 시간이 지나 상황이 개선되지 않은 상태에서 외부로부터 충격이 오거나 불황의 조짐이 있을 경우 그 은행은 더 큰 위험으로 확산되는 진원지가 될 가능성이 높다(Afonso and Shin, 2011).

대개 파생상품시장이나 장외 거래 등 리스크가 높은 금융시장에서는 중앙청산소(Central Counterparties ; CCPs)가 시스템 리스크 관리에 매우 중요한 역할을 한다. Zawadowski(2013)는 장외 파생상품시장에서 은행이 자신의 리스크 포트폴리오를 관리하는 반면 거래 상대방의 리스크에 대해서는 관리하지 않기 때문에 시스템 리스크가 발생한다고 하였다. 따라서 Koeppl et al.(2012), Biais et al.(2016)은 청산 시스템의 최적 형태에 대해 연구하였으며, Duffie and Zhu(2011)은 상대방의 리스크를 줄이기 위해서는 중앙청산소 수를 줄이는 것이 바람직하다고 제시하였다.

세 번째로는 정보 전염(informational contagion)이다. 실제 예금자들이나 투자자들이 한 은행의 실패가 다른 특정 은행의 실패로 이어질 것으로 믿으면 이 또한 시스템 리스크의 잠재적 요인이 된다. 예를 들어 은행의 수익구조가 서로 유사할 경우 예금자들이 파산 위험이 높은 한 은행에 예금 인출을 위해 몰려든다면, 마찬가지로 다른 은행에서도 이와 유사한 현상이 일어날 가능성이 높다(Chen, 1999 ; Aghion et al., 2000 ; Acharya and Thakor, 2015). 은행들이 상호 예금으로 직접 연결되어 있다면 한 은행에 대한 부정적인 정보는 해당 은행뿐만 아니라 그 은행과 거래하는 모든 은행에 예금인출 사태(bank run)가 일어나게 할 것이다(Dasgupta, 2004).

(3) 확장 메커니즘

작은 규모의 충격이 어떻게 대규모의 충격으로 확대되는지에 대해 3가지 정도의 요인으로 설명할 수 있다.

첫째, 유동성 문제이다. 시장에서 투자자산의 가격이 떨어지면 시장 전반에 유동성이 부족하게 된다. 따라서 금융기관들은 자금 공급이나 시가평가(Mark-to-Market)[2]를 위해 자산을 처분할 유인을 가진다. 그러면 자산 가격이 더 떨어지게 되고 이는 다시 자산을 내다 팔게 되는 순환의 고리를 형성한다(Allen and Gale, 1994·2004). 이 과정에서 일종의 '파격적 할인 판매(fire sales)' 현상은 가격 하락을 증폭시키는 역할을 한다. 해당 자산에 투자한 상당수의 사

2. 자본이득을 얻기 위한 유가증권이나 파생상품에 의한 채권·채무, 투자신탁 등 자산의 가치를 매입가(장부가)가 아닌 시가에 기초하여 평가하는 회계를 말한다.

람들은 관련 정보를 수집하는 등 매우 적극적인 자세를 견지한다. 만일 해당 자산에 부정적인 정보를 접하면 이들 그룹의 사람들은 즉각 팔고 유동성을 확보하고자 한다. 반면에 소극적인 투자자들은 해당 자산을 낮은 가격에 살 수 있게 되어 결국 가격 하락의 국면에 들어가게 된다(Coval and Stafford, 2007).

유동성 부족 문제와 결부되어 가격 하락을 증폭시키는 요소는 높은 마진율에 대한 요구이다. 자신이 투자한 자산의 가격이 떨어지면 유동성 부족을 겪으면서 시장에서의 입지가 위축된다. 이는 자신의 자산을 팔게 하여 가격을 더 떨어뜨리게 만들어 시장 전반의 유동성은 더욱 부족하게 된다. 이런 상황에서 채권자들은 자금 융통에 높은 마진율을 요구하게 된다. 높은 마진율의 요구가 더해지면서 자산을 팔 유인을 더욱 부추긴다(Brunnermeier and Pedersen, 2009). 이러한 과정이 확장되어 한 은행이 유동성 부족을 겪어 인출 사태가 벌어지면 자연스레 다른 은행의 인출 사태로 번지게 되어 시스템 리스크로 전이된다(Diamond and Rajan, 2005).

둘째, 시장 동결(market freezes) 현상이다. 시장이 극도로 경직되는 현상으로 파산의 불안이 팽배해진 상태이다. 그러다 보니 신용이 거래되지 않아 건전한 기관들조차 자금을 융통할 수 없는(adverse selection) 신용경색 국면에 처하는 상태가 벌어지고 따라서 이를 해결하기 위해서는 최후로 자금을 공급하는 기능이 필요하다(Flannery, 1996). 신용경색 국면이 나타나는 원인은 무엇보다 금융기관들 간 상호 위험 상태에 관해 정확히 알 수 없는 정보의 비대칭성에 기인한다(Heider et al., 2015). 특히 평소에 투자자들은 투자자산에 대해 자세한 정보를 가지고 있지 않으며, 정보의 편차 또한 거의 없다. 그러나 위기의 조짐이 보이기 시작하면 투자자들 간에 정보의 편차가 나타나고 특히 담보물로 사용된 자산에 대한 부정적인 정보가 확산될 경우 갑작스런 거래 경색이 발생한다. 결국 환매시장에서 신용경색 국면으로 접어들게 된다(Acharya et al., 2011). Gorton and Ordonez(2014)는 이를 방지하기 위해서 정보에 민감도가 낮은 자산, 예를 들어 국채나 AAA 등급의 증권을 담보로 취하는 것이 바람직하다고 하였다.

또한 그들은 시장동결의 과정에서 상반된 선택(adverse selection)을 넘어 시장붕괴(market breakdown)가 발생하는 현상에 대해서도 지적하고 있다. 은행들은 자신과 거래하는 상대방의 위험 상태에 대해서는 알지만 상대방과 거래하는 또 다른 기관들의 위험 상태, 나아가 3차, 4차 등으로 이어지는 거래자들의 정보에 대해서는 알지 못한다. 따라서 위기가 발생하면 일단 거래를 중단하는 것이 상식이다(Morris and Shin, 2012 ; Arora et al., 2009). 바로 2008년

Lehman Brothers의 파산으로 인한 글로벌 금융위기 때 이를 경험한 바 있다.

셋째, 조정실패(coordination failures)이다. 전통적으로 작은 실패가 시스템 실패로 이어지는 것은 금융기관이 그들의 채권자들과의 조정에 실패했기 때문이라고 지적되어 왔다(Bryant, 1980 ; Diamond and Dybvig, 1983 ; Calomiris and Khan, 1991 ; Goldstein and Pauzner, 2005). 모든 기관들이 연결되어 있어 부채 상환 연기와 같은 협상이 조화롭게 이루어지지 못하기 때문이다. 특히 금융기관이 단기 상품에 많이 투자하고 있어 이것이 금융기관 간의 조정을 어렵게 하고 있다(Brunnermeier and Oehmke, 2013b). 또한 채권자들은 장기 채권자들이 상환을 연장해 줄 때만 단기 부채의 상환을 연장해 줄 것이기 때문에 부채가 계속 이월되어 쌓여 종국에는 시스템 실패로 이어지게 된다(He and Xiong, 2012).

1.2 시스템 리스크 측정

시스템 리스크를 방지하거나 줄이기 위해서는 시스템 리스크의 측정이 선행되어야 한다. 대개 시스템 리스크 측정에는 규제자 접근, 시스템 리스크 원인 접근, 거시 데이터 접근의 3가지가 있다.

(1) 규제자 접근

규제자 접근에는 바젤은행감독위원회(Basel Committee on Banking Supervision ; BCBS)[3]가 제시한 시스템 리스크 스코어가 널리 활용되고 있다. 시스템 리스크에 관련된 5개 항목인 기관의 크기, 관할권을 넘는 행위, 연결성, 복잡성, 금융기관이 제공하는 서비스의 대체 불가능성을 각 은행별로 점수화하는 방식이다. 그러나 이 방식은 모든 입력 항목의 점수가 동일한 비율로 증가하더라도, 즉 실제 시스템 리스크가 증가하더라도 최종 스코어가 불변하는 단점

---

3. 1974년 9월 독일의 Bankhaus Herstatt가 파산하자 1974년 12월 G10 회원국과 스위스 등 11개 국가의 중앙은행 총재들이 국제적인 신용불안을 진정시키기 위해 설립한 국제금융감독기구이다. 동 위원회는 은행의 자기자본비율(BIS) 등 은행감독 관련 국제표준을 제정하고, 감독업무의 질적 수준 향상 및 가이드 라인을 개발하며 각국 감독제도의 잠재적 애로 요인에 대한 조기경보, 은행감독 및 외환시장 담당자 간의 협력 증대를 꾀하고 있다. 현재는 20개국으로 회원국이 늘어났다.

을 지닌다. 또한 5개 항목의 비중이 모두 동일하여 변동성이 높은 항목에 지나치게 영향을 받는 등 정확한 시스템 리스크 측정에 한계를 가진다.

Benoit et al.(2017)은 그 대안으로 가중치를 고려한 스코어를 제안하였다. 은행 i의 시스템 리스크 스코어 S_i는 다음과 같다.

$$S_i = \sum_{j=1}^{K} w_j x_{ij}$$

X_{ij}를 은행 i의 j 입력 항목의 점수라 하면 x_{ij}는 $\frac{X_{ij}}{\sum_{n=1}^{N} X_{nj}} \times 100$으로 j 항목의 전체 은행의 리스크에 대한 상대적 가치에 해당한다. K는 입력 항목의 수, w_j는 입력 항목 j의 가중치이다. 입력 항목별 가중치를 부여하더라도 특정 항목이 지나치게 변동적이면 그 항목에 의해 스코어가 지나치게 영향받는 점을 배제할 수 없다. 좀 더 안정적인 스코어가 되기 위해서는 이러한 변동성을 통제할 필요가 있다. 그런 면에서 각 항목의 변동성을 고려한 다음과 같은 스코어도 하나의 대안이 될 수 있다.

$$\tilde{S}_i = \sum_{j=1}^{K} w_j \frac{x_{ij}}{\sigma_j}$$

σ_j는 입력 항목 j의 변동성을 나타낸다.

(2) 시스템 리스크 원인 접근

앞서 살펴본 시스템 리스크의 3가지 발생 원인별로 시스템 리스크를 측정한다.

첫째, 조직적인 위험 감수 측면이다. Lehar(2005)는 은행들의 자산 포트폴리오의 상관관계에 초점을 맞추어 해당 은행의 시스템 리스크에 대한 기여도 및 관련 은행들의 동시 파산 확률을 추정함으로써 시스템 리스크를 측정하였다. 이와 유사하게 은행들의 자산 포트폴리오에 대해 클러스터링 분석을 하여 은행 간 자산의 공통성을 측정하는 ACRISK(asset commonality) 방법(Blei and Ergashev, 2014)과 두 포트폴리오 간 유클리드 거리(Euclidain distances)로 유사성을 측정하는 방법(Cai et al., 2014)도 제시되었다.

거시금융 차원에서도 시스템 리스크에 대해 다양한 측정 방법이 논의되었다. 예를 들어 스트레스 시나리오에 따라 다음 분기에 경제가 정상 상태에 있을 것인지 아니면 시스템 리스크 상태에 있을 것인지를 예측하는 방식이다(He and Krishnamurthy, 2014). 금융 부문과 실물 부문 간의 상호작용까지 고려하여 시스템 리스크 모델도 제시되었다. 실물 부문 시스템 리스크 지표인 GDP VaR(Value at Risk)와 금융 부문 시스템 리스크 지표인 대형 금융기관 포트폴리오 수익의 VaR 간의 상호 역동적 관계로서 시스템 리스크를 예측하는 방식이다. 이러한 이변량(bivariate) 모델로서 특정 국가의 시스템 리스크 가능성을 예측하고 관찰할 수 있다(De Nicoló and Lucchetta, 2011).

둘째, 금융기관 간 전염 측면이다. 금융기관 간 실패의 전염은 Upper(2011)의 서베이 논문에서 한 은행의 파산이 어떻게 다른 은행으로 전파되는지 시뮬레이션 분석을 소개하는 등 잘 설명되고 있다. Acemoglu et al.(2015)는 다른 은행이 위험에 처해 있을 때 해당 은행이 위험에 처할 가능성을 금융 네트워크상의 거리로 감지할 수 있는 방법을 소개하였다. 이 방법을 활용하여 여러 기관들의 파산을 불러올 수 있는 금융 시스템상 매우 중요한 기관(Systemically Important Financial Institute ; SIFIs)을 파악할 수 있다. 더불어 충격의 주기와 크기가 충분히 작을 경우 은행 간 관계가 균등할수록(완전할수록) 시스템의 안정성이 높아지나, 충격의 크기가 어떤 임계점 이상이면 관계가 많을수록 더 취약함을 보였다. Markose(2012)는 OTC(Over-The-Counter)[4] 파생상품시장을 대상으로 네트워크 분석을 적용하여 SIFIs를 파악한 후 12개 SIFIs가 전체 은행 간 거래의 78%를 차지함을 밝히고 네트워크 중심성 지표에 기초한 피구세(Pigovian Tax)를 제안하였다.

Drehmann and Tarashev(2011)는 리스크 확산을 상호 연결과 전염으로 나누어 2가지 지표를 제시하였다. 전자는 해당 은행이 충격을 시스템 전반에 확산시키는 전파력을 측정하고, 후자는 다른 은행으로부터의 충격에 얼마나 취약한가를 측정한다. 2가지 측정 결과에 따라 시스템 리스크 형성에 얼마나 기여했는지와 시스템 리스크에 얼마나 노출되어 있는지가 구분되며, SIFIs 파악에 있어서도 다른 결과가 도출될 수 있다. 한편 Iyer and Peydró(2011)는 예금인출 사태와 은행 간 연결이 위험 전염의 중요한 요인임을 설명하였다. 인도의 대형 상호

---

4. 코스피나 코스닥과 같은 주식시장의 상장요건에 미달하거나 주식시장에서 퇴출된 기업의 주식을 거래하는 장외시장을 말한다.

은행 실패를 예로 들어 해당 대형 상호은행과의 거래규모가 클수록 예금인출 사태가 크며, 자금구조가 취약한 은행일수록 전염되는 위험이 크다는 것을 보였다.

셋째, 확장 메커니즘 측면이다. 은행이 유동성 문제를 겪게 되면 자산을 팔게 되는데, 특히 '파격적 할인 판매(fire sales)'를 하면 가격뿐만 아니라 해당 은행에도 치명적인 영향을 미치고, 해당 은행과 거래를 하는 다른 은행들에게도 유사한 영향을 미쳐 시스템 리스크로 확장된다. 구체적으로 얘기하면 은행들은 나름의 레버리지 목표치가 있는데, 그 목표치보다 레버리지가 높아지면 자산을 팔아 건전성을 유지한다. 그러나 일반적으로 거시정책적 목표치는 은행 간 전염을 줄이기 위해 개별 은행들의 목표치보다 낮다. 따라서 양자 간의 갭으로 유동성 문제가 발생하고 이것이 시스템 리스크의 요인으로 간주된다(Greenwood et al., 2015 ; Duarte and Eisenbach, 2015).

이와 관련하여 Brunnermeier et al.(2014)는 유동성 미스매치 지표(Liquidity Mismatch Index ; LMI)를 제안하였다. LMI는 자산과 부채의 현금 동등 미래가치(cash-equivalent future value)의 차이로 측정된다. 현금 동등 미래가치는 자산이나 부채의 현재가치에 유동성 가중치를 곱해서 생성된다. 가중치는 자산은 정(+), 부채는 부(−)의 값을 가지는데, 일정 스트레스 시나리오에 의해 값이 정해진다. LMI를 통해 은행들의 유동성 위험에의 노출 정도를 가늠할 수 있고 나아가 전체 은행의 레버리지와 위험 분포를 파악함으로써 시스템 리스크의 정도를 알 수 있다.

(3) 글로벌 측정(거시 데이터) 접근

거시 데이터 접근은 특정 시스템 리스크 원인들에 초점을 맞추는 것이 아니라 시장가격의 움직임으로부터 시스템 리스크를 측정하는 방식이다. 이 방식에는 시장이 효율적이라면 시장가격이 모든 정보를 포괄한다는 전제가 깔려 있다. 한계 기대 부족(Marginal Expected Shortfall ; MES), 시스템 기대 부족(Systemic Expected Shortfall ; SES), SRISK, ΔCoVaR 등의 방법에 대해 살펴본다.

a. MES and SES

N개의 금융기관이 있고 r_{it}를 금융기관 i의 t기 수익이라고 하자. 그리고 시장수익은 개별 기관들 수익의 가중평균인 $r_{mt} = \sum_{i=1}^{N} w_{it} r_{it}$로 한다. w_{it}는 기관 i의 상대적인 시장가치를 나타낸다. MES(Marginal Expected Shortfall)는 기관 i의 시스템 리스크에 대한 한계 기여도를 나타내며, 시스템의 기대 부족(Expected Shortfall ; ES)으로부터 도출된다(Acharya et al., 2010a ; Brownlees and Engle, 2015). t기에 ES는 $t-1$기의 가용 정보를 조건으로 다음과 같이 정의된다.

$$ES_{mt}(C) = E_{t-1}(r_{mt} \mid r_{mt} < C) = \sum_{i=1}^{N} w_{it} E_{t-1}(r_{it} \mid r_{mt} < C)$$

$E_{t-1}(\cdot)$은 $t-1$기의 기대치이고 C는 임계치이다. 그러면 ES를 기관 i의 가중치에 관해 미분하면 기관 i의 MES를 구할 수 있다(Scaillet, 2004).

$$MES_{it}(C) = \frac{\partial ES_{mt}(C)}{\partial w_{it}} = E_{t-1}(r_{it} \mid r_{mt} < C)$$

즉, MES_{it}는 기관 i의 전체 경제에서의 비중(시장가치) 증가에 따른 시스템 리스크 증가로서 경제 전체의 시스템 리스크 증가에 얼마나 기여하는가를 나타낸다. SES(Systemic Expected Shortfall)는 MES를 확장하여 총자본이 총자산의 k배보다 작은 시스템 위기 시에 기관 i의 자기자본이 일정 목표치(자산의 $\frac{1}{k}$) 아래로 떨어지는 양을 측정한다.

$$\frac{SES_{it}}{W_{it}} = kL_{it} - 1 - E_{t-1}\left(r_{it} \,\middle|\, \sum_{i=1}^{N} W_{it} < k \sum_{i=1}^{N} A_{it}\right)$$

A_{it}는 총자산, W_{it}는 자기자본의 시장가치, L_{it}는 레버리지 $\frac{A_{it}}{W_{it}}$이다. 오른쪽 항의 조건부 기대치를 MES의 선형 증가함수로 바꾸어 SES를 다음과 같이 표현할 수 있다(Acharya et al., 2010a).

$$SES_{it} = (kL_{it} - 1 + \theta MES_{it} + \Delta_i) W_{it}$$

θ와 Δ_i는 상수항이다.

b. SRISK

SRISK는 전체 금융시스템에 영향을 미치는 위기를 전제로 해당 금융기관의 기대 자본 부족을 나타내고 다음과 같이 측정한다(Acharya et al., 2012). 자본 부족이 큰 기관일수록 위기 형성에 기여도가 크며, 시스템 리스크도 크다고 할 수 있다.

$$SRISK_{it} = \max[0\,;\underbrace{k(D_{it} + (1 - LRMES_{it})W_{it})}_{\text{필요 자본}} - \underbrace{(1 - LRMES_{it})W_{it}}_{\text{가용 자본}}]$$

k는 목표 자기자본비율, D_{it}는 총부채의 장부가치이다. LRMES는 장기 MES로서 시장이 일정 임계치 아래로 떨어졌을 때 6개월 이내에 기관이 겪게 되는 자산가치 하락의 기대치를 나타낸다. $L_{it} = \dfrac{(D_{it} + W_{it})}{W_{it}}$이므로 SRISK는 다음과 같이 표현된다.

$$SRISK_{it} = \max[0\,;(kL_{it} - 1 + (1 - k)LRMES_{it})W_{it}]$$

레버리지 L_{it}가 클수록 SRISK가 커지고, 또 LRMES를 통해 시스템의 다른 기관들과 연결이 되고 있음을 알 수 있다.

c. ΔCoVaR

$CoVaR_{it}^{m|C(r_{it})}$는 금융기관 i에 어떤 상황 $C(r_{it})$가 발생했을 때 시장수익의 VaR(value at risk)를 나타낸다. 그리고 실제 시장수익이 이보다 낮을 확률을 α라 한다.

$$Pr(r_{mt} \leq CoVaR_{it}^{m|C(r_{it})} \,|\, C(r_{it})) = \alpha$$

금융기관 i의 ΔCoVaR는 i가 금융위기에 처했을 때 금융시스템의 VaR과 i가 중간 정도의 상태에 있을 때 금융시스템의 VaR 간의 차이를 말하며, 널리 사용되는 시스템 리스크 측정 방법의 하나이다(Adrian and Brunnermeier, 2014).

$$\Delta CoVaR_{it}(\alpha) = CoVaR_{it}^{m|r_{it}=VaR_{it}(\alpha)} - CoVaR_{it}^{m|r_{it}=Median(r_{it})}$$

금융기관이 받는 스트레스를 파악하기 위해 다양한 상황 $C(r_{it})$들을 고려할 수 있는데, Adrian and Brunnermeier(2014)는 한 금융기관의 손실이 상기 $\Delta CoVaR_{it}$와 같을 때 해당 금융기관은 위기 상황에 처해 있다고 하였다. 반면 Girardi and Ergun(2013)은 손실이 $\Delta CoVaR_{it}$보다 클 때 해당 금융기관이 위기 상황에 처해 있다고 하였다.

d. 다른 측정지표들

시스템 리스크를 측정하는 지표로서 많이 쓰는 방법으로 은행들의 극단적인 이익이나 손실의 결합분포(joint distribution)로부터 측정하는 방식이 있다. 결합분포에 기초한 tail-β가 은행들이 얼마나 시스템 리스크에 노출되어 있는지를 측정하는 지표로 활용된다(Hartmann et al. 2007).

Billio et al.(2012)은 햇지 펀드, 은행, 브로커 딜러, 보험회사 등의 수익 데이터를 대상으로 그랜저 인과성 테스트(Granger Causality Test)나 주성분분석(Principal Component Analysis)으로 상호연결성을 측정한다. 이 지표를 활용하여 금융시스템 내 통계적 연결성을 직접 측정함으로써 은행이 충격을 다른 금융기관들에 전달하는 중심 역할을 하고 있음을 밝혀내었다. 또한 Diebold and Yilmaz(2014)는 주식 수익 자료를 대상으로 벡터자기회귀분석(Vector Autoregressive Analysis) 방법을 통하여 미국 주요 금융기관들의 변동성 연결 지표를 제시하였다. Hautsch, Schaumburg, and Schienle(2015)은 각 기관의 VaR이 시스템의 VaR에 대한 한계 효과를 나타내는 시스템 리스크 베타를 고안하였다.

또 다른 측정 방법은 금융기관들의 결합 실패 확률(joint default probabilities)을 추정하는 형태이다. Segoviano and Goodhart(2009)은 은행 시스템을 은행의 포트폴리오로 간주하고 개별 은행의 실패 확률을 구조적 접근을 활용하여 추정하였다. 이 과정에서 도출된 실패의 다변량 분포로부터 은행의 스트레스 지수를 제시하였다. Giglio(2014)는 CDS spread[5]를 금융기관들의 결합 실패를 측정하는 지표로 사용하였다. Huang, Zhou, and Zhu(2009)는 모든 은행들의 총부채를 고려한 이상적인 포트폴리오 상태를 설정하고 이 기준의 일정 비율을 초과하는 기대 손실을 계산하였다. 이 기대 손실은 은행들의 CDS 규모에 의존하는 동시에 은행들의 포트폴리오 스트레스에 상응하는 보험 프리미엄에 해당하여 소위 스트레스 보험 프리미엄(Distress Insurance Premium ; DIP)이라 한다.

1.3 규제정책

글로벌 금융위기는 시스템 리스크에 대한 글로벌 수준에서의 새로운 규제 수단이나 기구를 요구한다. 국가 간 협력을 필요로 하기 때문에 상당히 도전적인 일이다. 지금까지 논의되고 있는 규제 수단과 최근의 변화에 대해서 살펴본다.

(1) 시스템 리스크 규제 수단

가장 대표적인 국제 수준의 규제 수단은 the New Basel Ⅲ 규칙이다. 이는 금융기관들의 자기자본비율, 유동성 규제, SIFIs에 대한 추가적인 지표 등을 규정하고 있다. 또한 국제 재무회계기준인 IFRS10(International Financial Reporting Standards)은 재무제표를 작성할 때 리스크를 축소시키거나 감추는 일을 못하게 하고 있다. 그 밖에 감독 조치나 거시건전성 관련 수단을 포함한 제반 규제 수단을 시스템 리스크의 3가지 발생 원인별로 정리하고자 한다.

a. 시스템 리스크 감수

Basel Ⅲ는 금융기관들에게 높은 자기자본비율과 엄격한 자기자본의 정의를 요구하고 있

5. CDS(credit default swap)는 기업의 부도위험 등 '신용'을 사고팔 수 있는 신용파생상품 거래를 말하며, CDS spread는 CDS 거래 시 채권을 발행한 회사가 부도가 날 것에 대비해 지불하는 보험 수수료다. 해당 금융회사는 채권이 부도날 때 원리금을 대신 갚아준다. CDS 가산금리는 채권발행자의 신용도와 직결되는데 회사의 신용도가 낮아 위험부담이 클수록 이 수치는 올라간다.

다. 또한 은행들로 하여금 비위험 자산에 기초한 3%의 레버리지 비율을 준수하도록 하고 있다(BCBS, 2014c). 이러한 조건은 모든 은행들로 하여금 지나친 레버리지에 기초한 위험 감수를 신중하게 함으로써 시스템 리스크뿐만 아니라 전반적인 리스크 감수를 줄이는 효과가 있다. 업종별 자기자본비율 요구는 은행이 특정 업종에 대출을 할 때 활용되는 것으로 특히 불황에 처한 업종에 지나치게 대출하여 실패의 위험에 처하는 것을 사전에 차단하는 역할을 한다. 모기지 대출에 소위 주택담보대출비율을 정하는 것도 레버리지 비율을 조정함으로써 주택시장의 버블 형성을 방지하는 목적이 있다(Ono et al., 2013).

Basel Ⅲ가 비교적 최근에 도입한 규제는 유동성 조건이다. 이것의 목적은 은행의 만기 조건이 상이함에 따라 발생하는 미스매칭을 사전적으로 방지하고 동시에 은행들이 자산을 한꺼번에 매각하여 시장에 충격을 주는 것을 사후적으로 방지하는 데 있다. 유동성 커버 비율(liquidity coverage ratio)은 단기유동성을 충족시키기 위한 현금화 자산비율을 말하며(BCBS, 2013a), 순안정자금비율(Net Stable Funding Ratio ; NSFR)은 유동성 자금 리스크를 줄이기 위해 단기 부채의 상한선을 정한 것이다(BCBS, 2014a).

Basel Ⅲ는 또한 반경기적 자본 완충(countercyclical capital buffers) 조치를 제안하고 있다. 이는 레버리지 사이클을 순조롭게 하고 특히 Basel의 자기자본요구가 제기하는 순경기적인 요소를 완화시키는 역할을 한다. 왜냐하면 경제위기 때 자기자본비율 요구가 높아지고 레버리지 비율이 낮아져 이후 경기 반등의 시기에 유동성 자금이 위축됨으로써 오히려 시장의 변동성을 높이기 때문이다. Aiyar et al.(2014)은 영국 데이터를 활용하여 반경기적 자본 완충의 효과를 실증 분석하였다. 즉, 자기자본비율의 증가로 인한 신용 공급의 감소가 당국의 규제를 받지 않는 외국계 금융기관들의 신용 공급에 의해 부분적으로 상쇄됨을 보였다. 자기자본비율을 호경기 때 높이고 불경기 때 낮춤으로써 발생하는 부작용이 반경기적 자본 완충 조치에 의해 완화됨을 알 수 있다.

한편 Basel Ⅲ는 은행들의 무리 짓는 행위(herding behavior)를 조장하는 측면이 있다. 모든 은행들이 동일한 기준을 적용받기 때문에 행위의 다양성보다는 획일성을 유발시키는 측면이 있다. 은행이 처한 상황에 따라 다양한 리스크 감수 행위를 할 수 있음에도 불구하고 이러한 기준은 오히려 동일한 리스크 감수 행위를 하게 하여 시장 쏠림 현상을 불러일으키는 측면을 간과할 수 없다(Wagner, 2010).

b. 금융기관 간 전염

금융기관 간 전염 방지에 관해서는 상대적으로 규제가 적은 편이다. BCBS는 그동안 은행들이 특정 자산에 과도하게 집중된 포트폴리오를 하지 않도록 권고하여 왔다(BCBS, 1991·2014b). 그러나 최근에는 전염 리스크, 특히 SIFIs의 전염 리스크를 제한하는 데 관심을 보이고 있다. 그 일환으로 은행들 간 상호연결 구조를 고려한 자기자본 요건(예 : 시스템 가중치 부여)이 시스템 리스크를 줄이는 데 더 효과적임을 밝히고 있다(Allen and Gale, 2007 ; Morris and Shin, 2008). Alter et al.(2015)은 은행 네트워크의 중심성 분석을 활용해 자기자본 요건을 어떻게 도출하는지를 보여주고 있다.

보다 과격한 규제안도 제시되었다. 개별 기관 규제가 아니라 전체 시스템 내에서 어떤 자산과 부채가 시스템 리스크에 더 영향을 주는지를 파악하여 그들의 사용을 규제해야 한다고 제안되었다(Acharya and Sabri Őncű, 2013). 뿐만 아니라 은행 간 쌍방 네트워크로는 시스템 리스크를 제대로 파악하는 데 한계가 있으므로 CCPs(Central Counterparties)에 기반한 중앙집중화된 은행 간 거래 시스템이 제시되었다. 그래서 개별 은행 규제에서 CCPs의 안전에 대한 규제로 전환해야 한다는 주장이 나왔다(Rochet, 2010). 나아가 현금이나 리스크가 거래되는 금융 인프라의 투명하고 안정적인 관리 및 규제까지 언급되고 있다. 예를 들어 장외 파생상품(OTC derivatives)이 전자 플랫폼이나 CCPs를 통해 투병하게 거래될 수 있도록 규제하는 것을 말한다(FSB, 2015).

c. 확장 메커니즘

예금인출 사태가 일어나거나 그런 위험이 존재하면 금융기관들은 예금보험(deposit insurance) 확대로 그에 대비해야 한다. 미국의 경우 2008년 지급준비금(primary reserve fund) 인출 사태가 일어났을 때 예금보험을 뮤추얼 펀드에까지 임시 확대하였다. 많은 중앙은행들이 은행들의 위기 상황을 완화시키기 위해 자금 공급을 확대시키는 조치를 취했다. 유럽중앙은행(ECB)은 은행 대출 시 담보 인정 자산의 범위를 확대시켰으며, 대차대조표 규모를 2008년 9월 1조 4,500억 유로에서 2012년 7월 3조 1,000억 유로로 증가시켜 최고 위기 시기의 은행 간 거래 시장을 감당할 수 있도록 하였다. 미국도 거대 은행 실패를 방지하기 위해 2008년에 4,750억 달러 규모의 부실 자산 구제 프로그램(Troubled Asset Relief Program ; TARP)을 시작하였다.

구제 금융은 최악의 상황을 방지하는 순기능이 있는 반면 시장 기능을 왜곡시켜 시스템 리스크를 감수하게 하는 주된 원인이 되기도 한다. 특히 시장에 대마불사(too-big-to-fail)와 같은 신호를 보낸다. 따라서 이러한 구제 금융의 부작용을 해소하는 노력들도 뒤따랐다. 2010년 Dodd-Frank 월스트리트 개혁과 소비자 보호법(일명 Dodd-Frank Act)의 Title II는 예금보험공사(the Federal Deposit Insurance Corporation)와 연방준비제도(the Federal Reserve)에 위기 시 상당한 해결 권한을 부여함과 동시에 예측 가능하고 질서 있는 유동성 확보를 위한 절차를 규정하고 있다. 흥미로운 점은 은행에게 위기 시에 스스로 생존하고자 하는 자구 노력을 준비하도록 요구하고 있다는 점이다. Squam Lake Group은 위기 시 금융기관들의 레버리지를 줄이도록 허용하는 우발전환증권(Contingent Convertible Securities ; COCOS)을 발행하도록 하는 아이디어를 제안하였다. 심지어 Freixas and Rochet(2013)는 SIFI 규제를 위해 시스템 리스크 감독 기구에게 특별한 권한을 부여하여 시스템 리스크 세금을 부과하고 은행 CEO의 보상 시스템을 통제할 수 있도록 하였다.

최근에 중요한 흐름은 스트레스 테스트를 통해 각 금융기관이 얼마나 위험에 노출되어 있는지를 파악하여 이를 은행들 간에 공유하는 것이라 하겠다. 미국 연방준비제도는 the 2009 Supervisory Capital Assessment Program 실시와 더불어 처음 이러한 접근법을 도입하였다. 유럽은행청(The European Banking Authority ; EBA)도 2011년부터 금융기관의 스트레스 테스트 결과를 정기적으로 공표하고 있다. Bouvard et al.(2015)는 은행에 대한 정보 공개가 예금인출 사태를 피할 수 있음을 보인 반면, Goldstein and Leitner(2015)는 은행들 간에 리스크를 분담할 수 있는 기회를 박탈함을 보였다.

(2) 시스템 리스크 규제의 틀

시스템 리스크 규제는 국가, 지역, 글로벌 차원에서의 규제 당국 간 조정과 협력을 필요로 한다. 그렇지 않으면 규제 당국자는 기본적으로 자신이 책임을 지지 않는 영역의 리스크에 대해서는 관심을 두지 않아 리스크가 확산될 가능성이 크기 때문이다.

a. 국제적인 협력

규제에서의 국제적인 협력은 최악의 상황에 도달하지 않기 위해서 필수적이다(Dell'Ariccia and Marquez, 2006 ; Acharya, 2003). 2009년 G20에 의해 국가 간 협력을 원활히 하기 위해 금융안정위원회(The Financial Stability Board ; FSB)가 만들어졌다. FSB는 글로벌 금융시스템에서 취약성을 파악하여 관련 감독기관들에게 정책을 건의하는 등 글로벌 거시 건정성을 감독하는 역할을 한다. 또한 매년 시스템적으로 중요한 금융기관(SIFIs) 리스트를 발표하는데 SIFIs는 각자의 시스템 리스크 스코어에 따라 리스크 가중치 자산의 1%에서 3.5% 사이에 해당하는 자기자본을 추가적으로 갖추어야 한다(BCBS, 2013b).

b. 미국

미국은 전통적으로 금융감독기구가 주와 연방으로 분산되어 있어 전체 시스템을 파악하는 데 한계가 있었다. 그러나 몇 번에 걸친 금융위기로 인해 보다 집중화된 감독 시스템의 필요성이 높아졌으며, 특히 연방준비은행(the Fed)의 권한이 강화되었다. 연방준비은행은 매년 은행 시스템의 스트레스 테스트를 수행하는 등 중요한 거시 건전성의 규제자로서 역할을 담당하고 있다. 그 중심에는 the Dodd-Frank 법이 있으며, 동 법에 근거하여 연방준비이사회 부의장이 은행 감독업무를 관장하고 있다.

the Dodd-Frank 법은 이 외에도 금융안정성감독위원회(the Financial Stability Oversight Council ; FSOC)를 설치하여 미국의 시스템 리스크를 관리, 감독하는 업무를 관장하게 하였다. FSOC는 미국 금융기관들이 거대하여 실패할 위험이 없으며, 실패하더라도 구제될 것이라는 기대를 불식시키는 노력도 담당한다. 또한 FSOC는 시스템 리스크에 영향을 미치는 비은행 금융기관들(예 : 자산관리회사, CCPs, 보험회사)을 선정하고 연방준비은행이 그들을 철저히 감독하도록 주문하고 있다.

c. EU

EU도 미국처럼 각 국가별로 금융규제가 파편화되어 있었으나 글로벌 금융위기를 계기로 금융감독기관 간 협력과 보다 중앙집중화된 경향을 보였다. 유럽은행청(EBA)은 국가들 간 서로 다른 금융감독 기능을 조화롭게 조정하는 등 EU 차원에서 보다 질서 있는 금융감독 역할을 수행하였다. 유럽시스템리스크위원회(The European Systemic Risk Board ; ESRB)는 2010년에 발족되어 EU 금융시스템의 거시 건전성을 감독하는 역할을 하였다. 이 밖에 유럽증권시장청(European Securities and Markets Authority ; ESMA)과 유럽 보험 및 직업연금청(European Insurance and Occupational Pension Authority ; EIOPA)이 2011년에 설립되어 각각 증권시장과 보험회사를 감독하는 일을 담당하고 있다.

이러한 상향식 접근과 더불어 EU 차원에서의 하향식 접근도 병행되었다. 첫째는 EU 차원에서 단일 감독 메커니즘을 적용하는 것으로 유럽중앙은행(ECB)이 그 역할을 담당하였으며, 특히 130 여개(2015년 기준)의 SIFIs를 직접 관리감독 하였다. 둘째는 단일 해결 메커니즘을 적용하는 것이고, 셋째는 다양한 자금 제공으로 단일해결펀드(Single Resolution Fund) 설립, 예금보장 프로그램, 공통의 신용평가 등을 들 수 있다.

d. 향후 과제

시스템 리스크 규제가 많이 발전되어 왔지만, 여전히 무리 짓는 행위나 대마불사의 문제는 해결해야 할 과제이다. 학자들에 의해 제기된 몇 가지 문제들은 다음과 같다.

첫째, 사전규제(ex ante)와 사후규제(ex post)의 문제이다. 대부분 정책이 사전규제인데, 오히려 사후규제가 더 효과적이라는 주장이다. 예를 들어 실현된 손실을 기반으로 한 적절한 봉쇄정책이 사전적인 자기자본이나 유동성 요건 정책보다 더 효과적이다. 왜냐하면 사후 봉쇄정책은 금융기관들의 손실이 실현된 후에만 적용되는 정책이지만 사전규제는 경제가 좋을 때와 나쁠 때 모두에 적용되어 비효율적이기 때문이다(De Nicolo et al., 2014).

둘째, 지금까지의 규제가 다소 직접적이고 강한 성격이라는 지적이다. 은행들의 자율성보다는 운신의 폭을 줄여 복잡한 경제 환경에 대처할 수 있는 능력을 저해시키는 일종의 규제자 리스크를 말한다(Hakenes and Schnabel, 2015). 따라서 피구세(Pigovian Tax)를 도입하여 은행들이 시스템 리스크에 대한 책임을 스스로 내부화시키는 메커니즘을 디자인하거나(Korinek, 2012), 시스템 리스크에 대한 기여를 고려한 추가자본비용(capital surcharge)의 도입이 제안되었다(Acharya et al., 2017).

셋째, 결국 복잡한 시스템하에서의 규제를 어떻게 할 것인가의 문제이다. 규제가 의도하지 않았던 결과가 얼마든지 일어날 수 있는 환경이기 때문에 부분과 전체 간, 개체와 시스템 간의 상호작용 메커니즘을 잘 파악하여 시스템이 자율적으로 바람직한 상태로 수렴할 수 있도록 정책적인 접근을 고려할 필요가 있다.

2 군중 행동

작은 시위가 큰 폭동으로 변질되는 경우를 종종 경험한다. 소위 군중심리가 작동하여 걷잡을 수 없는 사태로 전화된다. 길을 가는 보행자들이 스스로 거대한 흐름을 형성하거나, 어떤 행사에 수많은 군중들이 한꺼번에 모여 압사 사고가 발생하기도 한다. 은행들이 서로 연결되어 시스템 리스크를 형성하듯이 군중들이 서로 밀착되어 연쇄적으로 넘어지면서 일련의 시스템 리스크가 높아져 급기야 큰 사고를 유발한다. 보행 군중이 어떻게 시스템 리스크를 형성하는지에 대해 살펴본다.

2.1 사회력 모델

보행자 행동에 관한 모델은 사회력 모델(social force model)에 의해 많이 설명되어 왔다. 이는 개별 보행자 간의 상호작용 결과 보행자들이 어떠한 방향으로 얼마만큼의 행동 변화를 일으키는가를 수학적 모형으로 설명한다. 이에 기초한 시뮬레이션 모형은 보행자들의 집합적인 행동을 잘 설명할 뿐만 아니라(Helbing et al., 2005 ; Helbing, 1991 ; Helbing and Molnár, 1995 ; Helbing et al., 2001) 심지어 여론 형성과 이주 행동을 설명하는 데도 적용되어 왔다(Helbing 1994).

기본 모델은 다음과 같다. 보행자 α의 위치 $r_\alpha(t)$의 시간적 변화는 다음과 같다.

$$\frac{dr_\alpha(t)}{dt} = v_\alpha(t)$$

$f_\alpha(t)$를 보행자 α에 영향을 미치는 사회력의 총합, $\xi_\alpha(t)$를 비체계적인 행동 변화를 반영하는 개별적인 변동이라 하면 속도 변화는 다음과 같은 가속 방정식으로 표현된다.

$$\frac{dv_\alpha}{dt} = f_\alpha(t) + \xi_\alpha(t)$$

여기서 보행자 α가 바람직한 속도 v_α^0로 바람직한 방향 e_α^0로 움직인다고 가정한다. 그리고 α가 일정 시간 τ_α 내에 실제 속도 v_α로 바람직한 속도 $v_\alpha^0 = v_\alpha^0 e_\alpha^0$를 향해 움직인다고 하면 가속 방정식의 체계적인 변화 $f_\alpha(t)$는 다음과 같다.

$$f_\alpha(t) = \frac{1}{\tau_\alpha}(v_\alpha^0 e_\alpha^0 - v_\alpha) + \sum_{\beta(\neq\alpha)} f_{\alpha\beta}(t) + \sum_i f_{\alpha i}(t)$$

$f_{\alpha\beta}(t)$와 $f_{\alpha i}(t)$는 각각 다른 보행자 β와 장애물 i와 일정한 안전거리를 유지하려는 일련의 밀어내는 힘을 나타낸다. 보행자 간 상호작용을 단순히 양자 간 거리의 함수로 가정하면 다음과 같다.

$$f_{\alpha\beta}(t) = f(d_{\alpha\beta}(t))$$

$d_{\alpha\beta}$는 거리 백터로 $d_{\alpha\beta} = r_\alpha - r_\beta$이다. 보행자 간 상호작용을 좀 더 구체적으로 보자. 물론 보행자가 직면하는 각도, 즉 앞 혹은 뒤로부터 받는 압력이 다르지만 보행자 간 거리에 따라 상호작용의 힘이 다르다고 원형으로 단순화하면 다음과 같이 나타낼 수 있다.

$$f(d_{\alpha\beta}) = A_\alpha e^{-\frac{d_{\alpha\beta}}{B_\alpha}} \frac{d_{\alpha\beta}}{\| d_{\alpha\beta} \|}$$

A_α는 상호작용의 강도, B_α는 상호작용의 범위를 나타내며, $d_{\alpha\beta} = \| d_{\alpha\beta} \|$는 거리를 나타낸다. 분석의 편의를 위해 모든 보행자는 동일하다고 가정하고 $A_\alpha = A$, $B_\alpha = B$로 한다.

다음은 원형이 아닌 타원형을 가정하여 보행자 간 상호작용을 나타내보자. α와 β 간 상호작용의 힘은 지수함수 형태로 감쇄하는 힘 $V_{\alpha\beta}$의 gradient(기울기, 미분값)를 활용하여 표현할 수 있는데 $V_{\alpha\beta}$는 다음과 같다.

$$V_{\alpha\beta}(b_{\alpha\beta}) = ABe^{-\frac{b_{\alpha\beta}}{B}}$$

$b_{\alpha\beta}$는 타원형의 짧은 반지름을 나타내며, 다음과 같은 관계를 가진다.

$$2b_{\alpha\beta} = \sqrt{(\| d_{\alpha\beta} \| + \| d_{\alpha\beta} - (v_\beta - v_\alpha)\Delta t \|)^2 - \| (v_\beta - v_\alpha)\Delta t \|^2}$$

따라서 α와 β 간 상호작용의 힘은 $V_{\alpha\beta}$를 활용하여 다음과 같이 표현된다.

$$f_{\alpha\beta}(d_{\alpha\beta}) = -\nabla_{d_{\alpha\beta}} V_{\alpha\beta}(b_{\alpha\beta}) = -\frac{dV_{\alpha\beta}(b_{\alpha\beta})}{db_{\alpha\beta}} \nabla_{d_{\alpha\beta}} b_{\alpha\beta}(d_{\alpha\beta})$$

$\nabla_{d_{\alpha\beta}}$는 $d_{\alpha\beta}$에 관한 gradient이다. 연쇄법칙 $\| z \| = \sqrt{z^2}$, $\nabla_z \| z \| = \frac{z}{\sqrt{z^2}} = \frac{z}{\| z \|}$과 앞의 $V_{\alpha\beta}(b_{\alpha\beta})$와 $2b_{\alpha\beta}$에 관한 식을 활용하여 최종적으로 다음과 같이 나타낼 수 있다.

$$f_{\alpha\beta}(d_{\alpha\beta}) = Ae^{-\frac{b_{\alpha\beta}}{B}} \cdot \frac{\| d_{\alpha\beta} \| + \| d_{\alpha\beta} - y_{\alpha\beta} \|}{2b_{\alpha\beta}} \cdot \frac{1}{2}\left(\frac{d_{\alpha\beta}}{\| d_{\alpha\beta} \|} + \frac{d_{\alpha\beta} - y_{\alpha\beta}}{\| d_{\alpha\beta} - y_{\alpha\beta} \|} \right)$$

$y_{\alpha\beta}$는 $(v_\beta - v_\alpha)\Delta t$이다. 타원형 모델은 원형 모델에 비해 두 가지 장점을 가진다. 하나는 상호작용이라는 것이 거리뿐만 아니라 상대적인 속도에도 영향을 받기 때문에 이를 반영하고 있다. 다른 하나는 밀어내는 힘(repulsive force)은 단순히 보행자 $\beta(\alpha)$로부터 보행자 $\alpha(\beta)$로만 일률적으로 작용하지 않고 측면으로도 작용한다. 따라서 실제 군중들의 움직임은 덜 대립적이고 보다 유연한 흐름을 보인다.

이제 각도를 고려해 보도록 하자. 실제 보행자 상호작용은 대면하는 각도 $\varphi_{\alpha\beta}$에 따라 작용하는 힘이 다르다. 그 각도는 다음과 같이 정의된다.

$$\cos(\varphi_{\alpha\beta}) = \frac{v_\alpha}{\| v_\alpha \|} \cdot \frac{-d_{\alpha\beta}}{\| d_{\alpha\beta} \|}$$

일반적으로 보행자들은 뒤쪽의 보행자들에게는 거의 반응을 보이지 않는다. 이러한 경향은 상호작용 힘의 앞에 곱해지는 인자 $w(\varphi_{\alpha\beta})$로 반영된다(Johansson et al., 2007).

$$w(\varphi_{\alpha\beta}(t)) = \left(\lambda_\alpha + (1-\lambda_\alpha)\frac{1+\cos(\varphi_{\alpha\beta})}{2}\right)$$

λ_α는 보행자 뒤쪽으로부터의 힘에 비례하여 커지는 파라미터로서 $0 \leq \lambda_\alpha \leq 1$의 값을 가진다.

Johansson et al.(2007)은 도출된 식에 따라 시뮬레이션을 시도하였다. 그 결과 보행자 간 상호작용의 힘은 상호 거리에 지수적으로 감소함을 보였다. [그림 18-1]의 (a)의 점선은 $A = 0.53$, $B = 1.0$일 때 α와 β 간 상호작용의 힘 $f(d_{\alpha\beta})$를 나타낸 것이다. (b)는 각도에 따른 다른 보행자의 영향을 나타낸 것으로 양의 X축은 보행자의 보행 방향을, Y축은 보행 방향의 직각 방향을 나타낸다.

그림 18-1 보행자 간 거리 및 각도와 상호작용의 힘

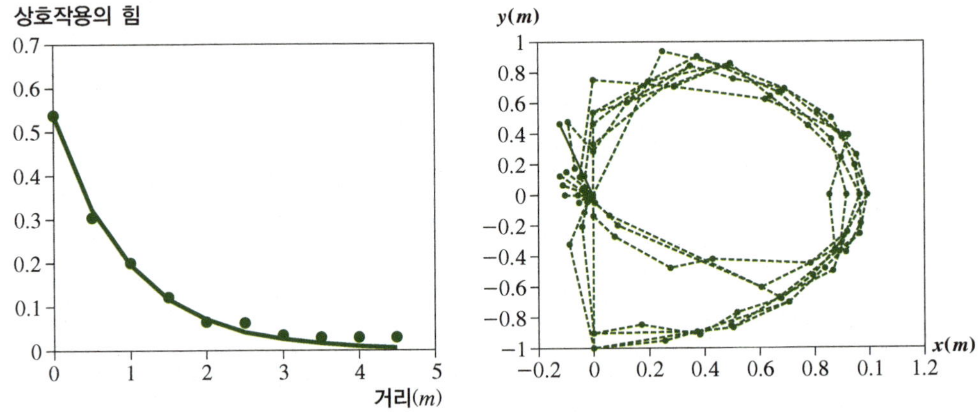

(a) 보행자 간 거리와 상호작용의 힘　　(b) 보행자 간 각도와 상호작용의 힘

2.2 군중 동학

군중의 움직임은 기체, 액체, 과립자(알갱이)와 같은 성질을 지닌다. 밀도가 낮을 때는 매우 자유롭게 움직이는 기체와, 밀도가 높을 때는 액체와 유사한 움직임을 보인다. 또 매우 높은 밀도에서는 과립자와 매우 가까운 움직임을 보인다. 이제 군중들의 이러한 시공간적 패턴을 설명하고자 하는데, 앞서 설명한 사회력 모델과는 다른 방법을 취하여 보행자들 간의 소통, 모방 행동과 같은 전략적 행위에 대한 고려 없이 군중들의 비선형 상호작용을 설명한다.

즉, 군중의 자기조직화 행위에 관한 설명을 시도한다.

(1) 행렬 형성

우리는 보행자들이 한쪽 방향으로 긴 행렬(lane)을 지어 서로 마주 보고 걷는 행위를 목격한다. 특히 보행자 간에 거리가 짧을 때는 더욱 그러한 경향을 보인다. 왜 이러한 현상이 자연스럽게 발생할까? 보행자들의 밀도가 높을 때는 맞은편에서 걸어오는 사람들과 자주 부딪히게 된다. 그러면 그들과 부딪히지 않으려고 옆쪽으로 피해서 걷게 된다. 맞은편에서 오는 사람들을 피해 보행 방향을 수정하는 행위를 최소화하는 행위들이 모여 결국 한쪽 방향의 긴 행렬을 형성하게 된다. 일종의 분리 현상이다(Schelling, 1971 ; Helbing and Platkowski, 2000).

행렬 형성은 맞은편에서 오는 보행자들과의 마찰을 줄여 보행 지연을 막고 에너지 소비를 줄여주는 효과가 있다. 또한 개별 차원에서의 상호작용이 모여 하나의 질서를 형성하는 측면에서 '집단지혜(collective wisdom)'를 발휘한 자기조직화 행위의 산물이라 할 수 있다.

(2) 병목 지점에서의 교대 흐름

병목 지점에서 양방향 흐름이 서로 번갈아 가면서 이루어지는 현상 또한 쉽게 볼 수 있다(Helbing et al., 2005 ; Helbing and Molnár, 1995). 교대 흐름이란 도로에서 공사로 인해 차선이 줄어들어 병목 현상이 발생할 때 한쪽 교통의 흐름이 계속 이어지다가 다음에는 다른 쪽 교통의 흐름이 이어지는 것처럼 양방향 흐름이 교대로 반복되는 현상을 말한다. 복잡한 박물관이나 콘서트홀의 관람객 입장에서도 그러한 현상을 종종 목격한다. 교대 흐름은 보행자 간에 어떠한 약속이나 의사소통 없이 상호작용의 결과 자연스럽게 일어난 현상으로 집단지혜의 일종이라 할 수 있겠다.

일단 한 보행자가 병목 지점을 통과하면 뒤따라오는 보행자도 쉽게 그 지점을 통과할 수 있다. 그래서 같은 방향으로 통과하고자 하는 보행자들의 수와 압력이 다른 방향보다 완화되면서 결국 흐름을 쉽게 장악하게 된다. 이 흐름이 지속되다가 다른 방향으로부터의 통과 압력이 충분히 커지면 기존 흐름을 중지시키고 다른 흐름이 통행을 장악하게 된다.

그림 18-2 보행 군중의 자기조직화 행동

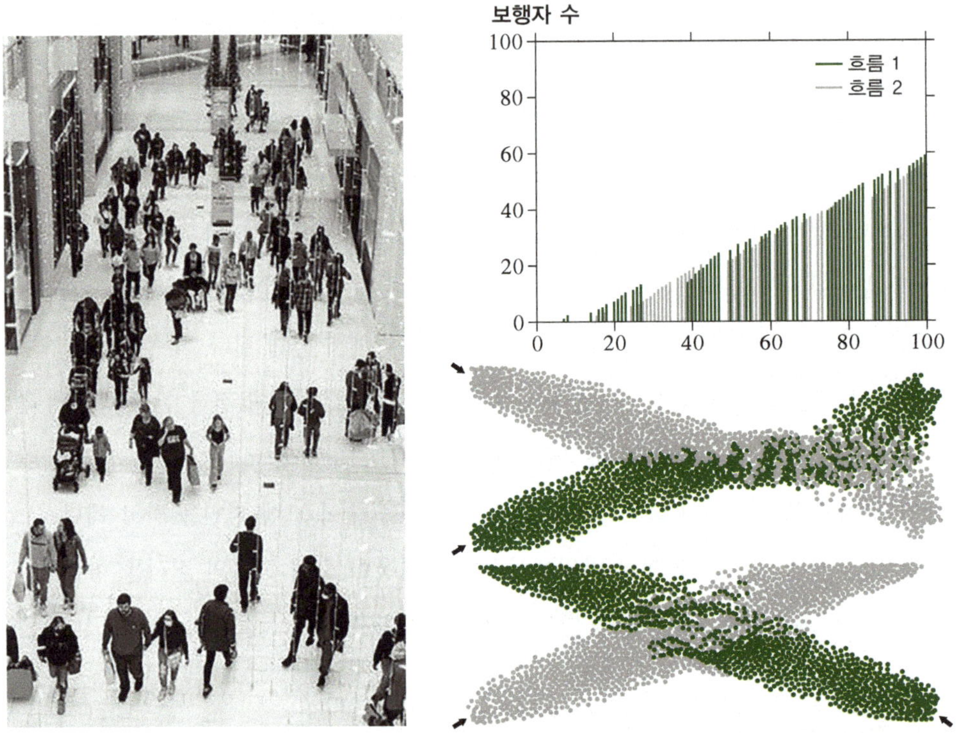

주 : 왼쪽 : 쇼핑센터에서 사람들이 행렬을 형성함. 오른쪽 위 : 시간이 지남에 따라 병목 지점에서 두 방향으로 지나는 누적 보행자 수로서 점점 교대 흐름을 보이고 있음. 오른쪽 아래 : 두 개의 서로 교차하는 보행자들이 큰 띠를 형성하는 흐름을 보임

(3) 교차 지점에서의 줄무늬 형성

보행자의 두 흐름이 서로 교차하는 지점에서의 흐름의 패턴은 조금 복잡하다. 앞서 살펴본 서로 반대 방향으로 움직이는 행렬 형성에서는 서로의 흐름을 중지시키지 않고 자기 흐름이 지속되는 단순한 흐름이 나타나지만, 교차할 경우 전자와 마찬가지로 서로의 흐름을 중지시키지 않지만 교차 지점에서는 옆 방향으로 흐름이 나타나는 복합적인 현상이 나타난다. 그러면서 크게는 자기 방향의 흐름을 유지하는 줄무늬 흐름을 형성한다. 그런 면에서 첫 번째 행렬 형성은 교차 흐름의 특별한 경우라 할 수 있다.

흔히 교차로에서 차들이 뒤엉키는 현상은 병목 지점에서의 교대 흐름과 교차 지점에서의 줄무늬 현상이 복합되면서 혼돈이 나타난 것으로 볼 수 있다. 교통신호등이 있는 교차로에서

조차 차들의 꼬리물기 현상이 나타나는 것도 바로 이 두 현상이 복합된 데다 병목 현상이 심할 경우 나타난다.

2.3 대피 동학

지금까지는 정상적인 상황에서 군중들의 행위를 살펴보았다면 지금부터는 높은 밀도나 비상 상황에서 발생하는 군중들의 행위에 대해 살펴보자. 우리는 종종 대규모 군중들이 한꺼번에 몰려 압사 사고가 발생하는 것을 경험한다. 극도로 높은 밀도와 높은 심리적 스트레스가 복합적으로 작용하여 공황 상태라는 일종의 시스템 리스크로 이어진다.

(1) 공황 상태에서의 행동

공황 상태에서는 대체로 다음과 같은 행동의 특징이 나타난다(Helbing et al., 2000).

- 비상 상황에서 개인들은 불안해져 맹목적인 행동을 하기 쉽다.
- 사람들은 평소보다 매우 빠른 행동을 보인다.
- 사람들 간 상호작용이 매우 물리적인 형태를 띤다.
- 병목 지점에서 사람들의 행위들이 조정되기 어렵다.
- 출구에서 정체가 가중되어 간헐적 흐름, 아치 흐름, 막힘 등의 현상이 일어난다.
- 혼잡 상황에서의 사람들 간 물리적 압력은 4,500 Newtons/m로 철로 만든 장벽을 구부리고 블록 담을 무너뜨릴 정도이다.
- 과도한 혼잡 상황에서 작용하는 힘의 세기와 방향은 갑작스럽게 변해 사람들을 통제할 수 없는 상태로 몰아간다.
- 대피 상황에서 사람들의 쓰러짐이나 부상은 대피를 지연시킨다.
- 사람들이 다른 사람의 행위를 따라하는 무리 짓기 행위가 나타난다.
- 대피 상황에서 종종 대체 출구가 효율적으로 활용되지 못한다.

a. 공황 상태에서의 보행자 모형

보행자들이 서로 매우 가까워 물리적 접촉이 있을 경우에는 또 다른 상호작용의 힘 $f_{\alpha\beta}^{ph}$가 추가된다. 즉, r_α를 보행자 α의 반경이라 할 때 $d_{\alpha\beta} < r_{\alpha\beta} = r_\alpha + r_\beta$이라는 공황 상태를 상정한다(Helbing et al., 2000). 이 경우 상호작용의 힘 $f_{\alpha\beta}^{ph}$은 신체 압력에 대한 반작용하는 체적력(body force) $k(r_{\alpha\beta} - d_{\alpha\beta})n_{\alpha\beta}$와 신체적 접촉을 피하려는 측방으로의 미끄럼 마찰력(sliding friction force) $\kappa(r_{\alpha\beta} - d_{\alpha\beta})\Delta v_{\beta\alpha}^t t_{\alpha\beta}$로 나누어진다. 입자의 상호작용 원리(Risto and Herrmann, 1994 ; Wolf and Grassberger, 1997)를 활용하면 다음과 같이 표현된다.

$$f_{\alpha\beta}^{ph}(t) = k\Theta(r_{\alpha\beta} - d_{\alpha\beta})n_{\alpha\beta} + \kappa\Theta(r_{\alpha\beta} - d_{\alpha\beta})\Delta v_{\beta\alpha}^t t_{\alpha\beta}$$

$\Theta(z)$는 $z \geq 0$이면 z이고 그렇지 않으면 0의 값을 가진다. $t_{\alpha\beta} = (-n_{\alpha\beta}^2, n_{\alpha\beta}^1)$는 접촉 방향을, $\Delta v_{\beta\alpha}^t = (v_\beta - v_\alpha)t_{\alpha\beta}$는 접촉 속도의 차이를 말한다. k와 κ는 큰 상수이다.

경계벽이나 다른 장애물과 보행자 간의 상호작용도 이와 유사하다. $d_{\alpha i}(t)$를 보행자와 장애물이나 경계벽 간의 거리, $n_{\alpha i}(t)$를 장애물이나 경계벽에 수직 방향, $t_{\alpha i}$를 접하는 방향이라 하면 그들과 보행자들 간에 작용하는 상호작용 힘은 다음과 같이 표현된다.

$$f_{\alpha i} = A_\alpha \exp\left[\frac{(r_\alpha - d_{\alpha i})}{B_\alpha}\right] + k\Theta(r_\alpha - d_{\alpha i})n_{\alpha i} - \kappa\Theta(r_\alpha - d_{\alpha i})(v_\alpha t_{\alpha i})t_{\alpha i}$$

b. 무리 짓기 행동과 대체 출구의 미활용

공황 상태에서 사람들이 어떠한 행동을 보이는지를 시뮬레이션을 통해 알아본다. 평상시에 냉정하게 행동하는 것과는 달리 공황 상태나 비상시의 개인은 불안하고 평소보다 행동의 속도가 매우 빠르며, 쉽게 다른 사람의 행동을 따라 한다고 가정한다. 즉, 불확실성이 매우 높은 상황에서는 다른 사람들의 행위를 모방하는 행위가 일반적이다[6].

화재로 인해 연기가 가득한 방으로부터 대피하는 상황을 상정해 보자. 우선 출구를 찾아

6. 제19장 정보폭포(information cascade) 현상의 원리와 유사하다.

벽 쪽으로 움직이고 출구가 없으면 출구를 찾아 벽을 따라 움직인다(Isobe et al., 2004). 도중에 다른 사람을 만나면 같이 한 방향으로 움직여 결국 출구가 혼잡하게 된다. 그런 과정에서 다른 대체 출구를 활용하지 못하게 되는 일이 발생한다.

시뮬레이션 분석은 순수 개별 행동과 순수 무리 짓기 행동이 효율적이지 못함을 보여주고 있다(Helbing et al., 2000). 순수 개별 행동은 순전히 우연하게 출구를 찾아야 하는 단점이, 순수 무리 짓기 행동은 출구의 혼잡을 초래하고 다른 출구를 활용하지 못하는 단점이 있다. 따라서 양자 간의 조합이 적절한데, 개별 행동은 다른 출구를 찾을 수 있게 하고 무리 짓기 행동은 소규모 그룹들이 성공적인 행위를 모방하게 하는 장점이 있다.

그림 18-3 평상시와 비상시의 대피 모습

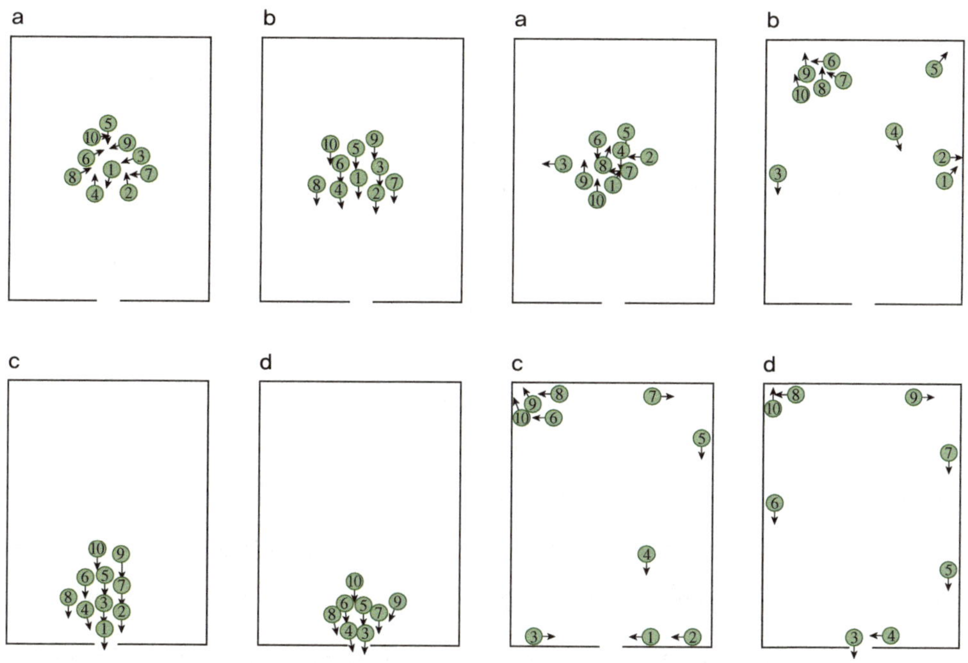

주 : 왼쪽은 평상시 출구가 보일 때 대피 모습 $a = 0$초, $b = 1$초, $c = 3$초, $d = 5$초 경과 후 모습. 오른쪽은 비상시 출구가 보이지 않을 때 대피 모습 $a = 0$초, $b = 5$초, $c = 10$초, $d = 15$초 경과 후 모습.

c. 더 빠른 것이 더 느리다

병목 지점에 유입되는 흐름의 양이 유출되는 흐름의 양보다 크면 긴 대기 줄이 형성되면서 점점 밀도가 높아지게 된다. 이러한 상태가 지속되면 흐름의 방향으로 높은 압착력이 만들어진다. 보행자 간에 높은 밀도와 압착력이 발생하면 서로 경쟁의 압력이 매우 높아 행동의 조정이 쉽지 않다. 서로 간의 높은 마찰력으로 인해 오히려 흐름이나 대피가 지연되어 소위 '더 빠른 것이 더 느리다(faster is slower effect)' 효과가 나타난다.

가능한 흐름 중 하나가 간헐적 흐름(intermittent flows), 즉 멈춤-전진이 반복되는 흐름(stop-and-go waves)이다. 이 경우 계속 움직이지 않지만 최소한의 걸음이 일어난다. 앞의 사람이 멈추면 앞에 약간의 공간이 생길 때까지는 움직일 수 없다. 그러나 이 상태가 지속되면 인내심에 한계가 생기면서 설사 유출 흐름이 없다 하더라도 앞으로 움직이려 한다. 이것이 계속 군중의 압착력을 증대시킨다.

최악의 경우 유령 공황(phantom panic) 상태가 발생한다. 주된 원인이 없는데도 대형 사고가 일어나는 현상으로 보행자들의 소규모 반작용 흐름에 의해 촉발된다. 소규모 반작용 흐름은 군중들이 그 상황을 빨리 빠져나가려는 움직임을 지연시키고 갑작스런 지체 상황을 모르는 뒤쪽의 군중들이 점점 인내하기 힘들어지면서 앞으로 나가려는 힘이 팽배해져 간다.

이러한 상황을 희망 속도 $v_\alpha^0(t)$로 모형화하면 초기 속도 $v_\alpha^0(0)$와 최대 희망 속도 $v_\alpha^{\max}$를 지체로 인한 불안 $n_\alpha(t)$로 가중 평균한 것으로 표현할 수 있다(Helbing et al., 2000).

$$v_\alpha^0(t) = [1 - n_\alpha(t)]v_\alpha^0 + n_\alpha(t)v_\alpha^{\max}$$

$$n_\alpha(t) = 1 - \frac{\bar{v}_\alpha(t)}{v_\alpha^0(0)}$$

$\bar{v}_\alpha(t)$는 평균 속도를 나타낸다. 따라서 지체 시간이 길어질수록 평균 속도가 떨어져 불안 정도가 높아지면서 희망 속도 또한 높아진다. 이것이 다시 지체 시간을 증가시키면서 다시 반복이 되고 결국 높은 압착력을 견디지 못해 충돌하여 넘어지고 압사하는 사태가 벌어진다. 그 대표적인 예가 2006년 1월 12일 이슬람 성지순례 기간 사우디아라비아 메카의 자마라트 다리(Jamarat Bridge)에서 발생한 압사 사고이다(Helbing et al., 2007). 이러한 대형 사고 발생의 배후인 멈춤-전진의 반복 흐름을 두 가지 움직임, 즉, 하나는 보행자의 전진 움직임(forward pedestrian motion)과 후진 간격 전파(backward gap propagation)가 교대로 나타나는 현상으로 설명하기도 한다(Helbing et al., 2006).

d. 군중 난기류

멈춤-전진의 보행자 흐름이 반복되다가 밀도가 극도로 높아지면 불규칙한 흐름이 나타난다. 뒤에 있는 사람들에 의해 떠밀려 움직이기 때문에 넘어진 사람들이 짓밟히는 일이 발생한다. 넘어진 사람들이 다른 사람들의 장애물이 되면서 넘어지는 사람들이 점점 더 많아져 결과적으로 큰 사고로 이어진다. 이는 일종의 난기류와 같아서 어디로 튈지 모르는 럭비공과 같이 예측 불가한 랜덤의 성격을 지닌다.

군중 난기류 현상은 나름 규칙적인 멈춤-전진의 흐름과는 달리 개인의 의지와는 별개로 군중들의 의해 비자발적으로 발생한다. 멈춤-전진이 지속되고 전방으로 더 높은 압력이 쌓이면 반작용이 발생하면서 후진하는 현상까지 나타난다. 그러다 보면 거대한 군중의 압력에 넘어지는 일이 발생하면서 큰 사고로 이어진다.

그림 18-4 밀도에 따른 보행자의 위치 변화

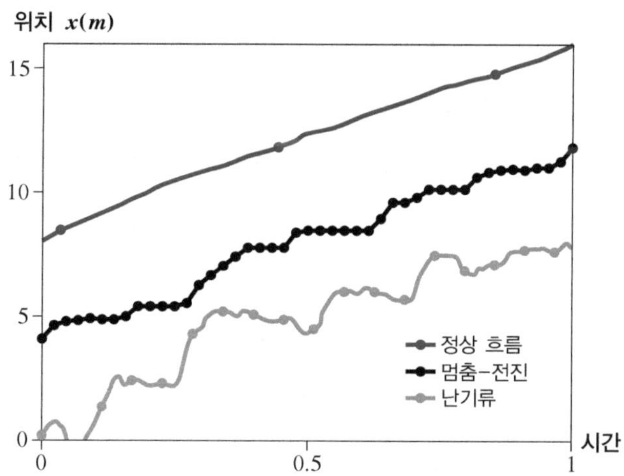

주 : 정상 흐름(laminar), 멈춤-전진(stop-and-go), 난기류(turbulent) 때 각각 8m 내의 위치 변화를 5초 단위로 추적한 것임. 정상 흐름 때는 위치 변화가 빠르고 유연하게, 멈춤-전진 때는 계단식의 흐름을, 난기류 때는 불규칙하게 후진이 일어난다.

군중의 난기류 현상은 그런 면에서 시스템 리스크의 성격을 지닌다. 경제위기 시 주식시장이나 외환시장의 출렁임과 매우 닮아 있다(Ghashghaie et al., 1996). 주식시장이나 외환시장에서 위기가 닥쳤을 때 심리적 동요로 인해 행위의 다양성보다는 대중들의 행위를 모방하는 것과 같은 매우 획일화된 행위가 나타난다. 다시 말해, 일종의 집단 공포 분위기에 휩싸이게 되어 주가나 환율이 급상승하거나 급락하는 널뛰기 현상을 보인다. 마찬가지로 매우 높은 밀도하에서는 개별 보행자의 행위가 군중의 행위에 지배되어 획일화 행동을 보이면서 급기야 압사 사고와 같은 재난이 발생한다.

극도로 높은 밀도하에서는 보행자들은 전진하면서도 매우 불안정한 행태를 보이는데, 이는 마치 비행기가 난기류를 만났을 때처럼 전혀 예측할 수 없이 출렁이면서 전진하는 상황에 비유된다. 이 경우 방향이나 힘에서 매우 심한 변동성을 경험하게 되고, 결국 지진처럼 궁극에 가서는 통제할 수 없는 엄청난 스트레스를 분출하게 된다. 따라서 보행자의 비정상적 이동(displacement)은 지진이나 눈사태처럼 멱함수 분포를 보인다(Helbing et al., 2007).

(2) 공황 상태에 대한 경고 시그널

그러면 군중 난기류와 같은 공황 상태를 일으키는 조건이나 시그널은 무엇인가에 대해 궁금해진다. 어떠한 조건일 때 공황 상태가 나타날 조짐을 알 수 있는가이다. 역시 중요한 것은 밀도이다. 대개 평방미터당 6명이 임계 조건으로 알려져 있다. 그러나 더 중요한 요인은 밀도와 속도의 융합으로 나타나는 군중 압력이다(Helbing et al., 2007).

2006년 1월 12일 발생한 이슬람 성지순례 사고의 경우 군중 난기류 상황이 일어나고 10분 후에 압사 사고가 일어났고 난기류 때의 압력이 $0.02/s^2$이었다. 또한 멈춤–전진의 흐름이

그림 18–5 공황 상태에 대한 경고 시그널

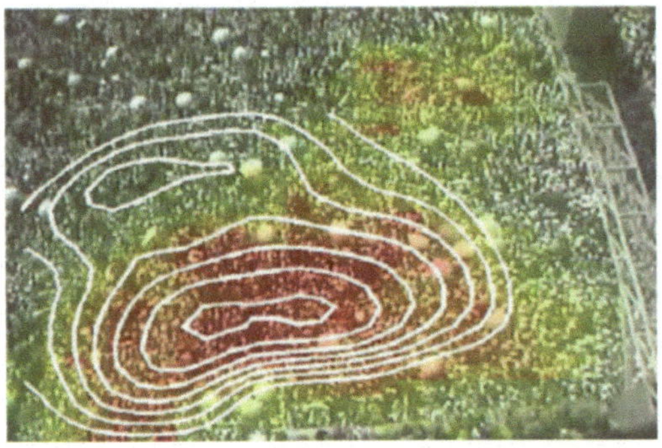

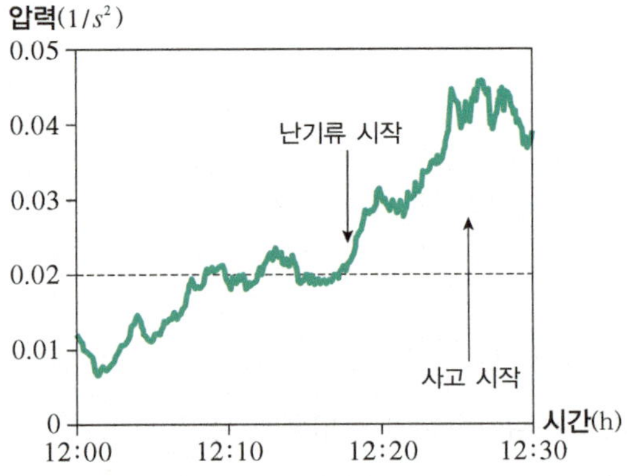

주 : 왼쪽은 이슬람 성지순례 사고 당시 군중 압력을 등고선으로 표시한 것이다. 붉은색 부분이 임계 압력 부문으로 사고가 일어난 지점이다. 오른쪽은 시간 흐름에 따른 군중 압력의 변화를 나타낸다.

시작된 이후 30분 경과한 시점이었다. 이러한 메커니즘을 알고 보행자 흐름 통제, 군중 압력 완화, 군중 분할 등 적절한 조치를 취했더라면 대형 사고를 사전에 방지할 수 있었을 것이다.

2022년 10월 29일 서울 이태원 해밀턴호텔 옆 경사진 골목길에서 군중 압사 사고가 발생하였다. 18.24m^2의 공간에서 병목 현상이 일어났고 불과 20분 만에 인파가 빠르게 유입되면서 밀도가 순식간에 높아졌다. 이런 상황에서 경사골목 위쪽에서 가해지는 전진 압력이 점점 누적되자 전방 보행자가 넘어지면서 순식간에 참변이 일어났다. 이는 앞서 살펴본 군중 난기류의 전형적인 현상으로 보인다.

군중 행동 패턴으로부터 우리는 국토의 효율적 공간 분포를 생각해 볼 수 있다. 인구밀도와 지역 간 이동 시간에 관한 문제로서 인구밀도가 높고 지역 간에 이동 시간이 짧으면 자연히 난기류와 같은 공황 상태를 겪을 확률이 높아진다. 또한 부동산 가격 폭등과 같은 경제 버블 현상뿐만 아니라 대형 재난·사고와 같이 높은 시스템 리스크를 안고 있다. 그런 면에서 수도권 과밀은 늘 국토의 잠재적 위험 요인으로 남아 있다.

사례 18-1

교통체증

우리가 흔히 겪는 교통체증 현상은 보행자 행동 패턴과 유사하다. 병목 지점이나 사고 지점에서 교통의 유입량보다 유출량이 매우 적어 심한 정체 현상이 발생한다. 설사 병목 현상이나 사고가 발생하지 않더라도 경사면 도로와 같은 지점에서 어느 정도의 지체나 저속 현상을 경험한다. 차는 출발하여 일정 속도에 도달하는 데 일정 시간이 걸리는 데 반해 정체 지점까지 빠른 속도로 진입하기 때문에 자연히 정체 현상이 발생한다. 결국 교통체증 현상도 보행자의 경우처럼 밀도와 속도의 융합 문제로 귀결된다.

차량의 밀도가 낮아 차간 거리가 충분하면 정체 지점에 가까이 와 속도를 줄여도 뒤 차에 잘 전달되지 않는다. 그러나 밀도가 높으면 전방의 저속이 곧바로 후방으로 전달되어 짧은 시간 내에 긴 정체 구간을 형성한다. 이러한 연쇄반응의 유무는 차간 거리의 임계 상태에 의존한다.

일본 도쿄대 西成活裕 교수의 연구에 의하면 일반적으로 고속도로에서는 임계 속도가 시속 40km 정도로 알려져 있으며, 이는 1차선 도로 기준 1km에 약 25대 정도의 차가 있을 때이다. 일본 東名高速道路에서 매 5분마다 유량과 밀도를 센서로 측정하여 한 달간 총 8,600개의 점(차량)을 조사하였다. 그 결과 점밀도 50에서 체증 현상이 발생하였다. 50대 이전의 저밀도 상태에서는 모두 동일한 시속 84Km 속도로 달리므로 밀도가 높아질수록 유량이 늘어나 양자 간에 비례관계를 형성하였다. 그는 2차선 기준 임계밀도가 50대/km, 차간 거리가 약 40m 이하에서 체증 현상이 발생함을 밝혔다(西成活裕, 2009).

따라서 보행자 경우 '더 빠른 것이 더 느린 것'처럼 차량의 빠른 속도가 더 심한 정체 현상을 유발할 수 있음을 알 수 있다. 도로의 혼잡 정도에 따라 속도 제한을 달리하거나 제한 속도를 낮추었더니 평균 속도는 별 차이 없으나 교통사고가 대폭 감소한 사례는 좋은 시사점이 된다.

그림 18-6 교통체증을 유발시키는 임계밀도

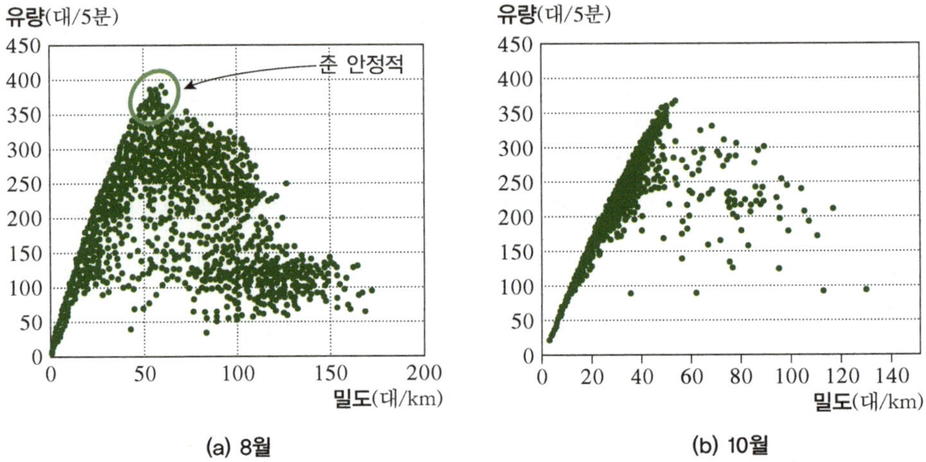

주 : 교통 유량 = 평균 속도 × 교통 밀도. 예를 들어 평균 속도 60km로 밀도 10대/1km이면 교통 유량은 600대/h이다. 우상향 직선에 적용하면 기울기가 곧 속도가 된다.

제19장 정보폭포

정보가 완벽하지 않은 상태에서 사람들은 대체로 다른 사람들의 행동이나 결정을 믿는 성향이 있다. 그래서 다른 사람들을 모방하고 무리 짓는 행동이 나타난다. 다른 사람들도 나와 비슷한 환경에 처해 나름 합리적인 행동을 하리라는 전제가 깔려 있다. 또 그렇게 함으로써 나도 이익을 볼 것이라는 막연한 믿음이 깔려 있다. 어떠한 메커니즘으로 모방행위와 무리 짓기 현상이 나타나는지 알아본다. 이와 함께 대중은 항상 합리적이지 않음도 알게 된다.

1 대중의 행동 따라하기

지나가다가 사람들이 줄을 서서 기다리는 식당을 보면 다음에 나도 한번 가야겠다는 마음이 생긴다. 반대로 사람이 거의 없는 식당에는 발길이 잘 가지 않는다. 그만큼 평소 우리들은 대상에 대해 잘 모를 때는 다른 사람들의 선택에 대해 믿음을 가진다. 설사 나름의 조사를 해서 특정 식당을 선택해서 갔을 때 그 식당보다 다른 식당에 사람이 많으면 자신의 선택이 흔들려서 사람이 많은 식당을 선택한다. 자신의 정보보다 다른 많은 사람의 정보를 따르게 되어 소위 무리 짓기나 정보폭포(information cascade) 현상이 일어난다(Banerjee, 1992 ; Bikhchandani et al., 1992).

다른 사람들의 행위를 모방하는 행위는 단순히 아무 생각없이 따라가는 행위가 아니라 나름 합리적인 근거를 가진다. 앞선 사람들의 행위가 합리적이라는 데에 대한 동의가 있은 후 취하는 행위로서 식당의 음식 맛이 좋은지 나쁜지 정보가 부족한 상태에서 취할 수 있는 이유 있는 행위이다. 이와 관련된 유명한 하나의 실험이 있다. 길 가는 사람을 대상으로 하늘을 쳐다보는 실험을 하였다. 한 사람만이 하늘을 쳐다볼 경우 가던 길을 멈추고 하늘을 쳐다보는 사람이 거의 없었다. 그러나 5명의 사람이 하늘을 쳐다볼 경우 행인들의 45%가 길을 멈추고 하늘을 쳐다보는 결과를 얻었다. 쳐다보는 사람들이 많을수록 더 많은 사람들이 길을 멈추고 하늘을 쳐다보는 행위로 이어졌다. 바로 정보폭포가 작동되는 현상이며, 패션, 인기 투표, 베스트셀러, 기술확산, 장소 선택 등의 현상이 이와 관련된다(Milgram et al., 1969).

다른 사람의 행위를 모방하는 합리적 근거에는 두 가지가 있다. 하나는 직접적인 이득이 발생하기 때문인데 휴대폰, SNS, 컴퓨터 OS와 같은 네트워크 재화를 이용할 때 서로 동일한 하드웨어나 소프트웨어를 사용하면 직접적인 효용을 누릴 수 있다. 다른 하나는 불완전한 정보를 해소하려는 동기에서 발생한다. 어떤 선택행위에 대한 결과를 알 수 없는 상황에서 다른 사람들의 행위를 모방하면 이득이 될 것이라는 믿음 때문이다.

간단한 항아리 실험을 해 보자. 항아리 안에 3개의 구슬이 있다(Anderson and Holt, 1997). 빨간색 구슬 2개와 파란색 구슬 1개로 구성될 수도 있고, 빨간색 1개와 파란색 2개로 구성될 수도 있는데 확률은 각각 50%이다. 학생이 항아리에서 하나의 구슬을 꺼내 색깔을 확인하고 다른 학생들에게 보여주지 않고 다시 항아리에 집어넣는다. 그리고 난 후 항아리 구슬의 다수가 빨간색인지 파란색인지를 추측하여 다른 학생들에게 알린다. 이 과정을 계속 되풀이한다고 하면 어떻게 될까? 첫 번째 학생의 경우는 간단하다. 자신이 꺼내서 본 구슬의 색깔이 다수라고 말하면 된다. 두 번째 학생의 경우도 첫 번째와 유사하다. 첫 번째 학생의 색깔과 같으면 그 색깔을 얘기하고, 첫 번째 학생의 색깔과 다르면 자기가 뽑은 색깔을 얘기할 것이기 때문에 첫 번째 학생의 추측과 상관없이 자신이 뽑은 색깔의 공이 다수라고 얘기하면 된다. 그러나 세 번째 학생부터는 상황이 달라진다. 만일 첫 번째와 두 번째 학생이 다른 색깔을 얘기하면 세 번째 학생은 자기가 뽑은 색깔이 다수라고 얘기하면 된다. 그러나 앞의 두 학생이 같은 색깔을 얘기하면 세 번째 학생도 앞의 학생들과 동일한 색깔을 얘기하게 된다. 예를 들어 앞의 두 학생이 파란색이 다수라고 한 상황에서는 세 번째 학생이 붉은색을 뽑았다 하더라도 세 번째 학생은 파란색이 다수라고 얘기할 수밖에 없다. 즉, 세 번째 학생은 자신이 뽑은 색깔과 상관없이 파란색이 다수라고 추측할 수밖에 없고, 그 이후 학생은 줄곧 파란색이 다수라고 얘기할 것이다. 소위 정보폭포 현상이 일어난다.

각자 합리적으로 결정하더라도 이런 경우 최적이 아닌 결과로 귀결된다. 파란 구슬이 2

개, 빨간색이 1인 경우 첫 번째 학생이 빨간색을 뽑을 확률이 $\frac{1}{3}$, 두 번째 학생이 빨간색을 뽑을 확률이 $\frac{1}{3}$이 되어 둘 다 빨간색을 뽑을 확률이 $\frac{1}{3} \times \frac{1}{3} = \frac{1}{9}$로 낮다. 그럼에도 이런 경우가 일단 발생하면 이후의 다른 모든 학생들이 빨간색이 다수라고 잘못 얘기하게 되는 경우가 발생한다.

실제 사람들은 그 식당의 음식이 맛있는지 없는지 모르는 상황에서 단지 다른 사람들이 그 식당에 많이 있거나 혹은 맛이 있다고 평가한 것을 가지고 판단하여 자신의 행위를 결정한다. 이럴 경우 실제 음식이 맛이 없음에도 사람들이 가게 되는 일이 일어날 수 있다. 따라서 불확실성이 존재하는 상황에서 대중의 행동을 모방할 경우 좋은 일이든 나쁜 일이든 정보폭포 현상은 늘 일어날 수 있음을 알 수 있다.

2 베이지안 법칙 : 불확실성하의 의사결정 모델

내가 뽑은 구슬의 색깔이나 남들의 추측이 실제 항아리 속의 구슬 색깔과 얼마나 연관되어 있을까? 즉, 이 실험의 경우 내가 파란색을 뽑았을 때 실제 항아리 속의 구슬이 파란색이 다수가 될 확률이 어떻게 되느냐가 관심 사항이다.[1]

이 확률은 조건부 확률로 A를 항아리 속 구슬의 다수가 파란색일 경우, B를 내가 뽑은 구슬이 파란색일 경우라 하면 $Pr[A \mid B]$가 된다. 그리고 $Pr[A \mid B]$은 다음과 같이 표현된다.

$$Pr[A \mid B] = \frac{Pr[A \cap B]}{Pr[B]}$$

또한 반대로 A가 일어난 후 B가 일어날 조건부 확률은 다음과 같다.

$$Pr[B \mid A] = \frac{Pr[B \cap A]}{Pr[A]}$$

1. Easley and Kleinberg(2010), pp.483~506.

$Pr[B \mid A]$를 활용하여 $Pr[A \mid B]$를 다시 표현하면 다음과 같다.

$$\rightarrow Pr[A \mid B] \cdot Pr[B] = Pr[A \cap B] = Pr[B \mid A] \cdot Pr[A]$$
$$\rightarrow Pr[A \mid B] = \frac{Pr[B \mid A] \cdot Pr[A]}{Pr[B]}$$

이것이 바로 불확실성하의 의사결정에 관련된 베이지안 법칙(Bayes' Rule)이다.

다른 예를 하나 들어보자. 어떤 도시에 검은색의 택시가 80%, 노란색의 택시가 20% 있다고 하자. 뺑소니 사고의 목격자가 사고 택시의 색깔이 노란색이라고 진술을 하였다. 이때 대개의 진술이 100% 정확하지 않기 때문에 진술의 정확도는 80%로 가정한다. 즉, 20%는 실제 색깔과 반대의 색깔을 증언한다고 가정한다. 이제 우리의 관심은 증언과 실제 색깔이 일치할 확률이다. 즉, $Pr[\text{true} = Y \mid \text{report} = Y]$이다. 베이지안 법칙을 활용하면

$$Pr[\text{true} = Y \mid \text{report} = Y] = \frac{Pr[\text{true} = Y] \cdot Pr[\text{report} = Y \mid \text{true} = Y]}{Pr[\text{report} = Y]}$$

이 된다. $Pr[\text{report} = Y \mid \text{true} = Y]$은 증언의 정확도로서 0.8이며(구슬의 경우 $Pr[B =$ 파란색 뽑음 $\mid A =$ 파란색 다수$]$에 해당되며 $\frac{2}{3}$임), $Pr[\text{true} = Y]$은 0.2이다. $Pr[\text{report} = Y]$은 실제 노란색인데 노란색이라 증언하거나 실제 검은색인데 노란색이라 증언하는 2가지 경우가 있다. 첫 번째는 $Pr[\text{true} = Y] \cdot Pr[\text{report} = Y \mid \text{true} = Y] = 0.2 \cdot 0.8 = 0.16$이며, 두 번째는 $Pr[\text{true} = B] \cdot Pr[\text{report} = Y \mid \text{true} = B] = 0.8 \cdot 0.2 = 0.16$이다. 이 둘을 합쳐 $Pr[\text{report} = Y] = 0.32$가 된다. 따라서

$$Pr[\text{true} = Y \mid \text{report} = Y] = \frac{0.2 \cdot 0.8}{0.32} = 0.5$$

가 된다. 이 과정에서 실제 색깔의 비율뿐만 아니라 증언의 정확도가 택시 색깔이 노란색이라는 증언이 실제 노란색일 확률에 상당한 영향을 미치고 있음을 알 수 있다. 정확도가 50%로 낮으면 분자는 작아지고 분모는 커져 결국 확률이 0.2로 낮아진다.

앞의 항아리 구슬 색깔의 실험에서 자기가 뽑은 색깔과 상관없이 앞의 학생들이 뽑은 색

깔에 의존하여 추측하였을 경우 실제 구슬의 비율과는 다르게 판단할 가능성이 충분히 존재한다. 마찬가지로 식당에서 음식을 먹었을 때 맛이 있으면 그대로 평가를 해야(자신 경험치의 정확도) 자신의 경험치와 실제 맛집으로서의 객관적인 평가가 일치될 가능성이 높아진다. 즉, 진정 맛집이 될 확률이 높다. 반면에 실제 먹어보니 맛이 없는데도 댓글이나 사람이 많은 사실에 의존하여 다르게 평가하면 실제 맛집이 아닌데도 맛집으로 오인될 가능성이 높아져 진정 맛집이 될 확률이 낮아진다.

이제 학생들의 항아리 속 구슬 색깔의 실험에 대해서 베이지안 법칙을 적용해 보자. 학생이 앞의 학생들의 추측과 본인이 뽑은 구슬 색깔을 기초로 하여 추측한다고 할 때 파란색 혹은 빨간색이 다수가 될 확률이 $\frac{1}{2}$보다 커야 파란색 또는 빨간색이 다수라고 추측할 수 있다. 공의 색깔 구성을 모르는 상태에서 파란색과 빨간색이 다수일 확률은 각각 $\frac{1}{2}$이다. 또한 각각이 다수일 때 파란색과 빨간색의 확률은 $\frac{2}{3}$로 동일하다.

$$Pr[\text{majority-blue}] = Pr[\text{majority-red}] = \frac{1}{2}$$
$$Pr[\text{blue} \mid \text{majority-blue}] = Pr[\text{red} \mid \text{majority-red}] = \frac{2}{3}$$

이제 첫 번째 학생이 파란색을 뽑았을 때, 항아리 속의 구슬이 파란색이 다수일 확률을 알아보자. 베이지안 법칙을 적용하면

$$Pr[\text{majority-blue} \mid \text{blue}] = \frac{Pr[\text{majority-blue}] \cdot Pr[\text{blue} \mid \text{majority-blue}]}{Pr[\text{blue}]}$$

이 된다. 분자는 $\frac{1}{2} \cdot \frac{2}{3} = \frac{1}{3}$이 된다. 분모는 파란색이 다수일 때와 빨간색이 다수일 때의 2가지 경우가 있다.

$$Pr[\text{blue}] = Pr[\text{majority-blue}] \cdot Pr[\text{blue} \mid \text{majority-blue}] + Pr[\text{majority-red}] \cdot Pr[\text{blue} \mid \text{majority-red}] = \frac{1}{2} \cdot \frac{2}{3} + \frac{1}{2} \cdot \frac{1}{3} = \frac{1}{2}$$

따라서 $Pr[\text{majority-blue} \mid \text{blue}] = \frac{1}{3} / \frac{1}{2} = \frac{2}{3}$가 된다. 이 조건부 확률이 $\frac{1}{2}$보다 크기

때문에 첫 번째 학생이 파란색을 뽑았을 때 파란색을 추측할 것이라는 예상을 충분히 할 수 있다.

두 번째 학생은 앞서 본 대로 첫 번째 학생의 경우와 유사하므로 세 번째 학생의 경우를 살펴보자. 먼저 첫 번째, 두 번째 학생이 각각 파란색을 추측하였고 세 번째 학생이 빨간색을 뽑았을 경우에 파란색이 다수일 확률, $Pr[\text{majority-blue} \mid \text{blue, blue, red}]$를 구해 보자.

마찬가지로 베이지안 법칙을 활용하면

$$Pr[\text{majority-blue} \mid \text{blue, blue, red}] = \frac{Pr[\text{majority-blue}] \cdot Pr[\text{blue, blue, red} \mid \text{majority-blue}]}{Pr[\text{blue, blue, red}]}$$

$$Pr[\text{blue, blue, red} \mid \text{majority-blue}] = \frac{2}{3} \cdot \frac{2}{3} \cdot \frac{1}{3} = \frac{4}{27}$$

$$Pr[\text{blue, blue, red}] = Pr[\text{majority-blue}] \cdot Pr[\text{blue, blue, red} \mid \text{majority-blue}] + Pr[\text{majority-red}] \cdot Pr[\text{blue, blue, red} \mid \text{majority-red}]$$
$$= \frac{1}{2} \cdot \frac{2}{3} \cdot \frac{2}{3} \cdot \frac{1}{3} + \frac{1}{2} \cdot \frac{1}{3} \cdot \frac{1}{3} \cdot \frac{2}{3} = \frac{1}{9}$$

$$Pr[\text{majority-blue} \mid \text{blue, blue, red}] = \frac{1}{2} \cdot \frac{4}{27} / \frac{1}{9} = \frac{2}{3}$$

가 된다. 따라서 세 번째 학생은 자기가 뽑은 붉은 구슬에 상관없이 앞의 두 학생의 추측에 따라 파란색을 추측함을 알 수 있다. 이후부터는 정보폭포 현상이 시작된다.

3 정보폭포의 일반 모델

앞의 실험들에 베이지안 법칙을 적용하였을 때 정보폭포 현상이 일어남을 알 수 있었다. 다시 말해 사람들이 실험에 계속 참여할수록 그 확률이 1에 가까워질 것이다. 이제 좀 더 일반화된 정보폭포 모델에 대해서 살펴보자. 일련의 사람들로 구성된 그룹에서 한 사람씩 연속적으로 선택을 한다고 하자. 기술을 선택하거나, 옷을 고르거나, 식당을 선택하거나, 특정 정치인에 투표하거나, 목적지에 도달하는 여러 경로 중 하나를 선택하는 행위 등을 상정할 수 있다.

분석의 편의를 위해 2가지 선택이 존재하고 하나는 좋은 상태(G), 다른 하나는 나쁜 상태(B)를 가정한다. 전자는 p 확률(선험적, 사전적)을, 후자는 $1 - p$의 확률(선험적)을 가지며, 초기에 랜덤하게 주어진다.

$$Pr[G] = p,\ Pr[B] = 1 - Pr[G] = 1 - p$$

선택에 따른 보상도 존재하는데, 좋은 상태를 선택하면 $v_g > 0$, 나쁜 상태를 선택하면 $v_b < 0$의 보상이 주어지며, 선택하지 않으면 0의 보상이 주어진다. 선택의 기대 보상은 선택하지 않을 경우의 보상과 같다.

$$v_g p + v_b(1 - p) = 0$$

정보의 불확실성이 존재하여 좋은 선택인지 나쁜 선택인지에 대한 개별 정보(시그널)를 활용하여 선택하되, 개별 정보가 반드시 정확한 정보를 반영하지 않는다. 2가지 시그널이 있는데, 좋은 선택을 나타내는 시그널, 즉 정확도가 높은(실제를 잘 반영하는) 시그널이면 H(high signal), 반대이면 낮은(실제를 잘 반영하지 못하는) 시그널 L(low signal)로 표시한다.

$$Pr[H \mid G] = q > \frac{1}{2},\ Pr[L \mid G] = 1 - q < \frac{1}{2}$$

이를 구슬 색깔 추측 실험에 적용하면 파란색이 다수라고 추측했는데 실제 파란색이 다수라면 좋은 것으로 G, 그렇지 않으면 나쁜 것으로 B에 해당한다. 좋은 선택을 할 선험적 확률은 $p = \frac{1}{2}$이고 개인 정보는 학생들이 뽑은 구슬의 색깔이다. 따라서 파란색이 다수인 상태에서 뽑은 구슬이 파란색이면 정확도가 높은 시그널이 되어 $Pr[H \mid \mathrm{G}] = Pr[\mathrm{blue} \mid \mathrm{majority\text{-}blue}] = q = \frac{2}{3}$이 된다.

이번에는 이를 식당 선택에 적용해 보자. A, B 두 식당에 관한 평가에서 A에 관한 우호적인 평가가 많은 것을 보고 A를 선택했는데 이것이 B를 선택한 것보다 결과적으로 옳았다면 정확도가 높은 시그널로 H, 그렇지 않다면 L이다. A 식당을 선택한 것이 실제 옳았다면 실제 A에 대한 우호적인 평가가 많아야 한다는 얘기이다.

이러한 상황하에 사람들이 개인 정보에 기초하여 어떻게 행위를 하는지, 또한 다른 사람들의 선택이 어떠한 효과를 발휘하는지에 대해서 살펴보자. 먼저 어떤 개인이 높은 시그널(H)을 가지면 기대 보상이 $v_g Pr[G] + v_b Pr[B] = 0$에서 $v_g Pr[G \mid H] + v_b Pr[B \mid H]$로 바뀌게 된다. 새로운 기대 보상을 알기 위해 베이지안 법칙을 적용하면

$$Pr[G \mid H] = \frac{Pr[G] \cdot Pr[H \mid G]}{Pr[H]} = \frac{Pr[G] \cdot Pr[H \mid G]}{Pr[G] \cdot Pr[H \mid G]} + Pr[B] \cdot Pr[H \mid B]$$

$$= \frac{pq}{pq} + (1-p)(1-q) > p$$

이 된다. 동 부등식 관계는 분모에서 $pq + (1-p)(1-q) < pq + (1-p)q = q$가 성립하기 때문이다. 선택이 좋을 때가 나쁠 때보다 높은 시그널이 발생할 확률이 높다. 따라서 개인이 높은 시그널을 보게 되면 그렇지 않을 때(선험적으로 좋은 선택이 일어날 확률 p)보다 좋은 선택이 일어날 확률이 높을 것으로 판단하고, 결국 기대 보상이 0보다 높게 되어 좋은 선택을 취하게 된다. 항아리 구슬 실험에 비유하면 파란색을 뽑은 후 그 시그널을 따랐을 때 파란색이 다수일 확률이 선험적으로 파란색이 다수일 확률 $\frac{1}{2}$보다 큰 $\frac{2}{3}$가 된다.

지금까지 단일 시그널일 경우를 살펴보았는데, 시그널이 다수일 경우를 살펴보자. 일련의 연속적 시그널을 S로 하고 S는 a개의 높은 시그널과 b개의 낮은 시그널로 이루어져 있다고 하자. 결론적으로 말하면 $a > b$이면 사후적인 $Pr[G \mid S]$이 사전적인 $Pr[G]$보다 크고, $a < b$이면 $Pr[G \mid S]$이 $Pr[G]$보다 작고, $a = b$이면 두 확률이 같게 된다. 즉, 개인은 본인들이 받는 시그널 중 다수를 차지하는 것을 선택할 것이다.

먼저 베이지안 법칙을 따르는 사후적 확률 $Pr[G \mid S] = Pr[G] \cdot Pr[S \mid G]/Pr[S]$을 알아보자. a개의 높은 시그널과 b개의 낮은 시그널은 서로 독립적으로 발생한다고 가정하면 $Pr[S \mid G] = q^a(1-q)^b$이 된다. S는 각각 좋은 선택과 나쁜 선택일 때 일어날 수 있으므로

$$Pr[S] = Pr[G] \cdot Pr[S \mid G] + Pr[B] \cdot Pr[S \mid B] = pq^a(1-q)^b + (1-p)(1-q)^a q^b$$

이 된다. 그러면

$$Pr[G \mid S] = \frac{pq^a(1-q)^b}{pq^a(1-q)^b + (1-p)(1-q)^a q^b}$$

이 된다. 이것이 p보다 크다는 것을 증명하기 위해서는 분모의 두 번째 항(A)을 $(1-p)q^a(1-q)^b$(B)로 대체하여 A가 B보다 작다는 것을 보이면 된다. 먼저 $a>b$일 때 $q>\frac{1}{2}$이므로 B가 점점 커지게 되고 반대로 A는 작아지게 된다. 따라서 분모는 작아지게 되어 $Pr[G \mid S]$는 p보다 크다. 정리하면 아래와 같다.

$$\text{If } a>b \ \rightarrow \ Pr[G \mid S] > p = Pr[G]$$
$$\text{If } a<b \ \rightarrow \ Pr[G \mid S] < p = Pr[G]$$
$$\text{If } a=b \ \rightarrow \ Pr[G \mid S] = p = Pr[G]$$

결국 높은 시그널이 많으면 좋은 선택을 할 확률이 높아지고, 반대로 낮은 시그널이 많으면 나쁜 선택을 할 확률이 높아진다.

4 연속적 선택과 정보폭포 현상

앞서 항아리 구슬 실험에서 본 것처럼 다른 사람이 실제 뽑은 구슬 색깔에 대한 정보를 모르는 상태에서 다른 사람들의 선택(추측) 정보만으로 선택하였을 경우 실제 구슬의 구성과는 다른 결과에 도달하는 정보폭포 현상을 경험하였다. 일반 모델을 이용해 이와 같이 바람직하지 않은 결과가 지배할 수 있음을 설명하고자 한다.

먼저 첫 번째 사람은 자신의 개별적인 시그널을 따를 것이다. 두 번째 사람은 자신의 개인 시그널뿐만 아니라 첫 번째 사람의 선택이라는 시그널도 포함하여 2개의 시그널을 가지고 선택을 하게 된다. 만일 두 시그널이 같으면 고민 없이 그 시그널에 따르면 되지만 다를 경우 다소 고민이 되지만 무차별할 경우에는 자신의 시그널에 따를 것이다. 문제는 세 번째부터인데 이때부터는 앞의 두 사람의 시그널과 자신의 시그널을 포함한 3개의 시그널 중에 다수의 시그널(높은 시그널 혹은 낮은 시그널)에 따를 것이다. 즉, 첫 번째와 두 번째 사람의 선택이 다르면 세 번째 사람은 자신의 시그널에 따르면 된다. 그러나 앞의 두 사람이 같은 시그널이면 세 번째 사람은 자신의 시그널과 상관없이 앞의 두 사람의 시그널에 따를 것이다. 이때 정보폭포 현상이 시작된다. 즉, 자기 개인의 정보에 상관없이 앞 사람들의 선택에 무조건 따르는 현상이 벌어진다.

결국 *N*번째 사람을 기준으로 보았을 때 다음의 세 가지 경우가 있다.

i) *N* 이전에 2가지 선택(좋은 선택과 나쁜 선택, acceptance와 rejection)의 시그널 수가 동일하다면 *N*은 무조건 자신의 시그널을 따른다.

ii) *N* 이전에 2가지 선택의 시그널 수가 1개 차이가 난다면, 즉 *N*의 시그널이 다수가 아닌 선택이 나오면 동수가 되어 자신의 시그널을 따를 것이고, 만일 *N*의 시그널이 다수의 선택으로 나오면 당연히 다수의 시그널을 따를 것이므로 결국 이 경우도 자신의 시그널을 따른다.

iii) *N* 이전에 2가지 선택의 시그널 수가 2개 또는 그 이상 차이가 난다면 *N*의 시그널은 별 영향을 발휘하지 못하고 앞의 다수의 시그널에 따르게 되고 $N+1$, $N+2$ … 도 마찬가지 상황에 직면한다. 바로 정보폭포 현상이 시작된다.

그림 19-1 2가지 선택(acceptance와 rejection) **수의 차이와 정보폭포 현상**

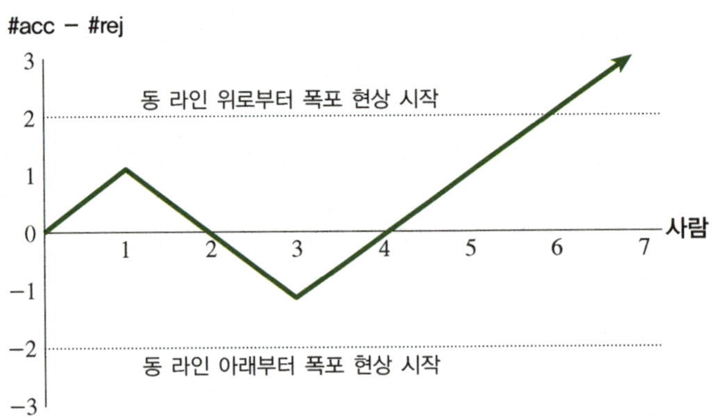

어느 순간이라도 세 사람이 연속적으로 같은 선택을 하게 되면 그 이후부터 정보폭포 현상이 나타남을 알 수 있다. 세 사람이 연속적으로 같은 선택을 할 확률은 낮지만 *N*이 계속 커

지게 되면 같은 선택을 할 확률이 점점 높아져 결국 정보폭포 현상이 일어난다. 예를 들어 N명을 3사람씩 (1, 2, 3), (4, 5, 6), (7, 8, 9) ⋯ 등과 같이 그룹을 만들었을 때, 어느 그룹에서든 세 사람이 연속으로 같은 선택을 할 확률은 $q^3 + (1-q)^3$이다. 전체 그룹으로 확장하면 $(q^3 + (1-q)^3)^{\frac{N}{3}}$이 되어 N이 무한대로 가면 1에 수렴한다. 반대로 세 사람이 연속으로 같은 선택을 하지 않을 확률은 $(1-q^3-(1-q)^3)^{\frac{N}{3}}$이 되어 N이 무한대로 갈수록 0에 수렴한다.

정리하면, 사람들이 다른 사람들이 실제로 가지고 있는 정보가 아닌 행위 결과에 대한 정보만을 가지고 선택행위를 할 경우 초기에는 자신의 개인 정보(참된 선호)에 따라 행위를 하지만 시간이 지남에 따라 자신의 정보를 무시하고 대중의 행위를 따라하는 국면으로 전환된다. 이는 개인들은 비록 불완전한 정보이지만 주어진 정보하에 합리적인 행위를 함에도 불합리한 결과를 초래할 수 있음을 시사한다.

정보화 시대에는 더욱 이렇게 될 가능성이 높다. 어느 지역의 맛집을 검색하여 찾아가 보면 많은 사람이 줄을 서서 기다리는 광경을 볼 수 있다. 반면에 동일한 음식을 파는 근처의 맛집에는 사람이 없는 대조적인 현상이 벌어진다. 사실 먹어보면 음식 맛에 차이가 없는데도 그러하다. 이는 정보가 개방되고 넘쳐나는 세상에서 인간의 합리성이 빚은 일종의 환상과 같은 현상이며, 얼마든지 일상에서 일어나고 있다. 바로 이러한 일상에서의 현상들이 양극화라는 거시적 질서에 나름 기여하고 있는 것으로 보인다.

정보폭포 현상은 일종의 경로의존적 현상으로서 개별 차원에서 제한된 환경하에서 나름 합리적 선택을 함에도 결과적으로 비합리적인 선택이 되어 실체를 정확히 반영하지 못한다. 하이젠베르크의 불확정성의 원리에서 관찰자의 행위가 실체에 영향을 주어 정확한 실체를 파악할 수 없는 경우에 비견된다.

결국 여기서 행위자의 합리적 선택이라는 결국 제한된 합리적 선택이고 이것이 정보폭포 현상의 근본 원인이 된다. 행위자는 그들이 관찰할 수 있는 정보에 기초하여 합리적인 결정을 내리지만 그 정보는 완전하게 실체를 반영하지 못한다. 또한 다른 행위자가 가진 개인 정보에 대해 전혀 알지 못하고 오직 행위를 먼저 한 행위자의 드러난 행위에 관한 정보에만 기초하여 결정한다. 그러기 때문에 설사 개인이 옳은 정보를 가지고 있다 하더라도 그것이 정확한지 알 수가 없기 때문에 다른 선택을 강요하는 사회적 압력을 극복하기가 쉽지 않다. 한편 자신이 이전 행위자들의 선택과 다른 선택을 하면 자신의 명성에 해가 되지 않을까를 염려하여 이전 행위자와 동일한 선택을 한다는 명성폭포(reputation cascade)라는 것도 있다(Lemieux, 2003).

5 정보폭포 사례와 응용

매우 흔한 정보폭포의 사례는 시장에서 새로운 제품에 대한 구매행위에서 쉽게 볼 수 있다. 신제품이 출시되면 초기에 일정 구매행위가 매우 중요하다. 초기에 일련의 구매가 이루어지면 그 다음 연쇄 구매가 쉽게 일어나기 때문에 이를 활용하는 전략이 펼쳐진다. 여기서 중요한 것은 나중 구매자들이 앞선 구매자들이 구매하는 것을 관찰할 수 있어야만 하고 사용 후 만족도에 대해서는 알 수 없어야 한다는 것이다. 이 조건은 앞서 얘기한 불확실성하의 의사결정 모델인 베이지언 모델과 일치한다. 할리우드 영화가 대표적인 경우로, 거대 예산의 영화가 실패할 가능성이 높다고 예상되면 영화가 별로라는 소문이 돌기 전에 초기 마케팅에 거대한 예산을 들여 개봉 첫 주에 흥행몰이를 유도하는 경향이 있다.

역사적으로 보면 1930년대 경제 대공황과 심한 가뭄의 시기에 보급된 가뭄에도 잘 견디는 새로운 옥수수 종자에 관한 예를 들 수 있다(Beal and Bohlen, 1981). 새로운 옥수수 종자는 기존 종자에 비해 가뭄에도 잘 견디는 등 매우 뛰어남에도 불구하고 농부들이 잘 사용하지 않았다. 당시 아이오와주립대 연구진들이 259명의 농부들을 인터뷰해 그 이유를 조사해 본 결과, 농부들이 회사 판매원보다 친구나 이웃들의 견해를 더 신뢰하기 때문으로 밝혀졌다. 새로운 종자에 대한 정보가 불확실한 상황에서 지인들의 의견에 의존하여 결정함으로써 발생한 일종의 정보폭포 현상이다.

또 다른 예로는 군중의 행위에 관한 것으로 베를린 장벽이 무너지는 과정이다[2]. 1989년 독일 라이프치히에 서독 정부에 저항하는 몇몇 운동가들이 모였다. 거의 1년 동안 매주 월요일 집회 참가자는 조금씩 늘었다. 그러다가 서독 정부가 1989년 9월 이 집회에 대해 언급하기 시작하자 급작스럽게 참여자가 늘어 10월에 10만 명으로 늘었고 11월 첫 월요일에는 40만 명으로 늘었다. 그리고 이틀 후 베를린 장벽은 무너졌다. 이 과정에서 정부가 해당 집회를 언급하는 시점이 임계점 역할을 하면서 개별 행동과 집단의 행동이 서로 상승작용을 하여 국면이 전환되는 방아쇠 역할을 하였다.

정보폭포 현상은 SNS에서 어떻게 정보가 흘러가는가를 설명하는 데도 유용하다. 우리는

2. Shirky(2008), pp.161~164.

흔히 어떤 뉴스나 소문이 SNS에서 바이러스가 퍼지듯이 급속하게 번지는 현상(virality)을 종종 경험한다. 바로 이러한 확산 메커니즘을 설명하는 데 정보폭포 모델이 활용된다. 네트워크 유형에 따라 정보폭포 현상의 양상이 어떻게 달라지는지, 어떠한 과정으로 여론 형성이 되는지 등등이 연구 대상이 된다(Dotey et al., 2011).

반대로 정보폭포가 네트워크 구조를 변화시키기도 한다. 예를 들어 트위터의 경우 기본적으로 매월 9%의 연결이 바뀐다. 그러나 종종 바이러스성 트윗이 일어나면 연결구조에 큰 변동이 일어난다. 이럴 때면 기존의 팔로워들이 급작스럽게 줄고 새로운 팔로워들이 급작스럽게 늘어나는 현상이 일어난다(Myers and Leskovec, 2014).

또한 정보폭포는 동종선호 연결과 관련이 있다. 앞서 지적한 대로 정보폭포는 정보의 불완전성으로 인해 일어나기 때문에 유사한 배경이나 성향을 가진 부류들끼리 연결이 되기 쉽다. 여기에는 일종의 맹목적 믿음에 의한 선택이 자리하고 있다. 그러다 보니 정치적 성향의 네트워크의 경우 서로 같은 성향의 사람들끼리 네트워크가 형성됨으로써 양극화 현상을 보이기도 한다(Tokita et al., 2021).

제20장 혁신 네트워크

1. 혁신 네트워크란? / 2. 강한 네트워크와 약한 네트워크
3. 동종 네트워크와 이종 네트워크 / 4. 선발자와 후발자 네트워크

지식, 기술을 창출하는 혁신활동은 구성원들 간, 조직 간 네트워크 활동을 기반으로 한다. 참여자들 간에 어떠한 네트워크를 형성하느냐에 따라 혁신활동의 결과가 상이하게 나타난다. 강한 연결이냐, 약한 연결이냐 또는 동질적인 연결이냐, 이질적인 연결이냐 또 양자들 간의 적절한 조합이냐 등에 따라 다양한 결과들이 도출된다. 또한 경쟁 구도에서 선발자 또는 후발자의 위치에 따라 네트워크 구조가 상이하다. 앞서 논의한 네트워크 구조, 강한 연결과 약한 연결, 동종 간 연결 등의 이론들은 연구 개발, 거래, 투자, 전략적 제휴 등과 같은 혁신 활동에 응용되고 있다.

1 혁신 네트워크란?

혁신 네트워크는 다양하게 정의되고 응용되고 있지만 국가혁신체제(National Innovation System ; NIS) 혹은 지역혁신체제(Regional Innovation System ; RIS)와 같은 혁신체제 개념에서 이해할 필요가 있다. 각국의 지역들이 한때 특정 산업으로 번영을 구가하였으나 해당 산업이 사양산업이 되어 불황을 맞으면서 침체를 겪게 되었다. 사양산업의 주원인이 외부적 요인에 의해 비롯된 것으로 보고 안정적 지역발전을 위해서는 지역에 보다 밀착된 발전정책을 추진해야 한다는 입장에서 내생적 지역산업정책이 대두되었다[1]. 이 정책은 지역에 고유한 인적·

1. 박종화(1997), pp.235~236.

물적 자원을 토대로 한 정책으로서 혁신을 지향하는 지역혁신체제(Regional Innovation System) 구축과 더불어 설득력을 더해갔다.

지역혁신체제는 지리적 하부 단위인 지역에서의 혁신이 중요하다는 측면에서 내생성이 관련되어 있다. 아울러 더 세부적으로 가치사슬상에서도 상류 부문의 기술혁신이 하류 부문의 상품화 단계로 연결되어 경제를 성장시키는 원동력이라는 측면에서 내생성과 관련이 있다. 기술혁신이나 지역 차원에서의 내생적 발전과 같은 주제는 주류경제학보다는 진화경제학과 같은 비주류경제학에서 훨씬 비중 있게 다루어져 왔다. 진화경제학은 경제 현상을 자연생태계에서 생존 경쟁을 벌이며, 진화해가는 생물 현상과 유사한 것으로 간주한다[2]. 이는 이윤극대화나 균형을 절대 불변의 원리로 취급하는 대신 물리학의 양자론처럼 어떤 환경하에서 구성원들의 적응 과정으로 설명함으로써 보다 현실적인 접근을 취한다.

진화경제학은 가령 경제주체의 의사결정도 제한된 합리성하에 모든 변수들을 고려할 수 없다는 현실성을 적극 고려하여 최대화(maximizing)보다는 만족(satisficing)이라는 대안을 제시한다(Simon, 1955·1959). 이를 연구하는 학자들은 특정 시기의 기업 행동은 당시의 조직 특성에 제약받을 수밖에 없다고 주장한다(Chandler, 1962·1977 ; Williamson, 1970·1979·1981). 또한 경제 변화에서 기술혁신의 중요성을 강조하며, 기술혁신을 적극 수행하여 경제구조를 능동적으로 변화시켜 나가는 주체로서 기업 및 기업가의 역할을 강조한다(Schumpeter, 1934·1950 ; Clark, 1955 ; Galbraith, 1967). 결국 진화경제학은 경제 현상도 부분과 전체 간 관계를 고려한 경제주체들의 자기조직화 과정의 산출물이라는 인식에 기반을 둔다. 경제도 내생성과 창의성을 생명으로 하여 다양한 주체들의 활발한 소통을 통해 생존을 거듭하는 생태계적 특성이 매우 강하기 때문이다.

주류경제학에서도 내생성을 강조하는 움직임이 나타났다. 주류경제학은 전통적으로 기술 및 혁신을 외생적으로 다루어 왔으나 Schmookler(1966)는 기술은 자본, 노동과 같은 내생변수이며, 관련 혁신활동도 중요한 경제활동임을 주장하였다. Paul Romer가 주장한 지식의 내생적 성장이론(Endogenous Growth Theory)은 지식을 외생변수로서 경제성장에 영향을 미치는 것이 아니라 노동이나 자본과 같은 생산요소로서 노동과 자본과 영향을 주고받는 내생변수로 취급함에 그 의의가 있다(Romer, 1986·1990). 지식 체계인 이론과 현장 세계인 실제 간 상호

---

2. 리차드 넬슨·시드니 윈터 지음, 이정동 옮김(2014), pp.24~54.

작용에 의한 광범한 지식 축적이 경제성장을 견인하는 하나의 축이 되는 것이다. 그러므로 지식정보화 시대가 진전될수록 이론과 실제를 자유롭게 넘나드는 암묵적 지식, 체화된 노하우, 숙련 등이 점점 중요해지게 된다.

요약하면 기술 및 지식의 창출, 확산, 응용이라는 일련의 과정에 혁신주체가 자율적으로 참여하여 새로운 지식을 창출하고 이것이 다시 확산, 응용되는 내생적 과정이 중요하다는 얘기이다. 이에 많은 국가들이 혁신주체 간의 상호관계와 지식의 창출, 확산, 학습 과정에 시장적·비시장적 요소들을 고려하여 시스템적으로 접근하는 국가혁신 시스템(NIS), 지역혁신 시스템(RIS)의 실현에 많은 관심을 기울여 왔다(Freeman, 1987 ; Lundvall, 1992). 근래에는 산업 및 기술경쟁이 치열해짐에 따라 점점 더 정교한 접근을 시도하고 있다. 산업 차원에서의 기술정책, 기업 차원에서의 기술경영, 산학연 협력, R&D 활동, 벤처 생태계 등으로 더 세분화하여 접근하는 경향을 보이고 있다.

실제 혁신 네트워크의 모습은 국가마다 지역마다 매우 다양한 구성요소와 형태, 작동 시스템을 보이나 여기서는 기본적인 형태에 대해 살펴본다. 혁신 네트워크는 혁신 시스템의 요체로서 전형적인 유·무형 네트워크의 집합체이다. 일반적으로 혁신의 과정은 몇 가지 단계로 구분된다. 구체적으로 지식이나 기술이 중간 과정을 거쳐 상품화되어 시장에 출현하는 일련의 혁신 과정에 따라 기초 R&D 단계, 응용 R&D 단계, 제품 단계, 시장 단계로 나누어진다. 기초 R&D 단계에서는 지식이나 기술을 창출하기 위한 연구, 교육, 훈련 등이 이루어지며, 대학, 연구소, 훈련기관 등에서 그 기능을 담당한다. 응용 R&D 단계는 기초 R&D 단계에서 이루어진 연구 결과를 응용·개발하고 이를 시험·평가해 시제품을 만드는 등 상품화 이전 단계까지를 포함한다. 연구소, 시험평가기관, 기술이전센터, 혁신센터, 창업보육센터 등이 응용 단계 기능을 담당한다. 제품 단계는 기술이 상품화되어 생산하는 단계로 기업이 주로 담당한다. 마지막으로 시장 단계는 상품이 출하되어 시장에 유통되는 단계로 유통 및 물류 업체가 주로 담당한다.

단계별 구성원과 기능을 서로 엮어 소통시키는 네트워크 활동 또한 중요한 구성요소이다. 실제 혁신은 각 단계들이 단순히 순차적으로 일어나는 것이 아니라 상호 피드백 과정을 통하여 일어나고 있기 때문에 구성원들 간의 상호작용이 매우 중요하다. 네트워크 활동은 네트워크 활동만을 전문적으로 담당하는 이른바 코디네이터가 있어 이노베이션 시스템의 네트워크 활동을 촉매시키는 형태가 일반적이다. 물론 특정 코디네이터 없이 구성원들이 자발적으로 네트워크 활동을 할 수 있으나 현실적으로 쉽지 않다. 코디네이터 역할은 주로 중앙 및 지방 정부를 비롯하여 연구소, 학회, 연구회, 협회, 단체, 조합 등이 맡고 있다. 누가 주된 코디네이터 역할을 담당하느냐는 국가마다 지역마다 다르며, 응용 기능을 담당하는 연구소나 혁신 센터가 코디네이터 기능을 병행하여 수행하는 경우도 종종 있다. 네트워크는 포럼, 세미나, 회의, 전시회, 비공식 네트워크, 정보인프라, 물류 시스템 등 유형, 무형의 수많은 네트워크를 가리킨다. 이 밖에 금융, 법률, 세무, 회계, 컨설팅, 광고, 정보 제공 등 사업지원 기능도 없어서는 안 될 주요 부문이다.

그림 20-1 혁신 네트워크의 구성

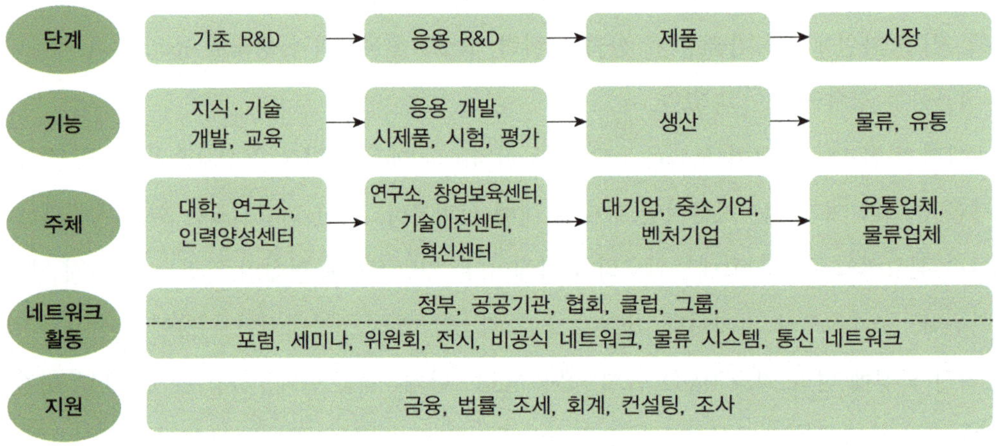

2 강한 네트워크와 약한 네트워크

혁신활동에서 개방형 혁신활동이 많이 이루어지고 있다. 기술의 변화가 가속화되는 시점에서 독자적인 기술 개발은 많은 위험성을 지니기 때문에 기업은 자연스레 타 조직과의 협력을 통해 미래의 불확실성을 줄이려 한다. 타 조직과의 협력에서는 아주 밀접한 관계를 유지할 수도 있고 아니면 느슨한 관계를 유지하거나 혹은 그 중간 형태의 다양한 관계를 형성할 수 있다. 이는 대상 기술이나 업종 또는 기술의 성격이나 혁신의 단계에 따라 달라질 수 있어 일정하게 규정할 수 없다.

먼저 일반적으로 특정 소기의 목적을 달성하기 위한 협력에서는 협력 당사 간에 밀접한 관계를 가지는 것이 효과적일 것이다. 가끔 만나서 정보를 공유하는 정도의 느슨한 연결로는 소기의 목적을 달성하기 어렵다. 그보다는 자주 만나서 대화하면 깊이 있는 정보를 서로 교환하게 되며, 또 직접 함께 일을 하면 일의 성과도 훨씬 높아지게 된다.

그런 이유로 초기의 많은 연구들이 강한 연결의 우수성에 대해 언급하였다. 특히 기업의 제품 및 공정 혁신을 위해 부문 간 지식, 정보 공유 차원에서 강한 연결이 강조되었다(Clark and Fujimoto, 1991 ; Leonard-Barton and Sinha, 1993 ; Henderson and Cockburn, 1994 ; Eisenhardt and Tabrizi, 1995 ; Szulanski, 1996). 그러다가 지식이 복잡해지고 연구 개발이 중요해지면서 지식의 유형에 따라 연결의 강도가 달라져야 한다는 연구들이 뒤를 이었다. 가령 Hansen(1999)은 지식이 복잡하면 강한 연결이, 지식이 단순할 때는 약한 연결이 적합함을 주장하였다. 또한 업종의 특성에 따라 네트워크의 밀도와 강도가 다르다는 주장도 제기되었는데, Walker et al.(1997)은 생명공학을 대상으로 강한 연결이 중요함을 밝혔다. 이처럼 강한 연결과 약한 연결은 일방이 아니라 상황에 맞게 적용되어야 한다는 방향으로 연구가 진행되었다.

점차 기술의 변화 속도가 빨라지고 혁신이 산업경쟁력의 중요 요인이 되면서 강한 연결과 약한 연결은 상호 배타적이 아니라 동시에 조화롭게 추진되어야 할 대상으로 여겨지기 시작하였다. Uzzi(1997)의 경우가 대표적인데, 그는 Granovetter(1973)의 약한 연결과 Burt(1992)의 구조적 공백의 장점을 이어받아 강한 연결은 포화 상태가 있어 일정 임계점 이후에는 약한 연결이 더 효율적임을 밝혔다. 그는 뉴욕의 23개 어패럴 기업을 대상으로 기업 간 강한 연결이 의사소통, 시간 절약 등 상당한 거래비용을 감소시켜 자원의 효율적 배분을 가능하게 하는 장점이 있음을 발견하였다. 그러나 일정 임계점을 넘어서면 역설적으로 기존 관계에 매몰되어 새로운 정보에 접속이 어려워져서 외부 환경 변화에 취약한 구조가 되어 결국 경제적 성과가 낮아지게 됨을 밝혔다.

Uzzi(1997)의 연구는 강한 연결의 우수성을 강조하는 이전 연구 결과와는 다른 것으로 구성원 간 네트워크의 성과가 네트워크 구조와 네트워크 구조 내 구성원의 위치에 따라 달라진다는 질적인 측면을 밝혔다는 점에서 진일보된 연구라 할 수 있다. 그는 구성원 간의 강한 연결로 깊게 체화된 네트워크 시스템의 환경 변화에 대한 적응력을 중시하였다. 그러면서도 네트워크의 매우 핵심적인 역할을 하는 기업이나 연결의 손실이 발생할 경우 조직은 상당한 취약성을 노출할 수밖에 없으므로, 오히려 다원화된 약한 연결이 취약성을 줄일 수 있다고 하였다. 또한 핵심 기업이 네트워크 내에서 차지하는 비중이 높기 때문에 실패할 경우 건전한 기업들조차 어려움을 겪어 소위 시스템 리스크로 확대될 소지가 있다고 하였다. 따라서 강한 연결과 약한 연결의 적절한 통합은 조직의 잠재적 성과를 증가시킨다는 결론을 도출하였다.

그림 20-2 강한 연결과 약한 연결구조의 유형

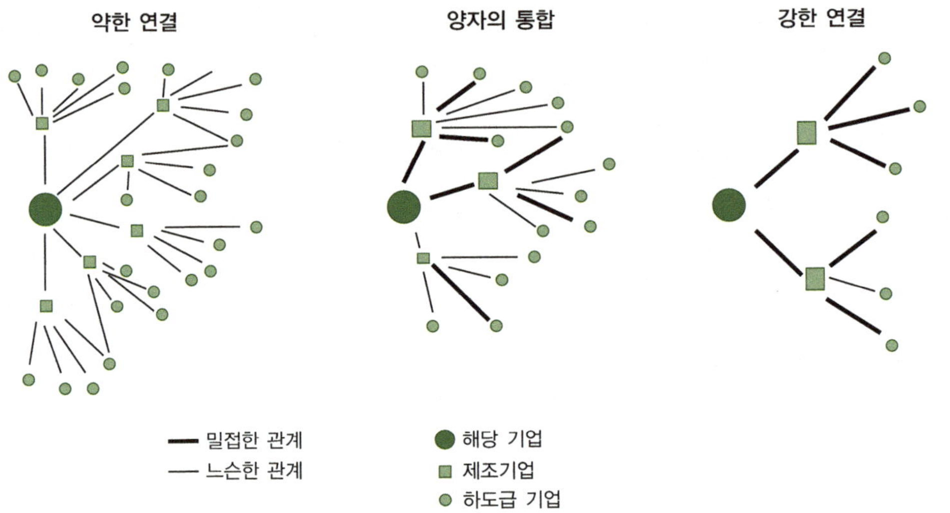

이후 강한 연결과 약한 연결의 조화에 관한 많은 연구들이 뒤따랐다. Cowan and Jonard(2004)는 Watts and Strogatz(1998)의 작은 세상 네트워크 구조가 가장 높은 지식수준을 달성한다는 것을 모델 시뮬레이션을 통해 보여 주었다. 작은 세상 네트워크는 노드 간 평균 경로 거리가 짧으면서 클러스터링 정도가 높은 특징을 보여주기 때문에 지식의 효율적인

그림 20-3 랜덤 정도(p)에 따른 네트워크 유형

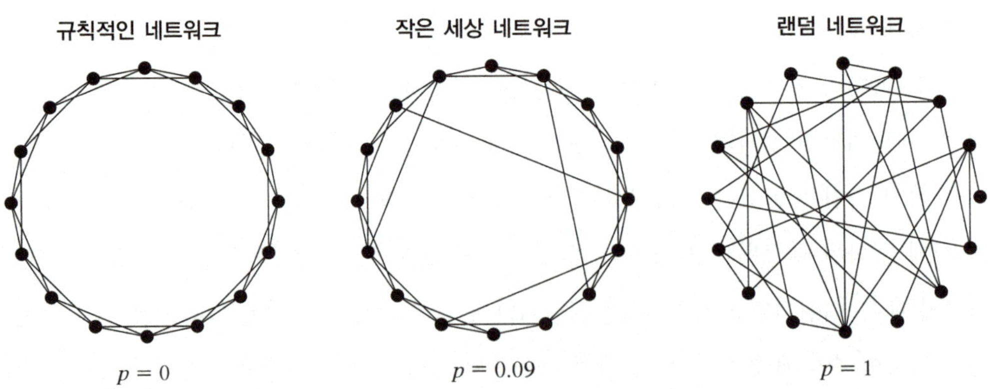

상호 교류가 가능하다. 따라서 랜덤의 정도가 아주 낮은 경우($p = 0$)도 아니고 아주 높은 경우($p = 1$)도 아닌 중간 정도($p = 0.1$) 부근에서 평균 지식수준이 최대화된다. 대부분의 연결은 로컬의 강한 연결이지만 10% 정도는 먼 거리의 약한 연결의 형태를 취할 때 가장 성과가 높다. 또한 이때 지식의 분산 또한 가장 높게 나타나 먼 거리의 약한 연결이 결합되면서 지식의 다양성이 높아짐을 시사한다.

그림 20-4 랜덤 정도(p)에 따른 지식수준

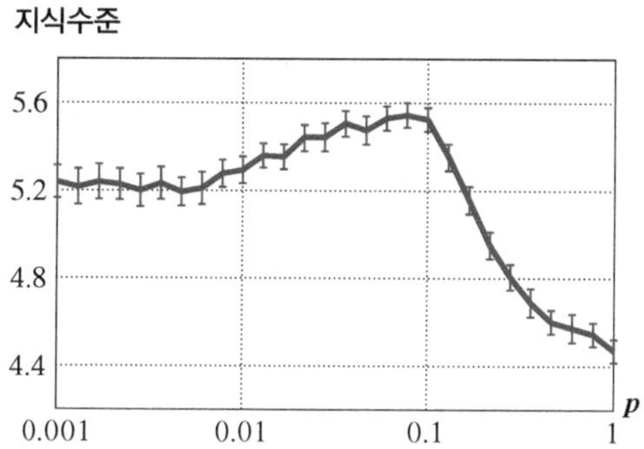

그림 20-5 시간에 따른 지식수준

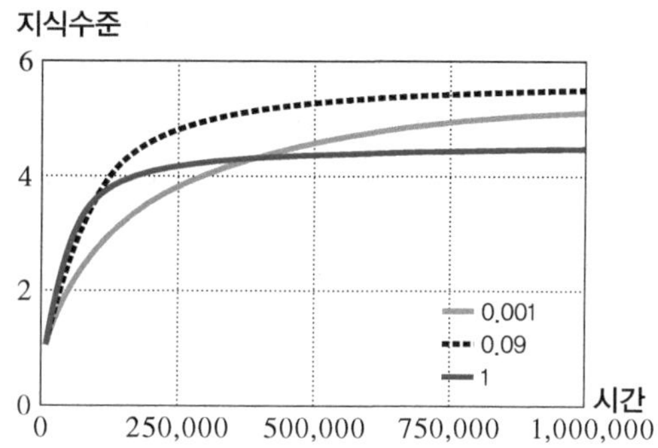

이와 유사한 연구로 Schilling and Phelps(2007)와 Tortoriello et al.(2012)가 있다. Schilling and Phelps(2007)은 미국 11개 하이테크 제조업의 1,106개 기업 간의 제휴 네트워크를 대상으로 분석한 결과 높은 클러스터와 동시에 다양한 기업들에 짧은 경로로 연결된

그림 20-6 클러스터링과 연결 범위의 상호작용

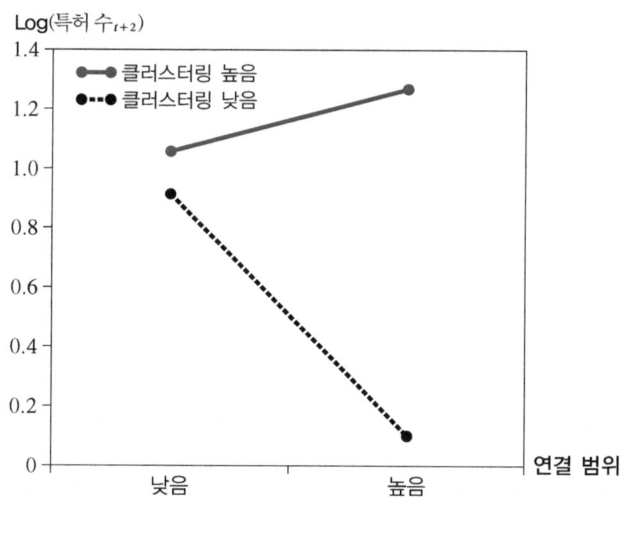

제휴 네트워크에 속한 기업들의 특허 성과가 높다는 것을 밝혔다. 앞서 얘기한 작은 세상 네트워크 구조로서 기업 간 밀도가 높은 강한 연결은 의사소통과 협력을 원활하게 하며, 비중복적인 연결의 존재는 많은 기업 간의 거리를 좁히고 지식의 범위를 풍부하게 해 주는 장점을 지닌다. 전자인 기업 간의 밀접한 관계는 클러스터링 계수(= 3× 삼각형의 수/3개 노드의 연결 수)로, 후자인 기업 간 거리는 노드 간 평균 경로 수의 역수로 경로가 짧을수록 적은 비용으로 많은 기업에 연결되어 높은 도달(high reach)을 나타낸다. 즉, 보다 다양한 기업들과 브리징 연결이 존재하여 Granovetter(1973)의 약한 연결과 Burt(1992)의 구조적 공백의 순기능이 작동된다고 하겠다.

Tortoriello et al.(2012)도 연구자들 사이의 지식 이전에 관한 연구에서 유사한 결과를 도출하였다. 그는 ICT 관련 다국적 기업의 지리적으로 분산된 16개 R&D 부서(미국 4, 유럽 10, 아시아 2) 간 지식 흐름을 대상으로 다음과 같은 가설을 검정하였다.

〈가설 1〉 지식 획득에 부서 간보다 부서 내 네트워킹이 더 효과적이다.

〈가설 2〉 지식 획득과 부서 간 네트워킹 사이의 부(–)의 관계는 연결이 강할수록 약화된다.

〈가설 3〉 지식 획득과 부서 간 네트워킹 사이의 부(–)의 관계는 네트워크 응집력이 높을수록 약화된다.

〈가설 4〉 지식 획득과 부서 간 네트워킹 사이의 부(–)의 관계는 네트워크 범위가 클수록 약화된다.

연결의 강도는 연구자 간 의사소통의 빈도로, 네트워크 응집력은 연구자 i, j가 얼마나 제3자의 연구자에 관련되어 있는지를, 네트워크 범위는 짧은 경로가 얼마나 많은지로 측정을 한다. ICT 관련 다양한 아이템의 연구개발 프로젝트에 종사하고 있는 249명의 연구자들의 서베이 자료를 활용하여 조절 효과 모델을 통해 분석한 결과 모든 가설이 지지되었다. 이는 기본적으로 R&D 부서 내 네트워킹 활동이 부서 간보다 지식 획득에 긍정적인 역할을 하나 부서 간 네트워킹이라 하더라도 연결이 강할수록, 네트워크의 응집력이 높을수록, 네트워크 범위가 클수록 지식 획득이 효과적임을 말한다. 특히 부서 간 지식 이전에서 각 부서의 정보의 허브나 게이트 키퍼 역할을 하는 연구자와의 연결은 지식 획득에 매우 중요하며, 앞의 Schilling and Phelps(2007)의 높은 도달(high reach)의 긍정적인 역할과 일치한다.

3 동종 네트워크와 이종 네트워크

지금까지 얘기한 약한 네트워크는 대개 이질적인 노드 간의 연결 형태를 포함한다. 따라서 Cowan and Jonard(2004), Schilling and Phelps(2007)의 분석에서는 약한 연결을 통한 이종 네트워크의 장점을 일부 얘기하였다. 이제 동종 대 이종 네트워크의 관점에 초점을 두어 논의해 보고자 한다.

앞서 언급한 높은 도달(high reach), 네트워크 범위(network range)에 관련된 연결의 장점은 오랫동안 내부에 깊게 체화된 관계가 아닌 다소 이질적인 노드와의 관계로서 연결은 느슨하지만 매우 유용한 역할을 한다는 데 있다. 즉, 이질적인 노드로부터의 다양한 정보, 지식을 접할 수 있다는 점이다. 서로 다른 정보와 지식들이 상호작용하면서 새로운 혁신의 잠재성이 높아진다. 조직을 둘러싼 환경이 빠르게 변할수록 혁신의 필요성이 높아지기 때문에 이질적인 노드와의 연결은 더욱 필요하다고 하겠다.

동종과 이종 네트워크의 조화에 관한 대표적인 논문으로 McEvily and Zaheer(1999)와 Reagans and McEvily(2003)를 들 수 있다. McEvily and Zaheer(1999)은 미국 중서부에 위치한 227개 중소금속 제조기업에 대한 설문 데이터를 활용하여 구조방정식 분석을 실시하였다. 그들은 기업의 어드바이스 네트워크와 경쟁역량의 원천으로서 브리징 연결의 중요성을 강조하면서 다음과 같은 가설을 검정하였다.

〈가설 1〉 기업 어드바이스 네트워크의 비중복성은 경쟁역량의 확보에 긍정적인 영향을 미친다.

〈가설 2〉 기업 어드바이스 네트워크와의 약한 연결은 경쟁역량 확보에 긍정적인 영향을 미친다.

〈가설 3〉 기업 어드바이스 네트워크의 지리적 분산은 경쟁역량 확보에 긍정적인 영향을 미친다.

〈가설 4〉 지역 기관들과의 상호작용은 경쟁역량 확보에 긍정적인 영향을 미친다.

〈가설 5〉 기업 어드바이스 네트워크의 비중복성은 지역 기관들과의 상호작용에 부정적인 영향을 미친다.

〈가설 6〉 기업 어드바이스 네트워크와의 약한 연결은 지역 기관들과의 상호작용에 부정적인 영향을 미친다.

〈가설 7〉 기업 어드바이스 네트워크의 지리적 분산은 지역 기관들과의 상호작용에 부정적인 영향을 미친다.

기업 어드바이스 네트워크는 기업이 자신의 경쟁력을 확보, 유지하기 위해 기술, 정보, 기회를 획득하는 채널들을 지칭한다. 주로 경쟁기업이나 거래기업과의 관계를 말한다. 지역 기관은 기업 간 관계 이외의 기업활동을 지원하는 공공기관, 민간단체 등을 말하며, 유용한 정보들을 엮어 확산시킴으로써 기업들의 탐색비용을 절감시켜 준다. 어드바이스 네트워크의 비중복성, 약한 연결, 지리적 분산, 더불어 지역 기관들과의 상호작용이 기업 경쟁력 확보에 긍정적인 역할에 초점을 맞춘 것은 바로 이질적인 주체들과의 상호작용으로부터 발생하는 혁신을 강조한 것이다. 〈가설 5~7〉은 어드바이스 네트워크의 비중복성, 약한 연결, 지리적 분산이 지역 기관들과의 상호작용과 상쇄관계(trade-off)에 있음을 말한다.

분석 결과 〈가설 1~4〉 중에 〈가설 2〉를 제외하고는 지지되어 이질적이고 느슨한 연결이 기업의 경쟁역량 확보에 긍정적인 영향이 있음이 밝혀졌다. 〈가설 5~7〉에서는 〈가설 5〉만 지지되고 〈가설 6, 7〉은 유의성이 낮게 나와서 어드바이스 네트워크과의 브리징 연결과 지역 기관들과의 상호작용 간 상쇄관계는 뚜렷하지 않았다. 양자 간에는 보완관계나 혹은 성격이 다른 관계임을 추측해 볼 수 있겠다.

Reagans and McEvily(2003)는 노드들 간 연결의 강도, 동질성 및 이질성, 지식 흡수능력 등 네트워크의 구조적 특성에 초점을 맞춘다. 즉, 단순히 동종 또는 이종 네트워크의 우열을 얘기하기보다 연결의 강도나 이전 지식의 암묵지 정도에 따라 양자 간 우위성이 달라진다는 점을 강조하였다는 점에서 앞의 연구와는 다소 차별된다. 그들은 미국 중소도시에 위치한 소재 분야의 한 R&D 기업을 대상으로 서베이 분석을 하였는데 해당 기업은 소재 생산기업들에게 제품 및 공정 개발, 디자인 설계 등 전 주기에 걸친 통합 솔루션을 제공하는 역할을 한다. 종사자는 113명이고 대부분 석·박사 학위를 소지한 과학자, 엔지니어들로 구성되어 있다. 따라서 이들 간의 네트워크 구조와 지식 이전에 관한 연구를 진행하여 다음과 같은 가설을 검증하였다.

〈가설 1〉 공통의 지식은 지식 이전에 긍정적인 영향을 미친다.

〈가설 2a〉 연결 강도는 지식 이전에 긍정적인 영향을 미친다.

〈가설 2b〉 연결 강도와 지식 이전의 양(+)의 관계는 암묵지일수록 높아진다.

〈가설 3〉 사회적 응집력은 지식 이전에 긍정적인 영향을 미친다.

〈가설 4〉 네트워크 범위는 지식 이전에 긍정적인 영향을 미친다.

종속변수인 지식 이전은 개인 간 지식의 이해와 습득 정도를 나타내는 5개 문항으로 스케일 측정했다. 암묵지는 지식의 코드화, 문서화, 표준화 등을 나타내는 5개 문항으로 스케일 측정했다. 공통의 지식은 개인들의 인종, 성별, 교육, 종신고용, 전문성, 우정 등의 차원에서 더미변수 또는 스케일을 부여하는 형태로 측정했다. 연결의 강도는 개인 간 감성적 거리와 의사소통 횟수로, 네트워크 응집력은 세 사람 간 삼각형 연결관계를 나타내는 네트워크 밀도로, 네트워크 범위는 서로 다른 전문성을 가진 사람들을 연결하는 네트워크 다양성으로 측정했다.

분석 결과 〈가설 1〉 공통의 지식(지식 흡수능력)은 지식 이전에 약하게 영향을 미치는 것으로 나타났으며, 반면 〈가설 2a〉 연결의 강도는 지식 이전에 강하게 영향 미치는 것으로 나타났다. 〈가설 2b〉는 지지되어 암묵지일수록 연결의 강도가 지식 이전에 긍정적인 영향을 미쳤다. 〈가설 3〉과 〈가설 4〉는 〈가설 2a〉 연결의 강도 이상으로 강하게 지지되어 네트워크 밀도와 다양성은 지식 이전에 매우 긍정적인 영향을 미치는 것으로 나타났다. 이 밖에 암묵지일수록 네트워크 응집력과 범위가 지식 이전에 긍정적인 역할을 한다는 것도 밝혀졌다. 암묵지의 경우 이전이 쉽지 않기 때문에 이를 보완하기 위해 강한 연결, 높은 네트워크 밀도 및 다양성 등으로 이를 해결하고자 하는 것으로 해석할 수 있다.

이를 통해 알 수 있는 것은 지식의 이전이 단순히 지식을 교류하는 당사자 간의 연결에 의존하는 것이 아니라 그것을 넘어서는 네트워크의 밀도와 다양성 같은 구조적인 요인에 영향을 받는다는 점이다. 뿐만 아니라 당사자의 지식 흡수능력, 이전되는 지식이 형식지냐 아니면 암묵지냐에 따라서도 연결의 강도, 밀도, 다양성의 역할이 다르다는 것을 밝힌 점에서 본 연구의 기여가 있다.

지금까지 살펴본 지식, 전문성 측면에서의 동질적 또는 이질적 네트워크과는 달리 인구통계학적인 측면에서 동종선호(homophily) 네트워크가 혁신행위에 이슈가 된다. 다른 조건이 동일하다면 아무래도 같은 인종, 국적, 성, 학교 등을 공유한 사람들끼리 어울리기 쉽다. 유사한 배경을 공유하면 서로 공감과 이해를 바탕으로 신뢰관계를 형성하기 쉽기 때문이다(Winter and Kataria, 2013).

비즈니스 스타트업 세계에서도 수많은 위험이 존재하므로 창업자와 투자자 간에 이러한 동종 선호의 네트워크가 형성될 가능성이 높다. 특히 창업 초기에는 정보들이 제한되어 있기 때문에 투자자들은 성, 인종, 학교 등의 정보에 기초해 의사결정을 하는 경향이 강하다(Aldrich et al., 1989 ; Bottazzi et al., 2016 ; Boulton et al., 2018 ; Frank et al., 2008 ; Guiso et al., 2009 ; Hegde and Tumlinson, 2014).

반면 비즈니스 스타트업과 같은 매우 합리적인 행동이 요구되는 영역에서 동종선호 네트워크에 기초한 행동은 비합리적이라는 비판도 존재한다. Lim et al.(2019)은 창업자와 투자자 간의 동종선호 네트워크에 기초한 행위가 비합리적임을 밝히고 있다. 동 연구는 미국의 초기 싱글 엔젤 투자(seed investment)를 받은 632개 스타트업을 대상으로 학교, 지역, 인종, 성이 창업자와 투자자 간에 재투자 여부와 투자금액에 어떠한 영향을 미치는지에 대해 분석하였다.

분석 결과 학교를 제외한 사회적 관계는 모두 유의성이 낮게 나왔다. 그러나 학교 또한 예상과는 달리 부(−)의 관계로 나와 별도의 해석이 필요하다. 스타트업 투자와 같이 치열한 비즈니스 세계에서 같은 사회적 배경을 지녔다는 이유로 의사결정을 하는 것은 매우 위험하며, 같은 학교라는 이유로 투자행위를 하면 오히려 성과에 반하는 결과가 나와 맹목적인 투자행위의 위험성을 말해 주고 있다. 이는 변수들 간 상호작용 효과, 즉 사회적 관계가 중복이 될 경우 투자 효과가 더 높을 것이라는 가설 검증에서도 마찬가지로 모두 유의성이 낮게 나와 이를 일관성 있게 뒷받침하였다.

부(−)의 관계이지만 유일하게 유의성이 높은 결과가 나온 학교에 대해 본 연구는 좀 더 세분화하여 분석하였다. 분석 결과 상위 학교 졸업생 간에는 전체 학교의 결과와 같이 유의미한 부(−)의 관계를, 하위 학교 졸업생 간에는 유의미한 정(+)의 관계가 나타났다. 이는 같은 상위 학교 출신 간의 막연한 투자가 성공을 가져다줄 것이라는 예상이 오히려 비합리적인 행위로 이어짐을 반증하고 있다. 반면에 하위 학교의 경우는 학교에 대한 기대보다 근면, 성실과 같은 보다 합리적인 행위로 보완되고 있는 것으로 해석할 수 있다.

또한 같은 학교에서 MBA나 이에 준하는 석사학위와 같은 동일한 학위를 공유할 경우 투자에 긍정적인 효과가 있는 것으로 나타났다. 이는 학교라 하더라도 창업자든 투자자든, 보다 본인들의 최근 일과 관련된 학위 과정은 투자에 긍정적인 효과가 있음을 말해 준다. 또한 동종선호의 사회적 네트워크라도 합리적 행위에 기반하고 있음을 시사한다.

4 선발자와 후발자 네트워크

대개 선발자 네트워크에는 새로운 혁신을 선도하기 때문에 다양한 분야들 간에 지식 교류가 비교적 활발히 일어난다. 유사한 분야들 사이에서 서로 모방과 응용을 통해 새로운 아이디어가 창출된다. 때로는 전혀 연관성이 낮은 분야에서 생각지도 못한 힌트를 얻어 새로운 길을 찾을 수도 있다. 따라서 선발자 네트워크는 네트워크 응집력과 동시에 넓은 범위의 혁신 네트워크 특성을 보인다. 반면 후발자 네트워크는 선발자들이 개척해 놓은 영역을 따라가는 일이 우선이기 때문에 지식의 범위가 넓지 않다. 또는 선발자들이 영역 내에서 틈새 영역을 개척하기 때문에 지식의 영역 확장에 한계가 있다. 따라서 유사한 영역 내에 특정 분야에 집중하여 강한 네트워크 응집력을 보이는 경향이 있다(Geum et al., 2012 ; Karvonen and Kässi, 2013 ; Jeong et al., 2015).

Lee and Lee(2012)는 1984~2006년 1~6차 EU Framework Program의 바이오테크

그림 20-7 EU FP 전체 네트워크(a)**와 25개 핵심 네트워크**(b)

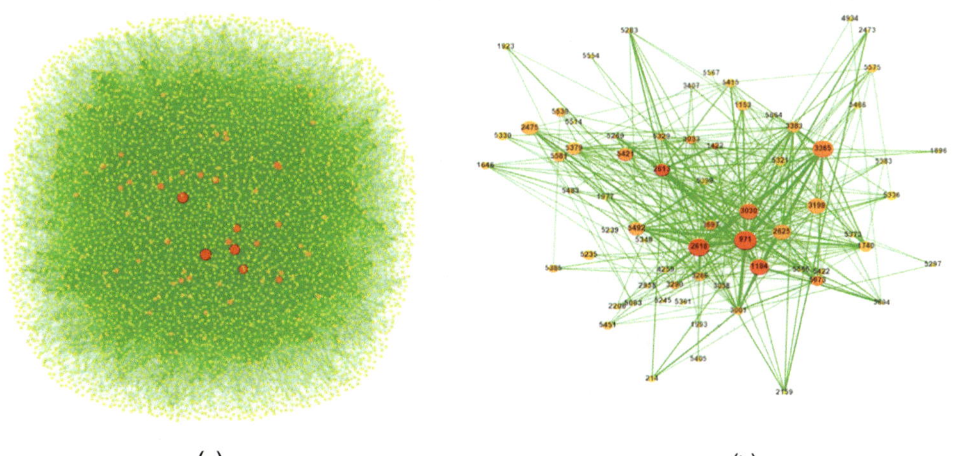

(a) (b)

주 : 노드의 크기가 클수록, 그리고 색깔이 노란색에서 붉은색으로 갈수록 노드에 연결된 링크가 많다. 두 노드 간 링크가 두꺼울수록 두 노드가 공동으로 참여하는 프로젝트의 수가 크다.

놀로지 분야의 국가별 연구협력 네트워크를 분석하였다. 총 124개국 2,829개 공동 프로젝트에 5,763개 기관이 참여하여 전체 네트워크를 구성하고 있다([그림 20-7]의 (a)). 이 중 25개 이상의 링크를 가진 주요 68개 기관으로 이루어진 핵심 연구협력 네트워크([그림 20-7]의 (b))를 분석하였고, 동시에 16개 국가별 하위 네트워크를 비교하였다. 국가별 네트워크는 특정 국가의 기관에 연결된 모든 기관들을 포함하여 국가별 연구협력 네트워크를 구성하였다. 그리고 총 노드의 수와 밀도를 기초로 대형, 중형, 소형, 초소형의 4개 그룹으로 분류하였다. [그림 20-8]은 대, 중, 소형 그룹의 대표적인 국가들의 연구협력 네트워크를 시각화한 것이다.

그림 20-8 국가별 네트워크

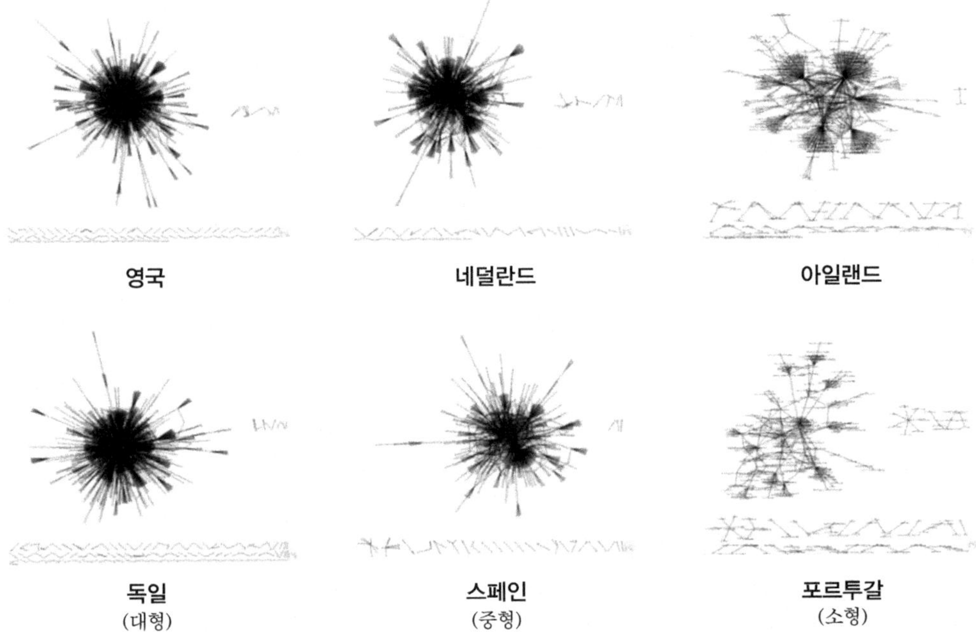

[그림 20-8]로는 대략의 네트워크 형태를 짐작할 순 있어도 세부적인 구조를 알기 어렵다. 따라서 국가별 연구협력 네트워크 구조를 좀 더 자세히 보기 위해 여러 가지 지표를 계산하였다(〈표 20-1〉). 전체적으로 보면 초소형 그룹에서 대형 그룹의 국가로 갈수록 노드와 링크가 많기 때문에 네트워크 밀도가 낮으며, 동시에 집중화 지수가 낮은 경향을 보인다. 또한 대부분의 국가들이 지수(α)가 2 내외의 멱함수 법칙을 따르고 있어 스케일프리 네트워크 구조를 보인다. 영국, 독일 등 선도 역할을 하는 대형 그룹의 국가들은 지수가 2보다 작아 보다

표 20-1 국가별 연구협력 네트워크의 특징

구분	국가	노드 수	링크 수	밀도 ($\times 10^{-2}$)	평균 연결 수	지름	가장 큰 컴포넌트의 노드 수 (%)	중심화 지수 (Centralisation index)			멱함수 분포		평균경로 길이		클러스터링 계수 ($\times 10^{-2}$)		모듈성 (Modularity) Q
								연결 (Degree)	고유 벡터 (Eigenvector)	매개 (Betweenness)	α	p-value	실제	랜덤[a]	실제	랜덤[a]	
대형	GBR	2,194	4,501	0.187	4.10	11	1,990 (90.7)	0.081	0.231	0.081	1.91	0.175	3.877	5.381	4.987	0.187	0.473
	GER	2,118	4,009	0.179	3.79	9	1,873 (88.4)	0.101	0.314	0.126	1.88	0.636	3.804	5.660	4.762	0.179	0.490
	FRA	1,889	3,336	0.187	3.53	10	1,741 (92.2)	0.189	0.375	0.275	2.10	0.016	3.569	5.914	2.418	0.187	0.525
중형	ITA	1,383	2,410	0.252	3.49	10	1,241 (89.7)	0.137	0.373	0.231	1.92	0.561	3.927	5.706	2.895	0.252	0.532
	NED	1,330	2,301	0.260	3.46	10	1,219 (91.7)	0.155	0.310	0.216	2.04	0.188	3.530	5.725	3.130	0.260	0.530
	ESP	1,099	1,508	0.250	2.74	12	956 (87.0)	0.260	0.659	0.509	2.05	0.380	3.892	6.799	1.136	0.250	0.634
	BEL	1,039	1,538	0.285	2.96	10	929 (89.4)	0.169	0.386	0.220	2.08	0.535	3.668	6.296	1.606	0.285	0.593
소형	SWE	854	1,178	0.323	2.76	9	737 (86.3)	0.286	0.518	0.359	2.17	0.047	3.337	6.506	1.679	0.323	0.593
	DEN	765	1,041	0.356	2.72	12	645 (84.3)	0.160	0.486	0.237	2.10	0.921	3.973	6.460	1.971	0.356	0.640
	AUT	652	759	0.358	2.33	11	557 (85.4)	0.110	0.622	0.241	2.12	0.805	4.727	7.482	0.806	0.357	0.773
초소형	GRE	510	581	0.448	2.28	10	418 (82.0)	0.149	0.623	0.212	2.10	0.313	4.500	7.331	0.273	0.447	0.747
	IRL	465	554	0.514	2.38	7	389 (83.7)	0.257	0.568	0.354	2.27	0.032	3.351	6.868	1.435	0.512	0.665
	SUI	455	623	0.603	2.74	11	401 (88.1)	0.162	0.407	0.230	2.34	0.455	4.048	5.951	0.748	0.602	0.619
	FIN	409	490	0.587	2.40	8	352 (86.1)	0.307	0.635	0.445	2.24	0.334	3.537	6.710	1.384	0.586	0.654
	POR	350	351	0.575	2.01	11	242 (69.1)	0.112	0.649	0.280	2.32	0.054	4.729	7.885	0.825	0.573	0.807
	NOR	349	400	0.659	2.29	8	295 (84.5)	0.204	0.596	0.337	2.12	0.101	3.729	6.857	0.913	0.657	0.703

[a] 실제 네트워크와 동일한 노드와 링크 수를 가진 랜덤 네트워크를 대상으로 측정한 값이다.

두꺼운 꼬리의 멱함수 분포를 보이고 있어 유달리 많은 연구협력을 하는 소수의 기관들이 존재함을 알 수 있다.

대형으로 갈수록 클러스터링 지수가 큰 반면 평균 경로 거리는 짧아 Watts와 Strogatz의 작은 세상 네트워크의 특징을 보인다. *Q*값도 대형일수록 낮고 소형일수록 높아 차별화되고 있다. 소형 그룹이라고 해서 반드시 후발자라고 할 수 없지만 선발자일수록 강한 연결과 약한 연결이 공존하고 동종과 이종 연결이 조화되는 네트워크 구조를 보이는 것으로 추론할 수 있다. 이는 동일한 그룹 내에서도 영국, 독일(이상 대형), 이탈리아, 네덜란드(이상 중형), 스웨덴(이상 소형), 스위스, 핀란드(이상 초소형) 등 선도 국가들이 상대적으로 낮은 *Q*값을 보이는 것과 맥을 같이 한다. 따라서 전반적으로 보면 선발자는 다방면의 걸친 개방적인 네트워크 구조를, 후발자는 특정 영역에 강하게 응집하는 경향을 보인다.

Kim and Lee(2020)는 특정 품목의 R&D 네트워크 구조를 국가 간 비교를 통해 어떤 차이점이 보이는지를 연구하였다. 본 연구는 플렉시블 디스플레이 소재 분야에서 한국과 일본의 R&D 네트워크 구조를 비교하였다. 디스플레이 분야는 반도체와 같이 한국이 후발국으로서 출발하여 세계적인 경쟁력을 확보한 대표적인 품목이다(Mathews and Cho, 2007 ; Chen and Chen, 2015 ; Hobday et al., 2004). LCD 패널 분야에서 삼성과 LG가 2016년 기준 각각 21.6%과 11.9%의 시장 점유율로 1, 2위를 차지하고 있다. 하지만 액정 크리스탈, 편광보호필름, 반사방지필름 등 디스플레이 소재 분야는 사정이 달라 일본, 독일, 미국이 선도 역할을 한다(Sullivan, 2012).

이에 본 연구는 유망 디스플레이 소재의 하나인 플렉시블 디스플레이 소재 분야에서 선발국인 일본과 후발국인 한국을 대상으로 R&D 네트워크 구조를 살펴본 것이다. 플렉시블 디스플레이 분야 기술융합 추세를 알 수 있는 특허 데이터의 공동분류(co-classification) 방법론을 활용하여 한국과 일본의 기술융합 네트워크를 그렸다. 하나의 특허가 복수의 기술(International Patent Classification ; IPC 코드)로 동시에 분류된다면 동 분류들이 서로 융합되어 있다고 간주한다. 특허 데이터는 미국 USPTO 자료를 활용하여 1988~2016년 사이 한국 135 특허와 277 IPC 코드, 일본 362 특허와 627 IPC 코드를 추출하였다.

한국과 일본의 네트워크 구조를 파악하기 위해 두 가지 측면을 분석하였다. 하나는 기술융합을 동일 기술 내 융합과 이종 기술 간 융합으로 나누어 클러스터링 분석을 하였다. 클러스터링 분석은 섹터(커뮤니티) 내 응집력을 측정하는 *Q*값을 활용하였다. 다른 하나는 각국의 기술융합 네트워크에서 기술의 다양성을 측정한다. 기술의 다양성은 전체 네트워크의 중심성 지수와 HHI(허핀달 지수)를 활용하였다.

[그림 20-9]는 한국과 일본의 중심 클러스터를 나타낸다. Q값이 각각 0.448과 0.443으로 유사한 수준을 나타내며, 각 노드는 IPC 코드를 나타낸다. 한국은 18개 IPC 코드로 구성되어 있으며, 그룹 내에서 상당히 유사한 기술군 간에 연결되어 있다. G1은 H01L(반도체 장치와 기타) 관련, G2는 B32B(적층재) 관련, G3는 B05D(액정 소재의 표면처리 공정) 관련 및 C23C(금속 소재) 관련 하위 기술과 주로 연결되어 있다.

그림 20-9 한국과 일본의 플렉시블 디스플레이 소재 기술융합 네트워크 클러스터

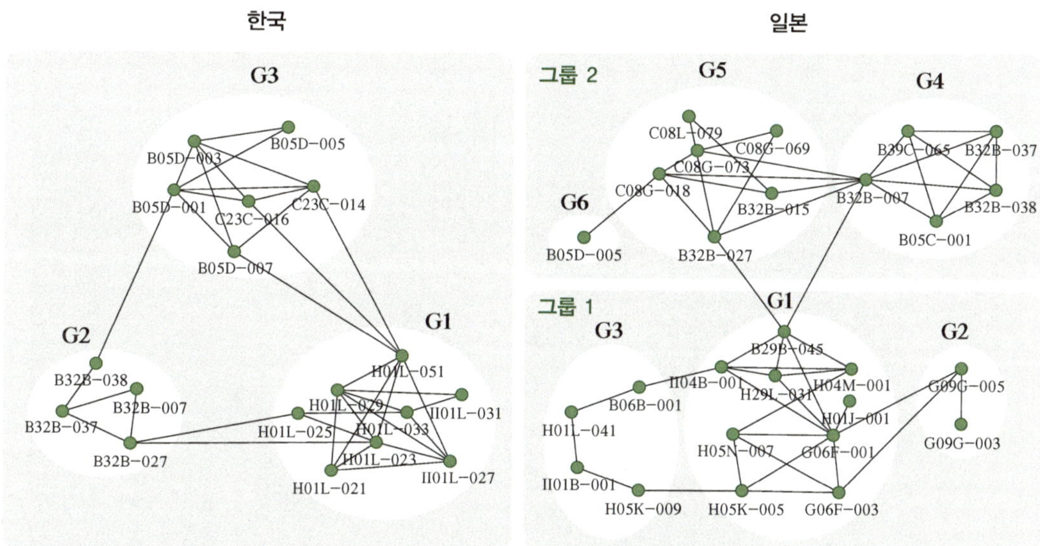

반면 일본은 27개 IPC 코드로 구성되며, 비교적 이종 기술군들을 포함하고 있음을 알 수 있다. 즉, G2와 G4를 제외하고는 서로 다른 기술이 연결되어 있다. 예를 들어 C08G(탄소합성 반응이 아닌 다른 방법에 의한 고분자 물질), C08L(고분자 합성물질), H04M(전화 통신), B29C(플라스틱 성형 등), G06F(전기 디지털 데이터 프로세싱), H05K(인쇄 회로 등) 등 보다 다양한 기술군을 포함한다.

다음으로 기술의 다양성을 보면 한국은 전체 네트워크의 중심성 지수가 0.063으로 동일한 크기의 랜덤 네트워크의 0.065와 거의 같게 나온 반면, 일본은 각각 0.032와 0.054로 나와 실제 네트워크가 랜덤 네트워크보다 낮은 중심성을 보였다. 기술 집중화를 나타내는 HHI

와 조정 HHI(bias-adjusted HHI)에서 한국은 각각 0.150, 0.132, 일본은 각각 0.108, 0.096으로 나와 한국이 일본보다 특정 기술에 더 집중되어 있는 것으로 나타났다.

클러스터 및 집중도 분석 결과 플렉시블 디스플레이 소재 분야 연구 개발에서 한국은 전반적으로 좁은 범위의 기술에 밀집되어 있는 반면, 일본은 보다 넓은 범위의 기술에 분산되어 있는 특징을 보인다. 이는 앞서 EU-FP의 연구협력 네트워크에서 살펴보았듯이 선도자는 후발자보다 상대적으로 다양한 분야에 걸친 분산된 네트워크 구조를 보이는 것과 동일한 맥락을 지닌다.

제21장 전염병 확산

1. 전염병과 네트워크 / 2. 전염병 확산 모델
3. 네트워크 구조와 확산 패턴 : SIS 모델 응용
4. 인구 분포와 확산 패턴 : 코로나19 사례

HIV, SARS, 코로나19 등 바이러스 전염병은 대개 사람과 사람, 사람과 동물의 접촉을 통해 전파되므로 일종의 네트워크 현상이다. 이들의 전파 메커니즘을 파악하는 것은 전염병 확산 패턴을 이해하고 방지하는 효과가 있을 뿐만 아니라 경제 현상을 이해하고 처방하는 데도 시사점을 준다.

1 전염병과 네트워크

전염병의 확산 패턴은 우선 병원균(바이러스)의 특성, 즉 전파력의 강약, 치명률, 전파매체, 감염 기간, 잠복 기간 등에 영향을 받는다. 바이러스가 공기를 통해 다수에게 전파될 경우 전파력이 매우 높다. 반면 COVID-19와 같이 접촉에 의한 비말로 전파될 경우는 밀촉 접촉자를 통하여 전파되어 전파력이 상대적으로 낮다고 할 수 있다. 병원균이 상온에서 얼마나 생존하느냐, 증세가 나타나기까지의 잠복 기간 등도 전염병 확산에 매우 중요한 요인이 된다.

뿐만 아니라 전염병 확산은 병원균을 옮기는 개체의 네트워크 구조에도 크게 영향을 받는다. 기본적으로 개체 네트워크가 랜덤 네트워크냐 또는 스케일프리 네트워크 구조냐, 임계점이 존재하느냐에 따라 전염병 확산 패턴이 영향을 받는다고 할 수 있다. 구체적으로는 사람들의 접촉 네트워크에 영향을 받는데, 지역별 인구 분포(강인제·이덕희, 2022), 도시 내 사람들의 이동경로(Eubank et al., 2004 ; Meyers et al., 2005)나 항공노선(Colizza et al., 2006)이 어떠한 네트워크 구조를 가지느냐가 전염병 확산에 결정적인 영향을 미친다. 또한 구제역과 같은 동물 간 전파되는 전염병의 경우는 동물이나 식물의 분포 구조가 중요한 영향을 미친다(Haydon et al., 2003). 마찬가지로 정보통신 네트워크에서 컴퓨터 바이러스의 확산도 이와 유사한 성격을 지닌다(Kephart et al., 1997).

2 전염병 확산 모델

전염병이 어떻게 네트워크 내에서 확산되는가를 파악하는 대표적인 모델로 트리 모델, SIR 모델, SIS 모델을 들 수 있다. 동 모델을 통해 전염병의 확산을 이해하고 나아가 효과적으로 차단하는 방안을 모색할 수 있다. 동 모델은 전염병뿐만 아니라 정보, 컴퓨터 바이러스, 루머 등의 확산에도 응용이 가능하다.

2.1 트리 모델

트리(tree) 모델은 나뭇가지가 뻗어 나가는 모양처럼 전염병이 확산되는 패턴으로 다음과 같은 형태를 띤다(Easley and Kleinberg, 2010)[1].

① **첫 번째 파고** : 한 사람이 무작위적으로 k명의 사람을 만나고 p의 확률로 전염병을 옮긴다.

② **두 번째 파고** : 첫 번째 파고의 k명의 사람이 각자 k명의 사람을 만나 $k \times k = k^2$로 확대되고, 그중 감염된 사람은 마찬가지로 p의 확률로 전염병을 옮긴다.

③ **후속 파고** : k명의 사람 접촉과 p의 감염 확률로 동일한 방식으로 차수를 거듭하면서 전염병이 확산된다.

---

1. Easley and Kleinberg(2010), Ch. 21.

[그림 21-1]은 $k = 3$인 3차 파고의 트리 모델을 예시한 것이다. (b)는 차수가 거듭될수록 감염자가 2 → 3 → 5명으로 늘어나는 반면, (c)는 2 → 1 → 0명으로 줄어들어 3차에서는 아무도 감염되지 않는다. (b)는 전염병이 확산되는 국면에 있으나 (c)는 종식되는 국면에 있어서 양자가 서로 상반되는 형태를 보인다.

그림 21-1 트리 모델에 의한 전염병 확산

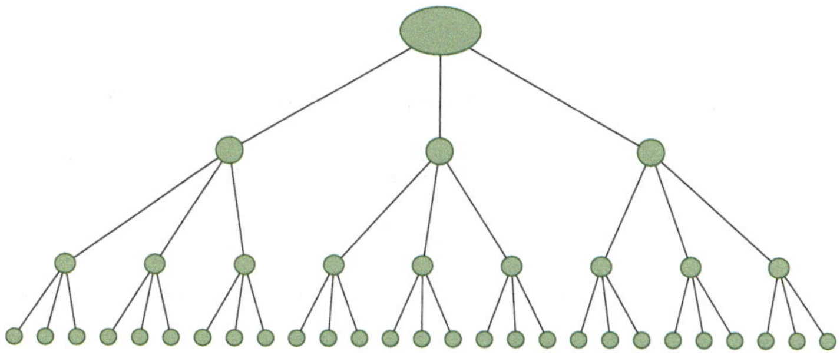

(a) 나뭇가지 확장형 접촉 네트워크

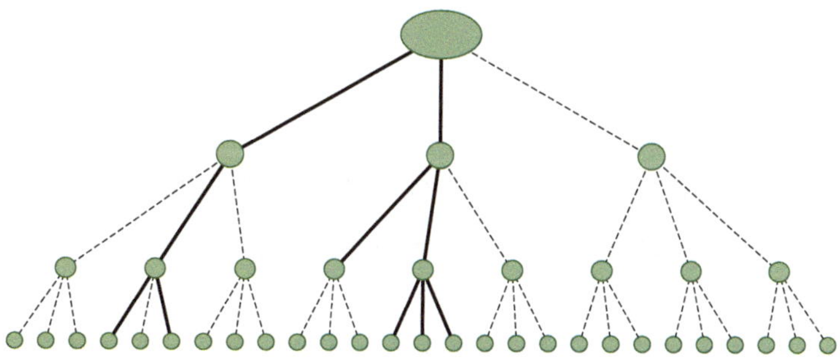

(b) 높은 감염 확률로 전염병 확산

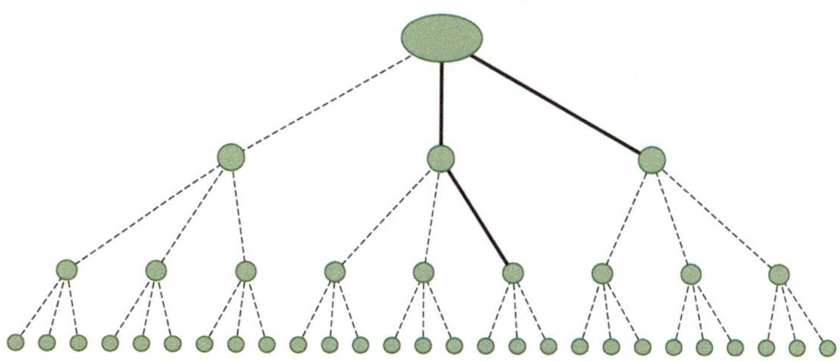

(c) 낮은 감염 확률로 전염병 종식

여기서 감염재생산지수(R_0)라는 것을 생각할 수 있는데, 이는 감염된 한 사람이 얼마나 많은 다른 사람을 감염시키느냐를 나타내는 지수이다. $R_0 = pk$이며, 1보다 크면 감염된 사람은 매 파고마다 적어도 한 사람 이상을 감염시키면서 전염병이 지속되며, 1보다 작으면 감염된 한 사람이 한 사람보다 적은 사람을 감염시키므로 제한된 파고 이내에 전염병이 종식됨을 예고한다. 그러나 감염 확률이 1보다 작은 한 한 사람이 아무에게도 감염시키지 않을 경우가 발생할 수 있기 때문에 감염재생산지수가 1보다 크다고 해서 반드시 전염병이 지속된다고 말할 수 없다.

이러한 경우 $R_0 = pk = 1$인 임계점 근처에서는 전염병 확산 패턴이 보다 휘발성을 보일 수 있다. R_0가 1보다 조금 낮은 경우 어떤 이유로 p나 k가 약간 높아져 R_0가 1보다 높아지게 되면 전염의 네트워크적인 특성에 의해 갑자기 확산이 폭발적으로 증가하는 국면으로 바뀔 수 있다. 이는 반대도 마찬가지이다. 따라서 임계점 근처에서는 매우 조심해야 하며, 백신이나 위생을 통해 p를, 사회적 거리두기 등을 통해 k를 낮추는 노력이 필요하다.

2.2 SIR 모델

SIR 모델은 질병 확산의 전통적인 모델로서 1920년대에 L. Reed와 W. H. Frost에 의해 최초로 탄생되었다. 그들은 인구를 세 유형으로 분류하였다.

① Susceptible(S) : 질병을 가지고 있지는 않으나 전염 가능성 보유
② Infective(I) : 질병을 가지고 있으며, 일정 확률로 다른 사람을 전염
③ Removed(R) : 질병으로부터 회복하여 영구적인 면역 보유

앞의 트리 모델에서는 전염병에 감염된 이후 면역이 생성된 경우를 상정하지 않아서 일반적이지 않았는데, SIR 모델에서는 면역이 생성된 경우를 고려한 점이 두 모델의 차이점이다. [그림 21-2]는 SIR 모델에 기초한 간단한 전염병 전파의 예를 보여준다. 일정 네트워크상에서 감염 확률을 p, 감염 기간을 t_1이라 하고, 초기 구성원은 I와 S 상태 (a)에서 시작한다. 즉, y와 z가 감염된 상태에서 t_1 기간이 지나 다음 단계 (b)에서 p의 확률로 x와 v를 감염시키고 y와 z는 면역 상태로 돌아간다. 동일한 과정으로 다음 단계 (c)로 가고, 그 다음 (d)에서는 더

이상 감염되지 않고 모두 면역 상태로 가게 된다.

그림 21-2 SIR 모델에 기초한 전염병의 전파

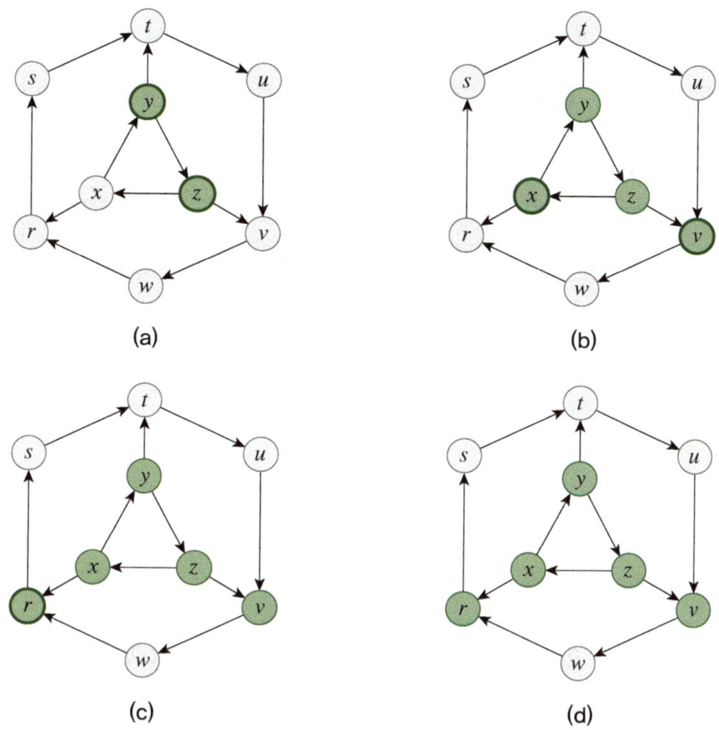

여기서 감염 상태에서 q의 확률로 면역 상태로 간다고 하고 S, I, R 상태에 있는 개인들의 비율을 각각 s, i, r이라고 하면 시간에 따른 상태의 미분방정식은 다음과 같이 된다(Anderson and May, 1991 ; Bailey, 1975 ; Hethcote, 2000).

$$\frac{ds}{dt} = -pis, \quad \frac{di}{dt} = pis - qi, \quad \frac{dr}{dt} = qi$$

좀 더 일반화하여 감염 확률도 방향성을 부여하여 p_{xy}와 p_{yx}로 구분할 수 있다. 또한 I 상태를 더 세분화하여 초기, 중기, 말기로 구분하여 기간마다 감염 확률을 다르게 부여할 수도 있다(Keeling and Eames, 2005). 또는 구성원들의 연령대에 따라 감염 확률을 달리하여 분석하는 것도 가능하며, 나아가 전염병 확산 과정에서 병원균 자체가 면역이 생겨 변이를 일으키는 것을 고려하여 SIR 모델을 변용하는 것도 가능하다(Girvan et al., 2002).

이러한 기본 모델을 바탕으로 많은 후속 연구들이 이루어졌다. 주요 이슈로는 감염률 혹은 감염시기(Newman, 2002), 노드의 연결도(Moreno and Vázquez, 2003), 네트워크 구조(Meyers et al., 2003 ; Newman, 2002) 등의 상관관계에 따른 확산 패턴, 임계점의 존재 유무 등을 들 수 있다. 이들 연구들의 중요한 결론 중 하나는 멱함수 분포를 따르는 네트워크의 경우 지수가 3보다 작은 경우 0이 아닌 전염 임계점이 존재하지 않는다는 것이다. 후속 연구들은 노드들 간 상관관계(Blanchard et al., 2002 ; Boguná and Pastor-Satorras, 2002 ; Boguná et al., 2003 ; Moreno and Vázquez, 2003), 공간 차원(Rozenfeld et al., 2002 ; Warren et al., 2002), 높은 전이성(Eguiluz and Klemm, 2002) 등 네트워크 구조 관련 다양한 조건들에 따라 상이한 결론들을 도출하고 있다.

2.3 SIS 모델

모든 질병이 생존자들에게 면역을 부여하는 것은 아니다. 감기처럼 약으로 쉽게 치유될 수 있는 질병들은 다시 걸리곤 한다. 컴퓨터 바이러스도 이에 해당된다. 안티바이러스 소프트웨어를 통해 치료는 될 수 있으나 영구적인 바이러스 검사 프로그램 없이는 컴퓨터가 다시 같은 바이러스에 감염되는 것을 피할 수 없다. 이처럼 질병 보유자들은 치유를 통해 면역된 그룹이 아니라 다시 감염 가능자 그룹으로 들어가게 된다. 이에 기초한 모델이 SIS 모델이다.

여기서는 R 상태가 존재하지 않고 S와 I 상태만 존재한다. 감염 확률을 p, 감염 기간을 t_1이라 하고, 처음 구성원들은 I와 S 상태에서 시작한다. t_1 기간이 지나 I 상태의 특정 구성원이 p의 확률로 다른 구성원들을 감염시킨다. 그리고 t_1 기간이 지나면 초기에 감염된 구성원들은 면역 상태로 바뀌지 않고 다시 S 상태로 돌아가게 된다. [그림 21-3]은 SIS 모델에서

그림 21-3 SIS 모델에 기초한 전염병의 전파

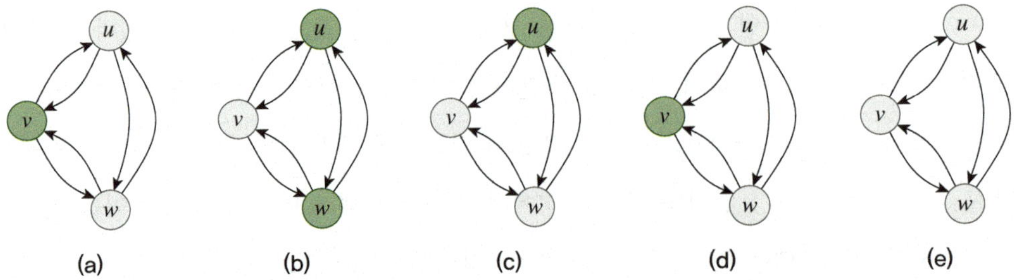

감염 상태의 v가 다른 개체를 감염시키고 일정 기간이 지난 후 회복되고 다시 본인이 감염되는 과정을 나타낸다.

감염 상태에서 q의 확률로 회복 상태로 간다고 하고, S, I 상태에 있는 개인들의 비율을 각각 s, i라고 할 때 시간에 따른 상태의 간단한 미분방정식으로 표현하면 다음과 같다.

$$\frac{ds}{dt} = -pis + qi, \quad \frac{di}{dt} = pis - qi$$

SIR 모델처럼 SIS 모델도 서로 다른 개체 간 다른 감염 확률, 회복 확률, 감염 시기에 따라 다른 감염 확률, 다른 성격의 변이 발생 등을 고려하여 보다 일반화된 모델로 확장될 수 있겠다.

앞의 트리 모델에서 감염재생산지수 1의 임계점 근처에서 확산의 휘발성이 존재하듯이 [그림 21-3]의 (e)처럼 확산이 멈추거나 확산이 지속되는 양 극단의 경우가 충분히 발생할 수 있다. '양날의 칼'과 같은 결과는 특정 임계점의 감염 확률(p) 전후로 발생될 뿐만 아니라 네트워크 구조에 따라서도 일어날 수 있다(Berger et al., 2005 ; Liggett, 1999). 지금까지 대개 네트워크의 구조가 랜덤이냐 스케일프리냐 혹은 매우 집중된 스케일프리냐에 따라 확산 패턴이 어떻게 달라지는지, 즉 전염 임계점의 존재 유무 등이 주요 이슈로 논의되어 왔다(Eguiluz and Klemm, 2002 ; Pastor-Satorras and Vespignani, 2001a · 2001b).

3 네트워크 구조와 확산 패턴 : SIS 모델 응용

네트워크 구조에 따른 전염병 확산 패턴에 관한 연구는 무엇보다 확산의 고비인 임계점이 존재하느냐에 대해 초점을 맞추고 있다. 이에 대한 연구 결과는 두 가지로 나뉜다. 하나는 랜덤 네트워크에서는 전염병의 확산을 위해서는 임계점이 존재해야 하지만, 스케일프리 네트워크하에서는 네트워크 구조 자체가 확산의 조건을 갖추고 있어 명시적인 임계점이 존재하지 않아도 확산이 이루어진다는 것이다. 다른 하나는 스케일프리 네트워크 내에서 응집도가 매우 높은 구조화된 스케일프리 네트워크는 랜덤 스케일프리 네트워크과 비교하였을 때 전염병 확산에 임계점이 존재하며, 이것이 중요한 역할을 한다는 것이다.

우리는 급속한 정보화에 의해 정보 전달 구조가 획기적으로 바뀌고 있음을 경험하고 있다. 정보 전달 구조의 변화는 네트워크 구조를 변화시켜 각종 경제·사회적 양태에 영향을 미친다. 네트워크 유형에 따른 전염병 확산 패턴과 프로세스를 분석함으로써 정보화에 의한 경제사회적 여러 양태 변화 분석에 대한 실마리를 찾을 수 있다.

3.1 랜덤 vs. 스케일프리 네트워크

여기서는 Pastor-Satorras and Vespignani(2001a)를 소개하고자 한다. 랜덤 네트워크로는 Watts-Strogatz의 작은 세상 네트워크(일명 지수 네트워크, exponential network, 이하 WS), 스케일프리 네트워크로는 Barabási-Albert 모델(이하 BA)을 대상으로 하였다. SIS 모델을 가정하였으며, 각 기마다 감염에 노출된 노드들은 υ의 확률로 질병에 감염된다. 이미 질병에 감염된 노드들은 δ의 확률로 치유되어 다시 감염에 노출된 상태로 되돌아간다. 따라서 질병 확산율은 $\lambda = \frac{\upsilon}{\delta}$로 정의되며, 일반적으로 $\delta = 1$이라고 한다.

① 지수 네트워크 : WS 모델

WS 모델에서는 각 노드가 가장 가까운 $2k$개의 이웃들과 대칭적으로 연결된 N개의 노드를 가진 링 모양의 네트워크를 상정한다. 각 노드의 시계 방향으로 연결된 링크가 p의 확률로 선택된 노드에 다시 연결된다. 평균 연결도는 $\langle k \rangle = 2K$가 된다. 따라서 연결 분포 $p(k)$는 평균값 $\langle k \rangle$에서 최대값을 나타내며 $k > \langle k \rangle$와 $k < \langle k \rangle$인 경우 기하급수적으로 급감한다. 즉, 정규분포(또는 가우스 분포)에 가까운 분포를 보인다. 아주 큰 k에 대해 $p(k) \sim e^{-k}$의 분포를 가진다. 이렇게 도출된 그래프들은 작은 세상의 속성을 지니며 클러스터링의 분포가 나타난다.[2] 이웃 노드들과 많은 이웃들을 공유한다.

여기서는 $p = 1$인 다소 극단적인 경우와 이웃의 수를 최소 K로 설정하였다. WS 모델에

---

2. p와 N의 변화를 통한 네트워크의 다양한 행태에 관한 연구는 Diekmann and Heesterbeek(2000), Marro and Dickman(1999), Liljeros et al.(2001) 등이 있으며, Watts-Strogatz 모델을 응용한 전염병의 확산에 관한 연구는 Kelmm and Eguíluz(2002) 등이 있다.

서 연결도의 변동이 매우 작으므로 이 SIS 모델에서는 감염된 노드들의 밀도 $\rho(t)$에 대해 다음의 단순한 평균장(Mean Field, 이하 MF) 반응식[3]을 활용하였다.

$$\partial_t \rho(t) = -\rho(t) + \lambda\langle k\rangle\rho(t)[1-\rho(t)] + h.o..^{4}$$

우변의 첫 번째 항은 감염된 노드들이 단위 비율로 건강해짐을 의미하며, 두 번째 항은 새로 감염된 노드들의 평균 밀도를 의미하는데, 이는 질병 확산율 λ와 각 노드로부터 생성된 링크 수, 그리고 주어진 링크가 건강한 노드에 연결되어 있을 확률인 $[1-\rho(t)]$에 비례적으로 증가한다. 감염 노드들의 밀도 변화를 $\partial_t \rho(t) = 0$으로 놓아 정태적인 상태를 분석하면 다음의 식을 얻을 수 있다.

$$\rho[-1+\lambda\langle k\rangle(1-\rho(t)] = 0$$

위 식은 전염 임계점이 $\lambda_c = \langle k\rangle^{-1}$[5]임을 알려주며, 다음과 같은 해를 도출할 수 있다.

$$\begin{aligned} \rho &= 0 && \text{if } \lambda < \lambda_c \\ \rho &\sim \lambda - \lambda_c && \text{if } \lambda > \lambda_c \end{aligned}$$

이제 $p = 1$, $K = 3$, 즉 $\langle k\rangle = 6$인 WS 네트워크를 사용해 시뮬레이션을 수행하였다. 네트워크의 노드 수는 $N = 10^3$에서 3×10^6 사이로 지정하고 감염 노드의 밀도 ρ의 정상적 상태의 속성을 분석하였다. 초기에 노드의 절반을 감염시켜 SIS 모델의 규칙대로 반복 실행하였다. 초기의 전이 과정을 거친 후 감염 노드의 밀도는 일정한 평균값에서 안정적인 상태를 보였다.

[그림 21-4], [그림 21-5]에서 볼 수 있듯이, WS 그래프상의 SIS 모델은 전염 임계치

3. 상호작용을 하고 있는 많은 개체들로 구성된 시스템의 집합적 상태를 설명할 때 발생하는 문제를 해결하는 평균장 이론(Mean Field Theory)의 하나이다. 개체별로 발생하는 상이한 상호작용을 평균 상호작용으로 대체하여 설명한다.

4. 여기서는 상전이에 가까운 감염 현상에 대해 알아보려고 하는 것이므로 $\rho(t)$에서 높은 값을 가지는 것들은 제외하였다. 즉, $\rho(t) \ll 1$이다. 따라서 h.o.(high order, 즉 2차항 이상)는 고려대상에서 제외하였다.

5. 이는 앞서 트리 모델에서의 재감염지수 $R_0 = 1$과 동일한 것으로 평균 접촉자 수 $\langle k\rangle$와 감염 확률 $\langle k\rangle^{-1}$의 곱으로 전염병 확산의 임계점이 된다.

$\lambda_c = 0.1643 \mp 0.01$을 도출하였다. 이 값은 모델에서 분석한 MF 예측 값인 $\lambda_c = \frac{1}{2}K = 0.1666$ 및 감염 노드의 밀도(0 혹은 $\lambda - \lambda_c$)와 거의 일치하였다. [그림 21-5]는 ρ를 $\lambda - \lambda_c$의 함수로 하여 로그를 취하여 그린 것이다. $\rho \sim (\lambda - \lambda_c)^{\beta}$의 지수는 $\beta = 0.97 \mp 0.04$로 1의 근사치로 도출되어 이 역시 위에서 분석한 결과와 부합하였다.

그림 21-4 WS 네트워크(실선)와 BA 네트워크(점선)에서 확산 속도(λ)와 감염노드 밀도(ρ)의 관계

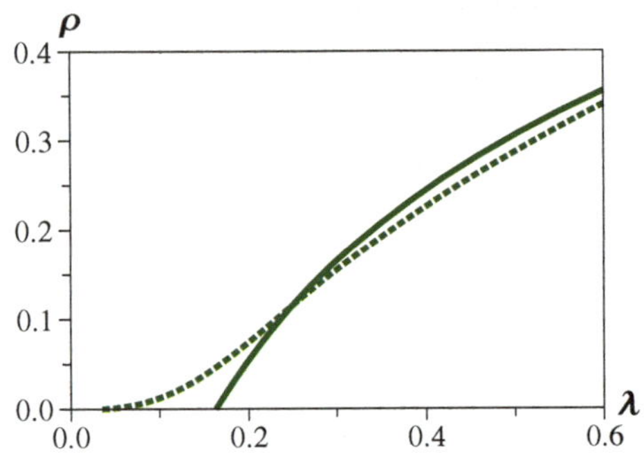

그림 21-5 WS 네트워크에서 $\rho \sim (\lambda - \lambda_c)^{\beta}$를 로그 취한 후 ρ와 $(\lambda - \lambda_c)$의 관계

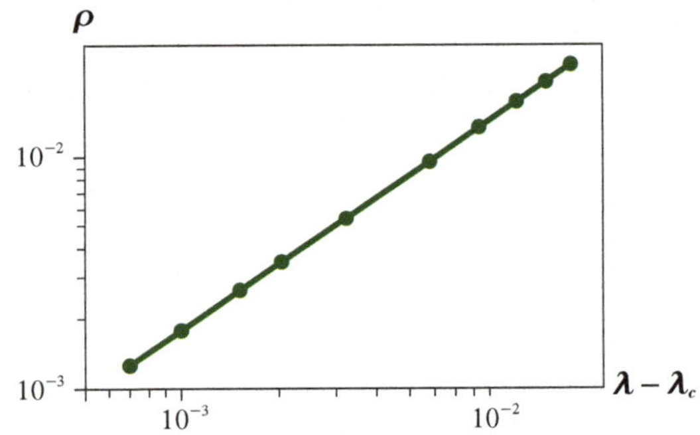

또한 시간이 지남에 따라 확산 속도(감염 확률)의 차이에 의한 확산 패턴도 알아보았다. [그림 21-6]은 확산 속도(λ)가 임계 속도(λ_c)보다 높은 경우, [그림 21-7]은 확산 속도(λ)가 임계 속도(λ_c)보다 낮은 경우 전염 밀도(ρ)의 변화를 나타낸 것이다. 확산 속도가 임계치보다 높아 격차가 커질수록 일정 시점(임계점)을 지나면 전염 밀도가 급격히 높아지며, 반대로

그림 21-6 WS 네트워크에서 확산 속도가 높은 경우 감염노드 밀도(ρ)와 시간(t)의 관계

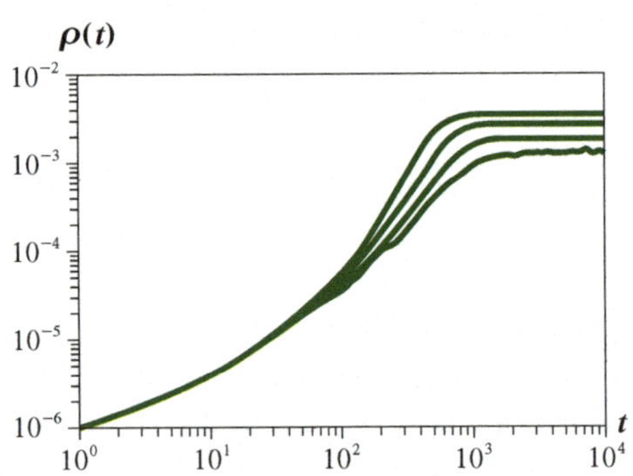

주 : $N = 1.5 \times 10^6$, $\lambda - \lambda_c = 0.002$부터 0.0007까지(위에서 아래로)

그림 21-7 WS 네트워크에서 확산 속도가 낮은 경우 감염노드 밀도(ρ)와 시간(t)의 관계

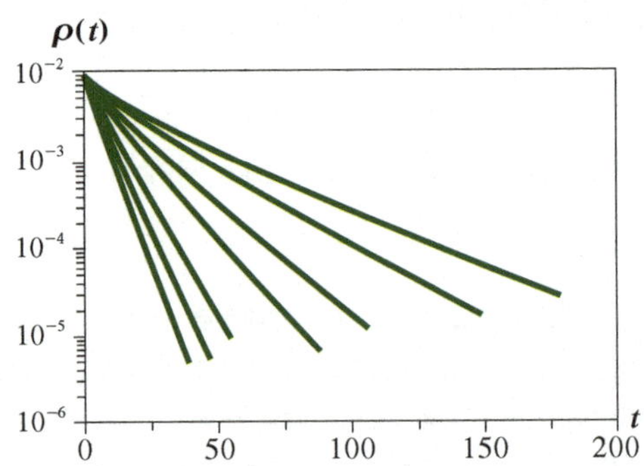

주 : $N = 3 \times 10^6$, $\lambda_c - \lambda = 0.005$부터 0.03까지(오른쪽에서 왼쪽으로)

확산 속도가 임계치보다 많이 낮을수록 전염 밀도가 급격히 떨어짐을 알 수 있다.

[그림 21-8]은 임계감염률과의 차이에 따른 전염병 생존 확률 $P_s(t)$를 보여준다. 감염률이 임계감염률보다 낮을수록 생존 확률이 현격히 감소함을 알 수 있다. 또한 감염률을 고정시키고 네트워크 크기를 변화시켰을 때 생존 확률은 네트워크에 상관없이 일정하게 감소함을 보여준다.

그림 21-8 WS 네트워크에서 생존율($P_s(t)$)과 시간(t)의 관계

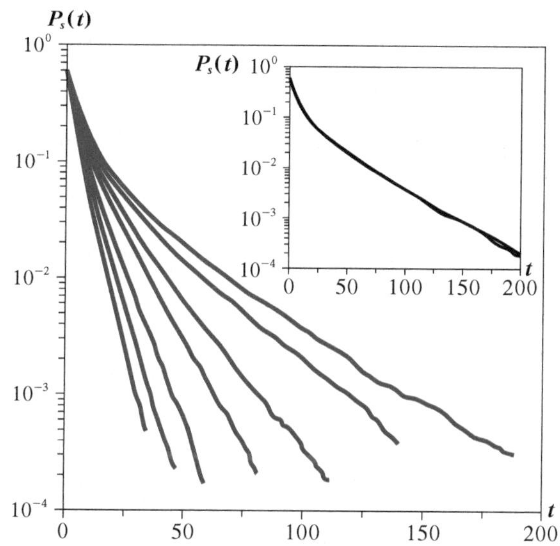

주 : $N = 3\times10^6$, $\lambda_c - \lambda = 0.005$에서 0.03(오른쪽에서 왼쪽으로)
작은 그림은 $\lambda_c - \lambda = 0.005$, $N = 3\times10^5$, 3×10^6

② 스케일프리 네트워크 : BA 모델

먼저 BA 모델에 대해서 간단히 설명한다. 독립적인 작은 수 m_0개의 노드들로 출발하여 매 기마다 m개의 링크를 가진 새로운 노드가 추가된다고 하자. 새로운 노드가 기존의 노드 i에 연결되는 확률은 다음과 같다.

$$\Pi(k_i) = \frac{k_i}{\sum_j k_j}$$

k_i는 i노드의 연결 수이다. 이를 충분히 반복하면 연결 분포 $P(k) \sim k^{-3}$과 평균 연결도 $\langle k \rangle = 2m$을 가진 N개의 노드로 구성된 네트워크를 얻게 된다. 여기서는 $m_0 = 5$, $m = 3$인 경우를 가정하였다. BA 그래프에서는 WS의 경우와는 달리 높은 연결 수를 보유한 노드들이 존재할 확률이 높으며, 연결 수의 변동이 매우 크기 때문에 지수 네트워크에서 부여했던 동질성 가정을 완화시켜야 한다. 따라서 k의 연결을 갖는 감염된 노드의 상대적 밀도 $\rho_k(k)$를 고려할 필요가 있다.[6] WS의 경우와 마찬가지로 MF 반응식을 적용하면 다음과 같다.

$$\partial_t \rho_k(t) = -\rho_k(t) + \lambda k[1 - \rho_k(t)]\theta(\rho(t))$$

BS 네트워크가 WS 네트워크와 다른 점은 두 번째 항으로 감염 밀도가 k개의 링크를 가진 노드가 건강할 노드에 연결되어 있을 확률 $[1 - \rho_k(t)]$에 의존한다는 것이다. 질병에 감염될 확률은 감염률 λ와 링크 수 k, 그리고 어떤 링크가 감염된 노드에 연결되어 있을 확률인 $\theta(\rho(t))$에 비례한다.[7] θ는 감염된 노드들의 총 밀도인 $\rho(t)$의 함수이다. 그러나 안정적인 상태에서 ρ는 λ만의 함수이다. 따라서 $\partial_t \rho_k(t) = 0$인 상태에서 위 식을 풀면 $\rho_k = \dfrac{k\lambda\theta(\lambda)}{1 + k\lambda\theta(\lambda)}$가 된다. 이 식은 노드의 연결도가 높을수록 감염 상태에 놓일 확률 역시 높다는 것을 보여 주며, $\theta(\lambda)$가 이러한 이질성을 반영한다. 실제 s 연결을 가진 노드에 연결될 확률은 $sP(s)$에 비례한다. 어떤 연결은 보다 많은 연결을 가진 감염된 노드에 연결될 확률이 높다. 따라서 $\theta(\lambda) = \sum_k \dfrac{kP(k)\rho_k}{\sum_s sP(s)}$가 된다. 그리고 ρ는 다음과 같은 관계를 가진다.

$$\rho = \sum_k P(k)\rho_k$$

BA 모델의 정확한 계산을 위해서 적분을 통해 연속적으로 k의 근사치를 활용한 결과 $P(k) = \dfrac{2m^2}{k^{-3}}$의 연결 분포를 얻을 수 있다. 평균 연결도 $\langle k \rangle = \int_m^\infty kP(k)dk = 2m$을 활용하면 $\theta(\lambda) = m\lambda\theta(\lambda)\int_m^\infty \dfrac{1}{k^3}\dfrac{k^2}{1 + k\lambda\theta(\lambda)}$과 같이 되며, 이는 다시 $\theta(\lambda) = \dfrac{e^{-\frac{1}{m\lambda}}}{\lambda m}(1 - e^{-\frac{1}{m\lambda}})^{-1}$

6. 연결 수에 상관없이 감염될 확률이 일정한 것이 아니라 연결 수에 따라 노드의 감염률이 달라진다는 의미이다.

7. k의 연결 중에서 감염된 노드에 연결될 확률($\theta(\rho(t))$)과 감염된 노드에 연결되더라도 실제 감염은 감염될 확률(λ)에 의존한다는 의미이다.

로 표현된다. 따라서 감염된 노드의 밀도 $\rho = 2m^2\lambda\theta(\lambda)\int_m^\infty \frac{1}{k^3}\frac{k}{1+k\lambda\theta(\lambda)}$로 변형되며, 최종적으로 $\rho \sim e^{-\frac{1}{m\lambda}}$로 구해진다.

이 결과는 전염의 임계치가 존재하지 않음을 말해 주고 있다. 즉, $\lambda_c = 0$이 된다. 이는 사실 일반적인 격자형 MF 모델에서도 직관적으로 알 수 있듯이 노드의 연결도가 높을수록 임계치가 낮은 사실과도 부합한다. 결과적으로 BA 네트워크에서는 감염률(λ)에 상관없이 질병이 만연하게 됨을 알 수 있다.

[그림 21-9]와 [그림 21-10]은 시뮬레이션 결과를 보여주고 있다. [그림 21-9]는 확산 패턴이 [그림 21-6]의 지수적(exponential) 증가와는 달리 대수적 증가 형태를 보이고 있어 임계치의 존재가 두드러지지 않음을 보여주고 있다. [그림 21-10]은 매우 낮은 λ값에 대한 전염병의 생존 확률 $P_s(t)$를 보여주고 있다. 네트워크 크기가 작을 때는 언젠가 전염병이 사라지겠지만, 어느 정도 네트워크 크기가 존재하면 감염률이 매우 낮다 하더라도 전염병이 일정 생존 확률을 유지하게 된다. BA 네트워크는 WS 네트워크에 비해 상대적으로 전염병의 생존 확률이 높다고 할 수 있다.

그림 21-9 BA 네트워크에서 감염노드 밀도(ρ)와 시간(t)의 관계

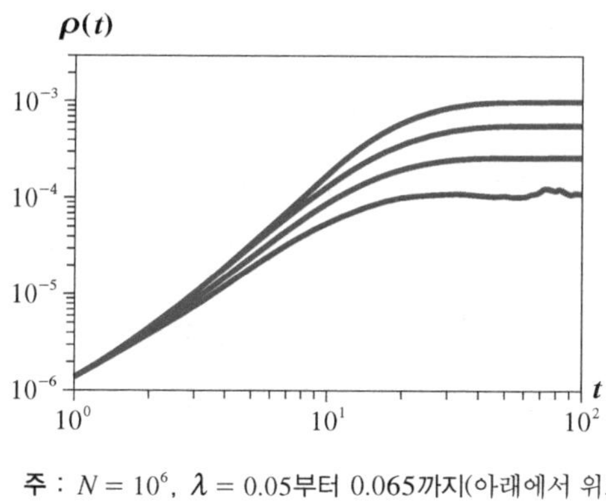

주 : $N = 10^6$, $\lambda = 0.05$부터 0.065까지(아래에서 위로)

그림 21-10 BA 네트워크에서 λ가 낮은 경우 생존율($P_s(t)$)과 시간(t)의 관계

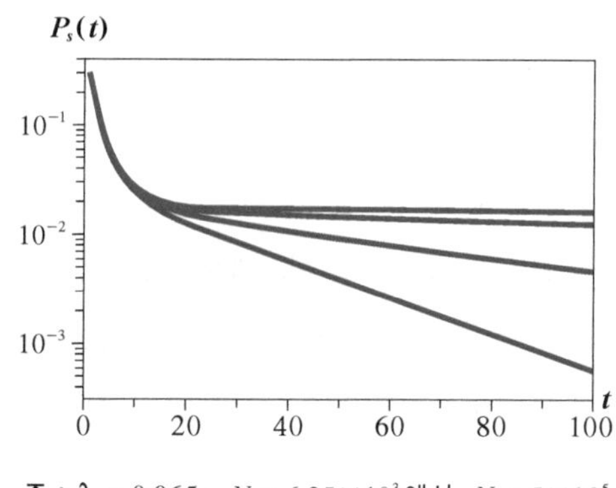

주 : $\lambda = 0.065$, $N = 6.25 \times 10^3$에서 $N = 5 \times 10^5$까지(아래에서 위로)

한편 본 연구는 스케일프리 네트워크의 일반화 시도를 하면서 분포도의 형태를 결정하는 지수 γ의 크기에 따라 임계치의 존재 유무를 더욱 세분화하였다.

$$P(k) = (1+\gamma)m^{1+\gamma}k^{-2-\gamma}$$

$0 < \gamma \leq 1$인 모든 스케일프리 네트워크에서는 전염 임계치와 임계 행동을 찾아볼 수 없다.[8] 또 $1 < \gamma < 2$인 경우 전염 임계치가 다시 나타나지만 임계치에 접근하면서 그 기울기가 점차 감소한다.[9] 따라서 $\gamma > 2$인 경우에만 일반적인 MF 임계 행동이 되살아나며, 이 경우 스케일프리 네트워크는 지수 네트워크와 별 차이가 없다. 정리하자면, 지수가 작으면 두꺼운 꼬리 분포를 보여 분포 자체가 급격한 확산이나 소멸의 모멘텀을 가지기 때문에 임계치의 역할이 두드러지지 않는다. 반면 지수가 크면 반대로 얇은 꼬리 분포를 보여 분포 자체가 급격한 변화를 수반하지 않기 때문에 임계치의 역할이 두드러진다.

3.2 높은 응집도의 스케일프리 네트워크

Eguiluz and Klemm(2002)는 스케일프리 네트워크의 일반적인 형태인 노드와 링크들 간에 상관관계가 존재하는 고도로 응집된(highly clustered) 네트워크를 대상으로 임계점의 존재를 밝히고 있다. 좀 더 구조화된 스케일프리 네트워크이며, 흔히 복잡계 네트워크(complex network)의 유형으로 불리는 네트워크를 대상으로 한다.

본 연구는 몇 가지 점에서 앞 논문의 모델과 상이하다. 노드들이 덩어리를 형성하면서 서로 연결되어 있다. 초기 m개의 노드로 구성된 네트워크로 출발하며, 평균 연결도는 $\langle k \rangle = 2m$, 컬러스터링 지수 $\frac{5}{6}$, $P(k) = 2m^2k^{-3}$의 멱함수 분포를 보인다. 마찬가지로 $N = 10^5$을 대상으로 시뮬레이션을 실시하여 $\rho(\lambda)$의 움직임을 살펴보았다. [그림 21-11]에서처럼 높은 응집도의 스케일프리 네트워크의 경우 감염률(λ)이 임계 감염률(λ_c) 이상 증가하면 뚜렷한 전염 시점이 관찰된다. 반면 랜덤 스케일프리 네트워크 경우에는 전염 시점 행위가 뚜렷이 나타나지 않고 λ가 증가함에 따라 기울기가 매우 완만함을 알 수 있다. 또한 전염병의 생존율(P_s)에 관한 시뮬레이션도 λ가 높으면 시간이 경과해도 전염 가능성이 일정하나 λ가 낮으면 시간이 경과함에 따라 전염 가능성이 줄어든다. λ가 λ_c 아래로 떨어지면 질병은

8. 즉, $\lambda = 0$인 경우에만 $\rho = 0$이 되며, $\lambda \to 0$일 때 ρ의 기울기는 점차 감소한다.
9. $\lambda \to \lambda_c$가 되면서 $\rho \to 0$이 된다.

기하급수적으로 사라지는 반면에 λ가 λ_c 이상이면 생존율은 0이 아닌 평형값으로 근접한다. 0이 아닌 평형값으로 전염병이 생존하게 되는 것은 시스템 크기와는 독립적이며, 감염률과 관계가 있다. 임계 감염률(λ_c)이 존재하여 그 이하의 감염률에서는 이러한 높은 응집도의 스케일프리 네트워크에서 확산될 수 없다.

그림 21-11 높은 응집도의 SF 네트워크에서 감염노드 밀도(ρ)와 감염률(λ) 간의 관계

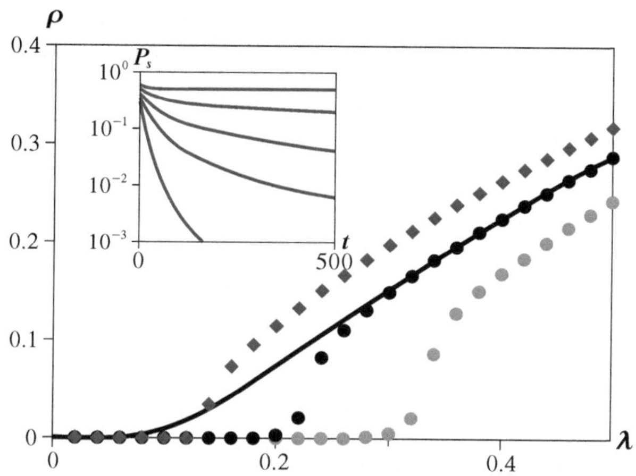

주 : 각각 $\langle k \rangle = 4$(회색 동그라미), 6(검정 동그라미), 10(청색 다이아몬드)을 나타냄. 실선은 $\langle k \rangle = 6$일 때 랜덤 SF 네트워크임. $N = 10^5$. 작은 네모 안은 $\lambda = 0.15,\ 0.18,\ 0.2,\ 0.22,\ 0.25$(아래에서 위로), $\langle k \rangle = 6$일 때 생존율 P_s를 그린 것임.

높은 응집도의 스케일프리 네트워크의 구조와 특징을 좀 더 알아보자. 노드 i의 이웃 노드들의 평균 연결 k_i^{nn}은 다음과 같이 정의된다.

$$k_i^{nn} = \frac{1}{k_i} \sum_{j \in \nu} k_j$$

k_j는 노드 j의 연결도, ν는 노드 i에 직접적으로 연결된 노드들의 집합을 나타낸다. 그러면 높은 응집도의 스케일프리 네트워크에는 특정 노드의 연결도와 이웃의 연결도 간에 음의 상관관계가 존재한다. 허브가 아닌 노드의 이웃 노드들의 연결도는 높은 반면, 허브 노드의 이웃 노드들의 연결도는 매우 낮으며, 일정한 값을 가진다([그림 21-12]).

$$\langle k_i^{nn} \rangle = \langle k \rangle - 1$$

그림 21-12 높은 응집도의 SF 네트워크에서 k_i 연결도를 가진 노드의 이웃노드들의 평균 연결도($\langle k_i^{nn} \rangle$)

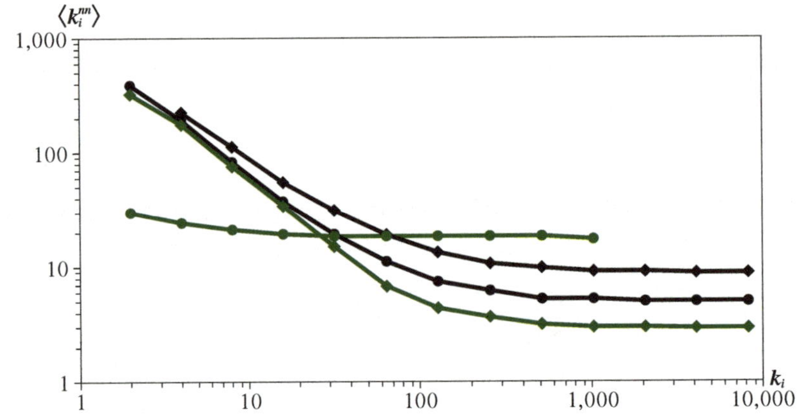

주 : 각각 $\langle k \rangle = 4$(청색 다이아몬드), 6(검은색 동그라미), 10(검은색 다이아몬드)을 나타냄. 점근적 k값은 각각 3.0 ∓ 0.1, 5.1 ∓ 0.3, 9 ∓ 1이며, 이는 이론적 값인 $\langle k_i^{nn} \rangle = \langle k \rangle - 1 = 3$, 5, 9와 거의 유사함. 청색 동그라미는 $\langle k \rangle = 6$일 때 랜덤 스케일프리 네트워크에 관한 것임.

다음으로 랜덤 스케일프리 네트워크의 $\langle k^{nn} \rangle$을 구해 보도록 한다. $P_c(k'|k)$를 k 연결을 가진 노드에 속한 하나의 연결이 k'의 연결을 가진 노드에 연결될 확률이라 하면 다음이 성립한다.

$$\langle k^{nn} \rangle = \sum_{k'} k' P_c(k'|k) = \sum_{k'} \frac{(k')^2}{\langle k \rangle} P(k') = \frac{\langle k^2 \rangle}{\langle k \rangle}$$ [10]

마찬가지로 $P(k) = 2m^2 k^{-3}$의 분포를 사용하고 Barabási–Albert(1999)에서 사용되었던 알고리즘을 사용하여 다음과 같은 노드 i의 연결도를 구하면 $k_i(N) = \frac{\langle k \rangle}{2}\left(\frac{N}{i}\right)^{0.5}$이 된다. $\langle k^2 \rangle = \sum_{i=1}^{N} k_i^2(N) = \frac{\langle k \rangle^2}{4 \ln N} + O(N^{-1})$을 앞의 $\langle k^{nn} \rangle$의 식에 대입하면 $\langle k^{nn} \rangle = \frac{\langle k \rangle}{4} \ln N$이 된다.

이처럼 랜덤 스케일프리 네트워크에서 이웃 노드들의 평균 연결도는 전체 노드 크기 N과 전체 평균 연결도에 상당히 의존적이다. 이는 높은 응집도의 스케일프리 네트워크에서 일정한 연결도를 갖는 것과 대조적이다. 이러한 결과는 랜덤 스케일프리 네트워크에서는 허브 노드가 다른 허브 노드에 연결되어 있는 반면, 높은 응집도의 스케일프리 네트워크에서는 허브

---

10. $P_c(k'|k) \propto k' P(k')$를 사용하였다.

노드가 매우 낮은 연결도를 갖는 노드들과 연결되어 있는 데에 기인한다.

이상 높은 응집도의 스케일프리 네트워크에서는 임계 감염률(λ_c)의 역할이 두드러져, 임계 감염률 이하에서는 전염 확산의 가능성이 매우 낮다. 따라서 감염률(λ)을 잘 관리한다면 높은 응집도의 스케일프리 네트워크 구조는 평균 연결도가 일정하므로 전염병이 폭발적으로 확산할 가능성은 낮다고 하겠다. 이러한 결과는 앞의 Pastor-Satorras and Vespignani (2001a)의 WS의 작은 세상 네트워크에서의 임계 감염률의 역할과 일맥상통한다.

그림 21-13 네트워크 크기(N)와 노드의 이웃 노드들의 평균 연결도($\langle k^{nn} \rangle$)

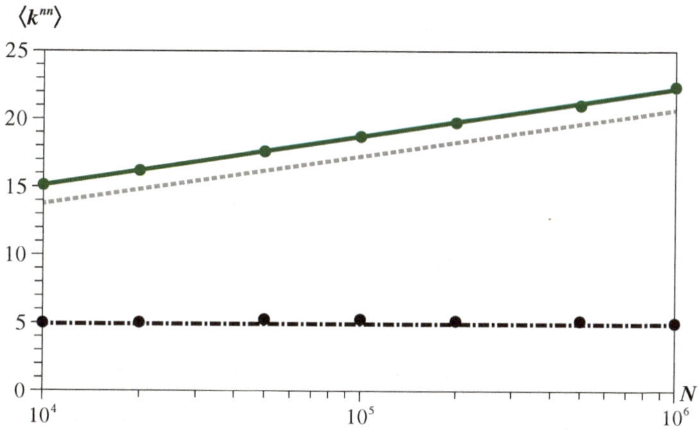

주 : 높은 응집도의 스케일프리 네트워크의 경우 이론적 값인 $\langle k \rangle - 1$에 일치하는 값에 머문 반면(아래), 랜덤 스케일프리인 BA 네트워크의 경우 $\left(\frac{\langle k \rangle}{4}\right) \ln N$처럼 N에 증가하여 나타남(위).

4 인구 분포와 확산 패턴 : 코로나19 사례

네트워크 구조가 전염병 확산 패턴에 영향을 미치는 것을 코로나19 사례로 살펴본다. 한국의 지역별 코로나19 확진자 수 분포를 인구 분포에 대비하여 네트워크 구조의 특성을 밝힘으로써 확진자 발생 패턴을 분석한다. 확진자 수 분포는 인구 분포와 동일하게 스케일프리 분포를 보이지만 인구 분포보다 더 두꺼운 꼬리 분포를 보임으로써 전염의 폭발적인 확산 가능성을 보인다(강인제 · 이덕희 2022).

4.1 인구와 확진자의 비선형적 상호작용

수도권의 인구는 비수도권 인구의 1.018배 수준(2021년 8월 27일 기준)으로 거의 차이가 없지만 확진자 수는 2.543배의 차이(2021년 12월 16일 기준)를 보였으며, 광역시도 단위에서도 평균 확진자 수의 차이가 평균 인구수의 차이보다 약 1.365배 큰 것으로 나타났다. 경기도의 경우 인천보다 약 4.586배 더 많은 인구를 보유하고 있지만 확진자 수는 그 이상인 5.244배 차이가 났으며, 부산은 경상남도와 비슷한 인구규모(1.009배 차이)를 가지고 있지만, 확진자 수는 1.141배 차이가 났다. 대전 또한 인접한 세종보다 4.103배 이상의 인구규모를 가졌지만 확진자 수는 그 이상인 5.947배 더 많이 발생한 것으로 나타났다.

한편 서울과 대구, 광주는 인접 도보다 인구수는 적지만 더 많은 확진자가 발생하였다. 서울은 경기도보다 인구가 0.718배 차이 나지만 확진자 수는 1.667배 더 많은 것으로 나타났다. 대구와 광주 또한 각각 경북과 전남과의 인구수를 비교하였을 때 0.909배, 0.781배만큼 적었으나 확진자 수는 1.709배, 1.682배만큼 더 많이 발생하였다. 이는 확진자 수에 인구규모와 더불어 인구밀도 요인도 관계되어 있음을 시사한다.

[그림 21-14]는 인구수와 확진자 수를 각각 *X*축, *Y*축으로 설정하고 둘 간의 관계를 도식화한 것이다. 인구수와 확진자 수 간의 관계를 단순히 투입과 산출의 측면에서 보았을 때 시도별 확진자 수는 인구수에 비례하여 상승하지 않으며, 오히려 지수적 관계를 형성하고 있다.

그림 21-14 광역시도별 인구-확진자 관계

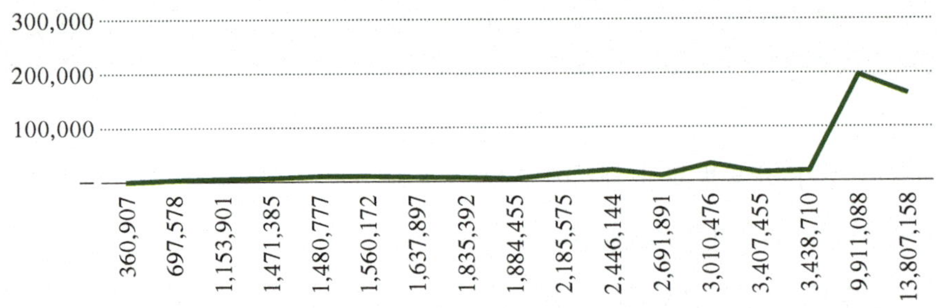

주 : 확진자와 인구는 각각 2021년도 12월 16일, 8월 27일 기준
자료 : 공공데이터포털

코로나19 확진자 수가 인구가 밀집된 지역을 중심으로 증폭되는 현상은 확진자 수가 절대 인구규모와 인구 밀도가 복합적으로 작용하는 복잡계 네트워크 현상임을 의심하게 한다.

4.2 확진자 수의 두꺼운 꼬리 분포

먼저 지역별 인구 분포와 확진자 분포가 모두 스케일프리 네트워크 구조를 갖고 있음을 살펴본 후 확진자 수가 더 두꺼운 꼬리 분포를 갖고 있음을 보인다. 양자가 스케일프리 네트워크 구조를 갖고 있다는 것은 양 분포가 멱함수 분포를 보이고 있다는 것을 증명하면 된다. 멱함수 분포의 존재 증명은 분포 확률의 추정을 통해 할 수 있으나 멱함수 분포는 지수 분포, 로그 정규분포 등과 유사하기 때문에 분포확률 추정으로는 한계를 갖는다. 따라서 일반적으로 다양한 후보 분포들 중 어떤 분포가 가장 적합한지를 비교하는 방법이 널리 사용되고 있다(Alstott et al., 2014).

후보 분포 간 비교를 통해 멱함수 분포가 가장 적합한지 분석하기 위하여 2021년 10월 27일 기준 시도별 누적 확진자 수와 인구에 대한 데이터를 이용하여 멱함수 분포와 지수 분포(exponential distribution) 및 로그 정규분포(log-normal distribution) 간의 loglikelihood ratio를 계산하였다. 결과값이 양수이면 멱함수 분포가 대조군보다 더 적합한 것을 의미한다.

표 21-1 확진자 분포 관련 멱함수 분포와 대조군 비교

대조군	$P(x) \propto f(x)$	Loglikelihood Ratio (p–value)
지수 분포	$\lambda e^{-\lambda x}$	2.856(0.004)***
로그 정규분포	$\frac{1}{\sqrt{2\pi\sigma}}\frac{1}{x}\exp\left[-\frac{1}{2}\left(\frac{\ln(x)-\mu}{\sigma}\right)^2\right]$	0.684(0.494)

주 : 멱함수 분포는 $P(K>k) \sim Ck^{-\gamma}$로 정의되며, 이때 k는 시도별 확진자 수, C는 상수를 의미.
통계적 유의성 : $p<0.01$(***), $p<0.05$(**), $p<0.1$(*)

표 21-2 인구수 분포 관련 멱함수 분포와 대조군 비교

대조군	Loglikelihood Ratio (p–value)
지수 분포	1.868(0.062)*
로그 정규분포	0.239(0.811)

주 : 함수 분포는 $P(N>n) \sim Cn^{-\eta}$로 정의되며, 이때 n은 시도별 인구수, C는 상수를 의미.
통계적 유의성 : $p<0.01$(***), $p<0.05$(**), $p<0.1$(*)

비교 결과 확진자 분포와 인구 분포 모두 지수 분포보다 멱함수 분포로 설명하는 것이 유의한 차이로 더 적합한 것으로 나타났다. 반면 로그 정규분포와는 유의한 차이를 보이지 않았다. 따라서 확진자 분포는 멱함수 분포를 따른다는 가설을 지지하지만 로그 정규분포의 가능성을 전혀 배제할 수는 없다. 이를 보완하기 위해 17개 광역시도별 확진자 데이터에 대해 상보누적함수(Complementary Cumulative Distribution Function ; CCDF)[11]로 도식화하여 멱함수 분포와 지수 분포, 그리고 로그 정규분포 등 세 개의 분포가 얼마나 적합한지 비교하였다. [그림 21-15]에서 굵은 실선은 실제 확진자 수 데이터를 CCDF 형태로 나타낸 것이다. 그림으로 보았을 때 확진자 수 분포가 멱함수 분포에 상대적으로 가장 가까운 것으로 나타났다.

그림 21-15 확진자 분포를 설명하기 위한 멱함수 분포, 로그 정규분포, 지수 분포

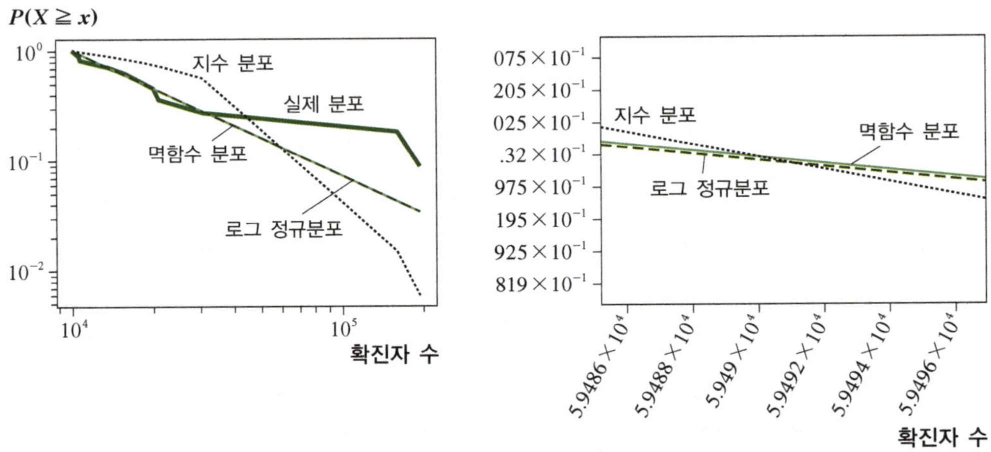

주 : 왼쪽 그림은 시도별 확진자 분포에 대한 멱함수, 지수, 로그 정규분포의 시각화 결과이며, 오른쪽 그림은 위 결과의 특정 부분을 확대한 결과

다음으로 확진자 분포가 인구 분포보다 더 두꺼운 꼬리 분포를 가지고 있음을 살펴보자. 멱함수 법칙 분포는 지수 분포, 포아송 분포, 정규분포 등 다른 분포보다 두꺼운 꼬리를 가지고 있다. 꼬리의 두께는 분포의 감소율을 의미하며, 꼬리가 두꺼울수록 최상위값의 비율이 크

---

11. Newman(2005)을 참조해 광역시도별 확진자 수를 내림차순으로 정리하여 해당 순서에 맞춰 순위를 매기는 방식의 CCDF로 표현하였다. 이에 따라 CCDF는 $P(X \geq x)$와 같이 표현이 가능하다(Clausetet al., 2009 ; Alstott et al., 2014). $X \geq x$에 대한 예시를 들면 가장 많은 확진자를 가진 서울의 확진자 수를 x_1라고 했을 때 x_1 이상의 확진자 수가 발생한 지역은 서울 하나일 것이다. 그 다음으로 많은 확진자를 가진 경기도의 확진자 수를 x_2라고 했을 때 x_2 이상의 확진자 수가 발생한 지역은 서울과 경기도 두 곳이 된다.

고 천천히 감소하는 형태를 띤다(Hein et al., 2006 ; Benhabib and Bisin, 2017).

꼬리의 두께를 결정하는 멱함수 분포의 지수 α는 일반적으로 $2 \leq \alpha < 3$ 범위 내의 값을 갖는다. 이때 α가 해당 범위 내의 값을 갖는다는 것은 유한한 평균값을 가지지만 분산은 무한대로 증가하는 것을 의미한다(Clauset et al., 2009 ; Newman, 2017). 따라서 확진자 분포가 인구 분포보다 더 두꺼운 꼬리를 가진다는 것은 특정 소수 지역을 중심으로 상대적으로 많은 확진자 수가 발생할 확률이 지역별 인구비율보다 높다고 할 수 있다.

인구수 및 확진자 수 분포가 각각 $P(N>n) \sim Cn^{-\eta}$, $P(K>k) \sim Ck^{-\gamma}$를 따른다고 하였을 때 η값이 γ값보다 크다면 확진자 수 분포가 더 두꺼운 꼬리 분포를 가진다(Jo and Ko, 2014 ; Benhabib and Bisin, 2017). 멱함수 분포의 지수를 측정하기 위해서 많은 관련 선행연구들이 이중로그척도(double logarithmic scale)를 이용하여 직선상의 기울기값을 이용하였다. [그림 21-16]은 인구수 및 누적확진자에 대한 이중로그척도의 결과이고 확진자 데이터와 인구 데이터에 대한 기울기는 각각 −0.643, −0.868로 나타나며, 확진자 분포가 더 두꺼운 꼬리 분포를 가짐을 알 수 있다.

그림 21-16 인구수 및 확진자 수에 대한 이중로그척도 결과

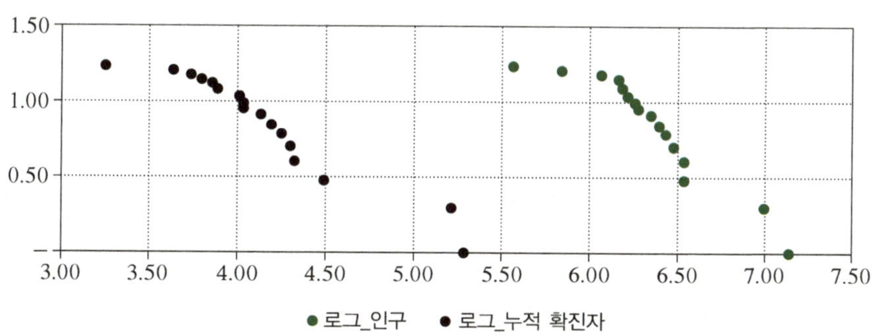

표 21-3 **인구 분포 및 확진자 분포의 꼬리 두께**

구분	이중로그척도 기울기	MLE	로그분산
확진자	−0.643	2.145	0.261
인구	−0.868	2,609	0.138

이처럼 멱함수 분포의 지수에서 일반적인 범위 밖의 결과가 나온 것은 이중로그척도를 이용한 멱함수 분포의 꼬리 두께 추정이 편의추정량의 문제를 야기시킨 것으로 판단되어 분산 계산 및 최대우도법(Maximum Likelihood Method ; MLE)을 사용하여 보완하였다(Newman, 2005 ; Clauset et al., 2009 ; Newman, 2017). 확진자 수와 인구수를 로그값으로 치환 후 분산을 계산한 결과 각각 0.246, 0.135를 기록하여 확진자의 분산이 더 큰 것으로 나타났다. MLE 또한 확진자 수의 분포가 더 작은 것으로 나타나 확진자 수가 인구수보다 더 두꺼운 꼬리 분포를 가지는 것을 재차 확인할 수 있다.

확진자 수가 인구수보다 더 두꺼운 꼬리의 멱함수 분포를 보이는 것은 확진자 수 분포에서 보다 더 극단적인 지역이 존재하며, 수도권과 같이 인구가 밀집된 지역이 그렇지 못한 지역에 비해 인구비율 대비 높은 확진자 수를 발생시킬 수 있음을 말한다. 바로 수도권에 절대 인구가 많아 잠재적 연결 수가 많은 데다 인구 밀도도 높아 실제 개인 간 접촉 확률이 높기 때문이다.

4.3 사회적 거리두기 정책의 효과

코로나19의 확진자 발생이 복잡계 네트워크의 자기조직화 현상임을 더 확실하게 증명하기 위해 사회적 거리두기 정책의 효과를 지역 간에 비교한다. 여기서는 같은 수도권이지만 인구 밀도가 높은 서울과 낮은 경기도를 대상으로 동일한 사회적 거리두기 정책의 효과가 차이가 남을 보임으로써 앞서 살펴본 코로나19 확산 패턴이 네트워크 구조와 매우 밀접한 현상임을 증명하고자 한다.

일반적으로 정책 효과를 비교하기 위한 분석방법론으로 이중차분법(Difference-In-Differences ; DID)을 많이 활용한다. 의도적인 개입이 이루어진 집단(이하 처치집단)과 그렇지 않은 집단(이하 통제집단) 간 비교분석을 통해 정책 효과로 인한 처치집단에서 유의한 차이가 발생하는지 추정할 수 있다. 그러나 DID는 기본 가정 중 하나인 두 집단 간의 동일한 추세(공통 추세)를 반영하는 것인데, 상당수의 사례가 이를 충족시키기지 못하는 경우가 많다. 이를 보완하기 위하여 Abadie et al.(2010)는 통제집단의 데이터를 이용하여 가상의 처지집단을 생성하여 실제 처치집단과 비교할 수 있는 합성대조법(Synthetic Control Method ; SCM)을 개발하였다. 즉, SCM을 통해 의도적인 개입이 이루어지지 않았을 경우의 처치집단을 추정하고 이를 실제 처치집단과 비교함으로써 정책 효과를 추정할 수 있다. 따라서 비약학적 개입 관련 정책들의 효과 여부를 탐색하기 위하여 동 정책이 실시된 시점 전후로 ① 해당 정책을 실시한 지역(또는 국가)과 ② 해당 정책을 실시하지 않은 가상의 유사한 지역(또는 국가) 간 확진자 추이에서 유의한 차이가 나타나는지 분석하였다(Cho, 2020 ; Born et al., 2020 ; Friedson et al., 2020). 하지만 SCM 또한 낮은 적합도 수준, 해석하기 어려운 불확실성 추정값 등의 문제를 내포하고 있어 이를 보완한 일반화통제집단합성법(Generalized Synthetic Control Method ; GSCM)을 사용하였다(Xu, 2017 ; Bischof and Wagner, 2019).

GSCM을 통해 처치집단과 가상의 처치집단 간의 차이를 분석하여 평균처리 효과(Average Treatment Time Effect On The Treated ; ATT)[12]를 계산할 수 있으며, 이를 통해 정책 효과의 정도를 추정할 수 있다(Zhang et al., 2019 ; Bischof and Wagner, 2019 ; Zhao and Niango, 2021). 이때 각 시기별 ATT와 p-value 값을 계산할 수 있기 때문에 어느 시점부터 유의한 수준의 차이로 정책 효과가 발생하였는지 분석이 가능하다.

따라서 본 연구는 GSCM을 이용하여 2020년 12월 8일 실시된 '사회적 거리두기 2.5단계'가 일별 누적 코로나19 확진자 수에 미치는 영향을 분석한다(Cho, 2020 ; Born et al., 2020 ; Friedson et al., 2020). 정부는 2020년 12월 8일부터 수도권 지역의 사회적 거리두기 단계를 2.5단계로 격상하였다. 이에 따라 영업금지 업종이 기존 유흥시설 5종에 노래방, 실내체육시설, 학원 등이 추가되었으며, 50인 이상 모임 금지, 대형마트, 영화관 등의 영업시간이 제한되었다. 수도권 외 지역은 거리두기 2단계로 격상하는 등 전국 모든 지역에서 사회적 거리두기가 실시되었다. 하지만 수도권에 한정하여 더 엄격한 거리두기 정책을 실시하였다는 점을 고려하여 비수도권과 정책적 차이가 있다는 가정하에 14개의 비수도권 지역을 서울과 경기도

---

12. GSCM은 관측된 공변량(observed covariates), 관측되지 않은 공통요인(unobserved common factor), 요인적재값(unknown factor loading)을 이용하여 종속변수 Y_{it}를 추정한다. 이를 기반으로 하여 다음과 같은 공식에 따라 ATT를 계산한다.

$$ATT_{t,t>T_0} = \frac{1}{N_{tr}} \sum_{i \in \Gamma} [Y_{ti}(1) - Y_{ti}(0)]$$

T_0은 의도적인 개입이 발생한 시기를 의미하며, Γ는 처치집단의 묶음(sets of units in treated groups)을 나타낸다. $Y_{ti}(1)$는 처치집단 내 i가 t 시기에 관측된 결과값인 반면 $Y_{ti}(0)$은 동일시기 가상의 유닛 i의 추정 결과값을 의미한다(Xu, 2017). 따라서 ATT는 처치집단에서 관측된 결과값과 가상의 처치집단에서 추정된 결과값의 차이의 평균을 계산한 결과이다.

에 대한 가상의 통제집단으로 각각 생성하였다.[13]

코로나 바이러스의 잠복기가 4~7일인 점을 감안하여 거리두기 정책 시행일은 12월 8일이지만 정책 효과가 발현되는 시기를 동월 15일로 설정하였다(Goodman-Bacon and Marcus, 2020). 따라서 본 연구는 2020년 10월 1일부터 2021년 2월 15일까지의 기간 중 12월 15일을 기준으로 하여[14] 이전 시기는 정책 효과가 발현되지 않은 시기, 그 이후 시기는 정책 효과가 발현되는 시기로 구분하였다.

정책 효과를 분석하기 위해서 본 연구는 일별 누적 확진자 수(천 명당)의 변화를 분석하였으며, 이때 사망자 수, 10만 명당 발생률을 시간가변 공변수(time-varying covariates)로 사용하였다. GSCM을 분석하기 위하여 R 4.1.2버전에서 Xu and Liu(2021)가 개발한 gsynth 패키지를 활용하였다. 데이터는 이전 장과 동일하게 공공데이터포털에서 제공하는 "코로나19 시도발생 현황" 데이터를 이용하였다.

[그림 21-17]은 서울과 경기도를 대상으로 각각 GSCM을 분석한 결과이다. 분석 결과 서울과 경기도 모두 거리두기 정책 효과가 발생한 것으로 나타났다. [그림 21-17]의 패널 (a)와 (b)의 청록색 실선은 각각 서울과 경기도의 천 명당 일별 누적 확진자 수를 의미하며, 검은색 점선은 각각 가상의 서울과 경기도의 천 명당 일별 누적 확진자 수를 나타낸다. 두 지역 모두 검은색 점선이 청록색 실선보다 가파르게 상승하는 모양이 나타나는데, 이는 거리두기 정책 효과로 인해 누적 확진자 수가 실제로 감소한 것을 나타낸다.

하지만 정책 효과의 정도 측면에서 서울과 경기도 간에 차이가 있는 것으로 나타났다. [그림 21-17]의 패널 (a)와 (b)와 같이 경기도가 서울보다 더 큰 폭으로 감소하였고 경기도의 평균 ATT 또한 -9.765를 기록하며, 서울 -8.013보다 높게 기록되었다. [그림 21-17]의 패널 (c)와 (d)는 일별 ATT가 어떻게 변화하는지 나타내고 있다. 청록색 실선이 일별 ATT이며, 검은색 실선을 중심으로 형성된 회색 부분은 1,000번의 부트스트랩을 통해 형성된 신뢰구간을 의미한다. 분석 결과 서울과 경기도 모두 일정 시점 후 가상의 통제집단과 유의한 차

13. DID의 경우 분석하고자 하는 개입의 효과가 통제집단에 영향을 미치면 안 된다고 가정하고 있지만 DID와 달리 GSCM은 개입 이전의 추세에 대해 반복적인 가중치를 계산하여 가상의 처치집단의 추세를 설계하기 때문에 다른 개입의 효과도 유연하게 반영할 수 있다(Mader and Ruttenauer, 2021).

14. 처리 전 데이터(pretreatment data)가 충분히 확보되어야 하기 때문에(Xu, 2012) 연구 기간은 2020년 10월 1일부터 2.5단계가 끝나는 시점인 2021년 2월 15일까지로 설정하였다.

그림 21-17 서울/경기도의 거리두기 효과

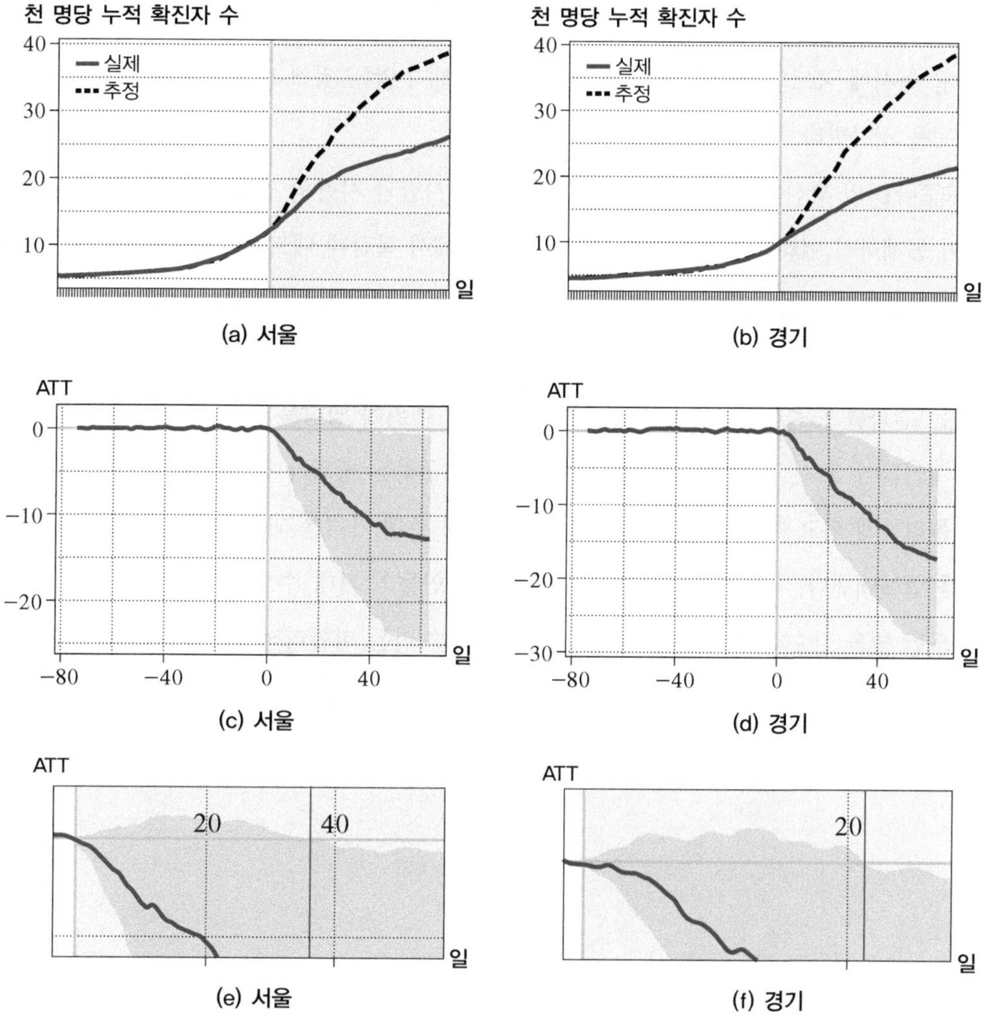

주 : 각 그림별 우측의 어두운 부분은 후 처리 기간(posttreatment period)을 의미. 패널 (e)와 (f)는 유의한 차이가 발생하는 시점을 중심으로 각각 (c)와 (d)를 확대한 결과이며, 청록색 수직선은 유의한 차이가 나타나는 시점을 의미

이를 보여 두 지역 모두 거리두기 정책의 효과가 나타났다. 그러나 유의수준 0.05 기준, 유의한 차이가 나타나기까지 서울은 37일이 소요되었으나 경기도는 22일이 소요된 것으로 나타났다.

이상 '사회적 거리두기'라는 동일한 정책이라도 서울과 경기도가 다른 정책 결과가 도출되었음을 보았다. 서울이 비록 인구규모 면에서 경기도보다 적지만 인구 밀도가 높아 개인 간 접촉 확률이 훨씬 높다. 따라서 사회적 거리두기 2.5단계라는 동일한 정책을 실시하더라도 경기도보다 서울에서 그 효과가 훨씬 더디게 나타난 것이다. 이는 지역마다 상이한 인구규모와 인구 밀도와 같은 네트워크 구조를 고려한 정책을 실시해야 소기의 정책 목적을 달성할 수 있으며, 동시에 국토의 네트워크 구조 변화를 동반하지 않는 정책 또한 상당한 불확실성을 가지게 됨을 시사한다.

코로나19의 확산은 인구규모와 밀도를 매개로 사람과 사람의 접촉에 의해 폭발적으로 확산되어 통제하기 어려운 국면을 맞을 수 있다는 점에서 복잡계 네트워크의 자기조직화 현상임을 알 수 있었다. 이는 일반 경제적인 현상에도 적용될 수 있는 성질로 경제주체들이 주어진 여건하에서 합리적인 의사결정을 하더라도 이들의 집합적인 행위가 개별 차원에서는 설명할 수 없는 결과를 도출하고 그 결과가 개별 주체들의 행위에 영향을 주는 것과 유사하다. 예를 들어 개인들이 교육, 직장 등의 이유로 수도권에 이주하는 행위가 점점 심화되면서 과도한 인구가 몰려들게 되고 이는 주택 수요를 증가시키면서 주택 가격을 과도하게 상승시키는 새로운 질서를 만들어낸다. 주택 가격의 가파른 상승은 개인들의 기대 수요를 더욱 자극하여 급기야는 과도한 빚을 감수하더라도 집을 사려는 '공포 매수'라는 비합리적인 행위를 유발시킨다. 공포 매수는 일정 임계점 이전에는 볼 수 없었던 현상으로 복잡계 네트워크의 자기조직화 산물이라 할 수 있다.

제22장 집단지혜

1. 대중의 지혜 / 2. 정규분포 / 3. 동태적 균형 / 4. AI와 집단지혜
5. 도덕적 자본주의

경제주체를 둘러싼 정보 제약이 사라지면서 개인이 완전한 경제주체로서의 행동이 가능해지고 있다. 개인의 자유롭고 독립적인 의사결정에 기초한 집단지혜의 가능성이 열리고 있는 것이다. 그럼에도 현실에는 여러 제약들이 상존하고 있어 '완전경쟁'이라는 집단지혜의 실현과는 거리가 있다. 또한 생태계적 시각과 지속가능성이라는 현실적인 요구를 감안하면 정태적 균형보다는 동태적 균형이 불가피하며, 그 방편으로 미시적 질서와 거시적 질서의 조화, 경쟁과 협력의 조화, 집중과 분산의 조화, 나아가 높은 도덕수준이 요구된다.

1 대중의 지혜

민주주의는 일반 국민이 주인인 제도이다. 여기에는 국민의 뜻에 따라 사회가 움직이면 바람직한 사회에 도달한다는 믿음이 깔려 있다. 과거 의사소통이 어려운 시절에는 국민의 뜻을 모으는 것이 쉽지 않아 많은 제약이 있었다. 그러나 의사소통의 기술이 발전됨에 따라 점점 민의를 잘 파악할 수 있는 길이 열렸으며, 동시에 과거와는 달리 개인의 의사가 중요해지는 시대가 되고 있다. 마찬가지로 시장경제도 정보화 시대를 맞이하여 정보 소통의 제약이 사라지면서 완전경쟁에 가까워지고 있다. 하지만 현실은 여전히 이상적인 민주주의와 시장경제와는 괴리가 있고 몇 가지 조건만 충족하고 있는데 이것만으로는 한계가 있으며, 오히려 특정 여건하에서는 더욱 불안정성을 노출하고 있는 실정이다. 소위 대중의 지혜를 발휘하는 것은 여전히 요원하다.

대중의 지혜를 발휘하기 위한 조건에 대해 지금도 유효한 일화를 소개한다[1]. 영국의 과학자 Francis Galton은 가축 전시장을 즐겨 찾는다. 1906년 가을 어김없이 그는 매년 열리는 영국 서부 가축 전시회에 참가하였다. 이렇게 가축 전시회를 찾는 이유는 그가 우량 가축의 신체적 · 정신적 조건이 무엇인가를 측정하는 데 관심이 있어서이다. 이전에 그는 단지 소수의 사람들만이 건강한 사회를 유지하는 특성들을 지니고 있고 나머지 대부분의 사람들은 열성적인 특성을 가지고 있다고 믿었다. 예를 들어 그는 사람들의 통찰력, 청력, 색감, 반응시간 등을 측정한 후 그 결과를 보고 일반 대중들의 지적 수준이 낮아 신뢰하기가 어렵고, 일부 소수의 선택된 정예만이 건강한 사회를 유지시킨다고 주장하였다.

그의 이러한 믿음은 우연한 경험을 통해 변화하기 시작하였다. 그는 전시장에서 우연히 황소의 몸무게를 알아맞히는 게임을 목격하게 되었다. 가축업 관련 또는 비관련자를 포함하여 800명의 다양한 사람들이 마치 선거에 참여하는 것처럼 자신들의 추측을 기입하여 실제 황소의 몸무게와 가장 근사하게 맞춘 사람에게 상을 주는 게임이다. 게임의 결과 많은 사람들이 실제 황소의 몸무게에 근접하게 추측하고 있음이 밝혀졌다. 유효 추측 787개의 분포가 종 모양의 분포를 보였으며, 평균값이 1,197파운드로 실제 무게인 1,198파운드와 거의 일치하였다. 이는 Galton이 가진 일반 대중들의 능력이 낮다는 생각과 상반되는 결과이다.

어떤 조건하에서는 대중들은 가장 현명한 사람보다 더 현명하다. 설사 어떤 집단 내 대부분의 구성원들이 특정 사건에 대해 잘 모른다 하더라도 집합적으로 현명한 판단에 도달할 수가 있다. 인간은 기본적으로 완전할 수 없는 '제한된 이성(bounded rationality)'의 존재임에도 개별 차원의 불완전한 판단이 적절한 방식으로 종합된다면 집합적 판단은 매우 옳을 수 있음을 Galton의 경험은 말해 주고 있다.

이것은 이른바 '대중의 지혜(Wisdom of the Crowd)'라고 불리는 것으로 일반 사람들이 쉽게 동의하면서 종종 간과하기 쉬운 사실이다. 세상은 얼핏 보기에는 매우 다른 것처럼 보이지만 궁극적으로 다 비슷하다는 기본적인 인식이 전제되어 있다. 그러나 많은 사람들이 이러한 견해에 상반된 주장을 해 왔다. Charles Mackay는 1841년 저서 *Extraordinary Popular Delusion and the Madness of Crowds*에서 "대중은 결코 이성적일 수 없으며, 현명할 수 없고 집합적 판단은 극단으로 치닫게 되어 있다"고 주장하였다. Bernard Baruch는 "사람들은

---

1. Surowiecki(2004), pp.ix~xxi.

개별적으로는 상당히 이성적이나 대중의 일원으로서는 균형감각을 잃어버린다."라고 하였고 Henry D. Thoreau는 "대중은 결코 가장 높은 구성원의 수준에 도달할 수 없고 가장 낮은 수준으로 격하되기 쉽다."라고 하였으며, 심지어 영국 역사학자 Thomas Carlyle도 "나는 개인적 무지의 집합적인 지혜를 믿지 않는다."라고 하였다. 아마 대중의 어리석음에 대해서 가장 신랄하게 비판한 사람은 프랑스 작가 Gustave Le Bon일 것이다. 그는 1895년에 출간된 그의 저서 *The Crowd : A Study of the Popular Mind*에서 "대중이라는 것은 구성원들의 단순한 집합 그 이상으로 자신의 의지를 지닌 하나의 독립된 조직체이다. 대중은 종종 구성원들 중 아무도 의도하지 않았던 방식으로 행동한다. 대중은 때로는 용감하고 때로는 비겁하지만 결코 현명하지는 못하다. 대중은 항상 고립된 개인보다 지적으로 열등하다."라고 비판하였다.

이러한 주장들은 충분히 가능하며, 예견될 수 있는 결과들이다. 대부분의 주장들은 여러 가능성 중 하나를 강조한 것이며, 보다 일반적인 견지에서 언급될 필요가 있겠다. 여러 가능성 중에서 상황에 따라 대중은 지혜로울 수 있으며, 우둔할 수도 있다. 이를테면 대중의 행동 패턴에 일종의 복잡성이 내재되어 있다고 볼 수 있다. 다만 우리들은 엄청난 재앙을 초래할지 모르는 불안정성과 불확실성을 되도록 배제하고 싶어 할 따름이다. 어느 조직이든 집단이든 집합적 판단이 현명해지도록 지혜를 모은다.

그러기 위해 James Surowiecki는 저서 *The Wisdom of Crowds*에서 3가지 전제 조건을 제시한다. '독립성(independence)', '다양성(diversity)', '분산화(decentralization)'이다. 우리는 종종 집단 내 구성들 간 과도한 커뮤니케이션이 역설적으로 전체 집단을 덜 현명하게 만드는 경우를 목격한다. 현명한 집단은 집단 전체가 어떠한 결정에 도달하도록 구성원들의 의견을 바꾸도록 하는 것보다는 어떻게 하면 효율적인 방법으로 의견을 집약시킬 것인가에 지혜를 모은다.

AI, 클라우드, 오픈소스, 위키피디아 같은 것이 개별 의사와 행위를 집약시키는 일종의 방식이다. 소위 데이터–정보–지식의 3자 간의 상호작용과 시너지로부터 집단지혜를 발견해 가는 과정의 방편이다(Suran et al., 2020). 무수한 정보들이 상호작용하면서 진화하는 사회에서는 개방된 지혜가 궁극적으로 폐쇄된 지혜보다 우수하다(Raymond, 1999). 따라서 AI, 클라우드, 오픈소스, 위키피디아 등은 개별 행동의 상호작용으로부터 창발되는 질서를 찾아가는 방법을 취하기 때문에 넓게 보면 자기조직화 복잡계 접근의 범주에 속한다. 이러한 접근이 가능하게 된 것은 바로 ICT 기술의 발전에 전적으로 기인한다(Lévy et al. 2019).

2 정규분포

집단지혜의 조건으로서 독립성, 다양성, 분산화는 집단지혜를 자발적으로 발현시키는 중요한 조건이 된다. 개인이 독립적으로 자기의 선호에 따라 행위를 자유롭게 함으로써 집단 전체가 바람직한 상태에 도달할 수 있다는 의미이다. 이는 신고전파 경제학의 자유경쟁시장 원리와 연결이 되며, 집단지혜의 경제학적 버전이라 할 수 있다. 개인의 자유로운 독립적인 경제행위가 전제될 때 소위 '보이지 않는 손'에 의해 '최대 다수의 최대 행복'이라는 집단지혜에 도달할 수가 있다.

신고전파 경제학은 바로 이러한 합리적이고 경제적인 개인을 전제로 안정적인 균형이라는 이상적인 상태에 도달할 수 있다는 하나의 관념적인 체계로 발전되어 갔다. 그 배후에는 수학과 통계라는 방법론이 큰 역할을 했다고 할 수 있다. 무엇보다 정규분포라는 통계적 가정이 중요한 기초적인 조건으로서 역할을 하며, 이론과 실제의 가교 역할을 하였다.

정규분포는 시스템이 안정적임을 함의한다. 다수의 사태가 평균에 모여 있고 평균에서 벗어난 사태는 드문 경우이다. 그러므로 정규분포를 가지는 사회와 시스템은 상당히 안정적이다. 개별 차원에서는 선호가 자신의 개성에 따라 다양하지만 전체 집단 차원에서는 평균적인 선호 체계가 다수를 차지한다는 의미이다. 이를 통계적으로 설명한 것이 중심극한정리(central limit theorem)이다.

중심극한정리는 어떤 서로 독립적이고 동일한 분포를 가지는 확률변수의 표본이 많아질수록 그 변수의 합 또는 평균의 분포가 정규분포에 가까워진다는 이론이다. 대표적인 중심극한정리인 린데베르그-레비(Lindeberg-Lévy) 정리에 따르면 서로 독립적이고 동일한 분포를 가진 확률변수 X_i가 평균 μ와 표준편차 σ를 가질 경우 평균 $S_n = \frac{X_1 + \cdots\cdots + X_n}{n}$의 분포는 n이 증가할수록 평균 μ, 표준편차 $\frac{\sigma}{\sqrt{n}}$인 정규분포 $N\left(\mu, \frac{\sigma^2}{n}\right)$에 수렴한다(Billingsley, 1995).

주사위 게임이 이에 적합한 예라 할 수 있다. 주사위를 한 번 던졌을 때 나오는 값은 평균 3.5, 표준편차 약 1.708의 확률변수로 두 번 던지든 세 번 던지든, 각각의 확률 분포는 서로 동일하며, 독립적이다. 예를 들어 주사위를 한 번에서 여섯 번까지 던져 각각 나오는 값을 더

한 값의 분포를 그리면 [그림 22-1]과 같이 한 번, 두 번 던지는 것보다 여섯 번 던져서 나오는 값의 합이 더 정규분포에 가까운 분포를 보인다. 다시 말해 한 번이든, 두 번이든, 여섯 번이든, 각각의 경우 던지는 횟수가 많을수록 주사위값의 평균과 표준편차가 각각 3.5와 0.697에 가까워진다.

그림 22-1 주사위 게임의 확률 분포

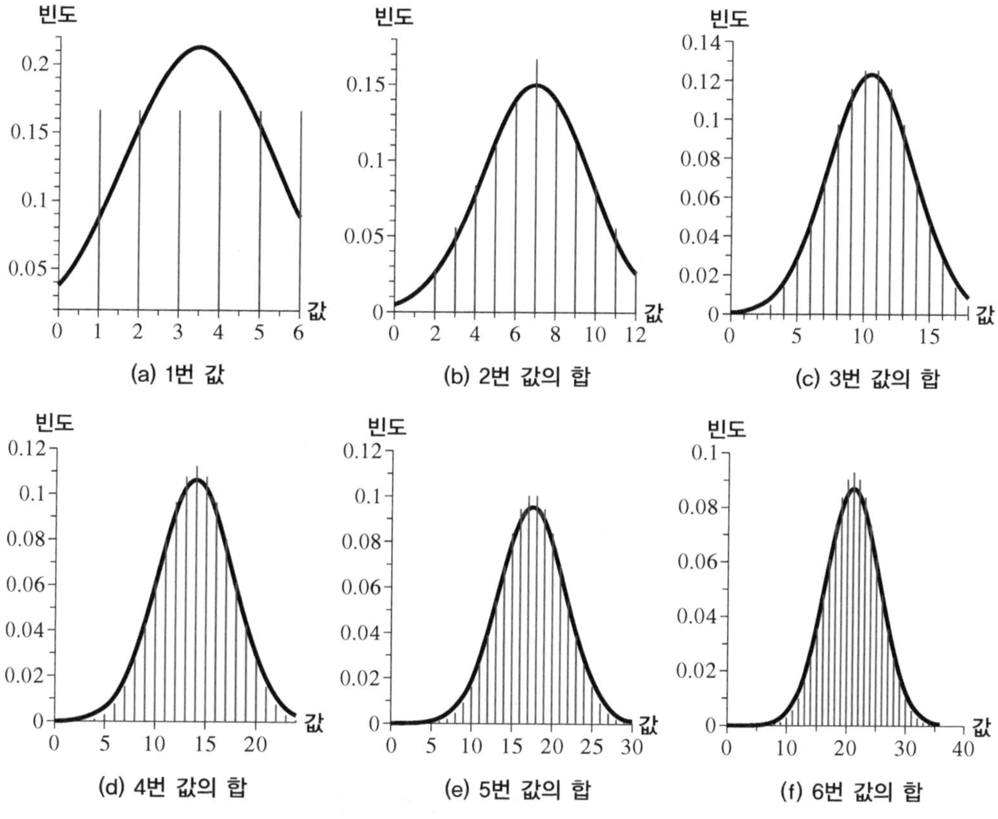

랴프노프(Lyapunov) 중심극한정리는 확률변수 X_i가 동일한 분포를 가진다는 가정을 완화하여 각각의 유한한 평균 μ_i와 분산 σ_i^2를 가진다면 $s_i^2 = \sum_{j \le i} \sigma_j^2$라 할 때 $\sum_i \frac{(X_i - \mu_i)}{s_i}$의 분포는 n이 커질수록 표준정규분포 $N(0, 1)$에 수렴한다고 하였다(Billingsley, 1995).

이처럼 중심극한정리는 앞서 얘기한 집단지혜의 조건과 유사하다. 확률변수가 서로 독립적이고 각자의 평균과 분산을 가진다는 것은 바로 개별이 독립적이고 다양하다는 의미이다. 개별이 독립적이고 다양한 행위를 한다는 조건하에서 표본이 많을수록, 즉 집단이 커질수록 모집단의 실체에 가까워진다는 것은 집단의 안정성을 말한다. 그만큼 어떤 사태의 극한 경우가 나타날 확률이 적고 평균적인 경우가 그 집단을 지배하며, 어떤 힘이 있다면 그 힘이 구성원들에 비교적 고르게 분산되어 있음을 의미한다.

정규분포의 안정성은 신고전파 경제이론의 핵심 요소이다. 수많은 수요자와 공급자가 시장에서 가격을 중심으로 상호작용한 결과 안정적인 시장가격과 생산량에 도달한다. 이때 중요한 전제가 바로 수요와 생산의 수확체감 원리이다. 투입에 대한 한계생산과 수요의 한계효용이 감소하여 산출과 효용이 무한히 증가하지 않는다. 수학적으로는 생산함수과 효용함수의 비볼록성(nonconvexity)과 생산량과 효용수준을 나타내는 집합의 볼록성(convexity)으로 표현된다. 이들은 경제활동의 결과 나타나는 효용, 생산, 가격과 같은 변수들이 발산하지 않고 일정한 값으로 수렴함을 말한다.

결국 수확체감 원리에서는 수요와 생산이 안정적인 균형에 도달하고 균형에서 과도하게 벗어난 상태는 매우 희박하다. 분포로 말하자면 평균값의 빈도가 매우 높고 양극단에 치우치지 않는 정규분포의 모습을 보인다. 네트워크 유형으로 보자면 랜덤 네트워크에 해당되며, 각 노드의 링크 연결확률이 동일하여 대부분의 노드가 평균 링크 수를 가지는 정규분포에 가깝게 된다.

반대로 수확체증 원리는 한계생산과 한계효용이 증가하여 생산과 효용이 무한히 증가하고 수학적으로 함수는 볼록성의 성질을, 집합은 비볼록성의 성질을 지니며, 경제활동의 결과 변수가 발산하는 특징을 지닌다. 네트워크 유형은 특정 노드에 과도한 링크를 허용하는 스케일프리 네트워크에 해당하며, 멱함수 분포를 보인다.

그림 22-2 경제 원리-분포-네트워크 유형의 관계

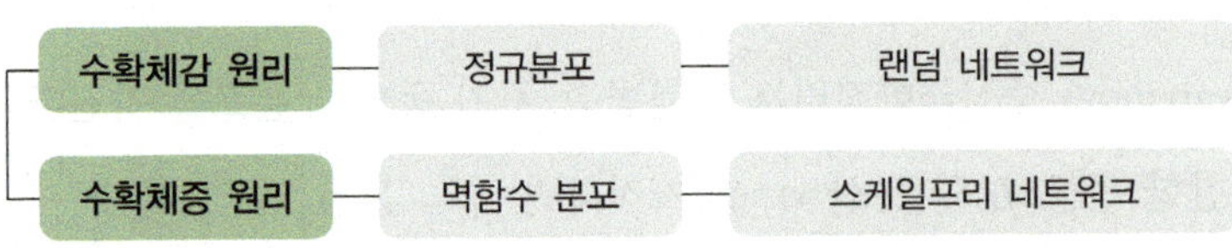

집단지혜는 수확체감 원리-정규분포-랜덤 네트워크일 때 안정적으로 발휘된다. 그러나 현실은 수확체증 원리-멱함수 분포-스케일프리 네트워크와 혼재되어 있어 그리 단순하지 않다.

3 동태적 균형

현실 경제는 매우 복잡하여 집단지혜를 발휘하기가 쉽지 않다. 집단지혜의 조건인 독립적이고 다양한 행위가 현실적으로 불가능하다. 경제학의 최적 균형에 도달하기 위해서는 정보가 개방되고 또 변화된 정보에 따른 즉각적인 행위가 뒤따라야 한다. 그러나 정보가 개방되면 경제주체 간에 관계가 작용하면서 사실 독립적이고 자유로운 행위가 매우 어렵다. 즉, 완전한 정보, 독립적인 행위, 즉각적인 행위 등이 서로 모순을 지닌다. 따라서 현실적으로 정보가 완전히 개방되어 있지만 주체 간에 행위의 모방이 쉽게 일어나며, 또한 즉각적인 반응이 불가능하기 때문에 일정한 시차를 가진다. 이러한 행위들 간에 마찰이 발생하면서 현실 경제에서는 상당한 변동성이 일어나게 된다. 그런 이유로 행위의 쏠림 현상, 가격의 폭등 및 폭락, 공급망 위기, 지리적 집중 등을 겪게 되며, 거시적으로 경기 변동을 경험하게 된다.

말하자면 수확체감 원리보다는 수확체증 원리, 정규분포보다는 멱함수 분포, 랜덤 네트워크보다는 스케일프리 네트워크가 더 빈번해지고 있어 집단지혜 발휘가 점점 더 어려워지고 있다. 따라서 후자의 지배력이 과도하게 확대되지 않도록 전자의 대항력을 키워 서로 균형을 맞추는 노력이 필요하다. 비현실적 정태적 균형이 아닌 동태적 균형을 추구해야 하는 이유이다.

3.1 미시적 질서와 거시적 질서의 조화

앞서 복잡계 시스템에서의 특징은 미시적 질서와 거시적 질서의 불일치이다. 미시적 차원에서 작동되는 원리가 거시적 차원에서는 작동되지 않는 완전히 새로운 영역이 탄생된다. 주된 동인은 개체들 간 상호작용을 통한 자기조직화(self-organization)이다. 동일한 조건이라 하더라도 그때그때의 상황에 따라 상이한 경로를 따르게 되고 결국 완전히 다른 결과에 도달하게 된다. 이른바 비가역성(irreversibility)이 존재하는 세계이다. 물리 현상에서 시간을 거꾸로 돌리면 원래의 상태로 돌아가야 함에도 그것이 불가능한 시간에 대한 비가역 현상이나 화학반응에서 반응 후 반대의 조건하에서 원래 반응 전의 상태로 환원되지 않는 현상 등이 이에 해당된다.

우리는 회의 때 동일한 사안에 대해서 상이한 결론을 도출하는 경우를 종종 경험한다. 특히 개인 간의 관계가 결부되어 있을 때는 왜곡된 결론을 도달하기가 쉽다. 자신과 상이한 의견을 가진 사람과 개인적 친분이 있을 경우 자신의 의견을 강하게 피력하기가 어렵다. 이러한 관계가 구성원의 다수 간에 형성되어 있을 경우 의사결정이 왜곡되기 쉽다. 어떤 사안에 대해 평가를 할 때 평가 대상과 밀접한 관계가 형성되어 있을 경우 객관적인 평가가 근본적으로 어렵다. 개인 간 네트워크가 과도하게 형성되어 있을 경우 집단 전체는 구성원 개개인들이 원치 않는 엉뚱한 방향으로 가기 쉽다. 집단 내 혹은 집단 간 과도한 네트워크의 형성은 집단 전체의 효율성을 저하시킨다는 사실은 여러 전문가들이 지적하는 바다.[2]

자기조직화 현상은 두 가지 유형으로 나누어 볼 수 있다. 로컬 자기조직화(미시적 질서)와 글로벌 자기조직화(거시적 질서)인데, 전자는 후자의 하부 집합의 개념이다. 수많은 로컬 자기조직화 현상들이 모여 글로벌 자기조직화 현상을 구성한다. 이들의 관계는 상호 중층적으로 이루어져 가령 한 도시를 로컬 자기조직화의 단위로 보면 국가는 글로벌 자기조직화 대상이 되며, 세계 전체를 글로벌 자기조직화로 보면 국가는 로컬 자기조직화 단위가 되는 것이다. 양자 간에는 부분과 전체 간의 복잡성이 존재한다. 로컬 자기조직화 현상의 결과가 반드시 바람직한 글로벌 자기조직화 현상으로 귀결되지 않는다. 앞서 Thomas Shelling(1972)의 모델처럼 로컬 공간에서의 동일한 인종끼리 모여 사는 것을 선호한 결과 인종 간 공간 분리라는 바람직하지 않는 현상을 경험하게 된다.

마찬가지로 로컬 자기조직화와 글로벌 자기조직화의 불일치는 수도권이 지나치게 비대하여 전체 국토의 발전에 바람직하지 않은 현상이 발생하는 것에 비유할 수 있다. 예를 들면 핵심인 상호작용에서 로컬 자기조직화에는 의존적 상호작용이, 글로벌 자기조직화에는 독립적 상호작용의 원리가 적용될 수 있다. 지역 차원에서는 구성원들 사이의 밀접한 상호작용에 의해 집중화된 질서가 바람직하지만, 전국 차원에서는 개별 지역 간에 지나치게 의존적이면 불균형이 심화되기 때문에 분권화된 질서가 상대적으로 우선시되어야 한다.

미시적 차원에서의 안정적인 질서가 종합되어 나타난 거시적 차원에서의 질서는 얼마 든지 불안정적일 수 있다. 그렇게 전이될 수 있는 조건을 억제하는 노력이 필요하며, 앞서 얘기

2. Granovetter와 Burt는 밀도가 높은 네트워크에서 정보의 중복을 줄이고 중복되지 않은 새로운 정보의 원천을 찾아내고 유지하는 것이 중요하다고 보았다. Burt(1992)와 Granovetter(1973) 참조.

한 James Surowiecki의 *The Wisdom of Crowds*가 제시한 '독립성', '다양성', '분산화' 조건은 그 기본 방향으로서 매우 타당하다. 다양한 개인이 서로 독립성을 가지고 분산되어 있을 때 각 개인의 판단 집합은 지혜롭다는 것이다. 배심원 제도(Jury System)가 작동되고 있는 것도 바로 그러한 이유에서일 것이다.

3.2 경쟁과 협력의 조화

완전경쟁은 이상적이고 아름답다. 그러나 현실은 그렇지 못하기 때문에 경쟁과 협력을 둘러싸고 많은 논쟁과 연구들이 발생한다. 완전경쟁을 구성하는 여러 전제 조건 중 하나라도 충족되지 않으면 시장은 이론대로 온전하지 못하기 때문에 각각 처한 상황에 따라 다른 형태의 경쟁과 협력의 조화가 필요하다.

흔히 게임이론에서 내쉬 균형이 말해 주듯이 상대방의 전략에 대한 정보가 없으면 각자의 이익을 최대화하기 위한 최선의 경쟁을 하더라도 모두가 원치 않는 결과에 도달할 수 있다. 소위 '죄수의 딜레마(prisoner's dilemma)'와 같은 상황을 만들어내는 것이 일반적이다. 기술선택에서 나타나는 '과도한 관성(excess inertia)'이나 '과도한 동기(excess momentum)' 현상도 동일한 맥락이다. 서로 협력을 하여 더 바람직한 결과에 도달할 수 있음에도 정보 제약과 자기이익 극대화로 말미암아 현실은 그렇지 못하다. 마찬가지로 완전경쟁의 탁월함을 모두가 좋아하기에 끊임없이 추구하지만 그 전제조건을 한꺼번에 충족하기가 불가능하기에 현실은 오히려 모두가 원치 않는 결과를 맞이한다.

그래서 우리는 발전된 정보기술을 활용하여 신속하고 완전한 정보를 접할 수 있는 환경을 구현함으로써 정보의 불완전성을 상당 부분 해소시키고 있다. 그럼에도 부문 간 정보 격차가 상존할 뿐만 아니라 정보와 경제행위 간에는 일정한 시차가 존재하기 때문에 부문 간 마찰이 불가피하다. 오히려 정보의 개방으로 인해 모방이 용이해져 무리 짓기(herding)나 쏠림(tipping) 현상이 더 빈번해지고 있다. 현재와 같은 정보화 사회에서는 개인의 선호에 입각한 독립적이고 자유로운 행위가 점점 어려워지고 반대로 유행이나 사회적 추세와 같은 사회적 맥락이 개인의 행위에 점점 강하게 영향을 미치고 있다.

따라서 협력에 대해 좀 더 고민이 필요하다. 사람의 관계 차원에서도 밀접한 관계가 늘 바람직한 것은 아니다. Granovetter(1973)가 지적하였듯이 느슨한 관계가 새로운 일자리를 구하는 데 오히려 유용하듯이 협력이 너무 밀접하면 전체의 이익을 저해시킬 수 있다. 합리적 이유에 근거하지 않는 막연한 협력은 시장을 왜곡시켜 집단지혜의 달성을 어렵게 만든다. 혈연, 학연, 지연과 같은 폐쇄적 연결이 만연할 경우 공정한 경쟁을 저해하므로 심각한 사회적 비용을 초래한다. 따라서 적당한 사회적 거리를 둠으로써 개인 간 독립적 경쟁의 요소를 포섭하는 것이 전체에 이롭다. 건전한 우정이 사회를 건강하게 만드는 이유이다.

비정상적인 경쟁 질서의 반복은 미시적 차원에 그치지 않고 거시적 질서와의 상호작용을 통해 강화되는 경향을 보인다. 즉, 개별 행위와 사회적 추세가 서로 상승작용을 하면서 비합리적 행위를 부추기는 일종의 순환 고리(feedback loop)를 형성한다. 그런 국면에 접어들면 어떤 사태의 분포구조가 정규분포에서 벗어나 멱함수 분포에 가까워진다. 구성원들의 행위가 평균에서 많이 벗어난 상황에서 개별 간 경쟁 일변도는 시장을 극한 상태로 몰고 갈 가능성이 높다. 가격 폭등 및 폭락, 독과점, 집중 현상이 심화될 수 있으며, 이를 치유하기 위한 전통적인 규제 또한 마찬가지로 시장을 왜곡시킬 가능성이 높다. 가령 소득 불균형이 심화되면 사람들은 벌어진 소득 격차를 만회하기 위해 수단과 방법을 가리지 않는 비이성적인 행위, 즉 과도한 경쟁이나 투기행위를 하기 시작하고 이것이 만연되면 사람들의 행위가 획일화되어 시장은 더욱 출렁이게 된다. 결국 격차가 격차를 부르는 순환 고리에 빠지게 된다. 그렇게 되면 마치 압력밥솥의 압력처럼 한꺼번에 분출할 수 있는 위험성을 지니는 국면으로 바뀐다. 이럴 경우엔 협력의 요소를 가미하거나 치우쳐진 분포를 완화시켜 시장을 진정시켜야 한다.

생태계 차원에서도 경쟁 일변도로는 한계가 있다. 생태계가 지속되기 위해서는 참여자들 모두 공생공존해야 한다. 상대방을 패배시키는 전략과 단기적 수익극대화만으로는 생태계가 지속될 수 없으며, 서로 협력하는 장기적이고 동태적인 접근이 필요하다. 기업의 사회적 책임(Corporate Social Responsibility ; CSR), 창조적 공유가치(Creative Shared Value ; CSV), 환경, 사회, 지배구조(Environmental, Social and Governance ; ESG)가 대두되는 것도 생존을 위한 개별 차원의 행위만으로는 생태계가 지속될 수 없고 집단적·시스템적 맥락에서 접근해야 생태계가 지속될 수 있는 환경으로 바뀌었음을 반증한다. 정보화에 의한 네트워크가 거미줄처럼 얽혀져 있는 사회경제적 구조하에서는 더더욱 경쟁과 협력을 조화시키는 지혜가 필요하다.

3.3 집중과 분산의 조화

자유롭고 독립적인 다양한 행위는 집중된 분포보다는 분산된 분포에서 훨씬 가능하다. 앞에서 네트워크 유형으로는 스케일프리보다는 랜덤 네트워크 구조일 때 개별의 독립적인 행위에 의한 집단지혜가 잘 발휘될 수 있음을 언급하였다. 완전경쟁이 비현실적이듯 바둑판 모양과 같은 분포 또한 비현실적이다. 오히려 정보의 불완전성하에서의 경제적 효율성 추구는 규모의 경제를 누리기 위한 공간적 집중을 더욱 선호한다. 여기에다 정보기술의 발달에 의한 네트워크 규모의 거대화와 집중화는 사회경제적 여러 현상의 양극화를 심화시키는 주요한 조건으로 작용한다.

전형적인 예로서 부동산 가격의 불안정성은 인구 분포와 밀접한 관계를 가진다. 부동산 공급보다 수요가 많은 초과 수요가 가격 상승을 견인하는데 부동산에 대한 지속적인 초과 수요는 바로 지역 크기에 비해 과도한 인구 유입이 그 근본 원인이다. 공급 문제를 해소하기 위한 거대한 신도시 공급은 결국 추가적인 인구 유입을 초래하여 또 다른 초과수요의 원인이 된다. 과거 수도권 신도시 건설정책이 초래한 결과가 이를 잘 입증해 주고 있다.

부동산 거래도 수요자와 공급자의 거래 네트워크이므로 과도한 인구 유입은 비선형적 네트워크 효과에 의해 계속 초과 수요를 발생시킬 소지가 된다. 수도권이라는 거대한 네트워크 덩어리가 자체가 가진 힘으로 스스로 네트워크를 창출해가면서 새로운 기회를 만들어내고 있다. 수도권의 네트워크를 만들어 내는 속도가 지방의 네트워크를 만들어 내는 속도와 점점 격차가 벌어지고 있는 것이다. 수확체증 원리가 적용되어 시간이 흐를수록 지역 간 양극화 현상으로 고착화될 가능성이 높다. 양극화라는 새로운 안정적 균형 상태로 스스로 조직화하는 힘이 강하게 작용하기 때문에 웬만해서는 이 거대한 흐름을 거역하기가 어렵다. 부동산과 관련하여 여러 형태의 정책이 동원되지만 이러한 네트워크 분포구조를 변화시키지 않은 한 그 정책의 효과는 한계를 지닐 수밖에 없다. 동일한 부동산 정책이 인구 밀도가 낮은 지방에는 잘 작동되는 반면 인구 밀도가 높은 수도권에는 잘 작동되지 않는 것은 이를 증명한다.

앞서 코로나19의 감염자 발생 패턴이 인구 분포에 기초한 복잡계 네트워크의 자기조직화 현상임을 살펴본 바 있다. 감염자 발생이 개인과 개인의 접촉에 의해 발생하므로 전형적인 네크워크 현상이다. 전체 인구의 약 50% 정도가 살고 있는 수도권에서 전체 코로나19 감염자의 60~70%가 나온 것은 바로 높은 인구 밀도에 의한 접촉 빈도가 타지역에 비해 매우 높기 때문이다. 따라서 확진자의 분포는 인구 분포에 비해 보다 두꺼운 꼬리를 가진 멱함수 분포를 보이고 있음을 알 수 있었다. 또한 동일한 2.5단계 사회적 거리두기 정책이 인구 밀도가 낮은 경기도보다 인구 밀도가 높은 서울에서 그 효과가 더디게 나타나 이러한 주장을 간접적으로 뒷받침하였다.

공간구조가 정규분포에서 점점 멀어져 멱함수 분포에 가까워지면 비단 부동산 가격이나 코로나19 확진자 수뿐만 아니라 모든 사태가 평균에서 멀어져 극단적인 형태가 빈번하게 발생하게 되어 휘발성이 높은 사회가 된다. 다시 말해, 특정 임계점 없이 언제라도 극단적인 사태가 발생할 수 있는 잠재적인 위험을 안고 있다. 또한 이를 해결하기 위한 정책은 그 효과가 낮으며, 설사 작동되더라도 시장을 매우 경직적으로 만들어 더욱 비정상적인 상태로 만들어 버린다. 따라서 분산화라는 물리적 구조의 변화 없이는 집중화에서 오는 격차와 불안정성을 근본적으로 해소하기 어렵다.

집중은 어느 정도 필요하며, 불가피한 현상이다. 또한 집중은 높은 효율성을 보장하기도 한다. 즉, 비용을 절감시키고 규모의 경제 효과를 누려 생산성을 증대시키고 성장을 도모한다. 또한 모두가 추구하는 혁신은 상호 밀접한 네트워크 활동에 의해 활성화되며, 지리적 근접성은 이를 더욱 촉진시킨다. 다시 말해, 집중은 적당한 긴장감과 경쟁을 불러일으켜 성장의 동인이 된다. 문제는 지나친 집중이다. 과도하게 집중되어 있으면 구성원 간 거리가 지나치게 가까워 자유롭고 독립적인 다양한 행위는 불가능하다. 구성원 간 동조화 현상이 쉽게 일어나 행동의 획일화 현상으로 이어진다. 특정 계기로 하나의 집단행동으로 나타나기 쉬우며, 군중심리나 유행으로 전환될 가능성이 높다. 이처럼 휘발성이 높은 취약한 구조의 사회가 되어 집단지혜를 발휘하기가 쉽지 않다.

앞의 장들에서 네트워크 구조가 지니는 특징에 대해서 다각도로 논의한 바 있다. 끊임없이 변화하는 환경에 대해 적응해야 하는 동태적 측면에서 보았을 때 강한 연결과 약한 연결, 동종 간 연결과 이종 간 연결의 조화를 통해 각각의 장점을 높이고 단점을 줄이는 것이 차선으로 보인다. 다시 말해, 집중의 효율성과 분산의 다양성을 조화시킴으로써 착근성(ebbeddedness)과 구조적 공백(structural hole)을 동시에 허용하는 분산집중형 네트워크 구조가 되겠다. 현실적으로는 수도권 단일핵이 아닌 초광역 중심의 다핵구조의 국토 공간구조가 집단지혜를 발휘하는 데 적절하다고 하겠다.

사례 22-1 미국의 대규모 정전 사태[3]

1977년 미국 뉴욕의 대규모 정전 사태는 순식간에 거대 도시를 암흑으로 몰고 갔으며, 대혼란을 야기하였다. 불과 25시간의 정전이 예기치 않았던 약탈, 폭동, 방화 등 엄청난 혼란을 불러일으킨 것이다. 그 피해액은 약 3억 5천만 달러에 달해 현대 도시생활이 얼마나 전기에 의존해서 살아가고 있는지를 일깨워주었다. 그 사건이 발생한 이후 거의 20년 만인 1996년 8월에 또다시 서부지역에서 대규모 정전 사태가 발생하였다.

엄청난 정전 사태는 실제로는 매우 사소한 사건이 발단이 되어 일어났다. 포틀랜드 북쪽 서부 오리건주에 위치한 송전선 하나가 아래로 처져 나뭇가지와 부딪히면서 불꽃이 튀어오르고, 이것은 곧바로 시애틀에서 아래쪽 포틀랜드로 전력을 전달하는 병렬 케이블의 하나인 Keeler-Allston 라인에 문제를 일으켰다. 어느 한 부분의 전력 공급 중단 사태를 방지하기 위해 인접 전력 공급선으로 자동적으로 연결되는 시스템이 작동하여 다른 부문으로 전력의 과부하가 전달되기 시작하였다. 차례로 이러한 연쇄 효과가 확산되어 Pearl-Keeler 라인을 정전시키고 5분 후 St. Johns-Merwin 라인으로 연쇄적으로 번져 곧 캐스캐이드(Cascade) 산맥 동서지역으로 확산되어 나갔다. 이러한 방식으로 결국 서부 해안 전력 공급의 요충인 California-Oregon 라인이 마비되면서 대규모 정전 사태가 일어난 것이다.

전기는 원래 저장하기 어려워 일단 생산이 되면 낭비를 최소화할 수 있도록 적재적소에 사용되어야 한다. 그래서 일단 생산이 된 전기는 어딘가로 전달되어야 한다. 전기의 이러한 특성이 대규모 정전 사태를 일으키는 데 한몫을 하였다. 주요 요충 라인인 California-Oregon 라인의 정전은 워싱턴의 동쪽과 남쪽으로 마치 쓰나미처럼 아이다호, 유타, 콜로라도, 애리조나, 뉴멕시코, 남부 캘리포니아로 번져 나갔다. 이 정전 사태로 175개의 크고 작은 발전소가 중단되어 피해규모는 약 20억 달러로 추산되었다.

이러한 큰 재난의 배경으로 여러 요인이 지적되었다. 사고 원인을 조사한 조정위원회의 보고에 따르면 기본적으로 공급시설에 비해 과다한 전력 수요가 주된 원인이다. 느슨한 유지보수 체계와 비상 경고에 대한 부주의 등도 지적되었으며, 상호 의존적인 전체 시스템에 대한 이해 부족도 지적되었다. 무엇보다 네트워크 관점에서 상호 의존적인 전체 시스템과 밀접한 관련이 있다. 연쇄적 실패는 서로 독립된 개별 무작위 사건들의 연결이 아니라 초기 실패가 다음의 실패를 불러오고 이것이 또 다른 실패를 불러와 점점 실패할 확률을 높이는 쪽으로 사건들이 상호 의존되어 진행되는 모습을 보이고 있다. 시간이 흐를수록 사건이 증폭되어 진행된다는 것이다. 그런 측면에서 전체 전력 시스템 내에서 개별 요소의 실패를 방지하기 위해 거대한 릴레이 시스템을 구축한 것이 대규모 정전 사태의 주된 원인으로 지적될 수 있다. 수많은 지역 네트워크를 서로 연결하여 거대한 네트워크를 형성한 것이 대규모 재난을 불러온 것이다.

---

3. Watts(2003), pp.19~42.

만일 지역 간 릴레이 시스템을 구축하지 않고 분산된 전력 네트워크를 구축하였다면 설사 특정 지역에 정전 사태가 발생하더라도 다른 지역으로 확산되는 것을 차단할 수 있기 때문에 대규모 정전 사태는 일어나지 않았을 것이다.

사례 22-2 수도권-지방의 소득 격차와 지방소멸 위기

국가의 주요 경제활동이 수도권에 집중되다 보니 수도권과 지방 간의 경제적 격차가 점점 벌어지고 있다. 자연히 임금이 높은 일자리들이 수도권에 집중될 수밖에 없는 것이다. 그 결과 상위 1% 근로소득자의 74.5%가 수도권에 위치한 직장 근로자인 것으로 나타났다. 국세청 "광역자치단체별 상위 1% 근로소득자 현황"에 따르면 상위 1% 근로소득자는 19만 4,953명이고, 이 중 서울, 경기, 인천 등 수도권 직장 근로자는 14만 5,322명으로 전체 74.5%을 차지한다. 서울이 8만 6,716명(44.5%)으로 가장 많고, 경기 5만 2,651명(27.0%), 부산 8,447명(4.3%), 경남 6,340명(3.3%) 순으로 많았다.

이러다 보니 지방은 점점 위축되어 일부 지역은 소멸의 위기를 맞고 있다. 한국고용정보원의 지방소멸위험지수는 특정 지역의 20~39세 여성 인구를 65세 이상 인구로 나눈 값으로 0.5 이하면 소멸위험지역으로, 0.2 이하면 소멸 고위험군으로 분류한다. 전국 228개 시군구 기준으로 동 지수를 적용한 결과, 소멸위험지역이 2017년 85곳(37.3%), 2019년 93곳(40.8%), 2021년 106곳(46.5%)로 점점 증가하고 있다. 경제활동의 수도권 집중-지방소멸 위기라는 순환 고리에 접어든 것으로 보인다.

그림 22-3 권역별 순이동 인구(2011~2021년)

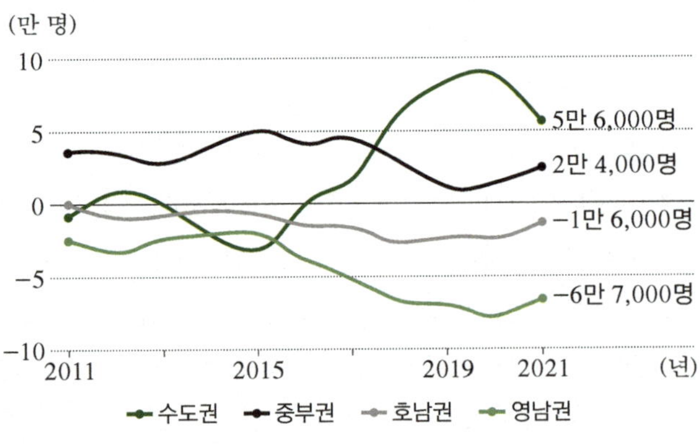

자료 : 통계청

그림 22-4 시도별 인구 자연 증가(2020년)

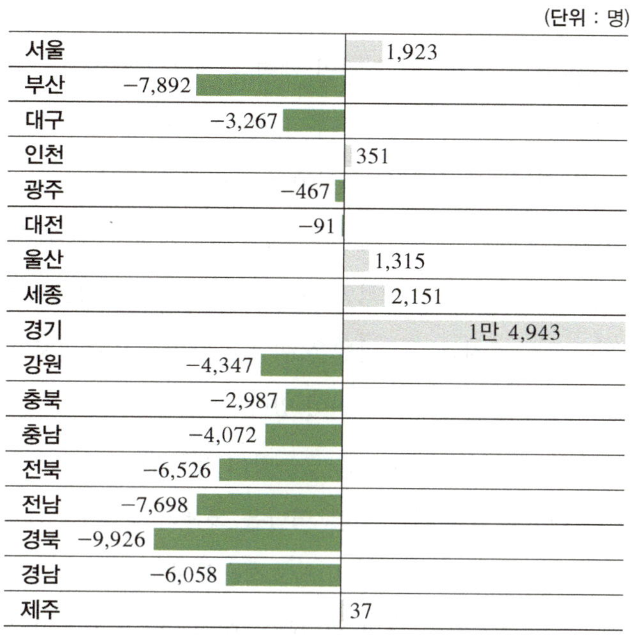

자료 : 국가통계포털

4 AI와 집단지혜

AI는 수많은 주체의 경제행위에 관한 데이터를 분석하여 변수 간에 가장 최적화된 관계와 답을 찾아가는 방법론으로서 하나의 집단지혜를 구현하는 방식이라 할 수 있다. 과거에는 무수한 개인의 행위를 접할 수 있는 수단이 불가능하였기 때문에 샘플 데이터를 사용해서 전체의 행위를 추론하는 과정을 거쳤다. 그러나 이제 정보기술의 발달로 이러한 제약이 사라지고 직접 전체 데이터를 수집하여 분석할 수 있다. 이것이 소위 빅데이터, 머신러닝, 딥러닝 등의 이름으로 활발하게 적용되고 있는 것이다.

AI 방법은 이미 이루어진 행위로부터 질서를 발견하는 것이기 때문에 귀납적인 방법에 무게 중심이 가 있다. 이론에 기초하여 논리를 전개하여 해를 찾는 연역적 방식과는 달리 AI 방법은 엄밀한 과학적·이론적 정합성에서 벗어나 있다. 하지만 이는 현실을 잘 설명하는 높은 유연성과 적응력을 지닌다.

그럼에도 불구하고 앞서 집단지혜의 조건인 개별 주체들의 독립성, 다양성, 분산화가 이루어지지 않은 현실에서 개별 행위의 집합으로부터 원리를 구하는 것은 자칫 집단지혜를 왜곡할 수 있다. 개별 행위가 획일화되기 쉬운 환경에서 무리 짓기나 쏠림 현상이 일어나기 쉽고 이러한 데이터를 기반하여 도출된 해로는 문제를 해결하기 어렵다. 소위 '알고리즘 편향성'이라는 문제를 야기한다. 수학적 최적화 방식의 재생산 메커니즘은 경로의존성을 심화시켜 사태를 더욱 편향시킬 가능성을 가진다. AI 방법은 귀납적 방법을 취하면서 결국 연역적 방법에 의존하여 접근하고 있기 때문에 불가피한 측면이 있다.

최근 등장한 챗GPT는 인간의 언어능력을 습득하여 새로운 정보를 생성시키는 뛰어난 기능을 발휘한다. 마치 훌륭한 개인 비서와 같은 역할을 톡톡히 해내고 있다. 그럼에도 챗GPT가 만들어가는 세상은 경제 주체들의 다양성이 상호작용하여 균형(또는 평균)을 찾아가는 시장기능과는 거리가 있어 보인다. 시장 기능의 위대함은 이질적인 주체들이 서로 거래하면서 실제 존재하기 어려운 균형을 찾아가는 과정에 있다. 그러나 챗GPT는 그러한 과정을 생략하고 구성원들의 자유도를 떨어뜨림으로써 시장 획일화로 귀결될 가능성을 높인다. 그렇게 되면 미세한 움직임에도 거대한 질서가 출렁이는 불안한 구조가 되기 쉽다.

결국 AI를 활용하는 주체인 인간과 AI가 어떻게 조화할 것인가의 문제로 귀결된다. AI를 적지적소에 잘 활용하여 정보의 불완정성을 해소하거나, 인간이 하기에는 어렵고 시간이 많이 걸리는 일을 대신하게 하여 비용을 절감하거나, 각 개인의 선호에 맞게 정보를 제공하여 시장쏠림 현상을 방지하는 등의 노력들이 필요하다고 하겠다. 따라서 AI의 장점과 인간과의 상호작용을 통해 창발되는 질서의 메커니즘을 잘 이해할 필요가 있으며, 이 전제하에 집단지혜가 잘 발휘되도록 인간의 지혜가 요구된다.

5 도덕적 자본주의

아프리카의 메뚜기 떼는 우기 이후 먹이가 풍부해지면 개체 수가 갑자기 늘어난다. 이때 가뭄이 와서 먹이가 줄면 경쟁이 치열해지고 밀도가 일정 수준 이상 높아지면 매우 포악해진다. 2004년 아프리카 모리타니의 수도 누악쇼트(Nouakchott)에서 1.7km의 긴 메뚜기 떼가 나타나 마을을 습격하여 큰 피해를 입혔다. 개체 수가 늘어나 메뚜기의 다리에 다른 개체의 다리가 닿게 되기 시작하면 유순한 메뚜기들이 폭력적으로 변한다. 옥스퍼드대학의 Jerome Bull 교수의 연구에 따르면 제곱미터당 60마리의 메뚜기 개체 수가 임계치로 알려져 있다.[4]

이처럼 사람 사회도 밀도가 높아 삶의 여건이 팍팍해지면 인심이 사나워지기 마련이다. 자기 생존이 급선무이기 때문에 남을 배려하고 조직 전체를 생각하는 관용은 기대하기 어렵다. 하지만 인간은 도덕성이라는 최소한의 양심이 있기에 '만인의 만인에 대한 투쟁'과 같은 극한 상황을 피할 수 있다. 자본주의가 아무리 탐욕스럽다 하더라도 불행한 사람들에 대한 연민의 마음이 근저에 있기에 그 지속성을 유지할 수 있다.

앞서 우리는 사회가 어떻게 균형에서 벗어나 출렁이는가를 여러 각도에서 논하였다. 정리하자면 복잡한 세상에서 사람은 자유롭고 독립적인 다양한 행위를 하기 어렵고 다른 사람을 모방하여 무리를 짓거나 특정 지역에 몰리는 경향을 보인다. 그런 상황에서의 사람 간 상호작용은 가격을 지나치게 올리거나, 극한 사태의 빈도가 높아지거나, 이전과는 다른 국면을 만들어낸다. 이러한 경험이 쌓이면 사회 전반에 걸쳐 어떤 사태의 분포가 정규분포가 아닌 멱함수 분포에 가까워진다. 사람은 이제 개인을 떠나 사회적 흐름을 인지하게 되고 그 흐름에 적응하기 위해 자신의 행위를 변화시킨다. 즉, 미시질서와 거시질서의 상승작용이 이루어지면서 그 이후로는 더욱 불안정적인 국면으로 바뀌고 균형에서 더 멀어진다.

이러한 메커니즘을 알더라도 우리는 사태의 진전을 완전히 방지할 수 없다. 더구나 정보화 사회로 진입하면서 정보 전달의 속도와 범위가 확연히 달라져 제어하기가 매우 어렵다. 그럼에도 그 정도를 줄이기 위해 두 가지 정도의 접근을 생각할 수 있다.

하나는 거시적 접근이다. 메뚜기 떼의 예에서 보았듯이 멱함수 분포는 구성원으로 하여금

---

4. 피터 밀러 저, 이한음 역(2010), pp.253~261.

끊임없이 탐욕스럽게 만든다. 현실적으로 자유롭고 독립적인 행위가 불가능함에도 되도록 그러한 행위를 할 수 있는 조건을 만드는 노력이 필요하다. 사태의 분포구조가 멱함수 분포보다는 정규분포가 되도록 해야 하는 것이다. 부동산 가격이 폭등·폭락하거나, 전염병 감염이 폭증하는 사태를 줄여야 안정적인 경제활동이 가능하다. 그럴려면 우선 인구 분포가 분산되어야 한다. 인구 분포가 분산되려면 무엇보다 경제활동이 분산되어야 한다. 경제활동의 분산이 인구 분산을 선행한다는 것이 입증되고 있기 때문이다. 따라서 생산, 연구 개발, 대학 등이 연계되어 지방에 확고히 자리를 잡을 수 있도록 꾸준한 노력이 필요하다.

다른 하나는 미시적 접근으로 구성원의 도덕성을 고양시켜 도덕적 자본주의를 구현하는 것이다. 사회를 완벽하게 디자인할 수 없다. AI와 같은 정보기술의 발전은 자칫 그러한 환상을 심어줄 수 있다. 그렇게 만들기 위한 정책 입안자의 과욕은 오히려 전체 시스템을 일그러뜨릴 수 있다. 이럴 경우엔 개별의 유연성을 발휘할 수 있도록 공간을 허락하는 것이 현명하다. 제3자가 일일이 개입하지 않고 개별이 환경 변화에 지혜롭게 대처할 수 있도록 역량을 키워 상황을 개선시킬 수 있는 가능성을 높이는 것이다. 특히 현재와 같은 고도로 복잡하게 얽혀 있는 사회에서는 구성원이 전체의 상황을 염두에 두고 개별의 행위를 조절하여 최적의 행위를 할 수 있도록 접근하는 것이 바람직하다. 말하자면 불확실성과 공백(빔)의 가치를 살리는 시스템적 사고와 접근이 필요한 것이다. 건전한 자본주의가 지속되기 위해서는 소위 비자본주의 요소인 도덕성에 대한 끈을 놓지 말아야 한다. 사와 농공상의 상호교섭이 이루어져야 하는 이유이다.

사례 22-3

간판 배열과 건물의 조화

도덕적 행위는 매우 높은 경지의 자율적 행위이다. 개체는 자신의 행위가 시스템에 미치는 결과를 잘 파악하여 시스템이 바람직한 상태로 수렴하도록 스스로 자기의 행위를 조절한다. 건물의 간판 배열이 이를 잘 설명해준다. 〈그림 22-5〉에서 왼쪽 건물보다는 오른쪽 건물이 훨씬 아름답고 조화로워 보인다. 왼쪽의 경우 각자 자기의 간판을 돋보이려고 자극적인 색깔과 크기를 내세우지만 결과적으로 개별 간판이 잘 드러나지 않고 건물에 여백이 없어 전체적으로 조화롭지 못하다. 반면에 오른쪽의 경우 개별 간판이 건물의 미관을 고려하여 각자 색깔과 크기를 제한하여 여백을 살리면서 건물 전체와 조화를 이룬다.

그림 22-5 건물의 간판 배열 비교

사례 22-4

회전교차로와 신호교차로

개체가 도덕적 행위를 하기 위해서는 그렇게 할 수 있도록 환경을 마련하는 것이 중요하다. 교차로 시스템은 이에 대한 적합한 사례이다. 회전교차로에서는 자동차들이 자율적으로 자기의 길을 찾아간다. 개별 자동차가 그때그때 교통 상황에 맞게 대처할 수 있어 교통 흐름이 유연하다. 그러나 교통이 매우 혼잡한 사거리에는 신호등 시스템이 불가피하다. 박병호 외(2009)에 따르면 1차로 기준 시간당 승용차 대수가 2,000대, 2차로 기준 3,200대 이상이면 신호교차로가 회전교차로보다 교통 흐름이 더 효율적이다. 즉, 일정한 밀도 이상이면 회전교차로와 같은 자율 시스템 작동은 불가능하다. 따라서 회전교차로를 만들어 각자가 상황에 맞게 자율적으로 길을 찾아가는 교통 상황을 조성하는 것이 복잡계 시스템에 어울리는 해법이다.

그림 22-6 회전교차로와 신호교차로

| 참고문헌 |

[해외문헌]

Abadie, A., Diamond, A., and Hainmueller, J. (2010) "Synthetic Control Methods for Comparative Case Studies : Estimating the Effect of California's Tobacco Control Program," *Journal of the American Statistical Association* 105(490), 493-505.

Acemoglu, D., Ozdaglar, A., and Tahbaz-Salehi, A. (2015) "Systemic risk and stability in financial networks," *American Economic Review* 105, 564-608.

Acharya, V. V. (2003) "Is the international convergence of capital adequacy regulation desirable?," *Journal of Finance* 58, 2745-2782.

_____________ (2009) "A theory of systemic risk and design of prudential bank regulation," *Journal of Financial Stability* 5, 224-255.

Acharya, V. V., Engle, R., and Richardson, M. (2012) "Capital shortfall : a new approach to ranking and regulating systemic risks," *American Economic Review* 102, 59-64.

Acharya, V. V., Gale, D., and Yorulmazer, T. (2011) "Rollover risk and market freezes," *Journal of Finance* 66, 1177-1209.

Acharya, V. V., Pedersen, L. H., Philippon, T., and Richardson, M. (2010) "Taxing system risk," Acharya, V. V., Cooley, T. F., Richardson, M. P., and Walter, I. (eds.), *Regulating Wall Street : The Dodd-Frank Act and the New Architecture of Global Finance*, Hoboken : John Wiley and Sons, Inc., 121-142.

____ (2017) "Measuring systemic risk," *The Review of Financial Studies* 30, 2-47.

Acharya, V. V. and Sabri Öncü, T. (2013) "A proposal for the resolution of systemically important assets and liabilities : the case of the repo market," *International Journal of Central Banking* 9, 291-349.

Acharya, V. V. and Thakor, A. (2015) "The dark side of liquidity creation : leverage and systemic risk," *Journal of Financial Intermediation* 28, 4-21.

Acharya, V. V. and Yorulmazer, T. (2008) "Cash-in-the-market pricing and optimal resolution of bank failures," *Review of Financial Studies* 21, 2705–2742.

Adamic, L. A. (1999) "The small world web," in *Lecture Notes in Computer Science*, 1696, New York : Springer, 443–454.

Adamic, L. A. and Adar, E. (2003) "Friends and neighbors on the web," *Social Networks* 25(3), 211–230.

Adamic, L. A. and Huberman, B. A. (2000) "Power–law distribution of the world wide web," *Science*, 287(5461), 2115–2115.

Adamic, L. A., Lukose, R. M., Puniyani, A. R., and Huberman, B. A. (2001) "Search in power–law networks," *Physical Review* 64, 046135.

Adrian, T. and Brunnermeier, M. (2014) "CoVaR," *American Economic Review*, *forthcoming*.

Adrian, T. and Shin, H. S. (2014) "Procyclical leverage and value–at–risk," *Review of Financial Studies* 27, 373–403.

Afonso, G. and Shin, H. S. (2011) "Precautionary demand and liquidity in payment systems," *Journal of Money, Credit and Banking* 43, 589–619.

Aghion, P., Bolton, P., and Dewatripont, M. (2000) "Contagious bank failures in a free banking system," *European Economic Review* 44, 713–718.

Aiyar, S., Calomiris, C. W., and Wieladek, T. (2014) "Does macro–prudential regulation leak? Evidence from a UK policy experiment," *Journal of Money, Credit and Banking* 46, 181–214.

Alberich, R., Miro–Julia, J., and Rossello, F. (2002) "Marvel Universe looks almost like a real social network," arXiv preprint cond–mat/0202174.

Albert, R. and Barabási, A. L. (2000a) "Dynamics of complex systems : Scaling laws for the period of Boolean networks," *Physical Review Letters* 84, 5660–5663.

________________ (2000b) "Topology of evolving networks : Local events and universality," *Physical Review Letters* 85, 5234–5237.

________________ (2002) "Statistical mechanics of complex networks," *Review of Modern Physics*, 74, 47–97.

Albert, R., Jeong, H., and Barabási, A. L. (1999) "Diameter of the world wide web," *Nature* 401, 130–131.

________________________ (2000) "Attack and error tolerance of complex networks," *Nature* 406, 378–382.

Aldana, M. (2002) "Dynamics of Boolean networks with scale–free topology," arXiv preprint cond–mat/0209571.

Aldous, D. and Pittel, B. (2000) "On a random graph with immigrating vertices : Emergence of the giant component," *Random Structures and Algorithms* 17, 79–102.

Aldrich, H., Reese, P. R., and Dubini, P. (1989) "Women on the verge of a break-through : Networking among entrepreneurs in the United States and Italy," *Entrepreneurship & Regional Development* 1(4), 339–356.

Aleksiejuk, A., Ho lyst, J. A., and Stauffer, D. (2002) "Ferromagnetic phase transition in Barabási–Albert networks," *Physica* A 310, 260–266.

Alexander, D. L., Kern, W., and Neli, J. (2000) "Valuing the consumption benefits from professional sports franchises," *Journal of Urban Economics* 48, 321–337.

Allen, D. (1988) "New telecommunications service : Network externalities and critical mass," *Telecommunications Policy* 13, 255–264.

Allen, F. and Gale, D. (1994) "Limited market participation and volatility of asset prices," *American Economic Review* 84, 933–955.

________________ (2000a) "Bubbles and crises," *The Economic Journal* 110, 236–255.

________________ (2000b) "Financial contagion," *Journal of Political Economy* 108, 1–33.

________________ (2004) "Financial fragility, liquidity, and asset prices," *Journal of the European Economic Association* 2, 1015–1048.

________________ (2007) "Systemic risk and regulation," Carey, M. and Stulz, R. M. (eds.), *The Risks of Financial Institutions*, University of Chicago Press, 341–376.

Allen, F., Babus, A., and Carletti, E. (2012) "Asset commonality, debt maturity and systemic risk," *Journal of Financial Economics* 104, 519–534.

Almaas, E., Kulkarni, R. V., and Stroud, D. (2002) "Characterizing the structure of small–world networks," *Physical Review Letters* 88, 98–101.

Almeida–Neto, M., Guimares, P., Guimares, P. R. Jr., Loyola, R. D. and Ulrich, W. (2008) "A consistent metric for nestedness analysis in ecological systems : reconciling concept and measurement," *Oikos* 117, 1227–1239.

Alstott, J., Bullmore, E., and Plenz, D. (2014) "Powerlaw : A Python Package for Analysis of Heavy–Tailed Distributions," *PloS one* 9(1), pp.e85777.

Alter, A., Craig, B. R., and Raupach, P. (2015) "Centrality–based capital allocations," *International Journal of Central Banking* 11, 329–377.

Amaral, J. N., Gao, G., Kocalar, E. D., O'Neill, P., and Tang, X. (2000) "Design and implementation of an efficient thread partitioning algorithm," *In International Symposium on High Performance Computing*, 252-259, Berlin, Heidelberg : Springer.

Amaral, L. A. N., Scala, A., Barthéléemy, M., and Stanley, H. E. (2000) "Classes of small-world networks," *Proceedings of the National Academy of Sciences* 97, 11149-11152.

Amsden, A. (1989) *Asia's Next Giant*, New York : Oxford University Press.

Anderson, C., Wasserman, S., and Crouch, B. (1999) "A p* primer : Logit models for social networks," *Social Networks* 21, 37-66.

Anderson, L. R. and Holt, C. A. (1997) "Information cascades in the laboratory," The *American Economic Review*, 847-862.

Anderson, P. W., Arrow, J. K., and Pines, D. (eds.) (1988) *The Economy as an Evolving Complex Systems*, Redwood City : Addison-Wesley.

Anderson, R. M. and May, R. M. (1991) *Infectious Diseases of Humans*, Oxford University Press.

Aoki, M. and Yoshikawa, H. (2006) *Reconstructing Macroeconomics : A Perspective from Statistical Physics and Combinatorial Stochastic Processes*, Cambridge University Press.

Argote, L. S., Beckman, S., and Epple, D. (1990) "The Persistence and Transfer of Learning in Industrial Settings," *Management Science* 36, 140-154.

Arora, S., Barak, B., Brunnermeier, M., and Ge, R. (2009) "Computational complexity and information asymmetry in financial products," *Princeton working paper*.

Arthur, W. B. (1986) "Industry Location Patterns and Importance of History," *Center for Economic Policy Research Paper* 84, Stanford University.

__________ (1987) "Self-Reinforcing Mechanisms in Economics," Anderson, P. W. and Arrow, K. J. (eds.), *The Economy as an Evolving Complex System*, New York : Addison-Wesley.

__________ (1988) "Urban Systems and Historical Path Dependence," Ausubel, J. H. and Herman, R. (eds.), *Cities and their Vital Systems*, Washington D. C. : National Academy Press.

__________ (1989) "Competing Technologies, Increasing Returns, and Lock-in by Historical Event," *Economic Journal* 99, 116-131.

__________ (1990) "Positive Feedback in the Economy," *Scientific American* 262,

92–99.

Arthur, W. B., Durlauf, S. N., and Lane, D. (1997) *The Economy as an Evolving Complex Systems II*, Santa Fe Institute Studies in the Science of Complexity.

Arthur, W. B., Ermoliev, Y. M., and Kaniovski, Y. M. (1984) "Strong Law for a Class of Path–Dependent Stochastic Processes," *Proceedings International Conference on Stochastic Optimization : Lecture Notes in Control and Information Sciences* 81.

Asanuma, B. (1985) "The organization of parts purchases in the Japanese automotive industry," *Japanese Economic Studies* 13(4), 32–53.

Atmar, W. and Patterson, B. D. (1993) "The measure of order and disorder in the distribution of species in fragmented habitat," *Oecologia* 96, 373–382.

Axelrod, R. (1984) *The Evolution of Cooperation*, New York : Basic.

__________ (1986) "An Evolutionary Approach to Norms," *American Political Science Review* 80, 1095–1111.

__________ (1997) *The complexity of cooperation*, In The Complexity of Cooperation. Princeton University Press.

__________ (2005) "Advancing the art of simulation in the social sciences," Rennard, J. P. (ed.), *Handbook of Research on Nature Inspired Computing for Economy and Management*, Pennsylvania : IGI Global.

Axelrod, R. and Tesfatsion, L. (2005) "A Guide for Newcomers to Agent–based Modeling in the Social Science," Tesfatsion, L. and Judd, K. L. (eds.), *Handbook of Computational Economics 2 : Agent–Based Computational Economics*, Amsterdam : North–Holland.

Axelrod, R. and Hamilton, W. D. (1981) "The evolution of cooperation," *Science* 211, 1390–1396.

Axtell, R. (1999) The emergence of firms in a population of agents, Santa Fe : Santa Fe Institute.

__________ (2003) "Economics as distributed computation," *Meeting the Challenge of Social Problems via Agent–Based Simulation*, Tokyo : Springer.

__________ (2005) "The Complexity of Exchange," *Economic Journal* 115, F193–210.

Axtell, R., Andrews, C. J., and Small, M. J. (2001) "Agent–based modeling and industrial ecology," *Journal of Industrial Ecology* 5, 10–13.

Babus, A. (2015) "The formation of financial networks," *RAND Journal of Economics* 47(2), 239–272.

Babus, A. and Hu, T.-W. (2015) "Endogenous intermediation in over-the-counter markets," *Working paper*, Federal Reserve Bank of Chicago.

Bachelier, L. (1900) "Theorie de la speculation," *Annales Scientifiques de l'Ecole Normale Superieure* Ⅲ-17, 21-86.

Backstrom, L., Huttenlocher, D., Kleinberg, J., and Lan, X. (2006) "Group formation in large social networks : membership, growth, and evolution," *In Proceedings of the 12th ACM SIGKDD International Conference on Knowledge Discovery and Data Mining*, 44-54.

Bailey, N. T. J. (1975) *The Mathematical Theory of Infectious Diseases and Its Applications*, New York : Hafner Press.

Bainbridge, W. S. and Stark, R. (1981) "Friendship, religion, and the occult : A network study," *Review of Religious Research*, 313-327.

Bak, P. (1999) *How Nature Works : The Science of Self-Organized Criticality*, New York : Copernicus Books.

Bak, P. and Chen, K. (1991) "Self-organizing criticality," *Scientific American*, 264, 46-53.

Bak, P., Chen, K., Scheinkman, J., and Woodford, M. (1993) "Aggregate fluctuations from independent sectoral shocks : self-organized criticality in a model of production and inventory dynamics," *Ricerche economiche* 47(1), 3-30.

Bak, P. and Tang, C. (1989) "Earthquakes as a self-organized critical phenomenon," *Journal of Geophysical Research : Solid Earth* 94(B11), 15635-15637.

Ball, P. (2005) *Critical Mass : How one thing leads to another*, Arrow.

Banerjee, A. V. (1992) "A simple model of herd behavior," *The quarterly journal of economics* 107(3), 797-817.

Banks, D. L. and Carley, K. M. (1996) "Models for network evolution," *Journal of Mathematical Sociology* 21, 173-196.

Barabási, A. L. (2002) *Linked : The New Science of Networks*, Cambridge : Perseus Book.

Barabási, A. L. and Albert, R. (1999) "Emergence of scaling in random networks," *Science* 286, 509-512.

Barabási A. L. and Bonabeau, E. (2003) "Scale-Free Networks," *Scientific American* 288, 60-69.

Barrat, A. and Weigt, M. (2000) "On the properties of small world networks," *The European Physical Journal B* 13, 547-560.

Barro, R. J. and Sala-I-Martin, X. (1991) "Convergence across States and Regions,"

Brookings Papers on Economic Activity 1.

Bartik, T. J., Becker, C., Lake, S., and Bush, J. (1987) "Saturn and state economic development," *Fourm for Applied Research and Public Policy*, 29–40.

Basel Committee on Banking Supervision (1991) Measuring and controlling large credit exposures, Report.

____________________ (2013a) Basel Ⅲ : the liquidity coverage ratio and liquidity risk monitoring tools, Bank for International Settlements.

____________________ (2013b) Global systemically important banks : updated assessment methodology and the higher loss absorbency requirement, Bank for International Settlements.

____________________ (2014a) Basel Ⅲ : Leverage ratio framework and disclosure requirements, Bank for International Settlements.

____________________ (2014b) Basel Ⅲ : the net stable funding ratio, Bank for International Settlements.

Bass, F. M. (1969) "A New Product Growth for Model Consumer Durables," *Management Science* 15, 215–227.

__________ (2003) *Agent–based pedestrian modelling*, Advanced spatial analysis : The CASA book of GIS, 81, 81–106.

__________ (2007) *Cities and Complexity : Understanding Cities with Cellular Automata, Agent–based Models, and Fractals*, The MIT press.

Baum, J. A. C. and Ingram, P. (1998) "Survival Enhancing Learning in the Manhattan Hotel Industry, 1898–1980," *Management Science* 44, 996–1016.

Beal, G. M. and Bohlen, J. M. (1981) "The Diffusion Process," Special Report No. 18. Iowa State University of Science and Technology of Ames, Iowa.

Becerra, O., Johnson, N., Meier, P., Restrepo, J., and Spagat, M. (2006) "Natural disasters, casualties and power laws : a comparative analysis with armed conflict," in *Proceedings of the Annual Meeting of the American Political Science Association*.

Benhabib, J. and Bisin, A. (2018) "Skewed Wealth Distributions : Theory and Empirics." Journal of Economic Literature 56(4), 1261–1291.

Benoit, S., Colliard, J. E., Hurlin, C., and Pérignon, C. (2017) "Where the risks lie : A survey on systemic risk," *Review of Finance* 21(1), 109–152.

Berger, N., Borgs, C., Chayes, J. T., and Saberi, A. (2005) "On the spread of viruses on the Internet," In *Proc. 16th ACM–SIAM Symposium on Discrete Algorithms*, 301–310.

Besen, S. M. and Farrell, J. (1994) "Choosing How to Compete : Strategies and Tactics in Standardization," *Journal of Economic Perspectives* 8, 117–131.

Bhattacharya, S. and Gale, D. (1987) "Preference shocks, liquidity and central bank policy," Barnett, W. and Singleton, K. (eds.), *New Approaches to Monetary Economics*, New York : Cambridge University Press, 69–88.

Biais, B., Heider, F., and Hoerova, M. (2016) "Risk-sharing or risk-taking? An incentive theory of counterparty risk, clearing and margins," *Journal of Finance* 71, 1669–1698.

Bianconi, G. (2002) "Mean field solution of the Ising model on a Barabási–Albert network," *Physics Letters A* 303(2-3), 166–168.

Bianconi, G. and Barabási, A. L. (2001a) "Competition and multiscaling in evolving networks," *EPL (Europhysics Letters)* 54(4), 436.

________________ (2001b) "Bose-Einstein condensation in complex networks," *Physical Review Letters* 86(24), 5632.

Bikhchandani, S., Hirshleifer, D., and Welch, I. (1992) "A theory of fads, fashion, custom, and cultural change as informational cascades," *Journal of Political Economy* 100(5), 992–1026.

Billingsley, P. (1995) *Probability and Measure* (3rd ed.), John Wiley and Sons.

Billio, M., Getmansky, M., Lo, A. W., and Pelizzon, L. (2012) "Econometric measures of connectedness and systemic risk in the finance and insurance sectors," *Journal of Financial Economics* 104, 535–559.

Binder, C. R., Hofer, C., Wiek, A., and Scholz, R. W. (2004) "Transition towards improved regional wood flows by integrating material flux analysis and agent analysis : The case of Appenzell Ausserrhoden, Switzerland," *Ecological Economics* 49(1), 1–17.

Bischof, D. and Wagner, M. (2019) "Do Voters Polarize When Radical Parties Enter Parliament?," *American Journal of Political Science* 63(4), 888–904.

Black, D. and Henderson, V. (1999) "Spatial Evolution of Population and Industries in the United States," *AEA Papers and Proceedings* 89, 321–327.

Black, F. and Scholes, M. (1973) "The Pricing of Options and Corporate Liabilities," *Journal of Political Economy* 81, 637–654.

Blanchard, O. J. and Katz, L. F. (1992) "Regional evolutions," *Brookings papers on Economic Activity* 1.

Blanchard, P., Chang, C. H., and Krüger, T. (2003) "Epidemic thresholds on scale-free graphs : The interplay between exponent and preferential choice," In *Annales Henri Poincaré* 4, 957–970.

Blau, D. M. and Robins, P. K. (1991) "Child care demand and labor supply of young mothers over time," *Demography* 28(3), 333–351.

Blau, P. M. (1974) "Presidential address : Parameters of social structure," *American Sociological Review* 615–635.

Blei, S. and Ergashev, B. (2014) Asset commonality and systemic risk among large banks in the United States, Office of The Comptroller of the Currency, Economics working paper 2014–3.

Blind, K. (2004) *The Economics of Standards : Theory, Evidence, Policy*, Edward Elgar.

Boguná, M. and Pastor-Satorras, R. (2002) "Epidemic spreading in correlated complex networks," *Physical Review E* 66(4), 047104.

Boguná, M., Pastor-Satorras, R., and Vespignani, A. (2003) "Absence of epidemic threshold in scale-free networks with degree correlations," *Physical Review Letters* 90(2), 028701.

Bohm, D. (2004) *Thought As A System*, Taylor and Francis e-Library.

Bollobás, B. (1985) *Random Graphs*, London : Academic Press.

Bollobás, B., Riordan, O., Spencer, J., and TusnLady, G. (2001) "The degree sequence of a scale-free random graph process," *Random Structures and Algorithms* 18, 279–290.

Bonabeau, E. (2002) "Agent-based modeling : Methods and techniques for simulating human systems," *Proceedings of the national academy of sciences* 99(suppl_3), 7280–7287.

Bonabeau, E., Dorigo, M., and Theraulaz, G. (2000) "Inspiration for optimization from social insect behaviour," *Nature* 406(6791), 39–42.

Born, B., Dietrich A., and Muller, G. J. (2020) "Do Lockdowns Work? A Counterfactual of Sweden," *Covid Economics* 16, 1–22.

Borri, N. and Reichlin, P. (2018) "The Housing Cost Disease," *Journal of Economic Dynamics and Control* 87, 06–123.

Boss, M., Elsinger, H., Summer, M., and Thurner, S. (2004) "Network topology of the interbank market," *Quantitative Finance* 4, 677–684.

Bottazzi, L., Da Rin, M., and Hellmann, T. (2016) "The importance of trust for investment : Evidence from venture capital," *The Review of Financial Studies* 29(9), 2283–2318.

Boulton, T. J., Shohfi, T. D., and Zhu, P. (2019) "Angels or sharks? The role of personal characteristics in angel investment decisions," *Journal of Small Business Management* 57(4), 1280–1303.

Bouvard, M., Chaigneau, P., and De Motta, A. (2015) "Transparency in the financial system : rollover risk and crises," *Journal of Finance* 70, 1805–1837.

Bowles, S. and Gintis, H. (2004) "The evolution of strong reciprocity : cooperation in heterogeneous populations," *Theoretical population biology* 65(1), 17–28.

Brass, D. J. (1985) "Men's and women's networks : A study of interaction patterns and influence in an organization," *Academy of Management Journal* 28(2), 327–343.

Brede, M. (2010) "Coordinated and uncoordinated optimization of networks," *Physical Review E* 81(6), 066104.

Bresnahan, T. F. (1986) "Measuring the Spill overs from Technical Advance : Mainframe Computers in Financial Services," *The American Economic Review* 76, 742–755.

Bressler, S. L. (1995) "Large-scale cortical networks and cognition," *Brain Res. Rev.* 1, 21–29.

Broder, A., Kumar, R., Maghoul, F., Raghavan, P., Rajagopalan, S., Stata, R., Tomkins, A., and Wiener, J. (2000) "Graph structure in the web," *Computer Networks* 33, 309–320.

Broido A. D. and Clauset, A. (2019) "Scale-free networks are rare," *Nature Communications* 10(1), 1–10.

Brownlees, T. C. and Engle, R. F. (2015) "SRISK : a conditional capital shortfall index for systemic risk measurement," *The Review of Financial Studies*.

Brunnermeier, M., Gorton, G., and Krishnamurthy, A. (2014) "Liquidity mismatch measurement," Brunnermeier, M. and Krishnamurthy, A. (eds.), *Risk Topography : Systemic Risk and Macro Modeling, National Bureau of Economic Research*, University of Chicago Press, 99–112.

Brunnermeier, M. K. and Oehmke, M. (2013a) "Bubbles, financial crises, and systemic risk," Harris, M., Constantinides, G. M., and Stulz, R. M. (eds.), *Handbook of the Economics of Finance*, Amsterdam : Elsevier BV., 1221~1288.

________________ (2013b) "The maturity rat race," *Journal of Finance* 68, 483–521.

Brunnermeier, M. K. and Pedersen, L. H. (2009) "Market liquidity and funding liquidity," *Review of Financial Studies* 22, 2201–2238.

Bryant, J. (1980) "A model of reserves, bank runs, and deposit insurance," *Journal of Banking and Finance* 4, 335–344.

Brynjolfsson, E. (1996) "The Contribution of Information Technology to Consumer Welfare," *Information Systems Research* 7, 281–300.

Buchanan, M. (2001) *Ubiquity : The Science of History … or Why the World is Simpler than We think*, New York : Crown.

Buck, J. and Buck, E. (1968) "Mechanism of Rhythmic Synchronous Flashing of Fireflies : Fireflies of Southeast Asia may use anticipatory time-measuring in synchronizing their flashing," *Science* 159(3821), 1319–1327.

Burt, R. S. (1982) *Toward a structural theory of action*, New York : Academic Press.

_________ (1992) *Structural Holes: The Social Structure of competition*, Cambridge : Harvard University Press.

_________ (2000) "The network structure of social capital," *Research in organizational behavior* 22, 345–423.

Cabral, L., Salant, D., and Woroch, G. (1999) "Monopoly pricing with network externaliies," *International Journal of Industrial Organization* 17, 199–214.

Caesar, A. A. L. (1964) "Planning and geography of Great Britain," *Advancement of Science* 21, 230–240.

Cai, J., Saunders, A., and Steffen, S. (2018) "Syndication, interconnectedness and systemic risk," *Journal of Financial Stability* 34, 105–120.

Callaway, D. S., Hopcroft, J. E., Kleinberg, J. M., Newman, M. E. J., and Strogatz, S. H. (2001) "Are randomly grown graphs really random?," *Physical Review E* 64, 041902.

Callaway, D. S., Newman, M. E. J., Strogatz, S. H., and Watts, D. J. (2000) "Network robustness and fragility : Percolation on random graphs," *Physical Review Letters* 85, 5468–5471.

Calomiris, C. W. and Kahn, C. M. (1991) "The role of demandable debt in structuring optimal banking arrangements," *American Economic Review* 81, 497–513.

Capello, R. and Nijkamp, P. (1996) "Regional Variations in Production Network Externalities," *Regional Studies* 30(3), 225–237.

Carlton, D. W. (1984) "The location and employment choices of new firms : an econometric model," *The Review of Economics and Statistics*, 440–449.

Carol, M. (1993) "Intel dominance could derail NT on Alpha train," *Computer World*, 1–15.

Carrington, P. J., Scott, J., and Wasserman, S. (eds.) (2005) *Models and methods in social network analysis (Vol. 28)*. Cambridge university press.

Castellano, C., Vilone, D., and Vespignani, A. (2003) "Incomplete ordering of the voter model on small-world networks," *EPL (Europhysics Letters)* 63(1), 153.

Castells, M. (1988) "The new industrial space : information technology manufacturing and spatial structure in the United States," America's new market geography, 43–100.

__________ (1996) *The Rise of Network Society*, Blackwell.

Castiglionesi, F. and Navarro, N. (2011) "Fragile financial networks," *Tilburg University working paper*.

Cederman, L. E. (1994) *Emergent actors in world politics : How states and nations develop and dissolve*, University of Michigan.

__________ (1997) *Emergent actors in world politics : How states and nations develop and dissolve (Vol. 2)*. Princeton University Press.

__________ (2003) "Modeling the size of wars : From billiard balls to sandpiles," *American Political Science Review* 97(1), 135–150.

Chadefaux, T. and Helbing, D. (2010) "How wealth accumulation can promote cooperation," *PloS One* 5(10), e13471.

Chaminade, C. (1999) "Innovation Process and Knowledge Flows in the Information and Communications Technologies(ICT) Clusters in Spain," in *Boosting Innovation : The Cluster Approach*, OECD, 219–242.

Chandler, A. (1962) *Strategy and Structure*, Cambridge : MIT Press.

__________ (1977) *The Visible Hand : The Managerial Revolution in American Business*, Cambridge : Harvard University Press.

Chandler, R. E., Herman, R., and Montroll, E. W. (1958) "Traffic dynamics : studies in car following," *Operations Research* 6(2), 165–184.

Chen, Y. (1999) "Banking panics : the role of the first-come, first-served rule and information externalities," *Journal of Political Economy* 107, 946–9.

Chiang, A. C. (1984) *Fundamental Methods of Mathematical Economics* (3rd ed.), McGraw-Hill Book Company.

Cho, S.-W. (2020) "Quantifying the Impact of Nonpharmaceutical Interventions During the Covid−19 Outbreak : The Case of Sweden," *The Econometrics Journal* 23(3), 323−344.

Choi, J., Jeong, S., and Kim, K. (2015) "A study on diffusion pattern of technology convergence : patent analysis of Korea," *Sustainability* 7(9), 11546−11569.

Christakis, N. A. and Fowler, J. H. (2007) "The spread of obesity in a large social network over 32 years," *New England Journal of Medicine* 357(4), 370−379.

________________ (2008) "The collective dynamics of smoking in a large social network," *New England Journal of Medicine* 358(21), 2249−2258.

Christaller, W. (1933) *Central Places in Southern Germany*, Jena : Fischer. English translation by C. W. Baskin, London : Prentice−Hall, 1966.

Clark, J. M. (1955) "Competition : Static Models and Dynamic Aspects," *American Economic Review* 45, 450−462.

Clark, K. B. and Fujimoto, T. (1991) *Product Development Performance : Strategy, Organization, and Management in the World Auto Industry*, Boston : Harvard Business School Press.

Clauset A., Shalizi, C. R., and Newman, M. E. (2009) "Power−Law Distributions in Empirical Dat," *SIAM review* 51(4), 661−703.

Clauset, A. and Young, M. (2005) "Scale invariance in global terrorism," arXiv preprint physics/0502014.

Coase, R. (1960) "The Problem of Social Cost," *Journal of Law and Economics* 3, 1−44.

Cohen, L. J. (1977) *The probable and the provable*.

Cohen, R., Erez, K., ben−Avraham, D., and Havlin, S. (2000) "Resilience of the Internet to random breakdowns," *Physical Review Letters* 85, 4626−4628.

________________ (2001) "Breakdown of the Internet under intentional attack," *Physical Review Letters* 86, 3682−3685.

Coleman, J. S. (1988) "Social capital in the creation of human capital," *American Journal of Sociology* 94, S95−S120.

______ (1990) "Commentary : Social institutions and social theory," *American Sociological Review* 55(3), 333−339.

Colizza, V., Barrat, A., Barthélemy, M., and Vespignani, A. (2006) "The role of the airline transportation network in the prediction and predictability of global epidemics," *Proceedings of the National Academy of Sciences* 103(7), 2015−2020.

Conte, R., Hegselmann, R., and Terna, P. (1997) *Introduction : Social simulation a new disciplinary synthesis, In Simulating Social Phenomena*, 1–17, Berlin, Heidelberg : Springer.

Coval, J. and Stafford, E. (2007) "Asset fire sales (and purchases) in equity markets," *Journal of Financial Economics* 86, 479–512.

Cowan, R. and Jonard, N. (2004) "Network structure and the diffusion of knowledge," *Journal of economic Dynamics and Control* 28(8), 1557–1575.

Cowley, P. R. (1988) "Market Structure and Business Performance : an Evaluation of Buyer/Seller Power in the PIMS Database," *Strategic Management Journal* 9(3), 271–78.

Crandall, D., Cosley, D., Huttenlocher, D., Kleinberg, J., and Suri, S. (2008) "Feedback effects between similarity and social influence in online communities," *In Proceedings of the 14th ACM SIGKDD International Conference on Knowledge Discovery and Data Mining*, 160–168,

Csermely, P. (2006) *Weak Links : Stabilizers of Complex Systems from Proteins to Social Networks*, 37.

Csermely, P., London, A., Wu, L., and Uzzi, B. (2013) "Structure and Dynamics of Core/Periphery Networks," *Journal of Complex Networks* 1, 93–123.

Csete, M. and Doyle, J. (2004) "Bow ties, metabolism and disease," *TRENDS in Biotechnology* 22(9), 446–450.

Currarini, S., Matheson, J., and Vega–Redondo, F. (2016) "A simple model of homophily in social networks," *European Economic Review* 90, 18–39.

Dasgupta, A. (2004) "Financial contagion through capital connections : a model of the origins and spread of bank panics," *Journal of the European Economic Association* 2, 1049–1084.

David, P. (1985) "Clio and Economics of Qwerty," *AEA Papers and Proceedings* 75, 332–337.

Davidsen, J., Ebel, H., and Bornholdt, S. (2002) "Emergence of a small world from local interactions : Modeling acquaintance networks," *Physical Review Letters* 88, 128701.

De Nicolo, G., Gamba, A., and Lucchetta, M. (2014) "Microprudential regulation in a dynamic model of banking," *Review of Financial Studies* 27, 2097–2138.

De Nicolo, G. and Lucchetta, M. (2011) "Systemic risks and the macroeconomy," Haubrich, J. G. and Lo, A. L. (eds.), *Quantifying Systemic Risk*, University of

Chicago Press, 113–148.

DeGroot, M. H. (1974) "Reaching a consensus," *Journal of the American Statistical association* 69(345), 118–121.

Dell'Ariccia, G. and Marquez, R. (2006) "Competition among regulators and credit market integration," *Journal of Financial Economics* 79, 401–43.

Derényi, I., Farkas, I., Palla, G., and Vicsek, T. (2004) "Topological phase transitions of random networks," *Physica A : Statistical Mechanics and its Applications* 334(3–4), 583–590.

Dhar, D. and Ramaswamy, R. (1989) "Exactly solved Model of Self-organized Critical Phenomena," *Physical Review Letters* 63, pp.1659~1662.

Dia, H. (2002) "An agent-based approach to modelling driver route choice behaviour under the influence of real-time information," *Transportation Research Part C : Emerging Technologies* 10(5–6), 331–349.

Diamond, D. W. and Dybvig, P. H. (1983) "Bank runs, deposit insurance, and liquidity," *Journal of Political Economy* 91, 401–419.

Diamond, D. W. and Rajan, R. G. (2005) "Liquidity shortages and banking crises," *Journal of Finance* 60, 615–647.

Diebold, F. X. and Yilmaz, K. (2014) "On the network topology of variance decompositions: measuring the connectedness of financial firms," *Journal of Econometrics* 182, 119–134.

Diekmann, O. and Heesterbeek, J. (2000) Mathematical Epidemiology of Infectious Diseases : Model Building, Analysis and Interpretation, New York : John Wiley and Sons.

Dirks, K. T. and Ferrin, D. L. (2001) "The role of trust in organizational settings," *Organization Science* 12(4), 450–467.

Dore, R. (1983) "Goodwill and the spirit of market capitalism," *British Journal of Sociology*.

Dorogovtsev, S. N. (2010) *Lectures on Complex Network*, Oxford Master Series in Statistical, Computional, and Theoretical Physics, Oxford University Press.

Dorogovtsev, S. N., Goltsev, A. V., and Mendes, J. F. F. (2002) "Ising model on networks with an arbitrary distribution of connections," *Physical Review E* 66, 016104.

Dorogovtsev, S. N. and Mendes, J. F. F. (2000a) "Evolution of networks with aging of sites," *Physical Review E* 62, 1842–1845.

_______________ (2000b) "Exactly solvable small-world network," *EPL*(Europhysics Letters) 50, 1-7.

_______________ (2000c) "Scaling behaviour of developing and decaying networks," *EPL*(Europhysics Letters) 52, 33-39.

_______________ (2001a) "Comment on 'Breakdown of the Internet under intentional attack," *Physical Review Letters* 87, 219801.

_______________ (2001b) "Effect of the accelerating growth of communications networks on their structure," *Physical Review E* 63, 25-101.

_______________ (2003) "Accelerated growth of networks," Bornholdt, S. and Schuster, H. G. (eds.), *Handbook of Graphs and Networks*, Berlin : Wiley-VCH 318-341.

Dorogovtsev, S. N., Mendes, J. F. F., and Samukhin, A. N. (2000) "Structure of growing networks with preferential linking," *Physical Review Letters* 85, 4633.

_______________ (2001) "Anomalous percolation properties of growing networks," *Physical Review E* 64, 066110.

Dotey, A., Rom, H., and Vaca C. (2011) *Information Diffusion in Social Media*, Stanford University.

Drehmann, M. and Tarashev, N. (2011) "Systemic importance : some simple indicators," *BIS Quarterly Review* 2011, 24-37.

Drucker, P. F. (1993) *Post-Capitalist Society*, Harpercollins.

Du, D., Gu, J., and Pardalos, P. M. (eds.) (1997) Satisfiability Problem : Theory and Applications, No. *35 in DIMACS Series in Discrete Mathematics and Theoretical Computer Science, American Mathematical Society, Providence, RI*.

Duarte, F. and Eisenbach, T. (2015) Fire-sale spillovers and systemic risk, Staff Reports 645, Federal Reserve Bank of New York.

Duffie, D. and Zhu, H. (2011) "Does a central clearing counterparty reduce counterparty risk?," *Review of Asset Pricing Studies* 1, 74-95.

Duncan J. W. (2003) *Six Degrees*, W. W. Norton and Company, 19-42.

Dunne, J. A., Williams, R. J., and Martinez, N. D. (2002) "Network structure and biodiversity loss in food webs : robustness increases with connectance," *Ecology Letters* 5(4), 558-567.

Durrett, R. T. (2003) "Rigorous results for the Callaway. Hopcroft-Kleinberg-Newman-Strogatz model," arXiv preprint, Department of Mathematics, Cornell University.

Duxbury, S. W. and Haynie, D. L. (2018) “Building them up, breaking them down : Topology, vendor selection patterns, and a digital drug market's robustness to disruption,” *Social Networks* 52, 238–250.

Dwork, C., Kumar, R., Naor, M., and Sivakumar, D. (2001) “Rank aggregation methods for the web,” *In Proceedings of the 10th international conference on World Wide Web*, 613–622.

Easley, D. and Kleinberg, J. (2010) *Network, Crowds, and Market : Reasoning about a Highly Connected World*, Cambridge University Press.

Economides, N. (1996) “The Economics of Networks,” *International Journal of Industrial Organization* 14, 673–699.

Economides, N. and Himmelberg, C. (1995) “Critical Mass and Network Evolution in Telecommunications,” Brock, G. (ed.), Toward a Competitive Telecommunications Industry : Selected Papers from the 1994 Telecommunications Policy Research Conference.

Economides, Nicholas, Comment of Nicholas S., Economides on the Revised Proposed Final Judgment in United States v. Microsoft, January 22, 2002. No. 0407009. University Library of Munich, Germany, 2004.

Eder, D. and Hallinan, M. T. (1978) “Sex differences in children's friendships,” *American Sociololy Review* 43, 237–50.

Eguiluz, V. M. and Klemm, K. (2002) “Epidemic threshold in structured scale-free networks,” *Physical Review Letters* 89, 108–701.

Eigen, M. and Schuster, P. (1978) *The hypercycle*, Naturwissenschaften 65, 7–41.

Eisenhardt, K. and Tabrizi, B. N. (1995) “Accelerating adaptive processes : Product Innovation in the Global Computer Industry,” *Administrative Science Quarterly* 40, 84–110.

Elliott, M., Golub, B., and Jackson, M. O. (2014) “Financial Networks and Contagion,” *American Economic Review* 104, 3115–3153.

Ellison, G. and Glaeser, E. (1997) “Geographic Concentration in U.S. Manufacturing Industries : A Dart board Approach,” *Journal of Political Economy* 105, 889–927.

________________ (1999) “The Geographic Concentration of Industries : Does Natural Advantage Explain Agglomeration?,” *AEA Papers and Proceedings* 89, 311–316.

Enrico, S. (2006) “The application of continuous-time random walks in finance and economics," *Physica A* 362, 225–239.

Epstein, J. M. (2002) "Modeling Civil Violence : An Agent-Based Computational Approach," Proceeding of National Academy of Science, USA 99, 7243–7250.

Eubank, S., Guclu, H., Anil Kumar, V. S., Marathe, M. V., Srinivasan, A., Toroczkai, Z., and Wang, N. (2004) "Modelling disease outbreaks in realistic urban social networks," *Nature* 429(6988), 180–184.

Everett, M. G. and Borgatti, S. P. (1999) "The centrality of groups and classes," *The Journal of mathematical sociology* 23(3), 181–201.

Falconer, K. (2003) *Fractal Geometry : Mathematical Foundations and Applications*, John Wiley and Sons.

Farber D. A. (2003) "Probabilities Behaving Badly : Complexity Theory and Environmental Uncertainty," *UC Davis L. Review* 37, 145.

Farboodi, M. (2015) "Intermediation and voluntary exposure to counterparty risk," *Princeton University Working paper*.

Farjoun, E. and Machover, M. (1983) *Laws of Chaos ; A Probabilistic Approach to Political Economy*, London : Verso.

Farrell, J. and Saloner, G. (1985) "Standardization, compatibility, and innovation," *Rand Journal of Economics* 16, 70–83.

______________________ (1986) "Standardization and Variety," *Economics Letters* 20, 71–74.

Farrell, J. and Shapiro, C. (1992) "Standard Setting in High-Definition Television," *Brookings Papers on Economic Activity, Microeconomics* 1992, 1–93.

Feld, S. (1984) "Communication, music, and speech about music," *Yearbook for traditional music* 16, 1–18.

Feld, S. L. (1982) "Social structural determinants of similarity among associates," *American Sociological Review*, 797–801.

Fell, D. A. and Wagner, A. (2000) "The small world of metabolism," *Nature Biotechnology* 18, 1121–1122.

Ferguson, C. and Morris, C. (1993) *Computer Wars*, New York : Times Books.

Financial Stability Board (2015) Ninth progress report on implementation of OTC derivatives market reforms, Report.

Fischer, C. S. (1982) *To dwell among friends : Personal networks in town and city*, University of Chicago Press.

Fischer, C. S. and Oliker, S. J. (1983) A research note on friendship, gender, and the life cycle, Soc. F., 62, 124.

Fischer, S. (1977) "Long-term contracts, rational expectations, and the optimal money supply rule," *Journal of Political Economy* 85, 191-205.

Fisher, C., Koppitch, S., Large, S., and Tate, J. (1977) The Effectiveness of the Communication Process Relative to the Availability of Social Work Services in the Detroit Public Schools (Doctoral dissertation, Wayne State University).

Fisher, R. A. (1930) "The evolution of dominance in certain polymorphic species," *The American Naturalist* 64(694), 385-406.

Flannery, M. J. (1996) "Financial crises, payment system problems, and discount window lending," *Journal of Money, Credit and Banking* 28, 804-824.

Fowler, J. H. and Jeon, S. (2008) "The authority of Supreme Court precedent," *Social Networks* 30(1), 16-30.

Foxall, C. (1986) Strategies of User-Initiated Product Innovation, Bedford : Cranfield School of Management.

Frackowiak, R. S. J., Friston, K. J., Frith, C. D., Dolan, R. J., Mazziotta, J. C. (1997) Human Brain Function, San Diego : Academic Press.

Franke, N., Gruber, M., Harhoff, D., and Henkel, J. (2008) "Venture capitalists' evaluations of start-up teams : Trade-offs, knock-out criteria, and the impact of VC experience," *Entrepreneurship Theory and Practice* 32(3), 459-483.

Freeman, C. (1987) *Output Measurement in Science and Technology : Essays in Honor of Yvan Fabian*, North-Holland.

Freeman, L. C., Roeder, D., and Mulholland, R. R. (1979) "Centrality in social networks : II. Experimental results," *Social Networks* 2(2), 119-141.

Freixas, X. and Rochet, J. C. (2013) "Taming systemically important financial institutions," *Journal of Money, Credit and Banking* 45, 37-58.

French, J. R. P. (1956) "A formal theory of social power," *Psychological Review* 63, 181-194.

Friedel, C. C. and Zimmer, R. (2007) "Influence of degree correlations on network structure and stability in protein-protein interaction networks," *BMC bioinformatics* 8(1), 1-10.

Friedkin, N. E. (1993) "Structural bases of interpersonal influence in groups : A longitudinal case study," *American Sociological Review*, 861-872.

Friedson, A, I., McNichols, D., Sabia J. J., and Dave, D. (2020) *Did California's Shelter–in–Place Order Work? Early Coronavirus–Related Public Health Effects*, National Bureau of Economic Research.

Friston, K. J. (1997) "Imaging cognitive anatomy," *Trends Cognit. Sci.* 1, 21–27.

Fujimoto, T. and Takeishi, A. (1994) *The Automobile Industry : A Scenario toward the 21st Century*, Tokyo : Seisansei Shuppan.

Galaskiewicz, J. and Shatin, D. (1981) "Leadership and networking among neighbor-hood human service organizations," *Administrative Science Quarterly*, 434–448.

Galaskiewicz, J. and Wasserman, S. (1989) "Mimetic and normative processes within an interorganizational field : An empirical test," *Administrative Science Quarterly* 34, 454–480.

________________ (1993) "Social network analysis : Concepts, methodology, and directions for the 1990s," *Sociological Methods and Research*, 22(1), 3–22.

Galbraith, J. K. (1967) *The New Industrial State*, New York : New American Library.

Gardner, M. (1970) "Mathematical Games," *Scientific American*, Oct. 1970.

Gaston, M. E. and DesJardins, M. (2005) Agent–organized networks for dynamic team formation, *In Proceedings of the fourth international joint conference on Autonomous agents and multiagent systems*, 230–237.

Gatti, D., Gaffeo, E., Gallegati, M., Giulioni, G., and Palestrini, A. (2008) *Emergent macroeconomics : an agent–based approach to business fluctuations*, Springer Science and Business Media.

Gennaioli, N., Shleifer, A., and Vishny, R. W. (2013) "A model of shadow banking," *The Journal of Finance* 68, 1331–1363.

Gerlach, M. L. (1992) *Alliance capitalism : The social organization of Japanese business*, University of California Press.

Geum, Y., Kim, C., Lee, S., Kim, M. (2012) "Technological convergence of IT and BT : evidence from patent analysis," *ETRI Journal* 34 (3), 439–449.

Ghashghaie, S., Breymann, W., Peinke, J., Talkner, P., Dodge, Y. (1996) "Turbulent cascades in foreign exchange markets," *Nature* 381, 767–770.

Giglio, S. (2014) "Credit default swap spreads and systemic financial risk," University of Chicago, Booth School of Busines, *working paper*.

Gilbert, G. N. (2007) Advances in agent–based modeling. Agent–based models. Los

Angeles : SAGE Publications, 68–90.

Gilbert, R. J. and Katz, M. L. (2001) "An economist's guide to US v. Microsoft," *Journal of Economic Perspectives* 15(2), 25–44.

Gilsing, V. A. and Nooteboom, B. (2005) "Density and Strength of Ties in Innovation Networks : An Analysis of Multi–Media and Biotechnology," Eindhoven Center for Innovation Studies, The Netherlands Working Paper.

Girardi, G. and Ergun, A. T. (2013) "Systemic risk measurement : Multivariate garch estimation of covar," *Journal of Banking and Finance* 37, 3169–3180.

Girvan, M., Callaway, D. S., Newman, M. E., and Strogatz, S. H. (2002) "Simple model of epidemics with pathogen mutation," *Physical Review E* 65(3), 031915.

Glaeser, E. (1999) "Learning in Cities," *Journal of Urban Economics* 46, 254–277.

Glaeser, E., Kallal, H., Scheinkman, J., and Sheleifer, A. (1992) "Growth in cities," *Journal of Economics* 100, 1126–1152.

Glaeser, E. L. and Sacerdote, B. (1999) "Why is there more crime in cities?," *Journal of Political Economy* 107, S225–S258.

Glaeser, E., Scheinkman, J., and Sheleifer, A. (1995) "Economic growth in cross–section of cities," *Journal of Economics* 36, 117–143.

Gnedenko B. V. and Kolmogorov, A. N. (1954) *Limit Distributions for Sums of Independent Random Variables*, Cambridge : Addison–Wesley.

Goldstein, I. and Leitner, Y. (2015) "Stress tests and information disclosure," *Working paper* 15–10, Federal Reserve Bank of Philadelphia.

Goldstein, I. and Pauzner, A. (2005) "Demand–deposit contracts and the probability of bank runs," *Journal of Finance* 60, 1293–1327.

Goldstein, M. L., Morris, S. A., and Yen, G. G. (2004) "Problems with Fitting to the Power–law Distribution," *European Physical Journal B* 41, 255–258.

Goltsev, A. V., Dorogovtsev, S. N., and Mendes, J. F. F. (2003) "Critical phenomena in networks," *Physical Review E* 67(2), 026123.

Goodman–Bacon, A. and Marcus, J. (2020) "Using Difference–in–Differences to Identify Causal Effects of Covid–19 Policies."

Goodwin, R. (1951) "The Nonlinear Accelerator and the Persistence of Business Cycles," *Econometrica* 19, 1–17.

Gorton, G. and Ordonez, G. (2014) "Collateral crises," *American Economic Review* 104, 343–378.

Graham, R. L. and Nesetril J. (eds.) (1997) *The Mathematics of Paul Erdös*, Berlin : Springer.

Granovetter, M. (1978) "Threshold Models of Collective Behavior," *American Journal of Sociology* 83, 1420-1443.

______________ (1985) "Economic Action and Social Structure : The Problem of Embeddedness," *American Journal of Sociology* 91(3), 4.

______________ (1973) "The Strength of Weak Ties," *The American Journal of Sociology* 78, 1360-1380.

Grassberger, P. (1983) "On the critical behavior of the general epidemic process and dynamical percolation," *Mathematical Biosciences* 63, 157-172.

Greene W. H. (2002) *Econometric Analysis* (5th ed.), Prentice Hall.

Greenwood, R., Landier, A., and Thesmar, D. (2015) "Vulnerable banks," *Journal of Financial Economics* 115, 471-485.

Griliches, Z. (1986) "Productivity, R and D, and Basic Research at the Firm Level in the 1970s," *The American Economic Review* 76(1), 141-154.

Grimm, V., Revilla, E., Berger, U., Jeltsch, F., Mooij, W. M., Railsback, S. F., ... and DeAngelis, D. L. (2005) "Pattern-oriented modeling of agent-based complex systems : lessons from ecology," *Science* 310(5750), 987-991.

Grindley, P. and McBryde, R. (1992) "Video Cassette Recorders : The Value of Cooperation," In Grindley, P. Standards, *Business Strategy and Policy : A Casebook*, London Business School.

Grupp, H. (1998) *Foundations of the Economics of Innovation*, Edward Elgar.

Guiso, L., Sapienza, P., and Zingales, L. (2009) "Cultural biases in economic exchange?" *The Quarterly Journal of Economics* 124(3), 1095-1131.

Hagedoorn, J. and Duysters, G. (2004) "Learning in dynamic inter-firm networks : the efficacy of multiple contacts," *Organization Studies* 23, 525-548.

Hakenes, H. and Schnabel, I. (2015) "Regulatory capture by sophistication," *Working paper*.

Hallinan, M. T. and Williams, R. A. (1989) "Interracial friendship choices in secondary schools," *American Sociological Review*, 67-78.

Hamilton, R. (1992) "IBM ships millionth OS/2 ; Microsoft rather 'amused'," *Computer world*, August 17. p.4.

Hansen, M. T. (1999) "The search-transfer problem : The role of weak ties in sharing knowledge across organization subunits," *Administrative Science Quarterly* 44(1),

82–111.

Hardin, G. (1968) "The tragedy of the commons," *Science* 162, 1243–1248.

Harras, G. and Sornette, D. (2011) "How to grow a bubble : A model of myopic adapting agents," *Journal of Economic Behavior and Organization* 80(1), 137–152.

Harrison, J. R., Lin, Z., Carroll, G. R., and Carley, K. M. (2007) "Simulation modeling in organizational and management research," *Academy of Management Review* 32(4), 1229–1245.

Hartmann, P., Straetmans, S., and de Vries, C. (2007) "Banking system stability : A cross–atlantic perspective," Carey, M. and Stulz, R. M. (eds.), *The Risks of Financial Institutions*, University of Chicago Press, 133–192.

Hautsch, N., Schaumburg, J., and Schienle, M. (2015) "Financial network systemic risk contributions," *Review of Finance* 19, 685–738.

Haydon, D. T., Chase–Topping, M., Shaw, D. J., Matthews, L., Friar, J. K., Wilesmith, J., and Woolhouse, M. E. J. (2003) "The construction and analysis of epidemic trees with reference to the 2001 UK foot–and–mouth outbreak," *Proceedings of the Royal Society of London. Series B : Biological Sciences* 270(1511), 121–127.

He, Z. and Krishnamurthy, A. (2014) "A macroeconomic framework for quantifying systemic risk," *Working Paper* 19885, National Bureau of Economic Research.

He, Z. and Xiong, W. (2012) "Dynamic debt runs," *Review of Financial Studies* 25, 1799–1843.

Hegde, D. and Tumlinson, J. (2014) "Does social proximity enhance business partnerships? Theory and evidence from ethnicity's role in US venture capital," *Management Science* 60(9), 2355–2380.

Heider, F., Hoerova, M., and Holthausen, C. (2015) "Liquidity hoarding and interbank market spreads : the role of counterparty risk," *Journal of Financial Economics* 118, 336–354.

Hein, O., Schwind M., and Konig, W. (2006) "Scale–Free Networks," *Wirtschaftsinformatik* 48(4), 267–275.

Hekman, J. S. (1980) "The product life cycle and New England textiles," *Quarterly Journal of Economics* 94, 697–717.

____________ (1985) "Branch plant location and the product cycle in computer manufacturing," *Journal of Economics and Business* 103, 1067–1090.

Helbing, D. (1991) "A mathematical model for the behavior of pedestrians," *Behavioral*

Science 36(4), 298–310.

__________ (1994) "A mathematical model for the behavior of individuals in a social field," *Journal of Mathematical Sociology* 19, 189–219.

__________ (2009) "Systemic risks in society and economics," Sante Fe Institute, *Working Paper*.

Helbing, D. (ed.) (2012) *Social self–organization : Agent–based simulations and experiments to study emergent social behavior*, Springer.

Helbing, D. and Balietti, S. (2010) "Fundamental and Real–World Challenges in Economics," *Science and Culture* 76(9–10),

Helbing, D., Buzna, L., Johansson, A., and Werner, T. (2005) "Self–organized pedestrian crowd dynamics : Experiments, simulations, and design solutions," *Transportation science* 39, 1–24.

Helbing, D., Farkas, I. J., and Vicsek, T. (2000) "Freezing by heating in a driven mesoscopic system," *Physical Review Letters* 84, 1240.

Helbing, D. and Johansson, A. (2009) "Cooperation, norms, and conflict : A unified approach," (pp.09~09), *SFI Working Paper*.

Helbing, D., Johansson, A., Al–Abideen, H. Z. (2007) "Dynamics of crowd disasters, An empirical study," *Physical Review E* 75, 046109.

Helbing, D., Johansson, A., Mathiesen, J., Jensen, M. H., and Hansen, A. (2006) "Analytical approach to continuous and intermittent bottleneck flows," *Physical Review Letters* 97(16), 168001.

Helbing, D. and Mazloumian, A. (2009) "Operation regimes and slower–is–faster effect in the control of traffic intersections," *The European Physical Journal B* 70(2), 257–274.

Helbing, D. and Molńar, P. (1995) "Social force model for pedestrian dynamics," *Physical review E* 51(5), 4282–4286.

Helbing, D., Molnár, P., Farkas, I. J., and Bolay, K. (2001) "Self–organizing pedestrian movement," *Environment and Planning B : Planning and Design* 28, 361–383.

Helbing, D. and Nagel, K. (2004) "The physics of traffic and regional development," *Contemporary Physics* 45(5), 405–426.

Helbing, D. and Platkowski, T. (2000) "Self–organization in space and induced by fluctuations," arXiv preprint cond–mat/0003104.

Helbing, D., Seidel, T., Lämmer, S., and Peters, K. (2006) "Self–organization Principles in Supply Networks and Production Systems," *Econophysics and Sociophysics : Trends and Perspectives*, 535–559.

Helbing, D., Szolnoki, A., Perc, M., and Szabó, G. (2010) "Evolutionary establishment of moral and double moral standards through spatial interactions," *PLoS Computational Biology* 6(4), e1000758.

Helbing, D. and Treiber, M. (2002) Critical discussion of synchronized flow, Cooperative Transportation Dynamics, 1(2.12), 24.

Helbing, D., Treiber, M., Kesting, A., and Schönhof, M. (2009) "Theoretical vs, empirical classification and prediction of congested traffic states," *The European Physical Journal B* 69, 583–598.

Helbing, D. and Yu, W. (2009) "The outbreak of cooperation among success–driven individuals under noisy conditions," *Proceedings of the National Academy of Sciences* 106(10), 3680–3685.

Helbing, D., Yu, W., and Rauhut, H. (2011) "Self–organization and emergence in social systems : Modeling the coevolution of social environments and cooperative behavior," *The Journal of Mathematical Sociology* 35, 177–208.

Helper, S. (1990) "Comparative Supplier Relations in the U.S. and Japanese Auto Industries : an Exit/Voice Approach," *Business and Economic History*, 153–162.

Helper, S. and Levine, D. I. (1992) "Long–term Supplier Relations and Product–Market Structure," *The Journal of Law, Economics, and Organization* 8.

Henderson, J. V., Kuncoro, A., and Turner, M. (1995) "Industrial Development in Cities," *Journal of Political Economy* 103, 1067–1090.

Henderson, R. M. and Cockburn, I. (1994) "Measuring Competence? Exploring Firm Effects in Pharmaceutical Research," *Strategic Management Journal*, Winter Special Issue, 63–84.

Henderson V. (1998) *Urban Development, Theory, fact and illusion*, Oxford University Press.

Henein, C. M. and White, T. (2004) "Agent–based modelling of forces in crowds," In *International Workshop on Multi–Agent Systems and Agent–Based Simulation*, Berlin, Heidelberg : Springer, 173–184.

Herman, R., Montroll, E. W., and Renfrey, B. (1959) "Potts, and Richard W Rothery. Traffic dynamics : analysis of stability in car following," *Operations Research* 7(1), 86–106.

Herrero, C. P. (2002) "Ising model in small–world networks," *Physical Review E* 65,

066110.

Herz, A. V. and Hopfield, J. J. (1995) "Earthquake cycles and neural reverberations : collective oscillations in systems with pulse-coupled threshold elements," *Physical Review Letters* 75(6), 1222-1225.

Hethcote, H. W. (2000) "The mathematics of infectious diseases," *SIAM Review* 42(4), 599-653.

Hicks, J. R. (1950) *A Contribution to the Theory of the Trade Cycle*, Oxford : Oxford University Press.

Hilgetag, C. C., Bums, G. A. P. C., O'Neill, M. A., Scannell, J. W., Young, M. P. (2000) "Anatomical connectivity defines the organization of clusters of cortical areas in the macaque monkey and the cat," Philos Trans. R. Soc. London B 355, 91-110.

Hill, B. M., Lane, D., and Sudderth, W. (1980) "A Strong Law for Some Generalized Urn Process," Ann. Prob., 214-16.

Hirschman, A. O. (1970) *Exit, voice, and loyalty : Responses to decline in firms, organizations, and states* (Vol. 25), Harvard University Press.

Hobday, M., Rush, H.R., and Bessant, J. (2004) "Approaching the innovation frontier in Korea : the transition phase to leadership," *Research Policy* 33(10), 1433-1457.

Holme, P. and Ghoshal, G. (2006) "Dynamics of networking agents competing for high centrality and low degree," *Physical Review Letters* 96, 098701.

Holme, P. and Kim, B. J. (2002) "Growing scale-free networks with tunable clustering," *Physical Review E* 65, 026107.

Hommes, C. H. (2006) "Heterogeneous agent models in economics and finance," *Handbook of Computational Economics* 2, 1109-1186.

Hong, H., Kim, B. J., and Choi, M. Y. (2002) "Comment on Ising model on a small world network," *Physical Review E* 66, 018101.

Hopfield, J. J. (1994) "Neurons, dynamics and computation," *Physics Today* 47, 40-47.

Hout, M. (1982) "The association between husbands' and wives' occupations in two-earner families," *American Journal of Sociology* 88, 397-409.

Huang, X., Zhou, H., and Zhu, H. (2009) "A framework for assessing the systemic risk of major financial institutions," *Journal of Banking and Finance* 33, 2036-2049.

Huckfeldt R. and Sprague, J. (1995) "Citizens, Politics and Social Communication : Information."

Hurlbert, J. S., Haines, V. A., and Beggs, J. J. (2000) "Core networks and tie activation :

What kinds of routine networks allocate resources in nonroutine situations?," *American Sociological Review* 598–618.

Ibarra, H. (1992) "Homophily and differential returns : Sex differences in network structure and access in an advertising firm," *Administrative Science Quarterly* 422–447.

________ (1995) "Race, opportunity, and diversity of social circles in managerial networks," *Academy of Management Journal* 38(3), 673–703.

IDC (1999.7) SHD, Size Matters : The Worldwide SHD Market Review and Forecast, 1999~2003.

Ingrao, B. and Israel, G. (1990) *The Invisible Hand–Economic Equilibrium in the History of Science*, Cambridge : The MIT Press.

Institute of Industrial Relations (2000) "Keiretsu, governance, and learning : Case studies in change from the Japanese automotive industry," University of California, *Berkeley Working Paper*.

Isobe, M, Helbing, D., and Nagatani, T. (2004) "Experiment, theory, and simulation of the evacuation of a room without visibility," *Physical Review E* 69(6) : 066132.

Iyer, R. and Peydro, J. L. (2011) "Interbank contagion at work : evidence from a natural experiment," *Review of Financial Studies* 24, 1337–1377.

Jackson, M. O. and Rogers, B. W. (2007) "Meeting Strangers and Friends of Friends: How Random Are Social Networks?," *American Economic Review* 97(3), 890–915.

Jackson, M. O. and Wolinsky, A. (2003) *A strategic model of social and economic networks*, In Networks and groups, 23–49, Berlin, Heidelberg : Springer.

Jacobs, J. (1969) *The Economy of Cities*, New–York : Vintage.

James, A., Pitchford, J. W., and Plank, M. J. (2012) "Disentangling nestedness from models of ecological complexity," *Nature* 487(7406), 227–230.

Janczura, J. and Weron, R. (2010) "An empirical comparison of alternate regime–switching models for electricity spot prices," *Energy economics* 32(5), 1059–1073.

________________ (2012) "Efficient estimation of Markov regime–switching models : An application to electricity spot prices," *AStA Advances in Statistical Analysis* 96, 385–407.

Jean–Philippe, B. and Potters, M. (2003) *Theory of Financial Risk and Derivative Pricing*, Cambridge University Press.

Jeong, H., Mason, S., Barabási, A. L., and Oltvai, Z. N. (2001) "Lethality and centrality in protein networks," *Nature* 411, 41–42.

Jeong, H., Tombor, B., Albert, R., Oltvai, Z. N., and Barabási, A–L. (2000) "The large–scale organization of metabolic networks," *Nature* 407, 651–654.

Jeong, S., Kim, J. C., Choi, J. Y. (2015) "Technology convergence : what developmental stage are we in?," *Scientometrics* 104, 841–871.

Jin, E. M., Girvan, M., and Newman, M. E. J. (2001) "The structure of growing social networks," *Physical Review E* 64, 046132.

Jo, H. H. and Ko, Y. L. (2014) *Large Variance and Fat Tail of Damage by Natural Disaster.* In *Vulnerability, Uncertainty, and Risk : Quantification, Mitigation, and Management* 2744–2753.

Johansson, A., Helbing, D., and Shukla, P. K. (2007) "Specification of the social force pedestrian model by evolutionary adjustment to video tracking data," *Advances in Complex Systems* 10.supp02, 271–288.

Johnson, M. (1993) "Unix rivals unite," *Computer world*, 1–14.

Johnson, N. F., Spagat, M., Restrepo, J. A., Becerra, O., Bohorqueze, J. C., Suarez, N., … and Zarama, R. (2006) "Universal patterns underlying ongoing wars and terrorism," *arXiv preprint physics/0605035*.

Jonhson, S., Domínguez–García, V., and Muñoz, M. A. (2013) "Factors determining nestedness in complex networksa," *PloS One* 8(9), e74025.

Jost, J. and Joy, M. P. (2002) "Evolving networks with distance preferences," *Physical Review E* 66, 036126.

Kadanoff, L. P. (1971) "From Simulation Model to Public Policy : An examination of Forrester's Urban Dynamics," *Simulation* 16, 261–268.

Kaihara, T. (2003) "Multi–agent based supply chain modelling with dynamic environment," *International Journal of Production Economics* 85(2), 263–269.

Kalmijn, M. (1998) "Intermarriage and homogamy : causes, patterns and trends," Annu.

Kandel, D. B. (1978) "Similarity in real–life adolescent friendship pairs," *Journal of Personality and Social Psychology* 36(3), 306.

Karvonen, M. and Kassi, T. (2013) "Patent citations as a tool for analysing the early stages of convergence," *Technological Forecasting and Social Change* 80, 1094–1107.

Kasper, C. and Voelkl, B. (2009) "A social network analysis of primate groups," *Primates* 50, 343–356.

Katz, M. L. and Shapiro, C. (1985) "Network Externalities, Competition, and Compati-bility,"

American Economic Review 75, 424–440.

____________________ (1986a) "Technology Adoption in the Presence of Network Externalities," *Journal of Political Economy* 94, 822–841.

____________________ (1986b) "Product Compatibility Choice in a Market with technological Progress," *Oxford Economic Papers* 38, 146–165.

____________________ (1994) "Systems Competition and Network Effects," *Journal of Economic Perspectives* 8, 93–115.

Kawasaki, S. and McMillan, J. (1987) "The Design of Contracts : Evidence from Japanese Subcontracting," *Journal of the Japanese and International Economies* 1, 327–349.

Keeling, M. J. and Eames, K. T. (2005) "Networks and epidemic models," *Journal of the Royal Society Interface* 2, 295–307.

Kelmm, K. and Eguíluz, V. M. (2002) "Growing scale–free networks with small–world behavior," *Physical Review E* 65, 57–102.

Kenny, M. (2009) "Turning to the 'dark side,' Coordination, exchange and learning in criminal networks," Kahler, M. (ed.) *Networked politics : Agency, power, and governance*, Ithaca : Cornell University Press. pp.79–102.

Kephart, J. O., Sorkin, G. B., Chess, D. M., and White, S. R. (1997) "Fighting computer viruses," *Scientific American* 277(5), 88–93.

Kerner, B. S. and Konhäuser, P. (1993) "Cluster effect in initially homogeneous traffic flow," *Physical Review E* 48, R2335.

Killer, V., Axhausen, K. W., Holz–Rau, C., and Guth, D. (2010) Understanding regional effects of travel times in switzerland and germany 1970–2005, *50th European Regional Science Association (ERSA)*.

Kim, J. and Lee, D. H. (2017) "Relative wealth concerns, positive feedback, and financial fluctuation," *Journal of Simulation* 11(2), 128–136.

Kim, J. and Wilhelm, T. (2008) "What is a complex graph?," *Physica A : Statistical Mechanics and its Applications* 387(11), 2637–2652.

Kim, L. (1997) *From Imitation to Innovation–Dynamics of Korea's Technological Learning*, Harvard Business School Press.

Kim, Y. J. and D. H. Lee (2020) "Technology convergence networks for flexible display application : A comparative analysis of latecomers and leaders," *Japan and The World Economy* 55, 101025.

Kitano, H. (2004) "Biological robustness," *Nature Reviews Genetics* 5(11), 826–837.

Kitano, H. and Oda, K. (2006) "Robustness trade-offs and host-microbial symbiosis in the immune system," *Molecular Systems Biology* 2(1), 2006-0022.

Kleinberg, J. M., Kumar, S. R., Raghavan, P., Rajagopalan, S., and Tomkins, A. (1999) "The Web as a graph : Measurements, models and methods, in Proceedings of the International Conference on Combinatorics and Computing," No. 1627 in *Lecture Notes in Computer Science*, Berlin, Springer, 1-18.

Kleinberg, J. M. and Lawrence, S. (2001) "The structure of the Web," *Science* 294, 1849-1850.

Klemperer, P. (1987) "Markets with Consumer Switching Costs," *Quarterly Journal of Economics* 102(2), 375-394.

Kline, S. J. (1989) *Innovation Styles in Japan and the United States ; Cultural Bases ; Implications for Competitiveness*, Report Inn-3, Thermosciences Division, Department of Mechanical Engineering, Stanford University.

Knoke, D. (1990) *Organizing for collective action : The political economies of association,* New Jersey : Transation Publishers.

Knoke, D. and Kuklinski, J. H. (1982) *Network Analysis*, Newbury Park : Sage.

Koch, R. (1998) *The 80/20 Principle : The Secret to Success by Achieving More with Less*, New York : Currency.

Koeppl, T., Monnet, C., and Temzelides, T. (2012) "Optimal clearing arrangements for financial trades," *Journal of Financial Economics* 103, 189-203.

Korinek, A. (2012) "Systemic risk-taking : amplification effects, externalities, and regulatory responses," *European Central Bank working paper*.

Kossinets, G. and Watts, D. J. (2006) "Empirical analysis of an evolving social network," *Science* 311(5757), 88-90.

Kramer, R. M. (1991) "Intergroup Relations and Organizational Dilemmas : The Role of Categorization Processes," *Research in Organizational Behavior* 13, 191-227.

Kranton, R. E. and Minehart, D. F. (2000) "Networks versus Vertical Integration," RAND *Journal of Economics* 31(3), 570-601.

Krapivsky, P. L. and Redner, S. (2001) "Organization of growing random networks," *Physical Review E* 63, 066123.

________________ (2002) "A statistical physics perspective on Web growth," *Computer Networks* 39, 261-276.

Krapivsky, P. L., Redner, S., and Leyvraz, F. (2000) "Connectivity of growing random networks," *Physical Review Letters* 85, 4629–4632.

Krapivsky, P. L., Rodgers, G. J., and Redner, S. (2001) "Degree distributions of growing networks," *Physical Review Letters* 86, 5401–5404.

Krebs, V. A. (2002) "Mapping networks of terrorist cells," *Connections* 24, 43–52.

Krugman, P. R. (1991a) *Geography and Trade*, Cambridge : The MIT Press.

____________ (1991b) "Increasing Returns and Economic Geography," *Journal of Political Economy* 99, 483–499.

____________ (1992) "A Dynamic Spatial Model," *NBER Working Paper* No. 4219.

____________ (1995) "The Seamless World : A Spatial Model of International Specialization," *NBER Working Paper* No. 5220.

____________ (1996) *The Self–Organizing Economy*, Blackwell Publishers.

Kuehne, R. (1991) "Traffic flow on extra urban roads : drivings as an example for nonlinear dynamics," *[Verkehrsablauf auf Fernstraßen : Autofahren als Beispiel für nichtlineare Dynamik]. Physikalische Blätter* 47(3), 201.

Kuhne, R. D. (1991) "Freeway control using a dynamic traffic flow model and vehicle reidentification techniques," 251–259.

Kumar, R., Raghavan, P., Rajagopalan, S., Sivakumar, D., Tomkins, A. S., and Upfal, E. (2000) "Stochastic models for the Web graph," in *Proceedings of the 42st Annual IEEE Symposium on the Foundations of Computer Science*, 57–65.

Kuperman, M. and Zanette, D. H. (2002) "Stochastic resonance in a model of opinion formation on small world networks," *European Physical Journal B–Condensed Matter and Complex* 26, 387–391.

Kuramoto, Y. (1984) *Chemical Oscillations, Waves, and Turbulence*, Berlin : Springer–Verlag.

Lancaster, K. (1975) "Socially Optimal Product Differentiation," *American Economic Review* 65, 567–585.

Lardner, J. (1988) *Fast Forward : Hollywood, the Japanese, and the VCR Wars*, New York : New American Library.

Larson, A. (1992) "Network dyads in entrepreneurial settings : A study of the governance of exchange relationships," *Administrative Science Quarterly*, 76–104.

Lawrence, R. G. (2000) *The politics of force : Media and the construction of police brutality*, University of California Press.

Lazarsfeld P. F. and Merton, R. K. (1954) "Friendship as a social process : a substantive and methodological analysis," Berger, M. (ed.), *Freedom and Control in Modern*

Society, New York : Van Nostrand, 18–66.

Lazerson, M. (1995) "A new phoenix? : Modern putting–out in the Modena knitwear industry," *Administrative Science Quarterly*, 34–59.

Le Blanc, G. (2004) "Regional specialization, local externalities and clustering in information technology industries," Paganetto, L. (ed.), *Knowledge–Economy, Information Technologies and Growth*, Adelshot : Ashgate.

Le Bon, G. (2002) *The crowd: A study of the popular mind*, Courier Corporation.

LeBaron, B. (2002) "Building the Santa Fe artificial stock market," *Physica A* 1, 20.

LeBaron, B. and Tesfatsion, L. (2008) "Modeling macroeconomies as open–ended dynamic systems of interacting agents," *American Economic Review* 98(2), 246–50.

Lee, D. H. and Lee, D. H. (2006) "Estimating consumer surplus in the mobile telecommunications market : The case of Korea," *Telecommunications Policy* 30(10–11), 605–621.

________________ (2012) "The Structure and Evolution of R&D Networks : An Evaluation of EU–Funded Research Programmes," *Working paper*.

Lee, D. S., Maeng, S. E., and Lee, J. W. (2012) "Scaling of nestedness in complex networks," *Journal of the Korean Physical Society* 60(4), 648–656.

Lee, K. R. (1996) "The role of user firms in the innovation of machine tools : The Japanese case," *Research Policy* 25(4), 491–507.

Lee, W. and Yoon, Y. (2017) "Capital in South Korea : 1966–2014," *Social Choice and Welfare*.

Lehar, A. (2005) "Measuring systemic risk : a risk management approach," *Journal of Banking and Finance* 29, 2577–2603.

Leitner, Y. (2005) "Financial networks : contagion, commitment, and private sector bailouts," *Journal of Finance* 60, 2925–2953.

Lemieux, P. (2003) "Following the herd," *Regulation* 26 : 16.

Leonard–Barton, D. and Sinha, D. K. (1993) "Developer–user interaction and user satisfaction in internal technology transfer," *Academy of Management Journal* 36, 1125–1139.

Leone, M., Vázquez, A., Vespignani, A., and Zecchina, R. (2002) "Ferromagnetic ordering in graphs with arbitrary degree distribution," *European Physical Journal B–Condensed Matter and Complex* 28, 191–197.

Lévy, P., Farley, A., and Lollini, M. (2019) "Collective Intelligence, the Future of Internet and the IEML : Interview to Pierre Lévy by Art Farley and Massimo Lollini," *Humanist Studies and the Digital Age* 6 (1), 5–31.

Lewontin, R. C. (1961) "Evolution and the theory of games," *Journal of Theoretical Biology* 1(3), 382–403.

Liao, T. F. and Stevens, G. (1994) "Spouses, and social networks," *Social Forces* 73(2), 693–707.

Lieberman, M. (1993) "The Diffusion of 'Lean Manufacturing' in the Japanese Automotive Sector, 1965~1991," Viewgraphs.

Lieberson, S. (1980) *A piece of the pie : Blacks and white immigrants since 1880*, University of California Press.

Liebowitz, S. J. and Margolis, S. E. (1995) "Path dependence, lock-in, and history," *Journal of Law, Economics, & Organization*, 205–226.

________________ (1996) "Should Technology Choice Be a Concern of Antitrust Policy," *Harvard Journal of Law and Technology* 9, 284–318.

Liggett, T. M. (1999) *Stochastic interacting systems : contact, voter and exclusion processes* (Vol. 324), springer science and Business Media.

Liljeros, F., Edling, C. R., Amaral, L. A. N., Stanley, H. E., and Åberg, Y. (2001) "The web of human sexual contacts," *Nature* 411(6840), 907–908.

Lim, B-L., Choi, M., and Park, M-C. (2003) "The late take-off phenomenon in the diffusion of telecommunication services : network effect and the critical mass," *Information Economics and Policy* 15, 537–557.

Lincoln, J. R. and Miller, J. (1979) "Work and friendship ties in organizations : A comparative analysis of relation networks," *Administrative Science Quarterly*, 181–199.

Lindquist, C. (1993) "Second OS/2 2.1 beta ready," *Computer world*, March 8. p.4.

Lindquist, C. and Johnson, M. (1993) "Promises Fly in OS Market Share Battle," *Computer world*, February 8, p.1.

Longstaff, P. H. (2000) *Network Industries : Patterns in Development, Operation, and Regulation*, Center for Information Policy Research, Harvard University.

Lorenz, Edward N. (1963) "Deterministic non-periodic flow," *Journal of the Atmospheric Sciences* 20(2), 130–141.

Losch, A. (1940) *The Economics of Location*, Jena : Fischer, English translation, *New Haven*, Conn.: Yale University Press, 1954.

Louch, H. (2000) "Personal network integration : transitivity and homophily in strong-tie relations," *Social Networks* 22(1), 45-64.

Louzada, V. H., Daolio, F., Herrmann, H. J., and Tomassini, M. (2013) "Smart rewiring for network robustness," *Journal of Complex Networks* 1(2), 150-159.

Lundvall, B. (1992) *National systems of innovation : Towards a theory of innovation and interactive learning*, London : Pinter Publishers.

Ma, H. W. and Zeng, A. P. (2003) "The connectivity structure, giant strong component and centrality of metabolic networks," *Bioinformatics* 19(11), 1423-1430.

MacDuffie, J. P. and Helper, S. (1997) "Creating Lean Suppliers : Diffusing Lean Production through the Supply Chain," *California Management Review* 39(4).

Mackay, Charles (2012) *Extraordinary popular delusions and the madness of crowds*, Simon and Schuster.

Macneil, I. R. (1978) *Essays on the Nature of Contract*, NC Cent. LJ, 10, 159.

____________ (1987) "Relational contract theory as sociology : A reply to professors Lindenberg and de Vos," *Journal of Institutional and Theoretical Economics* (*JITE*)/ Zeitschrift für die gesamte Staatswissenschaft 143(2), 272-290.

Mader, S. and Ruttenauer, T. (2021) "The Effects of Non-Pharmaceutical Interventions on COVID-19 Related Mortality : A Generalized Synthetic Control Approach Across 169 countries."

Malerba, F. and L. Orsenigo (2002) "Innovation and Market Structure in the Dynamics of the Pharmaceutical Industry and Biotechnology : Towards a History-Friendly Model," *Industrial and Corporate Change* 11, 667-703.

Mandelbrot, B. (1967) "How long is the coast of Britain? Statistical self-similarity and fractional dimension," *Science* 156(3775), 636-638.

Mandelbrot, B. and Hudson, R. (2004) *Misbehavior of Markets*, Basic Books.

Mankiw, N. G. (2001) *Principle of Microeconomics*, (2nd ed.), Harcourt College Publishers.

Mansury, Y., Kimura, M., Lobo, J., and Deisboeck, T. S. (2002) "Emerging patterns in tumor systems : simulating the dynamics of multicellular clusters with an agent-based spatial agglomeration model," *Journal of Theoretical Biology* 219, 343-370.

Mantegna, R. N. and Stanley, H. E. (1995) "Scaling behavior in the dynamics of an economic index," *Nature* 376, 46-49.

________________________ (1999) *An Introduction to Econophysics : Correlations and Complexity in Finance*, Cambridge : Cambridge University Press.

Markose, S. M. (2012) "Systemic risk from global financial derivatives : a network analysis of contagion and its mitigation with super-spreader tax," *Working paper* 12/282, International Monetary Fund.

Marro, J. and Dickman, R. (1999) *Nonequilibrium Phase Transitions in Lattice Models*, Cambridge : Cambridge University Press.

Marsden, P. V. (1987) "Core discussion networks of Americans," *American Sociological Review* 52, 122–313.

______________ (1988) "Homogeneity in confiding relations," *Social Networks* 10, 57–76.

Martin, X., Mitchell, W., and Swaminathan, A. (1995) "Recreating and Extending Japanese Automobile Buyer-Supplier Links in North America," *Strategic Management Journal* 16(8), 589–619.

Marx, J. H. and Spray, S. L. (1972) "Psychotherapeutic "birds of a feather" : Social-class status and religio-cultural value homophily in the mental health field," *Journal of Health and Social Behavior*, 413–428.

Mäs, M., Flache, A., and Helbing, D. (2010) "Individualization as driving force of clustering phenomena in humans," *PLoS Computational Biology* 6, e1000959.

Maslov, S. and Sneppen, K. (2002) "Specificity and stability in topology of protein networks," *Science* 296(5569), 910–913.

Mathews, J. A. and Cho, D.-S. (2007) *Tiger Technology : The Creation of a Semiconductor Industry in East Asia*, Cambridge University Press.

May, R. M. (1976) "Simple mathematical models with very complicated dynamics," *Nature* 261(5560), 459–467.

Mayer, R. C., Davis, J. H., and Schoolman, F. D. (1995) "An Integrative Model of Organizational Trust," *Academic Management Review* 20, 709–734.

Mayhew, B. H., McPherson, J. M., Rotolo, T., and Smith-Lovin, L. (1995) "Sex and race homogeneity in naturally occurring groups," *Social Forces* 74(1), 15–52.

Maynard S. J. (1982) *Evolution and the Theory of Games*, Cambridge University Press.

Maynard S. J. and Price, G. (1973) "The Logic of Animal Conflict," *Nature* 246, 15–18.

McCulloch, W. S. and Pitts, W. (1943) "A logical calculus of the ideas immanent in nervous activity," *The Bulletin of Mathematical Biophysics* 5, 115–133.

McEvily, B., Perrone, V., and Zaheer, A. (2003) "Trust as an organizing principle," *Organization Science* 14(1), 91–103.

McEvily, B. and Zaheer, A. (1999) "Bridging Ties : A Source of Firm Heterogeneity in

Competitive Capabilities," *Strategic Management Journal* 20(12), 1133–1156.

McIntosh, A. R. (1999) "Mapping cognition to the brain through neural interactions," *Memory* 7, 523–548.

McPherson, J. M., Popielarz, P. A., and Drobnic, S. (1992) "Social networks and organizational dynamics," *American Sociological Review*, 153–170.

McPherson, J. M. and Smith–Lovin, L. (1982) "Women and weak ties : Differences by sex in the size of voluntary organizations," *American Journal of Sociology* 87, 883–904.

McPherson, M. (1983) "An ecology of affiliation," *American Sociological Review*, 519–532.

McPherson, M., Smith–Lovin, L., and Cook, J. M. (2001) "Birds of a feather : Homophily in social networks," *Annual Review of Sociology* 27, 415–444.

Merton, R. K. (1968) "The Matthew Effect in Science : The reward and communication systems of science are considered," *Science* 159(3810), 56–63.

Mesulam, M. M. (1998) "From sensation to cognition," *Brain* 121, 1013–1053.

Metcalfe, S. (1995) "The Economic Foundation of Technology Policy : Equilibrium and Evolutionary Perspectives," Stoneman, P. (ed.), *Handbook of the Economics of Innovation and Technological Change*, Oxford : Blackwell.

Meyers, L. A., Newman, M. E. J., Martin, M., and Schrag, S. (2003) "Applying network theory to epidemics : control measures for Mycoplasma pneumoniae outbreaks," *Emerging Infectious Diseases* 9(2), 204.

Meyers, L. A., Pourbohloul, B., Newman, M. E., Skowronski, D. M., and Brunham, R. C. (2005) "Network theory and SARS : predicting outbreak diversity," *Journal of Theoretical Biology* 232(1), 71–81.

Mihalik, A. and Csermely, P. (2011) "Heat shock partially dissociates the overlapping modules of the yeast protein–protein interaction network : a systems level model of adaptation," *PLoS Computational Biology* 7(10), e1002187.

Milgram, S., Bickman, L., and Berkowitz, L. (1969) "Note on the drawing power of crowds of different size," *Journal of Personality and Social Psychology* 13, 79.

Milinski, M., Semmann, D., and Krambeck, H. J. (2002) "Reputation helps solve the 'tragedy of the commons'," *Nature* 415(6870), 424–426.

Miller, J. H. and Page, S. E. (2004) "The standing ovation problem," *Complexity* 9(5), 8–16.

Mills, E. S. (1967) "An aggregative model of resource allocation in a metropolitan area," *The American Economic Review* 57(2), 197–210.

Mirollo, R. E. and Strogatz, S. H. (1990) "Synchronization of pulse-coupled biological oscillators," *SIAM Journal on Applied Mathematics* 50(6), 1645–1662.

Mirowski, P. (1989) *More Heat than Light–Economics as Social Physics, Physics as Nature's Economics*, Cambridge : Cambridge University Press.

Möbius, M. M. and Rosenblat, T. S. (2001) *The process of ghetto formation : evidence from Chicago*, Unpublished paper, Harvard University and NBER.

Mondragón R. and Zhou S. (2012) "Ensembles related to the rich-club coefficient for non-evolving networks," arXiv preprint, http://arxiv.org/abs/0808.4062.

Montoya, J. M. and Solé, R. V. (2002) "Small world patterns in food webs," *Journal of Theoretical Biology* 214, 405–412.

Montroll, E. W. and Badger, W. W. (1974) *Introduction to Quantitative Aspects of Social Phenomena*, New York : Gordon and Breach.

Moody, J. (2001) "Race, school integration, and friendship segregation in America," *American Journal of Sociology* 107(3), 679–716.

Moore, G. (1990) "Structural determinants of men's and women's personal networks," *American Sociological Review*, 726–735.

Moreno, Y. and Vazquez, A. (2003) "Disease spreading in structured scale-free networks," *The European Physical Journal B–Condensed Matter and Complex Systems* 31, 265–271.

Morris, S. and Shin, H. S. (2008) "Financial regulation in a system context," *Brookings Papers on Economic Activity* 39, 229–274.

________________ (2012) "Contagious adverse selection," *American Economic Journal : Macroeconomics* 4, 1–21.

Morselli, C., Giguere, C., and Petit, K. (2007) The efficiency/security trade-off in criminal networks, *Social Networks* 29, 143–153.

Munch-Rotolo, A. C. (2000) "Childrearing, social contact, and depression : A structural analysis of the transition to parenthood" (Doctoral dissertation, The University of Arizona).

Myers, S. A. and Leskovec, J. (2014) "The bursty dynamics of the Twitter information network," *Proceedings of the 23rd international conference on World wide web. WWW '14. New York, NY, USA : Association for Computing Machinery*, 913–924.

Nardini, C., Kozma, B., and Barrat, A. (2008) "Who's talking first? Consensus or lack thereof in coevolving opinion formation models," *Physical Review Letters* 100,

158701.

Neumann, J. V. and Burks, A. W. (1966) *Theory of Self–Reproducing Automata*, University of Illinois Press.

Newman, M. E. (2002) "Spread of epidemic disease on networks," *Physical Review E* 66, 016128.

_____________ (2006) "Modularity and community structure in networks," *Proceedings of the National Academy of Sciences* 103, 8577–8582.

_____________ (2017) "Power–Law Distribution," 10–11.

Newman, M. E. and Girvan, M. (2004) "Finding and evaluating community structure in networks," *Physical Review E* 69, 026113.

Newman, M. E. J. (2003a) "The Structure and Function of Complex Network," *SIAM Review* 45, 167–256.

________________ (2003b) "Random graphs as models of networks," in S. Bornholdt and H. G.

________________ (2005) "Power laws, Pareto distributions and Zipf's law," *Contemporary Physics* 46, 323–351.

Newman, M. E. J., Barabási, A. L., and Watts, D. J. (2006) *The Structure and Dynamics of Networks*, Princeton University Press.

Nicolis, G. and Prigogine, I. (1989) *Exploring Complexity : An Introduction*, W. H. Freeman and Company.

Nishiguchi, T. (1994) *Strategic Industrial Sourcing : The Japanese Advantage*, Oxford : Oxford University Press.

Nobeoka, K. (1996a) "The Influence of Customer Scope on Supplier's Performance in the Japanese Automobile Industry," IMVP Paper.

__________ (1996b) "Alternative Component Sourcing Strategies within the Manufacturer–Supplier Network : Benefits of Quasi–Market Strategy in the Japanese Automobile Industry," IMVP Paper.

Nonaka, I. and Nishiguchi, T. (2001) *Knowledge Emergence*, Oxford University Press.

Nooteboom, B. (1992) "Towards a Dynamic Theory of Transactions," *Journal of Evolutionary Economics*, 281–299.

Norton R. D. and Rees, J. (1979) "The Product Cycle and Spatial Decentralization of American Manufacturing," *Regional Studies* 13, 141–151.

Nowak, M. A. (1998) "Evolution of indirect reciprocity by image scoring," *Nature* 393,

573–575.

Nowak, M. A. and May, R. M. (1992) "Evolutionary Games and Spatial Chaos," *Nature* 359, 826–829.

______________________________ (1993) "The Spatial Dilemmas of Evolution," *International Journal of Bifurcation and Chaos* 3, 35–78.

Nowak, M. A. and Sigmund, K. (1992) "Tit For Tat in Heterogenous Populations," *Nature* 359, 250–253.

______________________________ (2005) "Evolution of indirect reciprocity," *Nature* 437, 1293–1295.

______________________________ (1998) "The Dynamics of Indirect Reciprocity," *Journal of Theoretical Biology* 194, 561–574.

O'Sullivan, A. (1993) *Urban Economics*, Irwin.

O'Sullivan, D., MacGill, J., and Yu, C. (2003) "Agent-based residential segregation : a hierarchically structured spatial model," *In Proceedings of agent 2003 conference on challenges in social simulation*, 493–507.

Ono, A., Uchida, H., Udell, G., and Uesugi, I. (2013) "A close look at loan-to-value ratios : evidence from the Japanese real estate market," *Working paper Series 19, Center for Interfirm Network, Institute of Economic Research, Hitotsubashi University*.

Opsahl, T., Colizza, V., Panzarasa, P., and Ramasco, J. J. (2008) "Prominence and control : the weighted rich-club effect," *Physical Review Letters* 101(16), 168702.

Panchanathan, K. and Boyd, R. (2004) "Indirect reciprocity can stabilize cooperation without the second-order free rider problem," *Nature* 432, 499–502.

Pastor-Satorras, R. and Vespignani, A. (2001a) "Epidemic dynamics and endemic states in complex networks," *Physical Review E* 63, 066117.

______________________________ (2001b) "Epidemic spreading in scale-free networks," *Physical Review Letters* 86, 3200–3203.

Pastor-Satorras, R., Vazquez, A., and Vespignani, A. (2001) "Dynamical and correlation properties of the Internet," *Physical Review Letters* 87, 258-701.

Peixoto, T. P. (2012) "Emergence of robustness against noise : A structural phase transition in evolved models of gene regulatory networks," *Physical Review E* 85(4), 041908.

Peixoto, T. P. and Bornholdt, S. (2012) "Evolution of robust network topologies : Emergence of central backbones," *Physical Review Letters* 109(11), 118703.

Pękalski, A. (2001) "Ising model on a small world network," *Physical Review E* 64 057104.

Pepall, P., Richards, D. J., and Norman, G. (2000) *Industrial Organization : Contemporary Theory and Practice* (3rd ed.), Thomson South–Western.

Peskin, C. S. (1975) *Mathematical Aspects of Heart Physiology*, New York : Courant Institute of Mathematical Science Publication.

Petersen, H, C. (1993) *Business and Government*, (4th ed.), Harpercollins College Publishers.

Peterson, M. A. and Rajan, R. G. (1994) "The Benefit Of Firm Creditors Relationship : Evidence From Small Business Data," *Journal of Finance* 49(1), 337–341.

Phelps, N. A. (2004) "Clusters, Dispersion and the Spaces in Between : For an Economic Geography of the Banal," *Urban Studies* 41(Nos 5/6), 971–989.

Piketty, T. (2014) *Capital in the twenty–first century*, Harvard University Press.

Piketty, T. and Saez, E. (2014) "Inequality in the long run," *Science* 344(6186), 838–843.

Pikovsky, A., Rosenblum, M., and Kurths, J. (2002) *Synchronization : A Universal Concept in Nonlinear Science*, Cambridge University Press.

Pinski, G. and Narin, F. (1976) "Citation influence for journal aggregates of scientific publications : Theory, with application to the literature of physics," *Information Processing and Management* 12(5), 297–312.

Podolny, J. M. (2001) "Networks as the pipes and prisms of the market," *AJS* 107(1), 33–60.

Poincare, J. H. (1890) "Sur le probleme des trois corps et les equations de la dynamique. Divergence des series de M. Lindstedt," *Acta Mathematica* 13 (1–2), 1–270.

Polanyi, K. (1957) *The Great Transformation*, Boston : Beacon Press.

Poledna, S., Molina–Borboa, J. L., Martínez–Jaramillo, S., Van Der Leij, M., and Thurner, S. (2015) "The multi–layer network nature of systemic risk and its implications for the costs of financial crises," *Journal of Financial Stability* 20, 70–81.

Popielarz, P. A. and McPherson, J. M. (1995) "On the edge or in between : Niche position, niche overlap, and the duration of voluntary association memberships," *American Journal of Sociology* 101(3), 698–720.

Porter, M. E. (1980) *Competitive Strategy*, Free Press.

Postrell, S. (1986) "Bandwagons and the Coordination of Standardized Behavior," *Mimeo*, MIT.

Pred, A. R. (1965) "The Concentration of High Value–Added Manufacturing," *Economic Geography* 41, 108–132.

Preist, C. (1999) "Commodity trading using an agent–based iterated double auction," In *Proceedings of the third annual conference on Autonomous Agents*, 131–138.

Price, D. J. de S. (1965) "Networks of scientific papers," *Science* 149, 510–515.

_______________ (1976) "A general theory of bibliometric and other cumulative advantage processes," *Journal of the American Society for Information Science* 27, 292–306.

Putnam, R. D. (1995) "Bowling alone : America's declining social capital," *Journal of Democracy* 6, 64–78.

Raberto, M., Cincotti, S., Focardi, S. M., and Marchesi, M. (2001) "Agent–based simulation of a financial market," *Physica A : Statistical Mechanics and its Applications* 299(1–2), 319–327.

Rauhut, H. and Junker, M. (2009) "Punishment deters crime because humans are bounded in their strategic decision–making," *Journal of Artificial Societies and Social Simulation* 12(3), 1.

Raymo, J. M. and Xie, Y. (2000) "Temporal and regional variation in the strength of educational homogamy," *American Sociological Review* 65(5), 773–781.

Raymond, E. S. (1999) *The Cathedral and the Bazaar : Musings on Linux and Open Source by an Accidental Revolutionary*, O'Reilly Media.

Reagans, R. and McEvily, B. (2003) "Network Structure and Knowledge Transfer : The Effects of Cohesion and Range," *Administrative Science Quarterly* 48, 240–267.

Richard Durrett (1999) "Stochastic spatial models," *SIAM review* 41, 677–718.

Richardson, H. (1973) *Regional Growth Theory*, London : MacMillan Press.

Richardson, L. F. (1948) "Variation of the frequency of fatal quarrels with magnitude," *Journal of the American Statistical Association* 43(244), 523–546.

_______________ (1960) *Statistics of Deadly Quarrels*, Wright, Q. and Lienau, C. C. (eds.), Pitsburgh : Boxwood Press.

Risto, G. H. and Herrmann, H. J. (1994) "Density patterns in two–dimensional hoppers," *Physical Review E* 50, R5.

Roberta, C. and Nijkamp, P. (1996) "Regional Variations in Production Network Externalities," *Regional Studies* 30, 225–237.

Rochet, J. C. (2010) *The future of banking regulation*, Dewatripont, M., Rochet, J.–C., and

Tirole, J. (eds.), *Balancing the Banks*, Princeton University Press, 78–106.

Rodriguez–Caso, C., Corominas–Murtra, B., and Solé, R. V. (2009) "On the basic computational structure of gene regulatory networks," *Molecular BioSystems* 5(12), 1617–1629.

Rogers, E. M. (1995) *Diffusion of Innovations*, 4th ed. New York : Free Press.

Rohlfs, J.,(1974) "A Theory of Interdependent Demand for a Consumption Service," *Bell Journal of Economics and Management Science* 5, 16–37.

Rohr R. P., Fortuna M. A., Luque B., and Bascompte, J. (2013) "Nestedness in mutualistic networks," arXiv preprint, http://arxiv.org/abs/1301.3651.

Romer, P. M. (1986) "Increasing returns and long–run growth," *Journal of Political Economy* 94(5), 1002–1037.

____________ (1990) "Endogenous technological change," *Journal of Political Economy* 98 (5, Part 2), S71–S102.

Romo, F. P. and Schwartz, M. (1995) "The Structural Embeddedness of Business Decisions : The Migration of Manufacturing Plants in New York State, 1960–1985," *American Sociological Review*, 60, 874–907.

Rosenblatt, F. (1957) *The perceptron, a perceiving and recognizing automaton Project Para*, Cornell Aeronautical Laboratory.

Rousseau, D. M., Sitkin, S. B., Burt, R. S., and Camerer, C. (1998) "Not so different after all : A Cross–discipline view of trust," *Academic Management Review* 23(3), 393–404.

Rozenfeld, A. F., Cohen, R., Ben–Avraham, D., and Havlin, S. (2002) "Scale–free networks on lattices," *Physical Review Letters* 89(21), 218701.

Rumelhart, D. E., Hinton, G. E., and McClelland, J. L. (1986) "A general framework for parallel distributed processing," *Parallel distributed processing : Explorations in the microstructure of cognition*, 1(45–76), 26.

Rumelhart, D. E., Hinton, G. E., and Williams, R. J. (1986) "Learning representations by back–propagating errors," *nature*, 323(6088), 533–536.

Saavedra S., Reed–Tsochas F., and Uzzi B. (2011) "Common organizing mechanisms in ecological and socio–economic networks," arXiv, preprint, http://arxiv.org/abs/1110.0376.

Saavedra, S. and Stouffer, D. B. (2013) "Disentangling nestedness" disentangled," *Nature* 500(7463), E1–E2.

Sako, M. (1992) *Quality and Trust : Inter-firm Relations in Britain and Japan*, Cambridge : Cambridge University Press.

Satyabudhi, B. and Onggo, S. (2008) "Parallel discrete-event simulation of population dynamics," *In 2008 Winter Simulation Conference*, IEEE, 1047-1054.

Scheinkman, J. A. and Woodford, M. (1994) "Self-Organized Criticality and Economic Fluctuations," *American Economic Review* 84, 417-421.

Schelling, T. (1978) *Micromotives and Macrobehavior*, New York : W. W. Norton.

__________ (1971) "Dynamic models of segregation," *Journal of Mathematical Sociology* 1(2), 143-186.

Schilling, M. A. and Phelps, C. C. (2007) "Interfirm collaboration networks : The impact of large-scale network structure on firm innovation," *Management Science* 53(7), 1113-1126.

Schmookler, J. (1966) *Invention and Economic Growth*, Cambridge ; Harvard University Press.

Schneider, C. M., Moreira, A. A., Andrade Jr, J. S., Havlin, S., and Herrmann, H. J. (2011) "Mitigation of malicious attacks on networks," *Proceedings of the National Academy of Sciences* 108, 3838-3841.

Schneider, M., Teske, P., Roch, C., and Marschall, M. (1997) "Networks to nowhere : Segregation and stratification in networks of information about schools," *American Journal of Political Science* 1201-1223.

Schoder, D. (2000) "Forecasting the Success of Telecommunication Services in the Presence of Network Effects," *Information Economics and Policy* 12, 181-200.

Schumpeter, J. A. (1934) *The Theory of Economic Development*, Cambridge : Harvard University Press.

_______________ (1950) *Capitalism, Socialism and Democracy*, New York : Harper Collins.

Schuster, H. G. (ed.) (2003) *Handbook of Graphs and Networks*, Berlin : Wiley-VCH, 35-68.

Segal, D. (1976) "Are there returns to scale in city size?," *The Review of Economics and Statistics*, 339-350.

Segoviano, M. and Goodhart, C. A. E. (2009) "Banking stability measures," *Working paper* 09/4, International Monetary Fund.

Selwyn, L. L. (1996) "Market Failure in Open Telecommunication Networks : Defining the New Natural Monopoly," Sichel, W. and Alexander, D. L. (eds.), *Networks, Infrastructure, and the New Task for Regulation*, The University of Michigan Press.

Serrano, M. Á. (2008) "Rich-club vs rich-multipolarization phenomena in weighted networks," *Physical Review E* 78, 026101.

Shapira, Y., Berman, Y., and Ben-Jacob, E. (2014) "Modelling the short term herding behaviour of stock markets," *New Journal of Physics* 16, 053040.

Shapiro, C. and Varian, H. R. (1999) *Information Rules*, Harvard Business School Press.

Shepherd, G. M. (ed.) (1998) *The Synaptic Organization of the Brain*, New York : Oxford University Press.

Shirky, C. (2008) *Here Comes Everybody : The Power of Organizing Without Organizations*, New York : Penguin Press, 161-164.

Shrum, W., Cheek Jr, N. H., and MacD, S. (1988) "Friendship in school : Gender and racial homophily," *Sociology of Education*, 227-239.

Shy, O. (2001) *The Economics of Network industries*, Cambridge University Press.

Sichman, J. S. (1998) "Depint : Dependence-based coalition formation in an open multi-agent scenario," *Journal of Artificial Societies and Social Simulation* 1, 1998.

Sierhuis, M., Bradshaw, J. M., Acquisti, R., Van Hoof, R., and Jeffers, R. (2003) "Human-agent teamwork and adjustable autonomy in practice," *In Proceedings of the Seventh International Symposium on Artificial Intelligence, Robotics and Automation in Space (i-SAIRAS)*,

Simon, H. (1955) "On a Class of Skew Distribution Functions," *Biometrika*.

Simon, H. A. (1959) "Theories of Decision Making in Economics," *American Economic Review* 49, 253-283.

Sivitanidou, R. (1999) *The Location of Knowledge-Based Activities : The Case of Computer Software, in Innovations, Networks and Localities*, Fischer, M., Suarez-Villa L., and Steiner, M. (eds.), Berlin : Springer-Verlag.

Smith, J. M. P. G. R. and Price, G. R. (1973) "The logic of animal conflict," *Nature* 246(5427), 15-18.

Smith, K. P. and Christakis, N. A. (2008) "Social networks and health," *Annual Review of Sociology* 34(1), 405-429.

Smitka, M. (1991) *Competitive ties : Subcontracting in the Japanese automotive industry*, Columbia University Press.

Smits, J., Ultee, W., and Lammers, J. (2000) "More or less educational homogamy? A test of different versions of modernization theory using cross-temporal evidence for 60 countries," *American Sociological Review* 65, 781-788.

Sole, R. V. and Paster-Satorras, R. (2003) "Complex networks in genomics and proteomics," Bornholdt, S. and Schuster, H. G. (eds.), *Handbook of Graphs and Networks*, Berlin : Wiley-VCH, 145-167.

Solow, R. M. (1957) "Technical Change and the Aggregate Production Function," *The Review of Economics and Statistics* 39(3), 312-320.

Sornette, D. (2003) *Why Stock Markets Crash : critical events in complex financial systems*, Princeton : Princeton University Press.

Sporns, O. (2002) "Network analysis, complexity, and brain function," *Complexity* 8(1), 56-60.

Sporns, O. and Tononi, G. (2002) "Classes of network connectivity and dynamics," Complexity 7, 28-38.

Sporns, O., Tononi, G. K., and Edelman, G. M. (2000a) "Theoretical neuroanatomy : Relating anatomical and functional connectivity in graphs and cortical connection matrices," Cerebr Cortex 10, 127-141.

____________________ (2000b) "Connectivity and complexity : the relationship between neuroanatomy and brain dynamics," *Neural Networks* 13, 909-922.

Sprenger, Rolf-Ulrich (2001) "Interfirm Networks and Regional Networks : Opportunities for Employment and Environmental Protection," in ADAPT edited by Manuel Breuer, OECD.

SQW Limited (2003) ICT Cluster Mapping and Strategy in the West Midlands SWOT Analysis, SQW.

Srinivasan, R., Russell, D. P., Edelman, G. M., and Tononi, G. (1999) "Increased synchronization of neuromagnetic responses during conscious perception," *Journal Neuroscience* 19, 5435-5448.

Staniczenko, P. P. A., Kopp, J. C., and Allesina, S. (2013) "The ghost of nestedness in ecological networks," *Nature Communications* 4, 1391.

Stapp, H. P. (1971) "S-Matrix Interpretation of Quantum Theory," *Physical Review D* 3(6), 1303.

Stauffer, D. (2002) "Monte Carlo simulations of Sznajd models," *Journal of Artificial Societies and Social Simulation* 5(1).

Stelling, J., Klamt, S., Bettenbrock, K., Schuster, S., and Giles, E. D. (2002) "Metabolic network structure determines key aspects of functionality and regulation," *Nature* 420, 190–193.

Stenberg, R. (1999) "Innovation Linkages and Proximity : Empirical Results from Recent Surveys of Small and Medium Sized Firms in German Regions," *Regional Studies* 33(6), 520–549.

Steyvers, M. and Tenenbaum, J. B. (2005) "The large-scale structure of semantic networks : Statistical analyses and a model of semantic growth," *Cognitive Science* 29(1), 41–78.

Stiglitz, J. E. (2015a) "New Theoretical Perspectives on the Distribution of Income and Wealth among Individuals : Part I. The Wealth Residual," *NBER Working Paper* No. 21189.

__________ (2015b) "New Theoretical Perspectives on the Distribution of Income and Wealth among Individuals : Part II : Equilibrium Wealth Distributions," *NBER Working Paper* No. 21190.

__________ (2015c) "New Theoretical Perspectives on the Distribution of Income and Wealth among Individuals : Part III : Life Cycle Savings vs. Inherited Savings," *NBER Working Paper* No. 21191.

__________ (2015d) "New Theoretical Perspectives on the Distribution of Income and Wealth among Individuals : Part IV : Land and Credit," *NBER Working Paper* No. 21192.

__________ (2015e) "The Measurement Of Wealth : Recessions, Sustainability And Inequality," *NBER Working Paper* No. 21327.

Strogatz, S. (2003) *SYNC : The Emerging Science of Spontaneous Order*, New York : Hyperion.

Strogatz, S. H. (2001) "Exploring complex networks," *Nature* 410, 268–276.

Strömberg, D. (2007) "Natural disasters, economic development, and humanitarian aid," *Journal of Economic Perspectives* 21(3), 199–222.

Sullivan, F. (2012) The Asian Display Materials Market for LCD, LED, and PDP. https://cds.frost.com/p/29319/#!/nts/c?id=9833-00-6C-00-00.

Sun, R. (ed.) (2008) *The Cambridge handbook of computational psychology*, Cambridge University Press.

Sun, S. and Rui, H. (2017) "Link Formation on Twitter : The Role of Achieved Status and

Value Homophily," *Proceedings of the 50th Hawaii International Conference on System Sciences (2017), Hawaii International Conference on System Sciences*.

Supper, J., Spangenberg, L., Planatscher, H., Dräger, A., Schröder, A., and Zell, A. (2009) "BowTieBuilder : modeling signal transduction pathways," *BMC Systems Biology* 3, 1–13.

Suran, S., Pattanaik, V., and Draheim, D. (2020) "Frameworks for Collective Intelligence : A Systematic Literature Review," *ACM Computing Surveys* 53(1), 14:1–14:36.

Surowiecki, J. (2004) *The wisdom of crowds : Why the many are smarter than the few and how collective wisdom shapes business,* Little Brown.

Szabó, G. and Fath, G. (2007) "Evolutionary games on graphs," *Physics Reports* 446 (4–6), 97–216.

Sznajd–Weron, K. and Sznajd, J. (2000) "Opinion evolution in closed community," International. *Journal of Modern Physics C* 11, 1157–1165.

Szulanski, G. (1996) "Exploring Internal Stickiness : Impediments to the Transfer of Best Practice within the Firm," *Strategic Management Journal* 17, 27–43.

Takayama, A. (1974) *Mathematical Economics*, Hinsdale : The Dryden Press.

Tanizawa, T., Havlin, S., and Stanley, H. E. (2012) "Robustness of onionlike correlated networks against targeted attacks," *Physical Review E* 85(4), 046109.

Tesfatsion, L. (2001) "Structure, behavior, and market power in an evolutionary labor market with adaptive search," *Journal of Economic Dynamics and Control* 25(3–4), 419–457.

__________ (2002a) *Hysteresis in an Evolutionary Labor Market with Adaptive Search*, in S. H. Chen(ed.), *Evolutionary Computation in Economics and Finance*, New York : Physica–Verlag Heidelberg, 189–210.

__________ (2002b) "Agent–based computational economics : Growing economies from the bottom up," *Artificial life* 8(1), 55–82.

__________ (2003) "Agent–Based Computational Economics : Modeling Economies as Complex Adaptive Systems," *Information Sciences* 149, 263–269.

Tieri, P., Grignolio, A., Zaikin, A., Mishto, M., Remondini, D., Castellani, G. C., and Franceschi, C. (2010) "Network, degeneracy and bow tie. Integrating paradigms and architectures to grasp the complexity of the immune system," *Theoretical Biology and Medical Modelling* 7(1), 1–16.

Tirole, J. (1988) *The Theory of Industrial Organization*, The MIT Press.

Tobias, T. and Brunnermeier, M. (2016) "CoVaR," *American Economic Review* 106, 1705.

Tokita, C. K, Guess, A. M., and Tarnita, C. E. (2021) "Polarized information ecosystems can reorganize social networks via information cascades," *Proceedings of the National Academy of Sciences* 118(50).

Tononi, G., Edelman, G. M., Sporns, O. (1994) "A measure for brain complexity : Relating functional segregation and integration in the nervous system," *Proceedings of National Academy Sciences* 91, 5033–5037.

__________________ (1998) "Complexity and coherency : Integrating information in the brain," *Trends in Cognitive Sciences* 2, 474–484.

Tortoriello, M., Reagans, R., and McEvily, B. (2012) "Bridging the knowledge gap : The influence of strong ties, network cohesion, and network range on the transfer of knowledge between organizational units," *Organization Science* 23(4), 1024–1039.

Trajanovski, S., Martín-Hernández, J., Winterbach, W., and Van Mieghem, P. (2013) "Robustness envelopes of networks," *Journal of Complex Networks* 1(1), 44–62.

Trueck, S., Weron, R., and Wolff, R. (2007) Outlier treatment and robust approaches for modeling electricity spot prices.

Tuma N. B. and Hallinan, M. Z. (1979) "The effects of sex, race and achievement on school children's friendships," *Social Forces* 57, 1265–85.

Turing, A. (1952) "The Chemical Basis of Morphogenesis," Philosophical Transactions of the Royal Society of London 237, 37.

U.S. Dept. of Justice (2004) "Comment of Nicholas S. Economides on the Revised Proposed Final Judgement".

Upper, C. (2011) "Simulation methods to assess the danger of contagion in interbank markets," *Journal of Financial Stability* 7, 111–125.

Uzzi, B. (1996) "The sources and consequences of embeddedness for the economic performance of organizations : The network effect," *American Sociological Review*, 674–698.

______ (1997) "Social Structure and Competition in Interfirm Networks : The Paradox of Embeddedness," *Administrative Science Quarterly* 42, 35–67.

Varela, F., Lachaux, J. P., Rodriguez, E., Martinerie, J. (2001) "The brainweb : Phase synchronization and large-scale integration," *Nat. Rev. Neurosci.* 2, 229–239.

Varian, H. R. (1992) *Microeconomic Analysis*(3rd ed.), New York : W. W. Norton and Company.

Vázquez, A. (2003) "Growing network with local rules : Preferential attachment, clustering hierarchy, and degree correlations," *Physical Review E* 67(5), 056104.

Vázquez, A., Boguná, M., Moreno, Y., Pastor-Satorras, R., and Vespignani, A. (2003) "Topology and correlations in structured scale-free networks," *Physical Review E* 67, 046111.

Vázquez, A. and Moreno, Y. (2003) "Resilience to damage of graphs with degree correlations," *Physical Review E* 67, 015101.

Vázquez, A., Pastor-Satorras, R., and Vespignani, A. (2002) "Large-scale topological and dynamical properties of Internet," *Physical Review E* 65, 66-130.

Vázquez, A. and Weigt, M. (2003) "Computational complexity arising from degree correlations in networks," *Physical Review E* 67, 027101.

Vázquez, F., Krapivsky, P. L., and Redner, S. (2003) "Constrained opinion dynamics: Freezing and slow evolution," J. Phys. A 36, L61-L68.

Verbrugge, L. M. (1977) "The structure of adult friendship choices," *Social Forces* 56(2), 576-597.

Verbrugge, R. R. and Shankweiler, D. P. (1977) "Prosodic information for vowel identity," *The Journal of the Acoustical Society of America* 61(S1), S39-S39.

Verspagen, B. and Duysters, G. (2004) "The small worlds of strategic technology alliances," *Technovation* 24(7), 563-571.

Von Hippel, E. (1976) "The dominant role of users in the scientific instrument innovation proces," *Research Policy* 5(3), 212-239.

Vriend, N. J. (2000) "An illustration of the essential difference between individual and social learning, and its consequences for computational analyses," *Journal of Economic Dynamics and Control* 24(1), 1-19.

Waddington, C. H. (1940) *Organizers and Genes*, Cambridge University Press.

Wagner, A. and Fell, D. (2001) "The small world inside large metabolic networks," *Proc. R. Soc.*, London B 268, 1803-1810.

Wagner, W. (2010) "Diversification at financial institutions and systemic crises," *Journal of Financial Intermediation* 19, 373-386.

Walker, G., Kogut, B., and Shanl, W. (1997) "Social Capital, Structural Holes and the Formation of an Industry Network," *Organization Science* 8, 109-125.

Walsh, T. (1999) "Search in a small world," Dean, T. (ed.), *Proceedings of the 16th International Joint Conference on Artificial Intelligence*.

Warren, C. P., Sander, L. M., and Sokolov, I. M. (2002) "Geography in a scale-free network model," *Physical Review E* 66(5), 056105.

Wasserman, S. and Faust, K. (1994) *Social network analysis : Methods and Applications*, Cambridge University Press.

Watts, D. J. (1999a) "Networks, dynamics, and the small world phenomenon," *American Journal of Sociology* 105, 493-592.

__________ (1999b) *Small Worlds*, Princeton : Princeton University Press.

__________ (2002) "A simple model of global cascades on random networks," *Proceedings of National Academy Sciences USA* 99, 5766-5771.

__________ (2003) *Six Degrees*, W. W. Norton and Company.

Watts, D. J. and Strogatz, S. H. (1998) "Collective dynamics of 'small-world' networks," *Nature* 393, 440-442.

Wellman, B. (1996) "Are personal communities local? A Dumptarian reconsideration," *Social Networks* 18(4), 347-354.

Wellman, B. and Hampton, K. (1999) "Living networked on and offline," *Contemporary Sociology* 28(6), 648-654.

Weron, R. (2009) "Heavy-tails and regime-switching in electricity prices," *Mathematical Methods of Operations Research* 69(3), 457-473.

Wiener, N. (1958) *Nonlinear Problems in Random Theory*, Cambridge, MA : MIT Press.

__________ (1961) *Cybernetics*(2nd ed.), Cambridge : MIT Press.

Wikipedia, "Biological neural network".

Wilhite, A. (2001) "Bilateral Trade and 'Small-World' Networks," *Computational Economics* 18, 49-64.

Williams, F., Rice, E., and Rogers, E. M. (1988) *Research Methods and the New Media*, New York : Free Press.

Williamson, J. (1994) *The political economy of policy reform*, Peterson Institute.

Williamson, O. E. (1970) *Corporate Control and Business Behavior*, Englewood Cliffs : Prentice-Hall.

______________ (1979) "Transaction-Cost Economics : The Governance of Contractual Relations," *Journal of Law and Economics* 22, 233-261.

______________ (1981) "The Modern Corporation : Origins, Evolution, Attributes," *Journal of Economic Literature* 19, 1537-1568.

______________ (1985) *The Economic Institutions of Capitalism : Firms, Markets, Relational*

Contracting, The Free Press.

Winfree, A. T. (1967) "Biological Rhythms and the Behavior of Populations of Coupled Oscillators," *Journal of Theoretical Biology* 16, 15–42.

____________ (1980) *The Geometry of Biological Time*, New York : Springer–Verlag.

Winter, F. and Kataria, M. (2013) "You are who your friends are : An experiment on trust and homophily in friendship networks," *Available at SSRN 2347536*.

Wolf, D. E. and Grassberger, P. (eds.) (1997) "Friction, Arching, Contact Dynamics," *World Scientific*, Singapore.

Womack, J. P., Jones, D. T., and Roos, D. (1990) *The Machine That Changed the World*, New York : Rowson Associates.

Wu, Z. X. and Holme, P. (2011) "Onion structure and network robustness," *Physical Review E* 84(2), 026106.

Xu, Y. (2017) "Generalized Synthetic Control Method : Causal Inference with Interactive Fixed Effects Models," *Political Analysis* 25(1), 57–76.

Yamaguchi, Y., Mann, D. M., and Ruoslahti, E. (1990) "Negative regulation of transforming growth factor–β by the proteoglycan decorin," *Nature* 346(6281), 281–284.

Young, H. P. (2003) "The diffusion of innovations in social networks," Blume, L. E. and Durlauf, S. N. (eds.), *The Economy as an Evolving Complex System* 3, Oxford University Press.

Zawadowski, A. (2013) "Entangled financial systems," *Review of Financial Studies* 26, 1291–1323.

Zhang, J. (2003) "Growing Silicon Valley on a landscape : an agent–based approach to high–tech industrial clusters," *Journal of Evolutionary Economics* 13(5), 529–548.

Zhang, K., Xu, D., Li, S., Zhou N., and Xiong, J. (2019) "Has China's Pilot Emissions Trading Scheme Influenced the Carbon Intensity of Output?" *International Journal of Environmental Research and Public Health* 16(10), 1854.

Zhao, F. and Nianogo, R. A. (2021) "Medicaid Expansion's Impact on Emergency Department Use by State and Payer," *Value in Health*.

Zhou, S. and Mondragón, J. R. (2004) "The rich–club phenomenon in the Internet topology," *IEEE Communication Letters* 8, 180–182.

Zhu, J. Y. and Zhu, H. (2003) "Introducing small–world network effects to critical dynamics," *Physical Review E* 67(2), 026125.

Zuckerman, B. and Dyck, H. M. (1986) "Dust grains and gas in the circumstellar envelopes around luminous red giant stars," *The Astrophysical Journal*, 311, 345–359.

井庭崇 and 福原義久 (2011)『複雑系 入門』, NTT출판.

黑木昭弘 and 加藤章 (1994) "新規技術の 標準化",『通商研究 レビュ』.

山田英夫 (1993)『競爭優位の 規格戰略』, ダイヤモンド社.

Fourin, "Liイオンバッテリーセルメーカに加えて主要4部材を手かける化學係サプライヤ—が事業を擴大",『世界自動車調査月報』, 2012. 9.

[국내문헌]

강인제 · 이덕희(2022), 「코로노믹스 : 복잡계 네트워크의 자기조직화 현상」, 『한국경제포럼』, 제15권, 제2호, pp.79~111.

과학기술부, "과학기술 활동 조사보고".

과학기술정책연구원(2006), 『기업 연구개발 투자와 성과』.

__________________(2021), 『STEPI Future Horizon』, 제50권 제3호.

권영섭(2001), 「기업의 혁신 형태를 통해 본 지역혁신 체제 실증 분석」, 『지역연구』, 제17권, 제1호, pp.69~90.

권영섭 · 변세일 · 김현식 · 박경현 외(2004), 『정보통신기술(ICT) 산업의 지역간 기능분담 방안 연구』, 국토연구원.

김낙년(2016), 「한국의 부의 불평등, 2000~2013 : 상속세 자료에 의한 접근」, 『경제사학』, 제40권, 제3호 pp.393~429.

김영수(2002), "지역산업의 생산성과 결정요인 분석", 산업연구원 연구보고서 제469호.

김종일(1998), 「한국의 산업별 성장요인 분석과 생산 효율성 비교」, 『경제학 연구』, 제46권 제1호, pp.3~24.

김종일 · 왕규호 · 정수연(1999), 「제조업 업종별 규모의 보수와 생산 효율성에 관한 연구」, 『계량경제학보』, 제10권 제1호, pp.93~126.

김찬수(2002), 『상장기업 총요소 생산성 분석 : 기업간 생산성 격차 분석』, 한국생산성본부.

김창현(2004), 「제조부문의 아웃소싱 여전히 유효한가」, 『LG주간경제』, 제766호, LG경제연구원, pp.30~34.

노동부(http://laborstat.molab.go.kr)

노동연구원(http://www.kli.re.kr).

리차드 넬슨 · 시드니 윈터(2014), 『진화경제이론』, 이정동 옮김, 지필미디어.

박병호 · 김태영 · 한상욱 · 양정모(2009), 「회전교차로와 4지 신호교차로 효과에 관한 비교분석」, 『한국ITS학회논문지』 제8권 제2호.

박정수 · 이덕희(2003), 「표준화 결정 요인과 표준 획득 전략」, 산업연구원.

박종화(1997), 『지역경제론』, 박영사.

박헌수 · 조규영 · 노춘희 · 김군수(2001), 「지역간 · 산업간 연계를 고려한 지역경제 성장요인에 관한 연구」, 『국토계획』, 제36권 제3호, pp.177~191.

복득규(2002), "산업클러스터의 국내외 사례와 발전전략", 삼성경제연구소 CEO Information 제373호.

윤충한(2002), 「IT기업 R&D 투자의 파급효과 추정」, 『정보사회연구』, 가을, 정보통신정책연구원, pp.45~55.

이금용(2001), 「자동차산업의 상대적 총요소생산성(TFP) 비교 : 미국 · 일본 · 한국의 비교」, 『POSRI 경영경제연구』, 제1권 제2호, 포스코경영연구소, pp.109~130.

이덕희(1992), 『일본기업집단 연구』, 산업연구원.

이덕희 · 김현정 · 정미숙(2006), 「자동차산업의 기업 간 거래유형이 생산성에 미치는 효과」, 『경제분석』, 제12권 제2호.

이덕희 · 박재곤(1999), 『과학기술 집적지 발전방안』, 산업연구원.

이덕희 · 이상연(1998), 『정보통신산업의 표준화 경쟁전략』, 산업연구원.

이덕희 · 최호철(2004), 『정보통신표준화의 경제적 효과 분석에 관한 연구』, 정보통신기술협회.

____________(2005), 「지역 성장에 있어서 네트워크 크기 및 연결속도, 임계치에 관한 연구」, 『경제학 연구』, 제53권 제2호.

이덕희 · 한병섭(2001), 『IT 산업의 집적지 활성화 방안』, 산업연구원.

이번송(2000), 「수도권 시 · 군 · 구의 제조업 생산성 결정요인 분석」, 『경제학 연구』, 제48권 제4호, pp.291~322.

이번송 · 장수명(2001), 「제조업체의 도시별 생산성 차이에 관한 연구」, 『경제학 연구』, 제49권 제3호, pp.165~188.

이번송 · 홍성효(2001), 「시 · 군 · 구별 제조업 성장요인과 수도권 집중 억제정책의 효과」, 『국제경제연구』, 제7권 제1호, pp.125~145.

이상무(1999), 「기술혁신을 위한 기술 확산 매체로서의 특허와 표준, 그리고 라이선싱의 역할분석」, 『기술경영경제학회 학술대회지』.

이수복(2002), 『산업조직론 : 경쟁과 규제의 경제학』, 율곡출판사.

재정경제부(2005), 「경제양극화 현황과 정책과제」, 『재정포럼』, 2005년 6월호.

조영철 · 권혁진(2020), 「자산 불평등의 거시적 영향 분석」, 정해식 외, 『소득불평등 심화의 원인과 정책적 대응 효과 연구 3 : 자산불평등을 중심으로』, 경제인문사회연구회 협동연구총서 20-01-01.

조철(2002), 「네트워크경제의 진전과 부품 조달체제의 변화」, 산업연구원.

____(2004), 「완제품의 시장구조가 부품업체의 거래 개방도에 미치는 영향」, 박사학위논문, 서울시립대학교.

조철 · 김경유(2012), 「차세대자동차산업의 부품거래관계 변화와 정책과제」, 산업연구원, p.99.

지식경제부 · 한국산업기술진흥원(2012), 2011 산업기술로드맵(주력산업).

통계청, 『광공업 통계조사 보고서』.

______, 『도시가계 연보』.

______, 『지역경제 동향』.

______, "지역소득".

______, http://www.nso.go.kr.

통계청 · 금융감독원 · 한국은행(2021. 1), "2020년 가계금융 · 복지조사".

프리초프 카프라(1985), 『새로운 과학과 문명의 전환』, 이성범 · 구윤서 옮김, 범양사출판부.

피터 밀러(2010), 『스마트 스웜』, 이한음 옮김, 김영사.

하헌식(1991), 「한국제조업의 하도급에 관한 연구」, 박사학위논문, 연세대학교.

한국감정평가협회(http://member.kapanet.co.kr/index.asp)

한국산업기술재단(2005), 『경제양극화 현상에 대한 기업 체감도 조사 결과 및 시사점』.

한국신용평가(주)(2004), 『KIS 2004』.

한국은행, 『국민계정』.

________, 『기업경영 분석』.

한국자동차공업협동조합, 『자동차산업편람』, 각 연도.

한국전산원(2006), 「해외 IT클러스터 정책 및 시사점 분석」.

행정안전부, "주민등록인구현황".

허남용(2000), "낙후지역 산업 클러스터 육성 방안", The Conference Board of Canada, 미발표 자료.

홍민기(2015), 「최상위 소득 비중의 장기 추세(1958~2013년)」, 『경제발전연구』 21.4 : 1-34.

KB금융지주경영연구소(2021), 「코로나19 이후 한국경제의 양극화 심화와 과제」, 『KB 지식비타민』.

KB리브부동산(2021), 월간주택가격동향.

| 찾아보기(국문) |

ㄴ

ㄷ

ㄹ

ㅇ

ㅈ

ㅊ

ㅋ

ㅌ

ㅍ

| 찾아보기(영문) |

D

E

지은이에 대하여

이덕희(李德熙)

학력

뉴욕주립대학교(Buffalo) 경제학 박사(1996)

고려대학교 대학원 경제학 석사(1989)

고려대학교 경제학 학사(1986)

주요 경력

KAIST 기술경영학부 미래경영연구소장

KAIST IT-MBA 프로그램 책임교수

KAIST IT경영학부 부학부장

스톡홀름대학교(스웨덴) 아시아학과 방문교수

산업연구원 방문연구원

고려대학교 경제학과 방문교수

경북대학교 경제통상학부 방문교수

한국은행 객원연구원

산업연구원 연구위원

일본장기신용은행 종합연구소 객원연구원

BEST(Big Data in Economics, Science & Technology) Society 부회장

ASEIS(Asian Society for Entrepreneurship and Innovation Science) 운영위원

European Complex System Society 회원

한국복잡계학회 운영이사

정보통신정책학회 이사 및 편집위원

한국산업조직학회 이사 및 편집위원

한국산업경제학회 이사 및 편집위원장

한국은행 대전세종충남본부 자문교수

대전충남지역경제포럼 위원

대전세종연구원 자문위원

한국통신위원회 국가장기통신정책 자문위원

방송통신위원회 국가 네트워크 통합관리 전략위원회 위원

정보통신정책연구원 Mobile Internet Forum 위원

국방부 전력소요검증위원회 위원

매일경제신문사 디지털 포럼 위원

국가재정정책기획위원회 문화체육관광 분과위원

영국 Gerson Lehrman Group 자문위원

삼성경제연구소 디지털 포럼 위원

정보통신부 IMT-2000 사업자선정 평가위원

현, 한국과학기술원(KAIST) 기술경영학부 교수/기술경영전문대학원장/경제학 부전공 책임교수

주요 저서 및 논문

『내생사회』, 율곡출판사, 2020

『공자가 다시 쓴 자본주의 강의』, 센추리원, 2015

『정보통신경제학』, 이엔비플러스, 2010(공저)

『부뚜막이 닳도록 : 어느 경제학자의 문화적 자존 이야기』, 이엔비플러스, 2010

『네트워크 이코노미 : 부분과 전체의 복잡성에 대하여』, 동아시아, 2008

『디지털화와 산업의 양극화』, 삼성경제연구소, 2008

『해외 IT클러스터 정책 및 시사점 분석』, 한국전산원, 2006(공저)

『IT산업의 집적지 활성화 방안』, 산업연구원, 2001(공저)

「코로노믹스 : 복잡계 네트워크의 자기조직화 현상」, 『한국경제포럼』 15, 79-111, 2022(공저)

"Dynamic patterns of technological innovation in magnesium alloys in the Korean automotive industry", *International Journal of Technology Management* 90, 28-53, 2022(공저)

"Innovation patterns of big data technology in large companies and startups : an empirical analysis", *Technology Analysis & Strategic Management* 33, 1052-1067, 2021(공저)

"Observing cascade behavior depending on the network topology and transaction costs", *Computational Economics* 53, 207-225, 2018(공저)

"Technology convergence in the Internet of Things(IoT) startup ecosystem : a network analysis", *Telematics and Informatics* 35, 1887-1899, 2018(공저)

"Systemic risk on trade credit systems : with the tangible interconnectedness", *Computational Economics* 51, 211-226, 2018(공저)

"Social influence of hubs in information cascade processes", *Management Decision* 55, 730-744, 2017(공저)

"Relative wealth concerns, positive feedback, and financial fluctuation", *Journal of Simulation* 11, 128-136, 2017(공저)

복잡계 네트워크 경제학

초판 1쇄 발행 2023년 4월 6일
초판 2쇄 발행 2024년 9월 30일

지은이 이덕희
펴낸이 박기남
기획 · 영업 박정헌
펴낸곳 **율곡출판사**
08590 서울시 금천구 가산디지털1로 84(에이스하이엔드 8차), 803호
전화 (代) 02) 718-9872/3
팩스 02) 718-9874
홈페이지 http://www.yulgokbooks.co.kr
이메일 yulgokbook@naver.com
등록 1989.11.10. 제2014-000031호
ISBN 979-11-91812-43-5 93320

정가 40,000원